Mehmet Daimagüler
Ernst von Münchhausen

DAS RECHTE RECHT

Mehmet Daimagüler
Ernst von Münchhausen

DAS RECHTE RECHT

Die deutsche Justiz und ihre Auseinandersetzung
mit alten und neuen Nazis

Blessing

Sollte diese Publikation Links auf Webseiten Dritter enthalten, so übernehmen wir für deren Inhalte keine Haftung, da wir uns diese nicht zu eigen machen, sondern lediglich auf deren Stand zum Zeitpunkt der Erstveröffentlichung verweisen.

Penguin Random House Verlagsgruppe FSC® N001967

1. Auflage, 2021
Copyright © 2021 by Mehmet Daimagüler und Ernst von Münchhausen
Copyright © 2021 by Karl Blessing Verlag, München,
in der Penguin Random House Verlagsgruppe GmbH,
Neumarkter Str. 28, 81673 München
Umschlaggestaltung: Bauer+Möhring, Berlin
Redaktion: Dr. Peter Hammans
Satz: Leingärtner, Nabburg
Druck und Einband: GGP Media GmbH, Pößneck
Printed in Germany
ISBN: 978-3-89667-660-3

www.blessing-verlag.de

Inhalt

Vorwort   9

**Die Justiz der Weimarer Republik und ihr Umgang
mit den rechtsextremen Demokratiefeinden**   19

1. Einleitung   21
2. Prozess gegen die Mörder Rosa Luxemburgs
   und Karl Liebknechts 1919   24
3. Prozess gegen Anton Graf von Arco-Valley,
   den Mörder von Kurt Eisner, 1920   38
4. Prozesse nach dem Kapp-Lüttwitz-Putsch, 1921   45
5. Hitler-Ludendorff-Prozess, 1924   54
6. Magdeburger Prozess wegen der Bezeichnung
   von Ebert als Landesverräter, 1924   72
7. Jorns-Prozess, 1929   94
8. Zusammenfassende Bemerkungen   107

**Das Ende der Nazi-Herrschaft und die alliierte
Bestrafung von NS-Verbrechern**   113

1. Nürnberger Prozess gegen die Hauptkriegsverbrecher   115
2. Die Nürnberger Folgeprozesse   119

**Das Agieren der DDR-Justiz: Viel Propaganda
und gelegentliche Gerechtigkeit**   121

1. Ausgangssituation   123
2. Waldheimer Prozesse 1950   128

3. Der Prozess gegen Hans Globke 1963 — 135
4. Prozess gegen Dr. Horst Fischer 1965 — 160

Die Justiz der Bundesrepublik bis 1990: Zwischen massenhafter Strafvereitelung im Amt und gelegentlicher Bestrafung — 177

1. Prolog: Strafvereitelung im Amt – Das Agieren der Bundesrepublik Deutschland zum Schutz von NS-Tätern — 179
2. Ulmer Einsatzgruppenprozess 1958 — 212
3. Erster Frankfurter Auschwitz-Prozess 1963 — 233
4. Das Verfahren gegen den NS-Richter Hans-Joachim Rehse — 246

Das wiedervereinigte Deutschland gegen alte Nazis — 267

1. Das Verfahren gegen John Demjanjuk 2009–2011 — 269
2. Auschwitz-Prozesse – 2015/2016 — 274
3. Stutthof-Prozesse – 2018 bis heute — 307

Das wiedervereinigte Deutschland gegen Neonazis — 335

1. Der Brandanschlag von Mölln 1992/93 — 337
2. Der Brandanschlag von Solingen 1993/95 — 343
3. Der Brandanschlag von Lübeck 1996 — 350
4. Der Tod von Oury Jalloh 2005–2012 — 357
5. Das NSU-Verfahren 2013–2018 – Chronik einer verpassten Chance auf Rechtsfrieden — 379
6. Der Mord an Luke Holland 2015/2016 — 390
7. Der Brandanschlag in Salzhemmendorf 2015/16 — 397
8. Der Brandanschlag von Altena 2015/16 — 413
9. Die »Old School Society« 2015–2017 — 423

10. Die Gruppe Freital 2017/18	430
11. Volksverhetzung und Nazi-Musik: Amtsgericht Memmingen und das Bayerische Oberste Landesgericht 2018	444
12. Der Mord an Walter Lübcke 2019–2021	447
13. Der Anschlag in Halle 2019–2021	466

Schlussbetrachtung 489

1. Das Versagen der Weimarer Justiz	491
2. Die alliierten Siegermächte und ihr Versuch, Gerechtigkeit zu bewirken	499
3. Die DDR und ihre Propaganda	504
4. Den Einheitsfeiern folgen die Pogrome: Deutschland nach 1990	508

Danksagung	525
Anmerkungen	526
Literaturverzeichnis	551

Vorwort

Von politischer Justiz ist die Rede, wenn Gerichte für politische Zwecke in Anspruch genommen werden, sodass das Feld politischen Handelns ausgeweitet und abgesichert werden kann. Die Funktionsweise der politischen Justiz besteht darin, dass das politische Handeln von Gruppen und Individuen der gerichtlichen Prüfung unterworfen wird.[1]

Mit diesen wenigen Worten beschrieb Otto Kirchheimer, der berühmte deutsch-jüdische Staatsrechtler und Verfassungstheoretiker, 1937 vor den Nazis in die USA geflohen, in seinem bedeutendsten Werk *Politische Justiz* (1961) die Verwendung juristischer Verfahrensmöglichkeiten zu politischen Zwecken. Genauer: das Wesen eines sich an den Interessen der Machthaber orientierenden Justizapparats. Eine politische Justiz nach dieser Definition findet sich demnach in diktatorischen und autokratischen Staaten. Einer Demokratie muss eine politische Justiz wesensfremd sein. Eine Demokratie ohne Gewaltenteilung ist keine Demokratie. Aber so einfach ist es nicht.

Das Gegenteil einer politischen Justiz ist mitnichten eine unpolitische Justiz. Die schlichte Wahrheit ist: Jede Justiz ist politisch und damit auch die Justiz in einer Demokratie. Der scheinbare Widerspruch löst sich bei einem genaueren Blick auf die Justiz auf. In einer Diktatur zählt alleine der Wille des Machthabers. Sein Wort ist Gesetz. Richter sind nur scheinbar unabhängig.

Das politische Wesen einer demokratischen Justiz manifestiert sich anders. Richter sind unabhängig und alleine dem Gesetz unterworfen. Gesetze werden von frei gewählten Parlamenten beschlossen. Sie entstehen nicht in einem gesellschaftlichen

Vakuum. Gesetze sind in Worte geronnene gesellschaftliche Überzeugungen. Häufig spiegeln sie bloße Momentaufnahmen politischer Erregtheit und aktueller parteipolitischer Mehrheitsverhältnisse. Gesetze sind Politik. Bereits unter diesem Aspekt kann eine Justiz nicht unpolitisch sein.

Gesetze müssen angewendet werden. Gesetze müssen durchgesetzt werden. Zuständig dafür ist die Justiz. Wer und was ist die Justiz? In Deutschland verwenden wir den Begriff der Rechtspflege oft synonym. Zur Rechtspflege gehören die Gerichte. Aber auch Staatsanwaltschaften und die Justizverwaltung sind Teil der Justiz. Rechtsanwälte sind gemäß § 1 der Bundesrechtsanwaltsordnung »Organe der Rechtspflege«, allerdings mit dem wichtigen Zusatz *unabhängig*. In einem weiteren Sinne sind auch Polizeibehörden und Ordnungsämter Teil des Justizapparats. In jedem Teil und auf jeder Ebene des Justizapparats sind Menschen damit betraut, Gesetze anzuwenden.

Gesetze sind allerdings selten eindeutig. Sie bedürfen der Interpretation. *Du sollst nicht töten*, lautet das fünfte Gebot der Bibel. Das klingt eindeutig. Was aber ist, wenn ich in einer Notwehrsituation mein eigenes Leben oder das meines Kindes nur durch die Tötung des Angreifers retten kann? Was ist mit dem Soldaten inmitten einer Schlacht? Darf er den Befehl verweigern? Nichts ist eindeutig, schon gar nicht Gesetze, geschrieben von Menschen, ausgelegt von Menschen.

Wenn ein Richter ein zwangsläufig abstrakt verfasstes Gesetz auf einen konkreten Fall anwendet, dann legt er es aus. So zu tun, als geschähe dies in einem Akt maximaler Objektivität, ist geradezu lächerlich. Niemand ist objektiv. Mehr noch: Kein Mensch ist zur Objektivität fähig, sosehr er sich auch bemühen mag. Wir alle sind das Produkt von genetischer Disposition, von Erfahrungen, guten wie schlechten, unseres sozioökonomischen Hintergrunds und von vielem mehr. All dies prägt uns und macht uns zu dem, was wir sind. Teil unserer Identität ist auch unser Menschenbild und unser Blick auf Staat und Gesellschaft. Und vieles davon lässt sich als politische Überzeugung einordnen. All dies fließt in die Entscheidungen eines Richters, eines Staatsanwalts oder eines Polizisten ein.

Die Frauenärztin Kristina Hänel wurde wegen Werbung für Schwangerschaftsabbrüche verurteilt. Sie hatte auf ihrer Homepage nicht nur darüber informiert, dass sie Schwangerschaftsabbrüche vornimmt, sondern auch näher beschrieben, wie dies geschieht. Damit habe sie, so die Richter, den Tatbestand von § 219a des Strafgesetzbuches erfüllt, der die Werbung für Schwangerschaftsabbrüche verbietet (als ob eine Frau aufgrund von Werbung abtreiben würde). Will irgendjemand ernsthaft behaupten, politische Grundüberzeugungen der Richter hätten keine Rolle bei der Entscheidung über Schuld und Unschuld Kristina Hänels gespielt?

Israelische Wissenschaftler haben nachgewiesen, dass Richter nach der Mittagspause strenger urteilen als vor dieser Pause. Welchen Einfluss auf die Richterpersönlichkeit haben dann erst ein strenges, konservatives oder religiöses Elternhaus, wenn schon ein Mittagessen einen großen Unterschied im Hinblick auf das Ringen um ein gerechtes Urteil macht?

Das Private wird zwangsläufig zum Politischen, wenn der handelnde Akteur als Träger staatlicher Macht auftritt. Und zu einem echten Problem wird dies, wenn die Gesamtheit dieser Akteure nicht einfach nur einen Spiegel der Gesellschaft bildet. In der Richterschaft finden sich weit unterdurchschnittlich Arbeiterkinder, dafür aber weit überdurchschnittlich Söhne und Töchter von Juristen. Je höher man in den Hierarchien der Gerichte aufsteigt, umso weniger Frauen finden sich. Auch offen schwul oder lesbisch lebende Staatsanwälte oder Polizistinnen sind selten. Ebenso migrantische Beamtinnen und Beamte, vor allem in Führungspositionen.

Migranten sind Teil der Gesellschaft. Ihr Anteil beläuft sich auf etwa 20 Prozent. Laut einer Studie des Bundesinnenministeriums sind fast 15 Prozent der Bundesbeschäftigten migrantisch. Allerdings dürfte die tatsächliche Zahl deutlich niedriger sein. Denn Angehörige der Bundespolizei oder der Zollverwaltung wurden erst gar nicht in die Studie einbezogen. Gerade dort aber sind Migranten deutlich unterrepräsentiert.

Dazu gesellt sich eine weitere Anomalie, die dem Bild der Justiz als Spiegel der Gesellschaft nicht zu übersehende Kratzer verpasst. Wer entscheidet sich für eine Karriere in der Richterschaft, Staatsanwaltschaft oder bei der Polizei? Wer entscheidet sich bewusst dagegen? Menschen, die sich als »links« einordnen, entscheiden sich seltener für den Polizeidienst. Manche befürchten, in einem beruflichen »Law-and-Order-Umfeld« isoliert und chancenlos zu sein. Andere haben generell ein Problem damit, Träger hoheitlicher Macht zu sein. So oder so: Im Ergebnis führt dies zu einem politisch wenig diversen Justizapparat. Menschen, die sich selbst als eher konservativ oder rechts einstufen, finden den Staat generell und den Justizapparat speziell als Arbeitgeber attraktiver als der Durchschnitt der Gesellschaft.

Sicher, unsere Justiz ist keine politische Justiz im Sinne Otto Kirchheimers. Aber eine unpolitische Justiz ist sie auch nicht. Sie war es nie und kann es auch gar nicht sein. Dieser Befund gilt nicht nur für die bundesdeutsche Justiz, sondern auch für ihren Vorgänger in der Weimarer Republik. Auch diese Justiz agierte zwar im Rahmen einer Demokratie, war aber alles andere als unpolitisch.

2018 war ein Jahr des Gedenkens: 100 Jahre waren seit dem Ende des Ersten Weltkriegs vergangen. Vor 100 Jahren trat Kaiser Wilhelm II. den Weg ins Exil an. Erinnert wurde an den Anfang der ersten deutschen Demokratie. *Jedem Anfang wohnt ein Zauber inne,* heißt es bei Hermann Hesse. Für diesen Anfang nach dem verlorenen Krieg galten Hesses Worte jedoch nur bedingt, denn der Geburt der Demokratie folgte die Geburt jener Kräfte, die nur wenige Jahre später ebendiese Demokratie zu Grabe tragen würden. Eine der vielen neuen Parteien war die DAP – die Deutsche Arbeiterpartei. Weniger als zwei Monate nach dem Ende der Monarchie gründete sie sich am 5. Januar 1919 im Münchener Fürstenfelder Hof. Als einer von vielen obskuren Vereinen wetterten die Gründer gegen das neue *System*, gegen die *Novemberverbrecher*, und hetzten gegen Juden, die nicht nur in diesen Kreisen im Zweifel immer an allem die Schuld trugen. Die meisten dieser Neugründungen sind lange vergessen, und auch die DAP wäre lange vergessen, hätten nicht Name und Führung gewechselt. Ein knappes Jahr nach der Gründung erfolgte am 24. Februar 1920 – dieses Mal im Hofbräuhaus (wo sonst, möchte man fragen) – die Bekanntgabe der Umbenennung in Nationalsozialistische Deutsche Arbeiterpartei (NSDAP).

Am gleichen Abend wurde das Parteiprogramm vorgestellt, das aus 25 Punkten bestand. Die ersten drei Punkte verlangten eine Abkehr vom Versailler Vertrag, den Anschluss Österreichs und die Rückgabe der deutschen Kolonien und am Ende ein Großdeutschland. Die Punkte 4 bis 8 richteten sich gegen Juden. Diese wurden nicht religiös, sondern rassisch definiert. Das politische Ziel war eindeutig die Entrechtung und Vertreibung der Juden. Auch in den anderen Punkten fanden sich antisemitische Forderungen. So sollte etwa laut Punkt 20 Juden grundsätzlich jede Tätigkeit im Pressewesen untersagt werden.

Parlamentarismus und Demokratie wurden selbstredend strikt abgelehnt. Wie ein roter Faden zog sich die Idee einer zu schaffenden deutschen Volksgemeinschaft hindurch und damit einhergehend die Frage, wer und wer nicht Teil dieser Volksgemeinschaft sein könne. Den deutschen Juden müsse die deutsche Staatsbürgerschaft entzogen werden, so das Ergebnis. Hier fand sich die ideologische Grundlage für die »Nürnberger Rassegesetze«, die fünfzehn Jahre später beschlossen wurden und einen wichtigen Meilenstein bildeten auf dem Weg zur völligen Entrechtung und schließlich Ermordung der Juden Europas.

Extremer Chauvinismus nach innen wie außen – so ließe sich das Programm der Rechtsextremen zusammenfassen. Sie lehnen die freiheitlich-demokratische Grundordnung ab und zielen auf ein totalitäres staatliches System. Die Idee einer Gesellschaft, die nicht auf Gleichheit, sondern auf einem rassistisch definierten Ideal von Oben und Unten, Wert und Unwert fußt, soll mit allen Mitteln erreicht werden. Die Anwendung von Gewalt wird dabei nicht nur billigend in Kauf genommen. Vielmehr ist die Anwendung von Gewalt Teil des Programms. Der politische Mord als Folge dieser Ideologie wurde bereits seit dem Ende der Monarchie als Mittel der Politik eingesetzt. An einige dieser Mordopfer erinnern wir uns, so an Matthias Erzberger oder an Walther Rathenau. Die meisten aber sind lange vergessen. Erst recht gilt dies für Opfer, die nicht zu Tode kamen, die vielleicht »nur« verletzt wurden.

Wir haben uns die Frage gestellt, wie die Justiz in den knapp 100 Jahren, seitdem sich der Rechtsextremismus parteipolitisch organisiert hat, mit Taten umgegangen ist, die als Ausdruck dieser Ideologie gelten können. Hier geht es uns in erster Linie um das Verhalten der Strafjustiz, aber nicht ausschließlich.

Gegenstand unserer Untersuchung sind die Justiz in den Jahren der Weimarer Republik, die alliierte Strafjustiz nach Ende des Zweiten Weltkriegs, die Justizapparate der Bundesrepublik und der DDR bis 1990 und schließlich die Justiz des wiedervereinigten Deutschland und der jeweilige Umgang mit alten und neuen Nazis. Denn dem Untergang des »Tausendjährigen Reiches« folgte weder der ideologische noch der personelle Untergang. Der Rassismus der Nationalsozialisten, insbesondere der Antisemitismus, hat den 8. Mai 1945 überlebt und fordert bis heute Opfer. Viele der alten Nazis machten nach dem Krieg

Karriere. Teilen des Staatsapparats, insbesondere dem Sicherheitsapparat, wurde deren politische DNA injiziert.

»Rassist« und »Nazi« werden leider oft synonym verwendet. Das ist ein Fehler. Jeder Nazi ist ein Rassist, aber nicht jeder Rassist ist ein Nazi. Diese Differenzierung ist wichtig. In Strafverfahren, in denen wir migrantische Opfer vertreten, stehen wir vor der Situation, dass die Verteidigung ihre der Tat beschuldigten Mandanten als ganz normale junge Männer präsentiert, die einmal etwas Dummes getan hätten. Mit Politik jedoch habe das nichts zu tun, sie seien ja keine Nazis. Nicht wenige Richter und Staatsanwälte lassen sich gerne auf dieses Spiel ein, manche aufgrund einer gewissen Faulheit – dieser ganze Hate-Crime-Kram ist so kompliziert und macht unnötig Arbeit –, wieder anderen geht es grundsätzlich gegen den Strich, sich nun mit Dingen wie Homophobie, Antisemitismus, Antiziganismus oder Sexismus beschäftigen zu müssen. Wieder andere zeigen in solchen Verfahren ein erstaunlich (oder keineswegs erstaunlich?) hohes Maß an Verständnis für Tat und Täter. Am Ende läuft es dann auf einfache Körperverletzung hinaus, und das ganze Verfahren ist gründlich entpolitisiert.

Nun hatte aber der Gesetzgeber in Reaktion auf den NSU-Skandal den Paragrafen 46 des Strafgesetzbuches eingefügt. In dieser Vorschrift geht es um die Strafzumessungskriterien. Mit der Änderung wurde eine rassistische Tatmotivation bei den Strafzumessungsgründen in den Katalog aufgenommen. Wenn aber der rassistische Aspekt einer Tat im Gerichtssaal oder – was in der Praxis quantitativ ein noch größeres Problem darstellt – bereits bei den polizeilichen bzw. staatsanwaltlichen Ermittlungen nicht gesehen und das Verfahren in der Folge eingestellt wird, dann kann Rassismus bei der Strafzumessung nicht berücksichtigt werden. Rassismus ist keineswegs ein Thema des Nazi-Milieus, man findet ihn in allen politischen und gesellschaftlichen Schichten.

Die Autoren dieses Buches vertreten regelmäßig Opfer von Straftaten oder die Hinterbliebenen von Menschen, die ermordet wurden. Ebenso regelmäßig stoßen sie auf fehlerhaft geführte Ermittlungen. Zeugenaussagen werden nicht ernst genommen, Ermittlungsansätze werden nicht weiterverfolgt, und Hinweisen wird nicht nachgegangen. Immer wieder stoßen wir auf Fälle von Nazi-Straftaten, wo ganz offensichtliche Hinweise auf die politische Gesinnung und die politische Motivation der Tat durch die ermittelnde Polizei ignoriert. Ein Beispiel dafür ist der Fall Salzhemmendorf (Seite 397ff.). Die Angeklagten hatten eine Flüchtlingsunterkunft mit Brandsätzen angegriffen. In der Hauptverhandlung wurde einer der polizeilichen Ermittler von der Nebenklage nach Hinweisen auf die politische Gesinnung der Angeklagten befragt. Der Zeuge konnte dazu nicht viel sagen. Als er dann aber ganz konkret nach etwaigen Nazi-Tätowierungen gefragt wurde, änderte sich das. Ja freilich, bei einem der Angeklagten seien unter der Kleidung schon recht deutliche Tattoos festgestellt worden. Er habe auch Fotos anfertigen lassen. Wo diese denn jetzt seien, in der Akte seien sie jedenfalls nicht mehr zu finden. Auf diese Frage griff der Beamte in sein Jackett und präsentierte der erstaunten Öffentlichkeit eben diese Fotos. Warum diese Fotos nicht ordnungsgemäß zur Akte gereicht wurden, konnte oder wollte der Beamte nicht plausibel erklären. So bleibt der schale Nachgeschmack des Verdachts, dass der rassistische und neonazistische Tathintergrund durch polizeiliche Ermittler verschleiert werden sollte. Leider ist Salzhemmendorf nur ein Beispiel in einer ganzen Reihe von Vorgängen dieser Art.

Wir erheben nicht den Anspruch einer umfassenden Untersuchung der letzten hundert Jahre. Das wäre vermessen und würde den Rahmen dieses Werkes sprengen. Wir haben uns mit einigen bekannten und einigen weniger oder gänzlich unbekannten Fällen beschäftigt. In den älteren Verfahren erläutern wir zum besseren Verständnis zunächst den historischen Hintergrund, stellen dann die beteiligten Personen vor und schildern schließlich den Prozessablauf und das Urteil. Zum Abschluss bewerten wir das Urteil.

Ausführlichere, aber dennoch verständliche juristische Erläuterungen erlauben wir uns bei den Verfahren in der alten Bundesrepublik sowie bei den neueren Verfahren seit 1990 gegen alte und neue Nazis.

In einigen Verfahren aus der jüngeren Vergangenheit waren wir als Opfervertreter persönlich beteiligt, so beispielsweise beim »NSU-Verfahren« oder dem Verfahren gegen den »Buchhalter von Auschwitz«, Oskar Gröning. Selbstverständlich haben unsere Mandantinnen und Mandanten dem zugestimmt. Unserem Freund und Kollegen Onur Özata, Rechtsanwalt und Fachanwalt für Strafrecht in Berlin, sind wir zu besonderem Dank verpflichtet. Aus seiner Feder stammen die Berichte zu den letzten Prozessen gegen Angehörige von KZ-Wachmannschaften und zum Verfahren gegen den Attentäter von Halle. Stephan B. hatte im Oktober 2019 die Synagoge von Halle angegriffen, danach einen von einem türkischstämmigen Migranten betriebenen Imbiss überfallen und dort bzw. auf dem Weg dorthin zwei Menschen erschossen.

Uns ging es um mögliche Kontinuitäten im Handeln eines Justizapparates im Umgang mit alten und jungen Nazis. Es ging uns um die Frage, ob es Auffälligkeiten oder Fehler gibt, die andauern und aus denen wir heute lernen könnten.

Wir haben uns dieser Aufgabe gestellt, nicht weil es zum ersten Mal in der Geschichte der Bundesrepublik Deutschland zu rechtsextremen oder rechtsterroristischen Morden gekommen wäre. Nein, solche Morde hat es in der Geschichte des ganzen Landes gegeben, auch wenn die meisten entweder nicht als solche anerkannt wurden oder schnell aus dem kollektiven Gedächtnis wieder verschwanden. Aber zum ersten Mal scheint es, als wüchse nach den Morden von Halle und Hanau, dem Mord an Dr. Walter Lübcke, dem Regierungspräsidenten von Kassel, und der Entdeckung von rechtsextremen Terrororganisationen, etwa der »Old School Society« oder der »Gruppe Freital«, sowie der Enttarnung von rechtsradikalen Chatgruppen bei Polizei und Bundeswehr auch in breiteren Bevölkerungskreisen die Einsicht, dass unsere Demokratie einer realen Bedrohung ausgesetzt ist. Natürlich ist unsere Sicherheit auch einer islamistischen oder einer linksextremen Bedrohung ausgesetzt. Aber der große Unterschied ist genau der: Islamisten oder Linksextreme können unsere Sicherheit bedrohen, aber nicht den Bestand unserer Demokratie. Rechtsextreme hingegen, von Politik und Justiz als Gefahr unterschätzt und geschont, haben Netzwerke im Staatsapparat aufgebaut und können eine Demokratie zerstören. Auch die Empirie spricht eine deutliche Sprache: Mit großem Abstand gehen die meisten politisch motivierten Gewalttaten auf das Konto von Rechtsextremisten.

Nach der Ermordung Walther Rathenaus durch Rechtsextremisten am 24. Juni 1922 fand die staatliche Trauerfeier im Reichstag statt. Reichskanzler Wirth hielt eine bewegende Rede. An deren Ende sagte er, nach rechts zeigend: »*Da steht der Feind, der sein Gift in die Wunden eines Volkes träufelt. – Da steht der Feind – und darüber ist kein Zweifel: dieser Feind steht rechts!*« Seine Worte sind nicht »wieder« aktuell. Sie haben nie aufgehört, aktuell zu sein.

Ernst Freiherr von Münchhausen
Dr. Mehmet Gürcan Daimagüler
Rechtsanwälte

Berlin / Bonn, im Frühjahr 2021

Die Justiz der Weimarer Republik und ihr Umgang mit den rechtsextremen Demokratiefeinden

1. Einleitung

Die Zeit der Weimarer Republik war geprägt durch einen ständigen Kampf zwischen den politischen Lagern. Die radikalen Kräfte von rechts und links bekämpften sich gegenseitig, vor allem aber bekämpften sie die Republik und ihre Repräsentanten. Dass dieser erste demokratische deutsche Staat unterging, war zu einem nicht unerheblichen Teil der ablehnenden Haltung der gesellschaftlichen, akademischen und wirtschaftlichen Eliten geschuldet. Die Justiz wurde aus dem Kaiserreich fast unverändert übernommen und blieb in ihrem Denken und Handeln zutiefst antidemokratisch. So gewährte sie u. a. straffälligen Nationalsozialisten häufig nicht nur eine juristische Privilegierung, sondern bot ihnen in öffentlichen Prozessen immer wieder eine Bühne, um ungestört Propaganda verbreiten und sich selbst in Szene setzen zu können.

In der Weimarer Republik war die Diskrepanz zwischen den demokratischen Kräften in der Regierung auf der einen und in monarchistischem oder sogar rechtem Gedankengut befangenen Richtern auf der anderen Seite besonders verheerend. Rechtsradikale Straftäter, die die Republik und ihre Repräsentanten bekämpften, wurden entweder gar nicht oder nur milde bestraft. In zahlreichen Fällen gereichte den Angeklagten ihre durch Mord und Gewalt manifestierte »Vaterlandsliebe« sogar zu ihrem eigenen Vorteil und wurde strafmildernd berücksichtigt.[2] Die politische Ausrichtung vieler Juristen manifestierte sich schließlich darin, dass sie im Jahre 1928 die erste berufsbezogene nationalsozialistische Organisation gründeten: den »Bund

Nationalsozialistischer Juristen« – damals im Wesentlichen noch mit Rechtsanwälten als Mitgliedern.

Der SPD-Abgeordnete Otto Wels, der später im Namen der SPD-Fraktion die Ablehnung des Ermächtigungsgesetzes bei der entsprechenden Reichstagsdebatte begründete, stellte bereits am 26. Juni 1922 nach der Ermordung Walther Rathenaus fest: »Die Justiz in unserem Lande ist ein Skandal, der zum Himmel schreit. [...] Die in ihr betätigte Reaktion unterwühlt die Grundfesten der Republik.«

Die Problematik war jedoch bis zu einem gewissen Grade hausgemacht. Herrschte bei der Richterschaft eine seit Kaiserzeiten bestehende personelle Kontinuität, war dies auf politischer Ebene vollkommen anders. Durch den häufigen Wechsel an der Spitze des Justizministeriums (16 verschiedene Minister in einem Zeitraum von 14 Jahren) war ein konsequenter Umbau der Richterschaft unmöglich. Die fehlende Kontinuität an der Spitze des Ministeriums schwächte den Einfluss der politischen Führung, und die gut organisierte Richterschaft konnte gegenüber einem solch schwachen Ministerium selbstbewusst agieren.

Das Zitat von Otto Wels verdeutlicht aber auch, dass die Ausrichtung der Justiz schon zu damaliger Zeit als offenkundiges Problem wahrgenommen wurde. Ein Problem, dessen Lösung nicht in Angriff genommen und das schließlich einer der Gründe für die Destabilisierung der Weimarer Demokratie wurde. Bereits 1922 veröffentlichte der Mathematiker Emil Gumbel ein Buch unter dem Titel *Vier Jahre politischer Mord*, in dem er anhand von Beispielen die einseitige Rechtsprechung verdeutlichte. Es handelt sich um erschreckende Beispiele willkürlicher Erschießungen. Begründet in erster Linie durch vermeintliche Fluchtversuche oder Waffenbesitz. Die unschuldigen Opfer wurden regelmäßig auch noch ihres gesamten Hab und Guts beraubt, sogar Schuhe oder Stiefel wurden ihnen abgenommen. Eine Strafverfolgung fand entweder gar nicht statt, oder die Täter wurden freigesprochen bzw. zu geringen Haftstrafen verurteilt. Dies unter anderem deshalb, weil Zeugen – Kameraden der Angeklagten – die durch die Angeklagten vorgetragene Version der Tat bestätigten. Gumbels deprimierendes Fazit lautete: 354 rechtsextremen, justizbekannten Morden standen 22 linksextreme Morde gegenüber. Von den rechten Taten blieben 326 ungesühnt, von den linken gerade einmal vier. Die Gerichte verhängten bei linken Tätern zehn Todesurteile, in den übrigen Prozessen betrug die durchschnittliche Haftstrafe 15 Jahre pro Mord, rechte Täter kamen mit durchschnittlich vier Monaten Haft davon.[3] Hinzu kam, dass auch die Strafverfolgungsbehörden – Polizei und Staatsanwaltschaft – linke Straftäter viel massiver verfolgten als rechte. Vor diesem Hintergrund ist es nicht erstaunlich, dass rechtsradikale Täter keinerlei Hemmungen bei der Verfolgung ihrer Ziele hatten.

2. Prozess gegen die Mörder Rosa Luxemburgs und Karl Liebknechts 1919

2.1. Hintergrund

Mit Rosa Luxemburg und Karl Liebknecht wurden bereits am 15. Januar 1919 zwei der prominentesten Kommunisten und Gründungsmitglieder der KPD ermordet. Äußerer Anlass war die Niederschlagung des sogenannten Spartakusaufstands, mit dem kommunistische Revolutionäre die Errichtung einer Räterepublik erreichen wollten. Der Freikorpsführer Waldemar Pabst, der Rosa Luxemburg und Karl Liebknecht in der Mordnacht verhörte und später ihre Tötung veranlasste, hatte sie zuvor auf einer Kundgebung in Berlin sprechen hören. Dieses Erlebnis soll ihn nach eigener Aussage davon überzeugt haben, dass »beide außerordentlich gefährlich seien und man ihnen nichts Gleichwertiges entgegensetzen könne«. Aus diesem Grund habe er sich dazu entschlossen, »diese Personen unschädlich zu machen«.[4] Mit Luxemburg und Liebknecht starben nicht nur die Anführer des Spartakusbundes und Gründungsmitglieder der KPD, sondern auch zwei Revolutionäre, die von sozialdemokratischer und rechtsnationaler Seite gleichermaßen gefürchtet waren.

Der sogenannte Spartakusaufstand fand lediglich in Berlin statt und dauerte vom 5. bis zum 12. Januar 1919. Die Anhänger des Spartakusbundes schlossen sich dabei einem laufenden Generalstreik an, den sie nicht geplant und zu dem sie auch nicht aufgerufen hatten. In Berlin hatte der Spartakusbund gerade einmal hundert Mitglieder, deutschlandweit waren es weniger als

3 000.⁵ Die Geschehnisse als Spartakusaufstand zu bezeichnen deckt sich mit der später verbreiteten Version, die Anführer des Spartakusbundes hätten die Ausschreitungen provoziert.⁶ Eine gezielte Verzerrung, die nicht zuletzt auch dazu dienen sollte, die Morde zu rechtfertigen.

Friedrich Ebert, vier Wochen später zum Reichspräsidenten gewählt, soll sich in einer Sondersitzung der Regierung betroffen über die Morde an seinen beiden ehemaligen politischen Mitstreitern gezeigt haben.⁷ Ob er selbst auch der Ermordung von Luxemburg und Liebknecht zugestimmt hat, ist bis heute umstritten.⁸

Ohne konkreten Befehl eines Weisungsbefugten oder gar eines Gerichtsurteils ordnete Pabst nach den Vernehmungen die Erschießung von Luxemburg und Liebknecht an.

Tatsächlich wurde Rosa Luxemburg unter Leitung des Oberleutnants Kurt Vogel nach ihrer Vernehmung zunächst aus dem Eden-Hotel abtransportiert. Dabei versetzte ihr der zuvor entsprechend instruierte Soldat Otto Runge aus der Menge heraus mit seinem Gewehrkolben einen so starken Schlag auf den Kopf, dass sie das Bewusstsein verlor. Während der Fahrt wurde sie wohl von Hermann Souchon, einem Leutnant zur See, der kurz zuvor auf den davonfahrenden Transport-Wagen aufgesprungen war, mit einem gezielten Schuss in die Schläfe getötet.⁹ Dies wurde aber erst viele Jahre später durch eine Äußerung von Pabst bekannt (dazu weiter unten noch ausführlicher). Die am Transport beteiligten Soldaten hatten über die Identität des Todesschützen beharrlich geschwiegen. Nach ihrer Exekution wurde Luxemburg in den Berliner Landwehrkanal geworfen, wo sie erst Monate später gefunden wurde. Nach erfülltem Auftrag sollen sich die Soldaten mit den folgenden Worten im Eden-Hotel zurückgemeldet haben: »Die alte Sau schwimmt schon.«¹⁰

Kurz nach Luxemburg brachten die Gefolgsleute von Pabst auch Liebknecht gewaltsam aus dem Eden-Hotel. Im Berliner Tiergarten wurde er unter dem Vorwand einer Motorpanne zum

Aussteigen bewegt und anschließend als vermeintlich Flüchtender von hinten erschossen. Mehrere Soldaten zielten dabei auf den Rücken des Davonlaufenden, den tödlichen Schuss soll nach übereinstimmenden Aussagen der Leutnant der Reserve Rudolf Liepmann abgegeben haben. Die Soldaten übergaben die als unbekannt deklarierte Leiche anschließend einer Berliner Polizeistation. Damit sollte vermutlich der Eindruck verstärkt werden, Liebknecht habe in der unübersichtlichen Revolutionsnacht des 15. Januars 1919 erschossen werden müssen, um seine Flucht zu verhindern.[11] Später versprach ein Sprecher der Garde-Kavallerie-Schützen-Division (GKSD) vollständige Aufklärung und erklärte, dass eine kriegsgerichtliche Untersuchung eingeleitet worden sei, um festzustellen, »ob die beiden Führer der Begleitmannschaften von Dr. Liebknecht und Frau Rosa Luxemburg ihre dienstlichen Pflichten erfüllt haben«.

2.2. Das Verfahren vor dem Feldkriegsgericht

Der Prozess wurde am 8. Mai 1919 vor dem Feldkriegsgericht der GKSD eröffnet. Der Weg zur Zivilgerichtsbarkeit war nicht eröffnet, da die Angeklagten offiziell dem Militär angehörten. Anhaltenden Zweifeln, ob der an der Ermordung Rosa Luxemburgs beteiligte Soldat Otto Runge tatsächlich dem Militär angehörte, wurde nicht nachgegangen. Angeklagt wurden schließlich sieben Soldaten, die an der Ermordung beteiligt gewesen sein sollten. Wichtiger noch als die Frage, wer angeklagt wurde, ist aber die Frage, wer nicht angeklagt war: Waldemar Pabst, der den Befehl für die Morde gab, und Hermann Souchon, der mutmaßliche Mörder von Luxemburg. Sechs Tage später, am 14. Mai 1919, erging bereits das Urteil.

2.2.1. Die Prozessbeteiligten

a) Die Angeklagten
Die *Freiheit*, die politisch allerdings nicht ganz unabhängige Parteizeitung der USPD, beschrieb den Prozess in ihrer Ausgabe vom 8. Mai 1919 folgendermaßen: »Sie (die Angeklagten, Anm. der Autoren) werden nicht auf dem üblichen Weg zur Anklagebank gebracht, sondern durchschreiten vom Richterzimmer aus den Saal. Sie kommen lachend und strahlend daher, die Brust mit Orden geschmückt, und es hat eher den Anschein, als ob sie zu einem Hochzeitsfest schreiten und nicht zur Anklagebank, um sich dort wegen eines der schrecklichsten Verbrechen der Menschheitsgeschichte zu verantworten.«[12]

Wegen vorsätzlicher Tötung an Liebknecht waren die Soldaten Horst von Pflugk-Harttung, Ulrich Rittgen, Heinrich Stiege, Bruno Schulze und Rudolf Liepmann angeklagt. Im Zusammenhang mit der Ermordung von Rosa Luxemburg wurde dem Soldaten Runge vorgeworfen, diese durch seine Kolbenhiebe während ihres Abtransports aus dem Eden-Hotel schwer verletzt zu haben. Ihre Tötung wiederum wurde Oberleutnant Vogel zur Last gelegt.

b) Der Ankläger
Paul Jorns, später Reichsanwalt am Reichsgericht und dann Chefankläger am Volksgerichtshof, führte bereits die Voruntersuchungen betont nachlässig und vertrat als Kriegsgerichtsrat der GKSD die Anklage. Einzelheiten von Jorns Fehlverhalten in diesem Prozess wurden zehn Jahre später im Rahmen einer weiteren Verhandlung vor dem Schöffengericht Berlin-Mitte im Detail bekannt.[13] Dazu später mehr.

Hier bereits aber Folgendes: Vor diesem Gericht hatte Jorns eine Beleidigungsklage gegen den Redakteur einer Zeitung erhoben, der dessen Vergangenheit zur Sprache gebracht hatte. Das

Schöffengericht stellte in seinem Urteil fest, dass Jorns bei der Untersuchungsführung

»1. Spuren, die zur Aufklärung dienen konnten, nicht aufgenommen hat ... 2. Spuren, deren Wichtigkeit er erkannt hatte, nicht verfolgte ... 3. Spuren verwischte, indem er das Gegenteil des Ermittelten in das Protokoll aufnahm ... 4. Zustände duldete, die, wie bekannt war, geeignet waren, den Sachverhalt zu verdunkeln und das Ergebnis der Untersuchung zu gefährden.«

Dieses ungemein deutliche Urteil wurde allerdings später vom Reichsgericht aufgehoben. Unter anderem mit folgender denkwürdiger Begründung: »Ist einem Untersuchungsbeamten der Vorwurf gemacht worden, dass er den Beschuldigten *absichtlich* Vorschub geleistet habe, so genügt für den Wahrheitsbeweis nicht der Nachweis eines *bewussten* Vorschubleistens.«[14]

Die Anklage gegen die Mörder von Karl Liebknecht und Rosa Luxemburg führte Jorns so, dass möglichst wenig aufgeklärt wurde. Auch zögerte er notwendige Verhaftungen so weit wie möglich hinaus. Der Angeklagte und schließlich auch der zu einer Haftstrafe verurteilte Soldat Runge legten gegenüber der *Freiheit* am 6. Januar 1920 eine Art Geständnis ab. Runge schilderte das Vorgehen von Jorns wie folgt: »Die Untersuchung ist eine Komödie gewesen. Ich sprach mit Kriegsgerichtsrat Jorns wiederholt privat, und er sagte mir: ›Nehmen Sie ruhig alles auf sich, vier Monate werden es nur, und Sie können sich dann immer an uns wenden, wenn Sie in Not sind.‹«

c) Die Richter
Das Verfahren wurde mehrheitlich von Richtern geführt, die derjenigen Division unterstellt waren, bei der Pabst als 1. Generalsstabsoffizier die rechte Hand des Kommandeurs war. Den Vorsitz des Gerichts übernahm Kriegsgerichtsrat Ehrhardt. Drei der vier beisitzenden Richter waren vom Korpsvertrauens-

rat der GKSD direkt gewählt worden: Kapitänleutnant Canaris, Offiziersstellvertreter Ernst und Kürassier Chimilewski. Vor allem Wilhelm Canaris spielte später während des Nationalsozialismus als Chef des militärischen Geheimdienstes eine außerordentlich wichtige Rolle. Er wurde später als Gegner der Nationalsozialisten verhaftet und im April 1945 im KZ Flossenbürg gemeinsam mit anderen prominenten Widerstandskämpfern standrechtlich zum Tod durch Erhängen verurteilt. Dieses Standgericht war in den 1950er-Jahren Gegenstand verschiedener Gerichtsverfahren und schließlich eines BGH-Urteils.[15]

Bereits vor Beginn der Verhandlung war Canaris mit dem Angeklagten Vogel freundschaftlich verbunden. Das freundschaftliche Verhältnis konnte er auch während dessen kurzer Untersuchungshaft pflegen, denn Jorns hatte ihm und Pabst eine Sprecherlaubnis erteilt. Die Initiative, ihn in dem Verfahren als Richter beizuordnen, ging auf Pabst persönlich zurück.[16] Später half Canaris seinem Freund Vogel bei der Flucht aus dem Gefängnis und aus Deutschland. Canaris legte hierfür einen von Jorns ausgestellten Verschubbefehl vor und überreichte Vogel einen vom Kriegsministerium ausgestellten, gefälschten Pass. Dafür wurde Canaris zwar verhaftet, aber bereits nach einigen Tagen wieder auf freien Fuß gesetzt. Der hierfür wiederum zuständige Staatsanwalt Hans-Günther von Dincklage[17] stellte das Verfahren auf die Mitteilung hin ein, dass sich Canaris zu diesem Zeitpunkt bei seiner Verlobten befunden habe.

Infolge politischen Drucks seitens der KPD wurden dem Ermittlungsrichter wegen der bestehenden Verdunkelungsgefahr vier zivile, sozialistische Politiker beigeordnet: Hugo Struve und Hermann Wäger von der SPD sowie Oskar Rusch und Paul Wegmann von der USPD. Ihre Zusammenarbeit war allerdings von kurzer Dauer. Nach den Enthüllungen des auf Liebknecht und Luxemburg folgenden KPD-Vorsitzenden Jogiches um die Geschehnisse in der Mordnacht und die Verwicklungen der

GKSD-Soldaten traten drei von ihnen aus Protest zurück.[18] Schon damals sagten sie in Bezug auf das Verhalten von Ermittlungsrichter Jorns: »Wir lehnen es vor dem Proletariat der Welt ab, teilzunehmen an einem Gerichtsverfahren, das es ermöglicht, die Spuren der Tat zu verwischen und die Mörder den Armen der Gerechtigkeit zu entziehen.«[19] Zum Prozessauftakt blieb nur Hermann Wäger als ziviler Beisitzer übrig.

2.2.2 Prozessverlauf

Das ganze Verfahren war von der Intention bestimmt, die Hintermänner der Morde im Dunkeln zu lassen und nicht zu belangen. Klar war auch, dass es zu einer raschen und milden Aburteilung kommen sollte. Die Angeklagten sagten zur Tötung von Liebknecht übereinstimmend aus, dieser sei bei einem Fluchtversuch erschossen worden, als der Wagen auf dem Weg in das Untersuchungsgefängnis Moabit wegen einer Motorpanne habe halten müssen. Sie, die Soldaten, hätten entsprechend ihrer Dienstpflicht gehandelt und den Flüchtenden erschossen. Der Angeklagte Liepmann gab insofern zu, den letztlich tödlichen Schuss abgegeben zu haben.

Bei dem Tatkomplex Rosa Luxemburg gestand der Angeklagte Vogel, den Befehl gegeben zu haben, Luxemburgs Leiche in den Landwehrkanal zu werfen. Er habe dabei selbst geholfen und könne sich noch an das unangenehme Gefühl erinnern, als er die schlaff heruntenhängende Hand der Toten berührte.[20] Wer im Auto den tödlichen Schuss abgegeben habe, wusste er laut eigener Aussage nicht mehr. Er gab aber zu, in früheren Vernehmungen über die Anzahl der am Abtransport von Luxemburg Beteiligten gelogen zu haben, um »jeden Verdacht von einer weiteren Person abzulenken«.[21] Der mutmaßliche Todesschütze Hermann Souchon wurde nur als Zeuge in der Verhandlung zum Mord an Karl Liebknecht geladen und war deshalb bei den

Verhandlungen zum Mord an Rosa Luxemburg nicht anwesend. So konnte er von anderen Zeugen nicht identifiziert werden; vermutlich war genau das von Jorns beabsichtigt. Nach dem Verfahren floh Souchon nach Finnland, wo er keine Strafverfolgung zu befürchten hatte.

Als zwei Jahre nach dem Urteil der Fahrer des Transportwagens in einem neuen Ermittlungsverfahren aussagte, dass neben Vogel und Runge auch Souchon dabei gewesen sei, wurde dieser erneut vorgeladen. Diesen Vorladungen kam er jedoch nicht nach. Erst 1935 kehrte er nach Deutschland zurück, nachdem Hitler persönlich den Mördern von Liebknecht und Luxemburg Amnestie gewährt hatte. In der breiten Öffentlichkeit wurde erst in den 1960er-Jahren durch journalistische Recherchen bekannt, dass wohl nicht Vogel, sondern Souchon den tödlichen Kopfschuss auf Rosa Luxemburg abgegeben hatte. Hermann Souchon ging juristisch gegen diese Behauptungen vor und erwirkte ein gerichtliches Verbot derartiger Behauptungen – das Gericht berief sich dabei in der Begründung auf die Ergebnisse des Feldkriegsgerichtsverfahrens aus dem Jahr 1919.

Jorns machte in seinem Schlussplädoyer gleich mit dem ersten Satz klar, was er von den Ermordeten hielt: »Als am 16. Januar die Tageszeitungen die Nachricht von dem gewaltsamen Tode des Dr. Karl Liebknecht und der Frau Rosa Luxemburg brachten, da hat wohl manch einer im Inneren gedacht und haben es vielleicht auch viele ausgesprochen: Gott sei Dank, dass wir von diesen Menschen endlich befreit sind!«[22] Deutlicher kann man sein Verständnis der von den Angeklagten ausgeführten Morde kaum ausdrücken. Von Vertretern der Anklage erwartet man üblicherweise etwas anderes. Eine nüchterne, unvoreingenommene oder differenzierte Schlussrede war danach vonseiten der Anklage nicht mehr zu erwarten. Stattdessen ereiferte sich Jorns über die nach seinem Dafürhalten tendenziöse Berichterstattung über die Ermittlungen und das Verfahren, vor allem von der *Roten Fahne* und der *Freiheit*. Eigenes Fehlverhalten mochte er sich nicht vorwerfen lassen. Insbesondere habe sich das Gericht weder von politischen Gesichtspunkten noch von persönlichen Stimmungen leiten lassen. Am Ende forderte er gegen die vier Offiziere, die zugegeben hatten, auf Liebknecht geschossen zu haben, die Todesstrafe wegen vollendeten Mordes. Gegen Vogel beantragte er unter anderem wegen versuchten Mordes an Rosa Luxemburg fünf Jahre und einen Monat Zuchthaus. Er dürfte dabei sicher davon ausgegangen sein, dass sich diese geforderten Strafen niemals im Urteil widerspiegeln würden. Diese Erwartung wurde nicht enttäuscht.

2.2.3 Urteil

Am 14. Mai 1919 verkündete das Feldkriegsgericht sein Urteil.[23] Am härtesten traf es Runge, vermutlich weil er nicht der hellste Kopf war und seine Schlagattacken beim Abtransport aus dem Eden-Hotel in der Öffentlichkeit nicht zum Plan von Pabst gehört hatten. Über ihn heißt es in der liberalen *Frankfurter Zeitung* vom 16. Mai 1919: »Dass aber der Hauptangeklagte Runge ein Halbidiot ist, stellt auch der ›Berliner Börsenkurier‹ fest.«[24] In den Augen des Gerichts jedenfalls war es nicht mehr einwandfrei feststellbar, ob für Luxemburgs Tod die Kolbenschläge oder der Schuss gegen ihre Schläfe kausal war. Runge konnte damit aus Sicht des Gerichts nur eine versuchte Tötung nachgewiesen werden. Er wurde »wegen Wachvergehens im Felde, wegen versuchten Totschlags in Tateinheit mit gefährlicher Körperverletzung unter Missbrauch der Waffe« zu zwei Jahren Gefängnis verurteilt. Der Angeklagte Vogel wurde wegen erschwerten Wachvergehens im Felde, Missbrauchs der Dienstgewalt und Beiseiteschaffung einer Leiche verurteilt. Vom Vorwurf des Mordes sprach ihn das Gericht hingegen frei. In der Urteilsbegründung heißt es, dass neben ihm auch »ein im Auto mitfahrender unbekannter Offizier – wahrscheinlich ein Marine-Offizier – in Betracht« kommt. Ein lückenloser Schuldbeweis für seinen Mord sei daher nicht zu führen. Strafmildernd wurde unter anderem die »allgemeine Erbitterung, die [...] besonders bei den Regierungsgruppen gegen die erschossenen Führer der Spartakuspartei herrschte«, berücksichtigt. Das Strafmaß lautete zwei Jahre und vier Monate Gefängnis. Eine Freiheitsstrafe, die er niemals verbüßte.

Das Urteil gegen Leutnant Liepmann fiel ausgesprochen milde aus. Er gab im Prozess freimütig zu, Liebknecht von hinten erschossen zu haben. Dabei berichtete er auch darüber, wie zuvor eine Autopanne vorgetäuscht wurde, damit Liebknecht das Auto verließ, um ihn anschließend »auf der Flucht« zu töten. Vom heimtückischen Mord wurde er dennoch freigesprochen. Einen Stubenarrest von sechs Wochen wegen verschiedener Dienstvergehen fanden die Richter des Kriegsgerichts in seinem Fall für angemessen. Konkret wurde er der Anmaßung einer Befehlsbefugnis in Tateinheit mit Begünstigung für schuldig befunden.

Die Beweiswürdigung im Urteil des Feldkriegsgerichts zum Mord an Liebknecht war grotesk. Zwar gingen die Richter auf das mutmaßliche Tatgeschehen ein, ausreichend für eine Verurteilung wegen Mordes fanden sie die Beweislage aber nicht. Die Richter hielten es zwar für möglich, dass der Fluchtversuch Liebknechts von den Angeklagten nur vorgetäuscht worden war: »Der Vorgang könnte sich etwa so abgespielt haben, dass der Angeklagte Kapitänleutnant von Pflugk-Harttung beim Umdrehen nach dem Auto absichtlich den Arm Liebknechts losließ, zum Rufen stehenblieb und hinter dem weiter schreitenden Liebknecht dann einen Schuss in die Luft oder gegen dessen Körper abgab, worauf Liebknecht in natürlicher Angst und Erregung vorwärts oder seitwärts zu laufen begann und dann von den übrigen Angeklagten mit deren Pistolen erschossen wurde.« Diese Feststellungen dürften dem Geschehen in der Mordnacht in der Tat nahekommen. Jedenfalls deckten sie sich mit übereinstimmenden Zeugenaussagen und passten zu den nachträglichen Erklärungen des Tathergangs. Allerdings zog das Gericht daraus nicht die Konsequenz, die Angeklagten wegen Mordes zu verurteilen. Stattdessen kam es ohne nähere Begründung zu dem Ergebnis, dass der Nachweis eines gemeinschaftlichen Mordes nicht erbracht worden sei: »Denn die Panne des Wagens war tatsächlich echt. Die Angeklagten haben Liebknecht vor dem Hotel auch vor Misshandlungen tatsächlich zu schützen versucht.« Diese Deutung des Geschehens machte das Gericht zur Grundlage seines Urteils.

Alle anderen Angeklagten wurden freigesprochen. Wegen der Tötungen selbst wurde also außer Runge niemand zur Rechenschaft gezogen. Dass das Gericht nur einen niedrigen Dienstgrad, der offenbar nicht nur geistig zurückgeblieben war, sondern auch im Tötungsplan eine völlig unbedeutende Rolle gespielt hatte, wegen versuchter Tötung verurteilte, ist symptomatisch für ein Gerichtsverfahren, in dem weder der Tatbeitrag noch das Ausmaß der Schuld ausschlaggebend für das Urteil war. Es stellte den Schlusspunkt einer »traurigen Justizkomödie« dar.[25]

Reichswehrminister Gustav Noske (SPD) bezeichnete die Ermordeten später als die Hauptschuldigen für die Gewaltausschreitungen im Januar 1919 und wies auf die Forderung Tausender hin, »ob denn niemand die Unruhestifter unschädlich mache«.[26] Als Oberbefehlshaber der Truppen unterschrieb er außerdem das Urteil des Feldkriegsgerichts, obwohl die auch damals bereits offenkundige Rechtsbeugung bei vielen Sozialdemokraten auf scharfe Kritik gestoßen war.[27] In seinem Buch *Von Kiel bis Kapp* rechtfertigte er die Genehmigung des Urteils folgendermaßen: »Nachdem die ersten Autoritäten der zivilen und Militär-Gerichtsbarkeit Gutachten erstattet hatten, dass bei einer Wiederholung der Beweisaufnahme eine härtere Strafe für keinen der Angeklagten zu erwarten wäre.«[28] Ob er das wirklich geglaubt hat, ist fraglich. Zuvor soll er Pabst in einem Brief versprochen haben, dass es nicht zu einem erneuten Prozess kommen werde.[29]

Die Rechtsgutachten des Justizministeriums und des Reichsgerichts bestätigten später mit Ausnahme der Verurteilung von Vogel die Urteile.[30] Nach der Machtergreifung der Nazis hatten die Verurteilten keine Repressalien mehr zu befürchten. Im Gegenteil: Runge und Vogel wurden großzügig entschädigt.

2.3. Bewertung und Rezeption

Runge, das schwächste Glied in der Kette, musste am Ende als Bauernopfer herhalten. Er wurde manipuliert und als Täter vorgeschoben. In der Ausgabe der *Freiheit* vom Tag des Urteilsspruchs zeigte man sich vom Ergebnis des Prozesses nicht überrascht. Es sei von Anfang an für alle klar gewesen, dass »ein Kriegsgericht, zusammengesetzt aus Kameraden und Gesinnungsgenossen der Angeklagten, niemals deren Schuld feststellen werde«.[31] Auch das milde Urteil gegen Runge sei erklärlich, da er – »diese klägliche Abart eines Proletariers« – bei seinen Taten mit Zustimmung derjenigen handelte, die später über ihn urteilen sollten.

Nachdem Canaris dem Mitverurteilten Vogel zur Flucht verholfen hatte, war er dann auch der Einzige, der seine Strafe verbüßen musste. Das größte Versäumnis dieses Prozesses ist aber wohl darin zu sehen, dass die Hintermänner, genauer gesagt, Pabst, niemals, auch nicht in der Bundesrepublik, zur Rechenschaft gezogen wurden. Schließlich hatte er die Geschehnisse im Eden-Hotel zu verantworten und außerdem die Morde angeordnet, wie er später mehrfach zugab.

Historiker ordnen das Verfahren heute als »Justizposse« ein,

»die als einer der großen Justizskandale unseres Jahrhunderts bezeichnet werden muss«,[32] und als »einer der schamlosesten Lügenprozesse der deutschen Rechtsgeschichte«.[33]

Die schamlose Beugung des Rechts hörte mit dem Richterspruch allerdings nicht auf. Alle Versuche, das Urteil anzufechten, wurden verschleppt. Der Rechtsanwalt Paul Levi, Mitbegründer der KPD und von 1919 bis 1921 deren Vorsitzender, brachte die Langzeitfolgen des Urteils in seinem Plädoyer in dem bereits oben erwähnten Beleidigungsverfahren gegen Jorns auf den Punkt. Nun wisse man, »dass Morden noch lange nicht identisch ist mit Bestraftwerden«.[34] Diese Wirkung des Urteils war insofern verheerend, als dass auf die hier verhandelten Morde gegen Kommunisten viele weitere folgten, und zwar schon ab März 1919, während der anschließenden Unruhen infolge des Generalstreiks im Ruhrgebiet.[35]

Auch in der Bundesrepublik erfolgte keine Rehabilitierung der Getöteten, geschweige denn eine strafrechtliche Verfolgung der Hintermänner, insbesondere des Drahtziehers Pabst. Und dies obwohl Pabst selbst freimütig zugab, die Ermordung angeordnet zu haben. Strafrechtliche Ermittlungen zog dieses Geständnis schon allein deshalb nicht nach sich, da die allgemeine Auffassung bestand, es habe sich um standrechtliche Erschießungen gehandelt, die als solche rechtmäßig gewesen seien. Offiziell bestätigt wurde diese Lesart durch ein Bulletin des Presse- und Informationsamtes der Bundesregierung vom 8. Februar 1962. Dort hieß es: »Pabst bestreitet nicht seine Verantwortung für die standrechtlichen Erschießungen, aber er versichert, es in höchster Not und in der Überzeugung getan zu haben, nur so den Bürgerkrieg beenden und Deutschland vor dem Kommunismus retten zu können ... Denn Moskaus Plan, aus dem Chaos jener Jahre ganz Deutschland gleichsam als Strandgut dem roten Imperium einzuverleiben, scheiterte unter Mithilfe der damaligen Freikorps.«[36]

Die *Deutsche Soldatenzeitung* titelte daraufhin zugunsten der Freikorps: »Der späte Dank des Vaterlandes.«

Dass es sich auch formaljuristisch nicht um eine standrechtliche Erschießung handeln konnte, ergab sich jedoch bereits daraus, dass eine solche jedenfalls ein sogenanntes *Ad-hoc*-Verfahren vorausgesetzt hätte. Das Bulletin und die öffentliche Meinung über die Morde waren aufgrund der personellen Kontinuitäten in politischen Schlüsselpositionen indessen kaum erstaunlich. Nach eigenen Angaben orientierte sich die erste Bundesregierung beim Aufbau des Bundespresseamtes aufgrund von »Erfahrungen mit dem berüchtigten Reichspropagandaministerium des totalitären Nazi-Regimes« zwar »an Organisationsformen der Weimarer Republik«.[37] Das verhinderte aber nicht, dass dem Presseamt zu diesem Zeitpunkt noch Felix von Eckardt vorstand. Dieser arbeitete in der Zeit des Nationalsozialismus an Propagandafilmen mit, bevor er nach dem Krieg zum Pressesprecher und wichtigen Berater unter Konrad Adenauer avancierte. Ein ehemaliger Zeitungskollege schreibt: »Felix von Eckardt ist immer auf der Seite der Gewinner. Im Krieg braucht er nicht Soldat werden, er ist Drehbuchschreiber bei UFA und kriegswichtig. Was er schreibt, gefällt dem Reichspropagandaminister Joseph Goebbels.«[38] Für eine Karriere im Bundespresseamt zum damaligen Zeitpunkt war eine solche Biografie sicher kein Ausschlusskriterium, sondern wohl eher eine Empfehlung.

Pabst konnte seine Karriere auch im Nachkriegsdeutschland unbeirrt fortsetzen und machte als Waffenhändler ein Vermögen. Er starb 1970 in Düsseldorf, ohne jemals für seine Verbrechen zur Rechenschaft gezogen worden zu sein. Sein Biograf Klaus Gietinger nennt ihn »eine Figur mit einer ungeheuerlichen Biografie, dessen Einfluss auf die Politik des ersten Drittels des 20. Jahrhunderts bislang deutlich unterschätzt wurde«.[39]

3. Prozess gegen Anton Graf von Arco-Valley, den Mörder von Kurt Eisner, 1920

3.1. Hintergrund

Am 21. Februar 1919 befand sich der erste bayerische Ministerpräsident Kurt Eisner auf dem Weg zur konstituierenden Sitzung des Landtages. Er wollte dort wegen des katastrophalen Wahlergebnisses seiner Partei, der USPD, seinen Rücktritt bekannt geben. Auf dem Weg dorthin wurde er von einem Attentäter durch zwei Schüsse in den Hinterkopf aus nächster Nähe getötet.[40] Ein politischer Mord, verübt am helllichten Tage auf offener Straße. Die Tat war ein Wendepunkt für die bis dahin friedliche Münchner Revolution; »dann begann die Zeit der Straßenschlachten und der politischen Morde, die Zeit eines Terrors, wie ihn so furchtbar keine andere Stadt erlebte, auch nicht Berlin«.[41] Der Attentäter selbst wurde sofort überwältigt und von Kugeln der begleitenden Wachsoldaten schwer verletzt. Bereits eine Stunde nach Eisners Tod stürzte Alois Lindner – ein Mitglied des Revolutionären Arbeiterrats – in den Saal des bayrischen Landtages und feuerte zwei Schüsse auf den politischen Widersacher Eisners ab, den sozialdemokratischen Innenminister Erhard Auer, den der Schütze fälschlicherweise hinter dem Attentat vermutete. Auer überlebte schwer verletzt. Beim anschließenden Tumult wurden ein Abgeordneter der Bayerischen Volkspartei und ein unbeteiligter Besucher getötet.[42]

Eisner entstammte einer jüdischen Familie. 1917 in die USPD eingetreten, war er maßgeblich für die Organisation des Streiks der Münchener Munitionsarbeiter im Januar 1918 verantwortlich.

Ziel waren die Beendigung des Krieges und eine Demokratisierung des Staates. Der Streik führte zu einer Streikwelle im gesamten Deutschen Reich und zu Eisners Verhaftung. Seit Oktober 1918 wieder auf freiem Fuß, rief Eisner am 8. November 1918 in München den heute noch gebräuchlichen Begriff Freistaat Bayern aus (frei war gleichbedeutend mit frei von einer Monarchie) und erklärte den König für abgesetzt. Damit war die mehr als 700 Jahre alte Monarchie Bayerns gestürzt. Eisner brachte so auch in Berlin den Stein ins Rollen, denn einen Tag später taten es ihm Karl Liebknecht und Philipp Scheidemann nach. Die Versammlung der Arbeiter- und Soldatenräte wählte Eisner kurz darauf zum Ministerpräsidenten. Bei den Landtagswahlen Anfang 1919 erhielt die Partei Eisners, die USPD, jedoch nur 2,5 Prozent der Stimmen. Daraus zog er die Konsequenzen und wollte als Ministerpräsident zurücktreten.[43] Seine Ermordung stieß in großen Teilen der Bevölkerung auf pures Entsetzen; zu seiner Beerdigung am 26. Februar fand ein Trauergeleit durch München statt, an dem etwa 100 000 Menschen teilnahmen.[44]

Attentäter war der 22-jährige Leutnant der Infanterie und Jurastudent Anton Graf Arco-Valley. Er hielt seine Motivation am Abend vor seiner Tat für die Nachwelt fest: »Eisner strebt nach der Anarchie, er ist Bolschewist, er ist Jude, er ist kein Deutscher, er fühlt nicht deutsch, er untergräbt jedes deutsche Gefühl, er ist ein Landesverräter. Das ganze Volk schreit nach Befreiung.«[45] Sein Hass auf Eisner wurde von verschiedenen Gruppen befeuert: Für Nationalisten war Eisner eine Zielscheibe, weil er offen bekannte, dass Deutschland Schuld am Krieg trage. Er hatte außerdem – Eisner war Journalist und Autor – Auszüge bayerischer Dokumente zum Kriegsausbruch von 1914 veröffentlicht, die seine These untermauern sollten.[46] Antisemiten wiederum reichte für ihren gegen Eisner gerichteten Hass allein schon seine jüdische Herkunft. Und Monarchisten legten ihm zur Last, die Abdankung des Königs erzwungen zu haben.

Zu all diesen Gruppen pflegte der Attentäter Graf Arco Kontakt: Er hatte insbesondere intensiven Kontakt zu Mitgliedern der antisemitischen, völkisch-nationalen Thule-Gesellschaft, einem politischen Geheimbund, dessen Ziel es war, mit allen Mitteln den von Eisner ausgerufenen Freien Volksstaat Bayern und die nachfolgende Münchner Räterepublik zu bekämpfen, da sie als Ausfluss einer »jüdischen Weltverschwörung« betrachtet wurde. Da Arcos Mutter als geborene Freiin von Oppenheim Jüdin war, konnte er selbst kein Mitglied werden, teilte aber die völkischnationalistische Gesinnung der Thule-Gesellschaft und hielt sich regelmäßig in ihrem Umfeld auf.[47] Er war zudem Mitglied der katholischen Studentenverbindung Rhaetia, die einen bayerischen Separatismus vertrat und enge Beziehungen zum Haus Wittelsbach pflegte.

Der Ministerpräsident repräsentierte als jüdischer, republikanischer und sozialistischer Revolutionsführer all das, was Arco und sein Umfeld hassten. Bis heute ist allerdings umstritten, ob Graf Arco als Einzelgänger oder als Teil einer Verschwörung ehemaliger Offiziere gehandelt hat. Einige Stimmen behaupten, er sei bei einer Versammlung von Offizieren durch Los für diesen Mord bestimmt worden. Hinzu kam, dass er »ein schräger Vogel« gewesen sein soll,[48] Ricarda Huch wiederum, als Zeitgenossin, beschrieb ihn als »wunderlich«.[49] Aufklären lassen sich die wahren Hintergründe heute wohl nicht mehr.

3.2. Verfahren und Urteil

Der Prozess wurde am 14. Januar 1920 am Volksgericht München eröffnet, fast ein Jahr nach dem Attentat. Der späte Prozessbeginn lag daran, dass Arco selbst bei dem Attentat schwer verletzt worden war und lange Zeit für seine Genesung benötigte.

Bei den bayerischen sogenannten Volksgerichten handelte es sich um Sondergerichte, die noch von der Regierung Eisner eingeführt worden waren. Ihre Aufgabe war es, schwere Gewalttaten zügiger abzuurteilen. Die Besonderheit bestand darin, dass die Gerichte aus zwei Berufsrichtern und drei Laienrichtern bestanden (daher der Ausdruck Volksgericht). Eine Verurteilung konnte nur mit einer Mehrheit von vier Stimmen erfolgen. Für den Fall, dass keine Mehrheit zustande kam, wurden die Verfahren an die ordentliche Gerichtsbarkeit abgegeben. Die Verfahren wurden nur summarisch geführt, gegen die Urteile gab es kein Rechtsmittel, und sie waren sofort vollstreckbar. Alles in allem verstießen die Gerichte damit gegen die Regelungen der Weimarer Reichsverfassung. Dennoch wurden sie sowohl von der bürgerlich-sozialdemokratischen Regierung Hoffmann als auch von der rechtskonservativen Regierung von Kahr nahtlos übernommen und erst 1924 aufgelöst. Das letzte vor einem Volksgericht geführte Verfahren war der Hitlerputsch von 1923.

Den Vorsitz in dem Verfahren hatte Richter Georg Neithardt inne. Dies war für Graf Arco ein großes Glück, denn Neithardt teilte seine Ablehnung der Demokratie ebenso wie seinen Hass gegen den Ermordeten. Neithardt sollte später auch das Urteil gegen Adolf Hitler nach dem gescheiterten Hitlerputsch fällen (mehr dazu folgt).

Nach zwei Verhandlungstagen wurde der Angeklagte am 20. Januar 1920 zum Tode verurteilt. Dieses Urteil sollte aber niemals vollstreckt werden. Denn in den Urteilsgründen heißt es unter anderem: »Von einer Aberkennung der bürgerlichen Ehrenrechte konnte natürlich keine Rede sein, weil die Handlungsweise des jungen politisch unmündigen Mannes nicht niedriger Gesinnung, sondern der glühenden Liebe zu seinem Volke und Vaterland entsprang [...] und Ausfluss der in weiten Volkskreisen herrschenden Empörung über Eisner war.«[50] Genau auf diese Argumentationsform wurde einige Jahre in der Nazi-

Rechtsprechung immer wieder zurückgegriffen, wenn politische Straftaten bis hin zu Morden mit berechtigtem »Volkszorn« oder gar einem »gesunden Volksempfinden« gerechtfertigt wurden.⁵¹

Arco fasste sich nach der Verlesung des Todesurteils ein Herz und bat die Richter, von unüberlegten Taten gegen seine Person abzusehen und stattdessen am nationalen Aufbau mitzuarbeiten. Bei den Zuhörern im Gerichtssaal brach daraufhin minutenlanger Beifall aus. Beim Verlassen des Volksgerichts wurde Arco von einer jubelnden Menschenmenge empfangen.⁵² Ob Arcos Bitte ein verzweifelter Hilferuf oder eine selbstbewusste Vorahnung war, ist ungeklärt, jedenfalls wurde sie erhört. Bereits einen Tag nach dem Todesurteil wurde seine Strafe in lebenslange Festungshaft umgewandelt. Dies stellte für Arco im Gegensatz zu der ebenfalls denkbaren Zuchthausstrafe die deutlich mildere Alternative dar, da diese nicht mit einer Arbeitspflicht verbunden war. Es handelte sich damit um eine Strafe ohne entehrende Folgen, bei welcher der Verurteilte die Möglichkeit hatte, eigenen Interessen nachzugehen und Besuch zu empfangen. Aus diesem Grund hieß die Festungshaft im Volksmund schlicht »Ehrenhaft«. Die Begnadigung wurde durch den bayerischen Justizminister Ernst Müller-Meiningen von der DDP unter anderem mit dem bezeichnenden Satz begründet: »Ich würde mich vor meinen Kindern schämen, einen Mann wie Arco ins Zuchthaus zu schicken.«⁵³ Zu bedenken ist dabei, dass es sich bei der DDP um eine republikfreundliche liberale Partei handelte.

Die Festungshaft verbrachte Arco unter großen Freiheiten in Landsberg am Lech, der Haftanstalt, in der ab dem 1. April 1924 auch Hitler seine Haftstrafe verbüßte. Bereits am 13. April 1924 wurde Arco auf Bewährung entlassen. Im Jahr 1927 erfolgte dann seine endgültige Begnadigung im Rahmen einer Amnestie anlässlich des 80. Geburtstages von Reichspräsident Paul von Hindenburg. Nach der Machtübernahme durch die Nationalsozialisten wurde Arco bereits am 13. März 1933 in Schutzhaft genommen, nachdem er verkündet hatte, ebenso gut wie Eisner könne er auch einen anderen erschießen. Trotz dieser Äußerung und obwohl er wegen seiner jüdischen Mutter Halbjude war, wurde er nicht weiter behelligt. Dies wohl auch deshalb nicht, weil er durch seinen Mord an Eisner in nationalen Kreisen als Held galt. Dass er dabei von Eisners Begleitern schwer verletzt wurde, machte sogar einen »Märtyrer« aus ihm. Am 29. Juni 1945 starb er im Alter von 48 Jahren bei einer Kollision mit einem entgegenkommenden Fahrzeug der amerikanischen Armee.[54]

3.3 Bewertung

Letztlich wurden durch das Urteil und die anschließende Begnadigung ein politischer Mord aus »Liebe zum Vaterland« gerechtfertigt und sogar noch das Fehlen niedriger Beweggründe festgestellt. Es spricht viel dafür, dass das Todesurteil und das explizite Herausstellen der »glühenden Vaterlandsliebe« zwischen Justizminister, Staatsanwaltschaft und Richter abgesprochen war.[55] Auf Grundlage dieser richterlichen Feststellungen konnte dann auch die Begnadigung und die Umwandlung der Todesstrafe in eine Festungshaft erfolgen. Dass Arco ausdrücklich wegen seiner vaterländischen Gesinnung nicht die bürgerlichen Ehrenrechte aberkannt wurden, war erforderlich, damit er seine Strafe in der Festungshaft und nicht im deutlich härteren Zuchthausvollzug absitzen musste. Denn dort hätten ihm nicht nur die Pflicht zu harter körperlicher Arbeit, sondern auch weitaus restriktivere Haftbedingungen gedroht. Die Festungshaft galt, wie gesagt, als »Ehrenhaft« und war im Fall Arcos nur erklärlich, weil eine Begnadigung von Anfang an beabsichtigt war. Alles in allem war es nichts anderes als eine »abgekartete Justizkomödie«.[56]

Neithardts Versäumnisse als Richter behinderten seine Justizkarriere nicht im Geringsten. Er wurde als bewährter Richter weiter befördert und leitete ab dem 24. Februar 1924 sogar die Verfahren gegen die Beteiligten am Hitler-Ludendorff-Putsch, wieder zur vollen Zufriedenheit der angeklagten rechtsradikalen Straftäter.[57]

Dem Mitbegründer des revolutionären Arbeiterrates Alois Lindner, der direkt nach dem Eisner-Attentat in den Landtag gestürmt war und SPD-Innenminister Auer schwer verletzt hatte, erging es weniger gut. Er wurde zu 14 Jahren Zuchthaus (nicht Festungshaft) verurteilt. Als anlässlich des 80. Geburtstages von Reichspräsident von Hindenburg politische Straftäter begnadigt wurden, war er – im Gegensatz zu Graf Arco – nicht unter ihnen. Er wurde erst 1928 entlassen.

4. Prozesse nach dem Kapp-Lüttwitz-Putsch, 1921

4.1. Hintergrund

Deutschland verpflichtete sich im Versailler Vertrag, sein Heer auf 100 000 Mann zu reduzieren und die aus Freiwilligen bestehenden Freikorps aufzulösen. Dafür mussten ab dem Sommer 1919 zeitlich gestaffelt über 150 000 Mann entlassen werden. Ein Vorgang, mit dem zahlreiche Militärs nicht einverstanden waren und der für erhebliche Unruhe sorgte. Drahtzieher des Putsches war General Walther von Lüttwitz, Oberbefehlshaber des Reichswehrgruppenkommandos I (das wichtigste der lediglich vier Gruppenkommandos innerhalb der Armee). Er war bereits für die Niederschlagung des Spartakusaufstandes im Jahr 1919 verantwortlich gewesen. Auslöser des Putsches war Ende Februar 1920 eine Verfügung von Reichswehrminister Noske, der zufolge die Marinebrigade Ehrhardt mit einer Stärke von 6 000 Mann aufgelöst werden sollte.

Am 10. März sprach Lüttwitz bei Reichspräsident Ebert vor, der ihn in Anwesenheit von Noske empfing. Lüttwitz stellte mehrere ultimative Forderungen, darunter nicht nur die Rücknahme des Befehls zur Auflösung der Brigade Ehrhardt, sondern auch die sofortige Auflösung der Nationalversammlung und Neuwahlen zum Reichstag, die Einsetzung von Fachministern und seine, Lüttwitz, Ernennung zum Oberbefehlshaber der Reichswehr. Ebert und Noske lehnten ab und setzten ihm eine Frist von 24 Stunden zum Rücktritt. Diese Aufforderung leistete Lüttwitz nicht Folge, sodass Noske ihn am 11. März »zur Disposition« stellte, was einer heutigen Frühpensionierung entspricht.

Reichswehrminister Noske fehlte es jedoch an Rückhalt in der Reichswehr, um sofort militärische Gegenmaßnahmen einzuleiten. Insbesondere hatte es der Chef des Truppenamtes, General Hans von Seeckt, abgelehnt, sich in Kampfhandlungen mit den Putschisten verwickeln zu lassen, weil er dadurch den Zusammenhalt seiner Verbände gefährdet sah. Er wird mit dem Ausspruch zitiert: »Reichswehr schießt nicht auf Reichswehr!«[58] In der Folge musste die Reichsregierung unter Gustav Bauer die Flucht aus Berlin ergreifen und den Putschisten das Feld überlassen.

Als Reichskanzler ernannte Lüttwitz den rechtsextremen ostpreußischen Generallandschaftsdirektor Wolfgang Kapp. Dieser rief noch am gleichen Tag eine »neue Regierung der Ordnung, der Freiheit und der Tat« unter seiner Führung aus. Beide gehörten der Nationalen Vereinigung an, die im Oktober 1919 aus der Deutschen Vaterlandspartei hervorgegangen war. Ein weiteres Mitglied dieses republikfeindlichen Zusammenschlusses war Erich Ludendorff, der sich zwei Jahre später an einem erneuten Putschversuch mit Adolf Hitler beteiligen wird.[59] Ziel dieses Sammelbeckens rechter Agitatoren war es, eine »Einheitsfront aller Nationalgesinnten« zu schaffen, wenngleich der dabei gewählte Kurs intern strittig war. Während sich der gemäßigtere Teil, zu dem General von Lüttwitz gehörte, vorstellen konnte, mit dem rechten Flügel der Sozialdemokraten zusammenzuarbeiten, forderte Kapp einen echten Staatsstreich.[60] Obwohl Kapp hierfür noch nicht bereit war, musste Lüttwitz wegen seiner erfolgten Absetzung losschlagen. Er rechnete zudem mit der Rückendeckung der frustrierten Truppenkommandeure.

Der schlecht vorbereitete und improvisierte Putsch scheiterte auf ganzer Linie. Bereits am 17. März trat Kapp zurück und flüchtete nach Schweden. Lüttwitz konnte kurze Zeit später davon überzeugt werden, den Putsch zu beenden. Den Putschisten fehlte die Unterstützung der Ministerialbürokratie und schließlich auch der Reichswehr. Außerdem folgten weite Teile der Bevölkerung einem von den sozialdemokratischen Regierungsmitgliedern ausgerufenen Generalstreik der Gewerkschaften, der die öffentlichen Dienstleistungen zum großen Teil zum Erliegen brachte. Lüttwitz vermochte es zudem nicht, die gesamte norddeutsche Reichswehr hinter sich zu bringen, weil viele ihrer Generäle durch den Rechtsruck eine weitere Polarisierung und ein Erstarken der radikalen Linken befürchteten. Selbst Förderer der Nationalen Vereinigung aus der Industrie wandten sich von Lüttwitz ab, weil sie eine Rezession mit weitreichenden volkswirtschaftlichen Schäden befürchteten.[61]

Das durch den Putsch in Gang gesetzte Gewaltkarussell ließ sich durch seine Beendigung nicht mehr stoppen. Insbesondere im Ruhrgebiet bildete sich eine »Rote Armee«, die den Generalstreik zum Anlass nahm, um offen gegen die Republik zu revoltieren. Diese Revolte wurde von der Regierung brutal niedergeschlagen. In der Folgezeit kam es zu zahlreichen standrechtlichen Erschießungen und Gräueltaten. Nicht zuletzt, weil die sozialdemokratische Regierung über die Reichswehr hinaus auch gewaltbereite Freikorps einsetzte, die eben noch ihrerseits gegen die Republik revoltiert hatten. Feuer wurde mit Feuer bekämpft.[62]

4.2. Verfahren

Von den zahlreichen am Umsturzversuch Beteiligten wurden lediglich drei Personen angeklagt. Zum einen war dies der frühere Polizeipräsident Berlins (von 1909 bis 1916), Traugott von Jagow, der in Kapps »Regierung der Ordnung« als Innenminister agiert hatte. Als Polizeipräsident soll er seinerzeit die Anmeldung einer linken Demonstration mit der Bemerkung kommentiert haben: »Die Straße gehört dem Verkehr. Ich warne Neugierige.« Der Ausspruch wurde im Berlin der Jahre vor dem Ersten Weltkrieg zum geflügelten Wort. Daneben mussten sich der ehemalige Vorsitzende des Bundes der Landwirte und von Kapp als Landwirtschaftsminister vorgesehene Konrad von Wangenheim sowie Georg Wilhelm Schiele, der als Wirtschaftsminister auserkoren war, dem Gericht stellen.

Kapp selbst konnte sich zunächst mit einem gefälschten Pass nach Schweden absetzen. Nach dem Urteil gegen seinen Mitverschwörer von Jagow stellte er sich und wurde verhaftet. Er verstarb in der Haft noch vor dem Prozess an den Folgen einer Krebsoperation. Lüttwitz floh nach Ungarn und entzog sich dadurch einem Prozess. Seine Flucht hinderte ihn aber nicht daran, regelmäßig Reisen durch Deutschland zu unternehmen, Freunde zu besuchen und sich wegen seiner Tat bewundern zu lassen. Bei seiner Rückkehr im Jahr 1921 entging er gegen die Zahlung einer Kaution nicht nur einer Untersuchungshaft; er erstritt sich sogar seine Pension. Diese war ihm am Ende des Putsches von Eugen Schiffer, dem damaligen Reichsjustizminister, persönlich zugesichert worden.[63] Ehrhardt und Ludendorff setzten sich nach Bayern ab. Die Marinebrigade Ehrhardt wurde im Anschluss an die Ereignisse sogar direkt gegen die linken Aufständischen im Ruhrgebiet eingesetzt.

Ein Grund für die geringe Zahl an Angeklagten war das Amnestiegesetz vom 4. August 1920, auch »Kapp-Amnestie« genannt.[64] An seiner Auslegung lässt sich die Ungleichbehandlung linker und rechter Gegner der Weimarer Republik sehr gut veranschaulichen. Die Strafverfolgungsbehörden und die Richterschaft waren bereit, jedes noch so kleine juristische Schlupfloch zu nutzen, um Mitglieder der radikalen Rechten zu verschonen. In § 1 Absatz 1 dieses Gesetzes heißt es: »Für Straftaten, die zur Abwehr eines hochverräterischen Unternehmens gegen das Reich begangen worden sind, wird Straffreiheit gewährt.« In Absatz 2 wird ergänzt:

»Ferner wird Straffreiheit Personen gewährt, die an einem hochverräterischen Unternehmen gegen das Reich mitgewirkt haben, sofern sie nicht Urheber oder Führer dieses Unternehmens gewesen sind.« In der Formulierung des ersten Absatzes verbarg sich bereits der gesetzgeberische Kunstgriff, die Straffreiheit auf Unternehmen »gegen das Reich« zu beschränken. Damit bezog sich die Amnestie nämlich nicht auf die Teilnehmer der bayerischen Räterepublik. Eine offensichtliche Ungerechtigkeit: Weshalb soll es nur dann ein schweres Delikt darstellen, wenn sich der Umsturzversuch gegen ein Bundesland richtet, nicht aber dann, wenn sich dieser gegen die ganze Republik richtet? Die Gründe für diese Formulierung waren rein politischer Natur, weil die bayerische Regierung von Kahr darauf bestand, die Beteiligten des Literatenregiments weiterhin verurteilen zu können.[65]

Für die Justiz gab es aber noch eine weitere Stellschraube, mit der das Gesetz zugunsten rechter Umsturzversuche ausgelegt werden konnte. Denn die Frage, welche politischen Akteure als »Urheber oder Führer« eines hochverräterischen Unternehmens zu qualifizieren waren, überließ das Gesetz der Auslegung durch die Gerichte. Die Teilnehmer am Kapp-Lüttwitz-Putsch haben in erheblichem Maße von dieser Auslegungsfreiheit der Richterschaft profitiert. Ihnen wurde eine führende Rolle zum Teil selbst dann abgesprochen, wenn sie sich in ihrer Eigenschaft als Generäle oder Minister für den Regierungsumsturz engagiert hatten. Nach Auffassung des Reichsgerichts waren danach nur noch zehn Personen als Urheber zu qualifizieren. Sieben davon entzogen sich durch Flucht (u. a. Kapp, Lüttwitz, Ehrhardt, Pabst). Lediglich drei wurden angeklagt, zunächst aber gegen Zahlung einer Kaution auf freien Fuß gesetzt.

All dies blieb für die politische Stabilität der Weimarer Republik nicht ohne Folgen. Pabst entging bereits bei der Anordnung der Ermordung von Luxemburg und Liebknecht einer Strafverfolgung. Mit dem Amnestiegesetz konnte er weiterhin in der

Gewissheit leben, dass ihm die geltenden Vorschriften des politischen Strafrechts nicht im Weg stehen würden.[66] Er agierte weiterhin ungestört gegen die Republik, zog es aber vor, nach Österreich zu gehen. Ludendorff wurde ebenfalls nicht verfolgt. Nach eigenem Bekunden war er ohnehin rein zufällig da gewesen, vorbeigekommen bei einem seiner morgendlichen Spaziergänge. Er nutzte seine Freiheit, um sich für weitere Umsturzversuche starkzumachen, am erfolgreichsten im drei Jahre später stattfindenden Hitler-Ludendorff-Putsch.[67] Auch dort will er dann nur zufällig präsent gewesen sein.

Bemerkenswert ist auch, dass die auf den Kapp-Lüttwitz-Putsch folgenden Aufstände und kämpferischen Auseinandersetzungen keineswegs als solche zur »Abwehr eines hochverräterischen Unternehmens« eingestuft wurden. Dies hätte den beteiligten linken Arbeitern nach Absatz 1 Straffreiheit gewährt. Stattdessen wurden diese Vorfälle, jeweils einzeln, als selbstständige hochverräterische Unternehmen nach Absatz 2 gewertet. Hinzu kam, dass bei Arbeiterwehren, wenn sie an einem Putsch beteiligt waren, deutlich häufiger eine Urheber- oder Führereigenschaft angenommen wurde. In der Folge wurden, etwa im Zusammenhang mit den Unruhen im Ruhrgebiet, Tausende zu hohen Freiheitsstrafen verurteilt. Dies stand in keinem Verhältnis zu der Strafverfolgung gegenüber Delikten der Freikorps oder gar der Putschisten um Lüttwitz.[68]

4.3. Urteil

Reichskanzler Gustav Bauer (SPD) erklärte am 18. März 1920 in Richtung der Putschisten: »Strengstes Gericht erwartet alle diese Reichsverderber. […] Wer Schuld trägt an dieser lebensgefährlichen Erschütterung unseres Staatswesens, darf der Sühne nicht entgehen.«[69] Ein Versprechen, das nicht einmal ansatzweise eingelöst wurde. Die Mehrzahl der Putschisten konnte fliehen und wurde auch nicht ernsthaft weiter verfolgt. Lüttwitz besuchte regelmäßig Freunde und Familie in Deutschland und wunderte sich selbst darüber, dass er keinerlei Verfolgung ausgesetzt war. Zugleich war er aber der Meinung, dass die Justiz aus Richtern bestehe, die eben gerade nicht einseitig zugunsten rechter Kräfte urteilten – vielmehr sei das genaue Gegenteil der Fall.[70] Am Ende wurde nur Jagow rechtskräftig verurteilt. Wegen Beihilfe zum Landesverrat erhielt er die gesetzliche Mindeststrafe von fünf Jahren Festungshaft. Und erneut machte das Urteil das grundsätzliche Verständnis der Richter für die Tat deutlich. Dort heißt es: »Bei der Strafzumessung sind dem Angeklagten, der unter dem Banne selbstloser Vaterlandsliebe und eines verführerischen Augenblicks dem Rufe Kapps gefolgt ist, mildernde Umstände zugebilligt worden.«[71]

Die beiden weiteren Angeklagten, Schiele und von Wangenheim, wurden freigesprochen, da sie nach Ansicht der Richter – trotz der Führungsrollen, die in der neuen Regierung für sie vorgesehen waren – weder Urheber noch Führer des Hochverrates waren und somit unter das Amnestiegesetz vom 4. August 1920 fielen. Im Fall Schieles wurde die Anwendung des Amnestiegesetzes damit begründet, dass es während des Putsches nicht, wie vorgesehen, zu einer Ernennung durch Kapp kam und er daher offiziell kein Amt bekleidet habe. Diese Argumentation konnte auf den Angeklagten Wangenheim nicht angewendet werden, weil dieser tatsächlich zum Landwirtschaftsminister ernannt worden war. Dennoch vermochten es die Richter mit kreativer Rechtsauslegung, ihn unter das Amnestiegesetz zu fassen. Das Gericht postulierte einfach, dass dieser in der kurzen Zeit des Putsches das Ministerium nicht betreten habe und somit sein Beitrag darauf beschränkt gewesen sei, dem Unternehmen »seinen Namen zu leihen«.[72]

Wirklich hart traf es aber selbst den Verurteilten Jagow nicht: Im Dezember 1924 wurde er begnadigt, später sprach ihm das Reichsgericht sogar rückwirkend seine Bezüge als Regierungsrat zu. Dies umfasste auch die Zeit, in der er laut Urteil Beihilfe zum Hochverrat geleistet hatte. Die zuständigen Gerichte gewährten ihm damit eine Sonderbehandlung, denn Jagow seine Pensionsbezüge zuzusprechen stand im Widerspruch zur damaligen ständigen Rechtsprechung.[73] Infolge der Amnestie von 1925 wurden noch schwebende Verfahren sowie weitere Haftbefehle aufgehoben.[74] Hindenburg, Eberts Nachfolger als Reichspräsident, wollte damit einen Schlussstrich unter die bislang kaum in Gang gekommene Strafverfolgung der Putschisten setzen.

4.4. Bewertung

Gustav Radbruch (SPD), späterer Justizminister der Weimarer Republik, wies bereits in einer Rede vor dem Reichstag am 5. Juli 1921 auf die fehlende Bestrafung eines Großteils der Beteiligten am Kapp-Putsch hin. Ursprünglich seien 705 Kapp-Putsch-Verbrechensfälle bekannt gewesen, die aber fast allesamt infolge der »Kapp-Amnestie« strafgerichtlich nicht aufgearbeitet wurden.[75]

Verurteilt wurde letztlich ausschließlich von Jagow. Trotz seiner führenden Funktion für den Kapp-Lüttwitz-Putsch wurde aber auch er nur wegen Beihilfe zum Hochverrat verurteilt. Damit brachte das Reichsgericht zum Ausdruck, dass es dessen Tatbeiträge nur als Beihilfe zu dem Hochverrat eines anderen betrachtete. Jagow selbst wurde nicht unterstellt, Hochverrat begangen zu haben. Dies wiederum ist dogmatisch schwer in Einklang zu bringen mit § 1 Abs. 2 des Amnestiegesetzes, denn als Gehilfe konnte er eigentlich nicht Urheber oder Führer einer hochverräterischen Tat im Sinne dieses Gesetzes gewesen sein.

Problematisch war es außerdem, dass das Urteil vom Reichsgericht gefällt wurde. Denn das Reichsgericht hatte als Gericht höchster Instanz normativen Einfluss auf die Rechtsprechung der unteren Gerichte. Das Urteil war damit Maßstab für die Rechtsprechung anderer Gerichte.

Aufgrund der zeitlichen und örtlichen Nähe zu den Verfahren gegen die Aufständischen in der Münchner Räterepublik fällt die judikative Ungleichbehandlung politisch linker und rechter Angeklagter besonders gravierend ins Auge. Der Kapp-Lüttwitz-Putsch führte in Bayern zum Rücktritt der sozialdemokratischen Regierung um Hoffmann und ebnete damit den Weg für das neue rechtskonservative bayerische Kabinett um Gustav von Kahr, das den Freikorps deutlich näher stand und ihre Auflösung noch bis 1921 verhindern konnte. Hier entstand die sogenannte bayerische Ordnungszelle mit nationalkonservativer Ausrichtung. Die Geschehnisse ebneten aber sicher auch dem nächsten Putschversuch unter Hitler und Ludendorff den Weg.

5. Hitler-Ludendorff-Prozess, 1924

5.1. Hintergrund

Vor dem Hintergrund der in Bayern installierten Ordnungszelle war es alles andere als Zufall, dass Hitler und Ludendorff München als Ort für ihren Putschversuch wählten. Bayern entwickelte sich ab 1920 unter Gustav von Kahr, dem früheren Ministerpräsidenten (1920/21) und späteren Generalstaatskommissar mit diktatorischen Vollmachten (1923/24), zu einer Hochburg für Agitatoren mit rechtsradikaler, nationalkonservativer und teilweise monarchistischer Gesinnung. Damit stand Bayern im Gegensatz zu insbesondere Preußen, welches wesentlich demokratischer geprägt war. Die bayerische Regierung widersetzte sich in vielen politischen Fragen der Reichsregierung, die stark zentralistisch agieren wollte. Bayern sah sich selbst als eine »Ordnungszelle« gegenüber dem »chaotischen« Norden des Reiches. Ruhe und Ordnung sollten von Bayern aus das gesamte Reich erfassen.

Hitler beabsichtigte, führende bayerische Amtsträger wie Gustav von Kahr, den Chef der bayerischen Landespolizei Hans von Seißer und den Landeskommandanten der Reichswehr für Bayern Otto von Lossow von seinen Putsch-Plänen zu überzeugen und mit der gewonnenen militärischen und politischen Unterstützung einen Marsch auf Berlin zu beginnen, um schließlich eine nationale Diktatur zu errichten. Die bayerischen Amtsträger sollten unter seiner Ägide Posten in der neuen Reichsregierung erhalten. Hitlers Vorbild hierfür war Mussolinis 1922 erfolgreich durchgeführter Marsch auf Rom.

5.2. Tatgeschehen

Am Abend des 8. November 1923 eröffnete Kahr gegen 20 Uhr im vollbesetzten Bürgerbräukeller am Gasteig in München eine Versammlung, um über die Ziele seiner Politik zu sprechen. Neben Lossow und Seißer war auch Eugen von Knilling von der Bayerischen Volkspartei (BVP) anwesend, der zu dieser Zeit das bayerische Kabinett anführte. Etwa eine halbe Stunde nach Beginn drang Hitler zusammen mit seinem »Kampfbund« und Offizieren der Infanterieschule unter Waffeneinsatz in den Bürgerbräukeller ein. Hitler verkündete, dass sowohl das Kabinett von Knilling in Bayern als auch die Berliner Regierung abgesetzt seien. Im Weiteren wollte er »bis zur Abrechnung mit den Verbrechern, die Deutschland tief zugrunde richten«, selbst die Leitung der provisorischen nationalen Regierung übernehmen. In einem Hinterzimmer drängte er Kahr, Lossow und Seißer mit vorgehaltener Waffe, sich der Erhebung anzuschließen.

Die weiteren Geschehnisse wurden detailliert in der Anklageschrift dargelegt und von keinem der Prozessbeteiligten bestritten.[76] Kahr versprach als Statthalter der Monarchie in Bayern zu agieren. In der Anklage hieß es auch, dass die Herren Kahr, Lossow und Seißer nur scheinbar auf die Forderungen Hitlers eingegangen seien, »um ihre Bewegungsfreiheit wiederzugewinnen«. Anschließend hätten sie sich aber für die Niederwerfung des Putsches eingesetzt. Das Gericht zeigte im weiteren Prozessverlauf keinerlei Interesse, die tatsächlichen Hintergründe und das konkrete Verhalten dieser drei Schlüsselpersonen aufzuklären. Am Vormittag des 9. November 1923 endete ein Marsch der Putschisten auf die Feldherrnhalle unter den Kugeln der Landespolizei. Hitler konnte fliehen, wurde aber bereits zwei Tage später verhaftet. 16 Putschisten starben. Die NSDAP wurde noch am 9. November durch von Kahr verboten. Am 23. November wurde die Partei auch im gesamten Reich verboten.

5.3. Verfahren

Die Hauptverhandlung wurde am 24. Februar 1924 vor dem Münchener Volksgericht eröffnet, das einmal mehr über das Schicksal rechtsradikaler Republikgegner zu entscheiden hatte. Aus Sicherheitsgründen fanden die Verhandlungen aber nicht im Justizpalast, sondern in einer ehemaligen Infanterieschule statt, ein Beleg für die angespannte und instabile politische Stimmung in der Stadt.[77] Insgesamt dauerte der Prozess 25 Tage.

Bei den Volksgerichten handelte es sich um eine von November 1918 bis Mai 1924 bestehende bayerische Sonderjustiz. Zunächst sollten sie der beschleunigten Aburteilung schwerer Gewalttaten dienen. Ab dem 12. Juli 1919 wurde ihre Zuständigkeit auf Hoch- und Landesverrat erweitert. Um eine schnellere Arbeitsweise zu ermöglichen, wurden bloß summarische Verfahren durchgeführt. Rechtsmittel waren nicht zulässig. Im Endeffekt dienten sie Bayern als »Instrument einer politisierten Justiz«.[78]

Rechtsstaatliche Grundsätze wurden bereits bei der Frage der Zuständigkeit des Volksgerichts missachtet. Den Regelungen des Republikschutzgesetzes vom 21. Juli 1922 entsprechend, war eigentlich der Staatsgerichtshof zum Schutze der Republik in Leipzig zuständig.[79] Bayern hatte allerdings kurz darauf, am 24. Juli 1922, seine eigene »Bayerische Verordnung zum Schutz der Verfassung der Republik« in Kraft gesetzt. Darin hieß es: »Für ... Hochverrat ... sind die Volksgerichte zuständig.« Die Einsetzung bayerischer Volksgerichte verstieß gegen den Grundsatz des gesetzlichen Richters und das Verbot von Sondergerichten, beides war in Art. 105 der Weimarer Reichsverfassung festgeschrieben.[80] Die von den Volksgerichten gesprochenen Urteile waren demnach rechtswidrig, denn »das bayerische Volksgericht war [...] ein verfassungswidriges, illegales Unternehmen, es war kein wirkliches Gericht«.[81] Die Verordnung vom 24. Juli 1922 verstieß außerdem gegen Artikel 13 der Weimarer Reichsverfassung: »Reichsrecht bricht Landesrecht.«

Der bayerische Ministerpräsident von Knilling äußerte sich bereits am 14. November 1923 dahingehend, dass es ihm gänzlich unmöglich sei, die Putschisten an einen politischen Gerichtshof auszuliefern, dessen Richter zum Teil Sozialdemokraten seien.[82] Dennoch konnte sich Bayern mit seiner politischen Forderung, die Angelegenheit selbst zu verhandeln, durchsetzen.[83] Damit wollte die bayerische Regierung verhindern, dass das Verhalten der Amtsträger Kahr, Seißer und Lossow während des Putschversuchs zum Prozessgegenstand gemacht wurde. Brisant war nämlich, dass diese Herren bereits vorher gemeinsam mit Hitler und Ludendorff einen eigenen Putsch und Marsch auf Berlin geplant hatten. Hitler war ihnen den erfolgten Absprachen zum Trotz zuvorgekommen.

Als Staatskommissar hatte Kahr das Recht, der Staatsanwaltschaft Weisungen zu erteilen.[84] Vor diesem Hintergrund ist es nicht erstaunlich, dass die Mandatsträger Kahr, Seißer und Lossow von einer Anklage wegen Hochverrats verschont blieben, obwohl sie sich der Forderung Hitlers zu einem Staatsstreich zunächst angeschlossen hatten.

Auch die personelle Besetzung des Gerichts war kein Zufall. Als Vorsitzender Richter wurde der nach dem Arco-Prozess zum Landgerichtsdirektor beförderte Georg Neithardt eingesetzt. Die Zuständigkeiten folgten beim Volksgericht keinem Geschäftsverteilungsplan, wie es bei anderen Gerichten üblich ist, sondern wurden vom bayerischen Ministerium in Abstimmung mit dem Oberlandesgericht bestimmt. Neithardt schien »als Sympathisant der rechten Szene und als Gefolgsmann der ›nationalen‹, demokratieallergischen Politik des damaligen Bayerns« perfekt geeignet, das Urteil über die nationalsozialistischen Putschisten zu sprechen.[85]

Insgesamt wurden nach dem Putsch mehr als 200 Personen

verhaftet. Die meisten blieben nur wenige Tage in Untersuchungshaft. Und nur gegen ganz wenige wurde Anklage erhoben. Mehrere Verfahren wurden sofort wieder eingestellt, und übrig blieben nur das Hauptverfahren gegen die Rädelsführer und drei weitere Verfahren: eines gegen die Mitglieder des »Stoßtrupp Hitler« (aus dem später die SS hervorgehen sollte) wegen eines bewaffneten Angriffs auf die Redaktion der sozialdemokratischen *Münchener Post*, ein weiteres Verfahren wegen Waffendiebstahls im St.-Anna-Kloster und schließlich noch ein Verfahren gegen diejenigen Putschisten, die Banknoten in einer Druckerei beschlagnahmt hatten. Diese Nebenverfahren wurden aber durch eine geschickte Verhandlungsführung so in die Länge gezogen, dass die Strafen der Angeklagten mit Blick auf den Hauptprozess zur Bewährung ausgesetzt wurden.

Adolf Hitler, Erich Ludendorff, Ernst Pöhner, Wilhelm Frick, Ernst Röhm und fünf weitere Führer des Putsches wurden wegen Hochverrats angeklagt. Konkret wurde ihnen das Unternehmen vorgeworfen, »die bayerische Regierung und die Reichsregierung gewaltsam zu beseitigen, die Reichsverfassung und die des Freistaates Bayern gewaltsam zu ändern und verfassungswidrige Regierungsgewalten aufzurichten«. Einen Vorwurf, den sie weder bestritten noch bereuten. Bedauern brachten sie nur darüber zum Ausdruck, mit ihrem Vorhaben nicht erfolgreich gewesen zu sein.

Bezeichnend war, dass die Angeklagten sämtlich im Anzug erschienen, Hitler mit Eisernem Kreuz am Revers. Die Angeklagten im Prozess gegen die Verantwortlichen der Münchener Räterepublik einige Jahre zuvor waren in Sträflingskleidung vorgeführt und von schwer bewaffneten Soldaten begleitet worden. Ludendorff wurde sogar in einer Limousine mit Chauffeur vorgefahren.

Dankbar nutzten die Angeklagten die Bühne, die ihnen das Gericht für ihre Propagandareden bot. Bei der Verbreitung ihrer

Propaganda, insbesondere was die Agitation Adolf Hitlers betraf, wurde ihnen durch das Gericht in der Person des Vorsitzenden Richters Neithardt keinerlei Einhalt geboten. So war es den Angeklagten möglich, die führenden Kräfte der ersten deutschen Demokratie während der Sitzungstermine hemmungslos zu beschimpfen. Der Ausspruch der »Judenregierung« blieb ebenso ungesühnt wie die Rede von »Novemberverbrechern«.[86] Neithardt war der Ansicht, den Angeklagten Gelegenheit geben zu müssen, »sich in aller Breite und in der Öffentlichkeit den Groll von der Leber wegzusprechen«.[87] Dem fügte er freimütig hinzu: »Eine Beweisaufnahme durfte nicht stattfinden.« Zu einer solchen ist es dann aber dennoch gekommen.

Neithardt ließ die Putschisten ohne Unterbrechung so lange reden, wie sie wollten. Bei Hitler waren es am ersten Prozesstag über dreieinhalb Stunden und in seiner Schlussrede am vorletzten Prozesstag noch einmal annähernd zwei Stunden Redezeit.[88] Ludendorff brachte es am Nachmittag des 29. Februar 1924 fertig, fast fünf Stunden ohne Unterbrechung seine antisemitischen und antidemokratischen Parolen zu Protokoll zu geben.[89] Eine bessere Bühne war für die Putschisten gar nicht denkbar. Ihr Programm und ihr Handeln wurde durch diese öffentlichkeitswirksame Profilierungsmöglichkeit und die wohlwollende Verhandlungsführung von Neithardt bekannt und gefördert. Hitler und seine Gefolgsleute erreichten durch die den Prozess begleitende Berichterstattung einen reichsweiten Bekanntheitsgrad – ein Grundstein für seine anschließenden Erfolge.

Besonders ausführlich legte auch der Angeklagte Pöhner seine völkischen Thesen dar. Pöhner war bis September 1921 Polizeipräsident von München und im Anschluss daran Oberlandesgerichtsrat beim höchsten bayrischen Gerichtshof. Daneben war er Mitglied der rechtsradikalen Thule-Gesellschaft, jenes Geheimbunds, dem Anton Graf von Arco-Valley, der Mörder von Eisner, nahestand. Als Polizeipräsident gründete er eine politische

Abteilung und setzte als deren Leiter Wilhelm Frick ein. Frick nahm später gleichfalls am Putsch teil und wurde ebenso wie Pöhner verurteilt.[90]

Pöhner hielt auch seine schützende Hand über die sogenannte Organisation Consul, die Nachfolgeorganisation der am Kapp-Lüttwitz-Putsch beteiligten Brigade Ehrhardt. Die Organisation Consul agierte von München aus und war für die Ermordung von Finanzminister Erzberger 1921 und Außenminister Rathenau 1922 verantwortlich.[91] Vor dem Gericht machte sich Pöhner zunächst über den Tatvorwurf lustig, indem er zu Protokoll gab: »Wenn das, was Sie mir da vorwerfen, Hochverrat ist – das Geschäft treibe ich schon seit fünf Jahren.«[92] Dieser Ausspruch verdeutlicht, dass Pöhner – ebenso wie die anderen Angeklagten – in keinster Weise Reue für sein Verhalten zeigte, sondern sich ganz im Gegenteil damit sogar noch brüstete. Angst vor einer langen Haftstrafe zeigte er ebenfalls nicht. Pöhner nannte die politischen Geschehnisse vom November 1918 einen »Volksbetrug übelster Art, […] der von Juden, Deserteuren und bezahlten Landesverrätern am deutschen Volk verübt worden ist«. Die Illegitimität der Regierung begründete er außerdem mit »deutschem Rechtsempfinden« und »christlicher Kulturauffassung«.

In seinen Ausführungen kam Pöhner schließlich zu dem Ergebnis, die derzeitigen Inhaber der Regierungsgeschäfte seien »Gewalttäter, weiter nichts, genau wie die Franzosen am Rhein, eine Fremdrasse, die sich angemaßt hat, die Belange des deutschen Volkes als die ihren anzusehen«. Neithardt griff nur einmal ein, als Pöhner den Reichspräsidenten als »Ebert Fritze« bezeichnete. Dies könne nämlich »als Geringschätzung aufgefasst werden«.[93] Die übrigen Ausführungen erschienen ihm dagegen angemessen für einen Gerichtssaal. Hitler selbst benannte schon zu diesem Zeitpunkt seine politischen Ziele: Er prahlte damit, dass er »der Zerbrecher des Marxismus« werden wolle.[94]

Und zeigte sich siegessicher: »Ich werde diese Aufgabe lösen, und dann [...] wäre der Titel des Ministers für mich eine Lächerlichkeit.«

Der Prozess war von dem Bestreben der Richter und der Staatsanwaltschaft geprägt, den Verfahrensgegenstand auf einige Kernvorwürfe zu beschränken. Zu Punkten, die Fragen hinsichtlich einer möglichen Verstrickung von Reichswehr und Polizei hätten aufwerfen können, schwiegen alle Parteien »im vaterländischen Interesse«.[95] Später gab Neithardt sogar zu, dass es sein Plan gewesen sei, »um die Vernehmung der drei Herren von Kahr, von Lossow und von Seißer herumzukommen. Denn bei der Gereiztheit der Stimmung sämtlicher Beteiligter versprach die Vernehmung eine unerquickliche und das Staatsansehen schädigende Szene zu werden.«[96] Eine Entscheidung, die nichts mit einem rechtsstaatlichen Verfahren zu tun hatte. Gedeckt wurden alle Aktionen Neithardts aber jederzeit von Franz Gürtner, der seit 1922 bayerischer Justizminister war und nach der Machtergreifung bis zu seinem Tod 1941 Reichsjustizminister war.

Der württembergische Gesandte Carl Moser von Filseck äußerte sich nach einem Treffen mit dem bayerischen Ministerpräsidenten Knilling über den Prozess:

»Vom Hitlerprozess sprechend äußerte sich der Ministerpräsident sehr ungehalten über den bisherigen Verlauf desselben und über das Verhalten des Vorsitzenden. Man lasse Ludendorff und Genossen geradezu als Ankläger auftreten. Das Ganze sei eine Propaganda für die Deutsch-Völkische Bewegung ... Merkwürdigerweise hatte Herr von Knilling an den Ausführungen des Staatsanwalts, die doch auch zu manchen Bedenken Anlass geben konnten, nichts auszusetzen ...«

Weiter berichtet der Gesandte von einer Verhandlung, an der er selbst teilgenommen hat:

»Ich habe selbst einem Verhandlungstage angewohnt und war

unangenehm berührt davon, wie die Angeklagten lachend und plaudernd hereinkamen und sich begrüßten, wie das Publikum ... bei jeder Gelegenheit Zeichen seiner Sympathie für die Angeklagten gab, ohne dass dies vom Vorsitzenden mit dem nötigen Nachdruck gerügt wurde. Auch die Tatsache, dass die Entlastungszeugen vereidigt, die Belastungszeugen dagegen unbeeidigt vernommen wurden, muss auffallen.«[97]

Hitler gab schon vor der Urteilsverkündung bekannt, dass er sich an einen Richterspruch des Münchner Volksgerichts nicht gebunden fühlen werde, und berief sich lieber auf überirdische Kräfte: »Mögen Sie uns tausendmal schuldig sprechen, die Göttin des ewigen Gerichtes der Geschichte wird lächelnd den Antrag des Staatsanwaltes und das Urteil des Gerichtes zerreißen; denn sie spricht uns frei.«[98]

Der zuständige Staatsanwalt Stenglein beantragte acht Jahre Haft für Hitler, fand aber in seinem Plädoyer reichlich lobende Worte:

»Aus einfachen Verhältnissen hervorgegangen, hat Hitler im großen Kriege als tapferer Soldat seine deutsche Gesinnung bewiesen. Erfüllt von echter, glühender Begeisterung für ein großes deutsches Vaterland hat er nach dem Kriege aus kleinsten Anfängen in mühsamer Arbeit eine große Partei, die nationalsozialistische Arbeiterpartei, geschaffen, wobei die Bekämpfung des internationalen Marxismus und Judentums, die Abrechnung mit den Novemberverbrechern, wie er die Urheber der Novemberrevolution von 1918 nennt, und die Ausbreitung des nationalen deutschen Gedankens in allen Volkskreisen die wesentlichen Programmpunkte waren. Über seine Parteipolitik habe ich hier kein Urteil zu fällen; sein ehrliches Streben aber, in einem unterdrückten und entwaffneten Volke den Glauben an die deutsche Sache wieder zu erwecken, bleibt unter allen Umständen ein Verdienst. Er hat hier, unterstützt durch seine einzigartige Rednergabe, Bedeutendes geleistet. Zeigten sich infolge seiner einseitigen Einstellung, die notwendig zu einer Kampfstimmung in den Reihen seiner Anhänger führen musste, üble Ausschreitungen, so wäre es doch ungerecht, ihn als Demagogen im üblen Sinne dieses Wortes zu bezeichnen. Vor diesem Vorwurf schützt ihn die Echtheit seiner Überzeugung und die Uneigennützigkeit seiner Hingabe an die von ihm selbst gewählte Lebensaufgabe. Sein Privatleben hat er stets rein gehalten, was bei den Verlockungen, die an ihn als gefeierten Parteiführer naturgemäß herantraten, besondere Anerkennung verdient.(...) Eine gerechte Strafbemessung verlangt aber auch vor allem eine Würdigung der Person des Täters; denn nicht die Tat, der Täter wird bestraft. Hitler ist ein hoch begabter Mann, der aus einfachen Verhältnissen heraus sich eine angesehene Stellung im öffentlichen Leben errungen hat, und das zweifellos durch ernstes Streben und harte Arbeit. Er ist ein Mann, der sich einer Idee, die ihn erfüllt, bis zur Selbstaufopferung hinzugeben vermag. Als Soldat hat er in höchstem Maße seine Pflicht getan. Er hat nach dem Kriege gekämpft für die deutsche Sache, er hat echte Begeisterung. Es darf ihm geglaubt werden, dass schnöder Eigennutz ihm ferne lag. Eine eigennützige und unehrenhafte Ausnützung der Machtstellung, die er sich schuf, kann ihm nicht vorgeworfen werden. Auch bei der Tat, die jetzt abzuurteilen ist, hat nicht so sehr persönlicher Ehrgeiz, wenn er auch zweifellos eine Rolle mitspielte, als seine echte Begeisterung für die deutsche Sache den Ausschlag als Beweggrund gegeben. Als Mensch(en) können wir Hitler unsere Achtung nicht versagen.«[99]

Ein Offenbarungseid: Der anklagende Staatsanwalt solidarisierte sich mit dem Angeklagten, ja, verlieh unverhohlen seiner Bewunderung für die Tat und die Person Ausdruck. Von einer unparteiischen Anklage konnte keine Rede sein. Entsprechend finden sich seitens des Staatsanwalts auch keine Ausführungen zu einer evtl. möglichen Ausweisung Hitlers. Dabei schrieb § 9 Abs. 2 des Republikschutzgesetzes die Ausweisung von Ausländern in Fällen des Hoch- und Landesverrats zwingend vor. Allerdings hatte der im Prozess als Zeuge aufgetretene Generalstaatskommissar von Kahr durch Erlass vom 29. September 1923 den Vollzug dieses Gesetzes, das als sozialistenfreundlich galt, vorläufig aufgehoben. Der Staatsanwalt hätte hierzu allerdings Kahr um eine entsprechende Weisung bitten können, was er nicht getan hat. Das Gericht wiederum unterlag den Anordnungen Kahrs nicht und hätte demnach zwingend die Ausweisung Hitlers verfügen müssen. Dieser Gesetzeslage folgte Neithardt mit der folgenden bezeichnenden Begründung jedoch nicht:

»Auf einen Mann, der so deutsch denkt und fühlt wie Hitler, […] kann nach Auffassung des Gerichts die Vorschrift […] des Republikschutzgesetzes […] keine Anwendung finden.« Die Ausweisung eines Mannes wie Hitler hätte in diesem besonderen Fall nicht dem Sinn und Zweck des Gesetzes entsprochen.[100] Dies bedeutete für Hitler einen klaren politischen Erfolg, gereichte ihm seine deutsch-völkische Gesinnung nun vor Gericht abermals zum Vorteil. Bereits 1922 war er wegen Landfriedensbruchs lediglich zu einer Freiheitsstrafe von drei Monaten verurteilt worden. Abgesessen hatte er davon lediglich einen Monat.

Eine Ausweisung hätte Hitler vor weitreichende Probleme gestellt. Hitler wurde bereits am 14. Dezember 1924 wieder aus der Haft entlassen, und es bestand seitens der Regierung die Überlegung, ihn im Rahmen eines verwaltungsrechtlichen Verfahrens abzuschieben. Die österreichische Bundesregierung wollte einen solchen Agitator aber nicht in ihrem Land haben und vertrat die Auffassung, dass er durch seinen Eintritt in das deutsche Heer seine österreichische Staatsbürgerschaft verloren habe.[101] Schließlich setzte Hitler selbst in dieser Frage einen Schlusspunkt, indem er 1925 offiziell um die Entlassung aus der österreichischen Staatsbürgerschaft ersuchte, die ihm sofort gewährt wurde. Anschließend war er staatenlos und damit nicht mehr so ohne Weiteres auszuweisen. Ungehindert konnte er seinen Weg in Deutschland weiter fortsetzen. Am Rande sei hier noch Folgendes erwähnt: Als Untersuchungsführer der Staatsanwaltschaft und als zweiter Staatsanwalt agierte hier ein gewisser Hans Ehard, der dann zum Ministerialrat im Justizministerium aufstieg und von 1933 bis 1945 Präsident des 5. Zivilsenats am OLG München wurde. Er war außerdem vom Reichsjustizminister ernannter Vorsitzender des Deutschen Ärztegerichtshofs. Dieser Gerichtshof fällte standesrechtliche Urteile gegen Ärzte, die gegen politische und rassische Richtlinien verstoßen hatten. Nur ein Beispiel für die Verfahren, die der Ärztegerichtshof führte, sei hier genannt: Ein Berliner Arzt war im November 1941 wegen Abtreibung vom Landgericht Berlin zu einer Gefängnisstrafe von einem Jahr verurteilt und daraufhin vom ärztlichen Bezirksgericht im Oktober 1942 für unwürdig (zur Ausübung des Arztberufs, Anm. d. Verf.) erklärt worden. Diesen Spruch hob der Ärztegerichtshof im September 1943 auf und wandelte ihn in einen Verweis und eine Geldbuße in Höhe von 6000 Reichsmark um. Dies mag erst einmal überraschend klingen, weil der Gerichtshof in diesen Fällen üblicherweise auf die Höchststrafe erkannte. Als Grund für die mildere Bestrafung wurde im Urteil allerdings ausgeführt, dass durch die Handlung des Arztes »... objektiv ... die Geburt eines jüdischen Mischlings, also ein nach den deutschen Blutschutzgesetzen unerwünschter Bevölkerungszuwachs, vermieden worden ...« sei.[102] Ehard machte nach 1945 in der bundesdeutschen Politik Karriere. Er war CSU-Mitglied und von 1946 bis 1954 sowie von 1960 bis 1962 Ministerpräsident Bayerns. In München und Bamberg sind jeweils Straßen nach ihm benannt.

5.4. Urteil

Am 1. April 1924 wurden Hitler, Pöhner und zwei weitere am Putschversuch Beteiligte wegen Hochverrats zu je fünf Jahren Festungshaft verurteilt. Ihnen wurde aber sogleich in Aussicht gestellt, dass sie mit einer Aussetzung zur Bewährung rechnen könnten, wenn sie sechs Monate der Freiheitsstrafe verbüßt hätten. Dies spricht dafür, dass vor der Urteilsverkündung geheime Absprachen getroffen wurden, zumal eine solche Inaussichtstellung alles andere als gewöhnlich war.[103] Es ist nach den Erwägungen zum Strafmaß auch nicht erklärlich, weshalb das Gericht nicht über die für Hochverrat gesetzlich festgeschriebene Mindeststrafe von fünf Jahren hinauskommt. So heißt es im Urteil selbst: »All den aufgeführten Strafmilderungsgründen stehen auch gewichtige Straferschwerungsgründe gegenüber. Die weitere Fortführung des Unternehmens hätte die Gefahr eines Bürgerkrieges heraufbeschworen, schwere Störungen des Wirtschaftslebens des gesamten Volkes herbeigeführt und vermutlich auch außenpolitische Verwicklungen herbeigeführt.«[104] Im Grunde wäre hier sogar die Todesstrafe möglich gewesen.

Nach § 20 RStGB hätte das Gericht darüber hinaus eine Freiheitsstrafe in einem Zuchthaus verhängen müssen, wenn »die strafbar befundene Handlung aus einer ehrlosen Gesinnung entsprungen ist«. Eine solche mochte es im Fall der Angeklagten aber nicht erkennen. Stattdessen stellten die Richter fest, dass ihr »Tun von rein vaterländischem Geist und dem edelsten selbstlosen Willen geleitet« war. So kam es, dass den Verurteilten ein Aufenthalt unter den weitaus strengeren Zuchthausbedingungen erspart blieb und sie stattdessen eine Festungshaft antreten konnten. Im Gegensatz zu den Urhebern der Münchener Räterepublik, die ihre Strafe unter restriktiven Bedingungen im Gefängnis von Niederschönenfeld verbüßen mussten, wies die Haftanstalt in Landsberg am Lech keinerlei Festungscharakter auf und glich eher einem Hotelaufenthalt.[105] Außer Hitler profitierte seinerzeit auch Arco, der Mörder von Eisner, von den für ein Gefängnis äußerst laschen Bedingungen: Dieser war zwischenzeitlich sogar ihr einziger Insasse. Über Hitlers Aufenthalt heißt es in einer Beurteilung der Gefängnisleitung vom 18. September 1924:

»Die Zahl der Besucher, die sich hier bei Hitler einfanden, war außerordentlich groß. Es kamen Bittsteller, Stellungssuchende, Gläubiger, Freunde, dazwischen auch Neugierige. Rechtsanwälte fanden sich ein, Geschäftsleute … Verleger … Vertreter der völkischen Presse … Parteipolitiker. Unter den Besuchern fanden sich auch Leute, die aus einem Hitler entgegengesetzten Parteilager stammen …«

Hitler schrieb dann bekanntlich Teile seines Buches *Mein Kampf* in der Festungshaft. All dies waren Dinge, die im Zuchthaus gar nicht möglich gewesen wären.

Ludendorff wurde freigesprochen, weil er von den eigentlichen Plänen Hitlers keine Kenntnis gehabt habe und – wieder einmal – nur zufällig dort gewesen sei. Eine absurde Begründung, hatten diese beiden den Putsch doch zusammen geplant. Deshalb wurde vorsorglich auch auf Ludendorffs Verdienste im Ersten Weltkrieg abgestellt. Diese standen freilich in keinem Zusammenhang mit den Tatvorwürfen um den geplanten Putsch im November 1923 in München. Ein bestimmtes Verhalten als Soldat in vergangenen kriegerischen Auseinandersetzungen stellt auch keinen anerkannten Rechtfertigungs- oder Entschuldigungsgrund für den Tatbestand des Hochverrats dar. Mit Recht und Gesetz hatte diese Urteilsbegründung nichts gemeinsam.

Sogar Ludendorff protestierte gegen seinen eigenen Freispruch, wenn auch mit anderer Begründung. Er sagte nach dem Urteilsspruch: »Ich empfinde diesen Freispruch als eine Schande für den Rock und für die Ehrenzeichen, die ich trage, gegenüber meinen Kameraden.«[106] Man konnte seine militärischen Würden also in beide Richtungen drehen. Für die Richter am Münchener Volksgericht sprachen sie für eine Art Immunität hinsichtlich später begangener politischer Straftaten, für den »Helden von Lüttich« bedeuteten sie eine lebenslange Solidarität mit seinen nationalistischen Brüdern im Geiste. Die weiteren Angeklagten kamen mit Bewährungsstrafen davon.

5.5. Bewertung

Das Urteil gilt als Meilenstein auf dem Weg zum Untergang der Weimarer Republik. Abgesehen von dem für die Weimarer Justiz fast schon üblichen, viel zu milden Urteil und den Freisprüchen gewaltbereiter Demokratiegegner, gab es hier noch eine wesentliche Besonderheit. Denn alle Angeklagten, insbesondere aber Hitler, konnten den Gerichtssaal ungehindert als Bühne zur Inszenierung ihrer Person und zur Propagierung ihrer politischen Ziele nutzen. Begleitet von einem großen Medieninteresse an dem Verfahren, erhielt Hitler erstmals eine große, ganz Deutschland umfassende Öffentlichkeit, die ihm zuhörte und über ihn berichtete.

Durch den Putschversuch, der in Wirklichkeit dilettantisch durchgeführt worden war, konnte er sich als politischer Märtyrer präsentieren – zumal der Putsch tatsächlich mit einigen Toten endete. Die getöteten Putschisten wurden später als Helden stilisiert, und um den Putschversuch wurde quasi ein Gründungsmythos des Dritten Reiches gestrickt. Hitler schaffte es mit Unterstützung eines wohlwollenden Staatsanwalts und eines noch wohlwollenderen Vorsitzenden Richters, sich vom Angeklagten zum Ankläger hochzustilisieren. In seinen Ausführungen drehte er den Tatvorwurf kurzerhand um, indem er die

Hintergründe der deutschen Kriegsniederlage zum eigentlichen Hochverrat ausrief.

Der Rechtshistoriker Otto Gritschneder kommt daher zu dem naheliegenden Ergebnis, dass Hitler bei einem Verfahren vor dem eigentlich zuständigen Staatsgerichtshof zum Schutz der Republik »sicher nicht mit fünf Jahren Festungshaft und Bewährungszusage weggekommen« wäre. Dort hätte er »vielmehr sogar zum Tode verurteilt werden können«.[107] Hitler hätte nach dem bereits im Jahre 1922 gefällten und auf Bewährung ausgesetzten Urteil eine erneute Bewährung überhaupt nicht gewährt werden dürfen. Denn zum Zeitpunkt des Urteilsspruchs lief diese Bewährung noch. Dies konnte Neithardt keinesfalls übersehen haben, hatte er diese Bewährungsstrafe wegen Landfriedensbruchs als ebenfalls zuständiger Richter am 12. Januar 1922 doch selbst verkündet.[108] Genau dieser Punkt war der Grund für ein sogenanntes Spruchkammerverfahren gegen den Nachlass von Neithardt im Jahr 1946. Neithardt war im Jahr 1941 hoch angesehen und dekoriert gestorben. Seine Witwe erhielt, auch nach dem Krieg, eine stattliche Pension. Neithardts Rolle und seine Unterstützung der Nationalsozialisten sollte dann im Rahmen des Spruchkammerverfahrens beleuchtet werden. Das Verfahren wurde jedoch eingestellt, die Pensionszahlungen an die Witwe liefen ungestört weiter. Neithardt wurde wegen der Verfehlungen im Urteil (Bewährung und Nichtausweisung Hitlers) lediglich ein bloßer Rechtsirrtum, aber keine Rechtsbeugung bescheinigt. Im Ergebnis war Neithardt somit lediglich ein unfähiger Richter und kein Rechtsbrecher. Hätte er also, rein spekulativ, den Krieg überlebt, hätte er ohne Weiteres weiter in der bayerischen Justiz beschäftigt werden können – ein eingestelltes Spruchkammerverfahren war wie ein »Persilschein«. Die Person war unbelastet.

Das Verfahren ist aber nicht nur vonseiten des Gerichts nachlässig und einseitig geführt worden. Hinzu kam, dass die Staatsanwaltschaft einen großen Teil der beim Putschversuch begangenen Straftaten schlicht nicht anklagte. Schon der Tatbestand des Aufruhrs aus §§ 113 bis 116 RStGB konnte mit bis zu zehn Jahren Zuchthaus bestraft werden, die Bildung eines bewaffneten Haufens nach § 127 RStGB mit bis zu zwei Jahren Gefängnis. Diese Strafvorschriften wurden schlicht ignoriert. Darüber hinaus wurde die Schießerei vor der Feldherrnhalle bewusst ausgeklammert, obwohl bei dieser vier Polizisten getötet worden waren. Die Ausklammerung dieses Teils des strafrechtlich relevanten Verhaltens begründete Neithardt damit, dass vor Gericht nicht abschließend festgestellt werden könne, wer den ersten Schuss abgegeben habe.[109] Mindestens in der Strafzumessung hätte dies aber erschwerend berücksichtigt werden müssen. Auch das geschah nicht.

Das milde Urteil und die vorzeitige Entlassung aus der Festungshaft sind noch weniger verständlich, wenn man berücksichtigt, dass Hitler seine gewaltsamen und menschenverachtenden Pläne vor Gericht in aller Deutlichkeit ausführte.[110] Zudem führte einer der Putschisten einen Verfassungsentwurf und eine Standgerichtsordnung bei sich, welche ein an der Vorbereitung der Anklage beteiligter Staatsanwalt wie folgt würdigte: Die Standgerichtsordnung sei insofern von Bedeutung, als sich aus ihr ergebe, »welche Gewaltherrschaft beim Durchdringen Hitlers dem Volke drohte, Todesstrafe war reichlich angedroht«.[111] Als sich Hitler nach der Urteilsverkündung auf dem Balkon vor dem Gebäude zeigte, brach die vor dem Gericht versammelte Menge in Heilrufe aus.[112] Aus dem Gericht tretend wurden die Angeklagten mit Jubel und Blumen empfangen.[113] Die rechtsgerichtete Presse fand die Argumente der Richter überzeugend. So bestehe »das Wesen eines Volksgerichtes« den Autoren des *Deutschen Tagesblatt* zufolge eben nicht darin, »einseitig auf formaljuristische Anschauungen« abzustellen, sondern darin, dass es »der Volksstimmung Rechnung trägt«.[114] Ein fatales Verständnis der

Rolle der Justiz. Der Strafrechtsprofessor Alexander Graf zu Dohna zeigte dagegen in der *Deutschen Juristen-Zeitung* von 1924 die Rechtsverstöße des Urteils auf:[115] Das Volksgericht war nicht zuständig, und die Mindeststrafen waren rechtswidrig. Hitler hätte keine Bewährung gewährt werden dürfen. Zudem wurde er willkürlich nicht ausgewiesen, obwohl die Voraussetzungen von § 9 Abs. 1 des Republikschutzgesetzes eindeutig erfüllt waren. Ein Redakteur des *Berliner Tagblatt* argumentierte weniger juristisch, als er Hitler einen »Psychopath in Reinkultur« und das Urteil einen »Aprilscherz« nannte.[116]

6. Magdeburger Prozess wegen der Bezeichnung von Ebert als Landesverräter, 1924

6.1. Hintergrund

6.1.1. Die Dolchstoßlegende

Reichspräsident Friedrich Ebert hatte sich in seiner kurzen Amtszeit (1919–1925) erheblicher Diffamierungen zu erwehren. Gegen viele ging er juristisch vor, auch wenn ihm politische Wegbegleiter davon abrieten. Rechtsnationale Kräfte, von denen diese Beleidigungen meist ausgingen, sahen in ihm einen Vaterlandsverräter.

Fundament dieser Sichtweise war die Dolchstoßlegende. Diese gezielte Geschichtsverklärung des »Ersatzkaisers« und Helden von Tannenberg, Paul von Hindenburg, wurde von antiliberalen und rechten Kräften genutzt, um die Stimmung gegen Linke, Gewerkschaften und die SPD-Führung aufzuheizen. In die Welt gesetzt wurde sie im November 1919, als Hindenburg vor dem Ausschuss der Nationalversammlung für die Schuldfragen des Weltkrieges auftrat. Dort zeigte er sich überzeugt davon, dass die deutschen Truppen siegreich gewesen wären, wenn »Heer und Heimat« zusammengestanden hätten. Weiter berief er sich auf einen namentlich nicht genannten englischen General, der zu dem Schluss gekommen sein soll: »Die deutsche Armee ist von hinten erdolcht worden.«[117] Damit war die Dolchstoßlüge geboren. Tatsächlich waren es aber Hindenburg selbst und Ludendorff, die den Kaiser angesichts eines verlorenen Krieges zum Waffenstillstand drängten.

Die Dolchstoßlegende fiel auf fruchtbaren Boden bei einem Teil der Bevölkerung, der nur zu gerne bereit war, missliebige politische Gegner als Schuldige für das desaströse Ende des Ersten Weltkriegs zu benennen. Die neu ausgemachten Staatsfeinde waren unter anderem die sozialistischen Kräfte. Diese hätten mit ihrer Unterstützung der umstürzlerischen Bewegung das Deutsche Reich um die Erfolge einer günstigen Kampfposition gebracht und damit letztlich die militärische Niederlage Deutschlands bewirkt. Dieses Bündel an Anschuldigungen schwang jedes Mal mit, wenn in dieser Zeit der Begriff des Landesverrats gegen Sozialdemokraten bemüht wurde. Und weil eine gelungene Medienkampagne von Bildern und Gesichtern lebt, bot es sich an, die Anfeindungen und Verleumdungen auf bestimmte Führungskräfte zu konzentrieren. Als Reichspräsident und ehemaliger Vorsitzender der SPD war Ebert für die rechten Meinungsmacher ein gefundenes Fressen. Denn er stand beispielhaft für den neuen, starken Einfluss der Sozialdemokraten. Ihre Machtstellung hätten sie aber – so die Polemik dieser Propaganda – nicht im fairen politischen Wettkampf errungen. Vielmehr wurde ihnen vorgeworfen, durch ihr Verhalten an der »Heimatfront« den kämpfenden Truppen in den Rücken gefallen zu sein und damit letztlich die militärische Niederlage Deutschlands verschuldet zu haben.[118]

Auch für diesen Vorwurf bot Ebert eine breite Angriffsfläche, da er im Januar 1918 als führendes SPD-Mitglied in Berlin der Leitung des sogenannten Munitionsstreiks beitrat, den eigenen Angaben zufolge, um die Ausschreitungen »ohne Schaden für Reich und Streikende« möglichst schnell zu beenden.[119] Tatsächlich dürfte es ihm auch darum gegangen sein, den Einfluss der SPD auf die Arbeiter zu sichern. Ein Anliegen, das sich kurzfristig jedenfalls erfüllte: Nachdem es im Gefolge der Novemberrevolution 1918 zum Sturz der deutschen Monarchie kam, wurde er im Februar 1919 in Weimar von der verfassungsgebenden

Nationalversammlung als damaliger Chef der stärksten Reichstagsfraktion zum Reichspräsidenten gewählt. Damit waren die politischen Bemühungen kommunistischer Kräfte, die eine Räterepublik nach sowjetischem Vorbild anstrebten, auch mithilfe des Einflusses sozialdemokratischer Führungspersönlichkeiten vorerst abgewehrt. Die nationalistischen Republikgegner und ihre Leitmedien brauchten daher ein neues Feindbild und nahmen nunmehr verstärkt den Reichspräsidenten ins Visier.

6.1.2. Friedrich Ebert im Fadenkreuz der Medien

Ebert musste wie kaum ein Politiker zuvor öffentliche Verballhornungen seiner Person über sich ergehen lassen. Diese waren mal mehr, mal weniger kreativ. So wurde er etwa in dem Satire-Magazin *Kladderadatsch* vom 7. September 1919 als »Frédéric le Gros« karikiert, der dick und aufgedunsen auf seinem Thron sitzt und dem Betrachter anstelle der kaiserlichen Reichsinsignien stolz einen Regenschirm und einen kürbisgroßen Apfel entgegenstreckt.[120] In die Geschichtsbücher eingegangen ist auch die Veröffentlichung eines Fotos aus dem Jahr 1919, das ihn in einer Badehose zeigt. Diese saß nicht nur unvorteilhaft, sondern war für Männer der damaligen Zeit auch unüblich, die gemeinhin Badeanzüge bevorzugten. Noch aufsehenerregender als die Erstveröffentlichung des Bildes in der *Deutschen Tageszeitung* war aber, dass die *Berliner Illustrierte Zeitung* das Foto am Tag seiner Vereidigung zum Reichspräsidenten als Aufmacher verwendete. Ein bis dato noch nicht da gewesenes Ereignis, das in der Presse als Skandal breitgetreten wurde. Dem folgten weite Teile der öffentlichen Meinung, die solch eine Darstellung eines hohen Staatsmanns als würdelos empfanden. Hinzu kam die gezielt gestreute Fehlinformation, Ebert habe den Abdruck dieses Fotos selbst befürwortet.[121]

Badehosen begleiteten Ebert dann bis an sein Lebensende.

Seine politischen Gegner nutzten sie bei seinen öffentlichen Auftritten nur zu gerne, um ihm als Zeichen des Spottes damit zuzuwinken.[122] Auch die Redakteure der *Mitteldeutschen Presse* waren sich nicht zu schade, sie in ihrem Kommentar vom 23. Februar 1924, der zum Streitgegenstand des Magdeburger Prozesses wurde, als Stilmittel zu verwenden. Er endete mit den Worten: »Wegen der roten Badehose, die man zu Ihrem Empfang in München benutzt, brauchen Sie keine Bange zu haben.«[123] Der Schriftsteller und Journalist Joseph Roth nannte Ebert in Badehose »das wirkungsvollste, weil pöbelhafteste Argument gegen die Republik«.[124]

Von weitaus größerer politischer Tragweite als die Vorankündigung, ihn wieder mit Badehosen begrüßen zu wollen, war jedoch seine Bezeichnung als Landesverräter. Denn damit wollten seine Gegner nicht nur auf einen Geburtsfehler der Weimarer Republik hinweisen, sondern ihr die Legitimität als solche absprechen. Der Magdeburger Prozess diente dabei nur als *ein* ausgewählter juristischer Schauplatz.

Anlass für Anzeigen hatte es zuvor bereits zuhauf gegeben. Die Strafanzeige Eberts, die den Magdeburger Prozess ins Rollen brachte, war keineswegs das erste Mal, dass er sich gegen die Darstellung seiner Person in der Öffentlichkeit wehrte. Vielmehr war es der 143. Beleidigungsprozess, den der Reichspräsident anstrengte.[125]

6.1.3. Bloß keine bayerischen Richter

Anstoß für das Verfahren war eigentlich ein anderer Fall: Emil Gansser, der Ebert bei einem Besuch in München im Juni 1922 auf offener Straße als Landesverräter beschimpft hatte, wurde wegen Beleidigung und Verleumdung angeklagt.[126] Es darf vermutet werden, dass es sich dabei nicht um einen spontanen Ausruf der Entrüstung gehandelt hatte, sondern um eine geplante

Medienkampagne. Denn Gansser war als NSDAP-Mitglied eng befreundet mit Dietrich Eckart, dem damaligen Chefredakteur des *Völkischen Beobachters*. Schon kurz nach der Begegnung Ganssers mit Ebert machte sich ein Artikel im *Völkischen Beobachter* über den Auftritt Eberts in München lustig und wiederholte den Vorwurf des Landesverrats. Daran knüpfte die übrige Rechtspresse an. Begleitet wurden diese Attacken von Anfeindungen Eberts durch linke Agitatoren, die ihm unter Verwendung des Begriffs »Arbeiterverräter« vorwarfen, als Reichspräsident auf dem Zenit der Macht die Ziele der Novemberrevolution aus den Augen verloren zu haben.

Im Rahmen des am 21. Oktober 1922 vor dem Amtsgericht München eröffneten Strafverfahrens wurden namhafte SPD-Politiker als Zeugen vernommen, darunter Philipp Scheidemann und Wilhelm Dittmann. Auch Ebert selbst wurde persönlich gehört.[127] Die Vernehmung dieser hochrangigen Politiker fand jedoch nicht in München, sondern in Berlin statt. Alle Zeugen bestätigten die Aussage des Nebenklägers Ebert, sein Eintreten in die Streikleitung sei von dem Motiv geprägt gewesen, einen größeren Schaden für das Reich abzuwenden. Trotzdem wurde »Fritz Ebert« nochmals als Zeuge vorgeladen. Diese Verniedlichung von Eberts Vornamen war einer von vielen Nadelstichen, mit denen seine Gegner den Reichspräsidenten lächerlich zu machen versuchten. Die Vernehmung sollte dieses Mal vor dem Gericht in München erfolgen. Für den Fall des Nichterscheinens wurde – wie bei Zeugen üblich – eine Strafe angedroht. Dennoch war die erneute Ladung zweifellos ein bewusster Affront durch den Amtsrichter: Der Reichspräsident sollte nach München reisen, obwohl er bereits in Berlin vernommen worden war. Das war absurd.

In Anbetracht der für ihn nicht ungefährlichen Lage nach dem Hitlerputsch, der kurz zuvor erfolgt war, und um dem Agitator Gansser und seiner deutsch-völkisch eingestellten Verteidigung keine öffentliche Bühne für ihre politischen Theorien zu geben, zog Ebert seinen Strafantrag zurück. Dies tat er wohl auch in der Annahme, seine bereits erfolgte kommissarische Vernehmung und die übrigen Zeugenaussagen hätten den Vorwurf des Landesverrats hinreichend widerlegt. Eine fatale Fehleinschätzung.[128]

Die Einstellung des Verfahrens wegen der Rücknahme des Strafantrags befeuerte die antirepublikanischen Zeitungen nur umso mehr. Sie interpretierten die Rücknahme als feiges Eingeständnis der Schuld Eberts.[129] Gansser ließ diese Gelegenheit zu neuer Stimmungsmache nicht aus und verfasste kurzerhand einen offenen Brief in Form einer Anklage gegen Ebert. Dieser wurde in zahlreichen Medien abgedruckt, unter anderem in der *Mitteldeutschen Presse* aus Staßfurt bei Magdeburg. Darin forderte er Ebert zum Rücktritt auf, weil er nicht bereit sei, sich dem Vorwurf des Landesverrats zu stellen. Die Redakteure aus Staßfurt ließen es aber bei dem Abdruck des Briefes nicht bewenden, sondern fügten ihm unter der Überschrift »Eine bittere Pille für Fritze Ebert« unter anderem den folgenden Zusatz bei: »Ob Ebert die Pille verschluckt, oder ob er es doch mit seiner Würde als Reichspräsident vereinbart und vor dem Gericht in München erscheint? Beweisen Sie doch, Herr Ebert, dass Sie kein Landesverräter sind!«[130] Journalistische Polemik, die nichts mit der Unschuldsvermutung und der Frage der Beweislast zu tun hatte. Denn den Wahrheitsbeweis muss immer derjenige führen, der die Beleidigung oder Verleumdung ausspricht.

Gansser wurde als die Person, die hinter den Äußerungen und somit auch hinter der juristischen Auseinandersetzung stand, bezeichnenderweise strafrechtlich nie belangt. Obwohl Ebert nach dessen erneuter Verleumdungsoffensive abermals einen Strafantrag gegen ihn stellte, konnten oder wollten ihn die bayrischen Strafverfolgungsbehörden nicht davon abhalten, sich ins Ausland abzusetzen. Dennoch erhielt er bei den Reichstagswahlen im Mai 1924 ein Mandat für die Nationalsozialistische Freiheitspartei und musste als Abgeordneter nun keine Strafverfolgung mehr befürchten. Eine Aufhebung der Immunität bedurfte nach der Weimarer Reichsverfassung für Abgeordnete nämlich einer Genehmigung des Parlaments, und eine solche war gegen nationalistische Politiker zu diesem Zeitpunkt schon nicht mehr zu erwirken.[131] Später wurde er durch die Parteikasse der NSDAP bis zu seinem Tod finanziell unterstützt.

Letztendlich konzentrierten sich Ebert und sein Verteidiger Wolfgang Heine auf das Verfahren in Magdeburg, weil sie einen Prozess vor einem bayerischen Gericht verhindern wollten. Die Erfahrung lehrte, dass sie dort auf eine besonders ausgeprägte antirepublikanische Voreingenommenheit der beteiligten Richter treffen würden. In Magdeburg wollten Ebert und sein Verteidiger den Vorwurf des Landesverrats mit juristischen Mitteln endgültig aus der Welt schaffen. Heine, der vor allem mit einem entschiedenen Vorgehen der Magdeburger Staatsanwaltschaft rechnete, strebte einen Musterprozess an, dessen Ergebnis bei Vorwürfen des Landesverrats gegen Ebert auch bei zukünftigen juristischen Auseinandersetzungen herangezogen werden sollte.[132] Ebert zeigte daher den jungen Journalisten Erwin Rothardt an, der für den Abdruck des offenen Briefes von Gansser verantwortlich war. So kam es, dass der »Prozess gegen einen kleinen Redakteur eines drittklassigen Provinzblattes mit einer Auflage von gerade mal 6000 Exemplaren […] zum politischen Prozess allererster Güte« wurde.[133]

6.1.4. Die politische Brisanz des Verfahrens

Die Brisanz um das Magdeburger Beleidigungsverfahren lag nicht nur darin, dass der amtierende Reichspräsident im Mittelpunkt stand. Es ging in dem Verfahren nicht um Kleinigkeiten wie falsche Eitelkeit oder juristische Feinheiten. Vielmehr war die Bezeichnung Eberts als Landesverräter ein regelrechter Kampfbegriff, dessen juristische Bewertung in der politisch instabilen Weimarer Republik für erhebliche Unruhe sorgte. Die von rechtsnationaler Seite verwendete verleumderische Bezeichnung des Reichspräsidenten sollte dabei insbesondere die Ablehnung der neuen Staatsform und ihrer Repräsentanten zum Ausdruck bringen. Der eigentliche Tatbestand des Landesverrats gem. § 89 RStGB war lediglich zweitrangig. Nach dieser Vorschrift war ein Landesverräter jemand, »welcher vorsätzlich während eines gegen das Deutsche Reich ausgebrochenen Krieges einer feindlichen Macht Vorschub leistet oder der Kriegsmacht des Deutschen Reiches oder dem Bundesgenossen desselben Nachteile zufügt […].« Dieser juristische Vorwurf schmerzte Ebert besonders deshalb, weil er sich zeit seines Lebens nicht nur als Sozialdemokrat, sondern auch als Patriot definierte.

Problematisch war, dass es um das Renommee nicht nur des Reichspräsidenten, sondern der ganzen Demokratie ging. Sollte es juristisch zulässig sein, das Oberhaupt des Staates als Landesverräter bezeichnen zu können, dürfte nicht nur dessen politische Karriere beendet, sondern auch dessen politische Heimat beschädigt sein. Wer Ebert, den Mitbegründer und die Symbolfigur der neuen Demokratie, einen Landesverräter nannte, wollte damit die Weimarer Republik und die SPD mitsamt den die Demokratie stützenden Parteien herabsetzen. Daher titelte der *Vorwärts* zu Prozessbeginn: »Weltgeschichte vor dem Schöffengericht.«[134]

Die Brisanz des Verfahrens erkannten auch Ebert, der als Nebenkläger auftrat, und sein Rechtsanwalt Heine. Aus diesem Grund verstärkten sie sich kurz vor Verhandlungsbeginn mit dem vormaligen Justizminister Otto Landsberg, der fortan als zweiter Prozessvertreter agierte. Heine war in der Politik selbst kein Unbekannter. Als Rechtsexperte der SPD vertrat er nicht nur viele seiner Genossen in politischen Prozessen, sondern engagierte sich auch als Abgeordneter; von 1898 bis 1918 war er Mitglied des Reichstags und nach der Novemberrevolution zunächst selbst preußischer Justizminister und anschließend preußischer Innenminister. Auf der Zeugenbank kam es ebenfalls zu einem Schaulaufen der damaligen sozialdemokratischen Politprominenz. Es wurden unter anderem Philipp Scheidemann, Wilhelm Dittmann, Gustav Bauer und Gustav Noske geladen, um die deeskalierende Haltung Eberts am Kriegsende zu bezeugen.[135]

Am 31. Januar 1918 hatte Dittmann, Gründungsmitglied der USPD, noch vor Ebert im Berliner Treptower Park bei einer Massenkundgebung zu Arbeitern gesprochen. Genau diese Rede Eberts war es, die nun Verhandlungsgegenstand sein sollte. Dort hatte sich eine Menschenmenge versammelt, die aus Protest gegen den Krieg und die schlechte Versorgungslage die Arbeit niedergelegt hatte. Kurz nachdem Dittmann den Demonstranten »Hoch der allgemeine demokratische Friede« zurief, wurde er von Polizisten verhaftet und abgeführt. In einem Prozess wegen Landesverrats verurteilte man ihn seinerzeit zu fünf Jahren Festungshaft. Von der Strafe musste er aber nicht einmal ein Jahr absitzen: Als Vorsitzender des Rats der Volksbeauftragten gestaltete er bereits Ende 1918 den Übergang vom Kaiserreich zur Weimarer Republik aktiv mit.

Ebert selbst ließ sich vor dem Magdeburger Gericht nur durch seine beiden Anwälte vertreten und war nicht persönlich anwesend. In der Sache war er aber zuvor zwei Mal im Reichspräsidentenpalais vernommen worden. Dabei beteuerte er, sich während des Krieges »rückhaltlos auf den Boden der Landesverteidigung gestellt und in diesem Sinne gehandelt« zu haben. Er sei während des ganzen Krieges ein Gegner des Munitionsstreiks gewesen und habe persönlich nichts mit dessen Vorbereitung zu tun gehabt. Er sei vielmehr »mit der bestimmten

Absicht in die Streikleitung eingetreten, den Streik zum schnellsten Abschluss zu bringen und eine Schädigung des Landes zu verhüten«.[136]

6.2. Der Vorsitzende Richter Bewersdorff – mit der Demokratie auf Kriegsfuß

Die Hoffnung der Nebenklage, von den Richtern in Magdeburg sei ein höheres Maß an Neutralität zu erwarten als von ihren bayerischen Amtskollegen, wurde bitter enttäuscht. Schon nach der ersten Vernehmung in seiner Dienstwohnung soll Ebert gegenüber seinem Rechtsbeistand den Eindruck geschildert haben, der Vorsitzende Richter Gustav Bewersdorff bringe ihm aus politischen Gründen eine deutliche Antipathie entgegen.[137] Auch der beisitzende Richter Emil Schultze war für seine deutschnationalen Überzeugungen bekannt. Der Eindruck, den der Vorsitzende Richter bei Ebert hinterließ, bestätigte sich, als dieser schon im Vorfeld der Verhandlung seine Auffassung zum Nebenkläger Ebert kundtat: Es könne als wahr unterstellt werden, dass sein Eintreten in die Streikleitung die Januaraufstände verstärkt habe, was der deutschen Seekriegsführung in der Folge schwere Nachteile beschert habe.[138] Damit war der weitere Verlauf des Verfahrens im Grunde schon vorweggenommen. Denn genau auf diese »Argumente« stützten sich die Richter auch in ihren Urteilsgründen.

Dennoch ließ Bewersdorff zuvor zahlreiche Zeugen der Verteidigung zu. Diese Zeugen waren oftmals gar nicht in der Lage, zum konkreten Vorwurf des Landesverrats etwas auszusagen, sondern qualifizierten sich allein durch ihre hochrangige militärische Position während des Ersten Weltkrieges. Dennoch ließ Bewersdorff die Zeugen weitgehend ohne Unterbrechungen und in epischer Breite Dinge vortragen, die mit dem hier verhandelten

Vorwurf nichts zu tun hatten. Fragen der Nebenklage zu der Verwicklung des untergetauchten Hintermannes der *Mitteldeutschen Presse*, Hans Hottenrott, wurden hingegen nicht zugelassen.[139] Vielsagend war auch das Verhalten des Vorsitzenden bei der Vernehmung des Hauptbelastungszeugen. Dieser Zeuge mit Namen Syrig sollte zu Eberts Rede im Treptower Park am 31. Januar 1918, die im Mittelpunkt der Anschuldigungen stand, aussagen. Der Zeuge gab an, als Arbeiter an der Versammlung teilgenommen zu haben. Er meinte sich erinnern zu können, dass Ebert seine etwa 15-minütige Rede mit dem folgenden Satz beendet habe: »Der Streik verkürzt den Krieg. Gestellungsbefehle werden nicht ausgeführt.«[140] Dies stand in direktem Widerspruch zu Eberts Aussage, er habe den Aufstand schnell beenden wollen. Der genaue Inhalt seiner Rede konnte im weiteren Verfahren aber nicht rekonstruiert werden. Der Vorwurf, Ebert habe die versammelten Arbeiter dazu aufgefordert, Einberufungsbefehle zum Militär zu verweigern, konnte jedoch in keiner Weise bestätigt werden.[141] Da bekannt war, dass zur Auffindung von Zeugen, die gegen Ebert aussagen würden, erhebliche Geldsummen angeboten worden waren, wollte Eberts Anwalt Landsberg den Zeugen Syrig zu seiner Verbindung zum Angeklagten befragen. Diese Frage ließ Bewersdorff jedoch nicht zu. Stattdessen ließ er den Zeugen bei dessen Vernehmung wissen, dass die Hauptverhandlung schnell beendet werden könne, wenn sich Eberts Aufforderung zur Nichtbefolgung eines Gestellungsbefehles bestätigte.

Darüber hinaus ordnete er die Gegenüberstellung von Syrig und Ebert in der Wohnung des Reichspräsidenten an, damit dieser sich vergewissern konnte, dass er diesen Mann, Ebert, auch wirklich in Treptow hatte reden hören. Eine groteske und demütigende Veranstaltung. Denn der Zeuge kannte Ebert selbstverständlich – wie jedermann – aus der Presse. Auch diese Anordnung diente letztlich nur der Demütigung Eberts in der Öffentlichkeit. Zunehmend wurde der Reichspräsident wie der eigentliche Angeklagte behandelt.

Bewersdorff wurde in einem politischen Gespräch mit der Einschätzung zitiert, dass Ludendorff der einzig Richtige für den Posten des Reichspräsidenten sei. Ebert, »der Sattlergeselle da oben«, müsse hingegen verschwinden.[142] Damit bediente er sich nicht nur des Vokabulars der deutschnationalen Presse, sondern zeigte auch offen seine Voreingenommenheit gegen Ebert und die neue Staatsform. Auch der Ebert-Biograf Walter Mühlhausen beschreibt ihn als einen Repräsentanten desjenigen Teils der Justiz, der sich mit dem demokratischen Staat nicht anfreunden konnte.[143] Für Ebert eine denkbar schlechte Ausgangslage, um sich von dem Vorwurf des Landesverrats vor Gericht rehabilitieren zu lassen.

Die linksliberale Wochenzeitung *Montag-Morgen* fand schon einen Tag vor der Urteilsverkündung deutliche Worte gegen den Vorsitzenden Richter Bewersdorff und seine Kollegen. Diese hätten das Verfahren selbst zu einer ungerechtfertigten Anklage gegen Ebert verkommen lassen. In dem Aufsatz »Richter brauchen Kritik« fragen die Redakteure rhetorisch: »Wie kommt ein Richter dazu, sich als Korrektor der Weltgeschichte, als Oberlehrer für politische Ethik zu etablieren?« Ihre Antwort: »Es ist, kurz gesagt, der Größenwahn der Richter, diese alte Berufskrankheit der Unabsetzbaren, welches dieses groteske Verfahren in Magdeburg gezeigt hat.«[144]

6.3. Prozessverlauf

Der Prozessauftakt war von der Verteidigung immer wieder verschleppt worden. Der Grund dafür werden wahrscheinlich die am 7. Dezember 1924 anstehenden Reichstagswahlen gewesen sein. Man wollte die Öffentlichkeit des Verfahrens nutzen, um Einfluss auf die Reichstagswahlen zu nehmen. Eine bessere Propagandamöglichkeit hätte es für das völkische Lager nicht geben können. Letztendlich wurde zumindest dieses Ziel nicht erreicht, weil der Prozess infolge organisatorischer Widrigkeiten erst am 9. Dezember beginnen konnte, also zwei Tage nach den Reichstagswahlen.

Der Angeklagte Rothardt war bereits mehrfach wegen Pressevergehen vorbestraft. Er war Leiter der Zeitung *Mitteldeutsche Presse*, bei der es sich um ein antidemokratisches Hetzblatt der schlimmsten Art handelte. Der Herausgeber der Zeitung, Hans Hottenrott, war bereits 22-mal wegen Verunglimpfung der Republik und ihrer Politiker verurteilt worden.[145] Zuletzt war Hottenrott im März 1923 wegen Beleidigung Eberts zu zweieinhalb Jahren Gefängnis verurteilt worden und untergetaucht. Der erst 25-jährige Redakteur Erwin Rothardt übernahm die Leitung.

Während seiner gerichtlichen Vernehmung nahm Rothardt auch zu dem Artikel mit der roten Badehose Stellung und verwies sogleich auf das Badebild von 1919. Er warf Ebert vor, dass es eine »Verhöhnung des Volkes« sei, sich als Reichspräsident in Badehosen fotografieren zu lassen.[146] Dies nahm das Gericht unwidersprochen hin und billigte die bereits zuvor gezielt verbreitete Falschdarstellung, Ebert habe das Badebild freiwillig oder gar bewusst der Öffentlichkeit präsentiert. Tatsächlich war es aber von dem Fotografen absprachewidrig an die Presse verkauft worden, wie später auch Heine in seinem Plädoyer der Verteidigung betonte. Diese Sicht der Dinge fand aber weder im Gerichtssaal noch bei der Bevölkerung größere Beachtung.[147] Damit schloss sich der Kreis zwischen Eberts erstem und seinem letzten Beleidigungsprozess. Im Hinblick auf den Abdruck des offenen Briefes von Gansser verteidigte sich Rothardt mit dem Argument, dass die Anschuldigung des Landesverrats seiner

Überzeugung nach berechtigt gewesen sei. Eine Argumentation, die sich am Ende als erfolgreich herausstellen sollte.

In größere Bedrängnis brachte Ebert vor allem die Aussage des ehemaligen Vorsitzenden der Streikleitung Richard Müller. Er gab an, Ebert habe an fünf Sitzungen des Streikkomitees teilgenommen und sich dabei kein einziges Mal gegen den Protest ausgesprochen.[148] Außerdem sei Ebert mitverantwortlich für ein von ihm entworfenes Flugblatt, in dem zum »sofortigen demokratischen Frieden« und zum »geschlossenen Zusammenhalten der Streikenden« aufgefordert wurde.[149] Ob Müller nun an Ebert Rache nehmen wollte oder schlicht die Wahrheit sagte, jedenfalls hat er seinen ehemaligen politischen Weggefährten mit dieser Aussage erheblich belastet. Die Magdeburger Richter sollten die Erfüllung des Tatbestandes des § 89 RStGB später entscheidend auf Müllers Aussage stützen.

Der Vorsitzende gab im Verfahren zudem rechtsgerichteten deutschnationalen Kräften die Möglichkeit, sich als Aufklärer eines vermeintlichen Hochverrats zu profilieren. Als Zeuge für Eberts Rede in Treptow etwa wurde Emil Kloth geladen. Ursprünglich sozialdemokratischer Stadtverordneter von Neukölln, war Kloth zwischenzeitlich der DVP beigetreten und machte mit Verunglimpfungen seiner früheren Parteigenossen von sich reden. Ausführlich beschrieb er in Büchern und Zeitungsartikeln, wie der SPD-Parteivorstand nicht nur bei der Entstehung des Streiks mitgewirkt, sondern diesen auch heimlich unterstützt habe. Dies könne er aus erster Hand berichten, weil er im Januar 1918 an einigen Gewerkschaftssitzungen teilgenommen habe. Die vermeintlichen Hintergründe legte er unter anderem in seinem Buch *Einkehr* dar, das sogar als Beweismittel zugelassen wurde.[150] Eberts Fehlverhalten brach er auf die einfache Formel herunter: »Wenn man einen Streik abbiegen will, geht man nicht in die Streikleitung.«[151] Heine ordnete die Wichtigkeit dieses neuen Kronzeugen der antirepublikanischen Kräfte richtig ein, als er bemerkte, dass sich die »Hinterlist und Bösgläubigkeit eines solchen Intriganten [...] wohl behaupten, aber niemals so zweifellos beweisen [lasse], dass man auf einen sicheren Erfolg bei Gericht rechnen könnte«.[152]

Die Verteidigung benannte noch weitere Zeugen, die zum Sachverhalt jedoch erkennbar nichts beitragen konnten. So wurden etwa General Hermann von Stein, in den letzten beiden Kriegsjahren preußischer Kriegsminister, und Ernst von Wrisberg, der als General ebenfalls im Kriegsministerium beschäftigt war, als Zeugen benannt und vom Gericht sogar geladen. Da die beiden ehemaligen Generäle weder Augenzeugen von Eberts Treptower Rede waren noch andere konkrete Angaben zu seiner Rolle während des Munitionsstreiks machen konnten, wurden sie stattdessen dazu befragt, inwieweit die Sozialdemokraten insgesamt verantwortlich für die deutsche Kriegsniederlage waren.

Wrisberg qualifizierte sich in den Augen des Gerichts durch seine 1921 niedergeschriebene Polemik *Der Weg zur Revolution 1914–1918* als Zeuge. Darin behauptete er unter anderem, die Aufstände im Januar 1918 seien von der Triple Entente mitfinanziert worden, also dem informellen Bündnis zwischen dem Vereinigten Königreich, Frankreich und Russland.[153] Diese Anschuldigung beruhte auf Verschwörungstheorien, war durch nichts zu belegen und hatte vor allem nichts mit dem Streitgegenstand des Magdeburger Beleidigungsverfahrens zu tun. Dies dürfte zwar auch der Verteidigung klar gewesen sein, wurde aber billigend in Kauf genommen, da auch Falschmeldungen vor Gericht der Reputation des Staatsoberhauptes schaden konnten. So kam es, dass die Dolchstoßlegende nicht nur das Fundament der Diffamierungen gegen Ebert bildete, sondern auch Gegenstand des Magdeburger Prozesses wurde.[154]

6.4. Urteil

Am 23. Dezember 1924 verurteilte das Magdeburger Amtsgericht den angeklagten Journalisten Rothardt wegen Beleidigung des Staatsoberhauptes zu drei Monaten Gefängnis. Der verantwortliche Redakteur habe den Tatbestand der öffentlichen Beleidigung (§§ 192, 185 RStGB) konkret durch drei Behauptungen des Artikels erfüllt.

Eine Beleidigung sei, erstens, der Ausspruch, Ebert solle doch beweisen, dass er kein Landesverräter sei, da für den Angeklagten zum Zeitpunkt der Veröffentlichung keine ausreichenden Anhaltspunkte für diesen Vorwurf bestanden hätten. Insofern werde der Nebenkläger in ehrenrühriger Weise als Mann dargestellt, dem man die strafbare Handlung des Landesverrats zutraue. Zweitens drücke bereits die Bezeichnung des Nebenklägers im Titel als »Fritze« Missachtung aus, da diese Bezeichnung allenfalls seinem engen Familien- und Freundeskreis vorbehalten sei, nicht aber seinen Kritikern. Und drittens sollte mit der Anspielung auf die roten Badehosen auf Vorurteile gegen den Reichspräsidenten abgestellt werden, die ebenfalls darauf abzielten, ihn in seiner Ehre zu verletzen.[155]

Das Urteil war allerdings keinesfalls als Erfolg für Ebert zu betrachten. In der Urteilsbegründung stellten die Richter nämlich fest, dass er »durch seine Beteiligung an der Streikleitung und durch einzelne Handlungen in dieser Stellung [...] objektiv und subjektiv den Tatbestand des Landesverrats erfüllt hatte«.[156] Die Bezeichnung von Ebert als Landesverräter sei also im strafrechtlichen Sinn zutreffend gewesen. Damit widersprachen sie dem Plädoyer von Generalstaatsanwalt Stolp, demzufolge die Hauptverhandlung in keiner Weise bewiesen habe, dass Reichspräsident Ebert Landesverrat verübt hatte.[157] Was den Vorwurf der üblen Nachrede gemäß § 186 RStGB betraf, so wurde der Angeklagte in der Folge freigesprochen. Dieser Straftatbestand setze nämlich eine unwahre Tatsachenbehauptung voraus. Die auf Ebert gemünzte Dolchstoßvariante war damit gerichtlich bestätigt.[158]

Die Richter stellten zwar fest, dass die Aussagen der Kronzeugen der Verteidigung keinesfalls der objektiven Wahrheit entsprächen. Sie zweifelten auch nicht an der Absicht Eberts, den Streik bei seinem Eintritt in dessen Leitung baldmöglichst beenden zu wollen. Dennoch kamen sie zu folgendem Schluss: »Der Nebenkläger erkannte also, dass sein Eintritt in die Streikleitung und seine vorher geschilderte Tätigkeit in dieser den Massenstreik stützten und stärkten. Trotzdem hat er diese Handlung gewollt, obwohl er einsah, dass sie diesen Erfolg haben würde, und dass der Kriegsmacht des Deutschen Reiches durch die Fortsetzung des Streiks Schaden zugefügt würde.«[159] Der Vorsatz wurde also unterstellt statt geprüft. Es wurde der Anschein der Subsumtion erweckt, dabei waren die Ausführungen nichts als willkürliche Interpretation. Die scheinbare innere Logik, die mit dem Adverb »also« zum Ausdruck gebracht werden sollte, stand im leeren Raum. Denn das zuvor Geschriebene konnte den Vorsatz in keinster Weise erklären.

Passender waren also die verwendeten Wörter »trotzdem« und »obwohl«. Trotz fehlender Belastungszeugen und obwohl Ebert den Streik frühzeitig beenden wollte, kamen die Richter zu dem Schluss, dass er mit dem Vorsatz handelte, dem Deutschen Reich durch die Fortsetzung des Streiks zu schaden. Ein Widerspruch, der in den Urteilsgründen einfach hingenommen wurde. Der Journalist Ernst Feder vergleicht Ebert vor diesem Hintergrund mit der Feuerwehr, die in ein brennendes Haus eindringt, um die Flammen zu kontrollieren. Wenn sie dafür »hier ein Fenster einschlägt und dort eine Wand, so tut sie das nicht, um Schaden herbeizuführen, sondern um Schaden zu verhüten«.[160]

Für die Erfüllung des objektiven Tatbestandes von § 89 RStGB knüpften die Richter an drei Handlungen Eberts an: Erstens, sein Eintreten in die Streikleitung als solche. Daneben wird ihm ein Auszug aus seiner Rede im Treptower Park vorgehalten, bei der Ebert den Arbeitern zuruft: »Haltet ruhig aus, eure Arbeiterbrüder in anderen Städten stehen zu euch!« Dieser Ausspruch wird derart aus dem Kontext gerissen, dass mit seiner Hilfe ein zweites Mal der Vorwurf des Landesverrats konstruiert werden konnte. Die Erklärung, der Reichspräsident habe damit gerade nicht den Boykott zur Waffenproduktion gemeint, sondern genau das Gegenteil, wurde vom Gericht nicht thematisiert. Nach Landsberg sei es Ebert darum gegangen, die Arbeiter in Berlin an ihre Pflicht zu erinnern, für den Krieg weiterhin Munition zu produzieren und damit diejenigen Arbeiter zu unterstützen, die sich zur gleichen Zeit im Kampf befanden.[161]

Zuletzt wurde Ebert vorgeworfen, als Teil der Streikleitung nicht dem von Müller entworfenen Flugblatt widersprochen zu haben. Ein Widerstand gegen dieses Flugblatt hätte seinen Einfluss auf die linken Mitglieder der Streikleitung aber untergraben. Gerade auf diesen kam es Ebert an, um sein Ziel der zeitnahen Beendigung der Aufstände zu erreichen.[162] Auch dieser Umstand fand in den Urteilsgründen keine Beachtung. Stattdessen wurde betont, dass das Gericht ausschließlich nach strafrechtlichen Gesichtspunkten geurteilt hätte. Ob die untersuchten Handlungen politisch, historisch oder gar moralisch geboten gewesen seien, wolle das Gericht dagegen nicht beurteilen.

Insgesamt wurde damit lediglich an Geschehnisse angeknüpft, die schon vor der Beweisaufnahme allgemein bekannt und auch von der Nebenklage niemals bestritten wurden.[163] Auch dies zeigt, dass die Möglichkeit der Zeugen der Verteidigung, ausschweifend ihre ablehnende Haltung gegenüber Ebert und der Sozialdemokratie darzulegen, eher der politischen Meinungsmache galt als der Wahrheitsfindung im Prozess. Das demokratiefeindliche Lager und seine Anhänger durften die Justiz also auf ihrer Seite sehen, wenn sie das Staatsoberhaupt der Republik einen Landesverräter nannten. Der thematische Schwerpunkt während der Hauptverhandlung spiegelte sich auch in den Urteilsgründen: Nur sieben der vierundfünfzig Seiten des Urteils beschäftigen sich mit dem formellen Vorwurf der Beleidigung durch den Angeklagten.[164]

Wenige Wochen nach dem Urteil erlag Ebert am 28. Februar 1925 im Alter von 54 Jahren den Folgen einer Bauchfellentzündung. Zwei Tage zuvor war er noch operiert worden. Die Notwendigkeit eines chirurgischen Eingriffs hatte er mit Rücksicht auf die Vorbereitung des Berufungsverfahrens gegen das Magdeburger Urteil zuvor immer wieder hinausgezögert.[165] Seine gerichtliche Rehabilitierung durch das Reichsgericht im Jahr 1931 erlebte er nicht mehr. Sie wurde aber auch in der Bevölkerung kaum mehr zur Kenntnis genommen. Nichtsdestotrotz wurde posthum gerichtlich festgestellt, dass die Beteiligung Eberts am Januarstreik 1918 nicht den objektiven Tatbestand des Landesverrats erfüllte.

6.5. Bewertung

Die Reaktionen in der Presse unterstrichen die politische Brisanz des Magdeburger Urteils. Der Vorsitzende des Republikanischen Richterbundes, Wilhelm Kroner, nannte das Urteil in der *Vossischen Zeitung* »eine jammervolle, schamlose, feige, verächtliche Konstruktion gegenüber dem Träger der Würde Deutschlands«.[166] Daraufhin stellte Bewersdorff, der sich aufgrund der Äußerungen in seiner Ehre verletzt fühlte, Strafantrag. Das Perpetuum mobile politischer Beleidigungsprozesse um die Person Ebert kam also nicht ins Stocken.

Die rechtsgerichtete Presse feierte das Urteil erwartungsgemäß und wurde nicht müde, das Wort des Landesverrats gebetsmühlenartig zu wiederholen: »Vorsätzlicher Landesverrat«, »Also doch Landesverrat« und »Wahrheitsbeweis gegen Ebert erbracht« waren die Schlagzeilen, die am Tag nach dem Urteil in der deutschnationalen Presse zu lesen waren.[167] Der einflussreiche rechte Zeitungsmacher Adolf Stein brachte in einer Auflage von einhunderttausend Stück ein Pamphlet mit dem Titel »Eberts Prozeß« heraus, an dem sich Populismus in Reinform veranschaulichen lässt. Er schreibt darin: Die Sozialdemokratie »hat uns die Revolution gebracht. Die Revolution war nur nach einem verlorenen Krieg denkbar. Den Krieg haben wir durch Eingreifen der Sozialdemokratie verloren. So rundet sich der Ring.«[168] Auf eine einfachere Formel kann man einen komplexen Zusammenhang wie die Ursachen für das Ende eines Weltkrieges nicht bringen. Dabei ist die Gleichung nicht nur unterkomplex, sondern auch historisch falsch. Dennoch konnte ihre Scheinrationalität von jedermann nachvollzogen werden und bot daher eine einfache Antwort auf schwierige Fragen. Es brauchte nicht viel, um daraus abzuleiten, dass die neue Demokratie und ihre Führung abzusetzen seien. Eine äußerst gefährliche Rhetorik, die ihre Wirkung in den darauffolgenden Jahren nicht verfehlen sollte.

Ebert selbst schrieb nach dem Prozess: »Persönlich brauchte ich wahrlich keine gerichtliche Feststellung gegen verleumderische Schmutzereien; es war nur das Staatsinteresse, das mich zu diesem Schritt veranlasste. Staatsinteresse und Rechtspflege scheinen heute aber schlecht miteinander zu vereinbaren zu sein.«[169] Tatsächlich haben Ebert und seine Vertreter Heine und Landsberg das Politische in der Justiz der Weimarer Republik unterschätzt, selbst in Magdeburg. Man könnte ihnen vorwerfen, nicht selbst in die Offensive gegangen zu sein und die Rechtsauffassung vertreten zu haben, dass Eberts Unterstützung der Arbeiter im Munitionsaufstand von 1918 unter keinen Umständen den Straftatbestand des Landesverrats erfüllte, nicht einmal nach den kruden Unterstellungen der Anklage. Stattdessen versteifte man sich darauf zu beweisen, dass es Ebert nur darum gegangen sei, den Streik schnell zu beenden.[170] Letztlich wäre das Urteil infolge der Voreingenommenheit der Richter aber wohl gleichlautend ausgefallen. Auf Anzeigen wegen der Beleidigungen als Landesverräter ganz zu verzichten wäre daher, im Nachhinein betrachtet, wohl die politisch klügere Entscheidung gewesen. Aber dies wäre gleichzeitig das Eingeständnis einer politisch beherrschten Justiz gewesen, die Ebert und sein Rechtsbeistand zu diesem Zeitpunkt noch nicht sehen wollten. Spätestens nach den Reaktionen der Rechtspresse auf die Rücknahme seiner Anzeige gegen Gansser vor dem Amtsgericht München war jedoch offensichtlich, dass Ebert diese Vorwürfe auf dem Rechtsweg klären musste, wenn er eine Zukunft in der Politik haben wollte.

Der sozialdemokratische Rechtsanwalt Hugo Sinzheimer wusste das Urteil richtig einzuschätzen, als er »seine Bedeutung für die politische Kultur« der Weimarer Republik hervorhob und die »gerichtliche Feststellung einer juristischen Schuld in politischen Handlungen« als neu entdecktes Machtwerkzeug einordnete, um Gegenspieler niederzuringen.[171] Ein Gerichtsurteil werde dann zur »Grundlage für einen mit allen Mitteln der Demagogie hemmungslos geführten Kampf, der nicht mit offenen politischen Argumenten gegen den politischen Gegner geführt wird, sondern mit den persönlich gehässigen Mitteln der menschlichen Verunglimpfung«. Und da die Richter der Weimarer Republik nicht selten mit den nationalistischen Kräften sympathisierten, ging diese Strategie immer wieder auf.

Heinrich August Winkler, der Chronist der Weimarer Republik, fasste die Folgen des Magdeburger Urteils in seinem Werk *Der Schein der Normalität* (1988) wie folgt zusammen: »Das Urteil war Rufmord, begangen von deutschen Richtern, die das Privileg genossen, ihren antirepublikanischen Ressentiments einen rechtlichen Anstrich geben zu können. [...] Das Urteil tat seine Wirkung, und es wirkte wie Gift. Wer die Republik und ihre Vertreter hasste, musste sich durch den Magdeburger Spruch in seinem Hass bestätigt fühlen.«[172] Anderseits erhielt Ebert nach dem Urteil zahlreiche Solidaritätsbekundungen durch das Reichskabinett ebenso wie von Landesregierungen und Verbänden aus der ganzen Republik.[173] Auch Künstler und Wissenschaftler stellten sich öffentlich hinter den Reichspräsidenten, darunter Thomas Mann, Gerhart Hauptmann und Max Liebermann.[174]

Am Ende überwog aber die persönliche Tragödie: Nichts ist für jemanden, der wegen der Verletzung seines Ehrgefühls Anzeige erstattet, demütigender, als wenn das Gericht dem Angeklagten in Teilen beipflichtet, weil es zu dem Schluss kommt, dass das als herabsetzend Gemeinte in Wirklichkeit wahr sei. Ein Schicksal, das der Sozialdemokrat Ebert mit dem Nationalsozialisten Paul Jorns teilt, dem Ermittlungsrichter der Mörder der Spartakus-Anführer. Den Magdeburger Richtern zufolge war die Bezeichnung Eberts als Landesverräter keine Verleumdung, sondern eine saubere Subsumption seines Verhaltens im Munitionsstreik von 1918 unter den entsprechenden Tatbestand. Jorns wiederum hatte keine juristische Handhabe gegen Journalisten, die schrieben, er habe als Ermittlungsrichter den Mördern von Luxemburg und Liebknecht Vorschub geleistet, weil dies nach dem Schöffengericht Berlin-Mitte schlicht den Tatsachen entsprach.

7. Jorns-Prozess, 1929

7.1. Hintergrund

Paul Jorns leitete 1919 als Ermittlungsrichter in dem bereits dargestellten Verfahren gegen die Mörder von Luxemburg und Liebknecht vor dem Feldkriegsgericht die Voruntersuchungen und vertrat anschließend die Anklage.¹⁷⁵ Sein Vorgesetzter, der General und militärische Gerichtsherr der Division Heinrich von Hofmann, hatte ihn zuvor gegen den eigentlich zuständigen Ankläger Kurtzig ausgetauscht, nachdem diesem vom USPD-Volksbeauftragten Hugo Haase im *Vorwärts* ein Bestreben nach Objektivität bescheinigt worden war.¹⁷⁶ In der damaligen Zeit ein Ausschlusskriterium in einem Kriegsgerichtsverfahren gegen rechte Straftäter.

Die gerichtliche Untersuchung der Ereignisse hatte Jorns ironischerweise selbst provoziert, indem er nach Erscheinen eines anonymen Artikels mit dem Titel »Kollege Jorns« einen Strafantrag gegen den verantwortlichen Redakteur, Joseph Bornstein, wegen Beleidigung (§ 185 RStGB) und übler Nachrede (§ 186 RStGB) gestellt hatte. Der Angeklagte deckte die Identität des tatsächlichen Verfassers Bertold Jacob nicht auf. Der am 24. März 1928 in der Zeitschrift *Das Tagebuch* veröffentlichte Artikel endete mit dem für Jorns vernichtenden Satz: »Wie eine solche Erscheinung am obersten deutschen Gericht als Reichsanwalt fungieren kann, ist unerfindlich!« Eine Aussage, die man im Nachhinein nur zu gern unterschreiben möchte. An anderer Stelle heißt es: »Seine Milde gegen die Liebknecht-Luxemburg-Mörder war im Jahr 1919 ein Signal, dass gute Zeiten für Mörder gekommen seien.«[177] Ebenfalls eine richtige Einschätzung; jedenfalls solange es sich bei den Mördern um rechte Gesinnungstäter handelte.

Jorns wollte diese harsche Kritik an seiner Kompetenz nicht auf sich sitzen lassen. Denn in dem Artikel heißt es auch, dass »sein juristisches Können weit unter Mittelmaß bleibe, ihn jedenfalls keineswegs zur Dienstleistung im Verbande der Reichsanwaltschaft qualifiziere, deren ganzem Niveau er in keiner Weise adäquat sei«. Um den Angeklagten freizusprechen, hätte das Gericht zu dem Ergebnis kommen müssen, die Ehre von Jorns sei durch diese Aussagen nicht verletzt worden, weil sie der Wahrheit entsprochen hätten. Jorns war davon überzeugt, dass die Verteidigung bei diesem Unterfangen scheitern müsste. Dies war allerdings wieder eine falsche juristische Einschätzung seinerseits.

Konkret wird in dem Artikel der dringende Verdacht erörtert, dass Jorns dem Angeklagten Vogel bei dessen Flucht geholfen habe. Außerdem werden die Anschuldigungen der drei Mitglieder des Berliner Zentral- und Vollzugsrats zur Sprache gebracht, die wenige Tage nach ihrer Benennung als zivile Beisitzer aus Protest gegen das Verhalten von Jorns wieder zurücktraten.[178] Sie warfen Jorns vor, ihre Kontrolltätigkeit behindert zu haben. Schwer belastete ihn auch der Vorwurf, er habe die Vernehmung von Pabst absichtlich vereitelt. An dem Tag, als der wegen Anstiftung zum Mord dringend Verdächtige vernommen werden sollte, hatte sich Jorns krankgemeldet. Tatsächlich lag er an diesem Tag aber nicht im Bett, sondern leitete die militärischen Absperrmaßnahmen für den Trauermarsch von Liebknecht. Am darauffolgenden Tag habe er auf die Erinnerung von Wegmann hin wahrheitswidrig behauptet, Pabst sei bereits vernommen worden.[179] Ein klarer Verstoß gegen seine beruflichen Pflichten als Ermittlungsrichter. Unter dem Eindruck dieses Verhaltens kamen die drei zivilen Beisitzer zu dem

Ergebnis, Jorns verschleppe absichtlich die Untersuchungen und decke potenzielle Täter.

7.2. Der Kläger: Paul Jorns

Jorns' juristische Karriere begann im Jahr 1900 im Heeresjustizdienst. Dort war er als Kriegsgerichtsrat an verschiedenen Stationen tätig, unter anderem in der ostasiatischen Brigade und bei der »Schutztruppe« in Deutsch-Südwestafrika. Wieder in Deutschland war er in Berlin bei dem Kriegsgericht der Garde-Kavallerie-Schützen-Division (GKSD) beschäftigt, bei dem auch der Prozess gegen die Mörder von Luxemburg und Liebknecht verhandelt wurde. Dabei machte er vor allem dadurch auf sich aufmerksam, dass er einen regen und freundschaftlichen Kontakt mit dem Umfeld des Freikorps pflegte, selbst wenn er gegen sie zu ermitteln hatte oder sie anklagen musste.

Seine Kollaboration wurde ihm von der Justizverwaltung gedankt: Nach einer Station beim Reichsgericht folgten Beförderungen zum Oberstaatsanwalt und 1925 zum Reichsanwalt. Einer seiner einflussreichen Förderer, der damalige Oberreichsanwalt Ludwig Ebermayer, bescheinigte ihm ein »für die Bearbeitung politischer Sachen hervorragendes Verständnis und feinstes Taktgefühl«.[180] Eine Beurteilung, die Bände spricht über die Gesinnung der damaligen Richterschaft. Am poetischsten drückte es Paul Levi in seinem Abschlussplädoyer aus, als er Jorns vorwarf, vergessen zu haben, »woher seine Robe die Farbe Rot trägt«.[181] Dies bremste seine Karriere nach der Machtergreifung durch Hitler natürlich nicht im Geringsten: 1934 wurde Jorns Ankläger beim Volksgerichtshof, zwei Jahre später sogar Oberreichsanwalt. Der Höhepunkt der Karriere einer unerfindlichen Erscheinung.

7.3. Der Verteidiger: Paul Levi

In seinem Namensvetter Levi hatte Jorns einen Gegenspieler gefunden, dem er nicht gewachsen war. Dieser nutzte das von Jorns angestrengte Verfahren, um ihn auf ganzer Linie öffentlich bloßzustellen. Dafür setzte er neben seinen juristischen Fertigkeiten vor allem sein rhetorisches Talent ein. Levi hatte persönlich genügend Gründe, um im Jorns-Verfahren einen besonderen Ehrgeiz an den Tag zu legen. Er war nämlich nicht nur ein guter Freund und politischer Mitstreiter von Luxemburg, sondern zeitweise auch ihr Geliebter. Es dürfte ihm eine große Genugtuung bereitet haben, Jorns' Fehlverhalten im Verfahren gegen ihre Mörder in aller Breite präsentieren zu dürfen. Angesichts der zahlreichen dokumentierten Verstöße von Jorns gegen rechtsstaatliche Grundsätze eines Strafverfahrens und der Qualität von Levi als Verteidiger stand der Vertreter der Anklage, Staatsanwalt Deepenthal, vor einer unlösbaren Aufgabe. Diese wurde durch das Auftreten von Jorns nicht erleichtert, der keinerlei Einsicht zeigte. Stattdessen gab er in seinem eigenen Plädoyer zu verstehen, auch noch als Reichsanwalt davon überzeugt zu sein, die Ehre mordverdächtiger Offiziere müsse so lange wie möglich geschützt werden.[182]

Levi war zum Zeitpunkt der Verhandlung zugleich Reichstagsabgeordneter der SPD. Die KPD, deren Vorsitzender er zwischenzeitlich war, hatte er in ihrer putschistischen Periode verlassen. Laut dem Historiker Heinrich August Winkler verstand er sich dennoch als »geistiger Testamentsvollstrecker Rosa Luxemburgs«.[183] Die Führung der Kommunistischen Internationale sah in ihm dagegen »einen Bremser der Weltrevolution«.[184] Auf einer Sitzung des Zentralausschusses der KPD am 22. Februar 1921 legte er schließlich seine Funktion als Vorsitzender nieder. Später wurde er sogar aus der Partei ausgeschlossen, unter anderem weil er sich öffentlich gegen die sogenannte Märzaktion von 1921 ausgesprochen hatte, einen kommunistischen Aufstandsversuch, der 180 Todesopfer forderte.[185] Kurz darauf war er bereits einer der Wortführer des äußersten linken Flügels der SPD. In dieser Position pochte er vor allem auf ihre Rolle als Oppositionspartei.[186] Die Koalitionspolitik der Parteiführung nannte er »die Karikatur einer Regierung«. Am 9. Februar 1930 stürzte er unter ungeklärten Umständen aus dem Fenster seiner Berliner Dachgeschosswohnung und erlag seinen Verletzungen; nur wenige Hundert Meter von der Stelle entfernt, an der man Luxemburg etwa elf Jahre zuvor in den Landwehrkanal geworfen hatte.[187]

7.4. Prozessverlauf

Im Laufe der fünftägigen Beweisaufnahme wurde das ganze Ausmaß von Jorns' Fehlverhalten deutlich. Die Einflussnahme auf das Strafverfahren gegen die Mörder von Luxemburg und Liebknecht begann bereits mit Jorns' erfolgreicher Verdrängung des eigentlich zuständigen Untersuchungsrichters Kurtzig. In dieser Zeit arbeitete er vom Eden-Hotel aus, dem Sitz der GKSD und außerdem der Ort, an dem die Morde an Luxemburg und Liebknecht angeordnet worden waren. Dabei saß er nicht nur neben den Tätern, sondern arbeitete auch eng mit ihnen zusammen. Ein Zeuge schilderte die Arbeitsweise Jorns' im Prozess wie folgt: »Das war doch ein ganz unmöglicher Zustand, man kam ins Vorzimmer, da lief Hauptmann von Pflugk-Harttung (ein späterer Angeklagter, Anm. des Verf.) herum, wusch sich die Hände und putzte sich die Nägel, und die, die eben als Beschuldigte vernommen waren, liefen draußen im Gang als die Herren herum, alles eine große Kameraderie«.[188]

Seine erste Amtshandlung als Ermittlungsrichter war es,

Oberleutnant Vogel am 17. Januar 1919 aus der Untersuchungshaft zu entlassen, obwohl neben einem dringenden Tatverdacht wegen der Ermordung Luxemburgs zu diesem Zeitpunkt auch Verdunkelungsgefahr bestand. Es war bereits klar, dass die Fabel von Luxemburgs Entführung durch einen wütenden Mob erfunden war. Dies gab Vogel gegenüber Jorns sogar zu. Dieser hielt es in seiner Position als Ermittlungsrichter trotzdem für ausreichend, ihm zu untersagen, mit zwei weiteren Tatverdächtigen zu sprechen. Am Ende musste Jorns erst nach einem Treffen mit dem frisch gekürten Reichsjustizminister Otto Landsberg am 22. Februar 1919 klein beigeben und die erneute Verhaftung von Vogel anordnen.[189]

Das erste Dokument in den gesamten Untersuchungen, welches Jorns mit dem Vermerk »Eilt« versehen hatte, war ein Antrag auf zahnärztliche Behandlung des verdächtigen Leutnants Liepmann in Untersuchungshaft, der später zugab, Liebknecht erschossen zu haben. Dieser sollte »unter zuverlässiger Begleitung zu einem Zahnarzt geführt werden«. Ebendiesen Untersuchungshäftling traf Jorns später zufällig auf dem Wittenbergplatz frei umherlaufend und sprach ihn daraufhin an. Liepmann gab an, er komme gerade vom Zahnarzt und wolle noch seinen Vater besuchen. Jorns hat dies offenbar nicht nur die Sprache verschlagen, sondern in den Worten von Levi »auch den Federhalter«.[190] Er sah sich nämlich nicht dazu veranlasst, diesen Vorfall aktenkundig zu machen. Er gelangte jedoch zu den Akten, da sich der Untersuchungshäftling selbst schriftlich darüber beschwerte, dass Jorns ihn zur Rede gestellt hatte.[191] Diese Anekdote zeigt, dass die Bezeichnung der Ermittlung als Komödie durchaus berechtigt ist. Vor dem Hintergrund der Strafvereitelung und der Missachtung rechtsstaatlicher Grundsätze überwiegen aber dennoch die tragischen Momente.

Jorns belasteten insofern auch die Aussagen des verurteilten Runge schwer. Er nannte die Untersuchung selbst eine Komödie und betonte, dass ihm Jorns in privaten Gesprächen wiederholt dazu geraten habe, die Morde auf seine Kappe zu nehmen. Dafür soll er ihm in Aussicht gestellt haben, eine Freiheitsstrafe von nur vier Monaten zu erhalten und sich in Zukunft immer an die Division wenden zu können, wenn er einmal in Not geraten sollte.[192] Jorns stritt eine solche Unterredung ab.

Die Planmäßigkeit der Morde wurde durch den späteren Staatspräsidenten der DDR, Wilhelm Pieck, bestätigt, dessen Vernehmung bisher von Jorns verhindert werden konnte. Im Jorns-Verfahren sagte Pieck hingegen ausführlich zu den Misshandlungen der Ermordeten im Eden-Hotel aus. Danach hätten Hotelangestellte über das Ausmaß der Gewalt geklagt und berichtet, wie Luxemburg niedergeschlagen und herumgeschleift worden sei.[193] Er habe in der Nacht des 15. Januar 1919 den Eindruck gehabt, so Pieck, der Mordplan gegen Luxemburg und Liebknecht habe schon bei ihrer Einlieferung in das Eden-Hotel bestanden, zumal ein Offizier, der von den anderen als Hauptmann angeredet wurde, den Soldaten im Eingangsbereich Zigaretten angeboten und dabei betont habe, dass die »Bande« das Hotel nicht lebend verlassen dürfe. Die Mörder hätten nur deshalb freigesprochen werden können, weil die wirklichen Vorgänge nicht zum Gegenstand der Verhandlung gemacht worden seien. Nach dem Urteil des Feldkriegsgerichts sei er darüber erstaunt gewesen, dass angeblich kein Beweismaterial für den Mord vorlag.[194]

Das Plädoyer von Levi war bissig, scharfzüngig und rhetorisch auf höchstem Niveau.[195] Allen voran war es aber eine Demontage von Jorns als Jurist. Die Aussage, er sei nicht für das Amt des Reichsanwalts geeignet, war Levis Ausführungen zufolge keine formale Beleidigung, sondern eine wahre Tatsachenbehauptung. Damit drehte er den Spieß um und machte den Kläger Jorns kurzerhand zum Angeklagten. Der Prozess habe ausreichend Beweise dafür geliefert, dass sich Jorns der Strafvereitelung im Amt schuldig gemacht habe. Nachdem er seine zahlreichen Verdunkelungshandlungen noch einmal aufgezählt hatte, zeigte er sich überzeugt, dass auch in einem Gremium von tausend Berufsrichtern nicht einer sein würde, »der die Hand und die Stimme erheben wird für Kriegsgerichtsrat Jorns. Denn wenn das rechtens ist, was er getan hat, dann, meine Herren, können wir das Institut der Untersuchungshaft ruhig begraben.«[196]

7.5. Urteil

Am 27. April 1929 wurde der angeklagte Redakteur Bornstein von den Vorwürfen der Beleidigung und der üblen Nachrede freigesprochen. Für Jorns ein Schlag ins Gesicht. Dem Angeklagten gelang nämlich der Wahrheitsbeweis dafür, dass dieser als Reichsanwalt ungeeignet sei. Nur so konnte das Gericht zu dem Ergebnis kommen, dass der Zeitungsartikel keine reine Diffamierung war. Von noch größerer politischer Sprengkraft war aber die gerichtliche Feststellung, Jorns habe den Mördern von Luxemburg und Liebknecht Vorschub geleistet, indem er den Untersuchungserfolg durch seine Handlungen gefährdete.

Das Gericht machte sich die Mühe, sich ausführlich mit dem Verhalten Jorns' auseinanderzusetzen. Die Liste der festgestellten Versäumnisse ist lang: Bei den Ermittlungen gegen die Mörder von Luxemburg und Liebknecht habe er »1. Spuren, die zur Aufklärung dienen konnten, nicht aufgenommen […], 2. Spuren, deren Wichtigkeit er erkannt hatte, nicht verfolgt […], 3. Spuren verwischt […], 4. Zustände geduldet […], die, wie ihm bekannt war, geeignet waren, den Sachverhalt zu verdunkeln und das Ergebnis der Untersuchung zu gefährden.«[197] Ein schlechteres Arbeitszeugnis kann man einem Ermittlungsrichter wohl nicht ausstellen.

Konkret sah das Gericht die Behauptung des Angeklagten, Jorns habe die Verhaftung Vogels am 20. Februar 1919 bis zur äußersten Grenze des Möglichen hinausgeschoben, als erwiesen an. Denn es konnte bereits drei Tage zuvor kein Zweifel mehr daran bestehen, dass die Geschichte von der Verschleppung Luxemburgs ein »Märchen« war. Ebenso wenig konnten sich die Richter erklären, aus welchen Beweggründen Jorns den wegen der Tötung Liebknechts verdächtigten und bereits vorläufig festgenommenen Kapitänleutnant Pflugk-Harttung zunächst wieder auf freien Fuß setzte, nachdem die Leiche von Liebknecht geöffnet worden war.

Jorns hatte es nach der Überzeugung des Gerichts auch versäumt, Pieck über die Geschehnisse im Eden-Hotel zu vernehmen, obwohl es an Anlässen dazu nicht mangelte. Immerhin hätte er als einer der wenigen Augenzeugen, die nicht selbst als Täter in Betracht kamen, über die Misshandlungen berichten können. Vor allem konnte er aber glaubhaft darlegen, dass der Mordplan bereits im Hotel, angeordnet von den Vorgesetzten der GKSD, insbesondere Hauptmann Pabst, in die Tat umgesetzt wurde. Diese Zusammenhänge brachte er dann erst im Jorns-Verfahren und damit über zehn Jahre nach dem Verbrechen vor einem deutschen Gericht zur Sprache. Zu spät, denn die Hintermänner der Morde wurden selbst daraufhin nicht mehr angeklagt. Außerdem habe Jorns gewusst, dass Runge für seine Falschangaben Geld erhielt. In diese Richtung ermittelt habe er trotzdem nicht.

Im Urteil des Schöffengerichts Berlin-Mitte ist zu lesen, dass Jorns »nicht Persönlichkeit genug war, um sich gegen Pabst, den die Zeugen einen Autokraten nennen, durchzusetzen und in das Wespennest des Divisionsstabes hineinzugreifen«. Zu seinen möglichen Beweggründen heißt es: »Vielleicht war es die unbewusste Gesinnungsverwandtschaft mit dem Offizierskorps, dem er jahrelang nahegestanden hatte oder eine in seiner Weltanschauung begründete und durch die Aufgewühltheit der Zeiten des Kriegsendes und des Bürgerkrieges genährte Befangenheit.«[198] Das dürfte am Ende noch die schmeichelhafteste Erklärung für Jorns' Verhalten sein. Wahrscheinlicher ist, dass er ein Überzeugungstäter war, der seinen rechten Gesinnungsgenossen nur zu gerne dabei half, das Tatgeschehen zu vertuschen, um ranghohe, an der Tat beteiligte Offiziere seiner eigenen Division zu schützen.

Friedrich Kaul, der in der DDR vor allem durch seine Fernsehsendung »Fragen sie Professor Kaul« einem breiten Publikum bekannt wurde, hatte den Jorns-Prozess als junger Referendar und Gehilfe von Staatsanwalt Deepenthal miterlebt. Eindrücklich beschreibt er, wie aus Jorns, einem »arroganten, überheblichen, mit aller Sorgfalt gekleideten Offizierstyp«, im Laufe des Verfahrens »ein auseinanderfallendes Häufchen Elend« geworden sei, das nach dem Urteilsspruch mit seiner eigenen Festnahme gerechnet haben soll.[199] Jorns' Plan, die eigene Reputation nach der Veröffentlichung des diskreditierenden Artikels wiederherzustellen, war auf voller Linie gescheitert. Umso erfolgreicher war dagegen Levi, der mit seinem Plädoyer allen Prozessteilnehmern und -beobachtern ein eindringliches Bild von den Zuständen im Feldkriegsgericht der GKSD zeichnete.

7.6. Der Weg durch die Instanzen

Die Einschätzung, Jorns habe den Mördern von Luxemburg und Liebknecht Vorschub geleistet, wurde von der Berufungsinstanz bestätigt, sodass der Fall vor dem Reichsgericht landete. Der Reichsanwalt, der dort die Revision der Staatsanwaltschaft vertrat, teilte mit Jorns nicht nur ein Zimmer, sondern auch dessen politische Gesinnung. In Abkehr von seiner bisherigen Rechtsprechung kam die Revisionsinstanz zu dem Ergebnis, Jorns sei nur dann zum Dienst am Reichsgericht offensichtlich ungeeignet, wenn er den Mördern absichtlich Vorschub geleistet habe. Ein bewusstes Handeln würde in diesem Fall nicht ausreichen. Die Gründe für diesen neuen Maßstab dürften nicht juristischer, sondern politischer Natur gewesen sein. Absicht konnte Jorns erwartungsgemäß nicht nachgewiesen werden, sodass der angeklagte Redakteur Bornstein doch noch zu einer geringen Geldstrafe verurteilt wurde. Wichtiger war aber der gerichtliche Versuch, die Reputation von Jorns wiederherzustellen.[200]

Bornstein musste seine Festellungen hinsichtlich Jorns' Eignung als Reichsanwalt zurücknehmen. Dies tat er in sarkastischer Art und Weise. So schrieb er 1930, er sei nach wie vor davon überzeugt, Jorns habe den Mördern von Luxemburg und Liebknecht Vorschub geleistet. Eine Aussage, die ihm gerichtlich selbst vom Reichsgericht nicht untersagt wurde. Nunmehr komme er aber nicht mehr zu dem Schluss, Jorns sei für das höchste deutsche Gericht nicht geeignet. Er sei schlicht und ergreifend nicht würdig, als hoher Justizbeamter zu wirken. Dennoch leuchte ihm jetzt ein, weshalb er für das Reichsgericht keine unpassende Erscheinung sei. Denn am Ende sei »Herr Reichsanwalt Jorns Fleisch vom Fleische und Geist vom Geiste des Reichsgerichts«.[201] Ein stilistischer Kunstgriff, der ihn vor einer erneuten Strafverfolgung schützte, ohne seine Meinung widerrufen zu müssen. Die dahinterstehende Logik lautet: Wenn das Reichsgericht meint, ein Ankläger, der Mördern von Kommunisten bewusst Vorschub leistet, sei als Reichsanwalt geeignet, dann ist er wohl doch der richtige Mann am richtigen Ort. Letztendlich ein noch vernichtenderes Urteil für die Justiz der Weimarer Republik als der ursprüngliche Artikel »Kollege Jorns«, der den Stein der juristischen Auseinandersetzung ins Rollen brachte.

7.7. Bewertung

In den Augen der Leipziger Reichsgerichtsräte disqualifizierte man sich keineswegs als Reichsanwalt, wenn man Mörder von Anführern der kommunistischen Partei dabei unterstützte, von der gesetzesmäßig vorgesehenen Strafverfolgung verschont zu bleiben. Im Gegenteil wurde Jorns gerade durch den »Korpsgeist und die Kollegialität einer nationalkonservativen Körperschaft« geschützt.[202]

Die zeitgenössischen Medien bewerteten den Ausgang des Jorns-Verfahrens sehr unterschiedlich. In der sozialistischen Presse war später zu lesen: »Man täte der Sache und der Person zu viel Ehre an, wenn man Jorns als einen Gewaltmenschen, einen Rechtsbrecher aus politischen Gründen betrachtete. Nein, er steht vor uns als die typische Gestalt des Zivilbeamten, der sich als ›Offizier‹ ansieht, und dem seine eigene Berufsehre und das sonst dem Beamten selbstverständliche Pflichtgefühl abhandenkommen, weil er vor den ›Herren Kameraden‹ zusammenknickt.«[203]

Dies ist eine wichtige Unterscheidung, da sie deutlich macht, dass es sich bei Jorns nicht um einen Einzelfall handelte. Der Fall steht vielmehr symptomatisch für die Einstellung der Weimarer Justiz gegenüber rechten Straftätern.

An anderer Stelle hieß es, in Moabit sei mit dem Freispruch Bornsteins das »ganze System jenes Helldunkels, das in den Januartagen 1919 Deutschland beschattete«, verurteilt worden.[204] Damit waren neben den reaktionären Offizieren der GKSD gerade auch die beteiligten Sozialdemokraten gemeint, allen voran Noske. Es herrschte Übereinstimmung, dass die »Entlarvung eines schlechten Reichsanwalts« nicht im Mittelpunkt des Verfahrens stand. Bedeutender war, dass »deutsche Richter die unter Militärmänteln halb erstickte Idee der Gerechtigkeit wieder befreit haben«.[205]

Nicht weniger pathetische Worte fanden Journalisten politisch rechtsgerichteter Magazine. Die *Deutsche Zeitung* nannte das Urteil in ihrer Ausgabe vom 28. April 1929 eine »Kommunistenrache an Jorns«. Die Richter in Moabit seien auf die Hetze der Linkspresse gegen die Justiz hereingefallen. Dies sei »auf eine Art Psychose zurückzuführen, sie waren dem Ansturm von Links nicht gewachsen«. Einen Tag später spricht das *Deutsche Tagesblatt* sogar von einer Bolschewisierung der Justiz. Im Übrigen fällt der Zeitung nichts Besseres ein, als den angeklagten Redakteur Bornstein und seinen Verteidiger Levi antisemitisch zu beschimpfen und von einer »jüdischen Miniarbeit, die höchst zweckvoll eine Position nach der anderen untergräbt«, zu fabulieren.[206]

Am treffendsten ordnete jedoch Kurt Tucholsky, scharfsinniger Beobachter seiner Zeit und selbst promovierter Jurist, die Behandlung von Jorns unter seinen Richterkollegen ein. Er schrieb 1929: »Kollektivurteile sind immer ungerecht, und sie sollen ungerecht sein. Denn wir haben das Recht, bei einer Gesellschaftskritik den niedersten Typus einer Gruppe als deren Vertreter anzusehen, den, den die Gruppe gerade noch duldet, den sie nicht ausstößt, den sie also im Gruppengeist bejahend umfasst.«[207] Wie wir heute wissen, wurde Jorns nicht nur geduldet. Seine Karriere wurde vielmehr von vielen Seiten gefördert, sodass er später sogar zum Reichsanwalt avancieren konnte.

8. Zusammenfassende Bemerkungen

8.1. Ungleichbehandlung von linker und rechter Gesinnung vor Gericht

Es bleibt die Erkenntnis, dass die Sozialdemokraten in der Weimarer Republik aus Gründen der Parteitradition ihren Feind eher im linken Spektrum, bei den Kommunisten, verorteten. Vor diesem Hintergrund wurden insbesondere mit rechtsradikalen Freikorps Allianzen geschlossen, die für die Republik außerordentlich schädlich waren. Es handelte sich dabei um eine Machtpolitik, die rechtsradikalen Straftätern freien Raum bot.[208]

Gleichzeitig bestand eine Wechselbeziehung zwischen nationalistisch eingestellten politischen Kräften und der Justiz. Eine deutlich größere Rolle als heute spielten etwa politische Beleidigungsverfahren: In einem typischen Fall schickte ein und dasselbe Gericht einen Kommunisten, der von einer »Räuberrepublik« gesprochen hatte, für vier Wochen ins Gefängnis, wohingegen ein Angeklagter wegen des Ausdrucks »Judenrepublik« nur zu 70 Mark Geldstrafe verurteilt wurde.[209] Oftmals hielten die Richter nur dem deutschen Staat als solchem, auf dessen Verfassung sie allesamt einen Eid geschworen hatten,[210] die Treue, nicht aber der derzeitigen Staatsform.[211] Die richterliche Unabhängigkeit in Art. 102 der Weimarer Reichsverfassung wurde durch Art. 130 Abs. 2 ergänzt, der allen Beamten »die Freiheit ihrer politischen Gesinnung und die Vereinigungsfreiheit« gewährte. Dieses ausdrückliche Recht, die eigene politische Meinung öffentlich kundzutun – selbst wenn diese im Widerspruch zur Verfassung stand –, wurde von vielen beansprucht.

Die Richterschaft der Weimarer Republik gehörte zum Großteil der in der Novemberrevolution 1918 entmachteten Gesellschaftsschicht an.[212] In der Folge nahmen zahlreiche von ihnen den Kommunismus als persönliche Bedrohung wahr, den es auch mit juristischen Mitteln zu bekämpfen galt. Diese Einstellung prägte zahlreiche Urteile der Weimarer Republik. Die Mär von positivistischen Subsumtions-Maschinen, die lediglich einseitig gegen links gerichtete politische Strafgesetze in die Realität übersetzten, kann nicht überzeugen. Im Gegenteil zeigte sich die Richterschaft in der Masse gegenüber dem Parlament konfliktbereit, wenn die anzuwendenden Vorschriften ihren eigenen politischen Überzeugungen zuwiderliefen.[213]

Im Ergebnis unterstützten sie auf verschiedene Weise den politischen Aufstieg der Nationalsozialisten. Etliche duldeten jedenfalls, dass führende Parteimitglieder Gerichtsprozesse immer wieder ungestört zur Werbung für die eigene Sache nutzten, und boten ihnen damit eine öffentlichkeitswirksame Bühne. Andere förderten die völkische Bewegung dagegen aktiv, indem sie auf rechte politische Morde mit lächerlichen Haftstrafen reagierten und so zu einem gesellschaftlichen Klima beitrugen, in dem Gewalt gegen politisch Andersdenkende als Kavaliersdelikt oder sogar als gesellschaftliche Notwendigkeit wahrgenommen wurde. Überzeugte Nazi-Richter verbanden mit der neuen völkischen Strömung sogar die politische Hoffnung, ihren rechten Gesinnungsbrüdern den Weg zur Macht zu ebnen, und machten aus ihrer Sympathie kein Hehl. Häufig wurde es ihnen in den Jahren nach 1933 mit hohen Positionen gedankt.

8.2. Biografische Kontinuitäten der Richterschaft

Die überwiegende Parteilichkeit der Richter in dieser Zeit ist keine Überraschung, wenn man ihre Biografien näher in den Blick nimmt. Die Persönlichkeiten, die in der Weimarer Republik Recht sprachen, wurden noch in der Kaiserzeit sozialisiert und mussten allesamt das strenge Auswahlverfahren der Richterwahlausschüsse bestehen. Sich in diesem kompetitiven Umfeld durchzusetzen erforderte Bestnoten, sodass die ernannten Richter mit großer Mehrheit der gleichen Gesellschaftsschicht entstammten, die ihnen die langjährige juristische Ausbildung finanziell überhaupt ermöglicht hatte. Dies begründete ein hohes Maß an sozialer Geschlossenheit.[214]

Ein weiterer Grund für die Homogenität der Richter dieser Zeit – die rein männliche Form ist hier bewusst gewählt – ist, dass nach politischen Maßstäben ausgewählt wurde. So war es möglich, eine Kontinuität bei der Besetzung neuer Richterstellen zu wahren und politische Abweichler vorzeitig auszusieben. Politisch missliebige Personen, die erfolgreich ihr Erstes Staatsexamen abgelegt hatten, konnten sich einer Anstellung als Referendare nicht sicher sein. So wurden die Söhne des von Freikorps ermordeten Wilhelm Liebknecht bei ihrer Meldung als Referendare zunächst zurückgewiesen, obwohl sie sich selbst nicht politisch engagierten. Der Machtmissbrauch, Examinierte aus politischer Willkür heraus am Abschluss ihrer Ausbildung zu hindern, konnte in diesem Fall nur durch ein Eingreifen von Kultusminister Adalbert Falk verhindert werden, der ihre Anstellung durchsetzte.[215] Das allgemeine psychologische Phänomen, dass Führungskräfte in der Mehrzahl Personen auswählen, die ihnen selber ähnlich sind, verstärkte das Problem fehlender Diversität unter Weimarer Richtern noch. Die Einrichtung von Sondergerichten ohne höhere Instanzen und der Einfluss von Militär und Verwaltung auf die Rechtsprechung politisierten die Weimarer Justiz darüber hinaus.

Nach alldem war es zur Terrorjustiz des Nazi-Regimes für zahlreiche deutsche Richter nur noch ein kleiner Schritt. Ihre Homogenität, ihr zum großen Teil nationalistisch ausgerichtetes Rechtsverständnis und die weitverbreiteten Vorbehalte gegen linke Politik ermöglichten vielen einen fließenden beruflichen Übergang nach der nationalsozialistischen Machtergreifung. Mit ihrem Verhalten, das von Apathie bis hin zu eigenem Rassenwahn reichte, ermöglichten sie die Durchsetzung einer menschenverachtenden Gesetzgebung, wie etwa der Nürnberger Rassengesetze vom September 1935.

8.3. Bewertung

Die Rolle der Richter in der Weimarer Republik wird je nach politischer Ausrichtung unterschiedlich bewertet. Ein deutscher SPD-Vorstand schrieb schon 1934 aus dem Exil, dass die fast unveränderte Übernahme des alten Staatsapparats »der schwere historische Fehler [war], den die während des Krieges desorientierte deutsche Arbeiterbewegung beging«.[216]

Ganz anders sprach anlässlich der Auflösung des deutschen Richterbundes am 1. April 1933 ihr ehemaliger Vorsitzender Karl Linz. Vor Gleichgesinnten brüstete er sich damit, dass sich die Justiz »nicht zur Dirne politischer Verirrungen« gemacht habe. Die deutsche Richterschaft war seiner Meinung nach der einzige Stand in der Weimarer Republik gewesen, »der seinen Schild blank gehalten hat«.[217] Hier referierte also ein überzeugter Nationalsozialist, der stolz darauf war, dass der Versuch einer demokratischen Republik ein schnelles Ende gefunden hatte. Die Aussagen dieses Repräsentanten des Berufsverbandes deutscher Richter unterstreichen jedenfalls eine starke Tendenz innerhalb der Weimarer Richterschaft: »Milde gegen rechts, rigide Härte gegen links.«[218]

In welchem Maß die politische Justiz der Weimarer Republik den Aufstieg der NSDAP konkret begünstigte, lässt sich auch im Nachhinein nicht punktgenau aufschlüsseln. Gotthard Jasper nennt sie »zunächst einmal ein Indiz für einen Verfall politischer Sitten in einer polarisierten Gesellschaft«.[219] Die Frage, ob der Zweite Weltkrieg und der Holocaust hätten verhindert werden können, wenn Hitler in seinem Prozess im Jahr 1924 härter bestraft worden wäre oder ein frühzeitiges reichsweites Verbot der NSDAP durch eine konsequente Anwendung der Vorschriften des Republikschutzgesetzes erfolgt wäre, zählt zu dem Feld der kontrafaktischen Geschichte, die notwendig auf Spekulationen und Mutmaßungen setzen muss.

Insgesamt dürften die gesellschaftlichen Befriedungsmöglichkeiten einer politisch neutraleren Richterschaft jedoch begrenzt gewesen sein. Ihre in der Tendenz positive oder jedenfalls duldsame Haltung gegenüber politischen Straftaten der Nationalsozialisten hat die Mentalität der Bevölkerung aber ohne Zweifel beeinflusst.

Viele Urteile entfalteten eine erhebliche Symbolwirkung und wurden von der Rechtspresse unverhohlen für die eigenen Zwecke ausgeschlachtet: Dies gilt für die Feststellung der Magdeburger Richter, Ebert habe objektiv Landesverrat begangen,[220] ebenso wie für Hitlers Legalitätseid vor dem Reichsgericht im Jahr 1930.[221] Unter williger Mithilfe antirepublikanischer Justizbeamter schafften es Anhänger oder Sympathisanten der NSDAP immer wieder, die Öffentlichkeit des Gerichtssaals für Propagandareden zu missbrauchen, auch wenn die Hetzreden nichts mit dem jeweiligen Prozessgegenstand zu tun hatten. Am Ende zeugt vor allem die eklatante Ungleichbehandlung politischer Straftäter, je nachdem, ob sie kommunistisch oder nationalsozialistisch motiviert waren, von der Parteilichkeit unter Richtern in der Weimarer Republik.

Das Ende der Nazi-Herrschaft und die alliierte Bestrafung von NS-Verbrechern

1. Nürnberger Prozess gegen die Hauptkriegsverbrecher

Die juristische Aufarbeitung von NS-Verbrechen wurde von den alliierten Siegermächten eingeleitet. Das als *Nürnberger Hauptkriegsverbrecherprozess* bekannt gewordene Verfahren betraf Anklagen gegen als Hauptkriegsverbrecher eingestufte führende Nationalsozialisten und Militärs und wurde durch zwölf weitere sogenannte *Nürnberger Folgeprozesse* ergänzt. Zudem gab es Verfahren in den einzelnen Besatzungszonen.

Der Zweite Weltkrieg endete in Europa mit der bedingungslosen Kapitulation des Deutschen Reiches am 8./9. Mai 1945. Zahlreiche führende Repräsentanten des Nazi-Regimes befanden sich zu diesem Zeitpunkt, sofern sie sich nicht durch Selbstmord oder Flucht ihrer Verantwortung entzogen hatten, in Gefangenschaft der Alliierten. Die Frage, was mit diesen Personen geschehen sollte, war Gegenstand heftiger Kontroversen, nicht nur unter den Alliierten, sondern auch innerhalb der jeweiligen Länder. Die Vorschläge reichten von Freilassung mit Hinweis auf die Staatenimmunität und/oder das Rückwirkungsverbot bis zur Hinrichtung ohne jeden Prozess. So soll Winston Churchill noch während des Krieges gefordert haben, Adolf Hitler im Falle von dessen Gefangennahme mittels des elektrischen Stuhls hinrichten zu lassen. Churchill war Beratungsprotokollen seines Kriegskabinetts zufolge dagegen, Hitler und die oberste NS-Führung in einem ordentlichen Strafverfahren zu verurteilen, weil ein solcher Prozess Gefahr laufe, »eine Farce« zu werden. »Es ergeben sich alle möglichen Komplikationen, sobald man ein faires Verfahren zugesteht«, wurde er zitiert.[222]

Im August 1945 kamen die alliierten Siegermächte in London zusammen, um die Nachkriegsordnung in Europa, insbesondere was das untergegangene Deutsche Reich betraf, zu regeln. Am 8. August unterzeichneten sie das Vier-Mächte-Abkommen. Teil dieses Abkommens war das *Londoner Statut zur Einrichtung eines Internationalen Militärgerichtshofs*, das wiederum die Grundlage für das Alliierte Kontrollratsgesetz Nr. 10 bildete, wonach die alliierten Siegermächte Anklage gegen führende Repräsentanten des Nazi-Regimes erheben durften.[223]

Das Strafverfahren gegen die Hauptkriegsverbrecher dauerte von November 1945 bis Oktober 1946. Die vier Richter wurden wie die vier Hauptankläger von den Siegermächten eingesetzt. Auch aus diesem Grund wurde die Unabhängigkeit und die Unvoreingenommenheit des Gerichts bezweifelt.

- Die Verteidiger wiederum wurden von den Angeklagten selbst ausgewählt und von den Alliierten entlohnt. Angeklagt waren 24 Personen. Der Anklagevorwurf lautete auf Verschwörung zur Begehung von Verbrechen gegen den Frieden, das Kriegsrecht und die Humanität
- Teilnahme an der Planung, Vorbereitung, Entfesselung und Führung von Angriffskriegen
- Kriegsverbrechen und
- Verbrechen gegen die Menschlichkeit

Das Verfahren endete mit Todesstrafen für zwölf der Angeklagten. Drei weitere wurden zu lebenslanger Haft und vier zu langjährigen Haftstrafen verurteilt. Drei Angeklagte sprach das Gericht frei. Bereits bei Beginn des Prozesses wurde Kritik an Entstehung sowie Art und Weise der Durchführung laut. Sie kam nicht nur aus Deutschland, sondern auch aus dem Ausland. In der Tat wurde mit den Nürnberger Prozessen politisches und rechtliches Neuland betreten. Bis dahin war allgemein anerkannt, dass das Handeln in staatlichem Auftrag oder in staatlicher Funktion Schutz vor strafrechtlicher Verfolgung bietet, solange dieses Handeln im Rahmen nationaler Gesetze geschieht.

Kritisiert wurde zudem, dass zwei der Richter zuvor in anderer Funktion an der Ausarbeitung des Londoner Statuts beteiligt gewesen waren und somit jene strafprozessualen Regeln (mit-)entwickelt hatten, auf deren Grundlage das Verfahren stattfand. Unter anderem wurde im Londoner Statut ein beschleunigtes Verfahren festgelegt, welches wesentliche Verfahrensrechte der Angeklagten einschränkte.

Neu war auch die Idee des »Organisationsverbrechens«. Demnach reichte für die Strafbarkeit die reine Zugehörigkeit zu einer NS-Organisation aus, die zuvor als verbrecherisch eingestuft worden war. Ein individuelles Fehlverhalten musste demnach nicht mehr nachgewiesen werden, was die Beweisführung der Anklage erheblich erleichterte. Als *verbrecherische Organisationen* im Sinne dieser Einordnung wurden das Korps der Politischen Leiter der NSDAP, die Geheime Staatspolizei (Gestapo) und der Sicherheitsdienst (SD) sowie die Schutzstaffel (SS) eingestuft.

Einer der Pfeiler des Strafrechts war (und ist) der Grundsatz des *nullum crimen sine lege:* Keine Strafe, wenn das gesetzliche Verbot nicht vor der Tat gesetzlich festgeschrieben worden ist. Ein Strafgesetz soll eine Appellfunktion haben: Dem Tatverdächtigen muss zum Tatzeitpunkt klar gewesen sein, dass er gegen ein Gesetz verstößt, wenn er dieses oder jenes tut oder unterlässt. Ist jedoch etwas nicht verboten, gibt es nichts, woran er sich hätte halten müssen. In den Nürnberger Prozessen wurden jedoch Handlungen angeklagt, die zuvor weder auf nationaler noch auf internationaler Ebene gesetzlich geächtet waren. Zwar hatten einige der Angeklagten Handlungen vorgenommen, die beispielsweise gegen die Haager Landkriegsordnung verstießen. Diese jedoch sah explizit im Fall von Verstößen keine Strafen gegen die handelnden Personen vor, wenn gegen Vorschriften der Landkriegsordnung verstoßen wurde.

Vonseiten der Verteidigung wurde versucht, das Bild einer »anständigen Wehrmacht« zu zeichnen, die nichts anderem als ihrer Aufgabe der Landesverteidigung nachgekommen sei, so wie jede andere Armee der Welt auch. Auch der Angriffskrieg gegen die Sowjetunion hätte als »Präventivkrieg« letztlich der Landesverteidigung gedient. Die Anklagen gegen Generaloberst Alfred Jodl, während des Kriegs Chef des Wehrmachtführungsstabes im Oberkommando der Wehrmacht, und Generalfeldmarschall Wilhelm Keitel, ehemals Chef des Oberkommandos der Wehrmacht, seien bereits aus diesem Grund unstatthaft.

Die Verteidigung brachte zudem eine sogenannte *Tu-quoque-Argumentation* vor. *Tu-quoque* bedeutet nichts anderes als *Auch Du*. Auch die Alliierten selbst hätten Verbrechen begangen, die aber ungesühnt blieben. Genannt wurden die sowjetischen Massenmorde an polnischen Offizieren und Intellektuellen in Katyn oder der sowjetische Angriffskrieg gegen Finnland. So erhoben viele Deutsche den Vorwurf der »Siegerjustiz«, der es nicht um Gerechtigkeit, sondern um Rache an den Kriegsverlierern ginge.

Kritisch bewertet werden müssen die Nürnberger Prozesse aus dem Blickwinkel der Opfer der Angeklagten. Gemessen an der großen Zahl der Täter, der Helfer und Helfershelfer, die in die Hunderttausende gingen, wurde lediglich ein minimaler Teil dieser Personen angeklagt. Tausende von Unternehmern, die von Ausbeutung, Zwangsarbeit und »Arisierungen« profitiert hatten, blieben ungeschoren. Der Völkermord an den Sinti und Roma Europas wurde nicht als solcher angeklagt. Verbrechen gegen die Juden Europas, die *vor* dem Beginn des Zweiten Weltkrieges begangen wurden, waren nicht Gegenstand der Anklage. Der Völkermord an den Juden Europas wurde lediglich im Zusammenhang mit dem Beginn eines Angriffskrieges angeklagt. Den Überlebenden der Morde wurden keine eigenständigen Verfahrensrechte, etwa im Sinne einer Nebenklage, eingeräumt. Selbst als Augenzeugen der grauenhaften Geschehnisse waren sie kaum gefragt.

2. Die Nürnberger Folgeprozesse

Im Anschluss an das Verfahren gegen die Hauptkriegsverbrecher vor dem Internationalen Militärgerichtshof folgten zwischen Dezember 1946 und April 1949 zwölf weitere Prozesse gegen Repräsentanten des NS-Regimes vor einem Militärtribunal der Vereinigten Staaten von Amerika. Im Einzelnen handelte es sich um folgende Strafverfahren:

1. Ärzte-Prozess
2. Prozess gegen Generalfeldmarschall Erhard Milch
3. Juristen-Prozess
4. Prozess Wirtschafts-Verwaltungshauptamt der SS
5. Flick-Prozess
6. I.G.-Farben-Prozess
7. Geiselmord-Prozess
8. Prozess Rasse- und Siedlungshauptamt der SS
9. Einsatzgruppenprozess
10. Krupp-Prozess
11. Wilhelmstraßen-Prozess (Auswärtiges Amt und andere Ministerien)
12. Prozess Oberkommando der Wehrmacht

Insgesamt saßen in diesen Verfahren 39 Ärzte und Juristen, 56 Angehörige von SS und Polizei, 42 Industrielle und Manager, 26 hohe Militärs sowie 22 Minister und hohe Regierungsvertreter auf der Anklagebank, insgesamt also 185 Personen, ohne Ausnahme Männer. Unter den Angeklagten fanden sich Industrielle wie Friedrich Flick sowie Alfried Krupp von Bohlen und

Halbach und auch der Staatssekretär im Auswärtigen Amt und Vater des nachmaligen Bundespräsidenten Richard von Weizsäcker, Ernst von Weizsäcker.

24 Angeklagte wurden zum Tode verurteilt, von denen die Hälfte in der Folge hingerichtet wird. Zahlreiche Deutsche hatten sich für die Begnadigung der Verurteilten eingesetzt, darunter der spätere Bundeskanzler Konrad Adenauer. 20 Angeklagte erhielten lebenslange Haftstrafen. 98 Angeklagte wurden zu Zeitstrafen zwischen 18 Monaten und 25 Jahren verurteilt. 35 Angeklagte wurden freigesprochen.

Im Januar 1951 sprach der US-Hochkommissar für Deutschland, John McCloy, nicht zuletzt aufgrund von Druck durch deutsche Stellen,[224] Amnestien aus. Insgesamt 89 verurteilte Kriegsverbrecher, darunter Angehörige der berüchtigten *Einsatzgruppen,* hatten Gnadengesuche eingereicht. In 79 Fällen ließ McCloy in der Tat Gnade walten.

Aus Todesurteilen wurden lebenslange Haftstrafen, aus lebenslangen Haftstrafen wurden zeitige Haftstrafen, und in über 30 Fällen wurden zu Zeitstrafen Verurteilte gleich auf freien Fuß gesetzt. Darunter befand sich auch der Industrielle Alfried Krupp, dem mit der Haftentlassung auch unverzüglich sein Industrievermögen zurückgegeben wurde, ein Vermögen, das während der Jahre der NS-Herrschaft durch die gnadenlose Ausbeutung von Zwangsarbeitern enorm gewachsen war.

Die Amnestien stellten eine klare Abkehr vom Willen zur Bestrafung von NS-Verbrechern dar und spiegelten die veränderte politische Großwetterlage. Die Zusammenarbeit zwischen den Alliierten war zerbrochen, der Kalte Krieg hatte begonnen. Die Bundesrepublik Deutschland wurde jetzt als Frontstaat gegen den Ostblock gebraucht. Wünschen der Bundesregierung begegnete man offener. Das Drängen der Bundesrepublik auf Amnestie und Milde konnte nicht mehr ohne Weiteres ignoriert werden.

Das Agieren der DDR-Justiz: Viel Propaganda und gelegentliche Gerechtigkeit

1. Ausgangssituation

Ost- und Westdeutschland repräsentierten in den Jahren zwischen 1949 und 1990 zwei völlig unterschiedliche Systeme: Ein kapitalistisches System bzw. das System der sozialen Marktwirtschaft auf der einen und das sozialistische System auf der anderen Seite. Die offizielle Politik der DDR als sozialistischer Staat richtete sich dabei explizit gegen den Faschismus und damit auch gegen ehemalige Nazis. Dabei machte es sich die DDR einfach: Ehemalige Protagonisten des NS-Unrechtsstaats waren nach Darstellung der offiziellen DDR-Politik ohnehin hauptsächlich in Westdeutschland untergekommen und setzten dort in leitenden Positionen ihr Werk fort. Ein Bild, das sich gut in die Propaganda gegen den Kapitalismus einfügte und das auch propagandistisch genutzt wurde. Die DDR selbst setzte sich als Staat in Szene, der NS-Verbrecher konsequent verfolgte – soweit es nach offizieller Lesart überhaupt noch alte Nazis in den eigenen Reihen gab.

Tatsächlich konnten aber in beiden deutschen Staaten ehemalige Nazis schnell Fuß fassen und prägten den Umgang mit Nazi-Verbrechen in entscheidender Weise mit. Vor diesem Hintergrund fand in keinem der beiden Rechtsregime eine durchgreifende juristische Aufarbeitung statt.

Auch wenn die SED-Führung nach außen gerne den Eindruck vermittelte, man habe die Entnazifizierung bereits wenige Jahre nach Kriegsende abgeschlossen, und den Antifaschismus zur Staatsräson machte, wurde das politische Leben in Ostdeutschland dennoch von Personen mit NS-Vergangenheit mitgeprägt. 1946 soll der Anteil an ehemaligen NSDAP-Mitgliedern bei acht bis zehn Prozent aller SED-Genossen gelegen haben, obwohl die Parteiführung von Beginn an genaue Listen über das politische Vorleben ihrer Anhänger führte. Auch die Frage, gegen welche NS-Verbrecher Anklage erhoben wurde, folgte häufig politischen Nützlichkeitsinteressen.[225]

Denn das Ministerium für Staatssicherheit nutzte Informationen über NS-Belastungen für eigene Zwecke und zog daraus den für den Staat größtmöglichen Nutzen. Daraus ergab sich ein ganzes Spektrum an Varianten, wie mit Personen umgegangen wurde, die durch die NS-Zeit belastet waren. Das konnte in harte Strafverfolgung, aber auch in Strafvereitelung münden. Nicht zuletzt wurden NS-Belastete bevorzugt als inoffizielle Mitarbeiter geworben. Sie waren leicht unter Druck zu setzen, und einige besaßen für die Stasi nützliche Erfahrungen aus der NS-Zeit. Das MfS schreckte auch nicht davor zurück, schwer belastete Personen im Westen anzuwerben, die etwa im Umfeld von Nachrichtendiensten arbeiteten. Diese Personen wurden sogar, soweit möglich, vor Ermittlungen geschützt, selbst wenn diese von sozialistischen Bruderstaaten ausgingen.

Nach Ende der Waldheimer Prozesse in den 1950er-Jahren galt die Verfolgung von NS-Tätern als weitgehend abgeschlossen. Die propagandistisch motivierten Aktivitäten gegen NS-Belastete in der Bundesrepublik schlugen jedoch auch auf die DDR zurück. Denn in fast jedem größeren westdeutschen Ermittlungsverfahren stieß man auf Beteiligte, die nun in der DDR lebten. Das MfS war schließlich mehr und mehr damit beschäftigt, die antifaschistische Fassade zu wahren und diese Personen entweder abzuschirmen oder in schnellen Strafverfahren mit harten Strafen zu belegen. Damit sollte wiederum das rigorose antifaschistische Vorgehen der DDR demonstriert werden. Ein Musterbeispiel dafür ist das weiter unten behandelte Verfahren gegen den SS-Arzt Horst Fischer 1966. Als Beispiel für gezielte Strafvereitelung können wiederum Euthanasie-Ärzte benannt werden. Man befürchtete, dass NS-Strafverfahren gegen verdiente und exponierte Angehörige des Gesundheitswesens nicht nur für Unruhe gesorgt, sondern dem antifaschistischen Bild der DDR geschadet hätten.

In den 1970er-Jahren führte das MfS systematische Recherchen zu NS-Verbrechen durch, insbesondere im Bereich der in Osteuropa tätigen Einsatzgruppen. Die Ergebnisse der Recherchen, die bis 1989 andauerten, waren für die DDR katastrophal. Denn es wurden Hunderte von Belasteten entdeckt, die seit Ende des Krieges eine ungestörte bürgerliche Existenz in der DDR geführt hatten. Um bei der Verfolgung dieser Personengruppe möglichst lautlos zu agieren, wurden die Anforderungen für die Eröffnung förmlicher Ermittlungsverfahren so hochgeschraubt, dass jährlich nur etwa ein bis zwei Verfahren eröffnet werden konnten. Dabei kamen nur die Verfahren zur Anklage, bei denen aufgrund der Beweislage lebenslange Haft oder die Todesstrafe praktisch garantiert waren. In den weniger offensichtlichen Fällen verhinderte man, dass die bei den Recherchen zutage geförderten Unterlagen überhaupt bekannt wurden.

Die DDR war demnach bemüht, jederzeit den Schein eines antifaschistischen Staates zu wahren und sich als Rechtssystem zu präsentieren, das rigoros gegen NS-Verbrecher vorging. Deshalb waren auch die rechtlichen Voraussetzungen für eine Verfolgung von NS-Tätern in der DDR deutlich besser als in der Bundesrepublik: In der Bundesrepublik verjährten 1960 alle Taten außer Mord und Beihilfe zum Mord. Das war in der DDR anders. Dort standen mit den §§ 91 und 93 StGB (»Verbrechen gegen die Menschlichkeit« bzw. »Kriegsverbrechen«) an alliiertes Recht angelehnte Strafrechtsnormen zur Verfügung, die eine breite Verfolgung der am NS-Völkermord beteiligten Täter ermöglicht hätten, ohne einzelne konkrete Tötungsdelikte individuell nachweisen zu müssen. Genutzt wurde diese rechtliche Möglichkeit aus politischen Erwägungen heraus jedoch kaum.

Denn bei jedem weiteren in der DDR entdeckten NS-Täter drohte der Glaubwürdigkeitsverlust des gesamten Systems. Das trifft auch auf die Tatsache zu, dass es in der DDR durchaus aktive Neonazis gab, deren Existenz jedoch wohlweislich verschwiegen wurde.

In der DDR herrschte bis 1955 formell der Kriegszustand. Gerichte wandten daher neben deutschem auch sowjetisches Recht an.[226] In dieser Zeit fand die Verfolgung von Kriegsverbrechen daher häufig vor sowjetischen Militärtribunalen statt, die in der Regel unter Ausschluss der Öffentlichkeit agierten und der Militäradministration der Besatzungsmacht unterstanden. Sofern Zuschauer und Presse erlaubt waren, diente dies nicht der Überwachung der Justiz, sondern der Öffentlichkeitsarbeit der Parteiführung durch einzelne Schauprozesse. Insgesamt verhängten diese Tribunale 3301 Todesurteile, von denen über drei Viertel vollstreckt wurden.[227] Parallel dazu mussten sich Beschuldigte in der DDR auch vor (ost-)deutschen Gerichten verantworten, koordiniert von einer Arbeitsgruppe der Justizverwaltung zu NS-Straftaten. Bis 1950 verurteilten diese Gerichte nach Angaben der DDR-Behörden insgesamt 12177 Nazi- und Kriegsverbrecher. In den allermeisten Fällen wurden die Angeklagten zu zeitigen Freiheitsstrafen verurteilt.[228] Westdeutsche Gerichte verurteilten in der gleichen Zeit gerade einmal 4500 Personen.[229]

Die anfänglich hohe Zahl an Verurteilungen in der DDR ebbte danach jedoch stark ab.[230] Nach Berechnungen des ehemaligen Leiters der Zentralen Stelle zur Aufklärung nationalsozialistischer Verbrechen in Ludwigsburg, Adalbert Rückerl, wurden zwischen 1950 und 1978 nur noch 684 Personen in der DDR wegen ihrer NS-Vergangenheit verurteilt.[231] Von einer systematischen Strafverfolgung kann daher keine Rede sein, zumal sich die ostdeutschen Gerichte zunächst auf Straftaten konzentrierten, die Angehörige der SA unmittelbar nach 1933 gegen politische Gegner verübt hatten, insbesondere also gegen Kommunisten. Schon bald beschäftigte sich die politische Justiz in der DDR schwerpunktmäßig nicht mehr mit der Ahndung von NS-Verbrechen, sondern mit der Verfolgung von Personen, die sich gegen die neue Staatsführung wandten. Mit Abstand die meisten Urteile in NS-Verfahren wurden im Jahr 1950 gesprochen. In erster Linie war dies den sogenannten Waldheimer-Prozessen geschuldet, im Rahmen derer über 3400 Schnellverfahren gegen mutmaßliche Kriegsverbrecher und NS-Täter durchgeführt wurden. Der Historiker Christian Dirks fasst dies pointiert so zusammen: »Eine Systematik bei der Strafverfolgung von NS-Verbrechen in der DDR existierte lediglich hinsichtlich der konsequenten Ausblendung eigener Defizite in diesem Bereich.«[232]

In der DDR wurden insgesamt über 14 000 Verfahren gegen mehr als 21 000 Beschuldigte geführt. Es ist dabei jedoch zu berücksichtigen, dass es neben reinen Säuberungsverfahren zur Entnazifizierung auch strafrechtliche Prozesse mit eigentlich anderem Hintergrund gab. Zahlreiche Verfahren waren sichtlich anderen Motiven geschuldet als der Bewältigung der NS-Vergangenheit. So beispielsweise die Verfahren gegen Oppositionelle nach der Niederschlagung des Aufstands vom 17. Juni 1953 oder zur Ahndung einer »Schädlingstätigkeit gegen die DDR«. Andere dieser Verfahren dienten lediglich der Enteignung, und bei wieder anderen Verfahren wurden auch Tote oder Abwesende vor Gericht gestellt.

Die DDR hat 1968 sogar den Art. 6 Abs. 1 in ihre Verfassung aufgenommen. In diesem heißt es:

»Die Deutsche Demokratische Republik ... hat auf ihrem Gebiet den deutschen Militarismus und Nazismus ausgerottet.« Tatsächlich sah die Bilanz so aus, dass bis 1950 zwar 13 000 Personen wegen NS-Delikten verurteilt wurden, sich von diesen aber 1956 nur noch 34 Personen in Haft befanden.[233] Dies erinnert stark an die Verhältnisse in der Bundesrepublik.

2. Waldheimer Prozesse 1950

2.1. Hintergrund

In der Zeit zwischen dem 21. April und dem 29. Juni 1950 wurden im Zuchthaus – nicht etwa im Gericht – der sächsischen Kleinstadt Waldheim Verfahren am Fließband durchgeführt. Die große Mehrzahl der Angeklagten wurde wegen Verbrechen gegen die Menschlichkeit zu Freiheitsstrafen zwischen 15 und 25 Jahren verurteilt. Darüber hinaus wurden 33 Todesurteile gefällt, von denen 24 vollstreckt wurden. Den Anlass für die Prozesse bot die Auflösung der Internierungslager des sowjetischen Geheimdienstes NKWD auf dem Gebiet der DDR ab Januar 1950. In der Folge wurden über 10 500 von sowjetischen Tribunalen bereits verurteilte Personen, denen Kriegsverbrechen während der NS-Zeit vorgeworfen wurden, zur weiteren Strafverbüßung an die ostdeutschen Behörden übergeben. Darüber hinaus forderte die Sowjetische Militär-Administration (SMAD) die SED-Führung dazu auf, die Schuld von weiteren 3 432 bereits Internierten zu untersuchen und sie gegebenenfalls gerichtlich abzuurteilen.[234] Diesem Auftrag kam die SED nach, indem sie die betreffenden Personen – bis auf wenige Ausnahmen – in Schnellverfahren, den sogenannten Waldheimer Prozessen, verurteilen ließ. Unstrittig ist heute die politische Kontrolle dieser Verfahren und die Entrechtung der Angeklagten. Nicht umsonst wird das Wort »Prozesse« meist in Anführungszeichen gesetzt, wenn sich zeitgenössische Historiker zu den Geschehnissen in Waldheim äußern. Nicht unumstritten ist dagegen die Frage, ob dieses Massenverfahren modellbildend für den Umgang mit vermeintlichen Nazi-Verbrechern in der DDR war oder ob es sich bei diesem Akt der Schein- oder Nicht-Justiz nur um ein singuläres Ereignis gehandelt hat.[235]

2.2. Verfahren und Urteile

Die Verfahren verstießen nicht nur gegen alle rechtsstaatlichen Mindeststandards, sondern auch gegen die Verfassung der DDR. Denn gem. Artikel 127 der DDR-Verfassung vom 7. Oktober 1949 waren die Richter »in ihrer Rechtsprechung unabhängig und nur der Verfassung und dem Gesetz unterworfen«. In Artikel 133 hieß es weiter: »Die Verhandlungen vor den Gerichten sind öffentlich …« Und in Artikel 134: »Kein Bürger darf seinen gesetzlichen Richtern entzogen werden. Ausnahmegerichte sind unstatthaft …«

Jegliche Artikel der DDR-Verfassung, die sich mit der Rechtsprechung befassten, wurden ignoriert.

Die Verfahren in Waldheim fanden fast alle unter Ausschluss der Öffentlichkeit statt und dauerten in der Regel zwischen zwanzig und dreißig Minuten. Den 3432 Angeklagten wurden »Kriegs-« beziehungsweise »nationalsozialistische Verbrechen und Verbrechen gegen die Menschlichkeit« vorgeworfen. Für sämtliche (!) Angeklagten gab es einen einzigen Verteidiger, den in zwölf Monaten zum Volksrichter ausgebildeten Tischler Willing, der zugleich Vorsitzender der SED-Betriebsgruppe der Eisenacher Justiz war. Entlastungszeugen waren nicht zugelassen.[236] Die Anklagen stützten sich in fast allen Fällen auf die Mitgliedschaft in einer NS-Organisation, nicht aber auf konkrete Straftaten.[237] Die Urteile fällten unter anderem in Kurzlehrgängen ausgebildete »Volksrichter«.[238] Entscheidende Beweismittel waren nicht etwa Zeugenaussagen, sondern Auszüge aus den

Untersuchungsergebnissen der sowjetischen Dienststellen und von den Angeklagten ausgefüllte Formularvordrucke, die insbesondere Angaben zur Person umfassten.[239] Den politisch ausgewählten Richtern war es nicht erlaubt, diese ihnen von den Behörden übergebenen Informationen infrage zu stellen.[240] Es ist offensichtlich, dass eine solche Vorgehensweise gegen fundamentale Verfahrensgrundsätze eines Strafrechtsverfahrens verstieß, allen voran gegen den Unmittelbarkeits- und Mündlichkeitsgrundsatz, aber auch gegen das Recht des Angeklagten auf rechtliches Gehör und freie Beweiswürdigung. Statt des Zweifelsgrundsatzes bestand eine Vorverurteilung, die Verfahren waren somit eine einzige Farce.

Es gibt zahlreiche Beispiele für unmittelbare politische Einflussnahme. Diese begann bereits vor der Eröffnung der Verfahren, als sich hohe Beamte aus der Justiz, der SED und der »Deutschen Volkspolizei« bei einer Besprechung im März 1950 darauf einigten, dass »die Urteilssprüche der deutschen Gerichte nicht in einem zu großen Kontrast zu den von den sowjetischen Tribunalen gefällten Urteilen« stehen dürften.[241] Auf die Gewaltenteilung wurde ebenso wenig Wert gelegt wie auf die Unabhängigkeit der Richter. Diese wurden kurz darauf von einer Kommission des Sekretariats des Parteivorstands der SED zusammen mit geeigneten Staatsanwälten für die Verfahren handverlesen. Dabei kam es nicht auf ihre einschlägigen Vorerfahrungen oder fachliche Expertise an, sondern nur darauf, ob sie sich dazu bereit erklärten, Weisungen der Partei in Bezug auf das Strafmaß zu folgen.[242]

Die Urteile wurden vor den Verfahren von der Partei festgelegt. Strafen unter zehn Jahren sollte es nach einer Weisung von Partei- und Staatschef Walter Ulbricht nicht geben, jedenfalls nicht ohne Rücksprache mit einer Kommission, zu der Vertreter des Zentralkomitees der SED, des Justizministeriums und der Volkspolizei gehörten. Opfer dieser politisch motivierten Justiz waren neben vielen anderen auch sechzig namentlich bekannte Jugendliche. Der jüngste Angeklagte, Walter Jurisch, wurde mit der Begründung zu zwanzig Jahren Zuchthaus verurteilt, dass er »durch seine Tätigkeit in der Hitlerjugend und dem Werwolf die NS-Gewaltherrschaft gefördert und nach dem 8. Mai 1945 den Frieden des deutschen Volkes gefährdet« habe.[243] Der zum Zeitpunkt seiner Verhaftung 14-Jährige hatte vor diesem Urteil bereits fünf Jahre in einem Speziallager in der UdSSR verbracht und wurde erst 1954 von Wilhelm Pieck begnadigt. Er verbrachte damit neun Jahre hinter Gittern, ohne dass ihm überhaupt ein strafrechtlich relevanter Vorwurf gemacht wurde.

Um der Bevölkerung die Legitimität der Verfahren deutlich zu machen, wurde gegen zehn Angeklagte, die tatsächlich Verbrechen begangen hatten, öffentlich und mit Verteidigern verhandelt. Bei diesen hohen KZ-Kommandeuren, NSDAP-Funktionären und Kriegsgerichtsräten handelte es sich aber nicht um einen Querschnitt der Internierten, sondern um ausgewählte NS-Verbrecher.[244] Diese ausdrückliche Auswahl verdeutlicht den Charakter als Schauprozess, der in erster Linie der Selbstdarstellung der SED als antifaschistischer sozialistischer Partei diente. Die Aufklärung wirklicher NS-Verbrechen war nebensächlich. Der überwiegende Teil der Angeklagten wurde zu hohen Haftstrafen, 32 zum Tode verurteilt. 24 Angeklagte wurden später tatsächlich hingerichtet. Gerade einmal sechs Angeklagte wurden freigesprochen. Die Prozesse führten weltweit zu Protesten, selbst innerhalb der DDR regte sich Widerstand gegen die Art und Weise der Verfahrensführung. Daher kam es im weiteren Verlauf zwischen 1952 und 1956 zu zahlreichen Begnadigungen oder Verringerungen des Strafmaßes. Nach 1956 waren lediglich noch 30 Personen inhaftiert. 470 Personen starben in der Haft.[245]

2.3. Bewertung

Das Kammergericht in Westberlin erklärte die in Waldheim gefällten Urteile 1954 für nichtig, da es das einzige Ziel der Verfahren gewesen sei, die widerrechtlichen Maßnahmen der sowjetischen Besatzungsmacht zu legalisieren.[246] Dabei stand außer Frage, dass einige der Angeklagten auch bei einem rechtsstaatlich durchgeführten Strafverfahren aufgrund ihrer Verbrechen zu hohen Strafen verurteilt worden wären. Der erneuten Strafverfolgung der in Waldheim verurteilten Personen sollte gerade deshalb keine Rechtskraft der Waldheimer Urteile entgegenstehen. Denn das Kammergericht hielt es für durchaus möglich, »dass sich unter den Betroffenen solche Personen befinden, die sich nach dem geltenden Strafrecht strafbar gemacht haben«. Die Beteiligten sollten also nicht einfach rehabilitiert werden. Stattdessen wurde betont, dass auch Kriegsverbrecher ein faires Verfahren verdienen. Dabei gilt es jedoch zu beachten, dass – wie bereits oben geschildert – die Waldheimer Prozesse auch zu der schon am 7. Oktober 1949 in Kraft getretenen Verfassung der DDR im Widerspruch standen, die unter anderem die richterliche Unabhängigkeit (Art. 127), den Öffentlichkeitsgrundsatz (Art. 133) und das Recht auf einen gesetzlichen Richter (Art. 134) vorsah.[247]

Die SED-Führung wollte mit diesen Schauprozessen aber gerade nicht ihre besondere Verfassungstreue betonen und deren Rechtsstaatlichkeit unter Beweis stellen, sondern ihren unnachgiebigen Einsatz gegen vermeintliche Nazi-Verbrecher demonstrieren. Dabei schoss sie über das Ziel hinaus, indem sie eine Kollektivschuld zum Maßstab des Rechts erklärte, anstatt den Nachweis individueller Schuld unabhängigen Richtern und Staatsanwälten zu überlassen. Zugleich vermittelten die Verfahren ehemaligen Mitgliedern der NSDAP oder sogar Kriegsverbrechern die Erkenntnis, dass sie auf ihre zukünftige Straffreiheit vertrauen durften, solange man »sich mit der neuen Ordnung arrangierte oder sich wenigstens nicht als Gegner betätigte«.[248]

In Waldheim bemühte man sich – im Gegensatz zu den Nürnberger Prozessen – nicht mehr um eine echte Aufklärung des NS-Unrechts. Tatsächlich handelte es sich zwar bei einigen der von der Sowjetunion überstellten Angeklagten nachweislich um schwer belastete NS-Täter. Eine erfolgreiche Beweisführung, die zu einer Verurteilung geführt hätte, wäre hier also durchaus möglich gewesen. Der Historiker Falco Werkentin stellte aber nach Sichtung der seit Anfang der 1990er-Jahre zugänglichen Aktenbestände fest, dass sich »die Mehrzahl der Waldheimhäftlinge […] kaum von der politischen Belastung unterschieden, die der Bevölkerung in allen Teilen Nachkriegsdeutschlands gemeinsam war«.[249]

Die Waldheimer Verfahren wurden von der Staatsführung schließlich auch dazu genutzt, einen Schlusspunkt zu setzen. Mit den Verfahren sollte der Eindruck vermittelt werden, dass die Ahndung von NS-Verbrechen abgeschlossen war und man sich nun dem Aufbau des sozialistischen Staates widmen könne. Dies alles sogar in deutlicher Abgrenzung zur Bundesrepublik, deren Justiz bis dahin auffällig zurückhaltend gegen Kriegsverbrecher vorgegangen war. Der Historiker Christian Dirks formuliert daher mit Recht, dass die »Waldheimer ›Prozesse‹ der antifaschistischen Selbstlegitimation des ostdeutschen Teilstaates [dienten]«.[250]

Dennoch darf nicht unterschlagen werden, dass die Prozessführung auch innerhalb der Staatsführung umstritten war. So war der Staatssekretär im damaligen Justizministerium, Helmut Brandt – als Mitglied der Ost-CDU und mit Anwaltskanzlei am Kurfürstendamm in Westberlin –, nicht in die Prozesse eingeweiht. Eher durch Zufall erfuhr er, was sich in Waldheim abspielte. Nachdem er erfolglos versucht hatte, den Prozessen beizuwohnen, intervenierte er bei seinem Parteivorsitzenden, dem stellvertretenden DDR-Ministerpräsidenten Otto Nuschke. Dieser verlangte von Ulbricht und Grotewohl, die Verfahren öffentlich und ordnungsgemäß zu wiederholen. Der daraus entstehende heftige Streit wurde durch eine Abstimmung im Ministerrat am 31. August 1950 beendet. Die Forderung wurde zurückgewiesen, Brandt in der Folge am 6. September 1950 verhaftet. Nach vier Jahren Haft, diversen Vernehmungen und Misshandlungen wurde er 1954 wegen Spionage zu zehn Jahren Zuchthaus verurteilt.[251]

Ironie der Geschichte war, dass als Ankläger Brandts der ehemalige NS-Jurist Ernst Melsheimer agierte, der sich in mehreren NS-Organisationen engagiert hatte und im April 1940 von Hitler mit dem Treuedienst-Ehrenzeichen 2. Stufe ausgezeichnet worden war. In der DDR war er von 1949 bis 1960 als Generalstaatsanwalt Vertreter der Anklage in diversen Schauprozessen.

Entsprechend der offiziellen Sichtweise wurde die NS-Vergangenheit mit Abschluss der Waldheimer Prozesse als juristisch weitestgehend aufgearbeitet angesehen. Daher gingen nach den 1950er-Jahren die Verfahren gegen Nazi-Verbrecher – dem verbreiteten Mythos folgend, die DDR sei faschistenfrei – stark zurück. In nachfolgenden Verfahren gegen NS-Verbrecher stand die SED-Führung nicht mehr unter einem derart starken Einfluss der sowjetischen Besatzungsmacht.[252] Insofern ist Waldheim tatsächlich als Sonderfall der NS-Strafverfolgung innerhalb der DDR zu betrachten. Die politische Einflussnahme, die Lenkung der öffentlichen Berichterstattung und die Beschränkung einer unabhängigen Verteidigung waren für die politische Justiz in der DDR jedoch strukturbildend.[253] Auch zukünftig diente der justizielle Umgang mit dem NS-Unrechtsregime in erster Linie politischen Opportunitätsinteressen.[254]

3. Der Prozess gegen Hans Globke 1963

3.1. Hintergrund

Das Verfahren gegen Hans Globke war kein normales Verfahren. Die Besonderheit bestand darin, dass Hans Globke als Kanzleramtsminister und enger Vertrauter des Bundeskanzlers Adenauer in der Bundesrepublik Deutschland lebte, wohingegen der Prozess gegen ihn – in Abwesenheit seiner Person – in der DDR stattfand. Das ganze Verfahren und die damit in Verbindung stehende Propaganda hatte einen hochpolitischen Hintergrund. Globkes zwiespältige Vergangenheit wurde dabei bewusst genutzt, um der nationalen und internationalen Öffentlichkeit ein bestimmtes politisches Bild zu vermitteln: die Bundesrepublik als Hort der Reaktion mit alten NSDAP-Kadern in leitenden Positionen auf der einen Seite und die DDR als sozialistischer und antifaschistischer Musterstaat auf der anderen. Ganz so sauber und frei von alten Nazis, wie sie sich gab, war die DDR allerdings nicht.

Globke verfolgte die bei vielen Nazis oder Mitläufern übliche Strategie. Er behauptete, dem Widerstand nahegestanden und seinen Einfluss genutzt zu haben, um noch größeres Unheil, insbesondere bei den sogenannten jüdischen Mischehen, abzuwenden. Bei der Entnazifizierung wurde er als »unbelastet« eingestuft. Im »Wilhelmstraßen-Prozess« gegen Mitarbeiter verschiedener Ministerien trat er als Zeuge der Verteidigung und Anklage auf. Als solcher gestand er immerhin, was viele andere Nazis immer wieder leugneten, dass er von der massenhaften Ermordung der Juden gewusst habe.

Gegen Globkes Version seiner widerständigen Laufbahn standen jedoch unwiderlegbare Fakten: Geboren im Jahr 1898, trat er als Jurist 1925 in den Staatsdienst ein, zunächst als stellvertretender Polizeipräsident von Aachen. Seit 1929 arbeitete er im preußischen Innenministerium und wurde nach dem sogenannten Preußenschlag[255] 1932 ins Reichsinnenministerium übernommen, in dem er bis 1945 als Ministerialrat und Referent für Staatsangehörigkeitsfragen arbeitete. Globke war zu keinem Zeitpunkt Mitglied der NSDAP, worauf er sich später immer wieder berief. Tatsächlich hatte er aber einen Antrag auf Mitgliedschaft in der Partei gestellt, der jedoch auf Betreiben Martin Bormanns 1943 abgelehnt wurde. Grund hierfür soll der Kontakt zu katholischen Nazigegnern wie dem Bischof Berlins, Konrad Graf von Preysing, gewesen sein.

Bereits 1933 wirkte Globke an Gesetzen zur Gleichschaltung der parlamentarischen Gremien Preußens mit. Größter Stolperstein und Anstoß für die späteren Anschuldigungen in der Bundesrepublik wurde aber schließlich die von ihm 1936 verfasste Kommentierung zu den sogenannten Nürnberger Gesetzen. Eine Kommentierung, die er gemeinsam mit Wilhelm Stuckart verfasste. Staatssekretär und SS-Obergruppenführer Stuckart war als Vorgesetzter Globkes mit der Ausarbeitung der antijüdischen Gesetze beauftragt und als solcher Teilnehmer der Wannseekonferenz. Nach dem Krieg wurde er im »Wilhelmstraßen-Prozess« zu etwas mehr als drei Jahren Gefängnis verurteilt.

Die von Globke kommentierten sogenannten Nürnberger Gesetze waren 1935 verabschiedet worden und bestanden aus drei Einzelgesetzen: Dem Reichsflaggengesetz, dem Reichsbürgergesetz und dem Gesetz zum Schutz des deutschen Blutes und der deutschen Ehre. Das Reichsflaggengesetz erhob u. a. die Hakenkreuzfahne zur Nationalflagge. Das Reichsbürgergesetz wiederum nahm eine Einteilung aller Deutschen in eine Zwei-Klassen-Gesellschaft vor: Danach gab es Staatsbürger, die keinerlei politische Rechte wahrnehmen durften, und Reichsbürger. Juden konnten nur Staatsbürger sein, wohingegen Angehörige »deutschen und artverwandten Blutes« Reichsbürger waren. Den Begriff des Reichsbürgers kennen wir auch heute wieder durch die sogenannte Reichsbürgerbewegung, die sich nicht zuletzt durch Antisemitismus und rechtsextremes Gedankengut auszeichnet.

Das dritte und wichtigste Gesetz war das »Gesetz zum Schutze des deutschen Blutes und der deutschen Ehre«, auch »Blutschutzgesetz« genannt. Mit diesem Gesetz wurde die Ausgrenzung, Entrechtung und rassische Minderwertigkeit der Juden manifestiert. So wurde die Eheschließung von jüdischen Männern und Frauen mit »Staatsangehörigen deutschen Blutes« unter Strafe gestellt. Außerehelicher Geschlechtsverkehr zwischen Juden und Nichtjuden wurde ebenfalls bestraft. Juden wurde es außerdem untersagt, »arische« Dienstmädchen unter 45 Jahren zu beschäftigen. Die Urteile wurden nach Kriegsbeginn immer drakonischer und reichten bis zur Todesstrafe.

Aber nicht nur die Kommentierung des »Blutschutzgesetzes« durch Globke stand im Fokus der gegen ihn gerichteten Vorwürfe. Hinzu kam, dass er mitverantwortlich für die Einführung der »J«-Stempel in Reisepässen war. Mit diesem Stempel wurden die Juden nicht nur im wahrsten Sinne des Wortes »abgestempelt«, sondern ihnen wurde darüber hinaus eine Flucht in die Schweiz unmöglich gemacht. Weiter sollen auf Initiative Globkes die für Juden obligatorischen Namenszusätze »Israel« und »Sarah« eingeführt worden sein.

Zu guter Letzt wurde ihm noch seine Tätigkeit im Rahmen der Unterjochung der Slowakei als sogenannter Schutzstaat (Protektorat) des Deutschen Reichs vorgeworfen. Das Deutsche Reich besaß damit unmittelbaren Einfluss auf die meisten Bereiche der slowakischen Politik. Globke erarbeitete für die Slowakei den »Kodex des jüdischen Rechts«, der Ausgangspunkt für die dort durchzuführende Entrechtung und Enteignung der jüdischen Bevölkerung war. Globke selbst behauptete immer wieder, die gegen Juden ergriffenen Maßnahmen durch seine Arbeit bewusst gemildert zu haben. Außerdem betonte er stets seine Nähe zu katholischen Widerstandskreisen.

Allein die genannten Tätigkeitsbereiche Globkes legen allerdings nahe, dass er nicht nur überzeugt von der Rassenideologie der Nationalsozialisten gewesen sein muss, sondern als Verwaltungsbeamter direkt zumindest an der massiven Diskriminierung und Entrechtung von Juden beteiligt war. Weitergehend ist die Frage, ob sein Handeln nicht als Vorbereitungshandlung für die massenhafte Ermordung jüdischer Menschen angesehen werden muss. Zumindest war diese Gesetzgebung der erste Schritt in diese Richtung und Globke geistiger Wegbereiter der Morde.

Und tatsächlich kommentierte Globke in einer Art, wie sie damals der NS-Ideologie entsprach. So begründete er in seiner Kommentierung beispielsweise § 3 des »Blutschutzgesetzes« (»Juden dürfen weibliche Staatsangehörige deutschen oder artverwandten Blutes unter 45 Jahren in ihrem Haushalt nicht beschäftigen«) damit, deutsche Hausmädchen »vor rasseverderblichen geschlechtlichen Gefährdungen zu schützen ... Ein jüdischer Haushalt liegt ... vor, wenn ein jüdischer Mann Haushaltungsvorstand ist oder der Hausgemeinschaft angehört ... Ein männliches Kind ist dabei bis zu dem Zeitpunkt nicht als Mann anzusehen, in dem mit der Erreichung der Geschlechtsreife gerechnet werden muss, das heißt bis zur Vollendung des sechzehnten Lebensjahrs ... Der jüdische Mieter eines möblierten Zimmers ohne Familienanschluss ist nicht Angehöriger der Hausgemeinschaft des Vermieters. Nimmt der Mieter aber am Familienleben des Vermieters teil, nimmt er insbesondere die Mahlzeiten gemeinsam mit der Familie ein, so gehört er zur Hausgemeinschaft.«[256] Nach Globkes Ansicht sollte also eine »arische«

Familie, die ihren jüdischen Untermieter mit am Tisch essen ließ, kein Hausmädchen unter 45 Jahren beschäftigen dürfen.

Was zu NS-Zeiten bitterer Ernst war und vielen Menschen das Leben kostete, liest sich heute wie eine Groteske: »Der Dreiachteljude, der einen volljüdischen und einen halbjüdischen Großelternteil besitzt, gilt als Mischling mit einem volljüdischen Großelternteil, der Fünfachteljude mit zwei volljüdischen und einem halbjüdischen Großelternteil als Mischling mit zwei volljüdischen Großeltern.«[257] Für den Historiker Erik Lommatzsch ist das ein Beispiel dafür, dass Globke mit seiner Kommentierung viele Juden gerettet habe – so wie er selbst es immer behauptet hatte. Denn Globkes Definition habe den »Dreiachteljuden« dem »Vierteljuden« und somit dem »Deutschblütigen« rechtlich gleichgestellt; den »Fünfachteljuden« wiederum habe Globke zum »Mischling« gemacht, obwohl er nach NS-Ideologie eigentlich zu den »Juden« hätte zählen müssen.[258]

Tatsache ist jedoch, dass Globke keineswegs immer, wie behauptet, die mildeste Auslegung wählte: »Ein voll deutschblütiger Großelternteil, der etwa aus Anlass seiner Verheiratung mit einem Juden zur jüdischen Religionsgemeinschaft übergetreten ist, gilt (...) für die rassische Einordnung seiner Enkel als volljüdisch. Ein Gegenbeweis ist nicht zugelassen. Diese Regelung erleichtert die rassische Einordnung erheblich (...) Wie lange der Großelternteil der jüdischen Religionsgemeinschaft angehört hat, ist gleichgültig. Auch eine nur vorübergehende Zugehörigkeit genügt.« Diese scheinbar absurde Wertung konnte für die Enkel das Todesurteil bedeuten.

Niemand Geringerer als der Präsident des Volksgerichtshofs, Roland Freisler, bezeichnete Globkes Werk als »besonders wertvoll«. In der Zeitschrift *Deutsche Justiz* schrieb er: »Man hat (...) alles, was man in der Praxis benötigt, hier aufgenommen (...) Der Kommentar kann wohl in keiner juristischen Handbücherei fehlen.«

Für die DDR war Globkes Biografie ein gefundenes Fressen. Sie nutzte systematisch die Nazi-Vergangenheit einflussreicher westdeutscher Politiker und Beamter für ihre eigenen Zwecke. Bereits 1954 war der sogenannte Ausschuss für deutsche Einheit gebildet worden, dessen Aufgabe darin bestand, Material gegen westdeutsche Beamte, Militärs und Unternehmer in einflussreichen Positionen zu sammeln. Der Ausschuss hatte durch Enthüllungen über deren NS-Vergangenheit u. a. den Rücktritt von Generalbundesanwalt Wolfgang Fränkel und des Ministers für Vertriebene, Flüchtlinge und Kriegsgeschädigte, Hans Krüger, herbeigeführt. Bei Fränkel ging es immerhin in seiner ehemaligen Funktion bei der Reichsanwaltschaft um erhebliche Mitwirkungen an Strafverschärfungen aus rassischen und NS-ideologischen Gründen. Fränkel wurde später sowohl disziplinarrechtlich als auch strafrechtlich freigesprochen. Im Disziplinarverfahren vor dem Dienstgericht des Bundes hieß es: »Im Übrigen ist in der Verhandlung urkundlich bewiesen worden, dass Fränkel dem Nationalsozialismus betont ablehnend gegenübergestanden hat.«[259]

Das OLG Karlsruhe stellte das gegen Fränkel eingeleitete Ermittlungsverfahren mit der Begründung ein, dass Fränkel nicht nachzuweisen sei, dass er »während des Krieges ... die Gültigkeit der genannten Bestimmungen auch nur bezweifelt, geschweige denn ihre Ungültigkeit erkannt«[260] habe.

1960 schoss sich die DDR-Propaganda auf Theodor Oberländer und Hans Globke ein, die beide herausgehobene Positionen in der bundesrepublikanischen Politik besetzten. Oberländer war einer der Vorgänger von Hans Krüger als Minister für Vertriebene, Flüchtlinge und Kriegsgeschädigte. Der propagandistische Gipfel war jedoch, dass die DDR Globke mit öffentlichen Aushängen steckbrieflich »suchen« ließ, obwohl jeder wusste, wo er sich aufhielt. Auf den Steckbriefen hieß es:

Gefahndet wird nach Dr. ... Globke ..., der sich außerhalb des Gebiets der Deutschen Demokratischen Republik aufhält. Personenbeschreibung: ca. 1,70 m groß, kräftige Figur, grau meliertes Haar, Brillenträger.

Dr. Globke ist dringend verdächtig, als langjähriger Mitarbeiter des faschistischen Reichsinnenministeriums maßgeblich an der Vorbereitung und Durchführung der faschistischen Verbrechen, die zur Ermordung von Millionen jüdischer Bürger und Angehöriger anderer Völker führten, mitgewirkt zu haben.

Es folgten zwei Veröffentlichungen des Ausschusses für deutsche Einheit in der Bundesrepublik: *Globke und die Ausrottung der Juden* sowie *Die Wahrheit über Oberländer. Braunbuch über die verbrecherische Vergangenheit des Bonner Ministers.* Oberländer war als Mitglied der militärischen Abwehr bei Geheimoperationen in der Ukraine tätig gewesen. Während dieser Tätigkeit waren Tausende von Juden ermordet worden. Gegen beide, Oberländer und Globke, wurden dann – in Abwesenheit – Prozesse in der DDR geführt, die mit der Verhängung lebenslanger Freiheitsstrafen endeten.

In der Broschüre gegen Globke wurden die erhobenen Vorwürfe konkretisiert und mit Dokumenten unterlegt. Das führte dazu, dass sich sowohl die Bundesregierung als auch die westdeutsche Justiz mit den Anschuldigungen auseinandersetzen mussten. Letztere jedoch nur deshalb, weil Globke und Adenauer Strafanzeige gegen unbekannt wegen Beleidigung und Verleumdung erstattet hatten. Die Broschüren ließ man beschlagnahmen.

Auf Initiative der Regierung ließ das Bundesjustizministerium verlautbaren, dass die Echtheit der von DDR-Seite übergebenen Dokumente noch nicht erwiesen sei. Es hieß, Globke sei in keiner Weise an dem Zustandekommen der Nürnberger

Rassegesetze beteiligt und während seiner Tätigkeit im Reichsinnenministerium auch nicht mit Judenfragen befasst gewesen.[261] Eine glatte Lüge oder – wenn man so will – Spitzfindigkeit, da Globke tatsächlich nicht nachzuweisen war, dass er am Zustandekommen der Gesetze beteiligt war. Er hatte sie ja »nur« kommentiert.

Es folgten weitere Veröffentlichungen des Ostberliner Ausschusses für deutsche Einheit, die entsprechend öffentlichkeitswirksame Titel trugen: *Globkes braune Notstandsexekutive* und *Freisler Geist in Bonns Gesinnungsstrafrecht*. Die zweite Schrift war gemeinsam mit der ostdeutschen »Vereinigung demokratischer Juristen« herausgegeben worden. Die gegen Globke gerichtete Schrift beschäftigte sich mit der Nazi-Vergangenheit von fünfzehn Staatssekretären sowie der Präsidenten und der 25 Richter des Bundesverwaltungsgerichts. Außerdem im Fokus standen die 16 Mitglieder der Großen Strafrechtskommission, die 1954 bis 1959 an der Erstellung des Entwurfs für ein neues Strafgesetzbuch mitgewirkt hatten,[262] sowie die sieben zuständigen Beamten des Bundesjustizministeriums und zehn Angehörige von Landesjustizbehörden. Die darin enthaltenen Vorwürfe wurden von der Bundesregierung in der gewohnten Manier des Kalten Krieges als ostdeutsche Propaganda zurückgewiesen. Weiter wurde von der Regierung betont, dass in der Bundesrepublik Mitglieder des öffentlichen Dienstes hinsichtlich ihres Verhaltens während der NS-Herrschaft überprüft und etwaige Vergehen disziplinarisch oder strafrechtlich geahndet würden.[263]

Die Angriffe aus der DDR mit belastenden Dokumenten nahmen schließlich solche Ausmaße an, dass die Bundesregierung überlegte, Staatsanwälte und Richter zur Einsichtnahme in die DDR reisen zu lassen, um belastende Dokumente einzusehen. Das Kabinett Adenauer beschäftigte sich in einer Sitzung mit der entsprechenden Anfrage des Bundesjustizministers. Adenauer sah in einer solchen Entsendung westdeutscher Beamter in die SBZ (Sowjetische Besatzungszone, so die damals gängige Bezeichnung der DDR im westdeutschen Sprachgebrauch) eine Aufwertung ebendieser Besatzungszone und lehnte derartige Reisen ab. Aus seiner Sicht war vielmehr allein das Bundesarchiv zuständig, belastendes Material solle dem Bundesarchiv zur Verfügung gestellt werden.[264] Das tat die DDR selbstverständlich nicht, was auch Adenauer bewusst war.

Vor dem Hintergrund der Auseinandersetzung der unterschiedlichen Gesellschaftsordnungen im Kalten Krieg spielten aber offenbar tagespolitische Erwägungen eine wichtigere Rolle als die Aufarbeitung der Vergangenheit der für das Land tätigen Beamten. Die DDR besaß dabei den erheblichen Vorteil gegenüber der Bundesrepublik, dass sich in Potsdam das ehemalige Reichsarchiv mit den entsprechenden Akten befand, wohingegen das in der Bundesrepublik neu gegründete Bundesarchiv lediglich mit von den Westalliierten zurückgegebenen Aktenbeständen nur sehr unvollständig bestückt war. In Kenntnis dieser Tatsache wäre es zur Aufarbeitung der NS-Vergangenheit hilfreich, wenn nicht sogar notwendig gewesen, mit der DDR auf dieser Ebene zu kooperieren. Problematisch waren jedoch nicht nur die oben geschilderten Erwägungen der Bundesregierung und der fehlende Wille deutscher Behörden, sondern auch die klar einseitigen Ziele der DDR-Politik zur Diskreditierung der Regierung in Bonn.

Es ist daher wenig erstaunlich, dass auch eine Anfrage des Berliner Justizsenats an die Bundesregierung zur Einsichtnahme von Akten in Potsdam im Jahr 1964 von der Bundesregierung abschlägig beschieden wurde. Der Berliner Senat wollte eine Überprüfung zu ehemaligen Mitgliedern des Reichssicherheitshauptamtes durchführen und bat die Bundesregierung um Zustimmung zur Entsendung mehrerer Berliner Staatsanwälte nach Potsdam. Der Ostberliner Generalstaatsanwalt hatte dem bereits zugestimmt. Die Bundesregierung verwies jedoch auf die bereits in der Kabinettssitzung vom 16. August 1963 verfolgte Linie, dass dieses Material an das Bundesarchiv zu senden sei. Eine direkte Einsichtnahme vor Ort sollte nicht erfolgen.[265] Diese Absage war umso brisanter, weil 1964 noch gar nicht klar war, ob die 1965 auslaufende Verjährung von Mordtaten verlängert werden würde. Man nahm somit lieber eine Verjährung von NS-Taten in Kauf, als sich mit der DDR zu verständigen.

Die von der DDR erhobenen Vorwürfe der NS-Kontinuität in der westdeutschen Beamtenschaft sorgten auch im Ausland für Unruhe. Diese steigerte sich noch, als 1959/60 mehrere antisemitische Zwischenfälle aus der Bundesrepublik berichtet wurden, so z. B. das Beschmieren der Synagoge in Köln mit Hakenkreuzen und den Worten »Juden raus«. Diese sogenannte Hakenkreuz-Schmierwelle und die Proteste des Auslands zwangen die Bundesregierung zu öffentlichkeitswirksamen Schritten. Die von Adenauer geforderte »Tracht Prügel« für die »Lümmel« – eine unerträgliche Verharmlosung der Taten – reichte da sicher nicht aus. Der westdeutsche Sozialistische Deutsche Studentenbund, der bereits die viel beachtete und von den Behörden massiv bekämpfte Ausstellung »Ungesühnte Nazijustiz« als Wanderausstellung organisiert hatte, erstattete im zeitlichen Zusammenhang mit den Schmierereien 43 Anzeigen gegen ehemalige Nazi-Richter, die ihre Karriere in der Bundesrepublik ungehindert hatten fortsetzen können. Das Thema der Ausstellung wurde schließlich von vielen Prominenten (u. a. Axel Springer und Heinz Galinski) sowie vom Ausland aufgegriffen, sodass die Regierung ihre ablehnende Haltung aufgeben und aktiv werden musste.

Als Folge trat im September 1961 schließlich der § 116 des Deutschen Richtergesetzes in Kraft, in dem es hieß:

Ein Richter oder Staatsanwalt, der in der Zeit vom 1. September 1939 bis zum 9. Mai 1945 als Richter oder Staatsanwalt in der Strafrechtspflege mitgewirkt hat, kann auf seinen Antrag in den Ruhestand versetzt werden.

Irritierend ist hier nicht nur die Wortwahl »Strafrechtspflege« als Bezeichnung für das Fällen von Todesurteilen bei Lappalien oder gegen politisch Andersdenkende, sondern auch der betroffene Zeitraum. Richter, die bis zum 1. September 1939 tätig waren, wurden von dem Gesetz nicht erfasst. Dennoch: Mit dem Paragrafen sollte die Justiz möglichst geräuschlos von belasteten Richtern und Staatsanwälten befreit werden. 149 Richter und Staatsanwälte nahmen das Angebot an, selbstverständlich, wie es in der Bundesrepublik bei NS-Tätern üblich war, ohne Kürzung ihrer Pensionen.

Obwohl die Bundesregierung bemüht war, die aus der DDR erhobenen Vorwürfe als Propaganda abzutun, zog sich die Schlinge um Globke immer enger. Plötzlich tauchte ein Zeuge namens Max Merten auf, der in der westdeutschen Presse Behauptungen über Globke veröffentlichen ließ, die zu Vorermittlungen gegen Globke durch den hessischen Generalstaatsanwalt Fritz Bauer führten. Bei Max Merten handelte es sich um einen windigen Geschäftsmann, der während des Krieges in der Militärverwaltung in Griechenland eingesetzt gewesen war und dort die entscheidenden Befehle für die Deportation der rund 50 000 Juden von Thessaloniki unterzeichnet hatte. In Griechenland wurde er deshalb zu 25 Jahren Haft verurteilt und inhaftiert. Die Kosten seiner Rechtsverteidigung wurden über die »Zentrale Rechtsschutzstelle« von der Bundesregierung übernommen. Diese Stelle war zunächst dem Bundesjustizministerium und dann dem Auswärtigen Amt unterstellt. Sie organisierte den Rechtsschutz von deutschen NS-Tätern, die von nicht-deutschen Gerichten wegen ihrer Taten angeklagt wurden.

Die Behörde bestand, mit einem jährlichen Millionenbudget ausgestattet, bis 1973 und wurde von Hans Gawlik geleitet. Gawlik war in der NS-Zeit als Staatsanwalt am berüchtigten Sondergericht Breslau an vielen Todesurteilen beteiligt. Nach dem Krieg verteidigte er als Rechtsanwalt in zahlreichen Verfahren NS-Verbrecher. Bekannt war er außerdem dafür, dass er die Arbeit der Zentralen Stelle in Ludwigsburg massiv behinderte.[266]

Die Regierung Adenauer, die Mertens Rechtsverteidigung ganz erheblich finanziell unterstützt hatte, setzte schließlich mit wirtschaftlichem Druck seine Freilassung nach nur dreißig Monaten Haft durch. In der Bundesrepublik behauptete er dann, er habe mit Eichmann über eine Ausreise von 20 000 Juden nach Palästina verhandelt. Dies sei jedoch an der Weigerung Globkes gescheitert.

Die Bundesrepublik zahlte ihm eine Haftentschädigung. Ein gegen ihn eingeleitetes Verfahren wegen Beihilfe zum Mord an den Juden von Thessaloniki wurde 1968 vom Landgericht Berlin eingestellt. Es konnte ihm angeblich nicht nachgewiesen werden, dass er von dem Mordplan an den Juden wusste oder wenigstens die vorsätzliche Tötung der Juden in Kauf genommen hatte. Diese Begründung war seitens der Justiz ausschlaggebend, obwohl Merten selbst immer wieder öffentlich behauptet hatte, er habe 20 000 Juden nach Palästina ausreisen lassen, um sie vor ihrem »Schicksal« zu bewahren.

In Anbetracht der von Fritz Bauer angestoßenen Vorermittlungen gegen Globke und in Kenntnis der Person Bauers sorgte Adenauer schnellstmöglich dafür, dass die Sache an die Staatsanwaltschaft Bonn übergeben wurde. Wie zu erwarten, wurde das Verfahren dort zügig eingestellt.

Vorläufiger Höhepunkt der DDR-Propaganda gegen Nazis in der Bundesrepublik war das am 2. Juli 1965 veröffentlichte *Braunbuch: Kriegs- und Naziverbrecher in der Bundesrepublik. Staat, Wirtschaft, Armee, Verwaltung, Justiz, Wissenschaft,* herausgegeben vom

Nationalrat der Nationalen Front des Demokratischen Deutschland und dem Dokumentationszentrum der Staatlichen Archivverwaltung der DDR. Es listete die NS-Verstrickung von 1 800 Wirtschaftsführern, Politikern, führenden Beamten und Militärs der Bundesrepublik auf. Auch dieses Buch wurde seitens der Bundesregierung als DDR-Propaganda abgetan. Das Justizministerium sprach sogar von einer Fortsetzung nazistischen Terrors. Die zweite Auflage dieses Buches wurde 1967 auf der Frankfurter Buchmesse in aller Öffentlichkeit beschlagnahmt. Grund hierfür war die angebliche Verunglimpfung des Bundespräsidenten Lübcke, der im Buch genannt war. Heutige Historiker stellten nach einer Überprüfung der im Buch enthaltenen Angaben fest, dass diese in den meisten Fällen zutrafen.

Als Reaktion auf das Braunbuch veröffentlichte der von der CIA unterstützte Westberliner »Untersuchungsausschuss freiheitlicher Juristen« 1958 das Buch *Ehemalige Nationalsozialisten in Pankows Diensten* mit den Namen von 75 ehemaligen NSDAP-Mitgliedern, die in der DDR Karriere gemacht hatten. 1981 erschien das *Braunbuch DDR. Nazis in der DDR*, welches bereits 876 Namen enthielt. In der Neuauflage des Buches aus dem Jahr 2009 waren dann über 1 000 Namen verzeichnet. Dennoch wird der DDR bis heute bescheinigt, Nazis massiver und konsequenter verfolgt zu haben. Ihre antifaschistische Reputation blieb erhalten.

3.2. Verfahren

Das Verfahren gegen Hans Globke wurde am 8. Juli 1963 vor dem Obersten Gericht der DDR in Ostberlin eröffnet. Offiziell eröffnete das Gericht den Prozess gegen Globke, den mittlerweile die ganze Welt kannte, mit dem grotesken Aufruf des

Angeklagten. Nachdem dieser nicht erschien, erklärte der Vorsitzende Richter: »Ich stelle fest, dass der Angeklagte nicht erschienen ist.«

In der vom Staatsanwalt vorgetragenen Anklage, die vier Stunden in Anspruch nahm, heißt es, dass Dr. Globke vorgeworfen wird:

> ... in Berlin und an anderen Orten in der Zeit von November 1932 bis 1945 gemeinschaftlich mit anderen, fortgesetzt handelnd, Menschlichkeits- und Kriegsverbrechen begangen und dadurch an der Vernichtung ganzer Volksgruppen und von Millionen Menschen mitgewirkt zu haben.

Allein dieser Satz der Anklage offenbarte die eigentliche politische Intention des gesamten Verfahrens: die Diskreditierung der Person Globkes und des westdeutschen politischen Systems unter gleichzeitiger internationaler Aufwertung der DDR, die zu dieser Zeit immer noch – insbesondere wegen der Hallstein-Doktrin – mit ihrer internationalen Anerkennung zu kämpfen hatte. Rund 200 Journalisten aus aller Welt waren während des Verfahrens anwesend und verfolgten die Verhandlung. Neben dem Staatsanwalt trat als Verfahrensbeteiligter ein gem. § 55 Abs. 1 StPO (DDR) mit umfangreichen prozessualen Rechten ausgestatteter »gesellschaftlicher Ankläger« auf. Ein gesellschaftlicher Ankläger war gem. § 55 Abs. 2 StPO (DDR) insbesondere in folgenden normierten Fällen als Verfahrensbeteiligter zu beauftragen:

> ... wenn der Verdacht einer schwerwiegenden, die sozialistische Gesetzlichkeit im besonderen Maße verletzenden Straftat besteht und dadurch ... besondere Empörung in der Öffentlichkeit ... hervorgerufen wurde. Ein gesellschaftlicher Ankläger sollte auch dann beauftragt werden, wenn das

gesellschaftliche Organ oder das Kollektiv es für notwendig erachtet, das Gericht über bestimmte gesellschaftliche Zusammenhänge in Bezug auf den bestehenden Verdacht einer Straftat zu unterrichten, ohne dass dieses Organ oder Kollektiv ... den Angeklagten aus dem unmittelbaren Zusammenleben kennt.

Die Bestellung eines solchen gesellschaftlichen Anklägers im Verfahren sollte Ausdruck der im Gesetzestext bereits genannten Empörung der sozialistischen Gesellschaft sein. Besondere Bedeutung kam hierbei dem als gesellschaftlicher Ankläger auftretenden Rechtsanwalt Michael Landau aus Israel zu. Diese Bestellung eines Anwalts aus Israel war sehr ungewöhnlich. Denn die Politik der DDR war nicht nur explizit israelfeindlich, das Verhältnis zwischen Israel und der DDR außerordentlich problematisch, sondern noch dazu war Antisemitismus in der DDR durchaus verbreitet. Aus Rücksicht auf die mit dem Globke-Verfahren verfolgten politischen Ziele hielt man es aber offenbar für notwendig, jemandem das Wort zu erteilen, der öffentlichkeitswirksam die Partei der tatsächlich durch die Handlungen Globkes Geschädigten, nämlich der verfolgten Juden, ergreifen würde.

So erklärte Landau gleich zu Beginn des Verfahrens:

Wir sehen in diesem Prozess eine Fortsetzung des Eichmann-Prozesses, weil beide Angeklagte – auf verschiedene Art – die gleiche Schuld tragen.

Rechtsanwalt Landau, der offenbar die jüdische Gemeinschaft vertreten sollte, wäre aber gar nicht so ohne Weiteres vom Wortlaut des Gesetzes erfasst gewesen. Denn in § 54 Abs. 1 StPO (DDR) hieß es:

Volksvertreter, Vertreter der Ausschüsse der Nationalen Front, der Gewerkschaften, der ehrenamtlichen Organe der Arbeiter-und-Bauern-Inspektion, gesellschaftlicher Organisationen sowie der Kollektive der Werktätigen können von ihren Organen ... als gesellschaftliche Ankläger beauftragt werden ...

Es gab kein dem Gesetz entsprechendes Organ, welches Landau hätte beauftragen können. Landau war auch kein Volksvertreter oder besaß eine vergleichbare Stellung. Vor allem lebte er gar nicht in der DDR, sondern in Israel.

Mit der Aussage Landaus wurde Globke von einem jüdischen Anwalt und Überlebenden des Holocaust öffentlich und vor der internationalen Presse auf eine Stufe mit Eichmann gestellt. Und dies sogar vor dem höchsten Gericht eines souveränen Staates, was der Aussage noch einmal besonderes Gewicht verlieh. Dieselbe Richtung wie Landau schlug auch der Historiker Professor Ernst Engelberg, Mitglied der Akademie der Wissenschaft der DDR, ein, der vom Gericht als Gutachter gehört wurde. In seinem Gutachten vertrat er die These, dass das »Bonner Regime« wesensgleich mit dem NS-Staat sei.

Eröffnet wurde die Hauptverhandlung vor dem 1. Strafsenat des Obersten Gerichts der DDR am 8. Juli 1963. Leiter der Hauptverhandlung war der Präsident des Obersten Gerichts der DDR, Dr. Heinrich Toeplitz. Heinrich Toeplitz wird noch heute von vielen als ideologischer Scharfrichter der DDR bezeichnet und als solcher mit Hilde Benjamin, der roten oder blutigen Hilde, gleichgesetzt. Er übte die Position des Präsidenten des Obersten Gerichtes von 1960 bis 1986 aus und bekleidete zahlreiche andere Positionen. Unter anderem war er für die CDU von 1951 bis 1989 Mitglied der Volkskammer.

Als Präsident des Obersten Gerichts unterstand er offiziell dem Kollegium des Ministerrates, welches wiederum seine Direktiven vom SED-Politbüro erhielt. Zwar hieß es in Art. 127 der Verfassung der DDR, dass Richter unabhängig und nur der Verfassung und dem Gesetz unterworfen seien, doch bestand diese Unabhängigkeit nur auf dem Papier. Gerade bei einem so wichtigen Prozess wie dem gegen Globke war ein politischer Einfluss nicht wegzudenken.

Als Beisitzer fungierten die beiden Oberrichter Friedrich Mühlberger und Hans Reinwarth. Mühlberger war Vorsitzender des 1. Strafsenats des Obersten Gerichts, welcher als Rechtsmittel- und Kassationssenat für die Entscheidungen bei Staatsverbrechen und antidemokratischen Delikten zuständig war.[267] Reinwarth war bereits vor dem Globke-Verfahren an drei Todesurteilen der DDR-Justiz beteiligt gewesen. Aus diesem Grunde wurde er nach der Wende vom Landgericht Berlin zu 3 Jahren und 9 Monaten Gefängnis verurteilt.[268]

Ankläger waren der Generalstaatsanwalt der DDR, Josef Streit, und Staatsanwalt Gernot Windisch. Streit war von 1963 bis zu seinem Tod 1987 Mitglied des ZK der SED. Windisch war von 1961 bis 1979 Leiter der Abteilung Staatsverbrechen bei der Generalstaatsanwaltschaft.

Streit und Reinwarth hatten, wenn man es so nennen will, eine DDR-Vorzeigebiografie. Beide stammten aus Böhmen und hatten einen einfachen Arbeiterhintergrund. Sie waren vor dem Krieg im kommunistischen Jugendverband der Tschechoslowakei tätig gewesen, wurden von den Nazis im KZ inhaftiert und durchliefen nach dem Krieg eine sechsmonatige (Schnell-)Ausbildung zum Volksrichter.[269] Als solche machten sie innerhalb des Systems schnell Karriere.

Das von der sowjetischen Militäradministration geforderte und von Hilde Benjamin umgesetzte Institut der Volksrichter wurde in der sowjetischen Besatzungszone geschaffen, um schnell unbelastetes Personal für die Justiz zu gewinnen. Hilde Benjamin war von 1953 bis 1967 Justizministerin der DDR und fällte noch zu ihrer Zeit als Richterin außerordentlich harte Urteile. Generalstaatsanwalt Streit galt, da er aufgrund seiner Erfahrungen in der Nazizeit Gegner einer willkürlichen Justiz war, als ihr Widersacher.²⁷⁰

Neben Rechtsanwalt Michael Landau (Israel), dem stellvertretenden Vorsitzenden des Verbandes der Antinazikämpfer und Opfer des Nazismus in Israel, waren weitere gesellschaftliche Ankläger bestellt worden: Jan Jsidorczyk (Polen), stellvertretender Vorsitzender des Verbandes der Kämpfer für Freiheit und Demokratie (die offizielle Kriegsveteranenvereinigung Polens) sowie Charles Palant und Hugo Steiner, der eine Generalsekretär und der andere einfaches Mitglied des französischen *Mouvement contre le racisme, l'antisémitisme et pour la paix* (Bewegung gegen Rassismus, Antisemitismus und für den Frieden).

Als Verteidiger hatte das Oberste Gericht die Rechtsanwälte Friedrich Wolff aus Berlin und Dr. Gerhard Rinck aus Erfurt bestellt. Beide waren bereits 1960 in dem Verfahren gegen Theodor Oberländer als Pflichtverteidiger bestellt worden und kannten sich seither. Durch den Prozess gegen Oberländer hatten sie bereits Erfahrungen in einem vergleichbaren Verfahren mit ähnlicher Brisanz sammeln können. Wolff war Vorsitzender des Berliner Rechtsanwaltskollegiums und hatte neben Oberländer bereits Angeklagte im Zusammenhang mit dem Aufstand am 17. Juni 1953 verteidigt, außerdem den Verleger und Dissidenten Walter Janka in dem gegen ihn 1956 geführten Schauprozess. Er war insofern mit der Verteidigung in schwierigen Rechtssachen und mit politischem Hintergrund erfahren. Rechtsanwalt Dr. Rinck war für eine Blockpartei politisch im thüringischen Erfurt aktiv und dort stellvertretender Vorsitzender des Rechtsanwaltskollegiums. Wolff und Rinck wurden in dem Verfahren gegen Globke erneut als Verteidiger bestellt, obwohl sie sich in dem Verfahren gegen Theodor Oberländer tatsächlich ernsthaft um eine Verteidigung bemüht hatten. So hatten sie zum Beispiel die Zuständigkeit des Obersten Gerichts der DDR angezweifelt, weil die Taten im Ausland begangen worden waren, sie daher nicht nach dem Strafrecht der DDR beurteilt werden könnten und der Angeklagte als Bundestagsabgeordneter Immunität besäße. Die Anträge wurden mit rechtlich nicht tragenden Gründen sämtlich abgewiesen. Nur am Rande sei hier erwähnt, dass das Urteil gegen Theodor Oberländer 1993 vom Landgericht Berlin aufgehoben wurde. Begründet wurde dies mit formalen Argumenten, da die Hauptverhandlung rechtswidrig ohne Beteiligung des Angeklagten durchgeführt worden sei. Inhaltlich nahm das Gericht keine Stellung. Ein noch laufendes Ermittlungsverfahren gegen Oberländer wurde nach seinem Tod eingestellt. Vertreten wurde Oberländer in dem bereits im Juli 1990 eingeleiteten Kassationsverfahren unter anderem wiederum durch Rechtsanwalt Wolff.

Die Wiederbestellung der beiden Anwälte Wolff und Rinck durch das Oberste Gericht der DDR spricht dafür, dass die Staatsführung bemüht war, vor der allgemeinen Öffentlichkeit den Schein der Rechtsstaatlichkeit zu wahren. Ein großer Vorteil der Bestellung von Wolff und Rinck für die Staatsführung war aber sicher auch, dass man die Personen aus dem Vorprozess gegen Oberländer kannte und somit vor etwaigen bösen Überraschungen geschützt war.

Die 210 Seiten umfassende Anklageschrift wurde Globke von seinen Verteidigern ordnungsgemäß zugestellt. Die Briefe wurden jedoch – wie auch bereits im Fall Oberländer – von dessen Büro zurückgeschickt. In der Anklage hieß es:

… wird angeklagt, in Berlin und an anderen Orten von November 1932 bis zur Zerschlagung der faschistischen Gewaltherrschaft im Jahre 1945 gemeinschaftlich handelnd Verbrechen gegen die Menschlichkeit und Kriegsverbrechen begangen zu haben.

Insbesondere wurde ihm vorgeworfen, an der Ausarbeitung der Nürnberger Gesetze und einer Vielzahl anderer Gesetze mit rassistischem Inhalt beteiligt gewesen zu sein. Er habe dadurch

> ... maßgeblich an der systematischen Aussonderung und Registrierung der jüdischen Bürger in Deutschland mit dem Ziel ihrer Terrorisierung und physischen Vernichtung mitgewirkt.

Rechtlich war die Anklage auf Art. 6 des Londoner Statuts für den Internationalen Militärgerichtshof (Verbrechen gegen die Menschlichkeit) in Verbindung mit Art. 5 Abs. 1 der Verfassung der DDR (Fassung von 1949: Bindung aller Bürger an die Regeln des Völkerrechts) sowie auf §§ 211, 47 (Mord) des Strafgesetzbuches des Deutschen Reichs gestützt (welches damals in der DDR noch galt). In § 211 StGB hieß es:

> Der Mörder wird mit dem Tode bestraft.

Eine lebenslange Freiheitsstrafe war gemäß § 211 Abs. 3 StGB nur in besonderen Ausnahmefällen vorgesehen.

Das öffentliche Interesse, auch der Presse, war außerordentlich groß. Prozessbeobachter aus 33 Ländern – insgesamt 571, davon 336 aus der Bundesrepublik – verfolgten das Verfahren vor Ort. 247 Journalisten aus 33 Ländern berichteten über den Prozess. 59 Zeugen aus sieben Ländern wurden von dem Gericht gehört. Hinzu kamen sieben internationale Gutachter, die sich mit den Auswirkungen der von Globke bearbeiteten Gesetze beschäftigten. So trat unter anderem auch Charles Lederman, Widerstandskämpfer, Politiker der Kommunistischen Partei Frankreichs und Rechtsanwalt, als Gutachter auf. Er wies nach, dass die Nürnberger Gesetze auch im besetzten Frankreich vollständig angewendet wurden. Lederman war zum Zeitpunkt seiner Bestellung als Sachverständiger Präsident der *Union des juifs pour la résistance et l'entraide* (Jüdische Vereinigung des Widerstands und der gegenseitigen Hilfe).

Herangezogen wurde vom Gericht auch der sogenannte Jägerbericht, der eine genaue Dokumentation der Ermordung von ca. 130 000 Juden in Litauen zwischen dem 4. Juli und dem 25. November 1941 enthält.

Außerdem dienten dem Gericht einige von Globke selbst bearbeitete Originalakten sowie die Personalakte Globkes, die sich vollständig im Staatsarchiv der DDR in Potsdam befand, als weitere Beweise. Die Beweisaufnahme dauerte sieben Tage, eine Dauer, die in Anbetracht der Komplexität des Sachverhalts, der Menge der Zeugen und Gutachter sowie der historischen Dimension der Angelegenheit unangemessen gering war.

3.3. Urteil

Berücksichtigt man, dass Globke in der Propaganda der DDR und auch im Verfahren selbst mit Eichmann verglichen wurde, hätte das Gericht in letzter Konsequenz nur ein Urteil verhängen können: das Todesurteil. Dies hat es – wahrscheinlich aus politischen Gründen – nicht getan. Dennoch wurde das Urteil noch einmal propagandistisch genutzt, um die DDR als den guten und vor allem den alleinigen deutschen Staat darzustellen, der sich seiner Vergangenheit stellte und diese konsequent aufarbeitete.

Selbst die Staatsanwaltschaft beantragte keine Todesstrafe. Bereits am achten Verhandlungstag hielt Generalstaatsanwalt Streit das Plädoyer. Wegen der Schwere der Verbrechen forderte Streit, Globke nach Art. 6 des Statuts des Internationalen Militärgerichtshofes, §§ 211, 73, 47 StGB als Mittäter zu lebenslangem

Zuchthaus zu verurteilen. Die Verteidiger plädierten für eine Verurteilung Globkes wegen Beihilfe und beantragten eine zeitlich angemessene Zuchthausstrafe gemäß §§ 49, 44 Abs. 2 StGB.

Am 23. Juli 1963 verurteilte das Gericht Globke nach zehnstündiger Begründung des 315 Seiten umfassenden Urteils zu lebenslänglichem Zuchthaus und Aberkennung der bürgerlichen Ehrenrecht auf Lebenszeit.

3.4. Bewertung

Die Verfahrensdauer von zwei Wochen war in Anbetracht des Beweisprogramms und der Komplexität des Vorwurfs viel zu kurz. Von einer umfassenden Beweisaufnahme, wie sich das Gericht in seinem Urteil ausdrückte, konnte keine Rede sein. Im Gegenteil. Gerade die Kürze des Prozesses spricht für einen Schauprozess. Und die DDR-Organe hatten es aus gutem Grund eilig: Im Oktober 1963 stand die Pensionierung Globkes an. Außerdem zeichnete sich bereits lange vorher das Ende der Regierung Adenauer ab. Viel Zeit blieb dem Gericht damit nicht.

Die Propaganda lief auf Hochtouren. So hieß es nach dem Urteil in einem Flugblatt der DDR:

> Berge von Dokumenten, Originalfilme und Tonbandaufzeichnungen überführten den Bonner Staatssekretär als einen Nazi-Beamten, der mit dem Füllfederhalter mehr Menschenleben auslöschte als Tausende SS-Leute mit ihren Maschinenpistolen. Elf von den Faschisten okkupierte Länder spürten den Würgegriff der juristischen Konstruktionen Globkes.

Weiter hieß es:

> Die DDR erfüllt damit als einziger deutscher Staat die Verpflichtung des Potsdamer Abkommens, Nazis und Kriegsverbrecher zu bestrafen und aus dem öffentlichen Leben zu entfernen. [...] Entfernung Globkes aus seinem Amt und Vollstreckung des Urteils – das ist jetzt die dringliche Forderung. Keinen Tag länger darf ein überführter und rechtskräftig verurteilter Verbrecher Staatssekretär bleiben, Globke gehört hinter Zuchthausmauern.

Die Zielrichtung des gesamten Verfahrens wurde damit zum wiederholten Male überdeutlich: Die Verunglimpfung der Bundesrepublik und die Glorifizierung der DDR hinsichtlich der Aufarbeitung der NS-Vergangenheit. Wie perfide die Propaganda der DDR damals war, lässt sich einem weiteren Informationsblatt zum Prozess entnehmen. Dort hieß es:

> Laut einer auf Globke zurückgehenden Verfügung der Bundeswehrführung sind Juden und Angehörige ehemalig rassisch Verfolgter ... als Bewerber für die Bundeswehr nicht zugelassen.

Das war eine glatte Lüge. Vielmehr waren Juden und Angehörige rassisch Verfolgter lediglich vom Wehrdienst freigestellt. Sie mussten keinen Wehrdienst leisten, konnten dies aber, wenn sie wollten.

Dennoch: Das Urteil rückte, und da war es dem Eichmann-Prozess nicht unähnlich, die Schreibtischtäter in den Vordergrund. Der Prozess führte einer breiten Öffentlichkeit vor Augen, dass nicht nur tatsächliche Mörder rechtlich als solche zu behandeln waren, sondern auch Beamte, die durch ihr bürokratisches Mitwirken den Tod von Millionen Menschen verursacht hatten. Trotz des schlechten Beigeschmacks eines Schauprozesses, der den Effekt des Urteils zumindest in West-Deutschland schmälerte, ist dies ein Verdienst des Urteils. Der Schuldspruch war insofern konsequent.

Bei der heutigen Betrachtung des Verfahrens ist schließlich noch zu berücksichtigen, dass man sich 1963 auf dem Höhepunkt des Kalten Krieges befand. Im deutsch-deutschen Verhältnis kam im Übrigen hinzu, dass die Mauer erst zwei Jahre zuvor gebaut worden war und die DDR um internationale Anerkennung kämpfte. Die Bundesrepublik wiederum tat im Rahmen der Hallstein-Doktrin alles, um die internationale Anerkennung der DDR zu verhindern. Vor diesem Hintergrund ist die Propaganda der DDR gegen alte Seilschaften in der Bundesrepublik nur allzu verständlich, zumal es der DDR mit den Veröffentlichungen immer wieder gelang, internationale Reaktionen hervorzurufen und somit das Bild einer Bundesrepublik zu zeichnen, die von alten Nazis durchsetzt war und sich nicht um eine Aufarbeitung der Vergangenheit bemühte. Das wiederum wollte die Bundesrepublik vermeiden, musste notgedrungen auf die Anschuldigungen reagieren und schließlich handeln. Der Historiker Norbert Frei sieht die Kampagnen der DDR zur Destabilisierung der BRD daher zu Recht als wichtigen Beitrag zu einer Wende bei der westdeutschen Strafverfolgung von NS-Tätern.[271]

Trotz der das Verfahren begleitenden Propaganda wird die Urteilsbegründung nicht unbedingt negativ bewertet. Der Historiker, Jurist und Publizist Klaus Bästlein bezeichnet es als erstaunlich, »dass ein gerichtliches Verfahren, das zu propagandistischen Zwecken durchgeführt und rechtsstaatswidrig vorbereitet wurde, zu einem juristisch einwandfreien und in seiner historischen Substanz beachtlichen Urteil führte«.

Die Rolle Globkes während der Zeit des Nationalsozialismus ist jedoch trotz der vorliegenden eindeutigen Tatsachen nach wie vor nicht unumstritten. Der Historiker Erik Lommatzsch, der den Nachlass Globkes sichten konnte, formuliert, dass Globke »wirksame Opposition im Modus der partiellen Mitwirkung« geleistet habe.[272]

Vielleicht bringen die vom Bundeskanzleramt initiierten Forschungsprojekte zum Thema NS-Kontinuitäten im Kanzleramt Licht ins Dunkel. Die Ergebnisse sollen Ende 2021 vorliegen.

Der Schweiz jedenfalls reichten die Bekundungen Globkes nicht. Als er sich dort zur Ruhe setzen will, teilen ihm die Behörden mit, er sei unerwünscht.

4. Prozess gegen Dr. Horst Fischer 1965

4.1. Hintergrund

Ein Verfahren, das seinerzeit sowohl in Ost- als auch in Westdeutschland großes Aufsehen erregte, war der Prozess gegen Horst Fischer, den stellvertretenden Standortarzt des Konzentrations- und Vernichtungslagers Auschwitz und verantwortlichen Lagerarzt des Nebenlagers Monowitz (Auschwitz III). Als solcher war er für den Tod von mindestens 70 000 Menschen im Rahmen der von ihm durchgeführten Selektionen verantwortlich. Er führte bis 1965 völlig unbehelligt unter seinem richtigen Namen eine Arztpraxis in Spreenhagen bei Berlin. Im Zusammenhang mit den Ermittlungen zum Frankfurter Auschwitz-Prozess stieß man bereits auf den Namen Horst Fischer und erließ im April 1960 Haftbefehl gegen ihn. Dennoch war es ihm kurze Zeit später, im Juni 1960, möglich, mit seiner Frau anlässlich einer Familienfeier unbehelligt in die Bundesrepublik einzureisen. In der DDR wurde Fischer zwar bereits einige Zeit vorher von der Stasi observiert, doch lag dies lediglich daran, dass er aufgrund seiner Westkontakte als politisch unzuverlässig galt. Eher zufällig entdeckte man schließlich bei einer Personalienüberprüfung seine Vergangenheit. Und dies auch nur, weil ein örtlicher Denunziant wiederholt dessen negative Einstellung zum System meldete.[273]

Ab dem Frühjahr 1941 wurden KZ-Insassen dazu gezwungen, sieben Kilometer vom Stammlager-Birkenau entfernt, in Monowitz, ein Werk der I.G. Farben zu errichten, in dem synthetischer Kautschuk (Gummi) hergestellt werden sollte. Monowitz war damit das erste, von einem privaten Industrieunternehmen finanzierte und betriebene Konzentrationslager.[274] Häftlinge, die dort arbeiteten, wurden tatsächlich durch Arbeit vernichtet. Denn die I.G. Farben kam mit der SS überein, die bei ihrer Ankunft noch Arbeitsfähigen nur so lange am Leben zu lassen, wie sie zur Produktion beitragen konnten; infolge der unmenschlichen Bedingungen und der Mangelernährung oft nur wenige Wochen, maximal sechs Monate. Fischer führte in Monowitz Selektionen durch und sonderte nicht mehr arbeitsfähige Häftlinge aus, die dann sofort vergast wurden.

Als das Verfahren am 10. März 1966 vor dem Obersten Gerichtshof der DDR in Ostberlin eröffnet wurde, war der große Auschwitz-Prozess in Frankfurt a.M. noch nicht beendet.[275] In diesem parallel stattfindenden Großverfahren wurde der Antrag des ostdeutschen Nebenklägers Karl Kaul vom 8. Mai 1964, »zum Beweis für die Abhängigkeit des Lagerbetriebs von wirtschaftlichen Interessen und für die Lebensbedingungen der Häftlinge im Konzentrationslager Auschwitz und seinen Nebenlagern« siebzehn Schriftstücke verlesen zu lassen, zunächst fast ein Jahr lang ignoriert und dann schließlich abgelehnt. Die Begründung des Gerichts lautete, dass die Direktoren der I.G. Farben auch persönlich gehört werden könnten. In der DDR dominierte in der Folge die Auffassung, dass sich westdeutsche Richter nicht auch noch mit den wirtschaftlichen Kontinuitäten und Verflechtungen aus der Nazizeit beschäftigen wollten.[276] Als der Zeuge und Holocaust-Überlebende Max Kasner im Frankfurter Auschwitzverfahren auf die Verwicklungen der I.G. Farben in die Menschenvernichtung in Auschwitz hinwies, ermahnte ihn der Vorsitzende Richter Hofmeyer, dies sei nicht Gegenstand des Verfahrens. Auf weitere Vorhalte eines Nebenklägers hin betonte Hofmeyer nochmals: »I.G. Farben ist ein separates Kapitel, das gehört nicht in diesen Prozess.«[277] Die Verantwortlichen für die Verbrechen des Wirtschaftskonzerns, die im großen I.G.-Farben-Prozess in Nürnberg 1947/48 bereits angeklagt und zumindest teilweise verurteilt worden waren, wurden in Frankfurt a. M. daher zum größten Teil gar nicht erst vernommen.

Diese Frustrationserfahrung dürfte eine entscheidende Rolle dabei gespielt haben, zeitnah in der DDR einen Prozess anzustrengen, in dem diese wirtschaftlichen Hintergründe näher beleuchtet werden konnten.[278] Dies machte der Vorsitzende Richter Heinrich Toeplitz im Rahmen der Zeugenbefragungen deutlich, als er in Anspielung auf das Parallel-Verfahren feststellte: »Nun, das Oberste Gericht der Deutschen Demokratischen Republik ist der Ansicht, dass es sehr wohl zum Inhalt des Prozesses gehört, für wen die Häftlinge dort sterben mussten und zu welchem Nutzen und Interesse sie in Monowitz gestorben sind.«[279] Trotzdem verliefen die Vernehmungen Fischers zu diesem für die DDR wichtigen Komplex, der dem Verfahren einen antikapitalistischen und kapitalismuskritischen Anstrich hätte geben können, nicht so wie gewünscht. In dem Bericht der Hauptabteilung IX/10 über wesentliche Untersuchungsergebnisse im Ermittlungsverfahren gegen Dr. Horst Fischer vom 25. November 1965 heißt es:

> Die Aufklärung des Zusammenwirkens des Beschuldigten Fischer mit leitenden Angestellten des IG Farbenwerkes Monowitz sowie mit Vertretern anderer faschistischer Konzerne der Außenlager des KZ Auschwitz bereitet noch Schwierigkeiten, da der Beschuldigte nicht mit derartigen Personen Verhandlungen geführt haben will.[280]

Die politische Dimension und der sich daraus ergebende Gewinn, den sich die Staatsführung von dem Verfahren versprach, brachte der SED-Funktionär Arne Rehan auf den Punkt:

Meines Erachtens wäre es günstig, wenn das Verfahren zwei bis drei Wochen vor Beendigung des westdeutschen Prozesses stattfände, also etwa Ende Februar/Anfang März. Es brauchte nur einige Tage zu dauern, müsste aber durch seinen Ablauf und sein Urteil Einfluss auf das westdeutsche Verfahren nehmen, die Schuld der IG Farben anprangern und unter Teilnahme einiger Vertreter aus westlichen Ländern stattfinden.[281]

Es ist erschütternd, dass der DDR offenbar mehr an der aktuellen politischen Auseinandersetzung mit dem »Klassenfeind« lag als an einer Aufarbeitung der Vergangenheit.

4.2. Verfahren

Im Vergleich zum ersten Frankfurter Auschwitz-Prozess war dieses Verfahren eine Miniatur – dennoch wurden im Laufe der nur zehn Verhandlungstage immerhin 45 Zeugen aus sechs Ländern sowie vier Gutachter gehört, obwohl die persönliche Schuld des Angeklagten zu keinem Zeitpunkt infrage stand und von diesem auch gar nicht bestritten wurde.[282] Fischer gab offen zu, als KZ-Arzt an der Selektion Zehntausender Menschen beteiligt gewesen zu sein, wohl wissend, dass man die Menschen anschließend vergasen würde. Seiner Schuld wurde er sich nicht erst unter dem Eindruck des Gerichtsverfahrens bewusst – ein schlechtes Gewissen plagte ihn jedoch nach eigener Aussage nicht. Bereits unmittelbar nach der Evakuierung des Lagers am 18. Januar 1945 hatte er sich um einen Fronteinsatz bemüht, weil er sich darüber im Klaren gewesen sei, dass er wegen der im KZ begangenen Verbrechen zur Rechenschaft gezogen würde. Daher hoffte er, »bei einer Fronteinheit entweder zu fallen oder im Falle einer Gefangennahme nicht als Arzt eines Konzentrationslagers erkannt zu werden«.[283] Sein SS-Blutgruppenzeichen hatte er sich schon vor der Kapitulation der deutschen Truppen in einem Wehrmachts-Verbandsplatz wegoperieren lassen.

Fischer selbst war zunächst der Meinung, ein Rechtsanwalt als Verteidiger an seiner Seite sei unnötig. Er war sich seiner Schuld bewusst und äußerte, dass die von ihm begangenen Verbrechen so schwer seien, dass »selbst die beste Verteidigung ohne Nutzen wäre«. Statt Geld für das Anwaltshonorar auszugeben, solle dieses besser für seine Familie verwendet werden.[284] Auf Empfehlung westdeutscher Verwandter wandte sich Fischers Frau dennoch an den damals bereits bekannten Rechtsanwalt Wolfgang Vogel.[285] Dieser beriet sich vor Annahme des Mandats mit Generalstaatsanwalt Streit, der ihm die Situation der Verteidigung als außerordentlich schwierig schilderte.

Im Laufe des Verfahrens agierte Fischer schließlich entsprechend seiner Ansicht, keinen Verteidiger zu benötigen. Er verzichtete weitgehend auf seine Verteidigung, gab bereitwillig Auskunft und belastete sich mitunter sogar selbst. Bei der Vernehmung zur Person sagte er aus, bereits im November 1933 freiwillig der SS beigetreten zu sein, weil er »männlich« werden wolle.[286] Anfang November 1942 ging er nach Auschwitz, nach eigenen Angaben, um seine chirurgische Weiterbildung voranzutreiben. Tatsächlich profitierte seine Karriere von der judenfeindlichen Politik der NS-Regierung ganz unmittelbar.[287] Bei seinem Dienstantritt in Auschwitz war Fischer gerade einmal 29 Jahre alt. Sein Vorgesetzter habe ihm schon während seiner ersten Tage anvertraut, dass es »eine ganz besondere Aufgabe« gebe.[288] Kurz darauf wurde er in das Arbeitslager der I.G. Farben nach Buna-Monowitz versetzt, wo er innerhalb der Hierarchie des Vernichtungslagers schnell vom einfachen Truppen- zum leitenden Lagerarzt von Monowitz und schließlich stellvertretenden Standortarzt von Auschwitz aufstieg.

Bei seiner Einführung in das Amt als Lagerarzt sei ihm aufgegeben worden, bei der Behandlung der Gefangenen nicht denselben Maßstab anzulegen wie bisher für die Wachmannschaften.[289] Dass dies in einem eklatanten Widerspruch zu dem von ihm geleisteten hippokratischen Eid stand, sei ihm bewusst gewesen. Seinen Arbeitsauftrag für die Selektionen fasste er wie folgt zusammen: »Es sollten die Deportierten, die noch arbeiten konnten, von der Industrie bis zu ihrer Erschöpfung ausgebeutet werden, um dann ebenfalls vernichtet zu werden. [...] Die anderen wurden sofort vernichtet.«[290] Wenn er auf der Rampe Dienst hatte, habe er alle Frauen und Kinder »ins Gas geschickt«.[291]

Im Lager der I.G. Farben sei allein maßgeblich gewesen, ein Maximum an Arbeitsleistung für den Konzern erbringen zu können. Für Zwangsarbeiter, die zu lange erkrankten, erhielt die SS kein Geld vom Konzern. Sie waren daher »nicht mehr im Lager zu halten«.[292] Das bedeutete keine Verlegung auf eine Krankenstation, sondern den Tod durch Vergasung. Unter diesen Umständen befanden sich die Häftlinge in ständiger Angst vor der Aussonderung. Die Menschen, die im Lager schwere körperliche Arbeit leisten mussten, erhielten Essensrationen mit 1500 Kalorien pro Tag. Bereits für eine nicht arbeitende Person bedeutete dies nach Aussage des Angeklagten das absolute Existenzminimum. Die Folge für die Zwangsarbeiter war »die völlige körperliche Auszehrung, die absolute physische Erschöpfung«.[293]

Genau diese Merkmale waren dann das Kriterium bei einer Selektion. Ein Vorgang, bei dem Fischer nach eigenen Angaben innerhalb von 60 Sekunden über Leben und Tod entschied. Unter den Bedingungen im Lager dauerte es im Regelfall allenfalls drei Monate bis zur Arbeitsunfähigkeit. Im Vergleich zum Stammlager Auschwitz seien die Verhältnisse in Buna-Monowitz »unvergleichlich härter, schwerer und von den hygienischen

Verhältnissen aus gesehen, sehr, sehr viel schlechter«[294] gewesen. Der Angeklagte gab auch unumwunden zu, die Selektierten angelogen zu haben. So habe er ihnen gesagt, sie würden in das Krankenlager Birkenau überstellt, damit sie dort gesund gepflegt würden.[295]

Tatsächlich zeigten aber die Zeugenaussagen ab dem vierten Verhandlungstag, wie gut informiert die Gefangenen waren.[296] Viele der auftretenden Zeugen, die den Holocaust überlebt hatten, waren im Arbeitslager als Pfleger oder als Buchhalter eingesetzt; vermutlich waren sie deshalb noch am Leben. Denn diese Fachkräfte hatten weitaus bessere Überlebenschancen als die in den Fabriken ausgebeuteten Zwangsarbeiter. Ihnen war klar, dass niemand länger als 14 Tage im Krankenbau liegen durfte, weil die I.G. Farben für diese Personen kein Geld mehr zahlte. Daher ließen die Pfleger nichts unversucht, auch die bettlägerigen Kranken frühzeitig wieder zu entlassen, spätestens sobald sie von einer anstehenden Selektion hörten. Dabei sei allen bekannt gewesen, was mit den Menschen geschah, die im Krankenbau selektiert wurden.[297] Ihnen war auch bewusst, dass die SS von der I.G. Farben bezahlt wurde.[298] Der dortige Betriebsleiter der I.G. Farben, Walter Dürrfeld,[299] hielt sich des Öfteren in den Arbeitslagern auf, beschwerte sich über die geringe Arbeitsleistung und forderte beständig, die Zahl der Zwangsarbeiter weiter zu erhöhen.[300]

Ein Zeuge berichtete, dass man sich zunächst frage, warum die Lagerleitung keine Anstrengungen zur Verbesserung der Situation und damit der Leistungsfähigkeit der Zwangsarbeiter unternehme. Das wäre bereits durch kleine Veränderungen möglich gewesen. Denn neben der mangelhaften Ernährung wurden immer wieder die Schuhe aus Holz als Grund für Arbeitsunterbrechungen angeführt. Die miserable hygienische Situation führte dazu, dass schon kleine Schürfwunden und Risse an den Füßen zu Entzündungen führten, die das Gehen unmöglich machten. Im Buna-Werk bedeutete eine solche Zwangspause meist das Todesurteil, weil Kranke, die zwei Wochen ausfielen, auf Anweisung der I.G. Farben rigoros selektiert wurden. Damit wurden aber auch ansonsten gesunde Gefangene vergast, die nach Abklingen dieser Entzündungen innerhalb weniger Tage wieder hätten arbeiten können. Die Industrieführung sah jedoch keinen Anlass, an dem Vorgehen etwas zu ändern. Denn aufgrund der permanent aus ganz Europa ankommenden neuen Häftlinge gab es keinen Mangel an Arbeitskräften. In einem am siebten Verhandlungstag verlesenen Gutachten hieß es dazu nüchtern, dass die I.G. Farben die Insassen der Lager zu »sprechenden Werkzeugen« degradiert habe.[301]

Die Bezeichnung »Arzt« im Zusammenhang mit dem Angeklagten ist irreführend: Der Angeklagte und seine Kollegen heilten nicht, sondern unterstützten einen geplanten Massenmord. Die medizinische Versorgung wurde tatsächlich von Mitgefangenen geleistet, die als Pfleger in den Lagern arbeiteten. Für das SS-Personal erfüllte der Krankenbau laut einem Gutachter des Verfahrens »nicht die Funktion der Heilung der Kranken, sondern war eine Einrichtung, in der Massenexperimente an Häftlingen, eine Qualifizierung der deutschen Ärzte an Menschenmaterial und eine endgültige Aussortierung (Selektion) zur Tötung durch Gas und mit anderen Mitteln durchgeführt wurden«.[302]

Die Geschäftsführung der I.G. Farben sah in den Gefangenenlagern nichts weiter als einen Wettbewerbsvorteil. Der Konzern beutete zu Kriegsende rund 100 000 Zwangsarbeiter aus; das war etwa die Hälfte der damaligen Gesamtbeschäftigtenzahl.[303] Dabei produzierte er nicht nur synthetischen Kautschuk. Die Deutsche Gesellschaft für Schädlingsbekämpfung, die zum Konzern der I.G. Farben gehörte, stellte auch Zyklon B her, das Gas, das in Auschwitz für die Massentötungen eingesetzt wurde.[304] Damit profitierte das Unternehmen finanziell sogar noch von den Vergasungen der Arbeitskräfte, die für die Wertschöpfung sorgten.

Bereits am achten Verhandlungstag hielt Generalstaatsanwalt Streit sein Plädoyer. In diesem ging er ausführlich auf die I.G. Farben und ihre westdeutschen Nachfolgeunternehmen Bayer, Hoechst und BASF ein, die nach wie vor eine »gefährliche Bedrohung für den Weltfrieden« darstellten. So lieferten sie unter anderem Giftgas an die USA. Am Ende seines dreistündigen Plädoyers beantragte Streit erwartungsgemäß die Todesstrafe.

4.3. Verteidigung

Die beiden Wahlverteidiger Wolfgang Vogel und Günter Heinicke stellten in ihrem Plädoyer von Anfang an klar, dass sich nach den Ergebnissen der Beweisaufnahme und den Einlassungen des Angeklagten nur noch die Frage stellte, ob ihr Mandant zu einer lebenslangen Freiheitsstrafe oder mit dem Tod bestraft werden sollte.[305]

Bewusst grenzten sie sich von den westdeutschen Verteidigern im ersten Frankfurter Auschwitz-Prozess ab, deren Prozesstaktik bei Juristen aus aller Welt Kopfschütteln und Empörung ausgelöst hatte.[306] Vogel griff stattdessen in seinem Plädoyer die für Strafverteidiger zeitlose Frage auf, ob ein Verteidiger auf nicht schuldig plädieren dürfe, wenn er von der Schuld des Angeklagten überzeugt sei. Diese Frage beantwortete Vogel absolut nachvollziehbar wie folgt: »… wir sind der Meinung, dass es nicht zur hohen Schule der Verteidigung gehört, abweichend von einem eindeutigen Beweisergebnis das Schwarze ins Weiße zu verkehren und ungerechtfertigte Anträge zu stellen, die nur scheinbar entlasten können, so man Ohren hat zu hören und Verstand, normal zu denken.«[307]

Dennoch bemühte sich die Verteidigung darum, dem Angeklagten die Todesstrafe zu ersparen, und knüpfte in ihrer Argumentation hierfür sogar an das Vorgehen westdeutscher NS-Verteidiger an: Der Angeklagte Fischer sei weder Initiator noch Planer des menschenvernichtenden Systems in Auschwitz gewesen, sondern lediglich sein Produkt und sein Werkzeug. Er hätte all seine furchtbaren Handlungen nicht begehen können, wenn nicht andere die Voraussetzungen dafür geschaffen hätten.[308]
»Wer hat, um mit einem Zeugen zu sprechen, den Wartesaal des Todes erbaut, wer hat die Bunasuppe, an der ein Hund krepiert ist, geliefert? Wer hat verlangt, dass selektiert wird? Wer hat verdient? Wer hatte an der Arbeitskraft der Häftlinge Interesse?«[309] Damit schloss Vogel den Kreis zu den kapitalistischen Hintermännern, die letzten Endes verantwortlich gemacht werden müssten.

Vogel gab schließlich noch zu bedenken, dass sich Fischer nach 1945 »nicht in die Gesellschaft der früheren Kumpanen begeben habe«.[310] Damit meinte er selbstverständlich die Bundesrepublik, denn in der DDR gab es nach offiziellem Narrativ keine Alt-Nazis mehr. Er betonte schließlich, dass der Angeklagte zur Aufklärung des Gesamtkomplexes der Verhandlung erheblich beigetragen, Reue gezeigt und den Kernvorwurf nicht bestritten habe.[311] Er beendete sein einstündiges Plädoyer mit einer Reflexion über Funktion und Zweck der Todesstrafe in der DDR. Diese »außerordentlichste Strafmaßnahme« vereine »Schutz- und Repressivfunktion«.[312] Der Staat schütze sich auf der einen Seite selbst, indem er besonders gefährliche Täter unschädlich mache, und schrecke im Sinne der Generalprävention auf der anderen Seite Dritte ab, ebenfalls vergleichbare Straftaten zu begehen. Diese innerstaatliche Einwirkung sei vorliegend aber »völlig entbehrlich«, weil der Faschismus in der DDR »absolut liquidiert« sei. »Dieses Gericht«, setzte er fort, »hat vor zwei Jahren in Abwesenheitsprozessen Oberländer und

Globke zu lebenslänglichem Zuchthaus verurteilt. Soll der, der ihre Befehle befolgte, härter büßen? Die Todesstrafe in der DDR hat den Sinn, unseren Staat zu schützen. Ein Fischer kann diesen Staat nicht mehr bedrohen: Bei uns ist der Faschismus ein für alle Mal ausgemerzt. Die Todesstrafe soll nicht Sühne und nicht Rache sein, sondern präventiv. Die DDR ist stark genug, nach außen und nach innen, um in diesem Falle auf die Todesstrafe verzichten zu können.« Er bat zuletzt darum, »in diesem Verfahren von der Todesstrafe abzusehen«. Einen Antrag zum Strafmaß stellte er nicht.

Mehr als dieses Plädoyer konnte die Verteidigung für diesen Mandanten in Anbetracht der Schwere des Verbrechens nicht tun. Es gab nichts zu beschönigen. Fischer nutzte sein Recht zum letzten Wort und schloss das Verfahren, indem er seine Einsicht beteuerte: »Ich habe nichts verschwiegen und bin mir der Schwere der Verbrechen voll bewusst.«[313]

Nach dem Todesurteil richteten die Verteidiger ein Gnadengesuch an Walter Ulbricht. Sie verwiesen dabei nicht nur darauf, dass das Gericht auf die Argumente der Verteidigung gar nicht eingegangen sei, sondern auch auf die außergewöhnliche Aussagebereitschaft des Angeklagten. Dessen Aussagen seien von größter Bedeutung für die Strafverfolgung der Profiteure dieser Verflechtung, die jetzt in Westdeutschland lebten.[314] Das Gnadengesuch wurde abgelehnt.

4.4. Urteil

Am 25. März 1966 wurde Horst Fischer wegen fortgesetzt begangener Verbrechen gegen die Menschlichkeit nach Art. 6 lit.c des Statuts des Internationalen Militärtribunals zum Tode verurteilt. Problematisch war, dass dieses Statut erst nach den

Taten Fischers in Kraft getreten war und hier nicht vom Internationalen Militärtribunal, sondern vom Gericht eines offiziell unabhängigen deutschen Staates angewendet wurde. Im Gegensatz zur westdeutschen Justiz scheute sich das Oberste Gericht der DDR jedoch nicht, Strafgesetze anzuwenden, die erst nach dem Tatgeschehen in Kraft getreten waren.[315] Dieser Verstoß gegen das Rückwirkungsverbot rief in der DDR allerdings keine Kontroverse hervor. Selbst die Verteidigung hielt es für richtig, dass die Taten nicht anhand von § 211 StGB bewertet wurden. Begriffe aus dem herkömmlichen Strafrecht seien nämlich nicht angemessen bei einem Mord, »den nicht nur Tausende erleiden, sondern auch Tausende begehen«.[316] In Artikel 6 lit. c des IMT-Status werden »Mord, Ausrottung und andere unmenschliche Handlungen gegen Menschen, begangen vor oder während eines Krieges, die Verfolgung von Menschen aus rassischen Gründen, begangen in Ausführung eines Verbrechens« unter Strafe gestellt. Hierbei handelt es sich jedoch eher um eine theoretische juristische Problematik. Denn das Strafmaß und auch die Urteilsbegründung wären sicher bei Anwendung des § 211 StGB unverändert geblieben.

In Anbetracht des politischen Hintergrunds des Verfahrens ist es nicht erstaunlich, dass das Urteil gegen Fischer nicht mit Ausführungen zu dem Angeklagten und dessen Schuld, sondern mit einer ausführlichen Rekonstruktion der Rolle der I.G. Farben begann. Der Vorsitzende beschrieb die Vorgeschichte der Zusammenarbeit zwischen SS und I.G. Farben, die schon im Jahr 1933 mit dem »Freundeskreis des Reichsführers SS« begann und mit dem Bau des Arbeitslagers in der Nähe von Auschwitz ihren traurigen Höhepunkt fand.[317] Dafür wurden gemeinsame Absichtsbekundungen, Pläne und Besprechungsberichte verlesen. Es folgte eine Zusammenfassung der durch die Zeugenaussagen und Sachverständigengutachten bestätigten menschenunwürdigen Verhältnisse in dem Lager, in dem SS-Angehörige die

Gefangenen gemäß der Absprache mit Vertretern der I.G. Farben entweder bis zum Erschöpfungstod zur Arbeit zwangen oder in die Gaskammern schickten. Weiter erging sich das Gericht in Ausführungen darüber, dass die faschistische Diktatur »von den aggressivsten Kreisen des deutschen Imperialismus errichtet« worden sei und sofort damit begonnen habe, »organisierten Terror gegen alle demokratischen und friedliebenden Kräfte auszuüben, vor allem gegen die Arbeiterklasse und die Kommunistische Partei Deutschlands«.[318] Dieser Abschnitt der Urteilsbegründung endete mit der Feststellung, dass der Angeklagte Fischer im System dieses Vernichtungslagers einen wichtigen Platz eingenommen habe. Es war das erste Mal, dass der Name des Angeklagten in den Urteilsgründen überhaupt nur erwähnt wurde.

Bei der Darstellung seiner persönlichen Verhältnisse wiederholte das Gericht den hippokratischen Eid als Arzt, den Fischer im Rahmen seiner Zulassung im Februar 1941 unterschrieben hatte, noch einmal in Gänze.[319] Schließlich stand der Eid in schaurigem Kontrast zu den von ihm begangenen Gräueltaten. Es wurde geschildert, wie Fischer nach der Evakuierung von Auschwitz einer Festnahme entkam und es auch in der DDR vermochte, seine verbrecherische Vergangenheit zu verbergen. Nachdem in Nürnberg ein KZ-Arzt gleichen Namens zu lebenslänglichem Zuchthaus verurteilt worden war, hoffte der Angeklagte, »die Leute, die mich gekannt haben, als ich in Auschwitz war, werden annehmen, der Verurteilte von Nürnberg sei ich«.[320] Im Juni 1965 wurde er eines Besseren belehrt, als er nach komplizierten Ermittlungen in Spreenhagen festgenommen wurde. Den politischen Vorgaben folgend, wies das Gericht in dem Urteil, welches sich nach juristischem Verständnis eigentlich nur mit dem Komplex Auschwitz und eventuell noch I.G. Farben zu beschäftigen hatte, auf die negative Einstellung des Angeklagten zur DDR sowie darauf hin, dass er sich durch Westrundfunk und Westfernsehen informiere. Auch sein Besuch von Verwandten in Westdeutschland dürfte ihm nicht zum Vorteil gereicht haben.[321]

Die Beweiswürdigung stellte für die Richter kein Problem dar. Angesichts der übereinstimmenden Zeugenaussagen und der Einlassungen des Angeklagten sahen sie es als erwiesen an, dass Fischer »während seiner Dienstzeit als SS-Lagerarzt und Stellvertreter des SS-Standortarztes im Konzentrationslager Auschwitz an der Vernichtung von insgesamt mindestens 70 000 Deportierten und KZ-Häftlingen mitgewirkt hat«.[322] Bereits in der Vernehmung zur Sache hatte das Gericht anhand der Angaben von Fischer berechnet, dass er an rund 40 bis 50 Selektionen an der Rampe teilgenommen hatte, bei denen durchschnittlich jeweils 2 000 Deportierte ankamen. Ungefähr drei Viertel der Verschleppten befand der Angeklagte bei seinen Selektionen für arbeitsunfähig und schickte sie direkt in die Gaskammern von Birkenau.[323]

Doch dem Gericht zufolge war er nicht nur für sein eigenes Handeln auf der Rampe und in den Krankenblöcken, sondern auch für die von den »SS-Sanitätsdienstgraden insbesondere in den Außenlagern von Auschwitz III vorgenommenen Selektionen« strafrechtlich verantwortlich, weil diese ausführten, »was er ihnen übertragen und vorpraktiziert hatte und wie es ihrer gemeinsamen Ideologie entsprach: Aussonderung und Vernichtung der nicht mehr Arbeitsfähigen.«[324] Diese Feststellung wurde von den Richtern zwar strafrechtsdogmatisch nicht an die Figur von Täterschaft und Teilnahme geknüpft, der ungeheure Tatbeitrag bleibt aber unbestritten. Hinsichtlich des Vorsatzes führt das Gericht aus, dass er in dem Bestreben gehandelt habe, »dem faschistischen Regime dienstbar zu sein und dessen Ziele durchzusetzen«, was neben seinen eigenen Aussagen durch seinen frühen Beitritt in die SS 1933 und in die NSDAP 1937 untermauert wurde.[325] Der Berufung auf einen Befehlsnotstand stehe bereits entgegen, dass der Angeklagte keinen ernsthaften Versuch unternommen habe, sich der Ausführung der ungeheuren Verbrechen zu entziehen. Insgesamt habe er im Zeitraum von etwa zwei Jahren an fast hundert Tötungsverbrechen täglich mitgewirkt. »Der Tod gehörte zum Alltag seines Lebens.«[326]

Der Vorsitzende Richter Toeplitz beendete seine etwa zweistündige Urteilsbegründung mit klaren Worten: »Er stand seinen Zehntausenden unschuldigen und wehrlosen Opfern vom Kind bis zum Greis Auge in Auge gegenüber, er hat ihre verzweifelten Schreie und ihr letztes Todesröcheln gehört und kannte kein Erbarmen. Ihn kann auch selbst nur die Todesstrafe treffen.«[327] Mit den Argumenten der Verteidigung gegen die Todesstrafe setzte sich das Gericht in seiner Urteilsbegründung nicht auseinander.

Die Strafe wurde am 8. Juli 1966 in der Strafvollzugsanstalt Leipzig mit der in der DDR »Fallschwertmaschine« genannten Guillotine vollstreckt.[328]

4.5. Bewertung

Im Mittelpunkt des Verfahrens stand nicht die individuelle Schuld des Angeklagten. Sowohl der Zeitpunkt als auch der Gegenstand der Anklage unterlagen politischen Motiven. Es sollte offengelegt werden, dass das Kriegsende für westdeutsche Industrieunternehmen, die von den Verbrechen in der NS-Zeit profitiert hatten, keine Zäsur darstellte und die Nachfolgeunternehmen der I.G. Farben in der Bundesrepublik weiter erfolgreich tätig waren. Namentlich BASF, Hoechst und Bayer.[329] Dies wird allein schon dadurch bestätigt, dass der Name des Angeklagten Fischer in dem 14 Seiten langen Urteil erstmalig am Ende der vierten Seite genannt wird, wohingegen die I.G.

Farben auf den Seiten vorher bereits 24-mal Erwähnung fand.[330] Die Richter machten sich auch die Mühe, in dem Urteil ausdrücklich die beteiligten ehemaligen Direktoren, Ingenieure und sonstigen Mitarbeiter der I.G. Farben namentlich zu benennen, die zum Zeitpunkt der Verhandlung wieder in hohen Positionen der westdeutschen Wirtschaft tätig waren.

Die hier explizit in den Mittelpunkt gestellte Verquickung von Industrie und Vernichtung wurde in den westdeutschen Frankfurter Auschwitz-Prozessen nicht zum Verfahrensgegenstand gemacht, jedenfalls nicht explizit. Im ersten Frankfurter Auschwitz-Verfahren konnte ein Zeuge der I.G. Farben die im Konzentrationslager internierten politischen Zwangsarbeiter ohne Konsequenzen als »zumeist asoziale Elemente« bezeichnen.[331] Im Folgeprozess wurde am 18. Januar 1966 mit dem Holocaustüberlebenden Bruno Baum der erste Zeuge aus der DDR vernommen. Er beendete seine Aussage mit Bedauern darüber, dass sich die Nutznießer der Auschwitz-Verbrechen nicht ebenfalls vor Gericht verantworten müssten. Dies wurde vom Gerichtsvorsitzenden Opper als unzulässige Feststellung gerügt.[332]

Vor diesem Hintergrund kam die Enttarnung Fischers für die DDR gerade zum rechten Zeitpunkt. Denn der erste westdeutsche Auschwitz-Prozess war erst vor Kurzem mit relativ milden Urteilen beendet worden. Die DDR wollte nun zeigen, wie man im sozialistischen und antifaschistischen Staat mit NS-Verbrechern umgeht, und zugleich klarstellen, wie das Zusammenwirken von Kapital und Vernichtungsmaschinerie funktionierte. Selbstverständlich unter Hinweis darauf, dass die Akteure des Kapitals weiter unbehelligt in der westdeutschen Wirtschaft agierten.

Das von der SED-Führung verfolgte Ziel, mit dem Verfahren auf die Verbrechen der I.G. Farben aufmerksam zu machen, wurde jedenfalls bei der eigenen Bevölkerung erreicht. Die mediale Aufmerksamkeit war enorm. Nachdem die juristische

Aufarbeitung von NS-Verbrechen in den Jahren davor im Grunde zum Erliegen gekommen war, verfolgten nun achtzig Presse-, Funk- und Fernsehvertreter dieses »bislang spektakulärste mitteldeutsche KZ-Verfahren«.[333] In Teilen wurde die Verhandlung sogar im DDR-Fernsehen übertragen.[334] Die DDR-Medien konzentrierten sich in ihrer Berichterstattung – politisch gelenkt – fast ausschließlich auf die Verwicklung der I.G. Farben.[335] Erwartungsgemäß stellte die westdeutsche Presse dagegen vor allem auf die Verantwortlichkeit des Angeklagten ab. Zudem wurde betont, dass Fischer entgegen dem Mythos, der Faschismus sei in der DDR ausgerottet, über 20 Jahre lang ein offenbar unbeschwertes Leben führen konnte.[336]

Die Justiz der Bundesrepublik bis 1990: Zwischen massenhafter Strafvereitelung im Amt und gelegentlicher Bestrafung

1. Prolog: Strafvereitelung im Amt – Das Agieren der Bundesrepublik Deutschland zum Schutz von NS-Tätern

1.1. Ausgangssituation

In Deutschland stand man auf den Trümmern nicht nur eines Landes, sondern einer Gesellschaft und der eigenen Geschichte. Während die DDR den Blick auf den Aufbau eines neuen sozialistischen Staates richten konnte, empfand man den verlorenen Krieg in Westdeutschland deutlich mehr als Katastrophe. Alles war zerstört und entwertet, viele Menschen standen unter dem anhaltenden Eindruck schrecklicher Erlebnisse. Angesichts der sich aus dem Krieg für alle Deutschen ergebenden Last von Tod und Vertreibung, der insgesamt bestehenden Notlage sowie der Besetzung durch ausländische Truppen sahen Millionen Deutsche nicht nur sich selbst, sondern ihr ganzes Volk als Opfer und nicht als Täter. Die als oktroyiert empfundene Rechtsprechung durch Militärtribunale der Sieger verstärkte dieses Empfinden noch. Man war so mit sich selbst und der Bewältigung der Katastrophe beschäftigt, dass die Verbrechen der NS-Zeit weder ins allgemeine Bewusstsein rückten noch eine wie auch immer geartete Sensibilität für die Verbrechen bestand. Auch herrschte auf vielen Gebieten noch der nationalsozialistische Geist, was sich nicht zuletzt auch in Wahlerfolgen der Sozialistischen Reichspartei (SRP) manifestierte. Diese rechtsextreme Partei, die sich offen auf die NSDAP bezog, erhielt z. B. bei der Landtagswahl in Niedersachsen 1951 immerhin elf Prozent der Stimmen. 1952 wurde die SRP schließlich verboten.

Andere Teile der Bevölkerung wiederum wollten die NS-Zeit schnell hinter sich lassen. Die Politik agierte entsprechend und kümmerte sich vorrangig darum, die täglichen Nöte zu lindern und die »Wunden« des deutschen Volkes als »Opfer« der Siegermächte zu versorgen. Man sah sich nicht als Täter. Vor diesem Hintergrund war es nicht erstaunlich, dass alte Nazis – auch NS-Verbrecher – ungehindert und überall wieder Fuß fassen konnten. Freie Stellen wurden mit ehemaligen Nazis und NS-Verbrechern besetzt, die gut organisiert waren und sich gegenseitig unterstützten. So konnten sie in vielfältigen Funktionen wieder in Amt und Würden eintreten. Adenauer wird dazu immer wieder mit dem Satz zitiert: »Man schüttet kein dreckiges Wasser weg, solange man kein sauberes hat.« Aus dieser Einstellung heraus resultierte die Tatsache, dass alte Nazis ungehindert Schlüsselpositionen übernehmen konnten und überall im westdeutschen Staatswesen zu finden waren. Im Privatsektor sah dies kaum anders aus. Alte Nazis hatten noch dazu weder Strafverfolgung noch andere Nachteile zu befürchten.

Vor diesem Hintergrund setzte sich schnell die politische Forderung durch, einen Schlussstrich unter die Geschehnisse der NS-Zeit zu ziehen und »nach vorne«, in die Zukunft, zu blicken. Die FDP warb bereits zur Bundestagswahl 1949 auf einem Plakat mit den Worten: *Schluss mit Entnazifizierung, Entrechtung, Entmündigung – Schluss mit dem Staatsbürger 2. Klasse.*[337] Dies deckte sich mit den Interessen der ehemaligen Besatzungsmächte und neuen Bündnispartner, für die eine Ankurbelung der Wirtschaft von größerer Bedeutung war als eine juristische Auseinandersetzung mit deutschen Kriegsverbrechen. Damit traf der Zeitgeist des Vergessen-Wollens auf einen fruchtbaren Boden.[338]

Die Bundesrepublik erholte sich wirtschaftlich von der Katastrophe, und das »Wirtschaftswunder« sorgte für neues Selbstbewusstsein. Die Alliierten übergaben nach und nach ihre Machtbefugnisse, sodass man spätestens nach den Pariser Verträgen

1955 wieder selbstständig agieren konnte. Es mag sein, dass das Erreichen eines gewissen Wohlstands und der zeitliche Abstand zu eigenen traumatischen Erlebnissen das Interesse an einer Beschäftigung mit der Vergangenheit wieder steigen ließ. Jedenfalls kann man nach dem Ulmer Einsatzgruppenprozess in Verbindung mit der zunehmenden öffentlichen Berichterstattung über die Gräuel und nach der anschließenden Gründung der Ludwigsburger Zentralstelle zur Aufklärung nationalsozialistischer Verbrechen im November 1958 feststellen, dass es einen deutlichen Anstieg von Verfahren gegen NS-Verbrecher in der Bundesrepublik gab. Allerdings blieb es bei einem Strohfeuer. Denn die Zahl der Verfahren und vor allem die Höhe der verhängten Strafen waren im Hinblick auf die Anzahl und die Schwere der Verbrechen verschwindend gering. Die personelle Kontinuität bei den Strafverfolgungsbehörden und den Gerichten hat dazu sicher einen entscheidenden Beitrag geleistet.

Andererseits hat die Bundesrepublik immer betont, dass das Deutsche Reich nie untergegangen sei, sondern überdauert habe. Das Bundesverfassungsgericht formulierte es in seinem Urteil vom 21. Dezember 1972 so:

> Mit der Errichtung der Bundesrepublik Deutschland wurde nicht ein neuer westdeutscher Staat gegründet, sondern ein Teil Deutschlands neu organisiert ... Die Bundesreplik Deutschland ist also nicht Rechtsnachfolger des Deutschen Reiches, sondern als Staat identisch mit dem Staat Deutsches Reich – in Bezug auf seine räumliche Ausdehnung allerdings teilidentisch.

Das Bundesverfassungsgericht hat diese Rechtsprechung seit der Wiedervereinigung nicht geändert. Daraus ergab sich für das Selbstverständnis der Bundesrepublik bereits seit ihrer Gründung eine finanzielle Verantwortung für materielle und immaterielle

Schäden der Opfer der NS-Zeit, der man zumindest teilweise durch dreistellige Millionenzahlungen in mehreren bilateralen Abkommen gerecht wurde. Man versuchte, sich nach außen von den Verbrechen freizukaufen, während nach innen kaum Konsequenzen gezogen wurden.

Die DDR wiederum sah sich als neuen Staat und wies damit jegliche Verantwortung von sich. Eine Restitution jüdischen Eigentums beispielsweise erfolgte ebenso wenig wie Kompensationszahlungen an Opfer. In der Bundesrepublik war dies anders – auch wenn Opfer sich zum Teil erst nach Überwindung erheblicher Widerstände und juristischen Auseinandersetzungen ihr Recht mühsam erstreiten mussten.

1.2. Gründung der Zentralen Rechtsschutzstelle

Bereits drei Monate nach der konstituierenden Sitzung des ersten Deutschen Bundestages wurde am 1. Dezember 1949 die »Zentrale Rechtsschutzstelle« (ZRS) gegründet. Diese Behörde sollte nach einem Antrag der CDU/CSU den Rechtsschutz derjenigen Deutschen sicherstellen, »die in Auswirkung des Krieges im Ausland zurückgehalten werden«. Mit dieser Formulierung wurde von Beginn an nicht klar unterschieden zwischen Kriegsgefangenen und wegen Kriegsverbrechen Angeklagten oder sogar bereits Verurteilten. In der Bundestagsdebatte zur Gründung der ZRS beteuerte der damalige Bundesjustizminister Thomas Dehler aber noch, dass es nicht darum ginge, »Kriegsverbrechern Schutz zu gewähren, sondern um diesen Menschen die primitivsten Rechtsgarantien wenigstens von unserer Seite aus zuteilwerden zu lassen«.[339] Damit wandte er sich gegen Bedenken der Opposition. Denn die SPD befürchtete, dass sich die ZRS zu einer Organisation entwickeln könnte, die auf einen

Schlussstrich hinarbeitete und eventuell sogar Kriegsverbrecher vor Strafverfahren im Ausland schützen würde. Genau diese Befürchtungen sind dann eingetreten. Die ZRS ist somit ein besonders bedrückendes Beispiel dafür, wie die bundesdeutsche Politik nach Kriegsende Kriegsverbrecher unterstützte und deckte. Tatsächlich bestand die Tätigkeit der ZRS bis zu ihrer Auflösung 1970 hauptsächlich in der Unterstützung deutscher NS-Täter, die von nicht-deutschen Gerichten wegen ihrer Taten angeklagt oder verfolgt wurden.

Die finanzielle Ausstattung der Behörde war großzügig. Der ZRS, ab 1953 dem Auswärtigen Amt angegliedert, wurden im Haushaltsjahr 1958 1,2 Millionen D-Mark für die Unterhaltung von 24 Planstellen bewilligt, um noch 38 im Ausland »Internierte« zu betreuen.[340] 1967 betrug der Jahresetat immerhin noch 440 000 Mark.[341] Die letzten Kriegsgefangenen wurden jedoch bereits 1955 von der Sowjetunion entlassen. Spätestens danach wurde deutlich, worin die ZRS ihre eigentliche Aufgabe sah: Sie stritt für Haftentschädigungen von verurteilten NS-Straftätern, sie warnte ehemalige Führungskräfte der SS und andere Kriegsverbrecher, die auf internationalen Fahndungslisten standen, und sie wirkte auf die Entlassung der noch in Haft sitzenden NS-Verbrecher hin.

Um sie »über Schwierigkeiten zu unterrichten, die ihnen im Ausland drohen können«, ließ die ZRS über den Suchdienst des Deutschen Roten Kreuzes sogar nach 800 Deutschen und Österreichern fahnden, die in ihrer Abwesenheit von ausländischen Gerichten wegen Kriegsverbrechen verurteilt worden waren. Statt also Kriegsverbrecher zu suchen, um ihre Bestrafung im In- oder Ausland zu ermöglichen, arbeitete die ZRS darauf hin, diese Personen vor einer Verfolgung zu bewahren. Damit nahm sie eine Aufgabe wahr, die die Arbeit der Zentralstelle in Ludwigsburg konterkarierte.

Eine weitere Tätigkeit der ZRS bestand darin, im Ausland

wegen Kriegsverbrechen verurteilte und inhaftierte NS-Verbrecher nach der Haftentlassung bei der Geltendmachung von Entschädigungen zu unterstützen. Diese Unterstützung ermöglichte das Kriegsgefangenenentschädigungsgesetz, das 1954 vom Bundestag erlassen worden war und sich an deutsche Kriegsgefangene richtete, die über das Jahr 1946 hinaus »wegen militärischen oder militärähnlichen Dienstes« von einer »ausländischen Macht festgehalten« worden waren. Zahlungen nach diesen Vorschriften waren allerdings an das Vorliegen einer »Unbedenklichkeitsbescheinigung« geknüpft; ausgestellt von der ZRS. Diese Einschränkung führte in der Praxis jedoch nicht dazu, dass etwa Kriegsverbrecher von den Geldleistungen ausgeschlossen waren. Denn die ZRS erteilte auch verurteilten Kriegsverbrechern bedenkenlos derartige Bescheinigungen. So erhielt beispielsweise Karl Wiedemann – von einem britischen Militärtribunal zu 15 Jahren Haft verurteilter Führer der SS-Wachmannschaften des Konzentrationslagers Neuengamme – nach seiner Haftentlassung im August 1954 vom Magistrat der Stadt Bremerhaven eine Entschädigung in Höhe von 4800 D-Mark. Immerhin das 28-Fache des durchschnittlichen Monatsgehalts eines Industriearbeiters. Die »Unbedenklichkeitsbescheinigung« der ZRS lag bereits vor, als er aus der Haft entlassen wurde.[342]

Die Behörde wurde seit ihrer Gründung von dem Juristen Hans Gawlik geleitet. Dieser war bereits 1933 in die NSDAP eingetreten und arbeitete ab 1942 als Staatsanwalt am Sondergericht Breslau, welches u. a. für die Ausschaltung politischer Gegner des Nationalsozialismus zuständig war.[343] Nach dem Ende des Zweiten Weltkrieges machte er als Verteidiger hochrangiger NS-Verbrecher auf sich aufmerksam. Als Leiter der ZRS wurde er 1968 zwangspensioniert. Die Pensionierung erfolgte, weil die bereits oben geschilderte Zusammenarbeit mit dem Suchdienst des Deutschen Roten Kreuzes bekannt geworden war. Die Liste von gesuchten Österreichern, die das DRK dem Wiener Roten Kreuz gegeben hatte, war in einem Mitteilungsblatt der Kameradschaft der Linzer 45. Infanterie-Division erschienen und so zur Kenntnis von Simon Wiesenthal gelangt. Die Liste enthielt unter anderem den Namen des berüchtigten Alois Brunner,[344] der als Leiter von SS-Sonderkommandos massenhaft Deportierungen von Juden durchführen ließ.

Zuvor konnte Hans Gawlik jedoch ungestört mehr als 18 Jahre lang in einer deutschen Behörde mit komfortablen finanziellen Mitteln daran arbeiten, Kriegsverbrecher in jeder erdenklichen Art und Weise zu unterstützen. 1970 wurde die ZRS aufgelöst.

1.3. 1951: Das »Gesetz zur Regelung der Rechtsverhältnisse der unter Artikel 131 des Grundgesetzes fallenden Personen« und die Rückkehr von Nazis in den Beamtenstand

Am 24. Mai 1949 trat das Grundgesetz in Kraft. In Artikel 131 Grundgesetz wurde festgelegt: »Die Rechtsverhältnisse von Personen einschließlich der Flüchtlinge und Vertriebenen, die am 8. Mai 1945 im öffentlichen Dienste standen, aus anderen als beamten- oder tarifrechtlichen Gründen ausgeschieden sind und bisher nicht oder nicht ihrer früheren Stellung entsprechend verwendet werden, sind durch Bundesgesetz zu regeln. Entsprechendes gilt für Personen einschließlich der Flüchtlinge und Vertriebenen, die am 8. Mai 1945 versorgungsberechtigt waren und aus anderen als beamten- oder tarifrechtlichen Gründen keine oder keine entsprechende Versorgung mehr erhalten.«

Es ging also um die zu Recht als heikel angesehene Frage, was mit jenen Beamten geschehen sollte, die bereits zu Zeiten der

Hitler-Herrschaft verbeamtet und nach dem Krieg durch die Alliierten im Rahmen der Entnazifizierung entlassen worden waren. Wie sollte mit ihnen verfahren werden? Und wie sollten die Versorgungsfragen geregelt werden? Hier ging es vor allem um die Pensionen von Beamten, die bereits im Ruhestand waren, und die von deren Hinterbliebenen. Artikel 131 forderte ein Bundesgesetz zur Regelung dieser Fragen. Das »Gesetz zur Regelung der Rechtsverhältnisse der unter Artikel 131 des Grundgesetzes fallenden Personen«, das 1951 in Kraft trat, war dieses Bundesgesetz. Es ermöglichte insgesamt etwa 55000 Personen den Weg zurück in den warmen Schoß des Staatsbeamtentums. Umgangssprachlich wurden diese Personen »131er« genannt. Sicherlich waren zum Zeitpunkt ihrer Wiedereingliederung nicht alle diese Personen noch immer glühende Nationalsozialisten. Aber es kann davon ausgegangen werden, dass nicht wenige ebendies weiterhin waren und nun Dienst taten im demokratischen Nachkriegsdeutschland. 131er fanden sich in allen Bereichen staatlich-hoheitlichen Wirkens: Sie waren Richter und Staatsanwälte, Polizisten und Hochschullehrer und Bahn- wie Postbeamte. Viele kamen aus Ostdeutschland oder den verlorenen Ostgebieten und hatten oft nicht nur ihre Nazi-Vergangenheit im Gepäck, sondern einen besonders strammen Antikommunismus. Sie alle mussten irgendwo untergebracht werden, und so wurden Bund, Länder, Kommunen sowie Post und Bahn verpflichtet, mindestens 20 Prozent ihrer Stellen mit 131ern zu besetzen. Wo auch immer ein Bundesbürger auf ein Amt ging: Er konnte mit hoher Wahrscheinlichkeit davon ausgehen, auf einen Alt-Nazi zu treffen. Zu beachten ist dabei, dass das Berufsbeamtentum spätestens ab 1937 auf nationalsozialistischen Kurs getrimmt war. Die Präambel zum Deutschen Beamtengesetz vom 26. Januar 1937 beschreibt den neuen Typus eines Beamten, der nicht dem Staat (oder gar der Allgemeinheit) verpflichtet ist, sondern dem Nationalsozialismus, verkörpert in der Person Adolf Hitlers. Dort ist die Rede von einem »von nationalsozialistischer Weltanschauung durchdrungene(m) Berufsbeamtentum, das dem Führer des Deutschen Reichs und Volkes, Adolf Hitler, in Treue verbunden ist«.[345] In Paragraf 2 des Gesetzes wird festgelegt, dass der deutsche Beamte »der Vollstrecker des Willens des von der Nationalsozialistischen Deutschen Arbeiterpartei getragenen Staates« ist.

Juden und politisch Andersdenkende, Zeugen Jehovas und andere waren zu diesem Zeitpunkt weitgehend entrechtet und aus dem Dienst entfernt worden. Je höher sich der Beamte – auch hier handelte es sich überwiegend um Männer – in der Hierarchie nach oben gestrampelt hatte, umso sicher konnte davon ausgegangen werden, dass die nationalsozialistische Gesinnung einwandfrei war. Umso wahrscheinlicher war es dann auch, dass sich diese Beamten im Zuge der Entnazifizierung ohne Lohn und Gehalt wiederfanden. 1951 schloss sich dann der Kreis: Gerade aus diesem Kreis rekrutierten sich besonders viele 131er. Zudem handelte es sich oft um relativ junge Männer, die nach 1933 ideologisch besonders flexibel auf die neuen Machtverhältnisse reagiert hatten und dann eine besonders steile Karriere hinlegten. Überhaupt bestand die Führungsriege des NS-Machtapparats aus auffällig vielen jungen Männern: Heinrich Himmler war 1933 erst 33 Jahre alt, Goebbels 36, und der spätere Chef des Reichssicherheitshauptamts und stellvertretender Reichsprotektor in Böhmen und Mähren, Reinhard Heydrich, war 29. Albert Speer, später als Reichsminister für Bewaffnung und Munition verantwortlich für den Tod Zehntausender Zwangsarbeiterinnen und Zwangsarbeiter, war gar erst 28 Jahre alt, als Hitler in die Reichskanzlei einzog. Auch Ernst Kaltenbrunner, bei Kriegsende Chef der Sicherheitspolizei und des Sicherheitsdienstes sowie Chef des Reichssicherheitshauptamtes, war noch keine 40 Jahre alt, als sein Vorgänger Heydrich von einem britischen Kommando unsanft aus dem Leben befördert wurde (was als Vergeltung eine Lawine an Mord und Totschlag unter der tschechischen Bevölkerung auslöste, hier sei das Stichwort Lidice genannt).

Angenommen, ein Albert Speer wäre nach dem Krieg nicht festgenommen und in Nürnberg zu gnädigen 20 Jahren Haft verurteilt worden. Wäre er 1951 zurück in den öffentlichen Dienst gegangen – vielleicht in das Bundesbauministerium –, hätte er sein reguläres Pensionsalter erst 1968 erreicht. Bis dahin hätte er in seinem Wirken seinen nationalsozialistischen Überzeugungen freien Lauf lassen können. Und genau dies haben viele der 131er auch getan, darunter nicht wenige, die bei Kriegsende erst 30 Jahre alt waren und damit bis in die Siebzigerjahre Hoheitsgewalt ausüben konnten. Im Bundesamt für Verfassungsschutz gingen erst Mitte der Siebzigerjahre die letzten Führungsleute in Pension, die ihr Handwerk noch im Reichssicherheitshauptamt, beim Sicherheitsdienst, bei der Gestapo oder bei »Fremde Heere Ost« gelernt hatten.

Zu beachten ist ferner, dass nicht alle Beamten nach einem für sie positiv verlaufenen Entnazifizierungsverfahren fest auf dem Boden der Demokratie standen. Auch hier wurden oft Persilscheine für Personen ausgestellt, die alles andere als eine weiße Weste hatten. Gerade bei Personen, die unübersehbar hier und dort braune Flecken aufwiesen, sah man über diesen Makel hinweg, zumal und sofern sie im Übrigen eine stramm antikommunistische Haltung mitbrachten. Alles in allem hatte man eine Beamtenschaft, die zwar loyal zum Staat stand, deren Verbundenheit mit der Demokratie, mit der Verfassung und mit der Geltung der Menschenrechte in vielerlei Hinsicht durchaus zweifelhaft war. Dies galt insbesondere, aber nicht ausschließlich, für die meisten der Staatsdiener aus der Gruppe der 131er, deren Zahl in die Zehntausende ging. Überdies dürfte es unter den Beamten, die bereits vor dem 30. Januar 1933 verbeamtet worden waren, nicht wenige gegeben haben, die dem NS-Regime bzw. der nationalsozialistischen Ideologie aufgeschlossen gegenüberstanden. Diese wurden nach 1945 nicht automatisch entlassen und kehrten nach einem positiven Entnazifizierungsverfahren schließlich wieder zurück in den Dienst. Für diese Gruppe galten auch nicht die 131er-Regeln. Lediglich in den Fällen, bei denen im Rahmen des *allgemeinen* Entnazifizierungsverfahrens festgestellt werden konnte, dass der Betreffende als Täter einzustufen war, kam es zu einer Entlassung aus dem Staatsdienst. Angesichts der Persilscheine, die oft und schnell verteilt wurden, fanden sich auch auf diesem Wege überzeugte Nazis in den gleichen Amtsstuben wieder, die sie bereits unter Hitler und zuvor in der Weimarer Republik mit Beschlag belegt hatten.

Auch die Pensionsansprüche für die Hinterbliebenen von NS-Beamten und NS-Richtern, die mit dem »Gesetz zur Regelung der Rechtsverhältnisse der unter Artikel 131 des Grundgesetzes fallenden Personen« verfügt wurden, ließen am ehrlichen Bekenntnis der jungen deutschen Demokratie zweifeln. Exemplarisch sei hier der Fall der Witwe Roland Freislers genannt. Ihr Mann nahm an der Wannseekonferenz teil und war somit entscheidend beteiligt an der Organisation und Umsetzung der Shoah. Freisler war ab 1942 Präsident des nationalsozialistischen Volksgerichtshofs. Die von ihm geführten Prozesse waren in aller Regel reine Schauprozesse. 2600 dieser Prozesse endeten mit dem Todesurteil. Unter den Opfern Freislers waren Hans und Sophie Scholl und die Widerstandskämpfer des 20. Juli. Seine Prämisse für die Verhandlungsführung und für die Urteilsbildung beschrieb er mit den Worten, er wolle so urteilen, »wie der Führer selbst den Fall beurteilen würde«. Er war, man kann es nicht anders sagen, ein Mörder in Richterrobe. Am 3. Februar 1945 starb er bei einem Bombenangriff der US-amerikanischen Luftwaffe. Man kann davon ausgehen, dass er nach dem Krieg selbst auf der Anklagebank gesessen hätte. Selbst bei aller Schonung, die seinen Juristenkollegen nach dem Krieg zuteilwurde, ist nur schwer vorstellbar, dass dieser Henker in Richterrobe den alliierten Anklägern entgangen wäre.

Anders sah dies freilich das bayerische Versorgungsamt. In den Achtzigerjahren wurde bekannt, dass die Witwe Freislers nicht nur eine Rente nach dem Bundesversorgungsgesetz bezog, sondern zudem auch noch einen Berufsschadensausgleich bezog. Das Versorgungsamt argumentierte, dass dieser Ausgleich ihr zustehe, denn Roland Freisler sei besonders qualifiziert gewesen. Hätte er den Krieg überlebt, wäre er aufgrund dieser Qualifikation erfolgreicher Rechtsanwalt geworden oder hätte ein hohes Einkommen als Beamter des höheren Dienstes bezogen. Wenn man bedenkt, wie mit den Opfern des Nationalsozialismus umgegangen wurde, wenn man bedenkt, dass Zwangsarbeiterinnen und Zwangsarbeiter erst Anfang der 2000er-Jahre zu einer mageren Entschädigung kamen und dass die meisten Opfer des NS-Regimes vollkommen entschädigungslos blieben, ist man sprachlos, mit welcher Fürsorge Profiteure des NS-Regimes behandelt wurden. Und ja, auch die Witwe Freisler war eine Profiteurin des Regimes. Sie starb erst 1997. Über ein halbes Jahrhundert lebte sie gut versorgt von der Bundesrepublik Deutschland. Auf ihren Wunsch hin bestattete man sie auf dem gleichen Friedhof wie ihren mörderischen Gatten.

Ähnlich ging es den Witwen von SS-Generälen und anderen Mörder-Offizieren. Sie wurden behandelt wie die Witwen regulärer Wehrmachtsoffiziere. Es fand sich immer ein guter Grund, für diese Frauen zu sorgen. Ein einfacher Mörder bekommt lebenslang. Die Witwe eines Massenmörders bekommt lebenslang Rente. Auch das ist ein Teil der bundesdeutschen Realität.

Erst 1997 wurde das Bundesversorgungsgesetz schließlich geändert. Personen, die während der NS-Herrschaft gegen Grundsätze der Menschlichkeit verstoßen hatten, wurden fortan von der Versorgung ausgeschlossen. Gleiches galt für die Hinterbliebenen. Und auch das ist eine typisch bundesdeutsche Taktik: Man betreibt jahrelang moralisches Unrecht. Am Ende wird dann mit großem Trara dieses Unrecht beendet. Dass die Änderung keine praktische Relevanz mehr hatte, wird verschwiegen. Selbst die langlebigsten Nazis in Führungspositionen und Nazi-Witwen waren 1997 bereits verstorben.

1.4. 1952: Vertrag zur Regelung aus Krieg und Besatzung entstandener Fragen

Für die verurteilten Kriegsverbrecher kam es noch besser. Am 26. Mai 1952 unterzeichneten die Westalliierten und die Bundesrepublik Deutschland den »Vertrag zur Regelung aus Krieg und Besatzung entstandener Fragen«, kurz: Überleitungsvertrag. Dieser Vertrag stellte einen wichtigen Schritt für die Bundesrepublik auf dem Weg zur Souveränität dar. Artikel 7 des Vertrages legte fest, dass alle strafrechtlichen Urteile der Westalliierten »in jeder Hinsicht nach deutschem Recht rechtskräftig und rechtswirksam« bleiben sollten. Ein Deutscher, der nach dem Krieg von einem Gericht der Alliierten wegen Raubes verurteilt worden war, sollte nicht nachträglich durch ein bundesdeutsches Gericht freigesprochen werden oder in den Genuss einer deutschen Amnestieregelung kommen können. Eine Ausnahme wurde durch die deutsche Verhandlungsseite ausgerechnet für Kriegsverbrecher durchgesetzt, die in den Nürnberger Prozessen verurteilt worden waren. Die Urteile sollten zwar grundsätzlich Bestand haben, jedoch sollte nach Artikel 6 des Vertrages ein »Gemischter Ausschuss« Empfehlungen zur Strafvollstreckung dieser Kriegsverbrecher machen. Dies gab der Bundesrepublik ein juristisches wie politisches Instrument, um Kriegsverbrecher von der Haft zu verschonen.

Am 5. Mai 1955 traten die ratifizierten Pariser Verträge in Kraft. Das Besatzungsstatut, welches den alliierten Siegermächten die Souveränität über die Bundesrepublik gegeben hatte, erlosch. Die Souveränität über die Bundesrepublik Deutschland wurde fortan weitgehend von der Bundesregierung und den Bundesländern ausgeübt.

Im Überleitungsvertrag waren Fragen wie die der Wiedergutmachung geregelt. Darüber hinaus regelte er die Geltung von Rechtsvorschriften, Verwaltungsakten und Urteilen, die von den Alliierten während der Besetzung Deutschlands erlassen worden waren. Der Bundesrepublik wurde gestattet, diese unter bestimmten Voraussetzungen aufzuheben. In Artikel 3 des Vertrages wurde festgelegt, dass NS-Täter, deren Taten bereits durch Gerichte der Alliierten angeklagt waren, in Deutschland nicht erneut angeklagt werden durften. Dies galt unabhängig davon, ob sie verurteilt oder freigesprochen worden waren. Diese *Strafklageverbrauch* genannte Regelung hatte in der Praxis erhebliche Bedeutung und bot Tätern weitreichenden Schutz. War beispielsweise ein Angeklagter vor einem US-amerikanischen Gericht 1947 freigesprochen worden, weil die Beweislage zu dünn war, konnte dieser nicht erneut angeklagt werden, selbst wenn in der Folgezeit Zeugen oder Urkunden aufgetaucht waren, die die vorgeworfene Tat klar bewiesen. 1949 war zudem das Grundgesetz in Kraft getreten. Artikel 16 Absatz 2 untersagte die Auslieferung eines Deutschen in das Ausland, sodass ein Tatverdächtiger nur dann erneut angeklagt werden konnte, wenn dieser im Ausland festgenommen und vor Gericht gestellt wurde. In letzter Konsequenz konnte es passieren, dass ein SS-General, der von den Alliierten zuvor angeklagt und mangels Beweisen freigesprochen worden war, vor bundesdeutschen Gerichten als Zeuge auftrat, bei denen einfache SS-Männer für Handlungen angeklagt waren, die sie auf Befehl ebendieses Generals ausgeführt hatten.

Auch durfte die Bundesrepublik auf Grundlage des Überleitungsvertrages fortan weitgehend in Eigenregie entscheiden, wie sie mit der strafrechtlichen Verfolgung von NS-Tätern umging. Teil dessen war, dass die Bundesrepublik die weitgehenden Amnestieregelungen der vergangenen Jahre nun auch mit internationalem Segen für wirksam erklären durfte. Auch sonst scheuten Bund und Länder keine Mühen, verurteilten NS-Verbrechern die Resozialisierung so einfach wie möglich zu machen. Man einigte sich darauf, von den Alliierten verhängte Strafen nicht in polizeiliche Führungszeugnisse und sonstige Register einzutragen bzw. Eintragungen zu löschen.[346]

Deutsche Gerichte waren bereits zuvor nicht untätig geblieben. So wurde das Todesurteil gegen General Alfred Jodl bereits 1953 von einer deutschen Spruchkammer aufgehoben, mit der Begründung, das Urteil der Nürnberger Richter habe gegen das Rückwirkungsverbot verstoßen. Auf amerikanischen Druck hin musste diese Exkulpation allerdings wieder rückgängig gemacht werden.

1.5. 1961: Änderung § 116 Richtergesetz – de facto Amnestie für die Blut-Justiz

Von November 1959 bis Februar 1962 löste die Wanderausstellung »Ungesühnte Nazijustiz – Dokumente zur NS-Justiz« heftige Debatten in der Bundesrepublik aus. Gegenstand der Ausstellung waren Justizverbrechen im Dritten Reich. Ausgestellt waren Dokumente zu Strafverfahren, von denen viele mit der Todesstrafe für die Angeklagten geendet hatten. Häufig ging es um Bagatelldelikte, für die lange Zuchthaus- und Todesstrafen verhängt wurden. Viele dieser Prozesse hatten in den im Krieg eroberten und besetzten Gebieten stattgefunden. In der

Ausstellung wurden Ross und Reiter und ihre braune Vergangenheit namentlich genannt. Nicht nur das: Es wurde auch dokumentiert, was aus den beteiligten Richtern und Staatsanwälten nach dem Krieg geworden war. Viele hatten Karriere gemacht in der bundesdeutschen Justiz und Justizverwaltung, etwa in den Justizministerien von Bund und Ländern. Kuratoren und Veranstalter der Wanderausstellung waren zumeist Studierende, viele von ihnen aktiv im Sozialistischen Deutschen Studentenbund. Inhaltlich verantwortlich war der Westberliner Student Reinhard Strecker.

Die Ausstellung stieß auf eine breite Front der Ablehnung in Politik, Medien und Gesellschaft. Unter anderem wurde kolportiert, dass Ausstellungsdokumente falsch bzw. gefälscht seien, dass die »sowjetisch besetzte Zone« hinter der Ausstellung stecke und dass überhaupt die ganze Ausstellung Propaganda des »Pankow-Regimes« sei. Dass der ostdeutschen Führung die Ausstellung gelegen kam, lag auf der Hand, konnte doch einmal mehr die »Kontinuität« zwischen Nazi-Regime und bundesdeutscher Führung belegt werden (aus naheliegenden Gründen sah die DDR-Führung über die eigenen Kontinuitäten hinweg – schließlich war der Arbeiter- und Bauernstaat seiner Selbstwahrnehmung zufolge *das* »antifaschistische Bollwerk« schlechthin). Zutreffend war auch, dass viele der Dokumente aus Ostberlin stammten. Allerdings änderte das nichts an der Tatsache, dass die gezeigten Exponate echt und die vermittelten Informationen zutreffend waren. Der Umstand, dass Blutrichter des NS-Regimes noch immer in Amt und Würden waren, löste besorgte Nachfragen aus dem Ausland aus. Was der Osten Europas dachte, war der Bundesregierung weitgehend gleichgültig. Die Kritik westlicher Nachbarn und Verbündeter konnte jedoch nicht einfach ignoriert werden. Das Ansehen der Bundesrepublik Deutschland in der Welt stand auf dem Spiel. Dennoch fand sich keine verfassungsändernde Zweidrittelmehrheit in Bundestag und Bundesrat, um belastete Richter zu entlassen. Man entschied sich für den eleganten Weg über das Geld. Paragraf 116 des Richtergesetzes wurde ins Leben gerufen. Jetzt konnten belastete Richter und Staatsanwälte einen Antrag auf vorzeitigen Ruhestand stellen, bei vollen Bezügen, versteht sich. Davon machten bis zum 30. Juni 1962 knapp 150 Personen Gebrauch. Das waren bei Weitem nicht alle, die man eigentlich hätte loswerden müssen. Und auch das muss man sich einmal vorstellen: Männer, die unter Hitler hungernde Menschen wegen des Diebstahls von einem Laib Brot auf das Schafott geschickt hatten, durften noch volle 13 Jahre in der jungen Bundesrepublik Recht sprechen, als Berater Recht schreiben und an der Ausbildung neuer Juristengenerationen mitwirken. Viele ihrer Kollegen, die im Dienst geblieben waren, wurden erst in den Siebziger- und zuweilen in den Achtzigerjahren in den unverdienten Ruhestand verabschiedet.

1.6. Die Straffreiheitsgesetze und andere legislative Amnestieschritte

In den ersten Jahren nach dem Krieg übten die Alliierten uneingeschränkt die Souveränität über das besetzte Deutschland aus. In dieser Lage beschränkten sich die deutschen Bemühungen zugunsten von NS-Straftätern auf Appelle und Gnadengesuche. Dies änderte sich mit der Erlangung der (Teil-)Souveränität der Bundesrepublik Deutschland und der zunehmend wichtiger werdenden internationalen Rolle der Bundesrepublik Deutschland.

1.6.1. Das Straffreiheitsgesetz von 1949

Das Straffreiheitsgesetz von 1949 war eines der ersten Gesetze der neuen Bundesrepublik überhaupt. Es legte fest, dass vor dem 15. September 1949 begangene Straftaten unter bestimmten Voraussetzungen straffrei blieben. Darunter sollten vor allem Straftaten wie Urkundenfälschung fallen. Gedacht wurde an Personen, die *nach* Kriegsende unter falschem Namen aufgetreten waren. Es waren nicht wenige, die die »Stunde null« dazu genutzt hatten, neu anzufangen. Im Zuge des Luftkrieges waren viele Unterlagen der Meldeämter vernichtet worden oder den (west-)deutschen Behörden nicht mehr zugänglich, weil die Meldeämter sich in den verlorenen Ostgebieten bzw. in den verlorenen Gebieten jenseits von Oder und Neiße befanden. Sich unter diesen Umständen eine neue Identität zu geben war daher verhältnismäßig einfach. Es liegt auf der Hand – und das war bereits zum Zeitpunkt des Erlasses des Straffreiheitsgesetzes der Fall –, dass auch viele NS-Verbrecher die Gunst der Stunde nutzten, um sich eine neue Identität zuzulegen. In § 9 Absatz 1 des Gesetzes wurde explizit festgestellt: »Ohne Rücksicht auf die Art und Höhe der Strafe werden … erlassen, Strafen für Handlungen auf politischer Grundlage, die nach dem 08. Mai 1945 begangen und auf die besonderen politischen Verhältnisse der letzten Jahre zurückzuführen sind.« Diese Formulierung war geradezu prädestiniert für ehemalige NS-Funktionäre, die sich nach dem Untergang des Dritten Reiches eine neue Identität gegeben hatten, um sich der Strafverfolgung durch die alliierte Gerichtsbarkeit zu entziehen.

1.6.2. Die verweigerte Ratifizierung von Artikel 7 Absatz 2 der Europäischen Menschenrechtskonvention

Im Jahr 1952 beschloss die Regierung Adenauer, Artikel 7 Absatz 2 der Europäischen Menschenrechtskonvention nicht zu ratifizieren. Dort heißt es: »Durch diesen Artikel darf die Verurteilung oder Bestrafung einer Person nicht ausgeschlossen werden, die sich einer Handlung oder Unterlassung schuldig gemacht hat, welche im Zeitpunkt ihrer Begehung nach den allgemeinen, von der zivilisierten Völkern anerkannten Rechtssätzen strafbar war«. Mit der Ratifizierung hätte die Bundesrepublik Deutschland das Amnestiegesetz von 1954 in seiner Form nicht verabschieden können bzw. wäre außenpolitisch unter Erklärungs- und Rechtfertigungsdruck geraten.

1.6.3. Das Straffreiheitsgesetz von 1954

Im Jahr 1954 trat das Straffreiheitsgesetz, offiziell *Gesetz über den Erlaß von Strafen und Geldbußen und die Niederschlagung von Strafverfahren und Bußgeldverfahren,* in Kraft. Materiell war sein Anwendungsbereich erheblich weiter als das des Straffreiheitsgesetzes von 1949. Man kann den Eindruck gewinnen, dass umso forscher amnestiert wurde, je unabhängiger die Bundesrepublik von alliierter Kontrolle und Aufsicht wurde. Auch bei dieser Vorschrift handelt es sich um ein klassisches Amnestiegesetz. Dieses Gesetz sah vor, dass *bestimmte,* vor dem 1. Januar 1953 begangene Straftaten und Ordnungswidrigkeiten straffrei blieben. Verhängte Strafen und Geldbußen wurden erlassen. Strafverfahren, die bereits eingeleitet waren, wurden eingestellt. Von Bedeutung war dieses Gesetz auch für Straftäter, die in der Endphase der Nazi-Herrschaft Verbrechen begangen hatten. Als *Endphaseverbrechen* werden Straftaten bezeichnet, die zwischen Oktober 1944 und Juli 1945 begangen wurden und bei denen der

Täter glaubte, im Rahmen einer Amtspflicht zu handeln. In den Paragrafen 6 und 9 des Gesetzes wurde unter bestimmten Umständen selbst die Tötung von Menschen straffrei gestellt. Während das Amnestiegesetz von 1949 vor allem bei kleinen und mittleren Straftaten wie Eigentumsdelikten oder Urkundenfälschung zur Anwendung kam, profitierten von dem Gesetz von 1954 auch NS-Mörder von der Amnestie. So beschloss etwa das Oberlandesgericht Hamm im Jahr 1955 unter Verweis auf das Gesetz von 1954, dass Gestapo-Männer, die Kriegsgefangene erschossen hatten, frei von Strafe zu bleiben hätten. Sie hätten, so die Richter am Oberlandesgericht, nicht die Einsichtsfähigkeit gehabt, dass ihr Handeln rechtswidrig gewesen sein könnte.[347] In der Rechtspraxis der Bundesrepublik Deutschland wurden Personen auch für schwerste Straftaten nicht bestraft, sofern sie sich an geltendes NS-Recht hielten, auch wenn dieses »Recht« ganz offensichtliches Unrecht war. Nachträglich wurden auf diesem Wege die NS-Justiz und das NS-Rechtssystem legitimiert. So hieß es denn auch in zahlreichen freisprechenden Urteilen floskelhaft, der Angeklagte habe auf Grundlage geltenden Rechts gehandelt und könne daher gar nicht rechtswidrig gehandelt haben.[348]

»Was damals rechtens war, kann heute nicht Unrecht sein!«, mit diesen Worten rechtfertigte sich noch 1978 Hans Filbinger, damaliger CDU-Ministerpräsident Baden-Württembergs, der als Marinerichter noch in der Endphase des Nazi-Regimes Todesurteile gefällt bzw. beantragt hatte und der gerichtlich – und erfolglos – gegen den Dramatiker Rolf Hochhuth vorgegangen war, der ihn einen »furchtbaren Juristen« zu nennen gewagt hatte. Am Ende musste er zurücktreten. Er verschwand jedoch nicht geächtet von der Bildfläche, sondern wurde zu einer Art *Elder Statesman* der CDU in Baden-Württemberg. Bei den Wahlen zum Bundespräsidenten nominierte ihn die Landes-CDU bis zu seinem Tod 2007 als Wahlmann für die Bundesversammlung. Interessant war auch die Reaktion von Franz Josef Strauß, damals CSU-Vorsitzender und Ministerpräsident in Bayern, später gar Kanzlerkandidat von CDU und CSU, auf die Debatte um Filbinger: Er forderte eine Generalamnestie für NS-Täter.

Die gesetzgeberischen Aktivitäten in der jungen Bundesrepublik waren Teil einer Vergangenheitspolitik, die einen bewussten Bruch mit den Entnazifizierungsbemühungen der alliierten Siegermächte vollziehen wollte. Etwa 800 000 Personen kamen in der Zeit bis 1951 in den Genuss einer Begnadigung. In dieser Zahl enthalten sind jedoch nicht nur Nazi-Verbrecher, sondern auch Täter aus dem Bereich der Alltagskriminalität. Die Zahl der begnadigten NS-Straftäter wurde nicht gesondert erfasst und lässt sich retrospektiv nicht mehr ermitteln.

Bereits die Diskussion um Amnestien führte zu Beginn der 1950er-Jahre zu einem Erlahmen des Strafverfolgungseifers von Staatsanwaltschaften und Gerichten, deren Bemühungen bei der Verfolgung von NS-Straftätern ohnehin schon nicht besonders ausgeprägt waren. Der SPD-Abgeordnete Walter Menzel sagte 1960 im Bundestag: »Nur mit Schrecken ... haben wir von dem Vertreter des Bundesjustizministeriums ... auf die Frage nach dem Stand der Strafverfolgung (von NS-Verbrechern, Anmerkung der Autoren) zur Kenntnis nehmen müssen, dass sich nach seiner Auffassung die Länder, beginnend mit dem Jahr 1950 und zunehmend ab 1952 in der Nachforschung nach den in jener Vergangenheit begangenen Untaten zögerlich verhalten hätten ... Aufgrund der damaligen Erörterung über eine Generalamnestie für alle in der Hitlerzeit begangenen Verbrechen hätten die Länder ... an einen Trend in der Öffentlichkeit geglaubt, auf die Verfolgung jener Delikte nicht mehr so Wert legen zu müssen«.[349]

In den Genuss einer Amnestie kamen selbst die Mörder des Aachener Oberbürgermeisters Franz Oppenhoff. Dieser hatte sich nach 1933 geweigert, in die NSDAP einzutreten und wurde deswegen als »politisch nicht zuverlässig« eingestuft. Als Rechtsanwalt tätig, setzte er sich für Menschen ein, die als Priester oder

Ordensangehörige nationalsozialistischen Repressionen ausgesetzt waren. Infolgedessen wurde seine Kanzlei von den Nazis geschlossen. Im Oktober 1944 wurde Aachen als erste deutsche Großstadt von amerikanischen Streitkräften erobert und besetzt. Am 31. Oktober 1944 setzten die Amerikaner Oppenhoff als Oberbürgermeister ein. Am 25. März 1945 ermordeten Angehörige der NS-Terrororganisation »Werwolf« im Auftrag Heinrich Himmlers Oppenhoff vor seinem Haus. Einer der Mörder starb auf der Flucht durch eine Mine. Der britische Geheimdienst spürte die restlichen Täter auf. Sie wurden 1949 wegen Mordes am Landgericht Aachen angeklagt und zu äußerst milden Haftstrafen zwischen einem Jahr und vier Jahren verurteilt. Ilse Hirsch, die einzige Frau in der Todesschwadron, wurde freigesprochen, ein zur Tatzeit 16-jähriger Angehöriger der Hitlerjugend wurde erst gar nicht angeklagt. Später milderte das gleiche Gericht die Strafen weiter ab. Schließlich wurden den Verurteilten die Strafen 1954 auf Grundlage des Straffreiheitsgesetzes ganz erlassen. Der Vorsitzende Richter im Strafverfahren war vor 1945 von den Nationalsozialisten in ein Sondergericht berufen worden, und ein weiter Angehöriger der Kammer war ehemaliges NSDAP-Mitglied.

Welches Signal sendet der Gesetzgeber, wenn er die rechtlichen Voraussetzungen dafür schafft, dass Nazi-Mörder ungeschoren davonkommen? Welches Signal ein Oberlandesgericht, wenn es feststellt, dass die Massenermordung von Kriegsgefangenen durch Gestapo-Männer von diesen nicht ohne Weiteres als Unrecht zu erkennen gewesen wäre? Welche »Lehren« zieht die Gesellschaft, wenn sie weiß, dass ein »einfacher« Mörder lebenslang ins Gefängnis zu gehen hat, der Massenmord durch Nazis aber ungesühnt bleibt? Welche Langzeitfolgen haben solche Vorgänge für die DNA eines Landes? Was sagen solche Entscheidungen darüber aus, wie viel »Wert« man dem Leben und der Gesundheit von Opfern dieser Straftaten beimisst?

Anlässlich des 60. Jahrestages der Urteile gegen die Hauptkriegsverbrecher in Nürnberg wurde die Bundesregierung in einer Kleinen Parlamentarischen Anfrage[350] gefragt, wie sie das Agieren früherer Bundesregierungen bezüglich der Strafverfolgung von NS-Tätern bewerte. Die lapidare Antwort der Bundesregierung: »Für die Verfolgung von NS-Unrecht gilt wie allgemein für die Verfolgung von Straftaten das Legalitätsprinzip (§ 152 der Strafprozessordnung) … Die Bundesregierung sieht sich ebenfalls nicht dazu berufen, Jahrzehnte zurückliegende Handlungen früherer Bundesregierungen zu bewerten.« Warum eigentlich nicht, möchte man da fragen. Denn das damalige Verhalten von Politik und Gesellschaft hat Folgen bis in unsere Gegenwart. So ist die – bereits in Nürnberg widerlegte – Lüge von der »sauberen Wehrmacht« bis heute ein fester Bestandteil rechtsradikaler Rhetorik, die Anklang in weiten Teilen der Gesellschaft findet. Die politische Lobby-Arbeit zugunsten von Kriegsverbrechern nach dem Krieg bildet einen Soundtrack, der noch heute zu hören ist. Verbrechen nach 1933 werden, wenn überhaupt zugegeben, einem kleinen Teil der NS-Führung zugerechnet, was zugleich weite Teile der Gesellschaft entschuldigt. Eine »Vergangenheitsbewältigung«, in der Schuld nicht eingeräumt und Verantwortung delegiert wird, bleibt reines Gerede. Zu einem ehrlichen Umgang mit der NS-Vergangenheit gehört auch ein schonungsloser Blick auf die bundesdeutschen Zustände nach dem Krieg, die oftmals geprägt waren von Selbstmitleid, Verdrängung und Schuldzuweisung.

1.6.4. 1968: Änderung von Paragraf 50 Absatz 2 Strafgesetzbuch – *kalte Verjährung*: Eine Amnestie durch die Hintertür

Seit Ende des Zweiten Weltkriegs wurde die Frage, wann die im Dritten Reich begangenen Verbrechen verjähren sollten, kontrovers diskutiert. Das unmittelbar nach dem Krieg geltende

Strafrecht sah zunächst vor, dass Straftaten, die mit *lebenslänglichem Zuchthaus* bestraft werden, wie es bei Mord der Fall war, nach zwei Jahrzehnten verjähren. Die Frist wurde ab dem Tatzeitpunkt berechnet. Erfolgte in den auf die Tat folgenden 20 Jahren keine Anklage, trat ein absolutes Verfahrenshindernis ein, d. h. der Tatverdächtige konnte selbst bei Vorliegen eindeutiger Beweise oder einem Geständnis nicht mehr angeklagt werden. Bei Taten, für die das Gesetz eine Haftstrafe von zehn Jahren und mehr vorsah, trat die Verjährung nach 15 Jahren ein. Das betraf beispielsweise Fälle des Totschlags.

Nach dem Ende der Nazi-Herrschaft verfügten die Alliierten, dass die genannten Verjährungsfristen bei ungesühnten NS-Verbrechen, die zwischen dem 30. Januar 1933 und Kriegsende begangen wurden, ruhen sollten. Die Uhr wurde mittels dieser *Verjährungshemmung* angehalten. Die Fristen für Taten vor dem Krieg begann nach der Kapitulation Deutschlands. In der amerikanischen Besatzungszone beispielsweise lief die Uhr ab dem 1. Juli 1945. Mord wäre demnach nur noch bis zum 30. Juni 1965 anklagbar gewesen und ein Totschlag bereits im Sommer 1960 verjährt. Mit ablaufender Zeit entbrannte daher eine heftige Verjährungsdebatte.

Die SPD schlug bereits im Jahr 1960 vor, den Beginn der Verjährungsfrist auf den 16. September 1949 zu verlegen, den Tag, an dem Konrad Adenauer zum ersten Bundeskanzler der Bundesrepublik Deutschland gewählt worden war. Das naheliegende Argument lautete, dass nach dem Krieg und bis zum September 1949 eine effektive Strafverfolgung nicht möglich gewesen sei, weil ein funktionierender Strafverfolgungsapparat nicht existiert habe. Alles lag in Trümmern, auch die Justiz. Und sie lag in Trümmern, weil NS-Verbrecher einen Weltkrieg entfesselt hatten, der Europa verwüstete. Sollten nun ausgerechnet diese NS-Verbrecher von den Umständen profitieren, die sie selbst zu verantworten hatten? Die Debatten waren heftig. Zusätzlich unter Druck sah sich die Bundesregierung, weil die DDR-Führung bereits 1964 die Verjährung von NS-Verbrechen aufhob. Auch auf internationaler Ebene gab es ähnliche Diskussionen. Am 26. November 1968 verabschiedete die UN-Vollversammlung eine Resolution, wonach Kriegsverbrechen und Verbrechen gegen die Menschlichkeit nicht verjähren dürften.

Im Jahr 1965 konnte sich der Bundestag vor diesem Hintergrund zu einem vorläufigen Kompromiss durchringen. Die Verjährungsfristen wurden nicht angetastet, dafür legte man jedoch fest, dass der Beginn der Verjährungsfrist für Taten, auf die eine lebenslange Haftstrafe stand (also insbesondere Mord), von 1945 auf den 1. Januar 1950 verschoben wurde. Damit hatte man das Problem allerdings lediglich in die nähere Zukunft verlagert, denn nun drohten NS-Morde mit Ablauf des 31. Dezember 1969 zu verjähren. Die grundsätzliche Frage, wie mit NS-Verbrechen umgegangen werden sollte, blieb unbeantwortet. Die Diskussionen über die Verjährungshemmung für Morddelikte gingen weiter, insbesondere mit Blick auf noch ungesühnte NS-Verbrechen. Indirekt ging es dabei immer auch um die Frage, ob es nicht Zeit für einen Schlussstrich sei.

Die Schlussstrichdebatte war dabei keine, die erst in den 1960er-Jahren eingesetzt hätte. Vielmehr war diese bereits unmittelbar nach dem Krieg entbrannt, und es gab nicht wenige, die am liebsten bereits *vor* Gründung der Bundesrepublik Deutschland 1949 ebendiesen Schlussstrich gezogen hätten. Die Entnazifizierung wurde als Siegerjustiz diffamiert und von vielen als ungerecht gesehen.

Hatten nicht auch die Alliierten Kriegsverbrechen begangen? Gehörten nicht Leute wie Arthur Harris vor Gericht gestellt? Luftmarschall Arthur Harris war während des Zweiten Weltkriegs Oberbefehlshaber des Royal Air Force Bomber Command und habe sich, wie manche Deutsche noch heute argumentieren, des »Bomben-Holocaust« schuldig gemacht (wobei freilich gerne übersehen wird, dass die ersten Opfer des Luftkriegs gegen die Zivilbevölkerung durch deutsche Bomben in Warschau, Rotterdam und Coventry zu beklagen waren). Und was war mit Katyn? Mit Hiroshima und Nagasaki? Solche Reflexe kamen automatisch – heute würde man von »Whataboutism« sprechen –, und viele Deutsche sahen sich als eigentliche Opfer des Zweiten Weltkriegs und des »schreienden Unrechts« nach dem Krieg.

Die Schlussstrichdebatte begann unmittelbar nach dem Krieg und begleitet die Geschichte der Bundesrepublik bis zum heutigen Tage. Franz Josef Strauß, wortgewaltig und geschichtsblind, wie er war, erklärte 1969 ganz freimütig, dass er von »Auschwitz nicht mehr hören wolle«. 17 Jahre später beklagte er sich über »die ewige Vergangenheitsbewältigung als gesellschaftspolitische Dauerbüßeraufgabe«. Martin Walser jammerte 1998 in seiner Rede anlässlich der Verleihung des Friedenspreises des Deutschen Buchhandels von der »Routine der Beschuldigung«, »Instrumentalisierung unserer Schande zu gegenwärtigen Zwecken« und formulierte: »Auschwitz eignet sich nicht dafür, Drohroutine zu werden, jederzeit einsetzbares Einschüchterungsmittel oder Moralkeule oder auch nur Pflichtübung«. In die gleiche Richtung ging es beim damaligen Vorsitzenden der (proto-)faschistischen Partei AfD: Die Zeit des Nationalsozialismus sei ein »Vogelschiss« in der deutschen Geschichte, in der im Übrigen »erfolgreichen« deutschen Geschichte. Warum sollte der Vorsitzende einer rechtsradikalen Partei auch nicht so daherreden, wenn es führenden Vertretern aus der »demokratischen Mitte« der Gesellschaft so leichtfällt, jede Verantwortung von sich zu weisen und sich als eigentliche Opfer der Geschichte zu gerieren?

Ja, wir armen Deutschen haben es nicht leicht. Die Publizistin Hilde Walter formulierte es scharfsinnig: »Es scheint, dass die

Deutschen uns Auschwitz nie verzeihen werden. Das ist ihre Krankheit, und sie verlangen verzweifelt nach Heilung. Aber sie wollen sie leicht und schmerzlos. Sie lehnen es ab, sich unters Messer zu legen, das heißt: sich der Vergangenheit und ihrem Anteil daran zu stellen.«[351]

Marga Griesbach, Überlebende des KZ Stutthof und eines Todesmarsches, die während der Shoah Vater und Bruder und zahlreiche andere Verwandte verloren hatte, berichtete beim Verfahren gegen den ehemaligen SS-Wachmann Bruno D. im Jahre 2020 vor dem Landgericht Hamburg,[352] dass bereits Anfang 1946(!) das Gründungsmitglied einer der neuen Parteien in einem Radiointerview gesagt habe, dass »nun genug von Auschwitz und Treblinka die Rede gewesen sei und man wieder mehr über Brahms und Beethoven sprechen solle«. Dieses Interview habe, so Marga Griesbach, maßgeblich zu ihrer Entscheidung beigetragen, in die USA zu emigrieren. Während für die Mehrheit im Lande der Schlussstrich gar nicht schnell genug gezogen werden konnte, graute es den Überlebenden vor einem Land, das ihnen einst Heimat war, und vor Landsleuten, die mehr Mitgefühl mit den Tätern als mit den Opfern hatten.

Zurück zur Verjährungsfrage, die in der zweiten Hälfte der Sechzigerjahre eine skandalöse Wendung nahm. Im Jahr 1968 verabschiedete der Bundestag das *Einführungsgesetz zum Gesetz über Ordnungswidrigkeiten* (EGOWiG). Das Gesetz war Teil der Großen Strafrechtsreform, die Strafvorschriften reformierte oder abschaffte, die noch aus Kaisers Zeiten oder gar aus der Nazi-Zeit stammten. An sich ein sinnvolles Vorhaben. Viele Strafgesetzbuchtatbestände, vor allem im Bereich der Bagatellkriminalität, wurden in das neu geschaffene *Ordnungswidrigkeitengesetz* überführt. Das Bundesjustizministerium erarbeitete den Referentenentwurf, der schließlich vom Bundeskabinett gebilligt, von Bundestag und Bundesrat verabschiedet wurde. Was die Parlamentarier und auch die Öffentlichkeit damals übersahen, war eine unscheinbare Formulierung, die in § 50 Abs. 2 des damaligen Strafgesetzbuches eingeführt wurde und heute in § 28 Abs. 1 StGB zu finden ist: »Fehlen besondere persönliche Eigenschaften, Verhältnisse oder Umstände (besondere persönliche Merkmale), welche die Strafbarkeit des Täters begründen, beim Teilnehmer, so ist dessen Strafe nach den Vorschriften über die Bestrafung des Versuchs zu mildern.« Was harmlos klingt, sollte weitreichende Konsequenzen für die Verfolgung von Nazi-Verbrechen haben. Um dies zu verstehen, muss man zunächst einen Blick auf den Begriff des »Teilnehmers« und des »besonderen persönlichen Merkmals« werfen.

Zuerst zum Teilnehmer: Die meisten NS-Verbrecher wurden in der Nachkriegszeit – wenn überhaupt – nicht als Täter eines Mordes oder eines Totschlags verfolgt, sondern lediglich als Gehilfen. Gehilfe ist, wer die Tat eines anderen vorsätzlich unterstützt. Nach damaligem Recht wurde der Gehilfe im Regelfall genauso bestraft wie der Haupttäter (das Gericht konnte allerdings einen Strafrabatt gewähren) und unterlag auch derselben Verjährungsfrist wie der Haupttäter. Eine Beihilfe zum Totschlag wäre also nach den schon skizzierten Verjährungsregeln des Jahres 1945 im Jahr 1960 verjährt, eine Beihilfe zum Mord erst 1969. Was war nun der Unterschied zwischen Mord und Totschlag?

Die Antwort darauf gibt bis heute weitgehend unverändert § 211 StGB, der lautet:

Absatz 1: Der Mörder wird mit lebenslanger Freiheitsstrafe bestraft.
   Absatz 2: Mörder ist, wer
- aus Mordlust, zur Befriedigung des Geschlechtstriebs, aus Habgier oder sonst aus niedrigen Beweggründen,
- heimtückisch oder grausam oder mit gemeingefährlichen Mitteln oder

- um eine andere Straftat zu ermöglichen oder zu verdecken, einen Menschen tötet.

Knapp zusammengefasst, ist ein Mord also ein Totschlag, der zusätzlich eines der in § 211 StGB genannten Mordmerkmale aufweist. Bei NS-Morden wurde dabei häufig das Merkmal der »niedrigen Beweggründe« herangezogen. Dieses Merkmal – so meinte man damals in der Justiz – sei jedoch nur bei einigen Tätern vorhanden, die vor Ort, etwa in einem Vernichtungslager, eigenhändig aus Hass auf Juden und andere »Untermenschen« mordeten. Viele Männer dagegen, insbesondere »Schreibtischtäter« (zum Beispiel im Reichssicherheitshauptamt in Berlin), die das Morden organisierten, hätten hingegen – so die damalige perfide Logik – nur ihre Dienstpflicht erfüllt und selbst nicht aus niedrigen Beweggründen gehandelt. Bis zur Einführung von § 50 Abs. 2 StGB a. F. war diese Diskrepanz (Haupttäter weist das Mordmerkmal der niedrigen Beweggründe auf, Gehilfe im Verwaltungsapparat dagegen nicht) irrelevant: Solange der Gehilfe um die Motivation des Haupttäters wusste, wurde er wegen Beihilfe zum Mord bestraft. Selbst aufweisen musste er dieses Mordmerkmal nicht.

Diese Rechtslage änderte sich durch die versteckte Einführung des § 50 Abs. 2 StGB a. F. nicht grundsätzlich, wurde aber in einem entscheidenden Detail geändert: Wenn der Mordgehilfe ein persönliches Mordmerkmal wie die »niedrigen Beweggründe«, aus denen heraus der Haupttäter handelte, nicht aufwies, wurde ihm nun zwingend ein Strafrabatt gewährt. Dieser Strafrabatt führte gleichzeitig dazu, dass sich die Verjährungsfrist für den Gehilfen von 20 Jahren auf 15 Jahre verkürzte und die Beihilfe zum Mord damit rückwirkend bereits im Jahr 1965 verjährte. Viele Staatsanwälte nahmen diese »Panne« des Gesetzgebers dankbar auf und stellten ab 1968 Tausende Strafverfahren wegen Verjährung ein. Der 5. Strafsenat des BGH bestätigte dieses Vorgehen im darauffolgenden Jahr. Die öffentliche Empörung war groß und ließ das Geschehen als Verjährungsskandal von 1968 in die Geschichte eingehen.

Umstritten ist bis heute, ob den Beteiligten die Folgen ihres Handelns bewusst waren. Im Zentrum der Debatte stand dabei lange der Ministerialbeamte Eduard Dreher, der das *Einführungsgesetz zum Gesetz über Ordnungswidrigkeiten* federführend entworfen hatte. Da Dreher – ein ausgewiesener Kenner des Strafrechts – der Effekt der neu eingefügten Regelung in § 50 Abs. 2 StGB kaum verborgen geblieben sein dürfte und er zudem selbst eine unrühmliche Rolle in der NS-Blutjustiz gespielt hatte (zur Biografie Drehers s. u.), wurde häufig die Frage gestellt, ob es sich bei der Einführung von § 50 Abs. 2 StGB um den geschickten Winkelzug eines Bürokraten zur Rettung alter NS-Kameraden handelte: *Hat Dreher gedreht?*

Die damit verbundene Vorstellung, Eduard Dreher habe als einsamer Drahtzieher klammheimlich und unter Ausnutzung seines Expertenwissens dem Gesetzgeber, versteckt im strafrechtlichen Paragrafendschungel, eine versehentliche Amnestie von NS-Gehilfen untergejubelt, wird man jedoch heute ins Reich der Legende verweisen müssen. Sicher werden Dreher die Folgen der neuen Regelung bekannt gewesen sein, und man mag ihm den Vorwurf machen, hierauf nicht alarmierend hingewiesen und die Dinge laufen gelassen zu haben. Die Hauptverantwortung für die »kalte Amnestie« von 1968 liegt aber bei der Justiz, die bei näherer Betrachtung massenhaft Rechtsbeugung betrieben hat. Dies wird deutlich, wenn man sich vor Augen führt, dass § 50 Abs. 2 StGB nur für sogenannte persönliche Mordmerkmale galt, die das verwerfliche Mordmotiv der Haupttäter betreffen. Auf *tatbezogene* Mordmerkmale, die die Art und Weise des Mordgeschehens charakterisieren, war die Regelung hingegen nicht anwendbar. Das gilt insbesondere für das Merkmal der Grausamkeit des Mordes: Weiß der Gehilfe eines grausamen Mordes, dass der Mord unter grausamen Umständen begangen wird, dann gab es auch nach der Reform keinen Strafrabatt nach § 50 Abs. 2 StGB, und es blieb bei der Verjährungsfrist von 20 Jahren. Dass das Mordgeschehen zumindest in den NS-Vernichtungslagern ganz überwiegend das Merkmal der Grausamkeit erfüllte und dies den Gehilfen im NS-Apparat auch bekannt war, liegt auf der Hand. Sowohl der 5. Strafsenat unter seinem Vorsitzenden Werner Sarstedt als auch viele Staatsanwaltschaften verschlossen davor jedoch ganz bewusst die Augen, um Abertausende als lästig empfundene Strafverfahren gegen NS-Mordgehilfen unter Verweis auf eine – tatsächlich gar nicht relevante – »Panne« des Gesetzgebers einzustellen. Dreher mag »gedreht« haben oder auch nicht. Entscheidend ist, dass Sarstedt und mit ihm weite Teile der Nachkriegsjustiz das Recht »gebeugt« haben.

1.6.5. Die weitere Verjährungsdebatte nach 1968

Mit dem Verjährungsskandal von 1968 war die Debatte um die Verjährung von NS-Taten jedoch keineswegs vorbei: Zum einen hatten Teile der Justiz das Spiel von Sarstedt & Konsorten durchschaut und erkannt, dass Strafverfahren gegen Mordgehilfen weiter durchgeführt werden konnten, wenn ein tatbezogenes Mordmerkmal (wie etwa die Grausamkeit) beim Haupttäter vorlag und der Gehilfe davon wusste (vgl. beispielsweise die Entscheidung des 4. Senats des BGH vom 4. März 1971 mit dem Aktenzeichen 4 StR 386/70). Zum anderen gab es auch Verfahren gegen Täter, bei denen die Verjährungsfrist unbestritten weiterlief.

Nach langem Hin und Her rang sich der Bundestag im Jahr 1969 dazu durch, die Verjährungsfrist von Mord in der Bundesrepublik Deutschland auf 30 Jahre zu verlängern, während der Stichtag für den Beginn der Frist weiterhin der 1. Januar 1950 blieb. Für Völkermord wurde die Verjährung in Gänze aufgehoben. Dies war sicherlich ein großer Schritt in die richtige Richtung. Allerdings mussten Morde erst als Teil eines Völkermordes eingestuft werden, was beispielsweise für die Massenmorde an Sinti und Roma erst in der Achtzigerjahren geschah.

1979 wurde die vierteilige Serie *Holocaust – die Geschichte der Familie Weiss* von Marvin Chomsky ausgestrahlt, eine Geschichte über die jüdische Familie Weiss aus Berlin. Obwohl die Familiengeschichte fiktiv war, wurde das Schicksal der Familie vor dem Hintergrund realer Begebenheiten der Shoah erzählt. Fast 35 Jahre nach Ende des Zweiten Weltkriegs setzte zum ersten Mal eine gesellschaftliche Auseinandersetzung darüber ein, was Deutsche und Österreicher ihren jüdischen Nachbarn angetan hatten. Die Mini-Serie erreichte nicht nur ein großes Publikum, sondern generell Menschen, die der eigenen Vergangenheit bis dahin aus dem Weg gegangen waren. Ausgerechnet eine TV-Serie trug wesentlich dazu bei, dass der Deutsche Bundestag schließlich auch Mord für unverjährbar erklärte.

Das politische Agieren der Bundesregierung, großer Teile des Bundestages und der Justiz geschah nicht in einem gesellschaftlichen Vakuum. Große Teile der Bevölkerung sahen in den alliierten Richtern nichts anderes als »Siegerjustiz«. Den Inhaftierten wurden Sympathien entgegengebracht, während überlebende Opfer des Nazi-Regimes ausgegrenzt und diffamiert wurden. Diese Einstellung in Teilen der Bevölkerung war beileibe nicht ein Phänomen der 1950er-Jahre. So wurde der Genozid an den Sinti und Roma Europas, dem schätzungsweise 500 000 Menschen zum Opfer fielen, erst 1982 durch die Regierung Schmidt als solcher anerkannt. Deutsche Gerichte bis hin zum Bundesgerichtshof hatten nach dem Krieg – zum Teil in derselben Sprache wie die Nationalsozialisten – die Volksgruppen der Sinti und Roma als minderwertig und kriminell verunglimpft und damit implizit deren Deportation und Vernichtung gebilligt. Noch

1956 hieß es in einem Urteil des Bundesgerichtshofs, mit dem die Haftentschädigung und Entschädigung für Vermögensschäden von Sinti und Roma vor 1943 abgewiesen wurde:

> Sie neigen, wie die Erfahrung zeigt, zur Kriminalität, besonders zu Diebstählen und Betrügereien, es fehlen ihnen vielfach die sittlichen Antriebe der Achtung vor fremdem Eigentum, weil ihnen wie primitiven Urmenschen ein ungehemmter Okkupationstrieb eigen ist. Sie wurden deshalb allgemein von der Bevölkerung als Landplage empfunden. Das hat die Staatsgewalt ... veranlasst, gegen sie vorbeugende Sondermaßnahmen zu ergreifen und sie auch in ihrer Freiheit besonderen Beschränkungen zu unterwerfen.[353]

Diese Rechtsprechung hatte bis 1963 Bestand. Die Präsidentin des Bundesgerichtshofs, Bettina Limperg, entschuldigte sich 2016 für dieses Urteil: »Angesichts der völligen Verkennung der Werte des Grundgesetzes und des Zwecks der Entschädigung für unendliches Leid kann ich mich dafür ... nur schämen.«[354]

2. Ulmer Einsatzgruppenprozess 1958

2.1. Hintergrund

Nach dem Angriff auf die Sowjetunion am 22. Juni 1941 folgten direkt hinter den militärischen Verbänden der Wehrmacht die sogenannten Einsatzgruppen des Sicherheitsdienstes (SD) und der Sicherheitspolizei (SiPO – Gestapo und Kriminalpolizei). Offizielle Aufgabe der Einsatzgruppen war es, für die »Sicherheit« unmittelbar hinter den deutschen Linien zu sorgen. Tatsächlich führten die Einsatzgruppen systematisch Massenerschießungen an Juden, Roma, Kommunisten und Zivilisten durch. Den Massenerschießungen, die von insgesamt vier Einsatzgruppen (A, B, C und D) durchgeführt wurden, fielen Hunderttausende Menschen zum Opfer.

Verhandlungsgegenstand des Ulmer Einsatzgruppenprozesses war die Einsatzgruppe A, die im nördlichen Teil der von der Wehrmacht besetzten Sowjetunion eingesetzt war. Speziell verhandelt wurde über das sogenannte Einsatzkommando Tilsit, dessen Männer in Litauen bereits kurz nach Kriegsbeginn von Juni bis September 1941 über 5 500 Juden, Kriegsgefangene und Zivilisten getötet hatten.

Insgesamt wurden zwischen 1950 und 1970 42 Prozesse wegen Verbrechen der Einsatzgruppen vor bundesdeutschen Gerichten verhandelt. Dabei wurden insgesamt 141 Personen angeklagt, von denen acht als Täter und 91 als Tatgehilfen verurteilt wurden. In 31 Fällen erfolgten Freisprüche. Der erste in Verantwortung deutscher Gerichte durchgeführte Prozess gegen Mitglieder von Einsatzgruppen erfolgte bereits Anfang 1950 vor dem Landgericht Würzburg. Dieser Prozess ist bis heute weitgehend unbekannt, obwohl das Gericht die beiden dortigen Angeklagten zu lebenslanger Haft verurteilte.[355]

Der bekannteste Einsatzgruppenprozess war jedoch der Prozess gegen Mitglieder des Einsatzkommandos Tilsit, heute bekannt als Ulmer Einsatzgruppenprozess. Der Prozess gegen dieses Einsatzkommando erregte seinerzeit großes öffentliches Aufsehen, ist heute aber dennoch weitgehend in Vergessenheit geraten. 2008 wurde in Ulm eine Ausstellung anlässlich des 50-jährigen Jahrestages des Ulmer Einsatzgruppenprozesses eröffnet. In diesem Zusammenhang erfolgte unter der Ulmer Bevölkerung eine Umfrage, bei der keiner der Befragten etwas mit dem Prozess anfangen konnte.[356] Der Tatsache, dass der Prozess im öffentlichen Gedenken kaum mehr eine Rolle spielt, steht die Meinung namhafter Historiker entgegen, die den Ulmer Einsatzgruppenprozess als Wendepunkt der bundesrepublikanischen Aufarbeitung der NS-Vergangenheit ansehen.

Der Ulmer Einsatzgruppenprozess steht zugleich im engen Zusammenhang mit propagandistischen Aktivitäten der DDR zur NS-Vergangenheit westdeutscher Justizangehöriger. Die DDR begann im Mai 1957 mit der »Blutrichter«-Kampagne. Vom »Ausschuss für deutsche Einheit« der DDR wurde ein erstes Braunbuch zur Justiz mit den Namen von 29 Richtern und Staatsanwälten herausgegeben, die im Ausland wegen der von ihnen gefällten Todesurteile gesucht wurden. Dieses Braunbuch wurde sukzessive erweitert und enthielt kurze Zeit später bereits 200 Namen.[357] Die Braunbücher verfehlten vor allem im Ausland ihre Wirkung nicht. Gerade in den angelsächsischen und nordischen Ländern betrachtete man die Justiz der Bundesrepublik wegen der offenbar großen Probleme, die eigene Vergangenheit aufzuarbeiten, mit großem Misstrauen.[358]

Als es dann im Jahr 1958 gleich zu mehreren Verfahren der bundesdeutschen Justiz gegen NS-Verbrecher kam, wurde und wird dies heute noch als Wendepunkt angesehen. Zwar war es bereits in Nürnberg 1947/48 zu einem Einsatzgruppenprozess mit 24 hochrangigen Angeklagten, u. a. SS-Gruppenführer Otto Ohlendorf, gekommen. Doch galten die Nürnberger Prozesse in der Bundesrepublik als »Siegerjustiz« und wurden daher in der Öffentlichkeit sehr zurückhaltend aufgenommen. Nun wurden Verfahren erstmalig vor deutschen Gerichten und auf Initiative deutscher Staatsanwälte geführt. Damit wurde der Einsatzgruppenprozess in Ulm zum ersten Prozess, in dem konkret und ausschließlich die Vernichtung der Juden Osteuropas im Mittelpunkt eines deutschen Gerichtsverfahrens und einer breiten öffentlichen Berichterstattung stand. Die im Prozess verhandelten grausamen Verbrechen rückten die Gräuel der NS-Zeit in den Fokus der Öffentlichkeit. Im Rahmen der Auseinandersetzung mit den Taten führte dies in der Folge dazu, dass die »Zentrale Stelle der Landesjustizverwaltungen zur Aufklärung nationalsozialistischer Verbrechen« in Ludwigsburg gegründet wurde. Erster Leiter der Stelle war Erwin Schüle, der im Ulmer Einsatzgruppenprozess die Anklage vertrat. Die Einrichtung der Stelle führte in der Folge zur Intensivierung und Systematisierung der Verfolgung von NS-Tätern.

Parallel zum Ulmer Einsatzgruppenprozess lief ein weiteres aufsehenerregendes Verfahren, welches jedoch wegen der eingeschränkten Verhandlungsfähigkeit des Angeklagten nur zehn Tage dauerte. Vor dem LG Bayreuth wurde ab dem 11. Juni 1958 gegen den ehemaligen KZ-Wachmann Martin Sommer verhandelt, der Häftlinge grausam ermordet und bestialisch gequält hatte. In dem Verfahren wurde die maßlose Brutalität deutlich, der die KZ-Häftlinge ausgesetzt waren. Die westdeutsche Presse schilderte die von Zeugen beschriebenen Gräueltaten ausführlich und detailliert. Das Ausmaß der Grausamkeiten sorgte für tiefe Erschütterung, und bei der Urteilsverkündung wurden von den Prozesszuschauern Rufe nach der Todesstrafe laut.[359] Sommer wurde wegen Mordes zu einer lebenslangen Haftstrafe verurteilt. Der Historiker Andreas Eichmüller meint, dass vor allem die Sensationsgier der Presse die Dynamik der Berichterstattung vorangetrieben habe.[360] Die Prozesse führten der westdeutschen Öffentlichkeit vor Augen, dass mit der ersten Welle von Prozessen direkt nach Kriegsende die Strafverfolgung von NS-Verbrechen keineswegs abgeschlossen war.[361] Zumal im zeitlichen Zusammenhang mit den Verfahren in Ulm und Bayreuth, im Mai 1958, bereits drei hochrangige NS-Verbrecher und Einsatzgruppenmitglieder aus der Haft entlassen worden waren. Die frühzeitigen Entlassungen von Ernst Biberstein, Adolf Ott und Martin Sandberger erfolgten teilweise nach einer Intervention hochrangiger Politiker, etwa von Bundespräsident Theodor Heuss und der evangelischen Kirche. Alle drei waren im Nürnberger Einsatzgruppenverfahren zunächst zum Tode verurteilt und dann zu lebenslanger Haft begnadigt worden.

Im Zuge des seit 1955 geführten Ermittlungsverfahrens gegen Sommer tauchte immer wieder der Name Hans Eisele, ehemaliger Lagerarzt in Buchenwald, auf. Statt gegen Eisele zu ermitteln, erfolgte jedoch keinerlei Tätigkeit seitens des zuständigen Staatsanwalts. Eisele nutzte die Untätigkeit der Strafverfolgungsbehörden, um nach Ägypten zu fliehen. Die Berichte zu seiner Flucht sorgten für breite Empörung in der Öffentlichkeit über das Verhalten von Polizei und Justiz; eine Reaktion, die ebenfalls auf einen Wandel der öffentlichen Meinung hindeutete.[362]

Dabei kam das Verfahren gegen Mitglieder der Einsatzgruppe Tilsit, welches in den Ulmer Einsatzgruppenprozess mündete, im Grunde nur durch einen Zufall ins Rollen. Ein Zufall, der zugleich Ausdruck des Selbstverständnisses damaliger NS-Verbrecher war, die sich trotz ihrer Vergangenheit in der Bundesrepublik relativ sicher und zumindest bis dahin vor Strafverfolgung geschützt fühlten.

Der ehemalige Polizeichef von Memel (Litauen), Bernhard Fischer-Schweder, war vom Gestapo-Chef Tilsits, Hans-Joachim Böhme, am 23. Juni 1941 um Unterstützung bei der »Säuberung« des Dorfes Garsden in Litauen gebeten worden. Er stellte aus eigenem Antrieb nicht nur das angefragte Absperrkommando, sondern ein Exekutionskommando zur Verfügung und nahm selbst an Erschießungen teil. Bei den bis September 1941 folgenden Aktionen wurden insgesamt über 5 500 Juden, Kriegsgefangene und Zivilisten, Männer, Frauen und Kinder ermordet.

Nach dem Krieg tat Fischer-Schweder das, was viele NS-Verbrecher taten: Er nahm eine andere Identität an. Als Bernd Schweder arbeitete er zunächst als Staubsaugervertreter. Schließlich wurde er unter seinem leicht veränderten Namen und mit falschem Geburtsdatum Leiter eines westdeutschen Flüchtlingslagers. Als die von ihm verschwiegene SS-Mitgliedschaft bekannt wurde, kündigte er auf Druck seines Arbeitgebers.

Nach Einführung des Art. 131 GG und des *Gesetzes zur Regelung der Rechtsverhältnisse der unter Artikel 131 des Grundgesetzes fallenden Personen* wurden ehemalige NS-Beamte wieder in den Staatsdienst aufgenommen – mit Ausnahme besonders belasteter Personen. Fischer-Schweder stellte nach diesem sogenannten 131er Gesetz einen Antrag auf Wiedereinstellung in den Polizeidienst – mit seinem richtigen Namen und ohne Nennung seiner SS-Mitgliedschaft – und klagte zugleich auf Wiederaufnahme in die Position des Leiters im Flüchtlingslager. Nachdem sowohl die Bewerbung als auch die Klage scheiterten, schrieb er einen Leserbrief an die *Ulmer Nachrichten* und berichtete von dem Unrecht, welches ihm als ehrenhaftem Staatsbürger sowie »Freund der Juden und Polen« widerfahren sei.[363] Davon wiederum erhielt der Stuttgarter Rabbiner Bloch, der in Litauen gelebt hatte, Kenntnis und stellte Strafanzeige.

Die Klage eines ehemaligen SS-Offiziers auf Wiederaufnahme in den öffentlichen Dienst empfand man bereits Mitte der 1950er-Jahre als relativ dreist, sodass die Berichterstattung über die Klage Fischer-Schweders weite Kreise zog. Auf diese Weise hatte ihn bereits sechs Monate vor der Anzeige Blochs seine ehemalige Sekretärin erkannt und dies den Behörden gemeldet, ohne dass etwas geschehen wäre. Erst die Anzeige Blochs setzte Ermittlungen in Gang, die jedoch äußerst schleppend verliefen. Die Staatsanwälte kümmerten sich nicht um die Sache, und bei den vernehmenden Polizeibeamten handelte es sich teilweise um ehemalige Kollegen Fischer-Schweders aus Memel. Die Ermittlungsergebnisse erwiesen sich nach einem Jahr als weitestgehend unbrauchbar.[364]

Durch die Aussagen des mitangeklagten Polizisten Schmidt-Hammer erfuhren die Ermittlungsbehörden mehr über die vom Einsatzkommando Tilsit durchgeführten Verbrechen. Diese Kenntnisse führten zur Verhaftung Fischer-Schweders. Der Ulmer Oberstaatsanwalt hatte diese zwar beantragt und umgesetzt, war aber an dem Verfahren letztlich nicht interessiert. Das Desinteresse manifestierte sich u. a. darin, dass er keinerlei Nachforschungen anstellte und mit einer baldigen Verfahrenseinstellung rechnete.[365] Mit diesem Verhalten befand er sich auf einer Linie mit den meisten westdeutschen Strafverfolgungsbehörden. Der damalige Stuttgarter Generalstaatsanwalt Erich Nellmann fasste es so zusammen: »Bisher wird rein zufällig verfolgt. Der eine hat das Pech angezeigt zu werden, der andere nicht.«[366]

Nellmann war es schließlich auch, der das Verfahren in Ulm in Gang brachte. Fischer-Schweder legte in völliger Verkennung der Situation mehrfach Haftbeschwerde ein, die schließlich bei Nellmann landete. Dieser zeigte sich von den bisherigen schludrigen Ermittlungen entsetzt und rollte die Sache, gemeinsam mit seinem Mitarbeiter Schüle, neu auf. Der bisher mit der Sache befasste Ulmer Staatsanwalt wurde kurzerhand von der Sache abgezogen, die Sache an Schüle übergeben.[367]

2.2. Verfahren

Die Anklage wurde somit von Erwin Schüle vertreten, der direkt im Anschluss an das Verfahren erster Leiter der Zentralstelle in Ludwigsburg wurde. Schüle war Mitglied der NSDAP und laut DDR-Unterlagen SA-Mitglied gewesen. Er wurde entsprechend im Braunbuch gelistet. Nach weiteren Angriffen aus der Sowjetunion, die ihn wegen Kriegsverbrechen zu 25 Jahren Zwangsarbeit verurteilt hatte, wurde er 1966 von der Leitung der Stelle entbunden. Anschließend war er wieder als Oberstaatsanwalt in Stuttgart tätig.

Schüle wird eine akribische und systematische Vorgehensweise bei seinen Ermittlungen bescheinigt.[368] Außerdem verwies er in seinem Plädoyer ausdrücklich darauf, dass solche Verfahren allein schon wegen des Schicksals der Opfer stattfinden müssten.[369]

Dennoch war Schüle nicht unumstritten. Bei seiner Reise nach Warschau im Februar 1965 zur Einsichtnahme in Akten dortiger Archive wurde er direkt nach seiner Ankunft am Flughafen von auf ihn einstürmenden Journalisten mit seiner Vergangenheit als SA- und NSDAP-Mitglied konfrontiert. Anstatt hier unmissverständlich Stellung zu nehmen, leugnete er die offensichtlichen Tatsachen. Nachdem dann noch von den Sowjets Vorwürfe wegen Kriegsverbrechen öffentlich gemacht wurden, zog man die Notbremse und setzte ihn ab.

Die Reise nach Warschau ist aber auch aus anderen Gründen von Interesse. Denn das Bundesjustizministerium hatte bereits 1960 erste Verbindungen nach Polen zur Einsichtnahme in die dort lagernden Dokumente verhindert. Solche Aufklärungsversuche zur NS-Vergangenheit ihrer Bürger waren in der Bundesrepublik inmitten des Kalten Krieges politisch nicht erwünscht. Sicher spielte hier auch eine Rolle, dass die Angriffe massiv von der DDR gesteuert wurden. Im Hinblick auf Schüle wird heute davon ausgegangen, dass diese Veröffentlichungen ausschließlich dazu dienen sollten, Schüle und mit ihm die Bundesrepublik vergangenheitspolitisch zu diskreditieren.[370]

Geradezu befremdlich war aber Schüles Position in der sogenannten Verjährungsdebatte 1965, in der im Bundestag über die Verlängerung der Verjährung von Mord und Totschlag debattiert wurde. Das Problem bestand in Folgendem: Nach dem Ende des Krieges hatten die Besatzungsmächte festgelegt, dass die Verjährung von NS-Verbrechen bis zum 8. Mai (britische und französische Besatzungszone) bzw. bis zum 1. Juli 1945 (US-amerikanische Besatzungszone) ruhen sollte. Ob ein Verbrechen bereits verjährt war oder noch strafrechtlich verfolgt werden konnte, wurde daher nicht anhand des Datums der Tat, sondern anhand dieser Stichtage überprüft. Die Verjährungsfristen selbst waren im Strafgesetzbuch geregelt. Straftaten, die mit lebenslänglicher Freiheitsstrafe bedroht waren, verjährten nach den damaligen Regelungen in 20 Jahren, Totschlagsdelikte bereits nach 15 Jahren. Sämtliche Totschlagsdelikte verjährten demnach bereits 1960. Als 1965 auch Mord zu verjähren drohte, stimmte die Mehrheit des Bundestages nach intensiven Debatten für eine Verlängerung der Verjährungsfrist. Die DDR hatte bereits 1964 die Verjährung für NS- und Kriegsverbrechen aufgehoben und die Bundesrepublik somit unter erheblichen Zugzwang gesetzt. Trotzdem sprach sich die Bundesregierung unter Bundeskanzler Ludwig Erhard gegen eine Verlängerung der Frist aus. Unterstützt wurde sie dabei ausgerechnet von Schüle, dessen ureigenste Aufgabe eigentlich die Verfolgung von NS-Verbrechen war. Er sagte:

Ich hielte es für falsch, die Verjährungsfrist nun durch ein Sondergesetz zu verlängern. Sondergesetze, das war es, was die Nationalsozialisten hervorgebracht haben. Wir sollten und müssen uns, gerade weil wir die Taten eines Unrechtsregimes verfolgen, streng an rechtsstaatliche Grundsätze halten.

In seiner späteren Funktion als Generalstaatsanwalt in Verfahren gegen Mitglieder der RAF setzte er sich dann plötzlich doch für die Umsetzung von Sondergesetzen zur Isolationshaft und Kontaktsperre ein. Dennoch hat sich Schüle große Verdienste erworben, indem er u. a. den Ulmer Einsatzgruppenprozess und das spätere Verfahren gegen Georg Heuser vorantrieb, der als Mitglied der Einsatzgruppe A massenhaft Exekutionen durchgeführt hatte und nun als Chef des Landeskriminalamts Rheinland-Pfalz arbeitete. Heuser wurde 1963 zu 15 Jahren Gefängnis verurteilt, Mitte 1969 jedoch bereits aus der Haft entlassen.

Schon das Ermittlungsverfahren im Ulmer Prozess verlief ungewöhnlich. Zusätzlich zu den bereits oben geschilderten anfänglichen Hindernissen und der Entbindung der Ulmer Staatsanwaltschaft kam eine juristische Besonderheit. Denn Nellmann und Schüle machten gegen den Willen der Ulmer Staatsanwaltschaft den gesamten Tatkomplex der Einsatzgruppe Tilsit zum Gegenstand der Ermittlungen. Eine solche Konzentration von Einzelverfahren unter dem Dach des Tatzusammenhangs war damals sehr ungewöhnlich. Da man nicht wusste, welche Kreise dieses Verfahren ziehen würde, bedeutete das für die weiteren Ermittlungen, dass auch Personen von den Ermittlungen und anschließend von der Anklage erfasst werden konnten, die in einem völlig anderen Gerichtsbezirk wohnten. Ermittlungstaktisch war das außerordentlich sinnvoll, nicht nur im Hinblick auf die Effizienz des Verfahrens, sondern gerade auch im Hinblick auf die Verschleppungstaktiken vieler Ermittlungsbehörden. So hatte auch Schüle mit einer mangelnden Kooperation bei der von ehemaligen Nazis durchsetzten bundesrepublikanischen Polizei zu kämpfen. Er traf hier auf eine Verweigerungshaltung, obwohl die Staatsanwaltschaften, gerade bei komplexen Sachverhalten, die Leitung der Ermittlungsverfahren innehaben und der Polizei sogar Weisungen erteilen können. Diese Zusammenfassung von Ermittlungen unter einem Tatkomplex setzte später auch die Zentralstelle in Ludwigsburg um.

Im Juni 1957 erfolgte schließlich die Anklage gegen zehn Angehörige des Einsatzkommandos Tilsit. Neben Fischer-Schweder wurden angeklagt:

1. der Leiter des Einsatzkommandos, Hans-Joachim Böhme
2. der Polizist bei der Schutzpolizei Memel, Werner Schmidt-Hammer
3. der Leiter der Sicherheitsdienststelle Memel, Edwin Sakuth
4. der vertretende Leiter der Staatspolizei Tilsit, Werner Kreuzmann
5. der Leiter des Grenzpolizeikommissariats und der Abteilung Spionageabwehr bei der Staatspolizei Tilsit, Harm Willms Harms
6. der Kriminalbeamte beim Grenzpolizeiposten Schmalleningken, Gerhard Carsten
7. der Polizist beim Grenzpolizeikommissariat Memel, Franz Behrendt
8. der litauische Chef der Ordnungspolizei in Krottingen, Pranas Lukys alias Jakys

Wegen der Brisanz des Verfahrens ordnete der zuständige Oberlandesgerichtspräsident Richard Schmid an, dass das Verfahren nicht von einem ortsansässigen Richter, sondern von dem erfahrenen Stuttgarter Landgerichtsdirektor Edmund Wetzel geführt werden sollte.[371] Richard Schmid wusste, was er tat. Er war selbst Verfolgter des NS-Regimes und entsprechend sensibilisiert. Wetzel war politisch unbelastet und bereits deshalb als Vorsitzender für dieses Verfahren gut geeignet. Leider setzte er die Erwartungen später nicht in ein angemessenes Strafmaß um.

Problematisch bei den Ermittlungen der Staatsanwaltschaft war, dass es so gut wie keine Opfer als Zeugen gab. Die Opfer waren entweder tot, lebten unerreichbar hinter dem Eisernen Vorhang oder irgendwo in Übersee. Aus diesem Grund ging Schüle einen für die damalige Zeit ungewöhnlichen Weg. Als erster westdeutscher Staatsanwalt nahm er Einsicht in Aktenbestände des Berlin Document Center in Berlin. In dem unter amerikanischer Verwaltung stehenden Archiv befanden sich u. a. umfangreiche Personalakten aus der NS-Zeit. Diese Unterlagen waren von den Alliierten für die Durchführung der Nürnberger Prozesse verwendet worden und lieferten nun Beweismaterial gegen die Angeklagten in Ulm. Als Sachverständiger wurde u. a. der Historiker Helmut Krausnick vom Institut für Zeitgeschichte gehört, den Schüle für das Verfahren gewinnen konnte.[372]

Schüle erarbeitete sich aber auch aus persönlichem Interesse die Grundlagen für den Prozess. Denn er war als Soldat in sowjetischer Kriegsgefangenschaft im ehemaligen KZ Auschwitz inhaftiert gewesen und hatte sowjetische Berichte über die Ermordungen als Propaganda abgetan. Nun war er in diesem Verfahren mit der Realität konfrontiert, was dazu führte, dass er den gesamten Tatkomplex akribisch aufarbeitete. So war es ihm möglich, alle Zeugen und Angeklagten mit erheblicher Sachkunde zu befragen und damit sowohl die Vorbereitung als auch die Durchführung des Verfahrens entscheidend voranzubringen.[373]

Zum Abschluss der Ermittlungen umfassten die Akten der Staatsanwaltschaft 3500 Blatt. Aufgrund dieser exzessiven Vorbereitungsarbeiten war Schüle in der Lage, das in diesem und in vielen anderen Verfahren übliche Argument des Befehlsnotstands zu widerlegen. Weitergehend wies er sogar nach, dass die Angeklagten um die Ausführung der Morde geradezu gewetteifert hatten.[374]

Der Vorsitzende Richter Wetzel sagte zur Eröffnung des Verfahrens, dieses sei »für eine innere Einkehr und Besinnung sehr viel besser geeignet als für Sensationen«. Aus diesem Grund untersagte er nicht nur im Gericht, sondern auch vor dem Gerichtsgebäude Aufnahmen für das Fernsehen.[375] Dennoch ist glücklicherweise seine fünfstündige Urteilsbegründung aufgenommen worden und im Internet als Audiodatei abrufbar.[376]

Im Laufe der 60 Verhandlungstage wurden 173 Zeugen gehört, andere Quellen sprechen sogar von 184 Zeugen.[377] Im Gegensatz zu späteren Prozessen standen die Ermittler bei den Prozessen gegen die Mitglieder der Einsatzgruppen vor dem bereits geschilderten Problem, dass es nur wenige hilfreiche Augenzeugen gab. In einer aufwendigen Suche gelang es mithilfe des Auswärtigen Amtes dennoch, weitere Zeugen u. a. in Kanada ausfindig zu machen. Zusätzlich griff man auf Zeugen zurück, die selbst Täter waren. Bei vielen der Täter-Zeugen gab es indessen das Problem, dass diese sich mit einer umfassenden Aussage womöglich selbst belastet hätten und daher lieber schwiegen. Drei dieser Täter-Zeugen begingen sogar während der laufenden Ermittlungen Selbstmord. Immerhin konnten aber dann im Verfahren einige relevante Augenzeuginnen gehört werden. Besonders eindrucksvoll war die Aussage der in Litauen geborenen, damals 67-jährigen Ona Rudaitis, die in Oldenburg in einem Flüchtlingslager lebte. Sie hatte die Erschießungen von Männern, Frauen und Kindern im Sommer 1941 von einem Versteck aus beobachtet und berichtete vor dem Gericht und anschließend in einem Radiointerview darüber. Sie war von den Ereignissen immer noch erschüttert und wurde als »eine schwerst traumatisierte Frau mit Kopftuch und starren Augen« beschrieben.[378]

Es war geradezu paradox, dass als weitere Zeugen keine Opfer, sondern lediglich Täter zu Wort kamen. Unter anderem wurde der bereits oben erwähnte Martin Sandberger als Zeuge gehört, der erst kurz zuvor aus der Haft entlassen worden war. Neben Sandberger wurden auch fünf weitere frisch amnestierte Kriegsverbrecher aus dem Einsatzgruppenprozess der Alliierten gehört.

Je mehr Details aus dem Prozess an die Öffentlichkeit drangen, desto größer wurde das Interesse. Mit Entsetzen wurden die Zeugenaussagen zur Kenntnis genommen, etwa darüber, dass sich die Täter neben den Massengräbern gegenseitig fotografierten, bevor sie sich in der nächsten Gastwirtschaft betranken und mit dem Geld zahlten, das sie den Opfern zuvor abgenommen hatten. Deutlich wurde im Laufe des Verfahrens auch, dass nur wenige sich den Mordbefehlen verweigerten, obwohl sie bei einer Weigerung keinerlei Konsequenzen zu befürchten gehabt hätten.

Trotz der grausamen Details, die hier ans Tageslicht kamen, trat Fischer-Schweder arrogant, betont sicher, grimassenschneidend und lächelnd vor dem Gericht auf, und der Sohn eines anderen Angeklagten, der die Morde mit seinem Pflichtbewusstsein begründete, behauptete gar, sein Vater sei ein »Humanist« gewesen.[379]

Auch die Verteidiger traten – zumindest teilweise – übermäßig selbstbewusst auf und begegneten den verhandelten Sachverhalten und Zeugen ohne die nötige Sensibilität. Bei einigen der Verteidiger ist das nicht weiter erstaunlich. So wurde beispielsweise der Angeklagte Hersmann von Rechtsanwalt Rudolf Aschenauer vertreten. Aschenauer vertrat Dutzende von NS-Verbrechern, so auch Otto Ohlendorf im Einsatzgruppenprozess der Alliierten. Er war außerdem Vorsitzender der »Stillen

Hilfe für Kriegsgefangene und Internierte«, die inhaftierte Kriegsverbrecher unterstützte, und war politisch sowie publizistisch bis zu seinem Tod 1983 im rechtsextremen Spektrum aktiv. Der Angeklagte Schmidt-Hammer wurde von Rechtsanwalt Dr. Rolf Nissen vertreten, mittlerweile CDU-Stadtrat in Ulm und Vorsitzender der rechtskonservativen »Gesellschaft für neue Staatspolitik«. Dieser Verein trat für »Gerechtigkeit für die deutschen Soldaten« ein und bezichtigte die USA offen der »einseitigen Siegerpolitik« und der »Tribunaljustiz«.[380] Nissen tat sich bei der Verteidigung seines Mandanten besonders hervor und stilisierte den Angeklagten Schmidt-Hammer sogar selbst zum Opfer, indem er behauptete:

> Der Angeklagte ... ist das Opfer einer Täuschung geworden, bei der man ihm die Rechtmäßigkeit der Erschießungen vorgespiegelt hat.[381]

Er legte nach dem Verfahren Revision gegen das Urteil beim Bundesgerichtshof ein.

Schließlich sei noch Claus Joachim von Heydebreck als Verteidiger des Angeklagten Kreuzmann genannt. Auch Heydebreck verteidigte vorher mehrfach NS-Verbrecher. Seine Argumentationslinie zur Verteidigung des Angeklagten und seine problematische Denkweise wird aus einem späteren Redebeitrag im Jahr 1961 deutlich. Als Landtagspräsident (CDU) berichtete er in einer Debatte vor dem Landtag in Schleswig-Holstein unter Bezugnahme auf seine frühere Anwaltstätigkeit über die »Nöte der Beschuldigten« in NS-Verfahren und deren »seelisches Leid« angesichts sich jahrelang hinziehender Verfahren. Überdies thematisierte er die »problematische« Erinnerungsfähigkeit von Zeugen zu Tatvorgängen, die jahrzehntelang zurückliegen. Schließlich kam er auf den Befehlsnotstand zu sprechen, um endlich zur ethischen Dimension am Beispiel der Verhaftung von

SS-Sturmbannführer Richard Baer,[382] des letzten Kommandanten des KZ Auschwitz, Folgendes auszuführen:

> Ich möchte sagen, ... dass dieser Mann, wenn er auf der Anklagebank sitzt, nicht mehr derselbe ist, wie der, der er war, als er die Taten beging.[383]

Diese These des ehemaligen Strafverteidigers Heydebreck ist nicht nur in rechtlicher Dimension fragwürdig, sondern geradezu ein Synonym für die Denkweise damaliger Juristen.

Abgesehen davon war und ist es jedoch üblich, dass sich Angeklagte in Prozessen mit politischer Dimension durch Anwälte vertreten lassen, die ihre politische Meinung teilen. Von den Anwälten der weiteren Angeklagten sind derartige Hintergründe jedoch nicht bekannt.

Schließlich kam noch dem Gutachter Hans-Günther Seraphim eine besondere Bedeutung zu. Denn die Verteidigung berief sich, wie in solchen Verfahren üblich, auf Befehlsnotstand. Die Erschießungen seien befohlen worden, und es habe keine Möglichkeit gegeben, sich diesen Befehlen zu widersetzen. Nach den Regelungen der §§ 52, 53 StGB (heute §§ 34, 35 StGB) handeln Personen unter Umständen nicht rechtswidrig bzw. nicht schuldhaft, wenn sie eine Tat begehen, um Gefahr für Leib und Leben von sich abzuwenden. Das Berufen auf diesen Befehlsnotstand entsprach der gängigen Verteidigung in allen NS-Verfahren, so auch hier. Rechtsanwalt Aschenauer brachte es wie folgt auf den Punkt:

> In dieser Apparatur war es nicht möglich, dass der Einzelne sich mit Erfolg gegen die Judentötungen hätte auflehnen können.[384]

Der Gutachter Seraphim wies jedoch nach, dass es in derartigen Fällen tatsächlich keinen objektiven Befehlsnotstand gegeben hatte. Im Rahmen seiner umfangreichen Forschungen war ihm kein einziger Fall von Strafen gegen Personen bekannt geworden, die sich den Mordbefehlen widersetzt hätten. Solche Weigerungen seien vielmehr als »Charakterschwäche« gedeutet oder auf »verbrauchte Nerven« zurückgeführt worden. Schlimmstenfalls seien die Soldaten »lediglich« an die Front versetzt worden. Seraphim prägte allerdings den Begriff des subjektiven Befehlsnotstands. Damit baute er den hier und in vielen weiteren Verfahren Angeklagten eine Brücke für eine erfolgreiche Verteidigung. Denn der subjektive Befehlsnotstand wurde von der Rechtsprechung immer dann als gegeben angesehen, wenn der Befehlsausführende zum Zeitpunkt der Tat irrigerweise davon überzeugt gewesen war, eine Verweigerung hätte ihn in eine lebensbedrohliche Situation gebracht, obwohl ihm objektiv eine solche Strafe gar nicht gedroht hätte. In der rechtlichen Konsequenz bedeutete dies, dass der subjektive Befehlsnotstand im Grunde bei allen angeklagten NS-Verbrechern ins Feld geführt wurde und in vielen Fällen zu Straffreiheit oder milder Bestrafung führte.

Angesichts der im Verfahren verhandelten grausamen Taten, die hier detailliert zur Sprache kamen, fiel das Schlussplädoyer des Staatsanwalts Schüle außerordentlich emotional aus:

> Es waren Menschen, die gelacht, geweint, geliebt und gearbeitet hatten.[...] Seit 17 Jahren scheint für sie die Sonne nicht mehr, und nicht einmal die Ruhe des Grabes hat man den Opfern gelassen. Ihre Gräber wurden später aufgerissen, die Leichen verbrannt und die Asche in alle Winde zerstreut, um die Spuren der Untaten zu tilgen.[385]

Auch die Länge des Plädoyers, es dauerte zehn Stunden, spricht für den Willen der Staatsanwaltschaft, zumindest für die Hauptangeklagten (Fischer-Schweder, Böhme, Hersmann und Lukys) eine Verurteilung zur lebenslänglichen Höchststrafe wegen in Mittäterschaft begangenen Mordes zu erreichen. Für die übrigen Angeklagten beantragte Schüle mehrjährige Haftstrafen wegen Beihilfe zum Mord.

In seiner fünfstündigen Urteilsbegründung sprach der Vorsitzende Richter Wetzel von einem »Monsterprozess«, der die »Schatten der Vergangenheit« lebendig werden lasse. Er erging sich dann in absurden Betrachtungen darüber, dass die Aufklärung der Vergangenheit insbesondere die Jugend vor neuer Verführung bewahren solle. Auch lägen die Wurzeln des Geschehens im Materialismus, der sich vom hungrigen der NS-Zeit zum satten Materialismus der Gegenwart gewandelt habe. Er wisse nicht, welcher der Gefährlichere sei.[386]

So absurd diese Einschätzung gerade in Zusammenhang mit den hier angeklagten Gräueltaten auch klingen mag, wird darin doch die Haltung des Vorsitzenden gegenüber der NS-Zeit deutlich. Sie wird auf einen vermeintlichen Materialismus zurückgeführt, um anschließend mit der jungen Bundesrepublik verglichen und als neue Gefahr heraufbeschworen zu werden. Diese Haltung offenbart eine Distanz zur NS-Zeit und ihren Verbrechen, die aus heutiger Sicht völlig unverständlich ist. Manche Historiker bescheinigen dem Urteil daher »groteske Züge«.[387] Neben diesen grotesken Teilen des Urteils fand der Vorsitzende jedoch auch harte Worte für die Angeklagten und zum Teil für die Zeugen, indem er feststellte, dass im Prozess »die Unwahrheit und Unwahrhaftigkeit wohl so triumphierten wie noch nie«.[388] Er führte außerdem aus, dass die Mehrheit der als Zeugen geladenen Polizisten, Offiziere, Soldaten und Zollbeamten nur selten richtige Angaben machte.[389] Noch dazu rekonstruierte der Vorsitzende minutiös jede einzelne Mordtat mit der genauen

Anzahl der Opfer und ordnete sie dem jeweiligen Angeklagten zu. Teilweise dauerte diese Zuordnung minutenlang.

Eine Verurteilung wegen mittäterschaftlichen Mordes – wie von der Staatsanwaltschaft beantragt – erfolgte dennoch nicht. Stattdessen verurteilte das Gericht die Hauptangeklagten lediglich wegen Beihilfe zum Mord und verhängte Haftstrafen zwischen drei und fünfzehn Jahren. Als Haupttäter galten dem Gericht Hitler, Himmler, Heydrich und deren näheres Umfeld; die Angeklagten hätten nur als Gehilfen gehandelt, als bloße »Werkzeuge des ›Führers‹«, die »ihrer inneren Einstellung nach« die Taten nicht wollten.[390] Im Urteil folgte das Gericht dem Gutachten des Sachverständigen Krausnick, dass die Angeklagten einen von Hitler erteilten Befehl zur Endlösung umgesetzt hätten. Dies lag konträr zu den Ergebnissen des Verfahrens, nach denen zumindest die Hauptangeklagten nachweislich eigene Entscheidungen getroffen, somit gar keinen Befehlen Dritter – auch nicht Hitlers – Folge geleistet hatten.[391] Weitergehend war in der Verhandlung sogar festgestellt worden, dass einige Angeklagte um die Erschießungen sogar gewetteifert hatten.[392] Immerhin stellten die Richter noch fest, dass sich die Angeklagten den Befehl zur Endlösung aufgrund ihrer nationalsozialistischen Einstellung im »Wissen von dessen Unrechtmäßigkeit« zu eigen gemacht hatten, doch änderte dies aus Sicht des Gerichts nichts an der Gehilfenstellung. Auch wies das Gericht das Argument der Verteidigung zurück, die Angeklagten hätten sich in einer Zwangslage befunden. Trotzdem gelangte das Gericht in seiner rechtlichen Bewertung schließlich zur Gehilfenstellung und nicht zur Mittäterschaft.

Schließlich bemühte sich das Gericht, für jeden Angeklagten strafmildernde Gründe heranzuziehen. Gemeinhin wurde zunächst die politische Verantwortung des gesamten deutschen Volkes strafmildernd herangezogen.[393] Bei Fischer-Schweder berücksichtigte das Gericht zugunsten des Angeklagten außerdem dessen geringe Intelligenz und hob die Tatsache hervor, dass er vor Kriegsbeginn »mitunter auch menschliche Züge gegenüber den Juden gezeigt habe«.[394] Dass Fischer-Schweder im Laufe der Verhandlung und auch beim Schlusswort keinerlei Einsicht oder Reue zeigte, störte das Gericht offenbar nicht.[395] Zugunsten der Angeklagten schlug nach Ansicht des Gerichts auch zu Buche, dass sie meist Internierung oder Kriegsgefangenschaft hinter sich hatten. Weiter wirkte sich die Tatsache strafmildernd aus, dass sich die Angeklagten ein neues Leben mit neuen Arbeitsstellen aufgebaut hatten.[396] Nach alledem fällte das Landgericht außerordentlich milde Urteile: Lediglich Böhme und Hersmann wurden zur Höchststrafe von 15 Jahren verurteilt. Fischer-Schweder erhielt eine Strafe von zehn Jahren. Alle anderen Angeklagten wurden zu zeitigen Freiheitsstrafen von drei bis sieben Jahren verurteilt.

Die Angeklagten Kreuzmann, Sakuth, Schmidt-Hammer und Lukys legten gegen das Urteil Revision beim Bundesgerichtshof ein. Die Urteile gegen Schmidt-Hammer und Lukys wurden vom BGH aufgehoben und zur Neuverhandlung an das Landgericht Ulm zurückverwiesen. Das Landgericht bestätigte das Urteil gegen Schmidt-Hammer. Das Urteil gegen Lukys wurde um zwei Jahre, auf fünf Jahre Haft, reduziert.

2.3. Bewertung

Das staatsanwaltliche Ermittlungsverfahren und das Ulmer Urteil sind Musterbeispiele für den Ablauf vieler weiterer Prozesse gegen NS-Verbrecher. Die Rekonstruktion eines ganzen Verbrechenskomplexes und die anschließende Verhandlung darüber war ebenfalls Vorbild für viele spätere NS-Verfahren, so auch für den Auschwitz-Prozess und die Vorermittlungen der Ludwigsburger Zentralstelle.[397]

Engagierte Staatsanwälte, wenn es sie denn gab, rekonstruierten mit großem Aufwand Tathergänge, um dann vor dem Gericht an der Frage Täter oder Gehilfe zu scheitern und lediglich milde Bestrafungen zu erreichen. Der liberale Strafrechtslehrer Jürgen Baumann brachte es mit seinem berühmten Ausspruch auf den Punkt:

> Ein Täter und 60 Millionen Gehilfen – das deutsche Volk, ein Volk von Gehilfen.

Dennoch hatte der Ulmer Prozess einschneidende Folgen: Auf drastische Weise führte er der Öffentlichkeit die Versäumnisse und Mängel der bundesdeutschen Strafverfolgung von NS-Verbrechen vor Augen. Kurz nach den Urteilen fragte das Allensbach-Institut die Westdeutschen erstmals nach ihrer Meinung zu den Prozessen gegen Nazi-Täter – knapp 54 Prozent der Befragten sprachen sich für eine weitere Strafverfolgung aus. Auch aus der Politik und selbst der Justiz wurde die Kritik nun lauter.

Bezeichnenderweise fand das Urteil, so mühsam das Gericht es sich auch abgerungen hatte, bei den Opfern keine Zustimmung. »Eine Blamage für das ganze deutsche Volk vor der Welt«, zitierte die *WELT* damals einen Angehörigen der Opfer.[398] Während aber die Opfer das milde Urteil kritisierten, herrschte in der Bundesrepublik allgemein die Auffassung, dass das Urteil gerecht sei.

Aus juristischer Sicht enthielt das Urteil eine Weichenstellung für künftige Einsatzgruppenprozesse. Die Urteilsbegründung zur Frage der Gehilfenstellung der Angeklagten schrieb eine bereits von der Verteidigung in den Nürnberger Prozessen etablierte Verteidigungsstrategie fort, der zufolge die überwiegende Mehrzahl der Täter ohne eigenen Willen gehandelt habe und daher das strafrechtliche Prinzip der individuellen Verantwortung nicht gelten könne. Das Modell der Beihilfe war dabei für die Richter außerordentlich bequem. Denn sie konnten nach eigenem Ermessen vor allem milde Strafen verhängen. Einerseits war die zwingende Verhängung der bei Mord anstehenden lebenslangen Freiheitsstrafe nicht notwendig, andererseits bot die Annahme einer Beihilfe zum Mord einen breiten Ermessensspielraum, der von der Mindeststrafe in Höhe von drei Jahren bis zur Höchststrafe von 15 Jahren reichte. Ein Ermessen, welches die Richter regelmäßig zugunsten der Angeklagten ausübten.

3. Erster Frankfurter Auschwitz-Prozess 1963

3.1. Das Verfahren

Der Vorsitzende Richter Hans Hofmeyer fand immer wieder die passenden Worte, um die in Frankfurt am Main verhandelten Gräuel zu beschreiben. In seiner mündlichen Urteilsbegründung fasste er zusammen, dass »hinter dem Lagertor eine Hölle begann, die für das normale menschliche Gehirn nicht auszudenken ist«.[399] Er beendete seinen Vortrag, indem er seine Fassungslosigkeit und seinen Schmerz über die Unmenschlichkeit des Holocaust auch im Namen aller Beteiligten zum Ausdruck brachte: »Zwanzig Monate lang haben wir im Geist nochmals alle Leiden und all die Qualen erlebt, die die Menschen dort erlitten haben und die mit Auschwitz auf immer verbunden bleiben. Es wird wohl mancher unter uns sein, der auf längere Zeit nicht mehr in die frohen und glücklichen Augen eines Kindes sehen kann, ohne dass ihm im Geist die angsterfüllten, fragenden und gläubigen Augen der Kinder auftauchen, die in Auschwitz den letzten Weg gegangen sind.«[400]

Zum ersten Mal wurde der Versuch unternommen, die Organisation der Massentötungen in Auschwitz vor einem deutschen Gericht in Worte zu fassen. Allein die gerichtlichen Feststellungen über die Selektionen auf der Rampe, die menschenunwürdige Behandlung, die den Gefangenen widerfuhr, und das qualvolle Sterben in den Gaskammern stemmten sich gegen den damaligen Zeitgeist, dieses Kapitel der deutschen Geschichte abzuschließen. Mit dieser Dokumentation wurde das unfassbare Unrecht jedenfalls als eine Tatsache anerkannt, eine notwendige, wenn auch keine hinreichende Bedingung, um Rechtsfrieden herzustellen.[401]

Fritz Bauer, der als Chef der Anklagebehörde im Hintergrund den Frankfurter Staatsanwälten den Rücken stärkte, erkannte früh, dass es eines Großverfahrens bedurfte, um das in Auschwitz begangene Unrecht auch nur in Ansätzen gerichtlich zu erfassen.[402] Nur so konnten einerseits die nötige öffentliche Aufmerksamkeit hergestellt und vor allem die personellen Ressourcen gerechtfertigt werden, die ein solches Vorhaben erforderten. Diese zunächst kühnen Vorstellungen von Fritz Bauer, der dem Holocaust als Jude mit seiner Flucht nach Schweden im Oktober 1943 selbst nur knapp entkommen war, wurden nach jahrelangen und intensiven Vorbereitungen mit dem ersten Prozesstag am 20. Dezember 1963 in die Tat umgesetzt. Insgesamt waren zwischen 1940 und 1945 in Auschwitz etwa 2000 SS-Männer tätig. Davon hatte »man eine ›Handvoll unerträglicher Fälle‹ herausgefischt und des Mordes angeklagt«.[403]

Ein Mammutverfahren in Zahlen: An über 183 Verhandlungstagen werden 359 Zeugen gehört, darunter 248 Überlebende der Hölle von Auschwitz. Die Anklageschrift umfasst 700 Seiten. An dem bis dahin größten deutschen Nachkriegsprozess sind drei Richter und zwei Ersatzrichter, sechs Geschworene und drei Ersatzgeschworene, vier Staatsanwälte sowie drei Nebenkläger beteiligt. Die insgesamt 22 Angeklagten werden von 19 Strafverteidigern vertreten.[404] Es folgen zwar noch einige Nachfolgeverfahren, die aber weitaus weniger öffentlichkeitswirksam vonstattengehen.[405]

Dies kann man im Hinblick auf die »Strafsache gegen Mulka und andere, Aktenzeichen 4 Ks 2/63« nicht behaupten: Im Laufe des Prozesses sollen schätzungsweise 20 000 Zuschauerinnen und Zuschauer anwesend gewesen sein.[406] Über das Verfahren, die Angeklagten und die Plädoyers wurde sowohl innerhalb Deutschlands als auch international ausführlich berichtet. Daher bezeichnet man das erste Verfahren gemeinhin schlicht als »den Auschwitz-Prozess«.

Auf der Anklagebank saßen keine der zahlreichen Schreibtischtäter oder bloßen Befehlsempfänger. In den Worten von Hannah Arendt waren es »eher die Parasiten und Nutznießer eines verbrecherischen Systems, das den Massenmord, die Vernichtung von Millionen Menschen, zur Gesetzespflicht erhoben hatte«.[407] Ranghöhere SS-Männer wie die Lagerkommandanten Rudolf Höß oder Heinrich Schwarz mussten sich nicht mehr vor Gericht verantworten; beide wurden bereits 1947 als Kriegsverbrecher hingerichtet.

Der Prozess ist durch zahlreiche Film- und Tonaufnahmen gut dokumentiert. Einen wichtigen Beitrag für das Erinnern hat insofern der Journalist Bernd Naumann geliefert, weil es ihm gelang, über das Unfassbare zu schreiben. Zu den anfänglichen Vernehmungen bemerkte er: »Das Konzentrations- und Vernichtungslager Auschwitz war […], wenn den Angeklagten […] geglaubt werden soll, eine Ruhestätte, von kleinen Übeln abgesehen, die das Leben vieler auf engem Raum nun einmal mit sich bringt, und abgesehen von den Vergasungen, ›was natürlich furchtbar war‹.«[408]

3.2. Angewandtes Recht

Eine wichtige Weichenstellung war bereits die Frage, welches Recht anzuwenden war. Schon im Römischen Recht galt der Grundsatz *nulla poena sine lege*, keine Strafe ohne Gesetz. Diese Kurzformel enthält das sogenannte Rückwirkungsverbot, das in Deutschland in Art. 103 Abs. 2 GG sogar verfassungsrechtlich verankert ist: »Eine Tat kann nur bestraft werden, wenn die Strafbarkeit gesetzlich bestimmt war, bevor die Tat begangen wurde.« Auf den ersten Blick ist diese Festlegung einleuchtend. Der Einzelne wäre der Willkür ausgesetzt, wenn der Staat ein bisher strafloses Verhalten fortan nicht nur kriminalisieren, sondern auch auf bereits vergangene Sachverhalte anwenden könnte. Eine solche Vorgehensweise eignet sich für autoritäre Regierungen, um Kritiker zu unterdrücken und ein Klima der Angst zu schaffen. Mit rechtsstaatlichen Vorstellungen von Rechtssicherheit und Vertrauensschutz ist eine rückwirkende Strafe kaum vereinbar. Denn mit den Normen des Strafgesetzbuches sollen gerade die Mindestvoraussetzungen für ein friedliches Miteinander festgelegt werden. Wenn diese beliebig und mit Wirkung für die Vergangenheit ausgetauscht werden können, verlieren die Bürger die Möglichkeit der Orientierung.[409]

Dieses Konzept gerät allerdings ins Wanken, wenn es um die juristische Aufarbeitung von Systemunrecht geht. Denn im Strafgesetzbuch von 1871 gab es zum Zeitpunkt des Auschwitz-Prozesses nun mal »keinen Artikel, der den organisierten, vom Staat angeordneten Mord abdeckte, keinen Paragrafen, der sich auf die Vernichtung ganzer Völker als Teil demografischer Politik bezog […].«[410] Ein solches Verbrechen wie der Holocaust überstieg mehr als 60 Jahre vor der Machtergreifung der Nationalsozialisten schlicht die Vorstellungskraft der deutschen Strafgesetzgebung.

Besonders ausführlich wurde der Problemkreis des strafrechtlichen Rückwirkungsverbots zuletzt nach der Wiedervereinigung im Rahmen der Mauerschützenprozesse diskutiert. Laut damals geltendem DDR-Recht war der Schusswaffengebrauch nämlich gerechtfertigt, wenn ein ungesetzlicher Grenzübertritt unmittelbar bevorstand.[411] Einschränkend sah das Grenzgesetz der DDR lediglich vor, dass beim Einsatz von Schusswaffen »das Leben von Personen nach Möglichkeit zu schonen« war.[412] Danach hätten nur sogenannte Exzesstäter verurteilt werden können, die zum Beispiel Personen töteten, die ihren Fluchtversuch nach ihrer Entdeckung bereits aufgegeben hatten. Diese Wertung wollte das Bundesverfassungsgericht nicht hinnehmen. Es entschied daher im Oktober 1996, dass das Rückwirkungsverbot aus Art. 103 Abs. 2 GG nur solche Strafgesetze betreffe, die »von einem an die Grundrechte gebundenen demokratischen Gesetzgeber erlassen werden«.[413] Es gelte dagegen nicht, wenn der gesetzgebende Staat zu schwerstem »Unrecht aufforderte, es begünstigte und so in der Völkerrechtsgemeinschaft allgemein anerkannte Menschenrechte in schwerwiegender Weise missachtete«.

Diese Passage liest sich wie eine Blaupause für den Umgang mit NS-Verbrechen im Nachkriegsdeutschland. Nicht zufällig lässt sich zwischen den Zeilen klar und deutlich die Formel Gustav Radbruchs erkennen, die dieser im Hinblick auf die Nazidiktatur entwickelt hatte. Der ehemalige SPD-Justizminister der Weimarer Republik schrieb nämlich schon 1946, dass sich ein Richter im Namen der Rechtssicherheit zwar auch an solche Gesetze halten müsse, die ungerecht und unzweckmäßig seien. Eine Grenze zog er aber, »wo Gerechtigkeit nicht einmal erstrebt wird, wo die Gleichheit, die den Kern der Gerechtigkeit ausmacht, bei der Setzung positiven Rechts bewusst verleugnet wurde, da ist das Gesetz nicht etwa nur ›unrichtiges Recht‹, vielmehr entbehrt es überhaupt der Rechtsnatur.«[414] Damit setzte er den entscheidenden rechtstheoretischen Stich, um auf die Taten von NS-Verbrechern das nach Kriegsende geltende Recht anzuwenden. Denn nach diesem Maßstab »sind ganze Partien nationalsozialistischen Rechts niemals zur Würde geltenden Rechts gelangt«.[415] Auf Befehle oder Gesetze, die den Verwaltungsmassenmord des Holocaust erlaubten, rechtfertigten oder entschuldigten, kann sich danach niemand berufen.

Ohne größere Bedenken hatten schon die Alliierten-Gerichte in den Nürnberger Prozessen mit den »Verbrechen gegen die Menschlichkeit« rückwirkend einen Tatbestand angewendet, den sie erst 1945 in einem völkerrechtlichen Vertrag selbst geschaffen hatten. Nach Art. 6 des sogenannten Londoner Statuts war die Beteiligung an der geplanten nationalsozialistischen Judenvernichtung nicht bloß anhand der Kriterien von Mord und Totschlag zu messen. Bestraft wurden nunmehr »Mord, Ausrottung, Versklavung, Deportation oder andere unmenschliche Handlungen, begangen an irgendeiner Zivilbevölkerung vor oder während des Krieges [...] und zwar unabhängig davon, ob die Handlung gegen das Recht des Landes verstieß, in dem sie begangen wurde.« Mittlerweile völkergewohnheitsrechtlich anerkannt, war diese bewusste Abkehr vom Rückwirkungsverbot bei der Verurteilung von NS-Verbrechern bis dahin ein Novum.

Die westdeutschen Gerichte beschritten dennoch einen anderen Weg. Als maßgeblich wurde das zur Tatzeit geltende Strafrecht des Dritten Reiches angesehen. Allerdings stand nach dem Gesetz auch in diesem Zeitraum die massenweise Ermordung von unschuldigen Menschen unter Strafe. Das Frankfurter Schwurgericht kam aber an einer Stelle nicht umhin, einen Ausflug in das Naturrecht zu unternehmen, weil es begründen musste, warum Hitlers Vernichtungsbefehl keinen Rechtfertigungsgrund darstellte: »Aber auch wenn dieser [Führer-]Befehl veröffentlicht worden wäre, hätte er aus Unrecht niemals Recht schaffen können [...]. Im Bewusstsein der zivilisierten Völker besteht bei allen Unterschieden [...] ein gewisser Kernbereich des Rechts, der nach allgemeiner Rechtsüberzeugung von keinem Gesetz und keiner obrigkeitlichen Maßnahme verletzt werden darf.«[416]

3.3. Prozesstaktik der Angeklagten und ihrer Verteidiger

Ohne Rücksicht auf die eigene Glaubwürdigkeit oder jegliche Lebensrealität versteiften sich die meisten Angeklagten darauf, schlicht alles abzustreiten. Dabei wurde keine Rücksicht darauf genommen, ob ihre Darstellungen den eigenen Aussagen in den Voruntersuchungen oder den Schilderungen von Zeugen, Sachverständigen und Mitangeklagten widersprachen. Hofmeyer bemerkte dazu sarkastisch: »Keiner hat hier was gemacht. Der Kommandant war nicht da, der Schutzhaftlagerführer war nur so anwesend, der Beauftragte der Politischen Abteilung kam nur mit den Listen, der andere kam nur mit den Schlüsseln.«[417] Das einhellige, aber widersprüchliche Schweigen, Heruntereden und Abwimmeln entsprach wohl zum Teil einer Strategie der Verteidiger. Laut Hannah Arendt kam hinzu, dass »viele von ihnen einfach nicht intelligent genug [waren], um schlüssig zu denken«.[418]

Es war eine beliebte Prozesstaktik der Angeklagten in NS-Prozessen, gerade solche Kameraden zu belasten, die mittlerweile verstorben oder bereits verurteilt waren. Man selbst einschließlich der Mitangeklagten sei dagegen nur ein kleines Rädchen im übermächtigen Machtgetriebe gewesen, ohne eigene Handhabe, die ungeheuerlichen Verbrechen zu verhindern. Sie selbst säßen nur vor Gericht, »weil man die kleinen Leute als Sündenböcke für die hohen Tiere bräuchte«.[419] Besonders häufig berief man sich außerdem auf Befehlsnotstand. Als Untergebener hätte die Weigerung, an der Judenvernichtung mitzuwirken, eine Gefahr für das eigene Leben bedeutet. Diese Ausrede wurde später als Mythos enttarnt. Eine solche Drucksituation konnte von den Verteidigern der NS-Verbrecher in keinem einzigen Gerichtsverfahren nachgewiesen werden.[420] Stattdessen sind zahlreiche Fälle bekannt, in denen eine Befehlsverweigerung keine oder nur geringe nachteilige Folgen hatte. Selbst Einheiten, die sich geschlossen dagegen verwehrten, an Massenmordaktionen teilzunehmen, mussten nicht damit rechnen, in ihrer eigenen körperlichen Unversehrtheit verletzt zu werden. Ein rechtfertigender Notstand kam also trotz aller Bemühungen der Verteidigung nicht zum Einsatz.

Unter den Strafverteidigern im Auschwitz-Verfahren war es vor allem Hans Laternser, der sich ohne jedes Mitgefühl mit den Überlebenden und Angehörigen der Ermordeten krudesten Gedankenspielen hingab, bar jeder Realität. Er verteidigte fünf ehemalige Angehörige der SS, die wegen Selektionen an der Rampe angeklagt waren. Für Hannah Arendt war er »der bei Weitem intelligenteste Anwalt der Verteidigung«.[421] Vermutlich war er auch der skrupelloseste. Auch wenn es die Aufgabe eines Anwalts ist, bei streitigen Fragen eine Deutungsvariante anzubieten, die für den Mandanten besonders positiv ist, ohne bewusst die Unwahrheit zu sagen, hat er diesen Bogen deutlich überspannt. Die Verwertbarkeit der Aussagen jüdischer Zeugen stellte er per se infrage, weil sie »eingedenk des erlittenen Schicksals des jüdischen Volkes hassende Zeugen seien«.[422] Die Selektion auf der Rampe interpretierte er in seiner ganz eigenen Art als humanitären Akt: »Hätte auf der Rampe in Birkenau eine Selektion einer durch Befehl bestimmten Anzahl von Arbeitsfähigen nicht stattgefunden, so wäre jeweils der gesamte Transport der Vernichtung anheimgefallen.« Laut Urteil wurden auf der Rampe als arbeitsfähig »jeweils zwischen 10 und 15 %, selten mehr, jedoch nicht über 25 % des betreffenden Transports ausgesondert«.[423] Dem menschenverachtenden Umgang in Auschwitz-Birkenau entsprechend, erklärte man aber auch den »als arbeitsunfähig beurteilten Menschen […], dass sie gebadet würden und dann zu arbeiten hätten«.[424]

Laternser kommt derweil zu dem perversen Schluss, dass die von ihm vertretenen Angeklagten »dem einen oder anderen zum Lebensretter geworden sind«.[425] Dieser kruden Theorie schlossen sich nicht einmal seine Mandanten an. Sie wiederholen vielmehr gebetsmühlenartig, an den Selektionen nicht beteiligt gewesen zu sein.[426] In seinem Schlussplädoyer leistete sich Laternser sogar die Dreistigkeit, seine Mandanten als unschuldige Spielbälle einer höheren Macht darzustellen, die ebenso wie die Getöteten Mitleid verdienten. Mit einer anscheinend grenzenlosen Ignoranz gegenüber der Geschichte führte er aus, der »Krieg und die während seiner Dauer begangenen Verbrechen an Opfern« seien von einer einzigen Person verschuldet worden: Adolf Hitler. Auf dieser Grundlage konnte er den Kreis der Opfer Hitlers denkbar weit ziehen: »Selbstverständlich sind dabei auch Deutschland und seine Opfer einzuschließen, denn der weit überwiegende Teil des deutschen Volkes wollte diesen Krieg nicht, der so viel Unglück, Leid und Verbrechen im Gefolge hatte.« Dies gipfelte in dem finalen Einfall, »dass auch diese Angeklagten zu Opfern Hitlers geworden sind«.[427] Ob er sich bloß in Rage geredet hatte oder seinem Gedankengebilde wirklich selber glaubte, lässt sich nicht mit Sicherheit rekonstruieren. Jedenfalls haben ihm seine Ausführungen vor dem Schwurgericht so gut gefallen, dass er sie später als Buch veröffentlichte. Geschämt hat er sich also nicht.

Das Gleiche gilt für die Mehrzahl der Angeklagten. Von ihnen gibt es nur einen einzigen, der bei seiner Vernehmung vor der Öffentlichkeit zugab, dass er heute nicht mehr hinter seinen Taten stehe.[428] Die Hoffnung auf ehrliche Reue erfüllt sich aber auch bei diesem Angeklagten nicht. In seinem Schlusswort relativierte Hans Stark, der als Neunzehnjähriger nach Auschwitz abkommandiert wurde, seine reumütigen Worte zu Beginn des Prozesses wieder: »Ich habe an der Tötung vieler Menschen mitgewirkt. Ich habe mich nach dem Krieg oft gefragt, ob ich ein Verbrecher geworden bin. Ich habe darauf keine Antwort gefunden.«[429] Bei den meisten Angeklagten war in ihren abschließenden Äußerungen aber nicht einmal dieser Ansatz von Selbstreflexion zu erkennen. Bernd Naumann bemerkt dazu, dass sie offenbar ihr

Gewissen am ersten Tag in Auschwitz bei ihrem Vorgesetzten abgegeben hätten, »und es scheint, als hätten sie es nimmermehr gebraucht, nie zurückverlangt. Bis auf den heutigen Tag nicht.«[430]

3.4. Das Urteil

Am 19. August 1965 verkündete Senatspräsident Hofmeyer im »Haus Gallus« das Urteil: Von den 22 Angeklagten wurden drei freigesprochen. Einer war in der Zwischenzeit verstorben, ein anderer wegen Krankheit verhandlungsunfähig. Die übrigen 17 werden zu Freiheitsstrafen verurteilt, sechs davon lebenslänglich. Die anschließende mündliche Urteilsbegründung dauerte zwei Tage.

Auf die Gutachten von historischen Sachverständigen gestützt, wird in dem Urteil zunächst ausführlich die Entstehung des Konzentrationslagers Auschwitz-Birkenau beschrieben: Heinrich Himmler ernannte im Mai 1940 Rudolf Höß zum Kommandanten und beauftragte ihn, auf einem ehemaligen Kasernengelände in der Nähe der Stadt Auschwitz ein »Durchgangslager« für 10 000 Personen zu schaffen.[431] Kurz darauf wurden »30 Berufsverbrecher in dem Konzentrationslager Sachsenhausen« ausgesucht und nach Auschwitz gebracht, um sie dort als erste »Funktionshäftlinge« einzusetzen. Neben diesem »Stammlager« wurde bereits ab Oktober 1941 mit dem Bau des Lagers Birkenau begonnen, das eine Fläche von 170 Hektar umfaßte. Nach den Plänen der Nationalsozialisten sollten hier weitere 100 000 Menschen untergebracht werden. Das Urteil beschreibt im nüchternen Juristendeutsch die widerwärtigen Methoden, mit denen insbesondere die jüdischen Gefangenen malträtiert wurden: die Stehzellen, in denen die Insassen nach

Tagen ohne Essen und Trinken verhungerten,[432] die Rampe[433] und schließlich die Gaskammern.[434]

Es wird rekonstruiert, wie die fanatischen Vorstellungen der Nazis von der »Endlösung der Judenfrage« in Auschwitz ihren tragischen Höhepunkt fanden.[435] Hitler schwadronierte schon am 30. Januar 1939 in aller Öffentlichkeit in einer Rede vor dem Reichstag von der »Vernichtung der jüdischen Rasse in Europa«.[436] Dies war jedoch nicht nur das Hirngespinst eines antisemitischen Wahnsinnigen, sondern wurde hinter den Kulissen akribisch geplant. Die organisatorischen Grundlagen wurden insbesondere auf der Wannsee-Konferenz am 20. Januar 1942 geschaffen. Die Feststellung, dass in Auschwitz das Ziel der Judenvernichtung verfolgt wurde, wurde neben den historischen Sachverständigengutachten[437] unter anderem auch von dem authentischen autobiografischen Bericht des ehemaligen Lagerkommandanten Höß[438] untermauert. Von den Angeklagten wurde dies auch niemals bestritten.[439]

Anschließend widmet sich das Urteil den Angeklagten. Zu jedem einzelnen finden sich Ausführungen im Hinblick auf den Lebenslauf, die Beweiswürdigung im Verfahren sowie Rechtsausführungen zu den jeweiligen Taten. Diese detaillierte Darstellung trug dazu bei, dass den Angeklagten auch in diesem zeitgeschichtlich bedeutsamen Prozess diejenigen Rechte zuteilwurden, die ihnen in einem Rechtsstaat ihren grausamen Taten zum Trotz zustehen. Daher folgten die Richter ihrer Pflicht, in den Urteilsgründen die tatsächlichen und rechtlichen Grundlagen darzulegen, auf die sie sich bei jeder Verurteilung stützten. Nicht zuletzt diente dies unter anderem den Angeklagten und ihren Verteidigern, um einschätzen zu können, ob Rechtsmittel aussichtsreich waren.[440] Tatsächlich wird eine der 17 Verurteilungen später im Revisionsverfahren vom Bundesgerichtshof aufgehoben und an das Schwurgericht zurückverwiesen.[441] Die erneute Verhandlung führte zu einem Freispruch.[442]

Rechtlich wurde die Beteiligung am Holocaust in Auschwitz – auch nach dem zum Zeitpunkt der Tatbegehung geltenden Reichsstrafgesetzbuch – in der Regel als Teilnahme am Mord eingestuft.[443] Als Haupttäter der Judenvernichtung galten nach den restriktiven Maßstäben der Rechtsprechung neben Hitler nur sein engster Führungskreis, der den Vernichtungsbefehl organisatorisch in die Wege leitete, so etwa die zum Zeitpunkt der Urteilsverkündung bereits verstorbenen Himmler, Goebbels oder Heydrich.[444] Tausende von Personen, die auch in Auschwitz als »Glied des gesamten Vernichtungsapparates«[445] fungierten und die Misshandlungen, Erschießungen und Vergasungen durchführten, wurden als Gehilfen bewertet, solange sie dabei Befehle ausführten. Hitlers Vernichtungsbefehl stellte bei alledem keinen Rechtfertigungsgrund dar, schon aus rechtstechnischen Gründen, weil es ihm an der für Gesetze konstitutiven Veröffentlichung mangelte. Zum anderen aus naturrechtlichen Erwägungen: Der Befehl zur Vernichtung der europäischen Juden konnte aus Sicht der Richter niemals Recht sein.[446] Man ging davon aus, dass alle Beteiligten wussten, dass ihr Handeln auch gegen das damals geltende Reichsgesetzbuch verstieß. Ein Verbotsirrtum wurde also abgelehnt.

3.5. Bewertung

In der Rückschau liegt das Verdienst des Frankfurter Schwurgerichts weniger in der Verurteilung einiger Nazi-Verbrecher als in seinen unanfechtbaren Feststellungen zur Vernichtungsmaschinerie in Auschwitz-Birkenau. Akribisch vorbereitet durch die Anklage, wurden unter Berücksichtigung einschlägiger historischer Gutachten die Abläufe rekonstruiert. Auch aufgrund dieser Leistung konnte der Bundesgerichtshof in einem Beschluss vom November 1993 Holocaust-Leugnern vorhalten: »Der Massenmord an den Juden, begangen in den Konzentrationslagern [...] ist als geschichtliche Tatsache offenkundig; eine Beweiserhebung darüber ist daher überflüssig.«[447]

Wider Erwarten bestritten die Angeklagten im ersten Auschwitz-Prozess diese Verbrechen auch gar nicht. Nach ihrem Dafürhalten träfe die damit einhergehende Schuld eben nicht sie persönlich. Besonders bezeichnend war insofern die Einlassung des Angeklagten Josef Klehr, Einzeltötungen durch Giftinjektionen seien gar nicht nötig gewesen, weil in Birkenau »doch täglich vergast worden [sei]«.[448] Für kurze Zeit wurde jedenfalls in der Presse der Bundesrepublik über den Nationalsozialismus und den Holocaust ausführlich berichtet, wenn auch eine umfassende historische Aufarbeitung und vor allem die Behandlung des Themas in deutschen Klassenzimmern noch lange auf sich warten ließen. Den Angeklagten wurden Verfahrensrechte zuteil, die man im Dritten Reich noch als austauschbar angesehen oder gegenüber erklärten Staatsfeinden mit Füßen getreten hatte, darunter das Recht auf Verteidigung, das letzte Wort und vor allem der Zweifelsgrundsatz zu ihren Gunsten. Was bleibt, ist die unumstößliche Feststellung des Senatspräsidenten Hofmeyer, dass in Auschwitz »hinter dem Tor eine Hölle begann, die für das normale menschliche Gehirn nicht auszudenken ist«.[449]

4. Das Verfahren gegen den NS-Richter Hans-Joachim Rehse

4.1. Hintergrund

Hans-Joachim Rehse, Jahrgang 1902, war Sohn eines Pfarrers, studierte in den 1920er-Jahren Rechtswissenschaften und legte seine beiden Examina mit guten Noten ab. Im Anschluss daran durchlief er eine steile Karriere im Justizdienst. Er begann 1931 als Gerichtsassessor und wurde 1942 zum Kammergerichtsrat am Volksgerichtshof ernannt. Dort arbeitete er zunächst als Ermittlungsrichter, ab 1941 als Hilfsrichter. Hilfsrichter waren Richter anderer Gerichte, die gemäß Wortlaut des § 6 des Gesetzes über den Volksgerichtshof, bei *»Häufung der Geschäfte ... zur Sicherung eines ordnungsgemäßen Geschäftsganges«* an den Volksgerichtshof abgeordnet wurden. Rehse amtierte in dieser Funktion als beisitzender Richter des 1. Senats, dessen Vorsitzender der Präsident des Volksgerichtshofs, Roland Freisler, war. Auf diese Weise arbeitete er eng mit Freisler zusammen. Die Ernennung zum Kammergerichtsrat noch im selben Jahr war die zwangsläufige Folge.

Vor seinem Eintritt in die NSDAP im Mai 1933 war Rehse Mitglied der Deutschnationalen Volkspartei unter der Führung Alfred Hugenbergs. Als Richter war er für mindestens 231 Todesurteile – meist aus nichtigen Gründen – verantwortlich. Diese Todesurteile waren Ausdruck der eigentlichen Funktion des Volksgerichtshofs. Es handelte sich nicht so sehr um ein Gericht, sondern vielmehr um ein Terrorinstrument des nationalsozialistischen Staates, das dazu diente, Kritiker des Regimes schnell und hart abzuurteilen, um dadurch für größtmögliche Abschreckung zu sorgen. Schon die kleinste negative Bemerkung oder ein harmloser Scherz konnten mit einem Todesurteil geahndet werden. Mit rechtsstaatlichen Verfahren hatten die dort geführten Prozesse nichts zu tun.

Anstoß für die Gründung des Volksgerichtshofs war das am 23. Dezember 1933 gefällte Urteil des Reichsgerichts in Leipzig im sogenannten Reichstagsbrandprozess. Das Reichsgericht war seinerzeit als höchstes Gericht Deutschlands für Hochverratsverfahren zuständig. Im Reichstagsbrandprozess waren fünf Männer wegen des Reichstagsbrands vom 27. Februar 1933 angeklagt. Vier der Angeklagten wurden freigesprochen, nur ein Angeklagter erhielt die Todesstrafe. Unter den Freigesprochenen des Reichstagsbrandprozesses befand sich auch der Generalsekretär der Kommunistischen Internationalen, der bulgarische Kommunist Georgi Dimitroff, der sich mit seiner überragenden Rhetorik selbst verteidigte und unter anderem die als Zeugen geladenen Göring und Goebbels in Bedrängnis brachte. Wegen dieser Auftritte Dimitroffs wurde die anfängliche Übertragung des Prozesses im Radio eingestellt.

Bemerkenswert war bei dem verhängten Todesurteil, dass gesetzlich für Brandstiftung zum Zeitpunkt der Tat gar keine Todesstrafe vorgesehen war. Ein erst nach dem Brand erlassenes Gesetz verschärfte die Strafsanktion (»Lex van der Lubbe«), sodass die Verhängung der Todesstrafe möglich wurde. Ein solches Vorgehen widerspricht dem in Deutschland auch schon damals geltenden und oben bereits genannten Rückwirkungsverbot als Ausfluss des Prinzips *nulla poena sine lege*. Eine Strafe kann demnach nur dann ausgesprochen werden, wenn die Handlung durch Gesetz bereits zum Zeitpunkt der Tat unter Strafe gestellt ist. Das Reichsgericht setzte sich über dieses Grundprinzip ohne Weiteres hinweg und verurteilte den Angeklagten Marinus van der Lubbe zum Tode. Der Geist, der sich hier manifestierte, ließ sich bereits im Oktober 1933 auf dem Deutschen Juristentag in Leipzig dem unrühmlichen Schwur von mehr als 12000 Juristen entnehmen: »*Wir schwören bei der Seele des deutschen Volkes, dass wir unserem Führer auf seinem Wege als deutsche Juristen folgen wollen bis an das Ende der Tage.*«

Stellte schon 1933 die Hürde des Rückwirkungsverbots kein Problem für die Justiz dar, wurde dann 1935 durch eine Änderung des Strafgesetzbuches unter anderem das rechtsstaatliche Bestimmtheitsgebot des § 2 StGB beseitigt und damit der Willkür gerichtlicher Entscheidungen Tür und Tor geöffnet. Das Bestimmtheitsgebot besagt, dass Gesetze ausreichend bestimmt sein müssen, damit verständlich ist, was der Gesetzgeber auf welche Weise geregelt hat. Nach dem Willen der Nationalsozialisten sollte eine Handlung aber nicht nur dann rechtswidrig sein und bestraft werden können, wenn sie durch ein bestimmtes Gesetz verboten war, sondern auch dann, wenn sie nach dem »gesunden Volksempfinden« Bestrafung verdiente. Dabei handelte es sich um einen komplett unbestimmten Begriff, unter den letztlich jedes Handeln subsumiert werden konnte, das den Nationalsozialisten ein Dorn im Auge war.

In den Augen Adolf Hitlers handelte es sich bei dem Urteil im Reichstagsbrandprozess um ein »lächerliches Ergebnis« von »vertrottelten« Richtern.[450] Um derartig milde Urteile in Zukunft zu vermeiden, wurde mit dem »Gesetz zur Aburteilung von Hoch- und Landesverrat« vom 24. April 1934 der Volksgerichtshof geschaffen, der zunächst als Sondergericht am 1. August 1934 in Berlin die Arbeit aufnahm. Am 18. April 1936 wandelte ein weiteres Gesetz den Volksgerichtshof in ein ordentliches Gericht um. Der Volksgerichtshof war seitdem für Verfahren des Hoch- und Landesverrats sowie für schwere Wehrmittelbeschädigung, Feindbegünstigung, Spionage und Wehrkraftzersetzung zuständig. Sämtliche Verfahren waren einzügig, das heißt, der Volksgerichtshof war zugleich erste und letzte Instanz.

Urteile konnten nur von Adolf Hitler im Rahmen eines sogenannten außerordentlichen Einspruchs des Oberreichsanwalts aufgehoben werden. Eine solche Urteilsaufhebung erfolgte jedoch fast nie.

Das Gericht bestand aus maximal sechs Senaten, die aus je fünf Richtern bestanden, von denen zwei Berufsrichter sein mussten. In den letzten Kriegsmonaten war es jedoch möglich, eine Hauptverhandlung mit nur einem Laienrichter durchzuführen. In den Jahren seines Bestehens waren am Volksgerichtshof 106 Berufsrichter sowie weitere ehrenamtliche Richter und Staatsanwälte tätig.[451]

Präsident des Volksgerichtshofs war ab August 1942 der berüchtigte Roland Freisler, dessen unrühmlicher Auftritt als Vorsitzender im Prozess gegen die Attentäter des 20. Juli in filmischer Form erhalten ist. Die Verteidiger der am Volksgerichtshof Angeklagten – häufig Pflichtverteidiger – mussten zunächst vom Vorsitzenden Richter genehmigt werden. Hinzu kam, dass zwischen der Bekanntgabe der Anklageschrift und dem Beginn der Hauptverhandlung regelmäßig nur eine sehr kurze Frist bestand, was die Verteidigung erschwerte.[452] Eine wirkungsvolle Verteidigung war jedoch ohnehin nicht erwünscht und – wenn jemand eine ordentliche Verteidigung gewagt hätte – wegen gezielter Behinderungen kaum möglich. Jeder Verteidiger, der sich nicht diesen Regeln unterwarf, hatte Repressalien zu befürchten. So hatte etwa Rechtsanwalt Franz Wallau versucht, die Unschuld seines Mandanten, des Angeklagten Maurice Bavaud, zu beweisen und plädierte für Freispruch. Wallau wurde prompt vom Gericht suspendiert, aus dem NS-Rechtswahrerbund ausgeschlossen, was einem Berufsverbot gleichkam, und von der Gestapo verhaftet.

Je länger der Krieg dauerte, desto größer wurde die Zahl der Angeklagten und desto härter fielen die Urteile aus: Wurden 1934 vier und 1935 neun Angeklagte zum Tode verurteilt, so betrug der Anteil der Todesurteile ab 1942 fast 50 Prozent. Dies lag nicht nur an den fortschreitenden militärischen Misserfolgen, sondern auch an Roland Freisler, dem seit 1942 agierenden Präsidenten des Volksgerichtshofs. Freislers »juristisches« Credo ist dem Dankesschreiben an Hitler nach seiner Ernennung zum Präsidenten des Volksgerichtshofs zu entnehmen: »Der Volksgerichtshof wird sich stets bemühen, so zu urteilen, wie er glaubt, dass Sie, mein Führer, den Fall selbst beurteilen würden.« Er unterzeichnete mit »in Treue Ihr politischer Soldat Roland Freisler«.[453] Als abgeurteilte und mit der Todesstrafe sanktionierte Tatbestände nutzten die Richter immer häufiger die Straftatbestände des Defätismus und der Wehrkraftzersetzung. Schon das kleinste kritische Wort gegenüber dem Regime konnte zu einem Todesurteil führen. Dabei wurden Taten, die zuvor durch das sogenannte Heimtückegesetz »nur« mit Gefängnisstrafen sanktioniert worden waren, von der Justiz nun oftmals als Wehrkraftzersetzung verfolgt, mit der Konsequenz, dass Todesurteile verhängt werden konnten. Insgesamt fällten die Richter des Volksgerichtshofs 18 000 Urteile, davon rund 5 200 Todesurteile. Der 1. Senat von Freisler und Rehse fällte allein 2 600 Todesurteile.

Trotz des bereits im Jahr 1947 durchgeführten Juristenprozesses als drittem der zwölf Nürnberger Nachfolgeprozesse gegen Verantwortliche des Deutschen Reichs zur Zeit des Nationalsozialismus setzte eine breite Diskussion um die Urteile des Volksgerichtshofs erst nach dem Film *Die Weiße Rose* von Michael Verhoeven 1982 ein. Im Abspann des Films hieß es: »Nach Auffassung des Bundesgerichtshofs bestehen die Urteile gegen die Weiße Rose zu Recht. Sie gelten noch immer.«[454]

Es setzte eine allgemeine Empörung ein, die schließlich am 25. Januar 1985 zu einer parlamentarischen »Feststellung« des Deutschen Bundestags führte, in der es hieß:

> Der Deutsche Bundestag stellt fest, dass die als Volksgerichtshof bezeichnete Institution kein Gericht im rechtsstaatlichen Sinne, sondern ein Terrorinstrument zur Durchsetzung der nationalsozialistischen Willkürherrschaft war. Den Entscheidungen des Volksgerichtshofs kommt deshalb nach der Überzeugung des Deutschen Bundestages keine Rechtswirkung zu.[455]

Dabei handelte es sich um eine rein politische, juristisch jedoch unverbindliche Aussage. Juristisch verbindlich wurden die Urteile des Volksgerichtshofs erst 1998 durch das »Gesetz zur Aufhebung nationalsozialistischer Unrechtsurteile« annulliert.

Der Volksgerichtshof entwickelte sich insbesondere unter der Leitung Freislers zu einer regelrechten »Vernichtungsmaschine«. Freisler allein fällte insgesamt 1662 Todesurteile. Er war berüchtigt dafür, die Angeklagten zu unterbrechen, zu beleidigen und ihrer Würde zu berauben. So bezeichnete Freisler mit Rehse an seiner Seite den später zum Tode verurteilten Priester Max-Josef Metzger als »Pestbeule«, die es »auszumerzen« gelte. Angeklagte wurden aber auch als »Viertelportion«, »Würstchen« oder »Ratte« bezeichnet.[456] In Urteilsberatungen äußerte er durchaus auch einmal, es sei in diesem Fall »nach der Devise Rübe ab« zu verfahren.[457] Mit einer normalen Gerichtspraxis und Rechtsprechung hatte das nichts mehr gemein. Rehse selbst war an mindestens 231 Todesurteilen beteiligt. Freisler kam im Februar 1945 bei einem Bombenangriff ums Leben. Während sich viele Hinterbliebene von Nazigegnern nach dem Krieg ihre Versorgungsansprüche vor Gericht erstreiten mussten, erhielt seine Witwe eine Witwenrente. Ihre Witwenrente wurde 1974 im Einklang mit dem Bundesversorgungsgesetz sogar noch mit der Begründung erhöht, dass ihr Mann aufgrund seiner fachlichen Qualifikation im Erlebensfall nach dem Krieg vermutlich als Rechtsanwalt oder höherer Beamter nach und nach steigende

Bezüge erwirtschaftet hätte. Erst 1997, kurz vor dem Tod der Witwe, wurde dieses Gesetz geändert, und NS-Verbrecher sowie deren Hinterbliebene wurden von der Versorgung ausgeschlossen.

4.2. Verfahren

Rehse zog sich nach dem Krieg sicherheitshalber in die schleswig-holsteinische Provinz zurück und arbeitete dort am Verwaltungsgericht Schleswig seit 1956 unbehelligt wieder als Richter. 1957 leitete die Staatsanwaltschaft Flensburg gegen Rehse ein Ermittlungsverfahren wegen mehrerer von ihm mitgetragener Todesurteile ein. Im Rahmen seiner Vernehmung berief sich Rehse auf das Beratungsgeheimnis und behauptete, gegen das Todesurteil gestimmt zu haben.

Das sogenannte Beratungsgeheimnis findet sich auch heute noch in § 43 des Deutschen Richtergesetzes (DRiG) und besagt, dass der Richter über den Hergang der Urteilsberatung und Abstimmung auch nach Beendigung seines Dienstverhältnisses zu schweigen hat. Eine Verletzung dieses Beratungsgeheimnisses ist demnach grundsätzlich eine Straftat. Kern des § 43 DRiG ist, dass Entscheidungen nicht auf Einzelpersonen zurückgeführt werden sollen, sondern das Gericht als Ganzes, sozusagen mit einer Stimme, entscheidet. Alle Richter sind für das Urteil verantwortlich. Damit aber auch Rehse für die Todesurteile des Spruchkörpers.

Darüber hinaus dient § 43 DRiG keinesfalls dem Zweck, vorsätzlichen Rechtsbruch zu schützen oder durch Unaufklärbarkeit zu privilegieren. Die Geheimhaltung krimineller Taten, auch eine Rechtsbeugung, ist also keineswegs vom Schutzbereich des § 43 DRiG erfasst. Die Staatsanwaltschaft nahm § 43 DRiG dennoch zum Anlass, das Verfahren gegen Rehse im November

1957 einzustellen. Ihm sei nicht nachzuweisen gewesen, dass er für die Todesstrafe gestimmt habe.[458] Weitere Jahre konnte er somit ein normales bürgerliches Leben führen und wohnte, wie die *Frankfurter Rundschau* seinerzeit schrieb, »im sogenannten Juristenviertel in einem behaglichen Landhaus auf dem Erdbeerenberg«.[459]

Da das Innenministerium Schleswig-Holsteins die von Rehse unterzeichneten Urteile für unmenschlich hielt, wurde ihm 1961 immerhin die Weiterzahlung der Pension verweigert, wogegen er aber erfolgreich klagte.

Das Oberlandesgericht München wiederum bestätigte mit Beschluss vom 22. April 1963 die Einstellung eines Ermittlungsverfahrens gegen Rehse durch die Staatsanwaltschaft München wegen eines gegen den Karmeliterpater Gebhard Heyder gefällten Todesurteils. Dieser hatte »... von der Kanzel herab die feindlichen Terrorangriffe als gerechte Strafe Gottes bezeichnet ...« Die Staatsanwaltschaft stellte das Ermittlungsverfahren ein, obwohl sie davon ausging, dass die in § 91b des damaligen StGB normierten schweren Nachteile offenbar nicht vorlagen (zum § 91b StGB vgl. das Folgende). Damit war das Urteil nach Ansicht der Staatsanwaltschaft zwar rechtswidrig, doch sah sie kein schuldhaftes Verhalten Rehses. Denn: »... einem von den nationalsozialistischen Lehren und dem damaligen Rechtsdenken verblendeten Richter oder Staatsanwalt kann deshalb nicht nachgewiesen werden, dass er mit bestimmtem Vorsatz das Recht verletzt hat ...« Das OLG München bestätigte diese Rechtsauffassung.[460]

Letztlich kann man diese Schlussfolgerung der Staatsanwaltschaft und des OLG München dahingehend zusammenfassen, dass diejenigen das geringste Risiko einer Verurteilung trugen, die der NS-Ideologie am glühendsten anhingen.

Am 9. Februar 1967 schließlich wurde Rehse, zu dem Zeitpunkt bereits Pensionär, aufgrund eines Haftbefehls der Berliner

Staatsanwaltschaft verhaftet. Die Berliner Staatsanwaltschaft unternahm hier erneut den Versuch, verantwortliche Richter zur Verantwortung zu ziehen. Sie führte zu diesem Zeitpunkt 35 Ermittlungsverfahren gegen 63 Angehörige des Volksgerichtshofs. Das Verfahren gegen Rehse war der erste Fall, der zur Anklage kam. Aus Sicht der engagierten Staatsanwälte sollte es ein Musterprozess werden, weitere Prozesse sollten folgen.

Die Anklage warf Rehse die Mitunterzeichnung von sieben Todesurteilen vor. Die Verurteilten waren seinerzeit wegen banaler skeptischer Äußerungen hinsichtlich der Kriegslage oder der nationalsozialistischen Politik angeklagt und zum Tode verurteilt worden. Ein Beispiel:[461]

Im Namen des Deutschen Volkes

In der Strafsache gegen

den Postschaffner Georg Jurkowski aus Berlin-Weißensee, geboren am 31. Juli 1891 in Berlin, zur Zeit in dieser Sache in gerichtlicher Untersuchungshaft,

wegen Wehrkraftzersetzung

hat der 1. Senat des Volksgerichtshofs auf Grund der Hauptverhandlung vom 14. Oktober 1943, an welcher teilgenommen haben als Richter: Präsident des Volksgerichtshofs Dr. Freisler als Vorsitzender, Kammergerichtsrat Rehse, Gauhauptstellenleiter Bürgermeister Ahmels, Ortsgruppenleiter Kelch, Kreisleiter Reinecke, als Vertreter des Oberreichsanwalts: Erster Staatsanwalt Domann,

für Recht erkannt:

Georg Jurkowski hat Anfang August in Danzig auf der Straße zersetzende und defaitistische Äußerungen getan, besonders gesagt, mit dem Führer werde es gehen wie mit Mussolini, und im Januar lebe er nicht mehr. Dadurch ist er für immer ehrlos geworden. Er wird als Zersetzungspropagandist unserer Kriegsfeinde mit dem Tode bestraft.

Gründe:
Georg Jurkowski ist als Postschaffner im Bahndienst tätig und war als solcher am 3. August mit dem Postbeamten Schönherr aus Berlin, der auch Bahndienst hatte, in Danzig. Gegen 10.30 Uhr wollte er nach Berlin zurückfahren. Um 10 Uhr ging er am Stockturm mit Schönherr in Richtung Bahnhof. Zufällig ging die Volksgenossin Rosemarie Grande hinter ihnen und hörte nun ganz deutlich, wie Jurkowski zu Schönherr sagte, Hermann Göring habe in Italien das sechste Besitztum, er habe sich an fremdem Eigentum bereichert. Als sie das hörte, holte sie auf, stellte Jurkowski zur Rede, während Schönherr im Glauben, eine Bekannte rede Jurkowski an, etwas vorging und das Weitere nicht hörte. Volksgenossin Grande sagte zu Jurkowski, er solle seine Äußerungen nicht so herausposaunen, sondern so etwas für sich behalten. Jurkowski antwortete: »Fräulein, Sie werden in zwei Monaten anders darüber denken. Ich kann Ihnen nur sagen, der Duce ist verhaftet, mit Hitler wird es auch nicht anders gehen. Im Januar lebt er nicht mehr.«

Das alles hat die Volksgenossin Rosemarie Grande heute als Zeugin ebenso wie schon vor der Polizei mit größter Bestimmtheit bekundet. Sie macht einen tadellosen Eindruck, und der Volksgerichtshof ist überzeugt, dass sie kein Wort zu wenig, so auch kein einziges Wort zuviel ausgesagt hat. (…)

Der Volksgenossin Rosemarie Grande ist ihr entschlossenes und richtiges Einschreiten zu danken. Sie hat damit so gehandelt, wie heute eine deutsche Volksgenossin handeln muss. Sie hat einen gefährlichen defaitistisch zersetzenden Hetzer entlarvt, noch dazu einen, der seinen Eid auf den Führer in so schmählicher Weise gebrochen hat (§ 5 KSSVO, § 91 b StGB).

Wer so handelt, zum Schluss des 4. Kriegsjahres, der zeigt, dass er bar jeder Ehre ist. Zum Schutze unserer inneren Einheit muss er deshalb für immer ehrlos mit dem Tode bestraft werden.
Weil Jurkowski verurteilt ist, muss er auch die Kosten tragen.

gez. Freisler *Rehse*

Verurteilt wurde hier – wie in den meisten Fällen – gemäß § 5 Kriegssonderstrafrechtsverordnung (Wehrkraftzersetzung) und § 91 b Strafgesetzbuch für das Deutsche Reich (Feindbegünstigung).
In § 5 KSSVO hieß es:

(1) Wegen Zersetzung der Wehrkraft wird mit dem Tode bestraft:
1. wer ... sonst öffentlich den Willen des deutschen oder verbündeten Volkes zur wehrhaften Selbstbehauptung zu lähmen oder zu zersetzen sucht;
2. wer es unternimmt, ... die Mannszucht in der deutschen oder einer verbündeten Wehrmacht zu untergraben;
(2) In minder schweren Fällen kann auf Zuchthaus oder Gefängnis erkannt werden.

In § 91b StGB wiederum hieß es:

(1) Wer ... es unternimmt, während eines Krieges gegen das Reich ... der feindlichen Macht Vorschub zu leisten oder der Kriegsmacht des Reichs ... einen Nachteil zuzufügen, wird mit dem Tode oder mit lebenslangem Zuchthaus bestraft.
(2) Wenn die Tat nur einen unbedeutenden Nachteil für das Reich ... und nur einen unbedeutenden Vorteil für die feindliche Macht herbeigeführt hat, schwerere Folgen auch nicht herbeiführen konnte, so kann auf Zuchthaus nicht unter zwei Jahren erkannt werden.

Da meist wegen geringster Vergehen die Todesstrafe verhängt wurde, ist nicht erkennbar, wann überhaupt jemals ein minder schwerer Fall vorgelegen haben soll. Bei den Urteilen des Volksgerichtshofs ging es allerdings ohnehin weniger darum, Recht zu sprechen, als Terror und Abschreckung zu verbreiten.

Dementsprechend lautete auch Rehses Rechtfertigung für die von ihm gefällten Todesurteile folgendermaßen: »Bei der defätistischen Zersetzungswelle, die damals das deutsche Volk zu überrollen drohte, mussten unsere Urteile der Abschreckung dienen.«[462] Eine Einsicht in eigenes Fehlverhalten kann man darin nicht erkennen.

In weiteren Verfahren verurteilte Rehse den katholischen Priester Max Josef Metzger zum Tode, weil er dem schwedischen Erzbischof ein Manifest zukommen lassen wollte, das eine demokratische Staatsordnung für Nachkriegsdeutschland vorsah. Im Urteil las sich das wie folgt: »... von unserer Niederlage überzeugt gewesen ist und ein Memorandum nach Schweden schicken wollte, um den Boden für eine feindhörige pazifistisch-demokratische Regierung vorzubereiten ...« Im Falle des Pfarrers Joseph Müller wiederum reichte ein Witz über Hitler und Göring, um sein Todesurteil zu rechtfertigen: »... Volksgenossen erzählt habe, er habe neben einen sterbenden Verwundeten, der noch einmal die sehen wollte, für die er sterben müsse, das Bild unseres Führers rechts, das des Reichsmarschalls links gestellt und gesagt, jetzt sterbe er in Christus ...«

Die Todesurteile zeichneten sich in den meisten Fällen durch ein ganz massives Missverhältnis zwischen dem Verhalten der Verurteilten und der dafür verhängten Strafe – der Todesstrafe – aus. Bei ihrer Anklage gegen Rehse sah die Staatsanwaltschaft Berlin dadurch den Tatbestand des Mordes in den genannten drei Fällen bzw. des versuchten Mordes in den anderen angeklagten Fällen verwirklicht.

Dieses Vorgehen der Staatsanwaltschaft war insofern ambitioniert, als dass diese Mordanklage zunächst einmal eine Hürde nehmen musste, die der bisherigen Linie des Bundesgerichtshofs entsprach. Der Bundesgerichtshof hatte nämlich in einem Grundsatzurteil vom 7. Dezember 1956 die sogenannte Sperrwirkung der Rechtsbeugung bestätigt. Dieser Straftatbestand der Rechtsbeugung wurde im Zusammenhang mit der strafrechtlichen Verfolgung von NS-Juristen vielfach diskutiert. Es gab Stimmen, die bereits die Anwendung von NS-Gesetzen als Rechtsbeugung definierten. Für die Justiz jedoch galt das NS-Strafrecht als seinerzeit geltendes und gültiges Recht. Der Tatbestand der Rechtsbeugung konnte somit erst erfüllt sein, wenn der betroffene Richter das Recht falsch angewandt hatte. Jedes Gericht, somit auch das hier tätige Berliner Landgericht, hatte also zu prüfen, ob die infrage stehenden Äußerungen der zum Tode Verurteilten unter die gesetzlich normierten Begriffe Wehrkraftzersetzung und Feindbegünstigung zu subsumieren waren, sodass sie nach damaliger Auffassung den Ausspruch eines Todesurteils rechtfertigten. War dies nicht der Fall, hätte der Täter, der Richter, den objektiven Tatbestand der Rechtsbeugung erfüllt.

Überdies müsste aber noch der subjektive Tatbestand erfüllt sein, der jeweilige Richter also vorsätzlich gehandelt haben. Nach der grundlegenden Entscheidung des Bundesgerichtshofes vom 7. Dezember 1956[463] musste angeklagten Richtern also der sogenannte direkte Vorsatz nachgewiesen werden bzw. das sichere Wissen darüber, dass er geltendes Recht unrichtig angewandt hatte. Hierzu heißt es in dem Urteil des Bundesgerichtshofs: »Dabei sind ernsthafte Zweifel über die Auslegung des anzuwendenden Rechts aus der Perspektive des damals handelnden oder urteilenden Richters zu entscheiden.«[464]

Ein solches Wissen konnte Richtern jedoch grundsätzlich nie nachgewiesen werden. Denn wie sollte ein solcher Nachweis jemals gelingen? Wie sollte einem Richter nachgewiesen werden, dass er selbst davon ausging, mit seinem Urteil Unrecht zu tun?

Damit wurde die Verurteilung eines jeden NS-Richters praktisch unmöglich. Vor der zitierten Entscheidung des Bundesgerichtshofs reichte für eine entsprechende Verurteilung noch aus, dass der angeklagte Richter wenigstens damit gerechnet oder es für möglich gehalten hatte, dass sein Urteil rechtswidrig gewesen sein könne. Die neue Auffassung zur Rechtsbeugung führte dazu, dass nach Kriegsende von bundesrepublikanischen Gerichten lediglich zwei »Richter« strafrechtlich belangt wurden. Es handelte sich hierbei allerdings nicht um Berufsrichter, sondern um selbst ernannte Richter von Standgerichten in den letzten Kriegsmonaten. Kein einziger Berufsrichter wurde verurteilt.

Kam aber die Verurteilung wegen Rechtsbeugung aus diesen Gründen nicht infrage, war auch eine Verurteilung aufgrund anderweitiger Tatbestände, wie zum Beispiel Mord, Totschlag oder Freiheitsberaubung, wegen des vom Bundesgerichtshof bestätigten Prinzips der *Sperrwirkung der Rechtsbeugung* nicht mehr möglich. Im Urteil des Bundesgerichtshofs hieß es dazu: »Wer wegen seiner Tätigkeit … bei der … Entscheidung einer Rechtssache zur Verantwortung gezogen wird, kann auch nach anderen Vorschriften als StGB § 336 … nur dann verurteilt werden, wenn ihm eine Rechtsbeugung im Sinne des StGB § 336 nachgewiesen ist.«[465]

Diese rechtlichen Fragen mussten also vom Berliner Landgericht zunächst umschifft werden, um zu einer Verurteilung zu kommen.

Rehse wurde im Verfahren von dem illustren Berliner Rechtsanwalt Dietrich Scheid vertreten. *Die Zeit* titulierte Scheid als »Grandseigneur der Berliner Ganovenverteidiger«.[466] Zu seinen illustren Mandanten zählten aber auch Christian Ströbele und Axel Springer. Außerdem war er Justiziar der Parteizeitung der Westberliner SEW (Sozialistische Einheitspartei Westberlin), *Die*

Wahrheit. Zusammen mit anderen Anwälten vertrat er auch die Witwe des sozialistischen Widerstandskämpfers Georg Groscurth und erstritt ihre Anerkennung als Verfolgte des Nationalsozialismus. Und nun vertrat er ausgerechnet den ehemaligen Richter am Volksgerichtshof Hans-Joachim Rehse.

Scheid plädierte für seinen Mandanten auf Freispruch. Er bezog sich dabei auf die bereits genannte Rechtsprechung des Bundesgerichtshofs und trug vor, dass Rehse ohne Unrechtsbewusstsein und nicht schuldhaft gehandelt hätte. Rehse selbst gab – dazu passend – vor Gericht an, die damaligen Verurteilungen als richtig eingeschätzt zu haben. Scheid behauptete zudem, dass es sich bei Rehse lediglich um einen Gehilfen gehandelt habe, da er die Urteile nicht in eigenem Interesse, sondern als Befehlsempfänger für andere mitgetragen habe. Er habe sich in seinem Verhalten dem Täterwillen Freislers unterworfen. Die Urteile seien wegen der Bedrohungen durch Defätismus »aus rein sachlichen Erwägungen« zum Schutz des Reiches gefällt worden. Als Richter habe er sich an dieses Recht gebunden gefühlt. Diese Argumentation fußte auf der umstrittenen »extrem-subjektiven Teilnehmerlehre«, wonach Täter trotz eigener Tatbegehung nur sein konnte, wer die Tat auch als eigene wollte. Da in einer Befehlskette nahezu jeder für seinen Vorgesetzten handelt, wurde bereits in vorherigen Prozessen eine Vielzahl von unmittelbar an NS-Verbrechen beteiligten Personen nur als Gehilfen eingestuft.

Die Staatsanwaltschaft wiederum argumentierte, dass Rehse sehr wohl in Kenntnis des Unrechts seiner Entscheidungen gehandelt habe. Außerdem bezog sich die Staatsanwaltschaft auf die Radbruchsche Formel, nach der positivem Recht nur dann Geltung zukomme, wenn es dem übergesetzlichen Recht entspricht. Ein Gesetz, welches in einem unerträglichen Maße der Gerechtigkeit widerspricht, ist demnach kein Recht und somit nicht bindend. Befolgt jemand dennoch das positive

Recht, dann bleibt sein Handeln rechtswidrig.[467] Ebenso wenig sei die Sperrwirkung der Rechtsbeugung hier relevant, da es sich beim Volksgerichtshof nicht um ein unabhängiges Gericht, sondern um ein Terrorinstrument im Dienste der nationalsozialistischen Machthaber gehandelt habe. Um die Sperrwirkung der Rechtsbeugung herbeizuführen, bedürfe es indessen der Tätigkeit als Richter an einem unabhängigen Gericht. Auch Rehse sei im Übrigen bewusst gewesen, dass es sich nicht um ein unabhängiges Gericht gehandelt habe.

4.3. Urteil

Am 3. Juli 1967 wurde Hans-Joachim Rehse von der Schwurgerichtskammer des Landgerichts Berlin wegen Beihilfe zum Mord in drei Fällen und wegen Beihilfe zum versuchten Mord in vier Fällen zu fünf Jahren Haft verurteilt.

Das Gericht begründete seine Entscheidung damit, dass Rehse trotz seiner exzellenten juristischen Ausbildung mit angesehen habe, wie Angeklagte gedemütigt und Urteile gesprochen wurden, die in krassem Missverhältnis zu den Taten standen. Es widersprach dabei jedoch der These der Staatsanwaltschaft, dass Rehse aufgrund der Widerrechtlichkeit des Gerichtes auch dessen Entscheidungen als Unrecht erkannt haben müsse. Nach Ansicht des Vorsitzenden Richters Geus habe es sich bei dem Volksgerichtshof um ein ordentliches Gericht gehandelt.

Das Urteil war dennoch ein großer Erfolg für die Staatsanwaltschaft: Zum ersten Mal wurde ein Jurist des Volksgerichtshofes schuldig gesprochen. Die Verurteilung ließ hoffen, nun auch weitere NS-Juristen zur Rechenschaft ziehen zu können.

Unmittelbar nach der Urteilsverkündung gingen sowohl Rehse als auch die Staatsanwaltschaft in Revision. Daraufhin nahm sich der 5. Strafsenat des Bundesgerichtshofes des Falls Rehse an. Der Senat entschied im Folgenden, dass die extrem-subjektive Teilnehmerlehre zu verwerfen sei. Denn Rehse habe als Richter bei der Urteilsfindung eine gleichberechtigte Stimme gehabt. Damit könne er aber kein Gehilfe, sondern nur Täter sein. Im Urteil heißt es:

»Als Mitglied eines Kollegialgerichts war der Angeklagte bei der Abstimmung nach dem auch damals geltenden Recht unabhängig, gleichberechtigt, nur dem Gesetz unterworfen und seinem Gewissen verantwortlich. Seine Pflicht forderte, allein der eigenen Rechtsüberzeugung zu folgen. Das konnte ihm kein anderer, auch kein Vorsitzender von der Art Freislers, abnehmen. Falls also der Angeklagte bewusst gegen seine richterliche Überzeugung von der Rechtslage für ein Todesurteil stimmte, so leistete er einen höchstpersönlichen Beitrag und konnte, wenn das Urteil rechtswidrig war, nur Täter, nicht Gehilfe eines Tötungsverbrechens sein.«[468]

Um jedoch als Mörder verurteilt werden zu können, hätten Rehse die für Mord notwendigen niedrigen Beweggründe nachgewiesen werden müssen. Hierzu vermisste der Bundesgerichtshof ausreichende Feststellungen im landgerichtlichen Urteil. Als Berichterstatter des 5. Strafsenats agierte Rudolf Börker, der während der NS-Zeit als Kriegsgerichtsrat im Wehrmachtsgefängnis Torgau tätig gewesen war und in dem von der DDR herausgegebenen Braunbuch alter Nazis in der Bundesrepublik namentlich aufgeführt war.

Derselbe 5. Strafsenat unter seinem Vorsitzenden Werner Sarstedt fällte im Übrigen später, am 20. Mai 1969, die juristisch hoch umstrittene, aber politisch wohl gewollte Entscheidung, dass nach dem damals neuen § 50 Abs. 2 StGB Beihilfe zum Mord zum 8. Mai 1960 verjährt war – der sogenannte Verjährungsskandal. Diese Rechtsprechung passte allerdings nicht dazu, dass Sarstedt andererseits im April 1966 zu denjenigen

Juristen auf dem Richtertag in Königstein zählte, die eine Erklärung unterzeichnet hatten, in der ein entschiedeneres Vorgehen gegen NS-Verbrecher gefordert wurde.[469]

Im Fall Rehse hob der 5. Strafsenat das Urteil des Landgerichts Berlin auf und verwies die Sache zurück. Das Landgericht Berlin, in anderer Besetzung, sprach Rehse schließlich am 6. Dezember 1968 nach nur acht Verhandlungstagen frei. Die Kammer stellte fest, dass auch ein totalitärer Staat wie das NS-Regime ein Recht auf Selbstbehauptung besaß. »Deutschland stand damals in einem Kampf auf Leben und Tod ... Der Defätismus musste bekämpft werden«, so der Richter. Zwar seien die Todesurteile unverhältnismäßig gewesen, doch habe man nach Abgleich der Urteile mit dem damals geltenden Recht keine Rechtsbeugung durch Rehse feststellen können. Er habe vielmehr im Einklang mit der Auffassung des Reichsgerichts und des Reichsjustizministeriums geurteilt. Die Äußerungen der damalig Verurteilten hätten die Tatbestände der »Wehrkraftzersetzung« bzw. der »Feindbegünstigung« erfüllt. Auch sei der Volksgerichtshof keine Unrechtsinstitution gewesen, wie von der Staatsanwaltschaft behauptet. »Der Volksgerichtshof war ein unabhängiges, nur dem Gesetz unterworfenes Gericht«, stellte der Vorsitzende Richter Oske fest. Rehse war gemäß der schon zitierten Rechtsprechung des Bundesgerichtshofs kein Vorsatz nachzuweisen. Damit galt aber die Sperrwirkung der Rechtsbeugung, eine Verurteilung wegen anderer Tatbestände kam nicht mehr in Betracht. Dem Staatsanwalt sagte der Vorsitzende: »Für Sie wäre es wohl besser gewesen, wenn Sie nie Anklage erhoben hätten.« Die bei der Verhandlung anwesende Öffentlichkeit war über den Freispruch empört. Es erklangen Pfiffe und »Pfui«-Rufe. Auf dem Weg aus dem Gerichtssaal wurde Rehse mit den Worten: »Schämen Sie sich, Sie Blutrichter, für alle Opfer, die Sie auf dem Gewissen haben!« von einem Prozesszuschauer geohrfeigt.[470] Die Staatsanwaltschaft legte Revision ein. Zu einer weiteren Entscheidung des Bundesgerichtshofs kam es nicht mehr. Rehse starb im Herbst 1969.

4.4. Bewertung

Das Urteil wurde unmittelbar nach seiner Verkündung von der Öffentlichkeit und der Presse als Skandalurteil bewertet. Die Bezeichnungen reichten von »Freispruch für Freisler« über »größte Niederlage der deutschen Justiz seit 1945« bis zu »Rechtsperversion«. *Der Spiegel* erklärte die Karriere des jungen Richters für beendet. Er gab in der Tat nur noch einige Interviews, erlitt einen Nervenzusammenbruch und urteilte schließlich nur noch in Mietstreitigkeiten.[471]

Als Reaktion auf das Urteil stellte die Staatsanwaltschaft Berlin alle weiteren Verfahren gegen NS-Richter wegen mangelnder Erfolgsaussichten ein. Der Bundesgerichtshof räumte im Zuge der Aufarbeitung des Justizunrechts in der DDR in seinem Urteil vom 16. November 1995 ein, dass gerade seine eigene Rechtsprechung zu einer unzureichenden Verfolgung von NS-Juristen geführt habe:

»Beispiele für die dargestellte Problematik bietet namentlich auch die (insgesamt fehlgeschlagene) Auseinandersetzung mit der NS-Justiz. Die nationalsozialistische Gewaltherrschaft hatte eine ›Perversion der Rechtsordnung‹ bewirkt, wie sie schlimmer kaum vorstellbar war … und die damalige Rechtsprechung ist angesichts exzessiver Verhängung von Todesstrafen nicht zu Unrecht oft als ›Blutjustiz‹ bezeichnet worden, obwohl die Korrumpierung von Justizangehörigen durch die Machthaber des NS-Regimes offenkundig war, haben sich bei der strafrechtlichen Verfolgung des NS-Unrechts auf diesem Gebiet erhebliche

Schwierigkeiten ergeben .... Die vom Volksgerichtshof gefällten Todesurteile sind ungesühnt geblieben, keiner der am Volksgerichtshof tätigen Berufsrichter und Staatsanwälte wurde wegen Rechtsbeugung verurteilt, ebenso wenig Richter der Sondergerichte und der Kriegsgerichte. Einen wesentlichen Anteil an dieser Entwicklung hatte nicht zuletzt die Rechtsprechung des Bundesgerichtshofs ... Diese Rechtsprechung ist auf erhebliche Kritik gestoßen, die der Senat als berechtigt erachtet. Insgesamt neigt der Senat zu dem Befund, dass das Scheitern der Verfolgung von NS-Richtern vornehmlich durch eine zu weitgehende Einschränkung bei der Auslegung der subjektiven Voraussetzungen des Rechtsbeugungstatbestandes bedingt war.«[472]

Der danach vollzogene Wandel in der Rechtsprechung ermöglichte fortan die Verurteilung von DDR-Richtern.

Das wiedervereinigte Deutschland gegen alte Nazis

1. Das Verfahren gegen John Demjanjuk 2009–2011

Mit der Klärung der oben bereits erläuterten Verjährungsfrage waren längst nicht alle Hindernisse zur strafrechtlichen Aufarbeitung der NS-Gewaltverbrechen beseitigt. Als besonders folgenreich erwiesen sich die im Zusammenhang mit dem Frankfurter Auschwitzprozess (1963–1965) vom Landgericht Frankfurt a. M. und dem Bundesgerichtshof entwickelten Anforderungen an den Tatnachweis in Strafverfahren gegen das Personal deutscher Konzentrations- und Vernichtungslager. In der unmittelbaren Nachkriegszeit war es in der Rechtsprechung noch anerkannt, dass ein Lagerbetrieb mit dem bloßen Zweck der Vernichtung von Menschenleben als *eine einheitliche Mordtat* anzusehen und schon das bloße Dienst-Tun in einem solchem Lager als Beihilfe zu diesem Mord zu werten ist. Daher konnten beispielsweise Angehörige der Wachmannschaft des Vernichtungslagers Chelmno in den 1960er-Jahren auch dann verurteilt werden, wenn ihnen nicht nachzuweisen war, ob und an welchen konkreten Tötungen sie beteiligt waren. Es genügte der Nachweis, dass sie den Lagerbetrieb mit aufrechterhalten hatten. Im Jahr 1966 verurteilte das Landgericht Hagen mit dieser Argumentation sogar einen Buchhalter für seine Verwaltungstätigkeit in Sobibór.

Von dieser Rechtsprechung, die die Verfolgung von NS-Verbrechen erleichterte, wich das Landgericht Frankfurt a. M. mit seinen Urteilen im Auschwitz-Verfahren ab. Es forderte nun – auch weil Auschwitz kein reines Vernichtungslager war – einen differenzierten Blick auf das Lagergeschehen und teilte das

Morden in einzelne, zeitlich und räumlich eng umgrenzte Tatkomplexe auf (z. B. die Vergasung der Insassen eines im Vernichtungslager ankommenden Deportationszuges). Wegen Beihilfe zum Mord sollte fortan nur noch bestraft werden, wem konkret die Beteiligung an einer solchen Einzeltat nachgewiesen wurde – über zwanzig Jahre nach dem Geschehen ein zumeist aussichtsloses Unterfangen.

Nachdem der Bundesgerichtshof dieser Betrachtungsweise seinen Segen gegeben hatte, wurden Strafverfahren gegen das Personal von sowohl Konzentrations- als auch Vernichtungslagern in den folgenden Jahrzehnten unter Verweis auf den fehlenden »konkreten Einzeltatnachweis« sehr häufig eingestellt. Wenn es in den 1970er- und 1980er-Jahren noch zu Strafverfahren gegen NS-Verbrecher kam, dann waren davon zumeist höherrangige »Schreibtischtäter« betroffen, wie etwa der 1970 zu einer lebenslangen Haftstrafe verurteilte ehemalige Lagerkommandant von Treblinka und Sobibór, Franz Stangl, oder der hochrangige SS- und Gestapo-Offizier Kurt Lischka, der 1979 vom Landgericht Köln wegen seiner Rolle bei der Organisation von Judendeportationen aus Frankreich zu zehn Jahren Freiheitsstrafe verurteilt wurde. Ebenfalls ins Visier der Strafverfolgungsbehörden gerieten zuweilen »Exzesstäter«, also Angehörige des Personals von deutschen Lagern, denen Morde nachgewiesen werden konnten, die sie gleichsam auf »eigene« Rechnung und abseits des minutiös geplanten Mordgeschehens begangen hatten. Lagerangehörige, die »nur« befehlsgemäß ihrer mörderischen Arbeit nachgegangen waren, ließ die deutsche Justiz jedoch für Jahrzehnte weitgehend unbehelligt.

Dies änderte sich erst im Jahr 2011 mit dem Strafverfahren gegen John Demjanjuk vor dem Landgericht München II. Demjanjuk hatte als ukrainischer Soldat der Roten Armee am Zweiten Weltkrieg teilgenommen und war im Mai 1942 bei der Schlacht von Kertsch in deutsche Kriegsgefangenschaft geraten.

Historische Quellen legen nahe, dass Demjanjuk in der Folgezeit als sogenannter Hilfswilliger von der SS rekrutiert und im Zwangsarbeiterlager Trawniki militärisch ausgebildet wurde. Wie viele »Trawniki« diente er fortan in diversen Konzentrations- und Vernichtungslagern der SS – die Details seines Werdegangs sind bis heute umstritten. Nach dem Krieg gelang Demjanjuk die Ausreise in die USA, wo er bis in die 1970er-Jahre hinein ein unauffälliges Leben führte und als Motormechaniker in einer Ford-Fabrik in Ohio tätig war. Mitte der 1970er-Jahre holte ihn jedoch seine Vergangenheit ein, als die sowjetische Regierung dem US-Senat eine Liste mit angeblichen NS-Kollaborateuren übermittelte, auf der sich auch Demjanjuks Name befand. In der Folgezeit sagte ein ehemaliger Sobibór-Wachmann aus, mit Demjanjuk Dienst getan zu haben. Bestätigt wurde dies durch einen den US-Behörden vorliegenden Dienstausweis, auf dem die Einsatzorte Demjanjuks verzeichnet waren. Hinzu kam, dass Überlebende des Vernichtungslagers Treblinka in Israel aussagten, Demjanjuk als »Iwan den Schrecklichen«, einen für seine Brutalität und Grausamkeit berüchtigten Wächter, identifiziert zu haben.

Demjanjuk wurde nach Israel ausgeliefert, wo man ihm ab 1987 den Prozess machte. Das spektakuläre und von Medien weltweit intensiv verfolgte Verfahren, dem Netflix mit der Dokumentation *Der Teufel wohnt neben an* ein eindrückliches filmisches Denkmal gesetzt hat, endete in erster Instanz mit einem Schuldspruch: Demjanjuk wurde für seine angeblichen Taten in Treblinka zum Tode verurteilt. Einige Jahre später revidierte der Oberste Gerichtshof Israels diese Entscheidung jedoch und sprach Demjanjuk einstimmig frei, da weitere Indizien aufgetaucht waren, die Zweifel daran schürten, ob Demjanjuk wirklich als »Iwan der Schreckliche« in Treblinka tätig geworden war.

Damit war die justizielle Aufarbeitung seiner Vergangenheit

für John Demjanjuk aber noch nicht abgeschlossen. Denn während seine Rolle im Vernichtungslager Treblinka ungeklärt blieb, lag erdrückendes Beweismaterial dafür vor, dass er von März bis September 1943 als Aufseher im Vernichtungslager Sobibór tätig gewesen und dort zumindest indirekt an der Ermordung Zehntausender Menschen beteiligt war. Nach einigem juristischen Tauziehen lieferten die USA, die ihn nach dem Strafverfahren in Israel zunächst wieder aufgenommen hatten, Demjanjuk im Jahr 2009 an die Bundesrepublik Deutschland aus, wo ihm zwei Jahre später der Prozess für seine Tätigkeit in Sobibór gemacht wurde. Da Demjanjuk keine Beteiligung an konkreten Morden (etwa durch die Verbringung von Insassen eines konkreten Deportationszuges in eine Gaskammer) nachgewiesen werden konnte, hätte das Verfahren auf Grundlage der jahrzehntelangen Justizpraxis, die für die Beihilfe zum Mord einen »konkreten Einzeltatnachweis« forderte, eigentlich eingestellt werden müssen. Die Münchner Staatsanwaltschaft wich von dieser Linie jedoch nun ab und wertete schon die bloße Diensttätigkeit als Wachmann im Vernichtungslager als Beihilfe zum Mord.

Das Landgericht München folgte dieser Einschätzung: Da ein Vernichtungslager wie Sobibór allein dem Zweck der massenhaften Ermordung der jüdischen Bevölkerung Europas gedient habe, sei jede Tätigkeit von Wachleuten im Lager eine Förderung dieses Hauptzwecks des Vernichtungslagers, gleich ob an der Rampe bei der Ankunft eines Deportationszuges, bei der Bewachung der Gefangenen auf dem Weg zur Gaskammer, beim gewaltsamen Hineinpferchen in die Gaskammer, bei der Beaufsichtigung der Juden, welche die getöteten Menschen zu verbrennen hatten, oder bei der Kontrolle der Arbeitshäftlinge, die den Lagerbetrieb aufrechterhielten und die Verwertung der Habseligkeiten der Getöteten vorzunehmen hatten. Auch der bloße Wachdienst auf dem Wachturm genüge bereits als Gehilfenbeitrag. Auf Grundlage dieser Argumentation verurteilte das

Gericht den mittlerweile 91-jährigen Demjanjuk wegen Beihilfe zum Mord an 28 060 Menschen zu fünf Jahren Freiheitsstrafe.

Da Demjanjuk, der gegen das Urteil des Landgerichts München Revision eingelegt hatte, starb, bevor der Bundesgerichtshof den Fall endgültig entscheiden konnte, konnte man zunächst nicht sicher sein, ob das oberste deutsche Strafgericht die Abkehr des Münchner Gerichts von der Justizpraxis der letzten Jahrzehnte mittragen würde. Die änderte sich erst einige Jahre später im Verfahren gegen den ehemaligen SS-Unterscharführer und »Buchhalter von Auschwitz« Oskar Gröning. Gröning wurde im Juli 2015 vom Landgericht Lüneburg wegen Beihilfe zum Mord in 300 000 Fällen zu einer Freiheitsstrafe von vier Jahren verurteilt, wobei das Gericht die Argumentation aus dem Demjanjuk-Verfahren heranzog: Gröning habe durch seine Buchhaltertätigkeit und seine Tätigkeit bei der Ankunft von Deportierten zum reibungslosen Ablauf der Tötungsfabrik Auschwitz beigetragen, was für eine Verurteilung als Gehilfe ausreiche, auch wenn Gröning die Mitverursachung einer konkreten einzelnen Tötung nicht nachgewiesen werden könne. Diesmal konnte der Bundesgerichtshof rechtzeitig über die Revision des Verurteilten entscheiden, bevor Gröning im Jahr 2018 im Alter von 97 Jahren starb. Der BGH bestätigte das Urteil des Landgerichts Lüneburg.

2. Auschwitz-Prozesse – 2015/2016

Das Demjanjuk-Urteil und die dort formulierte geänderte Rechtsauffassung führten trotz fehlender Rechtskraft zu erheblichen neuen Anstrengungen der Zentralen Stelle in Ludwigsburg bei der Verfolgung von NS-Tätern. Zunächst konzentrierte man sich auf das Lager Auschwitz als das größte und bekannteste Lager mit den höchsten Opferzahlen sowie der größten Zahl an SS-Wachpersonal.

Auf Grundlage einer umfangreichen Liste von mehreren Tausend Frauen und Männern, die mutmaßlich in Auschwitz ihren Dienst versehen hatten, wurde eine Reihe von Ermittlungen in Gang gesetzt. Es liegt in der Natur der Sache – immerhin waren sieben Jahrzehnte ins Land gegangen –, dass von den dort erfassten Personen viele nicht mehr am Leben waren. Die Ermittler konnten schließlich etwa 50 Personen ausfindig machen, bei denen die Voraussetzungen für Erfolg versprechende Ermittlungen vorlagen.

2.1. Das Verfahren gegen Oskar Gröning

Auf dieser Grundlage gelang es der Staatsanwaltschaft Hannover im Jahr 2014, einen Angehörigen der SS-Wachmannschaft in Auschwitz-Birkenau anzuklagen. Bei dem Angeklagten handelte es sich um den Sparkassenkaufmann Oskar Gröning, der vom 28. September 1942 bis zum 16. Oktober 1944 in Auschwitz eingesetzt war. Gröning gehörte zur Abteilung IV der SS-Standortverwaltung, die unter anderem für die Sammlung und Sortierung der Wertgegenstände der eintreffenden Menschen zuständig war. Anhand der Aufzeichnungen des Lagerkommandanten Höß lässt sich das unvorstellbare Ausmaß dieser Vermögenswerte erahnen: »Bei den gefundenen Wertsachen handelte es sich meist – besonders bei den Judentransporten aus dem Westen – um wertvollste Dinge, Edelsteine von Millionenwert, brillantenbesetzte Uhren, Gold- und Platinuhren von unermesslichem Wert, ebenso Ringe, Ohrringe, Halsschmuck von erheblichen Seltenheitswerten. Geldsorten aller Herren Länder in Millionen. Es fand sich oft bei einer Person Geld in Hunderttausenden, meist in 1000-Dollar-Scheinen. Es gab keine Versteckmöglichkeit in den Kleidern, im Gepäck, im menschlichen Körper, die nicht benutzt worden war.«[473] Gröning hatte u. a. die Aufgabe, das bei den Neuankömmlingen konfiszierte ausländische Bargeld zu erfassen und zu verbuchen. Die erbeuteten Geldbeträge lieferte er persönlich beim Wirtschafts- und Verwaltungshauptamt der SS in Berlin ab.

Gröning erledigte die ihm übertragenen Aufgaben sehr gewissenhaft. In einer Beurteilung vom Oktober 1944 heißt es: »SS-Unterscharführer Gröning war seit dem 28.9.42 bei der Gefangenen-Eigentumsverwaltung K.L. und SS-Zentralverwaltung Auschwitz. Er fand hier in der Devisenabteilung Verwendung und war für die ordnungsgemäße Aufnahme und Buchung der ausländischen Geldsorten verantwortlich. Alle ihm übertragenen Arbeiten hat er mit Fleiß und Sorgfalt erledigt. G. hat einen einwandfreien Charakter. Sein soldatisches Auftreten war jederzeit stramm und korrekt. Weltanschaulich ist er gefestigt. Seine wirtschaftlichen Verhältnisse sind, soweit hier bekannt, geordnet.«

Die Anklage gegen Oskar Gröning erfolgte zwar erst 2014, doch war er bei den Strafverfolgungsbehörden kein Unbekannter. Bereits 1977 hatte die Staatsanwaltschaft Frankfurt ein

Ermittlungsverfahren gegen 62 Mitglieder der Gefangeneneigentumsverwaltung des Konzentrationslagers Auschwitz, so auch gegen Gröning, eingeleitet. Den Beschuldigten wurde seinerzeit vorgeworfen, jüdische Gefangene beaufsichtigt zu haben, die den auf der Rampe ankommenden Menschen weisungsgemäß ihre Habseligkeiten abnahmen. Das Ermittlungsverfahren wurde 1985 gemäß § 170 Abs. 2 StPO eingestellt, da die Staatsanwaltschaft offenbar keinen Anlass für die Erhebung der öffentlichen Klage sah. In der Begründung hieß es: »Nach gründlicher Durcharbeitung der Vorgänge ergibt sich kein zur Erhebung der öffentlichen Klage hinreichender Tatverdacht. Die Einstellungsgründe sollen wegen Geschäftsandrangs später ausführlich formuliert werden.«

Die angekündigte Formulierung der Einstellungsgründe erfolgte zu keinem Zeitpunkt. Hierbei handelte es sich um ein weiteres Beispiel für Strafverfolgungsbehörden, die Ermittlungsverfahren in die Länge zogen und keinerlei Interesse an einer ernsthaften Verfolgung von NS-Tätern zeigten.

Die Ermittler, in dem Fall die Zentrale Stelle in Ludwigsburg, wurden im Jahre 2005 erneut auf Gröning aufmerksam. Dieser hatte dem *Spiegel* und der BBC Interviews gegeben und freimütig über seine Zeit in Auschwitz berichtet. Eine Wiederaufnahme des Verfahrens bei der Staatsanwaltschaft Frankfurt wurde von dort jedoch abgelehnt.

Nach der Änderung der Rechtsprechung im Demjanjuk-Verfahren wurde Oskar Gröning schließlich doch angeklagt. Ihm wurde vorgeworfen, zwischen dem 16. Mai 1944 und dem 11. Juli 1944 Beihilfe zum Mord an mindestens 300 000 Menschen geleistet zu haben. Die Anklage bezog sich hierbei auf die »Ungarn-Aktion«, bei der innerhalb weniger Wochen im Sommer 1944 durch systematische Vergasungen und Tötungen fast das gesamte ungarische Judentum in Auschwitz ermordet wurde.

In der Anklageschrift vom 28. August 2014 heißt es hierzu:

Die regelmäßig mit der Eisenbahn ankommenden Häftlinge wurden bei Bedarf nach ihrer Arbeitsfähigkeit selektiert. Die nicht als arbeitsfähig eingestuften oder nicht für Arbeiten benötigten Menschen geleitete man sogleich unter der Vorspiegelung, es gehe zum Baden oder Duschen, zu den Gaskammern.

Die als arbeitsfähig eingestuften Häftlinge wurden in das Lager eingewiesen. Sie kamen später zum größten Teil durch unmenschliche Arbeitsbedingungen oder auf andere erbarmungslose Weise, etwa infolge medizinischer Experimente oder durch Erschießen, ums Leben. Auch die Bedingungen innerhalb des Lagers waren darauf ausgerichtet, den Tod der Häftlinge herbeizuführen. Die Opfer mussten in engsten Baracken, völlig unzureichend vor Witterungseinflüssen geschützt, leben und bei Mangel- und Unterernährung härteste Arbeiten verrichten. Wer bei der Selektion am Leben geblieben war, fiel auf die Weise meist der »Vernichtung durch Arbeit« zum Opfer. Wurden Häftlinge nicht in andere Konzentrationslager überstellt, überlebten sie das Lager Auschwitz nur aufgrund ihrer Befreiung oder vereinzelt durch Flucht.

Oskar Gröning wurde vorgeworfen, durch seine Tätigkeit eben jenes Tötungsgeschehen unterstützt zu haben. Hierzu die Anklageschrift:

> Er leistete zumindest einen untergeordneten Beitrag zur Räumung der Bahnrampe im Lager Auschwitz-Birkenau von erheblichen Mengen Gepäck, sodass die Spuren vorangegangener Selektion verwischt wurden und die Insassen der jeweils nächsten Transporte selektiert werden konnten. Durch das Sortieren, Zählen, Verbuchen und Abliefern der den eintreffenden Gefangenen abgenommenen Banknoten

half er dem NS-Regime auch, wirtschaftliche Vorteile aus den massenhaften Tötungen zu ziehen.

Der Prozess wurde am 21. April 2015 vor der 4. Großen Strafkammer des Landgerichts Lüneburg unter regem Interesse der Öffentlichkeit und der Pressevertreter aus aller Welt eröffnet. Der Anklage hatten sich mehrere Dutzend Nebenkläger aus der ganzen Welt angeschlossen. Wegen der zahlreichen Prozessbeteiligten und des großen Interesses von Journalisten und Zuschauern fand das Verfahren nicht im Gericht, sondern in einem großen Saal, der sogenannten Ritterakademie, in Lüneburg statt.

Im Gegensatz zu so vielen Angeklagten vor ihm schwieg Oskar Gröning nicht. Er ließ sich durch das Gericht und die Verfahrensbeteiligten befragen und gab mit seinen Antworten einen tiefen Einblick in seine Vergangenheit, seine Beweggründe und seine Tätigkeit in Auschwitz. Als ihn der Vorsitzende Richter Frank Kompisch fragte, warum er sich als Freiwilliger gerade für die Waffen-SS entschieden habe, antwortete er: »Vom Krieg haben wir eigentlich nur mitgekriegt, dass wir mal die Polacken verhauen konnten. In nur 18 Tagen. Und dann der Frankreich-Feldzug. Wir wollten einer zackigen Truppe angehören, die über die anderen Soldaten ein bisschen die Nase rümpfte. Die SS war eine Kaste, und wir wollten dazugehören.«

Wozu diese »zackige Truppe« fähig war, berichtete Gröning ebenfalls: »Schon bei meinem ersten Einsatz an der Rampe im November 1942 kam es zu einem besonderen Ereignis.« Dieses besondere Ereignis war die Tat eines seiner Kameraden. Eine Jüdin hatte bei der Ankunft versucht, ihren Säugling in einem Koffer zu verstecken. »Sie rechnete sich aus, dass es dann nicht zur Sortierung kommt. Ein SS-Rottenführer nahm das Baby, schlug es gegen einen Lkw und das Schreien hörte auf. Da blieb mir das Herz stehen. Ich ging zu dem Mann und sagte: ›Das geht doch nicht.‹ Dazu war ich gar nicht berechtigt. Am nächsten

Morgen bat ich um meine Versetzung. Denn ich dachte, wenn das hier immer so zugeht …« Später fügt er hinzu: »Bei dem Baby sind für mich Welten zusammengebrochen. Die Schrecklichkeit dieses Tuns hat mich durcheinandergebracht. Es wäre etwas anderes gewesen, hätte er seine Pistole genommen und es damit erschossen.«

Gröning versuchte, mit seinen Antworten und Aussagen zu erklären, was unerklärlich ist. Genau das machte diesen Prozess einzigartig und zog alle Prozessbeteiligten in seinen Bann. Auf die Frage des Vorsitzenden, wie er mit dem Umstand, dass in Auschwitz Menschen ermordet wurden, umging, antwortete er: »Wir haben uns nicht vorstellen können, dass es so was gibt. Wir waren darauf dressiert, auf Befehl zu handeln, gleichgültig, was dann passiert. Uns wurde gesagt: ›Ihr müsst das tun, weil das deutsche Volk sonst untergeht.‹ Der Jude wurde uns so dargestellt wie der typische Ostjude. Oder denken Sie an die Filme, *Jud Süß* zum Beispiel. Es ist in diesem Saal nicht zu erklären. Die Konfrontation mit der Wirklichkeit hat das ausgelöst. Ich habe als treuer Hitlerjunge alles bejubelt, was es zu bejubeln gab.«

Gröning, der sich bereits lange vor der Anklage öffentlich gegen Holocaustleugner gewandt hatte, war neben der Aussagebereitschaft anzurechnen, dass er aufrichtig bereute und gestand: »Für mich steht außer Frage, dass ich mich moralisch schuldig gemacht habe. Ich bitte um Vergebung. Über die Frage der strafrechtlichen Schuld müssen Sie entscheiden.«

Die Staatsanwaltschaft beantragte in ihrem Plädoyer schließlich eine Freiheitsstrafe von drei Jahren und sechs Monaten.

Die Autoren dieses Buches haben zusammen mit Rechtsanwalt Onur Özata in dem Prozess gegen Oskar Gröning Nebenkläger und Nebenklägerinnen aus Großbritannien, Israel und Ungarn vertreten und gemeinsam am 14. Juli 2015, dem 16. Prozesstag, das folgende Plädoyer gehalten:

Wir wurden in den vergangenen Wochen und Monaten oft gefragt: Was soll dieses Verfahren? Was soll das bringen, nach so langer Zeit? Wieso zerrt man einen alten Mann vor Gericht? Das wurden wir gefragt, von Freunden und Bekannten.

Auf diese Fragen könnten wir viele Antworten geben. Wir könnten entgegnen, dass es sich bei diesen »Fragen« gar nicht um Fragen handelt, sondern um stille Vorwürfe. Im Grunde genommen müssten die Fragezeichen weggelassen werden. Wollten wir diesen Feststellungen Antworten entgegenhalten, könnten wir juristische Argumente vorbringen. Wir könnten über Sinn und Unsinn von Generalprävention oder Spezialprävention sprechen. Wir könnten über die Rechtslage und die Rechtsprechung der letzten Jahrzehnte sprechen. Aber wir sagen nur eines: Dieses Verfahren musste stattfinden, weil es für unsere Mandanten elementar wichtig ist. Es ist wichtig, damit unsere Mandanten Schlaf in der Nacht finden. Dieses Verfahren ist wichtig, damit sie vielleicht etwas Frieden finden, jetzt am Ende ihres Lebens. Unsere Mandanten wollen dieses Verfahren, sie wollen das Urteil eines deutschen Gerichts. Sie wollen, dass Zeugnis abgelegt wird. Wir wollen uns ausdrücklich bei diesem Gericht dafür bedanken, dass Überlebende und Opferangehörige in diesem Verfahren ausführlich zu Wort kommen konnten.

Dieses Verfahren ist aber auch von großer Wichtigkeit für unser Land. Wer wollen wir sein? In welcher Gesellschaft möchten wir leben? Wollen wir vergesslich sein, oder wollen wir Verantwortung übernehmen? Wollen wir den scheinbar einfachen Weg gehen oder den Weg der Wahrhaftigkeit? [...]

Dieses Verfahren kann keine Gerechtigkeit herstellen. Gerecht wäre es, wenn Auschwitz und die Shoah niemals stattgefunden hätten. Gerecht wäre es, wenn der Tod nicht das letzte Wort hätte.

Gerecht wäre es auch, wenn wir Deutschen unserer eigenen Sprache aufmerksam zuhören würden, wirklich zuhören. Was soll das Gerede von den »Verbrechen in deutschem Namen«? Es waren keine Verbrechen in »deutschem Namen«: es waren Verbrechen von Deutschen, begangen an ihren eigenen Nachbarn, an ihren Vereinskameraden und ihren Kollegen. Es waren deutsche Verbrechen an Menschen in allen jenen Staaten, die von Deutschland überfallen und zerstört wurden. Es waren deutsche Verbrechen an unschuldigen Menschen.

Was soll das Gerede von den »Auschwitz-Häftlingen«? Die Menschen in den Lagern waren keine »Häftlinge«. Sie hatten nichts verbrochen. Sie hatten kein Verbrechen begangen. Sie waren nicht in Haft. Es waren unschuldige Menschen.

Was soll das Gerede von der »Entmenschlichung« der Opfer durch die Deutschen? War es nicht umgekehrt der Fall? Sind nicht die Toten und die Überlebenden bis zum Schluss Mensch geblieben, während die Täter aufgehört hatten, Mensch zu sein? Wir sollten den Überlebenden aufmerksam zuhören. Von ihnen können wir viel über das Menschsein und das Menschbleiben lernen.

Dieses Verfahren wird keine Gerechtigkeit und keinen Rechtsfrieden herstellen, das wissen auch unsere Mandanten. Unsere Mandanten leiden jedoch nicht nur an dem Verlust ihrer Liebsten. Sie leiden auch darunter, dass wir in einer Zeit leben, in der die Shoah verharmlost, relativiert oder schlicht bestritten wird. In München findet in unserer Zeit der NSU-Prozess statt. Ich vertrete dort die Familien zweier türkischer Mordopfer, die von Nazis umgebracht worden sind. In München sitzen Antisemiten auf der Anklagebank, die in Schrift und Tat Mordfantasien über Juden und Migranten propagiert haben, und zugleich von der »Auschwitzlüge« schwadronieren. Es sind auch Freunde und Bekannte der Angeklagten, die als Zeugen auftreten und ähnlicher Geisteshaltung sind. Machen wir uns nichts vor: Es sind nicht nur traurige Einzelfälle. Wenn in Dresden Tausende auf die Straße gehen und »Bomben-Holocaust« in Zusammenhang mit der Zerstörung der Stadt im Weltkrieg skandieren – was sonst als eine Relativierung der Shoah schreien sie dort in die Nacht?

Primo Levi sagte einst über die Shoah: »Wir können es nicht verstehen. Aber wir können und wir müssen verstehen, woher es entsteht, und wir müssen wachsam bleiben. Wenn es schon unmöglich ist zu verstehen, so ist doch das Wissen notwendig. Denn das Bewusstsein kann wieder verführt und verdunkelt werden: auch das unsere.«

Dieses Verfahren bot eine der letzten Gelegenheiten, die Überlebenden zu Wort kommen zu lassen. Sie konnten Zeugnis ablegen. Sie konnten uns Deutschen dabei die Möglichkeit geben, in den deutschen Abgrund zu schauen, auch auf die Gefahr hin, dass der Abgrund zurückblickt. Es liegt an uns Deutschen, diesen Abgrund anzunehmen, der Wahrheit ins Auge zu schauen und Verantwortung zu übernehmen. Verantwortung für uns, für unsere Taten, für die Frage, wie wir heute mit Minderheiten umgehen, wie wir die Schwachen und die Armen in unserer Welt behandeln. In diesen Tagen machen sich Abertausende Menschen aus Kriegs- und Krisengebieten auf den Weg zu uns nach Europa. Abertausende ertrinken, verhungern und verdursten auf diesem Weg, vor unseren Augen. Wie steht es um unser Menschsein? Was haben wir aus unserer Geschichte gelernt, wenn wir Mauern bauen um unsere Grenzen und um unsere Herzen? Wie sprechen wir denn heute über Sinti und Roma? Wie sprechen wir denn heute über Juden und Muslime? Ich erinnere hier an die Beschneidungsdebatte vor wenigen Jahren und den rassistischen Unterton, den die Debatte schnell bekommen hatte.

Unsere Vergangenheit ist unsere Vergangenheit ist unsere Vergangenheit. Sie war, sie ist und sie wird es sein. Sie bedarf keiner Neuinterpretation, keiner Relativierung. Sie bedarf keines Historikerstreits. Wir können unsere Vergangenheit nicht bewältigen. Es ist unsere Gegenwart, die wir bewältigen müssen im Schatten unserer Vergangenheit. Unsere Vergangenheit anzunehmen bedeutet, aus ihr zu lernen und unsere Gegenwart mit Mitmenschlichkeit und Anstand zu bewältigen.

Oskar Gröning sitzt heute alleine auf der Anklagebank. Es waren aber Zehn- und Hunderttausende, die Teil der Mordmaschinerie waren. Es waren Millionen Deutsche, die von dem Morden wussten und vom Morden profitierten. Viele unserer Väter und Mütter und viele unsere Großeltern haben mitgemacht beim Morden, beim Rauben und beim Plündern. Ich verweise hier auf das wichtige Buch *Hitlers willige Vollstrecker* von Daniel Goldhagen. Genauso lehrreich wie das Buch war übrigens der empörte Aufschrei eines Teils der Öffentlichkeit.

Wir erkennen die Mühen der hiesigen Staatsanwaltschaft um Gerechtigkeit an. Sie hat versucht wiedergutzumachen, was niemals wiedergutgemacht werden kann. Die Schuld, die wir Deutsche auf uns geladen haben, kann nicht abgetragen werden. Schuldig gemacht haben sich auch die deutsche Nachkriegsjustiz und die Nachkriegspolitik. Unsere Justiz und unsere Politik haben dafür gesorgt, dass die große Masse der Mörder und ihrer Helfershelfer davonkamen und ihre Taten ungesühnt blieben. Ja, mehr noch: Sie sorgten dafür, dass Nazi-Verbrecher als anerkannte Mitglieder der deutschen Gesellschaft unbehelligt in unserer Mitte leben konnten. Dass das Versagen der Justiz nun nach Ansicht der

Staatsanwaltschaft in diesem Verfahren dazu beitragen soll, dass es eine Strafmilderung für den Angeklagten gibt, entbehrt nicht einer bitteren, ja, grausamen Ironie. Die Tatsache der stillschweigenden und jahrzehntelangen faktischen Strafvereitelung darf jetzt nicht Grundlage für eine Strafmilderung sein, das ist unsere feste Überzeugung.

Für das Verhalten unserer Politik und unserer Justiz mag es viele Begründungsversuche geben, aber es gibt bestimmt keine Rechtfertigung, die vor der Geschichte Bestand haben könnte. Es ist ein Verhalten, dessen Fundament aus Vergessenwollen, Schlussstrichziehen und Vertuschen bestand. Was den Umgang mit der Shoah angeht, ist die Ungerechtigkeit ein Meister aus Deutschland.

Unser Versagen der Vergangenheit hat uns eine große Bürde für unsere Gegenwart und für unsere Zukunft auferlegt. Wie wollen wir die jungen Nazis entschlossen bekämpfen, wo wir doch so nachsichtig mit den alten Nazis waren?

Oskar Gröning ist nach unserer Überzeugung schuldig der Beihilfe zum Mord. Er half, den hunderttausendfachen Mord an unschuldigen Menschen zu organisieren und durchzuführen. Es gab viele Oskar Grönings, und ohne sie wäre die industrielle Vernichtung von Millionen von Menschen unmöglich gewesen.

Dass er »nur« Teil einer großen Maschinerie war, mindert nicht seine Schuld. Dass Taten wie die seinen jahrzehntelang ungesühnt blieben, sollte allenfalls unsere Scham vergrößern, unsere persönliche Scham, die Scham über unsere Justiz und die Scham über unsere Politik. Mitleid mit dem Angeklagten? Ja, er ist ein gebrechlicher, ein alter und ein schwacher Mann. Wir sollten aber eines nicht vergessen: Wer hatte Mitleid mit den schwachen und wehrlosen Menschen an den Rampen von Auschwitz? Wer hat sich dieser Menschen erbarmt? Niemand. Nicht Oskar Gröning, und nicht seine Komplizen.

Und wir fragen den Angeklagten Oskar Gröning: Haben Sie wirklich alles unternommen, um sich dem Morden zu entziehen? Müssen wir nicht in Anbetracht des Menschheitsverbrechens von einem Menschen erwarten, alles zu tun, um einer Beteiligung an diesem Schrecken zu entkommen?

Von Imre Kertesz stammt der Satz: »Seit Auschwitz ist nichts geschehen, was Auschwitz aufgehoben, was Auschwitz widerlegt hätte.« Auch und gerade nach diesem Verfahren ist diesem Satz nichts hinzuzufügen.

Wie in jedem Strafprozess hatte auch hier der Angeklagte das letzte Wort. Gröning nutzte es im Gegensatz zu vielen anderen Angeklagten und sagte Folgendes: »Auschwitz war ein Ort, an dem man nicht mitmachen durfte. Das haben wir hier gehört, das ist mir bewusst. Ich bereue aufrichtig, dass ich diese Erkenntnis nicht früher umgesetzt habe. Das tut mir aufrichtig leid.«

Das Gericht verurteilte Oskar Gröning am 15. Juli 2015 wegen Beihilfe zum Mord in 300 000 rechtlich zusammentreffenden Fällen zu einer Freiheitsstrafe von vier Jahren. Der Vorsitzende Richter Kompisch hierzu in der mündlichen Urteilsbegründung:

> Was Sie, Herr Gröning, als moralische Schuld ansehen, als Rad im Getriebe darstellen, ist genau das, was der Gesetzgeber als Beihilfe ansieht: das Fördern der Haupttat. Die Vernichtung der ungarischen Juden, gründlich, effizient, gnadenlos. Es wurden Spezialisten zusammengezogen, das Personal aufgestockt, jeder wusste: Jetzt kommt etwas Besonderes. Herr Gröning war ein Rad im Getriebe. Ob ein notwendiges, darauf kommt es nicht an. Seine Aufgabe war:

Ordnung halten. Das förderte die Erleichterung des Tötungsvorgangs. Man hat die Opfer in Sicherheit gewiegt. Auch die Verwertung ist für sich eine Beihilfehandlung: Wenn sie zur Finanzierung der Haupttat beiträgt, wenn auch nicht als Hauptzweck, so reicht es doch bereits aus. Er weiß um die Abläufe. Ihm war die Heimtücke bekannt, auch die Grausamkeit, er hat die Schreie aus den Gaskammern gehört.«

Gröning legte gegen das Urteil Revision ein, die der Bundesgerichtshof jedoch mit Beschluss vom 20. September 2016 verworfen hat.[474] Damit wurde erstmalig ein Urteil mit Bezug zu NS-Verbrechen rechtskräftig, in dem der Nachweis einer unmittelbaren Beteiligung an einer konkreten Tötungshandlung für eine Verurteilung nicht mehr erforderlich war. Allein die Mitgliedschaft in den Wachmannschaften genügte nunmehr für die Annahme einer Beihilfe zum Mord.

2.2. Das Verfahren gegen Reinhold Hanning

Am 10. Februar 2015 klagte die Staatsanwaltschaft Dortmund einen weiteren ehemaligen SS-Wachmann an. Die Anklage warf Reinhold Hanning, Jahrgang 1921, Beihilfe zur Ermordung von 170 000 Menschen im Konzentrationslager Auschwitz vor. Hanning versah von Januar 1942 bis Juni 1944 als Wachmann seinen Dienst im Konzentrationslager Auschwitz, u. a. während der sogenannten Ungarnaktion.

Reinhold Hanning meldete sich am 25. Juni 1940 freiwillig zur Waffen-SS. Am 1. Februar 1943, bereits im Konzentrationslager Auschwitz, wurde er vom SS-Sturmmann zum SS-Rottenführer und am 1. September 1943 zum SS-Unterscharführer befördert. Im Juni 1944 wurde er von Auschwitz in das Konzentrationslager Sachsenhausen versetzt und geriet wenige Tage vor Kriegsende in britische Kriegsgefangenschaft.

Die Anklageschrift beschrieb den Aufgabenkreis seiner Einheit in Auschwitz wie folgt:

> Aufgabe des SS-Totenkopfsturmbanns war unter anderem die Bewachung des Lagers Auschwitz I. Dabei wurden in der Nacht die Wachtürme rund um das Stammlager (»kleine Postenkette«) und tagsüber zur Bewachung der Gefangenen bei der Arbeit außerhalb des Lagers die sogenannte »große Postenkette« besetzt. Die »große Postenkette« reichte weit über den eigentlichen Lagerbereich bis über das Lager Auschwitz II (Birkenau) hinaus. Die Arbeitszeiten der Wachleute waren sieben Tage in der Woche 10–12 Stunden pro Tag bzw. Nacht bei zwei Wochen Urlaub pro Jahr. Hinzu kamen regelmäßige Bereitschaftsdienste der gesamten Kompanie, auch für das Lager Auschwitz II (Birkenau). Im Rahmen der Bereitschaften hatten die Angehörigen der Kompanie unter anderem bei ankommenden Transporten von Gefangenen die Ausladung und Selektionen zu bewachen.

Zur Aufgabe der Wachmannschaften hieß es weiter:

> Die Tätigkeit der Wachmänner in allen Bereichen des Wachdienstes von der Empfangnahme der Neuankömmlinge, der Abschirmung der Selektion und der Bewachung auf dem Weg zu und vor den Krematorien, der Dienst in der Hauptwache, auf den Postenketten, Wachtürmen und bei der Häftlingsbegleitung wie auch die Bewachung der Arbeitskommandos ist für den Betrieb des Lagers erforderlich und fördert und ermöglicht die arbeitsteilige Vernichtung der Opfer.
>
> Der Wachmann sichert je nach Dienstplangestaltung das Lagergeschehen einschließlich der Vergasungen mit der

Waffe in der Hand. Er hält die Häftlinge ebenso wie die zur Vernichtung vorgesehenen Opfer in Schach, schüchtert sie ein und verhindert hierdurch Widerstand und Fluchten. Sofern er tagsüber außerhalb bei der Häftlingsbegleitung eingesetzt ist, steht er zumindest am Abend faktisch und im Bewusstsein der Lagerorganisatoren und der sonstigen Wachmänner als Reserve für die Aufgaben innerhalb des Lagers zur Verfügung. Ist er an der Rampe bzw. bei der Überführung der Deportierten in die Gaskammern eingesetzt, beteiligt er sich unmittelbar am Vernichtungsgeschehen.

Gleichgültig an welcher Stelle er im Lager eingesetzt ist, fördert und unterstützt er mit seinem Beitrag den Massenmord in den Gaskammern, an der sogenannten schwarzen Wand, bei der Tötung durch Verhungernlassen und bei den Selektionen.

Und weiter:

Übertragen auf die Tätigkeit der Wachmannschaften in Auschwitz, kommt es weder darauf an, dass der einzelne Wachmann mit seinem Tatbeitrag austauschbar ist, noch kommt es darauf an, dass der Tatbeitrag des einzelnen SS-Mannes bedingt durch die arbeitsteilige Struktur des Vernichtungslagers so untergeordnet ist, dass eine Kausalität seiner Beihilfehandlungen nicht nachzuweisen ist. Der Beitrag des einzelnen Wachmannes kann hinweggedacht werden, ohne dass der Eintritt des tatbestandsmäßigen Erfolges entfiele. Jedoch verleiht sein Beitrag der konkreten Tötung auf seiner Position an einer beliebigen Stelle des Lagers ihr konkretes Gepräge. Es ist weiterhin davon auszugehen, dass dem Angeschuldigten wie auch jedem anderen SS-Mann in Auschwitz und Birkenau bewusst war, dass unablässig mit oder ohne vorhergehende, kurzzeitige Ausbeutung der Arbeitskraft Männer, Frauen und Kinder durch Gas und auf sonstige Weise ermordet wurden und dass dies nach dem Willen der Haupttäter auch der Sinn des Lagers war. Es kann keinem Zweifel unterliegen, dass dies von den SS-Männern als verbrecherisch erkannt wurde. Die Ableistung des Dienstes stellt vielmehr eine faktische Solidarisierung mit den Haupttätern dar, selbst wenn der Beschuldigte die Mordtaten insgeheim abgelehnt haben sollte.

Am 11. Februar 2016 begann das Verfahren gegen Reinhold Hanning vor dem Landgericht Detmold. Hanning war zu diesem Zeitpunkt bereits 94 Jahre alt. Wie auch Oskar Gröning war er wegen seiner altersbedingten Gebrechlichkeit nur eingeschränkt verhandlungsfähig. Die Schwurgerichtskammer unter der Vorsitzenden Richterin Anke Grudda ordnete deshalb an, dass nur zwei Stunden pro Termin verhandelt werden durfte. Im Gegensatz zu Oskar Gröning, der renommierte Verteidiger aus Hannover an seiner Seite hatte, verließ sich Hanning auf Rechtsanwälte aus Lage und Detmold. Dem Verfahren hatten sich wie bei Oskar Gröning rund 40 Nebenkläger aus aller Welt angeschlossen.

Da der Angeklagte nicht auf Fragen antwortete und im Wesentlichen schwieg, lebte das Verfahren von den Aussagen der Überlebenden, die als Zeugen auftraten. So wurde beispielsweise William Glied am 19. Februar 2016 als Zeuge gehört:

Mein Name ist William Glied, aber jeder nennt mich Bill.

Ich wurde 1930 in der Stadt Subotica im ehemaligen Jugoslawien, heutigen Serbien, in eine wohlhabende jüdische Familie geboren.

Mein Vater betrieb die örtliche Getreidemühle, während meine Mutter sich um meine Schwester Aniko und mich kümmerte. Wir führten in Jugoslawien ein gutes Leben, ich besuchte die öffentliche Schule und erfuhr von meinen Klassenkameraden nie Antisemitismus.

Am 6. April 1941 griffen die Achsenmächte unter der Führung Deutschlands Jugoslawien an und eroberten es rasch. [...]

Eines Tages wurde uns mitgeteilt, dass wir in ein paar Tagen zum Arbeitseinsatz nach Osten gebracht würden. Dabei versicherte man uns aber, dass nur die gesunden Männer arbeiten würden, dass wir anständig untergebracht und versorgt würden.

Man sagte uns, dass zwei Züge abfahren würden und wir uns aussuchen konnten, ob wir im ersten oder im zweiten Zug fahren wollten. Nach langem Hin und Her entschied sich meine Familie – meine Eltern und Verwandten – für den ersten Zug, in der Annahme, dass wir so eine bessere Auswahl an Unterkunft hätten.

Oh, wie falsch! Die schreckliche Ironie unserer Wahl: Der zweite Zug fuhr nach Wiener Neustadt! Alle Passagiere des zweiten Zuges, einschließlich einer Tante und einer Cousine, überlebten alles unbeschadet. Ich vermute, bin mir aber nicht sicher, dass das Teil der Abmachung zwischen Eichmann und Kasztner war.

An dem schicksalhaften Tag erwartete ich einen Personenzug, doch als er ankam, bestand er aus einer Reihe Viehwaggons. In diesen ersten Zug, in diese finsteren Viehwägen wurden wir hineingepfercht wie Sardinen. Ich weiß nicht, wie viele von uns hineingezwängt wurden, Männer, Frauen, Kinder, Kranke, jemand im Rollstuhl, überall Pakete, drängelnde Menschen, die alle einen Platz suchten, wo sie sich hinsetzen konnten.

Meine Schwester und ich fanden in der Nähe der Tür einen Platz zum Hinsetzen, und meine Eltern setzten sich gleich hinter uns auf den Koffer, den wir dabeihatten. Der

Zug fuhr los, und die ersten paar Stunden hatten meine Schwester Aniko und ich noch keine Schwierigkeiten, Mama hatte Essen mitgebracht, doch dann ergab sich im Viehwagen ein Problem: Jemand musste auf Toilette. Gab es denn einen Waschraum? Einen Vorhang? Einen Behälter?

Und in diesem schrecklichen Viehwaggon waren wir zwei Tage und Nächte lang, nichts zum Essen, kein Wasser, keine Rücksicht auf persönliche Hygiene. Nur Erniedrigung, nur eine neue Art, uns zu entmenschlichen. Der Zug hielt hin und wieder an, manchmal ein paar Stunden lang. Sie hätten uns versorgen oder den Waggon sauber machen können, aber nichts dergleichen geschah. Wir waren eingesperrt wie das Vieh, für das diese Waggons ursprünglich gedacht waren.

Am dritten Morgen blieb der Zug stehen. Es vergingen ein paar Stunden, dann hörten wir draußen Geräusche. Die Türen wurden aufgerissen. Ich blickte hinaus, es war ein heller, sonniger Morgen, der 28. Mai, um genau zu sein. Ich sah einen Bahnsteig aus Kies. Auf der anderen Seite standen Soldaten mit Gewehren vor einem Zaun, auf dem Gleis selbst liefen einige Nazi-Soldaten mit Gehstöcken herum – zumindest hielt ich es für Gehstöcke. Unter ihnen waren ein paar Männer mit kleinen runden Kappen in blaugrauen Schlafanzügen. Sie brüllten: »RAUS. RAUS. Lasst euer Gepäck im Waggon. Das bekommt ihr später.«

Wir kamen aus dem Waggon gehetzt. Ich hielt Papas Hand, und meine Schwester Aniko klammerte sich an Mama.

Das Chaos, der Tumult, der dann ausbrach, ist unbeschreiblich. Babys weinten, Frauen riefen nach ihren Männern, Leute stritten miteinander. Und über dem Ganzen hing dieser widerwärtige Gestank.

Die ganze Zeit über schlängelten sich SS-Leute durch die tosende Menge und hieben rabiat mit ihren Stöcken auf Leute ein, trennten Familien, schleusten uns wie eine Schafherde auf dem Weg zum Schlachthof. Ich hatte verzweifelte Angst. Ich klammerte mich an die Hand meines Papas, und als die Männer in den Schlafanzügen befahlen, dass die Frauen und Mädchen sich in Fünferreihen aufstellen sollten, und die Männer ebenfalls in einer anderen Fünferreihe, bekam ich Panik. Mein Papa versuchte, mich zu beschwichtigen, sagte mir, alles würde schon gut und ich müsse mich jetzt wie ein Mann verhalten und nicht wie der dreizehnjährige Junge, der ich war.

Als die Reihen endlich zur Zufriedenheit der grau Gestreiften aufgestellt waren, hörte ich von dieser verzweifelten Menge nur noch ein stetiges, qualvolles Stöhnen und Murmeln, durchsetzt mit Kinderweinen.

Jedes Mal, wenn ich eine lärmende Menschenmenge höre, sogar bei einem Fußballspiel, hallt mir dieses Geräusch heute noch in den Ohren wider, und ich bekomme Platzangst.

Endlich begann sich meine Marschkolonne vorwärts zu bewegen, und binnen weniger Minuten war unsere Reihe ganz vorne. Es herrschte Ruhe. Drei oder vier SS-Soldaten standen da, ganz entspannt, sahen uns lässig an. Einige der Männer in Schlafanzügen standen an der Seite. Ein Offizier fiel mir auf, er war groß und gut aussehend, aber an sein Gesicht kann ich mich nicht erinnern. Er stand da und sagte kein Wort.

Eine Reihe von uns verwahrlosten Juden kam an ihm vorbei. Er sah uns voller Verachtung an und zeigte dann auf die Person neben mir. Er winkte mit der Hand nach rechts, und der Mann ging zu einer Gruppe, die sich da bereits formiert hatte.

Dann sah er mich an – ich schwöre, nicht länger als eine Sekunde – sagte nichts, fragte nicht nach meinem Namen, meinem Alter, wo ich herkam. Er deutete nur nach rechts. Ich rührte mich nicht. Einer der Männer in Schlafanzügen fuchtelte frenetisch mit der Hand und sah mich dabei an. Ich hastete zu der Gruppe der Männer, die schon in einer Menschentraube beieinanderstanden. Eine Sekunde später kam mein Vater auch dazu.

Was war mit der Kolonne der Frauen geschehen? Alles war so schnell, so chaotisch gegangen, ich war gar nicht zum Nachdenken gekommen. Ich weiß nur, dass ich meine Mama und Schwester nie wieder gesehen habe – nie wieder. Ich habe mich nicht von ihnen verabschiedet, ich habe sie nicht umarmt oder geküsst. Sie sind für immer aus meinem Leben verschwunden.

Heute weiß ich es natürlich. Und in meinen Albträumen sehe ich die Kolonnen immer wieder verschwinden.

Rückblickend, in meinen Gedanken, denen ich fast täglich nachhänge – und ja, diese Gedanken kommen mir jeden Tag – sehe ich dieses Stück gottverlassener Erde, diese Rampe, als das schlimmste Stück Boden auf Erden. Schlimmer als Dantes siebter Höllenkreis. So schlimm die Bombardements von Hiroshima, Dresden oder London auch waren, diese Rampe, nicht größer als ein Fußballplatz, diese Hölle auf Erden übertrifft alles. Dieser Ort ist der stumme Zeuge des unglaublichen Ereignisses, dass eine kleine Gruppe Männer, unterstützt von ein paar Tausend SS-Männern, die den Ort bewachten, unschuldige Menschen zu einem schrecklichen Tode verurteilten. Sie verurteilten Kinder mit ihren Müttern, alte Männer, Frauen. Diese herzlosen Mörder entschieden mit einer Handbewegung, wer überlebte und wer starb. Kein Haftbefehl, kein Dokument, kein Richter, keine Geschworenen. Sie konnten eine Person verschonen, wenn sie ihnen gefiel, oder jemanden zum Tode verurteilen, weil er einen Zwirbelbart trug.

Keiner wurde zur Rechenschaft gezogen, solange er in der Fabrik des Todes seine Tagesquote an Leichen erfüllte.

Und so schlimm die Todesfabrik, die folgte, auch war, es war – wie Oskar Gröning es erst kürzlich sagte – einfach der »Prozess«, das Abwickeln eines vorbestimmten Schicksals, das von diesen paar SS-Männern auf der Rampe entschieden wurde.

Wie war es möglich, dass im zwanzigsten Jahrhundert Menschen aus der kultiviertesten europäischen Nation darauf aus waren, ein ganzes Volk auszulöschen, und dass es ihnen beinahe gelungen wäre?

Letztlich wurden wir in ein großes Gebäude geführt, und uns wurde befohlen, uns auszuziehen. Wir standen nackt da – vor all diesen nackten Erwachsenen war ich schüchtern und peinlich berührt. Dann kamen die anderen »Schlafanzüge« herein und schoren uns die Haare. Wir wurden in eine weitere große Halle geschleust. Auf den Balken über uns waren Duschköpfe installiert, und bald kam heißes Wasser herausgeschossen. Ich versuchte, den ganzen Dreck von meinem Körper zu waschen, mein Papa half mir, aber es gab keine Seife, und das Wasser versiegte nach ein paar Minuten. Es gab keine Handtücher, und wir wurden, nass, wie wir waren, wieder ins Freie gescheucht, wo blaugraue Schlafanzüge auf langen Tischen auslagen. Nun begriff ich, dass es Uniformen waren, Jacke, Hose, Holzpantoffeln und eine kleine runde Mütze. Wir zogen die Sachen über unsere nassen Körper, und man führte uns in eine leere große Baracke, wo wir die nächsten zwei Wochen wohnten.

Ich könnte stundenlang von den Schrecken sprechen, die mein Vater und ich in diesen kurzen Wochen in dieser Baracke entdeckt und erlebt haben.

Das Trauma, zu entdecken, was den »Arbeitsunfähigen« widerfuhr, die Gaskammern und Krematorien, und zu begreifen, was meiner Mutter und Schwester und den anderen 18 nahen Verwandten passiert sein muss, die mit uns im Viehwaggon waren.

Der tägliche »Appell«, das wahllose Prügeln.

Einen kleinen Vorfall schleppe ich mit mir herum und werde das wohl für immer tun. Im größeren Zusammenhang von Auschwitz ist er völlig unbedeutend, doch er hat mein Leben verändert. Mein Vater und ich standen draußen auf der Lagergasse zwischen den Baracken, als ein SS-Offizier auf uns zukam, meinen Vater ansah und ihm mit voller Wucht mit dem Handrücken ins Gesicht schlug. »Wenn ich mich dir nähere, dann nimmst du gefälligst die Mütze ab, du Schweinehund.« Und mein Vater stand da, nun mit der Mütze in der Hand, und entschuldigte sich. Mein Vater, zu dem ich aufschaute wie zu einem Gott, den alle, die ihn kannten, achteten und bewunderten, der nichts falsch machen konnte, stand da, geohrfeigt und gedemütigt.

Diesen Vorfall werde ich weder vergessen noch vergeben. Dieser Vorfall belastet mich jeden Tag und wird es bis an mein Lebensende.

Ich habe nur 20 Tage in Auschwitz/Birkenau verbracht, aber diese 20 Tage erschienen mir wie 20 Jahre. Wir wurden erneut in Viehwaggons verfrachtet und mitten nach Deutschland gebracht, nach Dachau, und von dort aus direkt nach Kaufering. Mein Vater und ich erkrankten beide an Typhus, und mein Vater starb am 21. April 1945, acht Tage vor der Befreiung. Ich habe überlebt und wurde am 29. April 1945 in Dachau von der amerikanischen Armee befreit.

Als 17-jähriges Waisenkind wanderte ich 1947 nach Kanada ein. Ich bin mit einer wunderbaren Frau verheiratet, habe drei Töchter, die auch alle verheiratet sind, und acht Enkel.

> Warum bin ich heute hier als Zeuge und Nebenkläger? Nicht aus Hass – ich kenne Herrn Hanning nicht. Ich kam her, weil ich zwar nicht hasse, aber auch nicht vergessen kann. Meine Hoffnung ist, dass die Verurteilung dieses SS-Offiziers helfen wird, die verbleibenden Holocaust-Skeptiker zum Schweigen zu bringen. Und dass die Welt erfährt, dass die Menschheit mitfühlt. Danke.

Hanning reagierte auf die Aussagen der Zeugen mit absoluter Teilnahmslosigkeit. Er saß fast immer ohne Regung da, die Schultern nach unten hängend. Selbst bei einer direkten Ansprache durch Überlebende, die sich seine Verteidiger jedoch ausdrücklich verbaten, zeigte er keinerlei Reaktion.

Reinhold Hanning hat in der von seinen Anwälten verlesenen Einlassung zwar eingeräumt, in Auschwitz gewesen zu sein. Er bestritt jedoch, sich an Tötungshandlungen beteiligt zu haben. Allerdings gab er zu, von der systematischen Tötung der Gefangenen Kenntnis gehabt zu haben. So ließ er durch seine Anwälte erklären:

> Als ich mehrere Wochen in Auschwitz war, war mir bekannt, was dort mit den Häftlingen geschah. Dies offenbarte sich mir nicht sofort, ich bekam dies mit der Zeit jedoch mit. In den ersten Tagen hat uns niemand darüber erzählt. Wenn man aber, wie ich, längere Zeit da war, dann bekam man auch mit, was dort ablief. Es wurden Menschen erschossen, vergast und verbrannt. Ich konnte sehen, wie Leichen hin- und hergefahren oder abtransportiert wurden, ja, das bekam man mit. Ich nahm Verbrennungsgeruch wahr. Ich wusste, dass man Leichen verbrannte.

Die Staatsanwaltschaft forderte in ihrem Plädoyer sechs Jahre Haft. Sie kam nach Anhörung der vielen Überlebenden und

Sachverständigen zu dem Ergebnis, dass sich der Angeklagte allein schon durch seine Zugehörigkeit zu den SS-Wachmannschaften und der Ableistung seines Dienstes in Auschwitz schuldig im Sinne der Anklage gemacht hatte.

Die Plädoyers der Nebenkläger folgten, so z. B. das des Rechtsanwalts Onur Özata, der in dem Verfahren die Auschwitz-Überlebende Leah Herman vertrat:

> Sehr geehrte Frau Vorsitzende, sehr geehrte Damen und Herren Richter, sehr geehrte Herren Staatsanwälte, werte Kollegen, meine Damen und Herren, seit 17 Verhandlungstagen verhandeln wir über die Frage, ob sich der Angeklagte der Beihilfe zum hunderttausendfachen Mord schuldig gemacht hat.
>
> Wir hörten die Überlebenden an, prüften zeithistorische Dokumente, befragten Sachverständige und vernahmen die 22-seitige Stellungnahme des Angeklagten und seine persönliche Erklärung, in der er Reue zeigte. Der Angeklagte äußerte sich, wenn man seinen Worten Glauben schenken möchte, erstmalig zu seinen Taten im Konzentrationslager Auschwitz-Birkenau. Er tat dies, obwohl er hätte weiter schweigen können.
>
> Der Angeklagte zeichnet das Bild eines unpolitischen, meinungslosen und gehorsamen Menschen von sich, der nur zufällig nach Auschwitz geraten ist. Und nur beiläufig habe er mitbekommen, was man den Menschen dort antat.
>
> So erklärte er: »Als ich mehrere Wochen in Auschwitz war, war mir bekannt, was dort mit den Häftlingen geschah. (…) Es wurden Menschen erschossen, vergast und verbrannt. Ich konnte sehen, wie Leichen hin- und hergefahren oder abtransportiert wurden, ja, das bekam man mit. Ich nahm Verbrennungsgeruch wahr. Ich wusste, dass man Leichen verbrannte.«

Doch hat sich der Angeklagte mit diesen Worten wirklich offenbart? Hat er aufrichtig bereut? Ist nun alles gesagt?

Mitnichten, vielmehr haben wir es mit einem Mann zu tun, der bis heute den kritischen Blick in seine Vergangenheit nicht wagt. Ein Mensch, der nicht ausspricht, was er tatsächlich sah und hörte, der nicht ausspricht, was er tat und dachte. Hanning spricht seit 70 Jahren die Sprache der Sprachlosigkeit.

Der Angeklagte war vom 23.01.1942 bis 13.06.1944 in Auschwitz eingesetzt. Das sind 28 Monate oder 827 Tage. An jedem dieser Tage, an denen der Angeklagte seinen Dienst versah, wurden durchschnittlich 800 Menschen vergast, erschossen, erschlagen, gehängt, durch Hunger und Krankheit in den Tod getrieben oder auf andere niederträchtige Art und Weise ermordet.

Wir sind sprachlos, angesichts der Verbrechen unvorstellbaren Ausmaßes, die Sie, Herr Hanning, mitzuverantworten haben. Wie soll man auch Gedanken fassen, Worte finden für das, was dort in Auschwitz geschah? Elie Wiesel warf die immerwährende Frage auf, wie es möglich war, dass intelligente und gebildete Menschen tagsüber mit Maschinengewehren auf Hunderte Kinder schießen und sich am Abend an den Versen Schillers oder einer Partitur von Bach erfreuen.

Auch meine Mandantin Leah Herman war noch ein unbeschwertes Kind, als sie mit ihrer Familie verschleppt wurde. Auschwitz nahm Leah ihre Liebsten, ihre gemeinsame Vergangenheit und Zukunft. Auschwitz nahm Leah ihre Kindheit. Sie war ein Kind, das nicht Kind sein durfte.

Vielleicht haben auch Sie Leah gesehen, als sie noch ein Kind war, Herr Hanning? Warum erzählen Sie uns nicht von den Kindern in Auschwitz, denen man Nummern auf die Arme tätowierte? Konnten Sie die Angst und das Grauen in den Gesichtern dieser kleinen, großen Menschen erkennen?

Und was ging in Ihnen vor? Woran dachten Sie, als Sie später Ihr eigenes Kind zum Schlafen betteten, vielleicht in einem gestreiften Schlafanzug, aber ohne Davidstern auf der Brust? Hören Sie beizeiten die ewigen Schreie derer, die gewaltsam ihren Müttern entrissen wurden?

Geben Sie uns Antworten. Geben Sie Leah Antworten, damit auch sie vielleicht ihre innere Sprachlosigkeit überwinden kann.

Aus einem abgehörten Telefonat zwischen dem Angeklagten und einem guten Bekannten von vor zweieinhalb Jahren wissen wir, dass Hanning stolz ist, dass er und seine Generation von Adolf, gemeint ist Adolf Hitler, als »hart wie Kruppstahl und zäh wie Leder« bezeichnet worden war. Eine Distanzierung vom Nationalsozialismus und dem Hauptverantwortlichen des Völkermords an den europäischen Juden hört sich gewiss anders an.

Daher überzeugt es auch nicht, wenn der Angeklagte erklärt, dass er nur auf Drängen seiner Stiefmutter zur SS gegangen ist. Was war seine Triebfeder? Was haben die Jahre der Indoktrinierung und Propaganda, denen er ausgesetzt war, mit ihm gemacht?

Von Thomas Mann stammt der Satz: »Es war nicht eine kleine Zahl von Verbrechern, es waren Hunderttausende einer sogenannten deutschen Elite, Männer, Jungen und entmenschte Weiber, die unter dem Einfluss verrückter Lehren in kranker Lust diese Taten begangen haben.«

Es wäre zu wünschen gewesen, dass der Angeklagte seine damalige politische Gesinnung heute offen reflektiert. Oskar Gröning, der im letzten Jahr am Landgericht Lüneburg für seine Tatbeteiligung in Auschwitz-Birkenau vor Gericht stand, legte den Blick in sein damaliges ideologisches Weltbild frei. Und man muss ihm dankbar hierfür sein, weil er zumindest den Versuch unternahm, die grausame Moral-

und Sinnlosigkeit zu erhellen, die dem Menschenhass und speziell dem Antisemitismus zugrunde liegt.

Herr Hanning, Sie geben keine Antworten. Sie schweigen noch immer, in der Hoffnung zu vergessen. Wir, die nachfolgenden Generationen, dürfen und werden aber nicht vergessen und müssen verstehen, wie aus den Hunderttausenden Täter werden konnten. Wir wissen um die erneuten Gefahren von Nationalismus, Antisemitismus, Rassenhass und Islamfeindlichkeit bei uns in Deutschland. Den Zivilisationsbruch Auschwitz dürfen wir nie wieder zulassen.

Wenn der Angeklagte aufrichtig bereut, dann trifft ihn die Verantwortung zur Aufklärung. Das letzte Wort gebührt ihm.

Ich stelle im Vertrauen auf die Weisheit des Gerichts keinen Strafantrag.

Ernst von Münchhausen, der den Nebenkläger György Schwarc vertrat, wiederum hielt dem schweigenden Angeklagten in seinem Plädoyer das Folgende vor:

Hohes Gericht, sehr geehrte Staatsanwälte, verehrte Kollegen,

es macht wenig Sinn, der rechtlichen Würdigung von Oberstaatsanwalt Brendel und meinen Vorrednern noch etwas hinzuzufügen. Mein Plädoyer wird daher in erster Linie ein Appell an den Angeklagten sein, sich seiner Vergangenheit zu stellen und endlich Antworten zu geben.

Als Vater versuche ich, meine Kinder so gut wie möglich zu anständigen Menschen zu erziehen. Ich denke, dass die meisten Eltern dies versuchen. Sicherlich haben das auch die Eltern des Angeklagten und er selbst es versucht. Und ich bin mir aus verschiedenen Gründen fast sicher, dass er dieses Ziel bei seinen eigenen Kindern sogar erreicht hat. Aber wie passt sein Dienst in Auschwitz dazu?

Vom Angeklagten wissen wir, dass er sich damals für eine langjährige Dienstzeit in Auschwitz und damit gegen den Anstand entschieden hat. Warum er das tat, bleibt bis heute sein Geheimnis. Wir kennen nur seine Legende, die – fast wie im Märchen – besagt, dass die Stiefmutter ihn zum Bösen geführt hat. Tatsächlich wird er aber wohl – wie viele andere junge Menschen damals – durch die Nazis und ihre Ideologie radikalisiert worden sein. Ihm wurde das gefährliche Gefühl vermittelt, zu einer Elite zu gehören. Ja sogar, dass ihm die Zugehörigkeit zu einer Elite von Natur aus zusteht. Er meldete sich daher freiwillig zu einer – wie Herr Gröning in Lüneburg sich ausdrückte – zackigen Truppe. Damals war der Angeklagte jung. Heute ist er alt und müsste eigentlich weise sein.

Weder mein Mandant noch ich sind aber davon überzeugt, dass hier ein weiser alter Mann vor uns sitzt. Gerne, Herr Hanning, lasse ich mich auch jetzt noch vom Gegenteil überzeugen. Bislang jedenfalls stellt sich für mich die Frage, ob sich der Angeklagte in den letzten 70 Jahren wirklich voller Überzeugung auf die Seite des Anstands und des Guten geschlagen hat.

Wir wissen, dass er als Unterscharführer Befehlsgewalt über Mannschaftsdienstgrade besaß und somit Teil der Kommandostruktur im Lager war. Er war Mitglied der SS-Wachmannschaft in Auschwitz und sorgte mit seiner Tätigkeit und seinen Befehlen dafür, dass das schier endlose Morden reibungslos funktionieren konnte. Er sorgte dafür, dass die Wehr- und Arglosigkeit der ankommenden Menschen für ein nie da gewesenes industrielles Morden ausgenutzt werden konnte. Die Opfer konnten sich beim besten Willen nicht vorstellen, dass sie ermordet werden sollten. Warum auch? Sie hatten nichts getan, sie waren Menschen wie wir, aus der Mitte der Gesellschaft. Und schon gar nicht konnten sie sich vorstellen, von Deutschen ermordet zu werden. Denn Deutschland war das Land der Kultur und nicht der Barbarei.

Der Angeklagte verkörperte damals das Böse in der Hölle auf Erden. War er stolz darauf, Mitglied der SS zu sein? Ich schaue mir sein Foto in SS-Uniform an und meine: Ja! Er war stolz! Aber warum war er stolz und worauf? War er stolz darauf, als Sohn seinen Eltern erzählen zu können, wie viele unschuldige Eltern und Söhne mit seiner Hilfe in den Gaskammern einen schrecklichen Tod starben? Erzählte er ihnen, wie die Eltern in den Gaskammern den Todeskampf ihrer Kinder mit ansehen mussten? Der Kinder, die aus den Körperöffnungen bluteten, denen Schaum aus dem Mund quoll und die einfach nur elendig vor den Augen der Eltern zugrunde gingen? War er stolz darauf, seiner schwangeren Frau davon erzählen zu können, wie viele unschuldige schwangere Frauen und Mütter mit Babys durch seine Unterstützung in den Gaskammern umgebracht wurden?

Herr Hanning: Stellten Sie sich damals wie Dr. Aue aus dem Roman *Die Wohlgesinnten* die Schwangeren in den Gaskammern vor, die Hände auf den runden Bäuchen, und fragten sich gemeinsam mit Ihrer schwangeren Frau, was mit dem Fötus einer vergasten Frau geschieht, ob er sofort mit seiner Mutter stirbt oder sie etwa um kurze Zeit überlebt, gefangen in diesem toten Behältnis, dem Paradies, das ihn erstickte?

Die SS-Wachmänner und somit auch der Angeklagte waren keine Menschen, sie waren das personifizierte Böse. Mit brutalen Methoden wurden Häftlinge bestraft, die es als primitive Untermenschen auch nur wagten, den Herrenmenschen – der Elite – in Gestalt eines SS-Mannes in die Augen zu schauen. Aber was ist heute? Wer schaut heute wen an? Und was ist aus diesem einst so stolzen SS-Mann geworden?

Wir haben in diesem Verfahren Überlebende des Holocaust gesehen und gehört, die aufrecht und mit fester Stimme über den Horror von Auschwitz und ihr eigenes Leid berichtet haben. Diese Zeugen haben trotz der erlittenen Qualen und trotz ihres hohen Alters keine Mühen gescheut, um hierher nach Detmold zu kommen und dem Angeklagten ins Gesicht zu schauen. Sie sind Tausende Kilometer gereist, um vor einem deutschen Gericht Zeugnis abzulegen über das Unvorstellbare. Die Stärke dieser Auschwitz-Überlebenden hat mich zutiefst beeindruckt.

Diese Zeugen sind mit ihrer Aussage vor Gericht keinen einfachen Weg gegangen. Dennoch haben sie dem Angeklagten unerschrocken in die Augen geschaut. Und was machte der Angeklagte? Er flüchtete vor diesen Blicken, indem er ohne Reaktion zusammengesunken auf den Boden starrte. Es war eine verkehrte Welt. Warum wagte es der Angeklagte nicht, seine ehemaligen Opfer anzuschauen? Schläge musste er nicht befürchten. War es Scham, Verdrängung, Desinteresse, Hilflosigkeit? Erklären Sie uns das, Herr Hanning!

Der Zeuge Schwartzbaum beschwor Sie: Wir beide stehen bald vor dem höchsten Richter! Reden Sie! Ein großes Wort des mutigen Herrn Schwartzbaum. Leider ohne Reaktion. In einem am 23.12.2013 abgehörten Telefonat mit Herrn Begemann behaupteten Sie, die Strapazen der Kriegsgefangenschaft nur durch Ihren Glauben überstanden zu haben. Wo aber bleibt Ihre Reaktion gegenüber Herrn Schwartzbaum und all den anderen Nebenklägern als gläubiger Mensch und Christ?

Die Zeugin Orosz Richt-Bein sprach Sie mehrfach direkt namentlich an. Sie verschanzten sich hinter Ihren Verteidigern, die sich eine direkte Ansprache Ihrer Person verbaten. Das blieb Ihre einzige und letztendlich feige Reaktion. Warum mussten Ihre Verteidiger Sie vor einer alten Dame beschützen? Wovor brauchen Sie Schutz? Vor den Erinnerungen? Vor diesen kann man sich nur schützen, indem man sie freilässt und ohne Rücksicht Zeugnis ablegt.

Die großen und bewegenden Auftritte der Überlebenden, die wir hier gehört haben, dürfen uns aber über eines nicht hinwegtäuschen: Die Wunden der Überlebenden sind tief. Es sind offene Wunden, die nie heilen werden und sogar die nachfolgenden Generationen quälen. Unzählige Überlebende haben die Erinnerungen nicht ertragen und Suizid begangen. Es gibt genug Überlebende, die keine Kraft gehabt hätten, einem ehemaligen SS-Mann gegenüberzusitzen, geschweige denn vor einem deutschen Gericht ihre eigene Geschichte zu erzählen. Und schon gar nicht hätten diese Überlebenden die Kraft gehabt, das von den Verteidigern vorgelegte Bild des Angeklagten als stolzem SS-Mann anzusehen und die erratische Frage zu beantworten, ob sie diesen Mann schon einmal gesehen haben. […]

Von den ca. 6 500 SS-Leuten, die in Auschwitz tätig waren, wurden in der Bundesrepublik die wenigsten angeklagt und überhaupt nur 29 verurteilt. Damit haben sich auch die deutsche Nachkriegsjustiz und die Nachkriegspolitik schuldig gemacht. Auch sie müssten hier auf der Anklagebank sitzen. Als Beweis für deren Untätigkeit sitzt hier stattdessen der Angeklagte. Unsere Justiz und unsere Politik haben dafür gesorgt, dass die große Masse der Mörder und ihrer Helfershelfer davonkamen und ihre Taten ungesühnt blieben. Ja, noch mehr: Sie sorgten dafür, dass Nazi-Verbrecher als anerkannte Mitglieder der deutschen Gesellschaft unbehelligt in unserer Mitte leben konnten.

Dieses Versagen der Justiz kann im hiesigen Verfahren aber nicht dazu führen, dass es eine Strafmilderung für den Angeklagten gibt. Denn dies würde bedeuten, dass der Angeklagte gerade wegen dieses institutionellen Unrechts bei der juristischen Bewertung des von ihm begangenen individuellen Unrechts privilegiert werden würde. Das würde nicht einer bitteren, ja, sogar grausamen Ironie entbehren. Die Tatsache der stillschweigenden und jahrzehntelangen faktischen Strafvereitelung kann und darf jetzt nicht Grundlage für eine Strafmilderung sein. Dass Taten wie die des Angeklagten jahrzehntelang ungesühnt blieben, sollte allenfalls unsere Scham vergrößern, die Scham über unsere Justiz und die Scham über unsere Politik. Aber sie sollte nicht zu einem geringeren Strafmaß führen.

Auch ich wurde oft und fast vorwurfsvoll gefragt, was dieses Verfahren soll. Das Entscheidende ist: Dieses Verfahren muss stattfinden, weil wir es den Opfern und unserem Land schuldig sind. Mein Mandant und andere mir bekannte Nebenkläger wollen dieses Verfahren, sie wollen ein klein wenig Gerechtigkeit am Ende ihres Lebens. Dabei geht es nicht darum, den Angeklagten im Gefängnis zu sehen, sondern darum, begangenes schlimmstes Unrecht durch das Urteil eines deutschen Gerichts bestraft zu sehen. Die Nebenkläger sind unserem Land und unserer Justiz außerordentlich dankbar dafür, dass diese Anstrengungen unternommen werden, um Recht zu sprechen – auch wenn es 70 Jahre zu spät kommt und eine viel zu lange Zeit der Tatenlosigkeit dazwischenlag.

Und Mitleid mit dem Angeklagten? Ja, er ist ein gebrechlicher, alter Mann. Wir sollten aber eines nicht vergessen: Wer hatte Mitleid mit den schwachen und wehrlosen Menschen an den Rampen von Auschwitz, die völlig erschöpft, halb verhungert und verdurstet aus Viehwaggons getrieben wurden? Wer hatte Mitleid mit der sechsjährigen Ewa? Niemand. Nicht Reinhold Hanning, und nicht seine Komplizen.

Zum Schluss meines Plädoyers möchte ich nicht verhehlen, dass mich das Verfahren hier in Detmold – aber auch schon das in Lüneburg – persönlich sehr bewegt hat. Die Beschäftigung mit dem Thema Auschwitz ist für uns alle in Deutschland enorm wichtig, auch wenn wir das Unbegreifliche wohl niemals begreifen werden. Es wäre daher nicht nur hilfreich, sondern angemessen und notwendig, dass der Angeklagte zu guter Letzt doch noch über seinen Schatten springt und den nachfolgenden Generationen Einblick in sein Damals gewährt. So wie das Herr Gröning in Lüneburg getan und damit durchaus Größe gezeigt hat. Zugleich könnte der Angeklagte damit auch seinen eigenen Frieden finden – dafür müsste er aber natürlich seine eigene Historie kritisch hinterfragen. Ich hoffe, dass er dies tut und uns nicht noch einer weiteren Illusion – nämlich der der Weisheit des Alters – beraubt.

3. Stutthof-Prozesse – 2018 bis heute

Das Verfahren gegen Reinhold Hanning setzte einen Schlusspunkt in der strafrechtlichen Aufarbeitung von Verbrechen in Auschwitz. Weitere Verfahren werden nicht mehr geführt. Die generelle Aufarbeitung der NS-Verbrechen war dagegen noch nicht gänzlich abgeschlossen. Die Arbeit der Zentralen Stelle für die Aufarbeitung von NS-Verbrechen in Ludwigsburg führte im Jahr 2017 zur Verfolgung weiterer Täter aus anderen Konzentrationslagern.

Wieder war es die Staatsanwaltschaft Dortmund, die am 6. November 2018 Anklage erhob. Bei den Angeklagten handelte es sich um zwei ehemalige SS-Wachmänner aus dem Konzentrationslager Stutthof bei Danzig, den zu diesem Zeitpunkt 93-jährigen Dr. Johann Rehbogen und den 92-jährigen Harry S. Beide Angeklagte waren zum Tatzeitraum im juristischen Sinne Heranwachsende. Gemäß § 1 Jugendgerichtsgesetz handelt es sich bei Heranwachsenden um Personen, die zum Zeitpunkt der Tat das 18., aber noch nicht das 21. Lebensjahr vollendet haben. Damit bestand die absurde Situation, dass die Verfahren gegen die beiden über 90-jährigen Männer nur vor einem Jugendgericht nach Jugendstrafrecht geführt werden konnten.

Den beiden Männern wurde vorgeworfen, Beihilfe zum Mord in mehreren Hundert Fällen geleistet zu haben. So sollen sie als Mitglieder der SS-Wachmannschaften dabei geholfen haben, Gefangene durch Vergasungen, Erschießungen und Injektionen mittels Benzin- und Phenolspritzen, Erfrierenlassen und durch lebensfeindliche Umstände zu töten. Zu einem Verfahren gegen den Angeklagten S. sollte es jedoch nicht mehr kommen. Jahrelange Begutachtungen im Hinblick auf seinen Gesundheitszustand verzögerten die Eröffnung der Hauptverhandlung so lange, bis das Landgericht Wuppertal das Verfahren schließlich am 10. März 2021 wegen dauerhafter Verhandlungsunfähigkeit des Angeschuldigten endgültig einstellen musste.

3.1 Verfahren gegen Dr. Johann Rehbogen

Der Angeklagte Dr. Rehbogen wurde am 21. November 1923 in St. Georgen im damaligen Rumänien geboren und gehörte dort zur Gruppe der sogenannten Volksdeutschen. So wurden in der Zeit des Nationalsozialismus Personen bezeichnet, die zwar außerhalb der Grenzen des Deutschen Reiches und Österreichs lebten, aber deutscher Volkszugehörigkeit waren. Am 15. April 1942 wurde Johann Rehbogen zur Waffen-SS eingezogen.

Er war vom 7. Juni 1942 bis zum 1. September 1944 im SS-Totenkopfsturmbann des Konzentrationslagers Stutthof tätig. Dort gehörte er der 3. Kompanie an und wurde mit Wirkung zum 20. April 1943, dem Geburtstag Adolf Hitlers, zum SS-Sturmmann befördert.

Im Rahmen der Ermittlungen war Dr. Rehbogen von Beamten des Landeskriminalamtes vernommen worden. Im Vernehmungsprotokoll war vermerkt, dass sich auf dem Wohnzimmertisch im Haus des Angeklagten das Buch eines bekannten Holocaustleugners befunden hat. Dies ließ insbesondere die Nebenkläger und Nebenklägerinnen aufhorchen.

Vor Verfahrensbeginn hat Rechtsanwalt Onur Özata seine Mandanten, Rivka und Moshe, in der Hafenstadt Haifa in Israel besucht:

Rivka und Moshe, 91 und 90 Jahre alt, haben die Shoah überlebt. Sie waren beide im KZ Stutthof bei Danzig. Sie sind bereits seit fast 74 Jahren ein Paar und haben mittlerweile vier Großenkel. Ihre Lebenslust und Lebensfreude haben sie nicht verloren. Das sei ihre Form der Rache an den Nazis, erklärte Rivka.

Im KZ Stutthof wurden ca. 65 000 Menschen auf vielfältige und bestialische Art und Weise ermordet. Sie wurden vergast, erschossen, erschlagen, mit Giftinjektionen getötet, Hunden zum Fraß vorgeworfen, in die elektrischen Zäune oder durch bewusst vernichtende Lebensbedingungen in den Tod getrieben.

Als ich Rivka und Moshe gestern in Haifa besuchte und mir ihre Lebens- und Leidensgeschichte anhörte, sprachen wir auch darüber, wie wichtig ein solches Verfahren für die deutsche Gesellschaft ist. Man verfolgt außerhalb Deutschlands den Einzug der Rechtsextremisten in die deutschen Parlamente mit großer Sorge. Wenn der AfD-Fraktionsvorsitzende des Thüringer Landtages, Björn Höcke, in Bezug auf das Holocaust-Mahnmal abwertend vom »Denkmal der Schande« spricht, der Parteivorsitzende Alexander Gauland über die Schreckensherrschaft der Nazis verharmlosend als »Vogelschiss« in der deutschen Geschichte fabuliert und ebendiese Partei in den Umfragen trotzdem auf 17,5 Prozent der Stimmen steigt, dann wird all dies mit großer Sorge beobachtet.

Gleichzeitig hätten sich Rivka und Moshe gewünscht, dass die beiden ehemaligen SS-Männer viel früher vor Gericht gestellt worden wären. Nach Jahrzehnten der faktischen Strafvereitelung durch die deutsche Justiz war es ein langer juristischer und gesellschaftlicher Weg, bis wieder NS-Täter in Deutschland angeklagt und ihnen der Prozess gemacht wurde.

Aufgrund des fortgeschrittenen Alters des Angeklagten und bestehender gesundheitlicher Probleme musste die Kammer mehrere Sachverständigengutachten einholen, um zunächst die Frage seiner Verhandlungsfähigkeit klären zu können. Da der Angeklagte schließlich als eingeschränkt verhandlungsfähig angesehen wurde, konnte der Prozess am 6. November 2018 vor dem Landgericht Münster beginnen. Dem Verfahren schlossen sich knapp zwanzig Nebenkläger aus verschiedenen Ländern an. Allerdings konnte auch in diesem Fall nur zwei Stunden pro Tag verhandelt werden. Zusätzlich durfte es höchstens zwei Verhandlungstermine in der Woche geben, und es mussten ausreichend Ruhezeiten zwischen den Verhandlungstagen sowie ein angemessener Transport zum Gericht gewährleistet sein.

Der Angeklagte räumte am 13. November 2018, dem dritten Verhandlungstag, ein, im Konzentrationslager Stutthof eingesetzt gewesen zu sein. Er behauptete aber, keine Kenntnis von konkreten Tötungshandlungen gehabt zu haben. Über seinen Verteidiger ließ er erklären: »Dass Stutthof als Lager darauf angelegt war, die Häftlinge zu töten, habe ich – auch wenn es sich hier nach fadenscheiniger Rechtfertigung anhören mag – nicht so wahrgenommen. Dass die Lebensumstände im Lager damals so schlecht und schrecklich waren, dass es durch Hunger und Krankheiten zu vielen Toten kam, war mir bewusst. Dass es sich aber um ein System handelte, dämmerte mir erst sehr viel später. Von systematischen Tötungen habe ich damals persönlich nichts mitbekommen. Auch die Existenz einer Gaskammer war mir nicht bewusst.«

Ein weiterer wichtiger Punkt in diesem wie auch in anderen vergleichbaren Verfahren war die Frage, ob es möglich gewesen wäre, sich versetzen zu lassen. Häufig wurde behauptet, dass ein Versetzungsgesuch Repressalien nach sich gezogen hätte. Der Sachverständige Dr. Stefan Hördler konnte jedoch im Rahmen der Hauptverhandlung darüber aufklären, dass kein dokumentierter Fall existiert, in dem ein SS-Mann für seine Weigerung, in einem Konzentrationslager seinen Dienst zu verrichten, bestraft worden wäre. Im Gegenteil. Mit fortschreitender Kriegsdauer und bei hohen Verlusten an der Front erfolgten sogar mehrfach Aufforderungen an die Wachmannschaften, sich für die Front zu melden.

Nach nur acht Verhandlungstagen musste die Verhandlung ausgesetzt werden. Der Gesundheitszustand des Angeklagten hatte sich rapide verschlechtert. Eine Besserung sollte nicht mehr eintreten. Im Jahr 2019 wurde das Verfahren wegen der Verhandlungsunfähigkeit von Johann Rehbogen endgültig eingestellt. Eine Verurteilung erfolgte somit nicht. Das ist die logische Konsequenz einer über Jahrzehnte verschleppten oder verweigerten Strafverfolgung von NS-Tätern. Schließlich können nur noch über 90-jährige – sozusagen übrig gebliebene – Greise angeklagt werden, die aufgrund ihres damals jugendlichen Alters lediglich untergeordnete Positionen bekleideten. Dennoch sind wir diese viel zu späte Strafverfolgung den Opfern schuldig – einmal abgesehen von der juristischen Notwendigkeit, da Mord nicht verjährt.

3.2. Verfahren gegen Bruno Dey

Nur wenige Monate nach der Einstellung des Verfahrens gegen Johann Rehbogen kam es zu einer neuen Anklage vor dem Landgericht Hamburg. Dem Angeklagten Bruno Dey wurde vorgeworfen, als SS-Wachmann im Konzentrationslager Stutthof in 5230 Fällen Beihilfe zum Mord geleistet zu haben. Dey war 94 Jahre alt, wurde jedoch wegen seines Alters zur Tatzeit vor einem Jugendgericht angeklagt.

Bruno Dey wurde zunächst zur Wehrmacht eingezogen und

dann im Juni oder Juli 1944 in das Konzentrationslager Stutthof versetzt. Seine Wehrmachtseinheit wurde über Nacht in die SS eingegliedert, sodass er spätestens ab dem 9. August 1944 schließlich in der 1. Kompanie des SS-Totenkopfsturmbanns in Stutthof eingesetzt war. Dey blieb bis zum 26. April 1945 in Stutthof und begleitete die Evakuierung des Lagers.

Als das Verfahren gegen Bruno Dey am 17. Oktober 2019 vor der Jugendstrafkammer des Landgerichts Hamburg begann, hatten sich dem Verfahren etwa 40 Nebenkläger aus aller Welt angeschlossen.

Der Angeklagte ließ sich im Hauptverfahren umfassend zur Sache ein. Alles in allem folgte er dabei jedoch einem Argumentationsmuster, das bereits aus früheren KZ-Verfahren bekannt war: Er sei gegen seinen Willen im KZ eingesetzt und habe nur Befehle befolgt. Bemerkenswert war allenfalls die Behauptung, trotz des Dienstes auf den Wachtürmen nichts von den Vorgängen in der Gaskammer gewusst zu haben. Im Urteil heißt es dazu: »Soweit der Angeklagte immer wieder angab, dass er ›ja nur auf dem Turm gestanden und nichts getan‹ und ›niemandem‹ ein Leid angetan habe, so versteht das die Kammer in erster Linie in dem Sinne, dass der Angeklagte damit sagen wollte, dass er sich strafrechtlich nichts vorzuwerfen habe.«

Ein Angeklagter darf schweigen, er darf lügen. Weder das eine noch das andere ist skandalös. Skandalös war jedoch das folgende Ansinnen des Gerichts und der Staatsanwaltschaft: Die Vorsitzende Richterin bat alle Verfahrensbeteiligten etwa ein halbes Jahr nach Beginn des Prozesses im Anschluss an die Verhandlung um ein informelles Gespräch, so auch die zahlreichen Rechtsanwälte der Nebenklage, die Überlebende des KZ Stutthof oder Angehörige von Opfern vertraten. Das Gericht erwäge, so die Vorsitzende, die Strafverfolgung hinsichtlich der Nebenkläger, die das KZ Stutthof überlebt hatten oder deren Verwandte in andere KZs, z. B. nach Auschwitz, überstellt worden waren, einzustellen. In Anbetracht des hohen Alters des Angeklagten sei dies *verfahrensökonomisch* geboten. Der Angeklagte war der Beihilfe in über 5 000 Fällen *vollendeten* Mordes angeklagt. Nach Einschätzung von Gericht und Staatsanwaltschaft sei eine Verurteilung wegen dieser Taten wahrscheinlich. Auf die Handvoll Fälle, bei denen KZ-Häftlinge überlebt und sich nun als Nebenkläger dem Verfahren angeschlossen hätten, käme es demnach nicht an. So die juristische Logik hinter diesem vom Gericht geplanten Vorgehen.

Die verfahrensökonomische Argumentation des Gerichts lautete: Bei einer Anklage wegen versuchten Mordes müsse immer auch geprüft werden, ob der Angeklagte nicht womöglich strafbefreiend vom Versuch zurückgetreten sei. Eine solche Prüfung sei aber vorliegend nur mit großem (Zeit-)Aufwand durchführbar. Womöglich würde der Angeklagte noch vor der Urteilsverkündung versterben. Und dies – so das Gericht – sei sicherlich nicht im Sinne der Verfahrensbeteiligten. Das Gericht »appellierte« daher an die Überlebenden, der Einstellung zuzustimmen. Ein »Appell«, der von vielen Nebenklagevertretern als ungehöriger Druck auf die hochbetagten Überlebenden empfunden wurde. Die meisten Nebenkläger gaben dem Druck nach. Die Nebenklägerin Marga Griesbach, Mandantin von Rechtsanwalt Mehmet Daimagüler, tat dies nicht.

Die rechtliche Argumentation des Gerichts fußte auf folgendem Gedanken: Der Angeklagte war als Gehilfe angeklagt. Seine Tat war damit gebunden an die Tat eines Haupttäters. Dies erschien dem Gericht unproblematisch, sofern es sich um das Tatgeschehen im KZ Stutthof handelte. Als Problem sah das Gericht allerdings den rechtlichen Umgang mit jenen Opfern, die von Stutthof in andere Lager verschleppt und erst dort ermordet oder auf Todesmärsche durch Eis und Schnee geschickt wurden. Nach Ansicht des Gerichts wäre es denkbar, dass die Lagerleitung in diesen Fällen strafbefreiend von der Haupttat zurückgetreten sei. Ohne Haupttat aber würde die Gehilfentat des Angeklagten entfallen. Im Urteil heißt es dazu:

> Der Angeklagte ist jedoch hinsichtlich der Beihilfe zum versuchten Mord an denjenigen Gefangenen zurückgetreten, die in ein anderes Konzentrationslager oder Außenlager verbracht wurden. Zwar ist es auch in diesen Fällen ohne Zutun des Angeklagten nicht zur Vollendung des Tötungsversuchs in Stutthof gekommen. Tritt aber der Haupttäter zurück, ist es für den Gehilfen ausreichend, dass er mit dem die Tatvollendung verhindernden Rücktritt eines anderen Tatbeteiligten einverstanden ist. ...
>
> Der Tatbestand der Beihilfe ist dagegen nicht erfüllt im Hinblick auf die innerhalb des Stammlagers Stutthof erfolgten Tötungsversuche von denjenigen Gefangenen, die letztlich in andere Lager deportiert wurden. Der Angeklagte ist insofern strafbefreiend zurückgetreten. Der Tatbestand der Beihilfe ist auch nicht erfüllt im Hinblick auf die außerhalb des Stammlagers Stutthof erfolgten Tötungen und Tötungsversuche. Der Angeklagte handelte insoweit jedenfalls nicht mehr vorsätzlich. ...
>
> Der Angeklagte leistete jedoch ... vorsätzliche Beihilfe zu den außerhalb des Konzentrationslagers Stutthof erfolgten Tötungen und Tötungsversuchen. Die Kammer konnte jedenfalls nicht feststellen, dass der Angeklagte insoweit die fördernde Wirkung des von ihm geleisteten Wachdienstes erkannte.

Die Frage nach einem Rücktritt vom Versuch hatten die Landgerichte in München gegen Demjanjuk oder in Lüneburg gegen den »Buchhalter von Auschwitz«, Oskar Gröning, ohne großen Aufwand geprüft und abgelehnt. Auch die Landgerichte in Münster (Rehbogen) und Detmold (Hanning) verfuhren so. Selbst die Verteidiger in diesen Verfahren kamen nicht auf den völlig abwegigen Gedanken, dass ihre Mandanten strafbefreiend vom Versuch zurückgetreten sein könnten.

Nur das Landgericht Hamburg meinte, das Rad neu erfinden und einen komplett anderen Weg beschreiten zu müssen. Marga Griesbach schreibt in ihren Erinnerungen:

> Kurz nach dem Geburtstag meiner Mutter, das war am 10. Januar, befahl man uns draußen zum Appell. Wir verließen das Lager und marschierten einen großen Teil des Tages. Die Russen waren in der Nähe, und sie alle liefen vor ihnen davon. Es war sehr kalt. Wir waren hungrig und durstig. Wir marschierten den ganzen Tag bis zur Nacht. Alle legten sich auf den gefrorenen, schmutzigen Boden nieder. Eiskalt und steif wachten wir auf. Die SS-Leute sammelten uns ein und wir marschierten weiter, wieder ohne etwas zu essen. Da war auch noch ein altes polnisches Paar mit seinem Enkelsohn. Sie hatten für die Besitzer des Hauses gearbeitet. Der Junge war 17, 18 Jahre alt. Wir hörten zwei Schüsse, dann wurde es still. Am Morgen fanden wir den alten Polen tot vor der Haustür liegen. Sie hatten ihm in den Kopf geschossen. Sein Körper war am Boden festgefroren. Wir konnten ihn nicht wegtragen und mussten immer, wenn wir das Haus betreten oder verlassen wollten, über seinen Leichnam steigen. In der Halle lag die Leiche seines Enkels. Die alte Frau saß in ihrem Stuhl und weinte still.
>
> Eine Frau, sie hieß Paula, weinte. Ihre Schwester hatte irgendetwas zu einem der Soldaten gesagt, und er hatte sie daraufhin erschossen. Wir waren etwa 80 Frauen und 800 russische Gefangene. Eine am Bein verletzte Ungarin war von ihren Schwestern und Cousinen, die sie ziehen wollten, auf einen Schlitten gepackt worden. Die Soldaten befahlen ihnen, ans Ende der Kolonne zu gehen. Wir hörten einen

Schuss. Ein Soldat hatte dem Mädchen in den Nacken geschossen. Die Schwestern und Cousinen schrien. Ein weiterer Schuss fiel, und alles war still. Als wir den Ort verließen, sahen wir ein paar Kriegsgefangene, die über ein freies Feld fortliefen. Die Deutschen schossen ihnen einfach in den Rücken. Unterwegs sahen wir tote KZ-Gefangene, denen in den Nacken oder Kopf geschossen worden war. Meine Mutter sagte mir, ihre Füße täten so weh, dass sie glaube, nicht weitergehen zu können. Ich flehte sie an, es zu versuchen, aber nach einer Weile sagte sie: »Das war es. Ich kann nicht mehr, aber ich will, dass du versuchst zu überleben.« Ich war verzweifelt und sagte ihr, ich würde dann mit ihr zurückbleiben. Plötzlich packte ich sie und zog sie aus der Kolonne. Ich dachte, wenn sie uns erschießen, haben wir es wenigstens versucht. Es gab keinen Zeitpunkt, wo die deutschen Bewacher uns unsere Freilassung verkündeten oder uns sagten, wir seien jetzt frei und dürften gehen. Der Krieg ging zu Ende, die Alliierten kamen näher, die Anzahl der Bewacher, egal ob SS-Männer, reguläre Soldaten oder Volkssturm-Leute, wurde kleiner, und unter ihnen wuchs die Furcht vor den Russen, Briten und den Amerikanern. Es waren diese Umstände, die uns die Chance gaben zu fliehen. Es waren die Amerikaner, die Briten und die Russen, die uns das Leben gerettet haben. Ich bin mir sicher, dass die Deutschen jeden Einzelnen von uns ermordet hätten, wenn ihnen nur ein wenig mehr Zeit geblieben wäre. Ich bin mir sicher, dass sie keinen einzigen Juden, egal ob Mann oder Frau, ob Kind oder Greis, am Leben gelassen hätten. Ohne die alliierten Soldaten hätten meine Mutter und ich die Nazis nicht überlebt. Die Deutschen hätten uns ermordet, wie sie meinen Vater und wie sie meinen Bruder ermordet hatten.

Eindrucksvoll schilderte Marga Griesbach, wie sie ihren kleinen Bruder in Stutthof zum letzten Mal gesehen hat, bevor dieser nach Auschwitz deportiert und dort vergast wurde:

> Getrennt von einem Stacheldraht, waren direkt nebenan die Baracken für die jüdischen Männer. Dieser Zaun war nicht elektrifiziert. Manchmal sahen meine Mutter und ich meinen Bruder, wie er am Zaun stand und nach uns Ausschau hielt. Er stand da und sagte »Auf Wiedersehen«. Wir waren uns beide darüber im Klaren, dass es wahrscheinlich das letzte Mal sein würde, dass wir einander sahen. Mein Bruder hatte ein kleines Stückchen Seife in seiner Hosentasche und nahm es heraus. Er wollte, dass ich es habe. Als er es über den Zaun werfen wollte, sagte ich ihm, wir hätten Seife, aber kein Wasser. Dann kam ein Kapo und begann, mich zu schlagen, und ich musste gehen. Das war das letzte Mal in meinem Leben, dass ich meinen kleinen Bruder gesehen habe.

Es sind und waren auch die Erinnerungen Marga Griesbachs, die es uns unmöglich machten, der vom Gericht beabsichtigten Einstellung zuzustimmen. Man kann nicht aus verfahrensökonomischen Gründen historische Wahrheiten beugen. Die Juden Europas sollten ausnahmslos vernichtet werden. An diesem Ziel hielt die Führung Nazi-Deutschlands bis zuletzt fest. Und auch auf den Ebenen darunter gab es niemanden – jedenfalls ist mir kein Fall bekannt –, der als Teil des Vernichtungssystems gesagt hätte: Unser Tun ist verwerflich. Ich höre damit auf, freiwillig. Am Ende ging es den Mördern nur noch darum, ungestraft davonzukommen. Es musste verhindert werden, dass den alliierten Streitkräften Beweismittel für den Völkermord in die Hände fielen. Wo die Kapazitäten für die Gaskammern und/oder die Krematorien nicht ausreichten, wurden die Menschen zu Todesmärschen gezwungen. Es ging nicht darum, diese Menschen zu verschonen. Es ging einzig und alleine darum, sie nicht lebend in die Hände der Alliierten fallen zu lassen oder Leichenberge zurückzulassen.

Soweit die Beweisaufnahme keine objektiven Anhaltspunkte dafür erbrachte, dass der Angeklagte sich – zumindest mit einiger Wahrscheinlichkeit – unabhängig von den Haupttätern selbst persönlich bemühte, den Tod von Überlebenden zu verhindern, hätte das Gericht die Voraussetzungen des § 24 Abs. 2 StGB (Rücktritt vom Versuch einer Straftat) hinsichtlich der Verlegung von Gefangenen innerhalb des Stutthof-Lagersystems (inkl. Außenlager) oder in andere Vernichtungslager revisionsfest verneinen können, und zwar ohne weitere Sachverhaltsaufklärung. Es musste hierfür lediglich zu der naheliegenden Feststellung kommen, dass sowohl die Haupttäter als auch die Gehilfen bei der Verschleppung von Gefangenen durchgehend mit (zumindest bedingtem) Tötungsvorsatz handelten und daher niemals den subjektiven Tatbestand des Rücktritts erfüllen konnten. Ein Rücktritt gemäß § 24 Abs. 2 S. 1 StGB setzt nämlich voraus, dass der Gehilfe den Eintritt des Tatererfolgs – hier also den Tod von Häftlingen – persönlich verhindert hat. Es gibt jedoch keinerlei Anhaltspunkte dafür, dass der Angeklagte persönlich den Tod von Häftlingen verhindert hat. Für alle Transporte, bei denen aufgrund der Bedingungen Lebensgefahr unterstellt werden muss (was ab dem Winter 1944/45 schon allein durch die Temperaturen in den Transportvehikeln gegeben ist), besteht per se bedingter Mordvorsatz. Und insoweit ein durchgehender (zumindest bedingter) Mordvorsatz aller Beteiligten bestand, ist wiederum ein Rücktritt auszuschließen. Spätestens ab Herbst 1944 scheitert ein Rücktritt jedenfalls schon an der mangelnden Freiwilligkeit der Evakuierung des Lagers, die der vorrückenden Roten Armee geschuldet war.

Was das Gericht bis zuletzt nicht verstanden hat, war die Tatsache, dass es Marga Griesbach und anderen Überlebenden nicht darum ging, am Ende ein Urteil in Händen zu halten. Es ging ihnen auch nicht um harte Bestrafung. Es ging den Überlebenden einzig und allein darum, dass in einem deutschen Gerichtssaal ein wahrhaftiges Zeugnis abgelegt wird. Verfahrensökonomische Aspekte haben in einem solchen Verfahren, dem möglicherweise letzten Verfahren zur Aufarbeitung der NS-Vergangenheit, nichts zu suchen.

Nach 44 Verhandlungstagen verurteilte die Jugendstrafkammer des Landgerichts Hamburg am 23. Juli 2020 den Angeklagten zu einer Freiheitsstrafe von 2 Jahren auf Bewährung.

Wir haben in dem Verfahren gegen Bruno Dey die Nebenkläger und Nebenklägerinnen Marga Griesbach, Judit Sperling, Fania Brancovskaja, Mina Friszman und Shimon Indursky vertreten. In unserem Plädoyer haben wir – gemeinsam mit unserem Kollegen Onur Özata – die Wichtigkeit dieser späten Verfahren betont. Zugleich haben wir die im Prozess bereits mit dem Gericht lebhaft diskutierte Frage erörtert, warum es nicht im Sinne der Opfer sein kann, den Prozess aus »verfahrensökonomischen Gründen« einzustellen, nur weil Nebenkläger von Stutthof in andere Lager deportiert wurden oder das Lager überlebt haben:

> [...] Wir erleben die letzten Tage eines Verfahrens, das möglicherweise das letzte seiner Art ist. Zwar sind noch einige Strafverfahren bei verschiedenen Staatsanwaltschaften und Gerichten anhängig. Doch wird mit jedem Tag gewisser, dass wir keine neue Hauptverhandlung zur strafrechtlichen Aufarbeitung der Shoah erleben werden. Möglicherweise wird in diesem Saal das letzte Wort der deutschen Justiz zum Umgang mit der deutschen Vergangenheit zu hören sein.
>
> Nach den Ergebnissen der Beweisaufnahme steht für uns fest, dass der Angeklagte Bruno Dey im Sinne der Anklage-

schrift im Konzentrationslager Stutthof in der Zeit vom 9. August 1944 bis zum 26. April 1945 in 5230 tateinheitlich zusammentreffenden Fällen vorsätzlich anderen zur Begehung heimtückischen und grausamen Mordes Hilfe geleistet hat.

Wir, die Rechtsanwälte Onur Özata, Ernst von Münchhausen und Mehmet Daimagüler, könnten es uns einfach machen und unseren Schlussvortrag auf diese Feststellung beschränken, vielleicht noch einige Worte zum Strafmaß sagen, und es dann dabei belassen.

Es gibt Strafverfahren, in denen es für den Nebenklagevertreter ausreichen mag, sich am Ende des Verfahrens bei Gericht und Staatsanwaltschaft für die Anklageerhebung und die Verfahrensleitung zu bedanken und sich beim Plädoyer »den Worten der Staatsanwaltschaft anzuschließen«, wie es dann oft heißt. Im hiesigen Verfahren verbietet sich das. [...]

Nicht die Verfahrenslänge unterscheidet dieses Verfahren von anderen Verfahren aus dem Bereich der Schwerstkriminalität. Der Unterschied ist, dass hinter der Anklage der »Zivilisationsbruch« steht und dass dieser mit den Mitteln der zivilisierten Rechtsordnung aufgearbeitet werden soll. Ein an sich schon unmöglich erscheinendes Unterfangen, hier jedoch noch erschwert durch die immer länger werdenden Schatten der Zeit, die unerbittlich Täter und Opfer verschlingen und zum Schweigen verurteilen.

Im Jahr 2013 wurde im Wiener Burgtheater das Theaterstück *Die letzten Zeugen* aufgeführt. In dieser szenischen Lesung wurden die Lebensgeschichten von sechs Holocaust-Überlebenden auf der Bühne von Schauspielern erzählt, während die Überlebenden selbst schweigend auf der Bühne saßen. Eine der Überlebenden war Suzanna Rabinovici, die von Ernst von Münchhausen vertreten wurde.

Frau Rabinovici ist am 2. August 2019, also wenige Wochen vor Beginn dieses Verfahrens, gestorben. Die Stimme einer weiteren Zeitzeugin verstummte an diesem Tag für immer. Für dieses sukzessive Verstummen der Zeitzeugen wurde bei dem Theaterstück eine Bühnenmetapher gefunden: Ein Überlebender nach dem anderen stand auf und ging, wenn seine Geschichte zu Ende erzählt war. Leere Sessel blieben zurück. So ist auch der Stuhl von Suzanna Rabinovici in diesem Saal leer geblieben, obwohl gerade ihr das Erzählen und die Erinnerung an das Leid so wichtig war.

Der Angeklagte Bruno Dey sitzt heute hier auf der Anklagebank. Er ist alt und gebrechlich. Er sitzt alleine auf der Anklagebank. Nicht seine Vorgesetzten sitzen neben ihm, und auch nicht seine Kameraden, die damals zusammen mit ihm Dienst geschoben haben in der Todesfabrik. Und auch dies ist eine Metapher: Bruno Dey gehört auf die Anklagebank, aber nicht alleine, und nicht der alte und gebrechliche Mann gehört dorthin, sondern der junge Mann, der er einst war und der mit der Waffe in der Hand nicht der Herr, aber ein Herr von vielen über Leben und Tod war. Wer Bruno Dey war und was er getan hat, war vielen seit sehr langer Zeit bekannt. Und doch ist nichts geschehen. Während die Überlebenden der Shoah jeden Tag mit der Erinnerung leben und diese erleben mussten, konnte er sein Leben leben: eine Familie gründen und die Vergangenheit vergessen.

So ist dann auch die Leere um den Angeklagten Bruno Dey eine Metapher für eine deutsche Justiz, die für furchtbares Unrecht steht. Es geht um furchtbare deutsche Juristen, die Menschen vor und während des Krieges wegen Nichtigkeiten auf das Schafott geschickt haben. Es geht aber auch um Juristen, die nach dem Krieg furchtbarste Taten ungesühnt gelassen haben, weil sie selber Teil der Schreckensherrschaft waren. Die heutige Justiz Deutschlands ist eine andere, sie soll nicht für die Sünden ihrer Väter haftbar gemacht werden, aber es stünde ihr gut zu Gesicht, diese Sünden und diese Sünder beim Namen zu nennen.

»Vergesst uns nicht! Erzählt es weiter!« Das war die Botschaft von Suzanna Rabinovici. Aus diesem Grund war ihr auch dieses Verfahren so wichtig. Es ging ihr nicht darum, den Angeklagten hinter Gittern zu sehen, sondern darum, dass in diesem Saal Zeugnis abgelegt und damit die Erinnerung wachgehalten wird: darum, den letzten Zeitzeugen einen öffentlichen Raum zu geben und die Erinnerung an das Leid der Verfolgten im Lager Stutthof und anderswo weiterleben zu lassen.

Vor wenigen Tagen wurden hier Erinnerungen von Marga Griesbach verlesen. Sie berichtete aus einem Gespräch, das sie im Ghetto von Riga mit einer jungen Frau führte. Dort heißt es:

»Meine Stockbettgenossin war Ditta Blau. Sie war damals 23 Jahre alt und kam aus Danzig. Nachts unterhielten wir uns. Wir fragten uns, ob auch nur ein einziger Jude den Krieg überleben würde. Wir wussten, dass wir versuchen mussten, am Leben zu bleiben, weil jemand dies alles erzählen musste. Wir waren uns darüber einig, dass die Vorstellungskraft der Menschen, die dies nicht selbst erlebt hatten, einfach nicht ausreichen würde, um diese Geschehnisse und die unvorstellbaren Verbrechen zu begreifen. Unsere Angst war nicht, dass wir sterben müssen, das hatten wir akzeptiert, aber unsere Angst war zu überleben, um zu erleben, dass die Menschen uns nicht glauben würden, wenn wir ihnen alles erzählten.«

Der Wille zum Sprechen war da, und dennoch fehlte es den Überlebenden an der Kraft dazu. Marga Griesbach schreibt dazu in ihren Erinnerungen: »Über unsere Vergangenheit, über unsere Zeit im Konzentrationslager, über den

Tod meines Bruders und meines Vaters haben meine Mutter und ich nicht gesprochen. Wir haben geschwiegen, weil ich es so wollte. Ich wollte über alles dies nicht sprechen. Ich wollte ein normales Leben leben, so gut es ging. Ich habe die Erinnerungen an diese schreckliche Zeit in einer Kiste aus Eisen verschlossen und diese Kiste ganz tief in meinem Herzen begraben. Manchmal, wenn die Erinnerungen plötzlich kamen und ich mich vor dieser Kiste wiederfand, war ich erschrocken und lief, so schnell ich konnte, weg von dieser Kiste.«

Suzanne Rabinovici war neun Jahre alt, als ihr Vater von den Deutschen in einem Wald bei Vilnius erschossen wurde. Mit ihrer Mutter Raja und ihrem Onkel Wulf-Wolodja Indursky kam sie ins Ghetto. Drei Tage lang musste sie »wie in einem Massengrab« mit rund 180 Menschen zusammengepfercht in einem unterirdischen Versteck ausharren. Zu den unfassbarsten Beschreibungen gehört jene Szene, als ein Vater das Schreien seines Babys aus Angst vor Entdeckung mit einem Kissen dämpfen wollte – und es erstickte. *Dank meiner Mutter* ist der Titel ihrer 1991 auf Hebräisch und drei Jahre später auf Deutsch erschienenen Autobiografie. Darin schildert Suzanna (Schoschana) Rabinovici den Mut ihrer Mutter, dem sie das Überleben von Ghetto, Konzentrationslager und Todesmarsch verdankt.

»Meine Mutter hat gesagt: ›Wir haben unsere Knochen gerettet, jetzt müssen wir unsere Seele retten.‹ Damals hieß es: ›Schließen wir die Tür.‹ So haben wir es auch gemacht«, erzählte Suzanna Rabinovici.

Das Buch habe sie geschrieben wegen all jener Frauen im KZ, die ihr damals gesagt haben, sie dürfe das nicht vergessen und müsse davon erzählen. So ist sie mit sechzig Jahren zur Autorin geworden, um ein Versprechen einzulösen. Das Buch hätte eigentlich *Die Wunden, die nicht heilen* heißen sollen.

Das wäre ihrer Ansicht nach der treffendere Titel gewesen. Auf ihrer Todesanzeige steht: Seid von nun an Zeugen unserer Erinnerung.

Unsere Mandantinnen und Mandanten haben sich diesem Verfahren als Nebenkläger angeschlossen. § 395 der Strafprozessordnung regelt die Befugnis zum Anschluss als Nebenkläger.

Dort heißt es in Absatz 1 Nr. 2:

Der erhobenen öffentlichen Klage ... kann sich mit der Nebenklage anschließen, wer verletzt ist durch eine rechtswidrige Tat nach den §§ 211 und 212 des Strafgesetzbuches, die versucht wurde ...

Opfer eines versuchten Mordes oder eines versuchten Totschlags sollen demnach das Recht haben, als Nebenkläger Sitz und Stimme als gleichberechtigte Verfahrensbeteiligte in einem Strafverfahren zu haben.

In Absatz 2 des § 395 StPO heißt es weiterhin:

Die gleiche Befugnis steht Personen zu, deren Kinder, Eltern, Geschwister, Ehegatten oder Lebenspartner durch eine rechtswidrige Tat getötet wurden ...

Bei vollendeten Morden und Fällen von Totschlag sollen also die engsten Hinterbliebenen des Getöteten das Recht zur Nebenklage haben.

Marga Griesbach, Judit Sperling und Mina Friszman sind Überlebende des KZ Stutthof und sind daher als Opfer eines versuchten Tötungsdelikts zur Nebenklage berechtigt. Darüber hinaus erfolgt für Mina Friszman das Recht zum Anschluss an dieses Strafverfahren aus Absatz 2 des § 395 StPO, weil ihr Vater in Stutthof ermordet wurde. Die Nebenklagebefugnis des Shimon Indursky ergibt sich ebenfalls aus § 395 Absatz 2, weil sein Vater an den Spätfolgen der Lagerqualen verstorben ist. Fania Brancovskaja ist zur Nebenklage berechtigt, weil ihre Schwester in Stutthof ermordet wurde. [...]

Die Staatsanwaltschaft Hamburg hat mit Schreiben vom 17. Juni 2020 angeregt, die Strafverfolgung gem. § 154 a Abs. 2 StPO auf die vollendeten Taten zu beschränken.

In § 154a StPO heißt es:

(1) Fallen einzelne abtrennbare Teile einer Tat …

1. für die zu erwartende Strafe … nicht beträchtlich ins Gewicht, so kann die Verfolgung auf die übrigen Teile der Tat … beschränkt werden.

Die Strafverfolgung soll hinsichtlich der Nebenkläger, die das KZ Stutthof überlebt haben oder deren Verwandte in andere KZs, z. B. nach Auschwitz, verlegt wurden, eingestellt werden. Als Begründung werden in Anbetracht des hohen Alters des Angeklagten »verfahrensökonomische« Gründe, also Aspekte der Wirtschaftlichkeit, genannt.

Auf das hiesige Verfahren angewendet bedeutet das: Der Angeklagte ist angeklagt wegen Beihilfe zu über 5 000 Fällen vollendeten Mordes. Er wird nach Überzeugung der Staatsanwaltschaft auch wegen dieser Taten verurteilt. Auf die Handvoll Fälle, bei denen KZ-Insassen überlebt und die sich hier als Nebenkläger dem Verfahren angeschlossen haben, kommt es nicht an.

Die von uns vertretenen Marga Griesbach, Judit Sperling und Mina Friszman wären Betroffene dieser Verfahrensökonomie. Aspekte der Wirtschaftlichkeit sind in jedem Strafverfahren problematisch. In einem Verfahren wie diesem, wo möglicherweise zum letzten Mal ein deutsches Gericht deutsches Unrecht behandelt, sind sie schlicht fehl am Platz.

Es ist schlicht unmoralisch, Nebenklägern, die die Grauen eines Konzentrationslagers überlebt haben, mit dem Stichwort Verfahrensökonomie zuzurufen, dass die Strafverfolgung wegen des von ihnen erlittenen Unrechts nicht stattfinden könne. Kollektives Leid in einem solchen Ausmaß kann nie nach ökonomischen Aspekten bewertet werden.

In dem Schriftsatz der Staatsanwaltschaft findet sich dieser bemerkenswerte Satz:

»Im Übrigen bittet die Staatsanwaltschaft die betroffenen Nebenkläger nachdrücklich, der beantragten Vorgehensweise zuzustimmen, obschon sie sich darüber im Klaren ist, dass die aus der Beschränkung resultierende Verkürzung auch dem Umstand geschuldet ist, dass es den deutschen Strafverfolgungsbehörden in den vergangenen Jahrzehnten nicht gelungen ist, die Täter und Teilnehmer des verfahrensgegenständlichen Massenmords zeitnah und mit der gebotenen Konsequenz zur Verantwortung zu ziehen.«

Man kann über diesen einen Satz viel sagen, aber wir möchten uns auf einen einzigen Aspekt beschränken: Es ist den deutschen Strafverfolgungsbehörden nicht gelungen, die Täter zeitnah zur Verantwortung zu ziehen? »Nicht gelungen« ist etwas, das man versucht, aber nicht schafft. Richtig wäre es doch, hier zu sagen: Die deutschen Strafverfolgungsbehörden wollten über Jahre und Jahrzehnte hinweg gerade nicht, dass die Täter zur Verantwortung gezogen werden. Die deutsche Nachkriegsjustiz agierte wie eine einzige große Strafvereitelungsmaschine. Tausende, Zehntausende und Hunderttausende Täter und Teilnehmer sollten nicht verurteilt werden und wurden auch nie verurteilt. 75 Jahre nach dem Ende des Dritten Reiches noch davon zu sprechen, der deutschen Justiz sei etwas »nicht gelungen«, anstatt die Dinge beim Namen zu nennen, ist generell fehl am Platze, in diesem Fall aber auf jeden Fall.

Verfahrensökonomische Aspekte sind aber auch aus anderen Gründen in diesem Verfahren fehl am Platz. Bei der Prüfung eines Versuchsdelikts muss immer auch geprüft werden, ob der Angeklagte nicht strafbefreiend zurückgetreten ist. Diese Prüfung aber erscheint dem Gericht als zu aufwendig. Denn, so die Auffassung, möglicherweise könnte sich der Gesundheitszustand des Angeklagten verschlechtern und das Verfahren ein Ende finden, ohne dass es zu einem Urteil kommen würde.

Natürlich kann bei einem Angeklagten im Alter von über 90 Jahren jederzeit die Verhandlungsunfähigkeit eintreten. Dies hätte auch bereits am ersten Tag dieses Verfahrens im Oktober 2019 geschehen können. Wir wären nicht in dieser Situation, wenn die bundesdeutsche Justiz vor Jahren und Jahrzehnten ihre Arbeit getan hätte. In einer unschicklichen Art und Weise wurde hier Druck auf Überlebende der Shoah und deren Vertreter ausgeübt, der Einstellung nach § 154a StPO zuzustimmen. Natürlich ist es als Druck zu verstehen, wenn vonseiten der Kammer sinngemäß vermittelt wird: »Ihre Mandanten müssen doch Interesse daran haben, dass das Verfahren mit einem Urteil endet.« Natürlich haben auch wir ein Interesse daran, dass es zu einem Urteil kommt, aber nicht um jeden Preis. Vor allem sehen wir kein Szenario des Entweder-oder, wie es das Gericht und die Staatsanwaltschaft gezeichnet haben.

Der unermesslich hohe Aufwand, den Kammer und Staatsanwaltschaft für die Prüfung eines möglichen Rücktritts vom Versuch sehen, existiert nur, wenn man einer juristischen Argumentation folgt, die kein anderes Gericht und keine andere Staatsanwaltschaft geteilt haben, die in den letzten Jahren mit KZ-Fällen befasst waren. Wir waren Nebenklagevertreter in den Verfahren in Münster, Lüneburg und Detmold. Noch nicht einmal die Verteidigung kam in diesen Fällen auf die Idee, einem möglichen Rücktritt vom Versuch das Wort zu reden.

Lassen Sie uns das in der gebotenen Kürze darstellen:

Jeder einzelne Mensch, der in das KZ Stutthof verschleppt wurde und es überlebte, war Opfer eines versuchten Mordes. Dieses Lager war eine Todesmaschine. Die Menschen wurden vergast, sie wurden erschossen, sie waren unfassbarer Gewalt ausgesetzt. Sie starben an Hunger, sie starben an Krankheiten, sie starben an den Folgen der Zwangsarbeit.

Jeder einzelne Mensch in diesem Lager schwebte in ständiger Lebensgefahr.

Jeder, der auf der Täterseite Teil des Lagersystems war, insbesondere die Angehörigen der SS-Totenkopfverbände, nahm den Tod der Lagerinsassen zumindest billigend in Kauf. Mit dem Dienstantritt setzten sie auch unmittelbar zur Tat an.

Starb einer der Lagerinsassen, liegt ein vollendeter Mord bzw. die Beihilfe zu einem vollendeten Mord vor.

Überlebte ein Mensch, kommt ein Versuch zu einem Mord bzw. die Beihilfe zu einem versuchten Mord in Betracht. Dieser ist nur dann ausgeschlossen, wenn der Täter von seinem Vorhaben abrückt und von der Tat zurücktritt. Ein Rücktritt aber, und das ist entscheidend, muss freiwillig erfolgen.

Wo aber soll denn, wenn man schon auf die Idee kommt, ernsthaft einen Rücktritt anzunehmen, bitte schön, die erforderliche Freiwilligkeit herkommen?

Mina Friszman wurde bis zum 8. Mai 1945 im Konzentrationslager Stutthof gefangen gehalten. Ein freiwilliger Rücktritt angesichts der Roten Armee buchstäblich vor den Toren?

Judit Sperling wurde gemeinsam mit ihrer Mutter Anfang 1945 auf einen Todesmarsch geschickt. Ebenso geschah es mit Marga Griesbach und ihrer Mutter. Menschen starben auf diesem Todesmarsch. Sie wurden erschossen, sie starben an Krankheiten, sie erfroren. Sie überlebten einzig und allein, weil ihre Peiniger den Krieg verloren. [...]

Primo Levi hat in seinem Buch *Die Untergegangenen und die Geretteten* Folgendes dazu geschrieben:

»Die SS-Kommandos und der Sicherheitsdienst verwandten dann die größte Sorgfalt darauf, dass kein Zeuge überlebte. Darin liegt der Sinn (und nur schwer könnte man sich einen anderen vorstellen) der mörderischen vordergründig wahnsinnigen Überführungen, mit denen die Geschichte der nationalsozialistischen Konzentrationslager in den ersten Monaten des Jahres 1945 ihren Abschluss gefunden hat: Die Überlebenden von Majdanek kamen nach Auschwitz, die von Auschwitz nach Buchenwald und nach Mauthausen, die von Buchenwald führte man in Richtung Schwerin. Alle, aber wirklich alle, sollten der Befreiung entzogen werden und wurden ins Innere Deutschlands deportiert, das vom Westen und vom Osten her besetzt wurde. Ob sie unterwegs starben, hatte keinerlei Bedeutung, Bedeutung hatte einzig, dass sie nichts erzählten. Nachdem die Konzentrationslager zunächst als Zentren des politischen Terrors, dann als Todesfabriken und schließlich (oder gleichzeitig) als unerschöpfliches Reservoir an stets erneuerbaren, versklavten Arbeitskräften gedient hatten, wurden sie für das sterbende Deutschland gefährlich, weil sie ihr eigenes Geheimnis enthielten, das größte Verbrechen in der Geschichte der Menschheit. Das Heer von Larven, das dort noch vor sich hinvegetierte, bestand aus Geheimnisträgern, deren man sich entledigen musste. Die Vernichtungseinrichtungen, ihrerseits wiederum beredte Zeugen, wurden gesprengt, und man entschloss sich, die Häftlinge ins Innere des Landes zu verbringen, in der absurden Hoffnung, sie wieder in andere, von den heranrückenden Fronten weniger bedrohte Lager einsperren zu können, um aus ihnen noch den letzten Rest an Arbeitskraft herauszupressen, und in der anderen, weniger absurden Hoffnung, dass die Tortur dieser biblischen Märsche ihre Zahl noch einmal verringern würde. Die Zahl verringerte sich dann auch in erschreckendem Ausmaß, aber einige haben dennoch sowohl Glück als auch die Kraft gehabt, zu überleben und Zeugnis abzulegen.«

Wie sollte dieses Gericht mit jenen Fällen umgehen, in denen Kinder aus Stutthof nach Auschwitz deportiert und dort ermordet wurden? Eindrucksvoll hat Marga Griesbach hier geschildert, wie sie ihren kleinen Bruder in Stutthof zum letzten Mal gesehen hat, bevor dieser nach Auschwitz deportiert und dort vergast wurde. [...]

Nach unserer Würdigung hat der Angeklagte Dey auch in diesem und in ähnlich gelagerten Fällen Beihilfe zu einem Mord geleistet. Nun sagt die Staatsanwaltschaft, dass sie Fälle wie diese nicht bedacht habe und diese damit nicht von der Anklage umfasst seien. Wir sehen das anders. Zum einen ist es ein Armutszeugnis, wenn eine Anklage übersieht, dass aus praktisch allen Konzentrationslagern Todestransporte nach Auschwitz erfolgten. Zudem musste auch ein einfacher SS-Wachmann wissen, was es bedeutet, wenn arbeitsunfähige Kinder von ihren Eltern getrennt und in das Vernichtungslager Auschwitz verbracht wurden. Auschwitz war im Herbst 1944 schon bekannt als größte Todesmaschine auf Erden. Zum anderen aber, und das ist entscheidend, liegt die versuchte Beihilfe zum Mord im Falle Alfreds schon in dem Moment vor, in dem das Kind in das Lager Stutthof verschleppt wurde. Seine Selektion, sein Abtransport nach Auschwitz und seine Vergasung in Auschwitz am selben oder am folgenden Tag können doch unmöglich als Anknüpfungspunkt für einen strafbefreienden Rücktritt genommen werden.

Wulf-Wolodja Indursky hat das Grauen des KZ Stutthof überlebt. Schwer krank und gebrochen kehrte er zurück und starb schließlich an den Folgen seiner Haft. Ernst von Münchhausen vertritt seinen Sohn, Shimon Indursky. Dieser berichtete nach den hier erfolgten Diskussionen über die

Teileinstellungen, dass sein Vater damals Wiedergutmachungszahlungen aus der Bundesrepublik erhalten habe. Die Zahlungen waren seiner Erinnerung nach um Kosten für Unterbringung im KZ Stutthof gekürzt. Das klingt unfassbar, wäre aber in der alten Bundesrepublik mit den überall sitzenden Nazis, die völlig unbehelligt weiterlebten, absolut denkbar gewesen. Ernst von Münchhausen konnte trotz intensiver Recherche keine Belege dafür finden. Doch selbst wenn die Kosten für Haft und Verpflegung nicht abgezogen worden wären, spricht aus der alleinigen Annahme dieser Möglichkeit und aus der Erinnerung Shimon Indurskys doch das Gefühl einer lebenslangen Demütigung. Die Demütigung durch die Nazis, die Demütigung durch die Bundesrepublik Deutschland. Es ist zu befürchten, dass mit diesem Verfahren eine weitere Demütigung hinzukommen könnte.

Denn die Teileinstellung der Verfahren gegen viele Nebenkläger beinhaltet die Aussage: Liebe Nebenkläger. Ihr habt zwar im Konzentrationslager Stutthof unsägliches Leid erfahren, aber ein strafbares Verhalten des angeklagten SS-Wachmanns ist nicht aufklärbar und nicht feststellbar. Zu dieser Thematik hatten wir bereits am 1. Juli 2020 rechtlich ausführlich Stellung genommen. Einer Wiederholung bedarf es daher nicht, auch wenn wir hier noch einmal, neben den juristisch fehlerhaften Annahmen, ausdrücklich die katastrophale Wirkung auf die Nebenkläger herausstellen möchten. Erinnerungen an die demütigenden, staatlich sanktionierten Strafvereitelungen in der Bundesrepublik werden wach. Und Erinnerungen an eine Gesellschaft, die Nazis nicht verfolgte, sondern in ihrer Mitte bewachte und sogar verehrte. Dazu erzählte Shimon Indursky, ebenfalls nach den Diskussionen um die Teileinstellungen, die folgende Episode:

»Mein Vater stammte aus jenem Ghetto, in dem Franz Murer als ›Schlächter von Wilna‹ sein Unwesen trieb. Murer wurde später, im Österreich der Sechzigerjahre, trotz seiner Schuld vor Gericht freigesprochen. Am Tag der Urteilsverkündung waren alle Blumenhandlungen der Stadt ausverkauft, da der Ausgang des Prozesses und der Angeklagte gefeiert wurde.«

Shimon Indursky fragte Ernst von Münchhausen dann, ob er wisse, was ein »Judenschlag« sei? So nannten die Dorfbewohner, die Nachbarn Murers, jenes Waldstück, das die Murerfamilie verkauft hatte, um dem Verwandten, dem Murer Franz, den teuren Anwalt zahlen zu können.

Damit wollen wir nicht sagen, dass das Gericht sich nicht um Aufklärung bemüht hätte. Dass Nebenklägern wie Shimon Indursky jetzt aber wieder Geschichten der Demütigung und einer feindlichen Gesellschaft einfielen, zeigt die fatale Wirkung der juristisch nicht notwendigen Teileinstellungen. Was für eine ungetrübte Genugtuung wäre dieses Verfahren für die Opfer gewesen, wenn es die Teileinstellungen nicht gegeben hätte. So hinterbleibt auch bei einer Verurteilung des Angeklagten – von der wir ausgehen – ein schaler Beigeschmack, der der historischen Tragweite dieses Verfahrens weder angemessen ist noch juristisch notwendig.

Es ist uns aus rechtlichen, historischen und moralischen Gründen unmöglich, einer möglichen Rücktrittsfiktion dieses Gerichts und dieser Staatsanwaltschaft zu folgen. Für uns ist die Vorstellung schockierend, dass dies das letzte Wort eines deutschen Gerichts zur juristischen Aufarbeitung der Shoah sein könnte. Dass möglicherweise am Ende des Krieges, den Atem russischer, britischer, amerikanischer und französischer Truppen im Nacken verspürend, große und kleine Vollstrecker freiwillig beschlossen hätten, von der »Endlösung der Judenfrage« Abstand zu nehmen. [...]

Die Überlebenden zu hören, sie als gleichberechtigte Verfahrensbeteiligte anzuerkennen, ist nicht nur aus historischen Gründen notwendig. Diese Menschen sind nicht bloße Erinnerungen an eine ferne Vergangenheit, sondern vor allem Mahner unserer Gegenwart.

Die Shoah wird von manchen besprochen, als sei sie in einer fernen, fernen Wirklichkeit geschehen, einer Wirklichkeit, die so fremd ist, dass sie unmöglich wieder geschehen könne. Natürlich ist die Shoah singulär. Aber das Morden und der Massenmord sind es nicht. Vor wenigen Tagen erst erinnerten wir uns an die Toten von Srebrenica. Über 8 000 Männer, Jugendliche und Kinder wurden vor 25 Jahren unter den Augen Europas ermordet, alleine weil sie Muslime waren.

Ganz selbstverständlich unterscheiden nicht wenige in Deutschland neuerdings zwischen Deutschen und »Pass-Deutschen« und bemerken vielleicht dabei noch nicht einmal, dass sie mit dieser Sprache die faschistische Logik der Nürnberger Rassegesetze im Deutschland des Jahres 2020 wiedergeben. Zu befürchten ist aber, dass viele sehr genau wissen, welche Sprache sie verwenden.

Ein Parlamentarier, der zuvor jahrelang Gymnasiasten Geschichte beigebracht hat, forderte in einer von seinen Anhängern bejubelten Rede die sogenannte Remigration von Migranten. Er sagte: »Ziel dieser Remigration ist es, nach der erhofften Wendephase kulturfremde Menschen zu deportieren.«

Und weiter: »Vor allem eine neue politische Führung wird dann schwere moralische Spannungen auszuhalten haben: Sie ist den Interessen der autochthonen Bevölkerung verpflichtet und muss aller Voraussicht nach Maßnahmen ergreifen, die ihrem eigentlichen moralischen Empfinden zuwiderlaufen.« Man werde, »so fürchte ich, nicht um eine Politik der ›wohltemperierten Grausamkeit‹ herumkommen, auch wenn wir leider ein paar Volksteile verlieren werden, die zu schwach oder nicht willens sind, sich der fortschreitenden

Afrikanisierung, Orientalisierung und Islamisierung zu widersetzen«. Hier werden ganz öffentlich Massenvertreibung und Völkermord angekündigt. Es überrascht nicht, dass die gleiche Person bei anderer Gelegenheit eine »erinnerungspolitische Wende um 180 Grad« gefordert hatte und mit Blick auf das Mahnmal für die ermordeten Juden Europas von einem »Denkmal der Schande« sprach.

Der Vorsitzende einer Oppositionspartei dieses Landes, ein Mann, der über Jahre hinweg Spitzenbeamter mit CDU-Parteibuch war, erklärte die Zeit des Hitler-Faschismus zum »Vogelschiss«. Seit Jahren schreit ein Teil dieses Landes nach einem Schlussstrich. Dieses Geschrei ist aber nichts Neues. Marga Griesbach schreibt dazu in ihren Erinnerungen:

»Schon bald nach dem Ende des Krieges, das muss Anfang 1946 oder so gewesen sein, sagte ein Politiker von einer der neuen demokratischen Parteien im Radio, jetzt müsse auch mal Schluss sein mit dem vielen Gerede über Auschwitz und Treblinka, und man müsse wieder mehr über Beethoven und Bach sprechen. Das war die Stimmung in Deutschland nur wenige Monate nach unserer Befreiung aus dem KZ.«

Nein, weder Vogelschiss noch Schlussstrich sind etwas Neues. Neu ist allenfalls, mit welcher Dreistigkeit und mit welcher Unverschämtheit diese Parolen aus Ecken dieses Landes ertönen, die sich selbst als liberalkonservativ oder bürgerlich definieren. Uns graut vor einer Zukunft, in der diesen Stimmen nicht mehr die Stimmen der Überlebenden widersprechen.

Uns graut vor einer Zukunft, in der wir ohne die Stimmen von Menschen wie Marga Griesbach, Mina Friszman, Judit (Dita) Sperling, Fanta Bransovskaja und Shimon Indursky zurechtkommen müssen.

William Faulkner hat gesagt: »Das Vergangene ist nicht tot; es ist nicht einmal vergangen.« Wie wahr.

**Das wiedervereinigte Deutschland
gegen Neonazis**

1. Der Brandanschlag von Mölln 1992/93

Ende November 1992 wurden auf Haftbefehl des Ermittlungsrichters am Bundesgerichtshof Lars C. (19) und Michael P. (25) festgenommen und in Untersuchungshaft verbracht. Die beiden Männer standen im Verdacht, am 23. November 1992 einen Brandanschlag auf zwei Häuser in der Kleinstadt Mölln nördlich von Hamburg verübt zu haben.

Der erste Anschlag ereignete sich in der Ratzeburger Straße 13. Die Täter warfen gegen Mitternacht zwei Brandsätze in ein von sechs türkischen Familien bewohntes Haus. Dann flüchteten sie auf einem Motorrad und informierten die Feuerwehr telefonisch mit den Worten: »In der Ratzeburger Straße brennt es. Heil Hitler!« Das Feuer griff im Haus rasch um sich und überraschte die Bewohner im Schlaf. In Panik konnten sich einige nur noch durch den Sprung aus dem Fenster retten. Neun Menschen verletzten sich dabei schwer.

Im Anschluss fuhren die Täter zur unweit gelegenen Mühlenstraße 9. Dort gossen sie Benzin in den Eingangsbereich und setzten auch dieses Haus in Brand. Wieder folgte ein Anruf bei der Feuerwehr: »In der Mühlenstraße brennt es. Heil Hitler!« Im Hausflur standen diverse Sachen, etwa Kinderwagen und Schuhe, die sofort Feuer fingen und wie Brandbeschleuniger wirkten. Der schrille Klang des von den Flammen ausgelösten Klingelmechanismus weckte die Bewohner, denen wenig Zeit blieb, aus dem Haus zu fliehen. Da der Eingangsbereich als einziger Ausgang nicht passierbar war, sprangen die Bewohner aus dem Fenster oder versuchten, sich abzuseilen.

Die 51-jährige Bahide Arslan war als Gastarbeiterin nach

Deutschland eingewandert. Sie hatte ein Leben lang hart gearbeitet. Trotz der Flammen, der Hitze und des Rauches wickelte diese tapfere Frau noch ihren siebenjährigen Enkel Ibrahim in nasse Tücher und brachte ihn in die Küche. Er wurde nach vier Stunden unversehrt aus dem Haus geborgen.[475] Sie selbst verbrannte qualvoll in den Flammen des Hauses. Ihre zehnjährige Enkelin Yeliz Arslan wurde als immer lachendes, fröhliches und aufgewecktes Kind beschrieben. Unter ihren Mitschülern und Mitschülerinnen der zweiten Klasse der Grundschule in Mölln war sie beliebt. Sie starb in den Flammen des Hauses, das einmal ihr Zuhause war. Mit ihr starb auch die 14-jährige Ayşe Yılmaz. Ayşe war ihre Cousine. Sie lebte in der Türkei und war zu Besuch in Mölln. Das Mädchen hatte sich lange auf diese Reise gefreut. Sie kehrte in einem Sarg zu ihren Eltern zurück. Nach Angaben von Augenzeugen war es ihr noch gelungen, aus einem Fenster auf eine Feuerwehrleiter zu steigen. Dann soll sie den Feuerwehrleuten aus den Händen geglitten und zu Boden gestürzt sein. Diese Darstellung wurde von der Feuerwehr später bestritten. Der genaue Verlauf des Sturzes konnte nicht mehr rekonstruiert werden.

Anfang des Jahres 1993 erhob die Bundesanwaltschaft vor dem Zweiten Senat des Schleswig-Holsteinischen Oberlandesgerichts Anklage wegen dreifachen Mordes und mehrfachen versuchten Mordes gegen Michael P. und Lars C.

Michael P. war zu diesem Zeitpunkt bereits strafrechtlich in Erscheinung getreten. 1990 verurteilte ihn das Amtsgericht wegen gefährlicher Körperverletzung. Er hatte zuvor den Sohn eines jugoslawischen Asylbewerbers getreten, ihn mit einem Stein beworfen und dabei schwer am Kopf verletzt. Auch wurde er für Brandanschläge auf Asylbewerberheime im nahe gelegenen Gudow sowie für die versuchte Erstürmung eines Asylbewerberheims in Pritzier verantwortlich gemacht.[476] Eine kurze Zeit war er politisch aktiv und agierte als stellvertretender Kreisvorsitzender der NPD in Lauenburg. Michael P. wurde als gescheiterte Existenz beschrieben. Schon während des Besuchs der Grundschule wurde er auf die Sonderschule verwiesen. Nach der Schule folgten verschiedene Gelegenheitsjobs, mit deren Hilfe er gerade so über die Runden kam. Schon früh fand er Kontakt zur Neonazi-Szene und begrüßte das neue Jahr zu Silvester mit einem für die Nachbarn unüberhörbaren »Heil Hitler!«[477]

Lars C. wuchs derweil in behüteten Verhältnissen auf. Nach dem Umzug seiner Familie nach Mölln bemühte sich sein Vater, ein frühpensionierter Beamter, Lars C. die Eingewöhnung zu erleichtern. In jugendlichem Alter verkehrte C. dann zunehmend in der rechten Szene. Er nahm an Skinhead-Treffen teil und war wie alle in seinem Freundeskreis Rassist. Im Gegensatz zu Michael P. beendete C. jedoch seine Schulausbildung mit einem Realschulabschluss und begann anschließend in einem Supermarkt eine Ausbildung als Einzelhandelskaufmann. Der Filialleiter beschrieb ihn als »fleißig und gründlich«.[478] Später, nach der Tat, machte sich der Mann schwere Vorwürfe, weil er seinen Azubi nicht wegen der szenetypischen Kurzhaarfrisur und den Springerstiefeln zur Rede gestellt hatte. »Ich habe etwas versäumt«, sagte er selbstkritisch.[479]

Beide Männer hatten die Taten gestanden. Später widerriefen sie ihre Geständnisse jedoch und behaupteten, bei der Vernehmung durch die Polizei zu ihren Geständnissen gedrängt worden zu sein.

Lars C. behauptete vor Gericht, die ganze Tatnacht über eine Radiosendung im NDR gehört zu haben. Mit den früheren Straftaten des Mitangeklagten Michael P. habe er nichts zu tun gehabt, was zutraf. Auch sagte er, dass er sich bereits vor der Mordnacht aus der Nazi-Szene zurückgezogen habe.

Michael P. beteuerte in seinem später widerrufenen Geständnis, die Brandanschläge mit Lars C. gemeinschaftlich begangen zu haben. Seine Aussage war schon deshalb überzeugend, weil sich zwei Täter auf dem Motorrad befunden haben mussten, mit dem die Tatorte angefahren wurden. Verteidigt wurde Lars C. von Wolfgang Ohnesorge aus Lübeck und später auch von Rolf Bossi, einem prominenten Strafrechtsanwalt aus München, der als Fachmann für schwierige Fälle galt.[480]

Nach 47 Prozesstagen verkündete der Vorsitzende Richter Hermann Ehrich am 8. Dezember 1993 das Urteil. Die Angeklagten wurden des Mordes sowie des versuchten Mordes in mehreren Fällen für schuldig gesprochen. Michael P. erhielt eine Freiheitsstrafe von 15 Jahren. Der zum Tatzeitpunkt noch heranwachsende Lars C. wurde zu zehn Jahren Haft, der Höchststrafe im Jugendstrafrecht, verurteilt. Das Gericht legte seinen Annahmen die unmittelbar nach Prozessbeginn erfolgten Geständnisse der Angeklagten zugrunde, da diese einen hohen Detaillierungsgrad sowie Täterwissen aufwiesen und die Ermittlungsergebnisse widerspiegelten. Darüber hinaus hatten die Verurteilten nach Ansicht des Gerichts den Tod der Menschen in beiden Häusern nicht nur billigend in Kauf genommen, sondern gewollt.[481]

Lars C. kam nach siebeneinhalb Jahren Haft vorzeitig auf freien Fuß. Michael P. hingegen saß die ganze Haft ab und wurde erst im November 2007 aus der Haft entlassen. Lars C. bestreitet bis heute jede Tatbeteiligung.

Der Anschlag von Mölln galt als erster rechtsextremer und rassistischer Angriff im wiedervereinten Deutschland, bei dem Menschen zu Tode kamen. Unmittelbar nach Bekanntwerden der Morde und dem Prozessbeginn drängten verschiedene Gruppen nach Mölln, um gegen Fremdenhass, Rassismus und rechte Gewalt zu demonstrieren. In der Politik sorgten sich nicht wenige um »das Ansehen der Bundesrepublik in der Welt« und erweckten dabei den Eindruck, nicht die Morde seien das Problem, sondern das Image des Landes.

Währenddessen verschärfte sich zunehmend die Asyldebatte in Deutschland. Die Sorgen vieler Bürger vor zukünftigen »Asylantenschwemmen« und drohendem »Asyltourismus« mischten sich mit den Beileidsbekundungen für die Angehörigen der Ermordeten.[482] Erst drei Monate zuvor war ein Brandanschlag auf ein Asylbewerberheim in Rostock-Lichtenhagen verübt worden. Die Bewohner mussten vorher zum Schutz vor dem auf der Straße tobenden Mob unter Begleitschutz der Polizei aus dem Gebäude eskortiert werden. Ein Jahr davor wurde im sächsischen Hoyerswerda ein Asylbewerberheim mit Stahlkugeln und Brandsätzen angegriffen. Der Bürgermeister von Mölln war daher bemüht, die Anschläge in seiner Stadt nicht als Einzelfälle, sondern als Teil einer langen Kette von Gewalttaten im ganzen Land einzuordnen.[483]

Der spätere Bundestagsabgeordnete der Grünen, Hans-Christian Ströbele, vertrat im Prozess gegen die Täter von Mölln die Nebenklage. Er machte auch die Politik mitverantwortlich für die Geschehnisse. So hätten die »unverantwortlichen Äußerungen« auch seriöser Politiker im Rahmen der Asyldebatte dazu beigetragen, dass gegen Ausländer und Asylbewerber gehetzt wurde.[484]

Auch die Rollen von Justiz und Verfassungsschutz wurden kritisiert. Michael P. war sechs Tage vor dem Brandanschlag trotz bestehenden Mordverdachts nicht in Untersuchungshaft genommen worden. Darüber hinaus hatte es der schleswig-holsteinische Verfassungsschutz nicht geschafft, auf die Radikalisierung des Michael P. effektiv zu reagieren, obwohl er unter Beobachtung stand. Unverständlich blieb, warum gegen Michael P. erst nach dem Brandanschlag in Mölln und nicht schon nach den Taten bei Gudow wegen des Verdachts auf Gründung einer rechtsterroristischen Vereinigung ermittelt wurde. Erst nach dem Brandanschlag in Mölln nahm der Generalbundesanwalt

Ermittlungen gegen rechtsradikale Gruppierungen auf. Vorher war die Bundesanwaltschaft schlicht nicht von der Existenz organisierter rechtsextremer Vereinigungen ausgegangen.[485] Generalbundesanwalt zu dieser Zeit war Alexander von Stahl, der später in einem anderen Kontext von der damaligen Bundesjustizministerin Sabine Leutheusser-Schnarrenberger (FDP) aus dem Amt entlassen wurde. Von Stahl ließ sich als Rechtsanwalt nieder. Unter anderem übernahm er die juristische Vertretung der Zeitung *Junge Freiheit*, die der Neuen Rechten zugeordnet wird. Das Blatt war im Verfassungsschutzbericht des Landes Nordrhein-Westfalen genannt worden, wonach es »tatsächliche Anhaltspunkte für den Verdacht des Rechtsextremismus« gebe. Dagegen hatten sich die Verantwortlichen mithilfe von Stahls vor Gericht gewehrt.

Die Mordopfer fanden ihre letzte Ruhe in der Türkei. Klaus Kinkel, damaliger Außenminister aus den Reihen der FDP, und Norbert Blüm, CDU-Arbeits- und Sozialminister, nahmen an der Beerdigung teil. Helmut Kohl blieb der Beerdigung mit der Begründung fern, er sei gegen »Beileidstourismus«. Das Wort wurde 1992 zum »Unwort des Jahres« erklärt. Genau 20 Jahre später wurde »Dönermorde« zum Unwort des Jahres gekürt.[486]

2. Der Brandanschlag von Solingen 1993/95

Im Juni 1993 wurde der Haftbefehl des Ermittlungsrichters am Bundesgerichtshof gegen Christian R. (16), Markus G. (23), Christian B. (20) und Felix K. (16) vollstreckt, die Beschuldigten wurden in Untersuchungshaft genommen. Den vier jungen Männern warf man vor, in der Nacht auf den 29. Mai 1993 einen Brandanschlag auf das Haus der Familie Genç in Solingen verübt zu haben.

Bei dem Anschlag kamen die Hausbewohner Saime Genç (4), Hülya Genç (9), Gülüstan Öztürk (12), Hatice Genç (18) und Gürsün Ince (27) ums Leben. Sie verbrannten oder erstickten qualvoll. Alle anderen Bewohner konnten sich retten, zum Teil mit schwersten Brandverletzungen.

Am 13. April 1994 wurde die Hauptverhandlung vor dem Oberlandesgericht Düsseldorf eröffnet. Die Anklage durch die Bundesanwaltschaft lautete auf fünffachen Mord, 14-fachen Mordversuch und besonders schwere Brandstiftung aus niederen Beweggründen. Markus G. legte als ältester Angeklagter gleich zu Beginn des Verfahrens ein umfassendes Geständnis ab. Er habe zusammen mit allen drei Mitangeklagten das Haus in Brand gesteckt. Am 80. Prozesstag jedoch zog er das Geständnis überraschend zurück und behauptete, er sei an der Tat nicht beteiligt gewesen und zu dem Geständnis genötigt worden. Auch der Angeklagte Christian R. legte ein Geständnis ab und behauptete bis zuletzt, die Tat alleine begangen zu haben. Er widerrief und veränderte sein Geständnis im Laufe des Prozesses 17-mal. Er war der Nachbar der Geschädigten und sagte, er habe das Haus nur anstecken wollen, um »Rabatz« zu machen – mehr nicht. Christian B. und Felix K. bestritten jegliche Teilnahme an der Tat und beteuern bis heute ihre Unschuld.

Das Gericht stand von Anfang an unter hohem Zeitdruck. Die Verhandlung wurde von der Öffentlichkeit intensiv verfolgt, eine rasche Verurteilung gefordert.

Während des Verfahrens kam zeitweise der Verdacht auf, dass es sich bei dem Brandanschlag um einen vertuschten Versicherungsbetrug der Familie Genç gehandelt oder jemand anderes aus dem Umfeld der Familie Genç den Brand gelegt haben könnte. Diese Annahmen wurden auch von den Verteidigern der Angeklagten K. und B. befeuert. Andere Mutmaßungen, die ebenfalls Thema der gerichtlichen Verhandlung waren, gipfelten in der gerichtlichen Würdigung einer vermeintlich notariell beglaubigten eidesstattlichen Versicherung, in der sich »Berliner Türken« als Täter ausgaben. Die Verfasser gaben an, das Haus sei zur Zielscheibe geworden, weil einer der Söhne der Familie Genç eine Türkin vergewaltigt habe. All dies stellte sich später als Fälschung heraus. Am 101. Prozesstag bekundete die Überlebende Mevlüde Genç, das Gericht habe es durch die Beachtung dieser Anschuldigungen zugelassen, dass ihre Familie ein weiteres Mal verbrannt worden sei.

Besonderes Augenmerk wurde im Prozess auf den Hintergrund der Täter gelegt. Alle vier Angeklagten kannten sich bereits vor der Tat und waren Teil einer rechten Jugendclique. Sie teilten die gleiche rassistische Weltanschauung und besaßen Kontakte zur rechtsradikalen Szene in Solingen. Sowohl Markus G. als auch Felix K. und Christian B. waren Mitglieder der Kampfsportschule »Hak Pao«. Geführt wurde diese von Bernd Schmitt, der zuvor aus verschiedenen Kampfsportverbänden ausgeschlossen worden war und ab Beginn der 1990er-Jahre zunehmend

Personen aus dem rechten Spektrum trainierte. Dabei unterstützte ihn eine kleine Gruppe von Rechtsradikalen, die dem Dachverband »Deutscher Hochleistungskampfkunstverband« (DHKKV) angehörten und über entsprechende Verbindungen in die rechte Szene verfügten. Bernd Schmitt engagierte sich auch in neuen rechten Organisationen und diente unter anderem mit seinen Schülern als Saalschutz für die »Nationalistische Front« und die »Deutsche Liga für Volk und Heimat«, beides neonazistische Vereinigungen. Seine Schule wurde ein Treffpunkt für gewaltbereite Rechte, die sich dort für den Straßenkampf ausbilden ließen. Schmitt nahm dabei für viele seiner Schüler eine Art Vaterrolle ein. Nach dem Anschlag warnte er die Clique um Markus G., Felix K. und Christian B. vor Hausdurchsuchungen und gab Hinweise auf die Täterschaft von Christian R. nicht an die Polizei weiter.

Nach 127 Prozesstagen fällte der 6. Strafsenat des Oberlandesgerichts Düsseldorf am 14. Januar 1994 das Urteil. Das Gericht folgte der Anklage und verurteilte Markus G. zu 15 Jahren Haft, die anderen drei Mittäter nach Jugendstrafrecht zur Höchststrafe von jeweils zehn Jahren Freiheitsstrafe. Die Revision der Verurteilten wurde durch den Bundesgerichtshof verworfen.

Das Gericht bezog sich bei seiner Urteilsbegründung vorwiegend auf das erste Geständnis von Markus G. Es war der Ansicht, die Aussage des Markus G. sei aufgrund der Vielzahl von Details und der Übereinstimmung mit anderen Ermittlungsergebnissen im Wesentlichen glaubhaft.

Nach eigenen Angaben kam Markus G. in der Tatnacht gegen 00:00 Uhr gemeinsam mit Felix K. und Christian B. angetrunken von einem Polterabend. Dort war es zu einer Prügelei mit vermeintlich türkischstämmigen Gästen gekommen. Alle drei wurden der Veranstaltung verwiesen. Das Trio lief nach einer kurzen Einkehr bei einem Freund in Richtung Innenstadt und traf auf dem Weg Christian R. Die Gruppe sprach über die vorangegangene Prügelei und beschloss, sich an »den Türken« zu rächen. Christian R. erzählte den anderen von der ihm gegenüber wohnenden Familie Genç, die ihm ein »Dorn im Auge« sei. Im Folgenden kaufte Christian R. Benzin bei einer nahe gelegenen Tankstelle. Alle vier gingen anschließend zum Haus der Familie Genç. Während Christian B. und Markus G. »Schmiere standen«, schütteten Christian R. und Felix K. Benzin in den Windfang des Hauses und setzten es mithilfe eines Holzanzünders in Brand. Danach flüchtete die Gruppe.

Unmittelbar darauf hörte Hatice Genç gegen 01:30 Uhr einen Knall und sah Flammen und Rauch im Hausflur. Sie versuchte vergeblich den Brand mit einem Eimer Wasser zu löschen und rettete sich mit einem Sprung aus dem Fenster. Der 15-Jährige Bekir Genç tat es ihr gleich, wurde bewusstlos und erlitt schwerste Verbrennungen. Um 01:47 Uhr trafen die ersten Kräfte der Feuerwehr ein. Gürsün Ince stand mit ihrer Tochter Güldane im obersten Stockwerk. Sie sprang sieben Meter in die Tiefe. Der Aufprall tötete sie augenblicklich. Ihr Körper federte jedoch den Aufschlag ihres Kindes ab und rettete der fünfjährigen Güldane das Leben. Insgesamt 14 weitere Familienmitglieder wurden durch den Brandanschlag zum Teil lebensgefährlich verletzt.

Nach dem Prozess blieben Zweifel daran bestehen, ob die Verurteilten in dem Maße zu der Tat beigetragen hatten, wie es vom Gericht angenommen wurde. Diese Zweifel beruhten nicht zuletzt darauf, dass das Gericht seine Urteilsbegründung nahezu ausschließlich auf die erste und später widerrufene Aussage des Markus G. gründete. Auch blieben im Prozess einige Fragen unbeantwortet. Die genauen Umstände der Brandlegung und Verdachtsmomente gegen vermeintliche Mitwisser des Tatvorhabens wurden nicht umfassend behandelt.

Auch stellte sich die Frage, inwiefern Bernd Schmitt zur Radikalisierung der Gruppe beigetragen hatte. Es kam ans Licht, dass Schmitt seit 1992 zunächst als »Gelegenheitsinformant« und später als V-Mann für den Verfassungsschutz tätig war und als solcher die Behörden vor derartigen Gefährdern warnen sollte. Während des Prozesses ließ sich seine Beauftragung durch den nordrhein-westfälischen Verfassungsschutz nicht verbergen, da er vor seiner Vernehmung als Zeuge die Behörde um ihre Einwilligung bitten musste. Sowohl das Amt als auch das NRW-Innenministerium erteilten Schmitt während des Prozesses einen tadellosen Leumund und charakterisierten ihn als »nachrichtenehrlich und zuverlässig«. Es ergab sich, dass der Verfassungsschutz Anfang der 1990er-Jahre den »Deutschen Hochleistungskampfkunstverband« (DHKKV) zur Rekrutierung von V-Männern und zum Abschöpfen von Informationen über die rechte Szene in Solingen und Umgebung genutzt hatte.

Mit dem Brandanschlag von Solingen fand eine bereits längerfristige Entwicklung ihren Höhepunkt. Bereits seit Anfang der 1990er-Jahre spalteten Fragen der Asylpolitik die Menschen im wiedervereinten Deutschland. Der Zusammenbruch der Sowjetunion, der Krieg in Jugoslawien und der Bürgerkrieg in den primär von Kurden besiedelten Regionen der Türkei führte zu einem wachsenden Migrationsstrom nach Deutschland. Eine emotional geführte politische Debatte folgte, die militante rechte wie linke Gruppen weiter radikalisierte, die ihrerseits versuchten, die öffentliche Meinung durch politische Agitation für sich zu gewinnen. Besonders rechte Gruppierungen griffen Asylbewerber auch an. Allein 1990 kamen durch diese Angriffe sieben Menschen ums Leben, 1991 acht und 1993 bereits 27. Die mehrtägigen Ausschreitungen rund um ein Asylbewerberheim im sächsischen Hoyerswerda 1990 bildeten den Auftakt für weitere ähnliche Vorfälle. Nach mehrtägigen Auseinandersetzungen wurden die Asylsuchenden unter Polizeischutz aus dem Ort gebracht – eine Kapitulation des Staates vor rechtsgerichteter Gewalt. Rund 500 Menschen waren an den Krawallen beteiligt. Die Neonazis der Stadt feierten im Anschluss »Deutschlands erste ausländerfreie Stadt seit 1945«. 1992 belagerten Hunderte Rechtsradikale ebenfalls eine Asylunterkunft, diesmal in Rostock-Lichtenhagen, und setzten sie in Brand, nachdem auch dort die Bewohner evakuiert worden waren. Es folgten weitere Vorfälle deutschlandweit, vorwiegend im Osten. Als politische Reaktion folgte die Anpassung des grundgesetzlich verbürgten Asylrechts. 1993 einigten sich die Bundestagsfraktionen der Union, SPD und FDP auf den sogenannten »Asylkompromiss«. Damit wollte man die Asylsuche in Deutschland erschweren und dem Asylmissbrauch entgegenwirken. Drei Tage später ereignete sich der Brandanschlag in Solingen.

Unmittelbar nach dem Anschlag wurden die Überreste der Verstorbenen in die Türkei überführt und dort beigesetzt. In Solingen häuften sich derweil die Ausschreitungen. Nach zahlreichen Demonstrationen gegen rechte Gewalt demonstrierten am 30. Mai 1993 rund 3 000 primär nationalistisch eingestellte türkischstämmige Bürger. Mehrere Geschäfte und Autos wurden zerstört. Die Polizei musste vom Bundesgrenzschutz unterstützt werden, um der Lage Herr zu bleiben. Auf einer Demonstration am 5. Juni 1993 wiederum gerieten rechte Gruppierungen, nationalistische Türken und autonome Kurden aneinander. Dabei wurden mehrere Personen verletzt, in der Solinger Innenstadt entstand ein erheblicher Sachschaden. Erst gegen Jahresende beruhigte sich die Lage.

Am 23. Mai 1994 wurde in Solingen ein Denkmal für die ermordeten Mitglieder der Familie Genç eingeweiht. Es zeigt zwei Figuren, die ein Hakenkreuz zerreißen, umringt von Ringen, die

die Namen der Ermordeten sowie der Bürger der Stadt Solingen tragen. Des Weiteren wurde ein »Genç-Preis« für friedliches Miteinander gestiftet. Die Mutter, Großmutter und Tante der Opfer, Mevlüde Genç, setzt sich seit dem Anschlag für die Versöhnung zwischen der Stadt Solingen und den Opfern ein. Sie erhielt für ihre Arbeit das Bundesverdienstkreuz.

3. Der Brandanschlag von Lübeck 1996

Am 18. Januar 1996 wurden Rene B., Dirk T., Heiko P. und Maik W. verhaftet. Die jungen Männer aus Grevesmühlen in Mecklenburg-Vorpommern standen im Verdacht, ein Feuer in einem Lübecker Asylbewerberwohnheim gelegt zu haben. Grevesmühlen liegt nur 35 Kilometer von Lübeck entfernt.

In der Nacht auf den 18. Januar 1996 hielten sich 48 Menschen unterschiedlichster Herkunft in dem dreistöckigen Gebäude auf. Um 03:41 Uhr bemerkte die Bewohnerin Françoise Makudila als Erste den Brand und verständigte umgehend die Polizei, leider zu spät. Frau Makudila und ihre fünf Kinder Christine, Miya, Christelle, Legrand und Jean-Daniel starben im Feuer. Unmittelbar danach, um 03.42 Uhr, alarmierte ein weiterer Bewohner die Feuerwehr. Er hatte sich zuvor durch ein Fenster im Erdgeschoss gerettet. Zu diesem Zeitpunkt stand bereits das ganze Haus in Flammen. Sechs Minuten später traf der erste Löschzug der Lübecker Feuerwehr ein. Während sich die Bewohner der Erdgeschosswohnungen retten konnten, flüchteten die Menschen in den oberen Stockwerken in Panik auf das Dach des Hauses. Dabei starben zwei Menschen. Monica Maiamba Bunga und ihre siebenjährige Tochter stürzten vom Dach und zogen sich dabei tödliche Verletzungen zu. Monica Maiamba Bunga starb augenblicklich beim Aufprall, ihre kleine Tochter wenige Stunden später im Krankenhaus. Auch der 17-jährige Rabia El Omari konnte nur noch tot geborgen werden. El Omari hatte zuvor noch seine Familie geweckt und damit vor dem Tod bewahrt, konnte sich aber selbst nicht mehr retten. Die Feuerwehr konnte die auf dem Dach befindlichen Menschen mithilfe einer Freileiter retten. Die 38 Überlebenden erlitten zum Teil schwerste Brandverletzungen und Rauchvergiftungen. Später wurde im Vorbau des Hauses noch die Leiche des Sylvio Amoussou geborgen. Sie war mit Draht umwickelt.

Die Staatsanwaltschaft Lübeck konzentrierte ihre Ermittlungen zunächst auf die vier jungen Männer aus Grevesmühlen. Sie waren Zeugenaussagen zufolge bereits vor dem Brand in unmittelbarer Nähe des Asylbewerberheims gesehen worden und hatten sich auffällig verhalten. Bereits vorher hatte die Polizei bei einer Routinekontrolle ihre Personalien aufnehmen können. Ein Gerichtsmediziner stellte an drei der vier Festgenommenen Brandspuren an Gesichtern, Haaren, Wimpern und Augenbrauen fest, die nach seiner Einschätzung nicht älter als 24 Stunden sein konnten. Die Verdächtigen fanden dafür verschiedene Begründungen: Sie hätten versucht, einen Hund anzuzünden, ein Feuerzeug an einen Mofa-Tank gehalten oder sich an einem Kohleofen verbrannt.

Aufgrund ihres äußeren Erscheinungsbildes – Frisur und Kleidung – ging man davon aus, dass die Männer der Neonazi-Skinhead-Szene angehörten.

Noch während der Vernehmungen erfolgte das erste Brandgutachten durch das Landeskriminalamt. Die Sachverständigen gingen davon aus, dass das Feuer nicht wie zunächst angenommen im Erdgeschoss, sondern im ersten Stock gelegt worden war. Die Tatzeit wurde auf 03:19 Uhr bestimmt. Ein Zeuge gab daraufhin an, drei der vier Verdächtigen genau zu diesem Zeitpunkt an einer entfernt liegenden Tankstelle gesehen zu haben. Nach damaligem Kenntnisstand konnten die Männer den Brand demnach nicht gelegt haben.

Die Vernehmungen ergaben lediglich, dass die jungen Männer aus Grevesmühlen nach Lübeck gefahren waren, um dort ein Auto zu stehlen. Den entsprechenden Golf fanden die Behörden wenig später in einem Waldstück bei Grevesmühlen. Alle vier Männer bestritten, etwas mit dem Brand zu tun zu haben.

Bereits am Tag nach ihrer vorläufigen Festnahme setzte man die Männer auf freien Fuß.

Die Staatsanwaltschaft vermutete den Täter in der Folge unter den Opfern selbst. Am 20. Januar 1996 wurde der 20-jährige Libanese Safwan E. festgenommen. Er wurde als Letzter von dem Dachsims des Hauses gerettet. Er hatte angeblich im Krankenwagen dem 26-jährigen Rettungssanitäter Jens L. die Brandstiftung mit den Worten »Wir waren es« gestanden. Zudem sollte er preisgegeben haben, dass es zwischen ihm und einem anderen Hausbewohner, einem Familienvater, zum Streit gekommen sei, für den er sich durch das Inbrandsetzen eines Benzingemisches vor dessen Wohnungstür im ersten Stock habe rächen wollen. Die Staatsanwaltschaft Lübeck beantragte daraufhin Haftbefehl gegen Safwan E. Bereits im Laufe der Vernehmungen des nunmehr Haupttatverdächtigen wurden jedoch Widersprüche offenkundig. Anders als zunächst angenommen, erfolgte die Brandlegung nicht im ersten Stock, sondern im Erdgeschoss. Auch konnte sich der Rettungssanitäter nur noch ungenau an den exakten Wortlaut der Äußerung von Safwan E. erinnern und gab voneinander abweichende Wortlaute wieder. Safwan E. wurde schließlich am 2. Juli 1996 aus der Untersuchungshaft entlassen.

Ungeachtet dessen wurde gegen Safwan E. Anklage erhoben. Die Jugendkammer des Landgerichts Lübeck eröffnete am 16. September 1996 die Hauptverhandlung gegen den Libanesen. Ihm wurden in der Anklageschrift zehnfacher Mord und schwere Brandstiftung vorgeworfen. In dem über 40 Prozesstage andauernden Verfahren konnten aber weder ein Tatmotiv noch Hinweise auf die Täterschaft des Safwan E. ermittelt werden. Am 30. Juni 1997 sprach das Landgericht den Angeklagten daher frei. Die Vertreter der Nebenklage gingen sogleich in Revision, aber auch das im Jahr 1999 geführte Revisionsverfahren endete mit dessen Freispruch. Der Versuch der Verteidigerin, Gabriele Heinecke, beim Oberlandesgericht Kiel ein weiteres Verfahren anzustoßen, um die Tat doch noch aufklären zu können, scheiterte. Nach dem Freispruch stellte die Staatsanwaltschaft alle Ermittlungen ein.[487]

Am 30. Juni 1997 überraschte der 20-jährige Maik W., einer der vier jungen Männer aus Grevesmühlen, die Behörden mit einem Geständnis. Er saß mittlerweile wegen eines Diebstahlsdeliktes im Gefängnis von Neustrelitz ein. Im Rahmen verschiedener Vernehmungen sagte er: »Wir waren das – in Lübeck« und meinte damit die Brandstiftung im Asylbewerberheim. Er schilderte, dass er und die drei anderen, ursprünglich tatverdächtigen Männer mehrere Tausend Mark für die Brandlegung in der Hafenstraße erhalten hätten. Das verspätete Geständnis widerrief Maik W. allerdings wenig später, sodass die Ermittlungen ein weiteres Mal eingestellt wurden. Er wiederholte sein Geständnis danach jedoch noch mehre Male und nannte als Motiv Rache wegen Drogenstreitigkeiten mit den Hausbewohnern. Zwischenzeitlich behauptete er auch Gegenteiliges, sodass man seinen Äußerungen praktisch keinen Glauben mehr schenkte. Auch wurde bekannt, dass W. im Gefängnis von Mitgefangenen misshandelt und sexuell genötigt worden war. Es drängte sich damit der Verdacht auf, dass W. mit den Aussagen lediglich sein Ansehen bei den Mitgefangenen steigern wollte.[488]

Bereits am Tag nach dem Brand strömten zahlreiche Journalisten in die Stadt und berichteten landesweit über die Tragödie. Nachdem man die vier Männer aus Grevesmühlen freigelassen hatte und auch Safwan E. keine Schuld nachgewiesen werden konnte, häufte sich die Kritik an den Ermittlungsbehörden und der Staatsanwaltschaft.

Schnell wurde in der Öffentlichkeit angenommen, dass es sich trotz der Freilassung der jungen Männer um einen Anschlag mit rechtsextremem Hintergrund handelte. Dies passte ins Bild: 1992 ereigneten sich Ausschreitungen bei einem Flüchtlingsheim in Rostock, im gleichen Jahr sowie 1993 folgten die Anschläge in Mölln und Solingen. In allen Fällen wurden Brände gelegt, Menschen ausländischer Herkunft starben. Das Feuer in der Lübecker Hafenstraße stellte hinsichtlich der Anzahl der Toten aber den traurigen Höhepunkt der Anschläge in den 1990er-Jahren dar.

Noch dazu fügte sich der Brandanschlag in eine ganze Reihe ähnlicher Vorfälle in Lübeck während der 1990er-Jahre ein. Am 25. März 1994 verübten vier als Mitläufer der rechten Szene geltende Männer einen Brandanschlag auf die dortige Synagoge. Am 7. Mai 1995 wurde die Lübecker Synagoge ein zweites Mal Ziel eines Brandanschlages. Am 13. Juni 1995 verschickte ein Unbekannter eine Briefbombe an den damaligen stellvertretenden Bürgermeister Dietrich Szameit. Dessen Mitarbeiter wurde beim Öffnen des Paketes schwer verletzt. Auch konnte der Anschlag auf ein Studentenwohnheim am 24. Juli 1996 nie aufgeklärt werden, bei dem ein Mann ums Leben kam. Hakenkreuzschmierereien auf dem jüdischen Friedhof in Lübeck häuften sich.[489]

Somit war es nicht verwunderlich, dass die Freilassung der vier jungen Männer besonders bei den Verteidigern des Safwan E., Gabriele Heinecke und Barbara Klawitta,[490] auf Unverständnis stieß. Sie kritisierten, dass das Alibi der Männer nicht so sicher gewesen sei wie anfangs geglaubt. Neue Ermittlungsergebnisse führten zu dem Schluss, dass der Brand auch vor 03:19 Uhr hätte gelegt werden können. Diese Erkenntnis in Verbindung mit dem Umstand, dass die Tankstelle nur ca. zwölf Minuten zu Fuß vom Tatort entfernt lag, machte die Täterschaft der vier Männer wieder möglich. Auch ließ die Widersprüchlichkeit der Aussagen hinsichtlich ihres genauen Vorgehens in der

Tatnacht eine wie immer geartete Beteiligung vermuten. Hinzu kam, dass einige Zeugen angaben, nicht vier, sondern sechs Männer in der Tatnacht beobachtet zu haben.

Fraglich blieb zudem, ob nicht der Verfassungsschutz in Verbindung zu einem der jungen Männer stand. Grund für diese Annahme war, dass einer der Männer, obwohl auch ihm eine Beteiligung an dem Autodiebstahl angelastet wurde, von der Polizei erkennungsdienstlich nicht erfasst wurde. Seine Personalien wurden lapidar als »bekannt« aufgenommen. Auch rechnete man ihm das Alibi der anderen drei Mittäter, die sich zum Tatzeitpunkt an der Tankstelle aufgehalten haben sollten, ohne weitere Prüfung zu. Und dies, obwohl er als Fahrer des gestohlenen Golfs das Auto in ein Waldstück nahe Grevesmühlen gefahren haben sollte und somit nicht Teil der Gruppe gewesen sein konnte. In den Medien wurde der Umgang der Polizei mit dem Verdächtigen als »typisch« für den Umgang mit V-Leuten bzw. Angehörigen des Verfassungsschutzes eingeordnet und kritisiert.[491]

Die Anklage gegen Safwan E. wurde von seinen Verteidigerinnen als Skandal gewertet. Die Staatsanwaltschaft stützte sich ausschließlich auf die Aussage des Rettungssanitäters, der sich dann doch nicht mehr genau daran erinnern konnte, was Safwan E. gesagt hatte. Darüber hinaus war der Vorwurf der Staatsanwaltschaft, Safwan E. habe das Feuer mithilfe eines Brandbeschleunigers an einer Tür im ersten Stock gelegt, nach den Ermittlungserkenntnissen bereits vor der Anklageerhebung nicht mehr haltbar. Weder konnte in den sich widersprechenden Brandgutachten ein genauer Ausbruchsort festgemacht werden, noch wurden im ersten Stock Reste eines Brandbeschleunigers gefunden.[492]

Gabriele Heinecke vermutet bis heute, dass der Schlüssel zu dem Fall der im Vorbau aufgefundene, mit Draht umwickelte Sylvio Amoussou ist. Amoussous Asylantrag war bereits ein Jahr vor der Tat abgelehnt worden. Aus Angst vor einer Abschiebung versteckte er sich bei Verwandten, die in der Asylbewerberunterkunft wohnten. Die gerichtsmedizinische Begutachtung seines verbrannten Körpers hatte ergeben, dass er nicht an den Folgen des Brandes gestorben sein konnte. Jedoch wurde sowohl der Draht als auch eine sonstige externe Einwirkung auf den Körper des Verstorbenen als Todesursache ausgeschlossen. Trotz der besonderen Umstände und der Empfehlung des Gutachters, einen weiteren Spezialisten heranzuziehen, gab die Staatsanwaltschaft seine Überreste am 29. Januar 1996 zur Feuerbestattung frei.[493] Eine weitere Untersuchung der Todesursache wurde damit unmöglich gemacht.

Nach dem Brandanschlag stellte der damalige Lübecker Bürgermeister Michael Bouteiller den Bewohnern der Asylbewerberunterkunft Personaldokumente aus, die es ihnen ermöglichten, nach der Bestattung ihrer Verwandten, die teilweise im Ausland stattfanden, unkompliziert wieder in die Bundesrepublik einzureisen. Für diese Kompetenzüberschreitung wurde er teils kritisiert, teils gelobt.

Im Januar 2012 verabschiedeten der Rechtsextremismusforscher Prof. Dr. Fabian Virchow, der ehemalige Lübecker Bürgermeister Michael Bouteiller und Gabriele Heinecke eine Erklärung, in der sie die Einsetzung eines parlamentarischen Untersuchungsausschusses im Landesparlament Schleswig-Holstein forderten. Der Untersuchungsausschuss sollte unter Berücksichtigung der inzwischen gesammelten Erkenntnisse, auch aus dem NSU-Komplex, den Fall nochmals untersuchen. Die Forderung verhallte.[494]

Das Asylbewerberheim wurde im Dezember 1997 abgerissen. Ein Gedenkstein und später auch eine Gedenkplatte wurden angebracht und erinnern heute an die Tat. Die Verantwortlichen für die Brandstiftung sind bis heute nicht ermittelt.

4. Der Tod von Oury Jalloh 2005–2012

Am 7. Januar 2005 wurde Oury Jalloh, ein 36-jähriger Asylbewerber aus Sierra Leone, in der Dessauer Innenstadt von der Polizei verhaftet. Im Polizeirevier Dessau-Roßlau wurde er in eine Zelle gesperrt und mit Lederriemen an Händen und Füßen auf einer Pritsche gefesselt. Nach einiger Zeit brach in der Zelle ein Feuer aus. Oury Jallohs Leiche konnte nach den Löscharbeiten nur noch stark verbrannt geborgen werden.

Nach Aussage der am Einsatz beteiligten Polizeibeamten wurde Oury Jalloh verhaftet, weil er betrunken mehrere Frauen belästigt und sich auffällig verhalten hatte. Während des Versuchs, seine Personalien aufzunehmen, soll sich Jalloh gegen die Maßnahmen der Polizei gewehrt haben. Da er sich auch nicht habe ausweisen können, sei er auf die Wache gebracht worden.

Im Polizeirevier habe Jalloh dann fortgesetzt nicht »kooperiert«. Daher sei er das erste Mal fixiert und durchsucht worden. Der zuständige Arzt stellte fast drei Promille Alkohol im Blut des Mannes sowie Spuren von Kokain fest. Zur Ausnüchterung trugen die Beamten den Betrunkenen in eine Zelle und fixierten ihn auf Anraten des Arztes auf der dort befindlichen Pritsche. Die Fixierung sei erfolgt, um das Risiko einer Selbstverletzung auszuschließen.[495] Auf die dafür gesetzlich zwingend vorgeschriebene Einholung eines richterlichen Beschlusses verzichteten die Polizeibeamten.

In den folgenden zweieinhalb Stunden habe sich Jalloh lautstark beschwert und seine Freilassung gefordert. All dies konnten die Beamten über eine in der Zelle installierte Gegensprechanlage mithören. Alle 30 Minuten kontrollierte ein Beamter den Gefangenen in seiner Zelle. Gegen 11:30 Uhr entdeckten sie eine Flüssigkeitslache, bei der es sich nicht um Urin gehandelt haben soll, schenkten ihr aber keine weitere Beachtung. Wegen eines Telefonates reduzierte der Dienststellenleiter Andreas S. nach eigenen Angaben die Lautstärke der Gegensprechanlage, um durch Jallohs Rufe bei einem Telefonat nicht gestört zu werden. Gegen 12:00 Uhr ertönte der Feueralarm. Kurz zuvor hatte Andreas S. die Lautstärke wieder höher gestellt. Er und ein weiterer Beamter vernahmen durch den Lautsprecher ein nicht zuzuordnendes »Plätschern«. Andreas S. drückte daraufhin den Feueralarm weg, in der Annahme, es handle sich um einen Fehlalarm. Erst als auch der Feueralarm des Lüftungsschachts einen Brand meldete, reagierten die Beamten. Als sie an der Zelle anlangten und die Tür öffneten, soll die Zelle bereits vollständig in Brand gestanden haben. Eine Rettung Jallohs sei nicht mehr möglich gewesen.

Die Polizei erklärte bereits unmittelbar nach dem Brand, bei Oury Jallohs Tod handele es sich um einen Suizid. Eine andere Theorie besagte, dass es Jallohs Ziel gewesen sei, durch das Entfachen eines Brandes von den Beamten aus der Zelle geholt zu werden.[496] In jedem Fall soll Jalloh es aber geschafft haben, trotz der körperlichen Durchsuchung, bei der kein Feuerzeug gefunden wurde, ein solches in die Zelle zu schmuggeln. Alternativ soll er das Feuerzeug – wie das geschehen sein sollte, wurde nicht weiter erklärt – einem Beamten entwendet haben, um es dann in die Zelle zu schmuggeln. Dann habe er, obwohl er an Händen und Füßen gefesselt war, das feuerfeste und stabile Oberflächenmaterial der Matratze zerrissen, die Matratzenfüllung herausgezogen und diese mit dem Feuerzeug in Brand gesetzt.

Am 28. Mai 2005 erhob die Staatsanwaltschaft Dessau Anklage gegen Andreas S. und Ulrich M. Der Dienststellenleiter Andreas S. wurde beschuldigt, durch das Wegdrücken des Feueralarms die Rettung Jallohs verhindert und damit den Tatbestand einer Körperverletzung mit Todesfolge ermöglicht zu haben. Ulrich M. wiederum habe es laut Anklageschrift versäumt, bei der Durchsuchung des Festgenommenen das entsprechende Feuerzeug sicherzustellen. Die Staatsanwaltschaft hielt ihn deshalb einer fahrlässigen Tötung durch Unterlassen für schuldig.[497]

Die erste Obduktion der Überreste Jallohs ergab, dass er an den Folgen eines Hitzeschocks starb. Diese Annahme in Verbindung mit einem wenig verkohlten Feuerzeug, das allerdings erst bei einer zweiten Tatortuntersuchung gefunden wurde, bestätigte vorerst den von der Polizei vermuteten Geschehensablauf. Unklar blieb, warum das Feuerzeug bei der Durchsuchung Oury Jallohs nicht gefunden worden war. Des Weiteren blieb erklärungsbedürftig, warum man bei der ersten kriminaltechnischen Untersuchung der verkohlten Zelle kein Feuerzeug gefunden hatte, sondern dieses erst bei einer zweiten Untersuchung am kommenden Tag auftauchte. Ebenso unklar blieb, warum das Feuerzeug auf der ersten Asservatenliste vom 10. Januar 2005 nicht aufgeführt war, sondern erst auf einer zweiten Liste vom 11. Januar 2005. Auf der ersten Asservatenliste, erstellt in der Nacht der Festnahme Oury Jallohs, war von einem Feuerzeug nicht die Rede. Am folgenden Tag, also nach dem Tod Oury Jallohs, befand sich plötzlich ein solches Feuerzeug auf der Liste.

Am 27. März 2007 begann der Prozess gegen Andreas S. und Ulrich M. vor dem Landgericht Dessau-Roßlau unter dem Vorsitz des Richters Manfred Steinhoff. Die Mutter des Verstorbenen schloss sich als Nebenklägerin dem Verfahren an. Sie wurde vertreten von Rechtsanwältin Gabriele Heinecke. Sie verteidigte vormals den im Rahmen des Lübecker Brandanschlages 1996 angeklagten und später freigesprochenen Hausbewohner Safwan E.

Die Nebenklagevertretung stellte zunächst den Antrag, die Leiche zu röntgen. Ein Antrag, dem das Gericht nicht folgte. Das Gericht zeigte sich allerdings unzufrieden mit dem ersten Obduktionsgutachten und ordnete eine zweite Begutachtung an.[498] Das nachfolgende zweite Obduktionsergebnis ergab, dass Jalloh vor seinem Tod ein gebrochenes Nasenbein sowie verletzte Trommelfelle aufwies. Der genaue Todeszeitpunkt konnte nicht festgestellt werden. Als Todesursache wurde ein Hitzeschock ermittelt.[499]

Das Verfahren endete am 8. Dezember 2008 mit einem Freispruch der beiden Angeklagten. Dem Gericht reichte die Indizienlage nicht aus, um die Angeklagten zu verurteilen. Das Gericht folgte damit im Wesentlichen der Ansicht von Polizei und Staatsanwaltschaft. Die Kammer kritisierte jedoch das Verhalten der Angeklagten, die sich am Tod des jungen Mannes mitschuldig gemacht hätten. Andreas S. hätte den Tod Jallohs durch ein schnelleres Einschreiten möglicherweise verhindern können. Gleiches gelte für Ulrich M., der durch eine sorgfältigere Untersuchung des Verstorbenen dessen Feuerzeug hätte finden und sicherstellen müssen. Den Angeklagten und den gehörten Zeugen warf der Richter »Schlamperei« vor. Die Beamten hätten durch absichtliches Verschweigen und durch ihre Lügen die Aufklärung des Sachverhaltes verhindert. Dies hätte mit einem rechtsstaatlichen Verfahren nichts mehr gemein. Die am Prozess beteiligten Polizisten hätten vor Gericht »bedenkenlos falsch ausgesagt« und »dem Land Sachsen-Anhalt aufs Übelste geschadet«. Es handele sich bei dem Freispruch um ein Urteil, das formal so ausfallen müsse. Weiter führte der Vorsitzende aus: »Das, was hier geboten wurde, war kein Rechtsstaat, und Polizeibeamte, die in einem besonderen Maße dem Rechtsstaat verpflichtet waren, haben eine Aufklärung verunmöglicht. All diese Beamten, die uns hier belogen haben, sind einzelne Beamte, die als Polizisten in diesem Land nichts zu suchen haben.« Er beendete den Prozess mit der für einen Richter außerordentlich ungewöhnlichen Feststellung: »Ich habe keinen Bock, zu diesem Scheiß noch irgendwas zu sagen.« Im Gerichtssaal entstand daraufhin ein Tumult, in dem die Polizisten als Mörder beschimpft wurden.

Sowohl die Verteidiger der Angeklagten als auch die Vertreter der Nebenklage kritisierten den Prozessverlauf. Aus Sicht der Nebenklage war man zu wenig darauf eingegangen, dass auch ein anderer Geschehensablauf als der von den Behörden beschriebene denkbar gewesen wäre. Denn bei aller kritischen Würdigung des Verfahrensverlaufs, habe der Vorsitzende Richter im Wesentlichen die Prämisse von Polizei und Staatsanwaltschaft akzeptiert, wonach der Tod Oury Jallohs ein Suizid gewesen sei.

Staatsanwaltschaft und Nebenklage legten unmittelbar nach der Urteilsverkündung Revision ein. Die Entscheidung des Bundesgerichtshofes erging am 7. Januar 2010. Danach musste das Verfahren gegen den 50-jährigen Dienststellenleiter Andreas S. neu aufgerollt werden. Der Freispruch von Ulrich M. hingegen wurde vom BGH bestätigt.[500] Der Bundesgerichtshof begründete seine Entscheidung damit, dass sich die dem Urteil des Landgerichts zugrunde liegende Beweiswürdigung in mehrfacher Hinsicht als »lückenhaft« erweise. Das Landgericht war bei Würdigung aller Beweise davon ausgegangen, dass der Angeklagte Andreas S. auch bei sofortiger Reaktion die brennende Zelle des Häftlings nicht mehr rechtzeitig für eine Rettung hätte erreichen können. Dies zog der BGH in Zweifel. Ebenso blieb für den BGH die Frage offen, ob Andreas S. wirklich erst durch den Feueralarm auf Jallohs Notlage aufmerksam geworden war. Denn die Gegensprechanlage war bereits vorher wieder laut gestellt worden.[501]

Das Verfahren wurde anschließend an das Landgericht Magdeburg verwiesen, vor dessen Strafsenat am 12. Januar 2011 der zweite Prozess gegen Andreas S. begann.[502] Wieder trat die Mutter des Verstorbenen als Nebenklägerin dem Verfahren bei. Die Richterin Claudia Methling verkündete nach 66 Verhandlungstagen am 13. Dezember 2012 das Urteil: Der Angeklagte wurde der fahrlässigen Tötung für schuldig befunden und zu einer Geldstrafe von 120 Tagessätzen zu je 90 Euro, also 10 800 Euro, verurteilt. Eine mögliche Strafbarkeit des Dienststellenleiters wegen Freiheitsberaubung verneinte die Vorsitzende Richterin mittels der Annahme eines *hypothetischen* Handlungsablaufs, weil davon auszugehen sei, dass »der zuständige Richter bei unverzüglicher Vorführung und rechtmäßiger Entscheidung – unter Ausschöpfung ihm zustehender Beurteilungsspielräume zugunsten des Angeklagten – die Fortdauer der Freiheitsentziehung angeordnet hätte« und es deshalb an der »Ursächlichkeit des Unterlassens des Angeklagten für eine rechtswidrige Freiheitsentziehung« fehle.[503]

Auch bei dieser Urteilsverkündung gab es negative Zwischenrufe der Zuschauer.[504] Diesmal legte die Verteidigung von Andreas S. Revision ein. Der Bundesgerichtshof bestätigte am 4. September 2014 das Urteil des Landgerichts Magdeburg. Der Senat habe keine Rechtsfehler feststellen können. Als Revisionsinstanz beschränkt sich der Bundesgerichtshof dabei ausschließlich auf die Frage, ob Gesetze von den Vorinstanzen falsch angewendet werden. Eine erneute Beweisaufnahme hingegen erfolgt durch den Bundesgerichtshof nicht. Vielmehr werden die Feststellungen, die das Tatgericht – also in diesem Fall das Landgericht Magdeburg – im Rahmen der Beweisaufnahme macht, als gegeben angenommen.

Mit Zurückweisung der Revision wurde das Urteil des Landgerichts Magdeburg rechtskräftig.

Viele Fragen blieben jedoch auch nach Ende dieses Prozesses unbeantwortet. So konnte beispielsweise nicht geklärt werden, warum und durch wen das elektronische Journal auf der Wache, in dem alle Vorgänge in der Dienststelle dokumentiert werden müssen, gelöscht wurde.

Unbeantwortet auch die Frage, warum das Feuerzeug, mit dem sich Jalloh angezündet haben soll, erst auf der zweiten Asservatenliste auftauchte und es bei der ersten Durchsuchung des Tatortes zunächst nicht gefunden wurde. Zudem stellte sich im Prozess heraus, dass die Videoaufnahme, die die ordnungsgemäße Durchsuchung der Zelle nach dem Brand dokumentieren sollte, plötzlich an manchen Stellen stoppte und erst zu einem späteren Zeitpunkt weiterlief. Teile des Geschehens waren somit nicht aufgezeichnet worden. Die zuständigen Polizeibeamten versuchten dies mit einem Stromausfall in der Dienststelle zu begründen. Auch war die Fußfessel, mit der man Oury Jalloh an die Matratze gebunden hatte, plötzlich verschwunden.

Ferner wurde der für das Brandgutachten verantwortliche Sachverständige, Diplom-Chemiker Klaus Steinbach, in einem Pressebericht vom 9. Januar 2012 mit den Worten zitiert, er habe lediglich den Auftrag erhalten, den Brandverlauf so zu rekonstruieren, wie er von der Staatsanwaltschaft zu diesem Zeitpunkt angenommen wurde. Im gleichen Zuge stellte er aber fest, dass die Annahme der Staatsanwaltschaft, Jalloh habe seinen Tod durch das Inbrandsetzen der Matratze selbst verursacht, die Brandspuren am Körper des Toten nicht erklären könne.[505] Die Vertretung der Nebenklage beantragte daraufhin am 13. Februar 2012 beim Landgericht die Erstellung eines neuen Brandgutachtens. Den Antrag lehnte das Gericht indessen mit der bemerkenswerten Begründung ab: »Die Kammer geht beim derzeitigen Stand der Beweisaufnahme davon aus, dass der Brand nicht durch Dritte erfolgte.«[506] Der dabei vollzogene Zirkelschluss war selbst für juristische und kriminalistische Laien klar erkennbar: *Weil* eine Beteiligung Dritter für die Kammer nicht erkennbar war, verzichtete die Kammer vorsichtshalber auch auf den

Versuch zu klären, *ob* beim Tod Oury Jallohs Dritte beteiligt gewesen sein könnten.

Die »Initiative in Gedenken an Oury Jalloh«, die es sich zur Aufgabe gemacht hatte, den offenen Fragen nachzugehen und auf das Geschehen aufmerksam zu machen, gab schließlich ein eigenes Brandgutachten in Auftrag. Dieses kam zu dem Schluss, dass Verbrennungen, wie sie die Leiche Jallohs aufwies, nur unter Zuhilfenahme von mehr als zwei Litern eines Brandbeschleunigers entstehen konnten.[507] Anders ließen sich auch die aufgefundenen Blausäurereste am Körper des Toten nicht erklären. Das Gutachten wurde im Berliner Haus der Demokratie der Öffentlichkeit vorgestellt. Unter den Zuhörern befand sich auch der Dessauer Oberstaatsanwalt Folker Bittmann. Er sprach im Anschluss von »sehr ernsten, überraschenden und zum Teil erschreckenden Informationen« und sagte: »Das kann nicht einfach weggewischt werden.«

Daneben sorgte auch ein Video für Empörung, das die erste Begehung des Tatortes nach dem Brand dokumentierte. Darin war die Stimme des aufzeichnenden Polizisten zu hören: »Ich begebe mich jetzt in den Keller, in dem sich ein schwarzafrikanischer Bürger in einer Arrestzelle selbst angezündet hat.« Die Vertreterin der Nebenklage sah darin eine klare Vorfestlegung des Geschehensablaufes, die sich durch den gesamten Prozess gezogen habe.[508]

Die »Initiative in Gedenken an Oury Jalloh« erstattete deshalb am 11. November 2013 bei der Generalbundesanwaltschaft Strafanzeige gegen unbekannt wegen Mordes oder Totschlags. Sie begründete die Erforderlichkeit der Ermittlungen des Generalbundesanwalts damit, dass »es sich im vorliegenden Fall um eine besonders schwere Straftat mit Bezug zur inneren Sicherheit und Verfasstheit der Bundesrepublik Deutschland handelt, da die zu ermittelnden Täter notwendigerweise exekutive Amtsträger des Bundeslandes Sachsen-Anhalt sein müssen«.[509]

Nach dem Urteil wurde auch die Fraktion von Bündnis 90/ Die Grünen im Landesparlament Sachsen-Anhalt auf die Ungereimtheiten im Prozess Jalloh aufmerksam. Ihre Abgeordneten forderten am 12. November 2013 von der Staatsanwaltschaft Dessau neue gewissenhafte Ermittlungen.[510]

Am 3. April 2014 kam die Staatsanwaltschaft dem öffentlichen Druck nach und eröffnete ein neues Ermittlungsverfahren.[511] Sie wandte sich mit den bisherigen Ermittlungsergebnissen an den Generalbundesanwalt, der die Übernahme der Ermittlungen jedoch ablehnte und zurück nach Sachsen-Anhalt verwies.[512]

Im Oktober 2015 präsentierte die Staatsanwaltschaft dann die Ergebnisse eines neu eingeholten technischen Gutachtens, des mittlerweile dritten. In diesem wurde die Beteiligung Dritter am Tod Jallohs nun plötzlich doch als möglich eingestuft. Ursache für diese neue Erkenntnis war die Beschaffenheit des spät aufgefundenen Feuerzeuges. Es war trotz der hohen Hitze und der Flammen in der Zelle nur gering verkohlt und wies keinerlei DNA-Spuren oder Fingerabdrücke des Toten auf.

Der beauftragte britische Rechtsmediziner Iain Peck ging daher davon aus, dass sich das Feuerzeug zur Zeit des Brandes nicht in der Zelle befunden habe. Ihm erschien es wahrscheinlicher, dass eine dritte Person das Feuer entzündet habe und das Feuerzeug zumindest nicht unmittelbar dem Brand zum Opfer gefallen sei.

Auch wenn dieses Gutachten die Beteiligung von Dritten nicht mit absoluter Sicherheit feststellte, konstatierte es die »fundamentale Flüchtigkeit« des ersten Gutachtens, das von der Staatsanwaltschaft Dessau in Auftrag gegeben worden war und am Ende als entscheidende Erkenntnisquelle der Kammer gedient hatte.[513]

Im weiteren Verlauf ließ die Staatsanwaltschaft Dessau den Brand vom Institut für Brand- und Löschforschung in Dippoldiswalde simulieren.[514]

Im Juni 2017 entzog die Generalstaatsanwaltschaft Naumburg der Staatsanwaltschaft Dessau die Ermittlungen und beauftragte die Staatsanwaltschaft Halle mit den weiteren Ermittlungen. Als offizieller Grund wurde die Überlastung der Staatsanwaltschaft Dessau angegeben. Der Naumburger Oberstaatsanwalt Klaus Tewes gab hingegen in einem Interview an, es sei »ganz ratsam«, eine »neutrale Stelle« zu beauftragen, die sich den Fall »aus einer gewissen Entfernung anschaut«.[515]

Die Staatsanwaltschaft Halle stellte am 12. Oktober 2017 die Ermittlungen ein. Die neuen Gutachten ließen lediglich den Schluss zu, dass die genauen Umstände des Todes von Oury Jalloh »nicht sicher nachgestellt und nicht eindeutig bewertet werden können ... Es bleibt eine Vielzahl von Möglichkeiten denkbar, die zu widerstreitenden, sich teils wechselseitig ausschließenden Darlegungen der in die Auswertung einbezogenen Sachverständigen unterschiedlicher Fachbereiche führen«, so die Staatsanwaltschaft. Der Umstand, dass sich nahezu alle Sachverständigen darüber einig seien, dass Jalloh bei dem Ausbruch des Feuers noch lebte, lasse weiterhin die Möglichkeit offen, dass er den Brand selbst gelegt habe.[516] Nicht gesagt wurde jedoch: Wenn Oury Jalloh bei Ausbruch des Feuers noch lebte, könnten auch Dritte dieses Feuer gelegt und ihn getötet haben.

Dem TV-Magazin *Monitor* wurden die Ermittlungsakten zum Fall Oury Jalloh zugespielt. Darin kamen mehrere Sachverständige aus den Bereichen Brandschutz, Medizin und Chemie mehrheitlich zu dem Entschluss, dass die Brandlegung durch Dritte am wahrscheinlichsten sei. Dies sei zumindest wahrscheinlicher als die These der Selbstinbrandsetzung. Dafür sprach laut den Gutachtern unter anderem, dass der anschließend nachgewiesene Adrenalinspiegel des Toten nicht zu dem eines sich in Todesangst befindenden Menschen passe. Auch habe die Lunge des Toten nicht die Ansammlung von Ruß aufgewiesen, die bei einer Person, die in bewusstem Zustand Rauch dauerhaft einatme, üblicherweise zu erwarten sei.⁵¹⁷

Oberstaatsanwalt Folker Bittmann ging nach diesem Gutachten nun auch von einer Beteiligung Dritter am Tod Jallohs aus. Er schrieb in der Ermittlungsakte: »Da Oury Jalloh – an Händen und Füßen gefesselt – über keinen Brandbeschleuniger verfügte und zudem in der letzten Minute seines Lebens physisch auch gar nicht in der Lage gewesen wäre, das Feuer selbst zu entfachen, setzen beide denkbaren Todesalternativen [vorheriger Tod oder Hitzetod] das Verursachen des Feuers von dritter Hand voraus.« Er vermutete, dass Jalloh vor dem Brand zumindest handlungsunfähig, vielleicht schon tot war, dann mit Brandbeschleuniger besprüht und angezündet wurde. Dies geschah möglicherweise mit dem Motiv, Oury Jalloh zuvor zugefügte Verletzungen zu vertuschen und damit Ermittlungen auch hinsichtlich früherer Todesfälle in der Polizeidienststelle zu verhindern.

Oberstaatsanwalt Bittmann spekulierte laut Akten: »Bei der Kontrolle von Zelle 5 könnten Polizeibeamte auf die Ohnmacht Ouri Jallohs aufmerksam geworden und sich daraufhin bewusst geworden sein, dass schwere Verletzungen oder gar das Versterben eines weiteren Häftlings neuerliche Untersuchungen auslösen würden.«

Dabei bezog er sich konkret auf die im Gutachten festgestellte Nasenfraktur des Opfers. Er gehe davon aus, dass »die Gesichtsverletzung [dazu] geeignet gewesen sein dürfte, den Vorwurf einer Körperverletzung im Amt (gegen die beteiligten Polizeibeamten, MD) zu befürchten ... Diese Sorge mag zu dem Entschluss geführt haben, mit der Brandlegung alle Spuren zu verwischen, die den Vorwurf unterlassener Hilfeleistung gegen die diensthabenden Polizeibeamten begründen könnten.« Er nannte dabei ganz konkret die verdächtigen Polizeibeamten der Dienststelle Dessau.⁵¹⁸

Bei einer Anhörung des Rechtsausschusses im Magdeburger Landtag am 10. November 2017 wurde bekannt, dass mehrere Ermittler der Staatsanwaltschaft Dessau mittlerweile eine Drittbeteiligung am Tod Jallohs nicht mehr ausschlossen, die nun zuständigen Beamten der Staatsanwaltschaft Halle jedoch auf der Einstellung des Verfahrens beharrten. Ein daraufhin folgender Antrag der Fraktion Die Linke auf Akteneinsicht wurde von der Regierungskoalition aus CDU, SPD und Grünen abgelehnt. Die innenpolitische Sprecherin der Linken verurteilte dieses Vorgehen und sprach von einer »politischen Blockadehaltung«. Sie forderte die Einsetzung eines Sonderermittlers nach dem Vorbild der NSU-Ermittlungen und empfahl: »Er sollte von außerhalb von Sachsen-Anhalt kommen, denn in Magdeburg ist vonseiten des Justizministeriums kein Aufklärungswille zu erkennen.«[519]

Als Reaktion auf den medialen und politischen Druck nutzte die Justizministerin Sachsen-Anhalts, Anne-Marie Keding, ihr Weisungsrecht und beauftragte am 7. Dezember 2017 die Generalstaatsanwaltschaft Naumburg damit, sich erneut mit dem Fall Oury Jalloh zu beschäftigen. Grund für diesen Schritt waren nach Angaben des Justizministeriums die unterschiedlichen Einschätzungen seitens der Staatsanwaltschaft Dessau-Roßlau und der Staatsanwaltschaft Halle hinsichtlich des Tathergangs. Nun sollte die übergeordnete Behörde eine Entscheidung treffen.[520]

Die Familie des Toten wollte die Einstellung des Verfahrens durch die Staatsanwaltschaft Halle nicht hinnehmen. Sie legte am 12. Oktober 2017 Beschwerde gegen die Einstellung des Ermittlungsverfahrens beim Generalstaatsanwalt ein. Dieser wies die Beschwerde am 29. November zurück. Als Beweggrund dafür gab er an, »keine beweisbaren Anhaltspunkte« zu haben, »die eine Entzündung der Matratze durch Ouri Jallow [sic] ausschließen können und eine Entzündung durch Polizeibeamte oder durch Dritte belegen«. Er sei an den Folgen eines inhalativen Hitzeschocks verstorben, den er zumindest nicht widerlegbar selbst herbeigeführt habe. Beweise für eine Fremdtötung von Oury Jalloh oder gar für ein Mordkomplott seien nicht vorhanden. Es mangele sowohl an einem Motiv als auch an der zeitlichen Gelegenheit dafür. Bei der These »Oury Jalloh – Das war Mord« handele es sich um eine rein spekulative Mutmaßung, die nicht geeignet sei, »einen Tatverdacht im Sinne der §§ 170 Absatz 1, 203 StPO zu begründen und deren Richtigkeit nicht angenommen werden kann«.[521] Damit war auch die von der Justizministerin Keding angewiesene Überprüfung am Ende.

Was soll man von den »Feststellungen« einer Staatsanwaltschaft halten, die erkennbar kein Interesse an einer seriösen Untersuchung des Geschehens in der Tatnacht hat? Kein Motiv erkennbar? Oury Jalloh wies körperliche Verletzungen auf, die ihm beigebracht worden waren. Die Nasenfraktur war klar belegt. Die Tötung eines Menschen, um eine Straftat zu vertuschen, wird im Strafgesetzbuch explizit als Mordmerkmal aufgeführt. Staatsanwaltschaften klagen regelmäßig Menschen an, denen genau dies vorgeworfen wird. In diesem Fall jedoch wurde diese naheliegende Möglichkeit noch nicht einmal als *Hypothese* in Betracht gezogen. Dass der Name des Opfers konsequent falsch geschrieben wurde (Jallow statt Jalloh) zeugte zugleich wahlweise von Ignoranz, Schlampigkeit, Respektlosigkeit gegenüber einem toten Menschen oder vielleicht auch einer Kombination von allem.

Die Angehörigen Oury Jallohs stellten am 4. Januar 2019 einen Antrag auf Klageerzwingung beim Oberlandesgericht Naumburg. Das Gericht stellte am 22. Oktober 2019 die Rechtmäßigkeit des Entschlusses der Generalstaatsanwaltschaft Naumburg fest und führte aus, dass der Antrag wegen der nicht vollständigen Vorlage geeigneter Beweismittel unzulässig sei. Weiterhin erklärte das Oberlandesgericht Naumburg, dass der Antrag auch deshalb unbegründet sei, weil »es für eine Brandlegung von anderer Seite jedenfalls an einem hinreichenden Tatverdacht gegen einen konkreten Beschuldigten« fehle. »Vielmehr spreche gegen eine Täterschaft der von dem Antrag unmittelbar betroffenen Personen, aber auch aller weiteren an dem Geschehen Beteiligten, neben dem Fehlen ausreichender Beweise für ihren objektiven Tatbeitrag die Unschlüssigkeit, der in der Antragsbegründung unterstellten Motive für die Tötung des Ouri Jallow.«[522]

Nach dem Urteil wurden zwei Sonderermittler im Falle Oury Jalloh tätig, die von der in Sachsen-Anhalt regierenden Koalition aus CDU, SPD und Grünen beauftragt worden waren. Mit der Aufgabe betraut wurden Manfred Nötzel und Jerzy Montag. Letzterer war ehemals Bundestagsabgeordneter der Grünen. Nötzel war vormals Generalstaatsanwalt in München. Zusammen hatten sie die Aufgabe, nochmals alle Akten zu sichten, mit Beteiligten zu sprechen und die Ermittlungen zum Tod Jallohs neu zu beurteilen.[523]

Währenddessen legte die Familie Jalloh am 22. November 2019 beim Bundesverfassungsgericht Verfassungsbeschwerde gegen die Einstellung der Ermittlungen durch die Generalstaatsanwaltschaft Naumburg und den Beschluss des Oberlandesgerichts Naumburg ein.

Die Rechtsanwältin der Familie Jalloh gab an: »Ein Anspruch auf effektive Strafverfolgung besteht zumindest dann, wenn Amtsträger bei der Wahrnehmung hoheitlicher Aufgaben Straftaten begangen haben. Ein Verzicht auf eine effektive Verfolgung solcher Taten ist geeignet, das Vertrauen der Bevölkerung in die Integrität und Rechtsstaatlichkeit staatlichen Handelns zu erschüttern. Anspruch auf effektive Strafverfolgung besteht auch dann, wenn dem Staate spezifische Fürsorge- und Obhutspflichten gegenüber Personen obliegen, die diesen Amtsträgern anvertraut sind.«[524] Die Einstellungsbescheide stellten somit nach ihrer Ansicht in mehreren Punkten eine Grundrechtsverletzung dar. »Im vorliegenden Fall sind beide Kriterien erfüllt. (...) Der Getötete befand sich in wehrloser Lage in polizeilichem Gewahrsam und wurde durch Polizeibeamte misshandelt und getötet. Die Verpflichtung zur effektiven Strafverfolgung trifft alle Strafverfolgungsorgane.«[525] Sie kritisierte des Weiteren, dass »Beweisergebnisse, die die Selbstentzündungsthese widerlegen«, ignoriert und umgedeutet wurden. »So weigern sich die Strafverfolgungsbehörden zur Kenntnis zu nehmen, dass sich das in der Zelle 5 aufgefundene Feuerzeug während des Brandgeschehens dort nicht befunden haben kann.«

Auch wurden in ihren Augen die Ergebnisse des fachradiologischen Gutachtens vom 18. Oktober 2019 durch das Urteil des Oberlandesgerichts nicht ausreichend berücksichtigt. In der Verfassungsbeschwerde hieß es: »Unter Berücksichtigung dieser Erkenntnisse und der bereits vorliegenden sachverständigen Feststellungen dürfte an einer Verneinung des hinreichenden Tatverdachts gegen den Beamten S. wegen gemeinschaftlich mit dem Beamten M. begangenen Mordes aus Verdeckungsabsicht nicht mehr festgehalten werden können. Es besteht der Verdacht, dass dieser gemeinsam mit dem Beamten M. den Getöteten nicht nur rechtswidrig inhaftiert, sondern auch schwer misshandelt und zur Verdeckung der Misshandlungen in der Zelle 5 verbrannt hat.«[526]

Die Sprecherin der »Initiative in Gedenken an Oury Jalloh« Nadine Saeed gab derweil an: »Wir gehen davon aus, dass über diese [Verfassungsbeschwerde] negativ entschieden wird. Dann wollen wir mit der Familie vor den Europäischen Gerichtshof für Menschenrechte ziehen.« Sie forderte zudem erneut die Einsetzung eines parlamentarischen Untersuchungsausschusses: »Ein Untersuchungsausschuss kann, anders als ein Gerichtsprozess, viel breitere Aspekte behandeln und weitere Akteure befragen«.[527]

Im Oktober 2019 gründete die »Initiative in Gedenken an

Oury Jalloh« eine »Internationale Unabhängige Untersuchungskommission«. Ihr gehören Rechtsprofessoren, Ärzte, Brandexperten sowie mehrere auf Menschenrechte spezialisierte Anwälte an.

Die Sonderermittler des Landtags Sachsen-Anhalt veröffentlichten ihren Bericht am 26. August 2020. Sie kamen zu dem Schluss, dass der Tod Oury Jallohs durch das zügige Einschreiten der Polizeibeamten mit hoher Wahrscheinlichkeit hätte verhindert werden können. Sie stellten fest, es habe ein »erschreckendes Ausmaß der Missstände im Jahr 2005« gegeben. Die Einstellung der Mordermittlungen aber sei »angesichts der Beweislage sachlich und rechtlich richtig« gewesen. Die Verhaftung Jallohs hingegen sei rechtswidrig verlaufen. So würde sich in den Akten zeigen, dass der abgelehnte Asylbewerber über eine gültige Duldungsbescheinigung verfügte. Bei einer sorgfältigen Durchsuchung hätten die Polizeibeamten auf diese Dokumente stoßen können und eine Festnahme hätte sich ggf. verhindern lassen. Damit sei die Festnahme eine »rechtswidrige Freiheitsentziehung« gewesen. Erschwerend komme hinzu, dass es keine richterliche Entscheidung »über die Zulässigkeit und Fortdauer dieser Freiheitsentziehung« gegeben habe.

Weiterhin sahen die zwei Sonderermittler »erschreckende Missstände im Jahr 2005«, insbesondere »im baulichen Bereich [der Dienststelle], bei der Ausbildung der Polizeibeamten und der Unkenntnis grundlegender rechtlicher Normen bis in die Reihen der Justiz hinein«. Sie warfen den Beamten in ihrem Bericht auch vor, sich »missachtend, verletzend und rassistisch« gegenüber Oury Jalloh geäußert zu haben. Ein Merkmal dafür sei die zum Teil massenhafte Verwendung des Begriffs »Afrikaner« oder »Schwarzafrikaner«, obwohl der Name des Mannes bekannt gewesen sei. Das Landgericht Magdeburg hatte jedoch keine »ausländerfeindliche oder rassistische Gesinnung bei dem Personal des Polizeireviers Dessau als mögliches Motiv für die

Tötung des Ouri Jallow« feststellen können. Dieses Urteil sei nicht zu beanstanden, so die Ermittler.

Ob die Ermittlungsbehörden bei ihrer Arbeit beeinflusst wurden, sei nur in einem einzigen Falle fraglich. Hierbei handelte es sich um die Bitte des damaligen Justizstaatssekretärs Hubert Böning (CDU) um ein Gespräch mit dem Generalstaatsanwalt Jürgen Konrad und der Oberstaatsanwältin Heike Geyer. Ziel des Gesprächs sollte die »strategische Ausrichtung der Ermittlungen« sein. Ob dieses Gespräch tatsächlich stattgefunden habe, sei jedoch nicht zu ermitteln gewesen, da die Betroffenen eine Aussage verweigerten. Doch gelte es festzustellen, dass der Zeitpunkt von entscheidender Bedeutung für den weiteren Verlauf des Verfahrens gewesen sei, da die Staatsanwaltschaft Dessau gerade mit den Mordermittlungen beginnen wolle. Die Sonderermittler stellten ferner fest, dass der Landtag über die Vorgänge »unvollständig, tendenziös, unrichtig und damit zum Teil wahrheitswidrig unterrichtet wurde«. Es sei dadurch jedoch kein weiterer Schaden entstanden, »weil die zurückgehaltenen Informationen kurze Zeit später öffentlich geworden sind«.[528]

Die Reaktionen auf den Bericht fielen unterschiedlich aus. Die »Initiative in Gedenken an Oury Jalloh« beurteilte den Bericht als Bestandteil dessen, was seit 15 Jahren in Sachsen-Anhalt geschehe: Vertuschung, Bagatellisierung, eine Täter-Opfer-Umkehr. »Zu behaupten, es wäre ein tragischer Unfall gewesen, empfinden wir als Demütigung für das Opfer, die Familie und all die Menschen, die uns all die Jahre unterstützt haben, um die Wahrheit zu finden«, so Saeed.

Die AfD-Fraktion des sachsen-anhaltinischen Landtages bewertete den Bericht als »Steuergeldverschwendung«.

Der rechtspolitische Sprecher der Grünen-Fraktion, Sebastian Striegel, bekundete, der Tod Jallohs sei das Resultat individuellen Fehlverhaltens und schweren Organisationsversagens. Es habe gravierende Missstände innerhalb der Polizei gegeben, fehlende Rechtskenntnis, willkürliche Festnahmen von Betrunkenen und Alltagsrassismus.

Der Vorsitzende des Rechtsausschusses, Detlef Gürth (CDU), gab an, der Rechtsweg sei ausgeschöpft, der Fall aber nicht abgeschlossen: »Der Tod eines Menschen im Gewahrsam hätte nicht passieren dürfen und bleibt auch unentschuldbar.«

Die SPD-Fraktion gab an, unabhängig von möglichen Koalitionsbindungen einen Untersuchungsausschuss einsetzen zu wollen.[529] Allerdings möchte sie das erst in der folgenden Legislaturperiode tun, also nach den Landtagswahlen im Juni 2021.[530]

Henriette Quade als innenpolitische Sprecherin der Linken-Fraktion forderte den Rücktritt von Justizministerin Keding sowie politische Konsequenzen für die Polizeiausbildung. Ihre Fraktion brachte zudem einen Antrag ein, in dem es heißt: »Der Landtag von Sachsen-Anhalt stellt fest, dass die fehlende Möglichkeit (für die Ermittler, Anm. d. Autoren), Gespräche mit Angehörigen der Justiz zu führen, nicht dem ursprünglichen Arbeitsauftrag und Beschluss des Ausschusses für Recht, Verfassung und Gleichstellung (Vorlage 5 zu Drs. 7/2143) entsprach und somit die Arbeitsmöglichkeiten der Berater eingeschränkt waren.«[531]

In der Tat kommt es – de facto – einem Ende des Untersuchungsauftrags gleich, wenn alle unmittelbar mit dem Tod Oury Jallohs befassten Angehörigen der Justiz, insbesondere die beteiligten Polizeibeamten, nicht mit den Sonderermittlern sprechen können. Weitere Aufklärungsmöglichkeiten bestehen nicht. Die In-Augenscheinnahme des Tatorts? Das ist geschehen. Die Haftzelle wurde von den beiden Ermittlern aufgesucht. Aber was ist der Erkenntniswert dieser Besichtigung, wenn ganz konkret der Verdacht im Raum steht, dass in diese *nachträglich* ein Feuerzeug geschmuggelt wurde, mit dem sich der Tote selbst angezündet haben soll, das jedoch weder bei der körperlichen Untersuchung Oury Jallohs noch bei der *ersten* Untersuchung der

Haftzelle gefunden wurde und das weder Finger- noch DNA-Spuren des Toten enthält? Es mutet geradezu naiv an, wenn der Sonderermittler Montag in einem Interview feststellt, es müsste ja eine *Verschwörung* gegeben haben, wenn das Feuerzeug erst nachträglich in die Zelle verbracht worden sei.[532] Unterschlagen wird jedoch, dass es *objektive*, mit wissenschaftlicher Präzision festgestellte Tatsachen gibt, wie etwa die offenen Fragen um das Feuerzeug.

Im Oktober 2019 stellte die »Initiative in Gedenken an Oury Jalloh« ein neues forensisch-radiologisches Gutachten vor, welches die Verletzungen Jallohs untersuchte. Bis zu diesem Zeitpunkt war nur die Nasenfraktur nachgewiesen. Das neue forensisch-radiologische Gutachten wies Verletzungen nach, die bis zu diesem Zeitpunkt nicht bekannt gewesen waren: einen Bruch des vorderen Schädeldaches und eine gebrochene Rippe. Auch deuteten die neuen Befunde auf Verletzungen hin, die erst kurz vor dem Tod verursacht worden waren. Bei der ärztlichen Untersuchung Jallohs nach seinem Eintreffen auf der Polizeiwache waren keine Verletzungen festgestellt worden. Das bedeutet, dass diese Verletzungen *nach* der Untersuchung, aber *vor* dem Tod Oury Jallohs eingetreten sein müssen. Zudem deutet das neue Gutachten stark darauf hin, dass *Dritte* diese Verletzungen verursacht hatten.[533] Diese *Dritten* können aber nach Lage der Dinge ausschließlich Polizeibeamte gewesen sein. Niemand sonst hatte Zugang zu den Arrestzellen.

Bei Würdigung aller Feststellungen erscheint als wahrscheinlichste Hypothese ein Szenario, das nur schwer auszuhalten ist. Demnach wurde Oury Jalloh auf die Wache verbracht. Ein richterlicher Beschluss wurde nicht eingeholt. Oury Jalloh wurde körperlich untersucht. Alle Gegenstände, die er am Körper trug, wurden ihm abgenommen. Diese Gegenstände wurden in die Asservatenliste eingetragen. Ein Feuerzeug findet sich in dieser Liste zunächst nicht. Dann wurde er ärztlich untersucht und als *gewahrsamsfähig* eingestuft. Verletzungen, gar schwere Verletzungen, stellte der Arzt nicht fest, denn sonst hätte er keine Gewahrsamsfähigkeit konstatieren können. In der Folgezeit wurde Oury Jalloh durch Polizeibeamte körperlich schwer misshandelt. Diese Verletzungen waren so schwerwiegend, dass Lebensgefahr eintrat bzw. Oury Jalloh im Sterben lag. Jalloh wurde dann in die Arrestzelle verbracht, an Händen und Füßen gefesselt, mit einem Brandbeschleuniger besprüht und angezündet.

Am folgenden Tag wurde die ausgebrannte Zelle untersucht. Ein Feuerzeug wurde nicht gefunden. Später kam es zu einer zweiten Durchsuchung, und plötzlich fand sich doch ein Feuerzeug, das erstaunlich gut erhalten war, aber weder Fingerabdrücke noch DNA-Sputen Oury Jallohs aufwies. Erst am Folgetag wurde *nachträglich* ein Feuerzeug in die Asservatenliste eingetragen. Unter diesen Umständen *musste* der Eindruck entstehen, dass dieses Feuerzeug zu keinem Zeitpunkt Oury Jalloh zuzuordnen war, sondern erst nach dessen Tod ins Spiel gebracht wurde, um ein Suizid-Szenario zu stützen. Demnach könnte Oury Jalloh vorsätzlich verletzt worden, sein Tod aber nicht geplant gewesen sein, sodass nachvollziehbare Todesumstände durch die Beteiligten erst nachträglich und unter Zeitdruck skizziert werden mussten.

Im Zuge der Untersuchungen nach dem Tod Oury Jallohs wurden zwei weitere ungeklärte Todesfälle im Zusammenhang mit Polizisten der Dessauer Polizeiwache bekannt. So wurde in der Nacht vom 6. auf den 7. Dezember des Jahres 1997 der Bauingenieur Hans-Jürgen Rose mit seinem Pkw von Polizeibeamten angehalten, weil er alkoholisiert gewesen sein soll. Man brachte ihn auf die Dessauer Wache, setzte ihn jedoch nach Angaben der Polizei im Laufe der Nacht wieder auf freien Fuß. Einige Stunden später wurde er schwer verletzt und bewusstlos aufgefunden, nur wenige Meter von der Polizeiwache entfernt. Er starb kurze Zeit später im Krankenhaus, ohne das Bewusstsein wiedererlangt zu haben. Bei der Obduktion wurden schwere innere Verletzungen als Todesursache festgestellt, die auf eine massive Gewalteinwirkung hindeuten. So war ein Lungenflügel abgerissen, die Wirbelsäule gebrochen. Rechtsmediziner gingen davon aus, dass Hans-Jürgen Rose an einem anderen Ort schwer misshandelt worden war und die Täter anschließend den sterbenden Mann an die Stelle brachten, wo er gefunden wurde.

Auch in diesem Fall war Andreas S. der zuständige Dienststellenleiter, und der herangezogene Arzt war derselbe, der später im Fall Oury Jalloh die Diagnose gestellt und die Polizei entlastet hatte.[534] Ein Ermittlungsverfahren gegen unbekannt wurde eingeleitet und wieder eingestellt. Ein Täter wurde nie ermittelt.

Im Jahr 2002 nahmen Polizisten nachts den auf der Straße lebenden Mario Bichtemann fest und brachten ihn auf die Dessauer Polizeiwache. Sie sperrten ihn in die Zelle 5 – jene Zelle, in der Oury Jalloh den Tod finden sollte. Am nächsten Morgen wurde er in der Zelle tot aufgefunden. Die Todesursache war ein Schädelbasisbruch. Wie es zu dieser schweren Verletzung kam, wurde nie aufgeklärt. Ermittlungen wurden aufgenommen und ergebnislos wieder eingestellt. Die Akte Bichtemann wurde geschlossen.

Nachtrag zum Fall Oury Jalloh: die Dessauer Polizeiaffäre
Im Februar 2007 fand eine Dienstbesprechung im Fachkommissariat »Polizeilicher Staatsschutz« statt. Der Polizeiliche Staatsschutz befasst sich mit der Verfolgung und Verhinderung politisch motivierter Straftaten, zum Beispiel mit der Verfolgung von rechtsextrem oder rassistisch motivierten Gewalttaten. Während dieser Besprechung wurden drei Staatsschützer von ihrem Vorgesetzten, dem stellvertretenden Polizeipräsidenten von Dessau, aufgefordert, keinen besonderen Eifer bei der Verfolgung von rechtsextremen Straftaten zu entwickeln, sondern vielmehr auf die Bremse zu treten. Man müsse nicht »alles

sehen« und könne sich beim Schreiben von Ermittlungsberichten ja Zeit lassen, zum Beispiel »langsamer schreiben«. Die politische Kampagne der Landesregierung gegen Rechtsradikalismus solle man nicht weiter ernst nehmen, das sei ja alles nur »für die Galerie«.

»Hingucken!« hieß diese Kampagne des sozialdemokratischen Landesinnenministers Holger Hövelmann. Niemand solle angesichts rassistischer und rechtsradikaler Gewalt wegschauen, so das Ziel der Initiative. Der dem Innenministerium unterstellte stellvertretende Polizeipräsident hielt offenbar nicht viel von der Idee seines vorgesetzten Ministers und gab eine diametral entgegengesetzte Marschrichtung vor.

Die Polizeibeamten sahen das anders. Sie fertigten ein Protokoll an. Der Vorgang fand seinen Weg zu Frank Jansen,[535] Redakteur beim Berliner *Tagesspiegel* und einer der besten Kenner der rechtsradikalen Szene in Deutschland. Er machte diesen Skandal öffentlich. In der Folge gab es personelle Konsequenzen, allerdings andere, als man hätte erwarten dürfen. Die Polizeibeamten, die das Protokoll angefertigt hatten, wurden versetzt und durften nicht mehr beim Staatsschutz Dessau arbeiten. Gegen den stellvertretenden Polizeipräsidenten wurde Strafanzeige wegen des Verdachts der versuchten Strafvereitelung im Amt erstattet. Das Verfahren wurde eingestellt.[536]

5. Das NSU-Verfahren 2013–2018: Chronik einer verpassten Chance auf Rechtsfrieden

Der NSU-Komplex und das NSU-Verfahren waren und sind noch immer und zu Recht Gegenstand politischer und juristischer Kontroversen. Die juristische Aufarbeitung ist noch nicht abgeschlossen.[537] Alle Angeklagten – Beate Zschäpe, Ralf Wohlleben, Holger Gerlach, Carsten Schultze und André Eminger – legten Revision ein, die Bundesanwaltschaft nur hinsichtlich des Angeklagten Eminger. Carsten Schultze zog seine Revision später zurück und trat seine Freiheitsstrafe an. Er wurde zwischenzeitlich aus der Haft entlassen und lebt in Deutschland unter anderem Namen.

Das Strafverfahren vor dem 6. Strafsenat – Staatsschutzsenat – des Oberlandesgerichts München zog sich zwischen 2013 und 2018 über fünf Jahre hin.[538] Verhandelt wurde an 438 Verhandlungstagen. Fast 25 000 Zuschauerinnen und Zuschauer beobachteten das Verfahren über die Jahre hinweg von der Besuchertribüne. Das mediale Interesse war von Anfang bis Ende groß.

Das Gericht verurteilte Beate Zschäpe am 11. Juli 2018 wegen Mittäterschaft an zehn Morden, 43 Mordversuchen, zwei Sprengstoffanschlägen, 15 Raubüberfällen auf Postfilialen und Banken, schwerer Brandstiftung sowie wegen der Mitgliedschaft in einer Terrororganisation zu lebenslanger Haft. Auch stellte es die besondere Schwere der Schuld fest. Ralf Wohlleben, Carsten Schultze, Holger Gerlach und André Eminger wurden wegen

Beihilfe zu einigen, aber nicht allen oben genannten Taten zu Freiheitsstrafen zwischen zweieinhalb und zehn Jahren verurteilt.

Das Verfahren fand aus rechtlichen und organisatorischen Gründen in München statt. Grundsätzlich orientiert sich die gerichtliche Zuständigkeit eines Strafverfahrens am Tatort. Die Verbrechen der NSU-Terroristen fanden an Orten von Rostock in Mecklenburg-Vorpommern bis Heilbronn in Baden-Württemberg statt. Grundsätzlich wäre jeder dieser Orte als Verhandlungsort infrage gekommen. Allerdings sind Staatsschutzsenate an Oberlandesgerichten in aller Regel nur in den Landeshauptstädten angesiedelt. (Ausnahmen gibt es beispielsweise in Hessen, wo der Staatsschutzsenat des Oberlandesgerichts in Frankfurt und nicht in Wiesbaden angesiedelt ist.) Weil zwei der NSU-Morde in München verübt wurden,[539] drei weitere im bayerischen Nürnberg[540] und zudem das Justizzentrum in München über einen ausreichend großen Saal verfügt, erhob die Bundesanwaltschaft schließlich die Anklage am Oberlandesgericht München.

Von Anfang an wurden Mängel der Anklageschrift kritisiert. Insbesondere an der Trio-These der Bundesanwaltschaft entzündete sich heftige Kritik. Demnach hätten Uwe Mundlos, Uwe Böhnhardt und Beate Zschäpe sich im Januar 1998 in den Untergrund begeben, (fast) alle Kontakte zu ihrem jeweiligen sozialen Umfeld abgebrochen und isoliert ihre Verbrechen geplant und ausgeführt. Die Kritik an der Trio-These stammte sowohl aus Kreisen der Nebenklägerinnen und Nebenkläger als auch von Vertretern *aller* in den beiden Untersuchungsausschüssen des Bundes vertretenen Parteien. Gegen diese These spricht zum einen, dass es Hinweise auf lokale Helfer an den meisten Tatorten gibt und dass die Identifikation von Opfern und zukünftigen Opfern – Tausende Namen potenzieller Opfer fanden sich auf verschiedenen sichergestellten Datenträgern – von drei Personen allein schon logistisch nicht bewältigt werden konnte. Wie kommen drei Terroristen in Zwickau auf den Namen eines Pfarrers in einem niedersächsischen Dorf, den eines Staatsanwalts im beschaulichen Siegen, den eines Arztes in Bayern, von Personen also, die gar nicht oder kaum öffentlich in Erscheinung getreten waren?

Kritikwürdig war das Verhalten der Bundesanwaltschaft indes bereits viele Jahre vor der Selbstenttarnung des NSU am 4. November 2011. Der erste Mord des NSU fand im Jahr 2000 statt, und die Mordserie fand erst 2007 ein Ende. (Warum eigentlich?) Die Bundesanwaltschaft zog jedoch erst nach der Selbstenttarnung die Ermittlungen an sich. Bis dahin waren die Staatsanwaltschaften in Rostock, Hamburg, Dortmund, Kassel, Nürnberg und München für die Ceska-Mordserie zuständig. Darunter litten nicht nur der Informationsaustausch zwischen Staatsanwaltschaften und Polizeibehörden.

Zieht die Bundesanwaltschaft ein Verfahren an sich, bringt das nicht nur den Zugriff auf Ressourcen des Bundeskriminalamts und anderer Behörden mit sich. Vielmehr wird durch diesen Akt auch ein starkes, nicht zu unterschätzendes *politisches* Signal gesendet: Nimmt sich die Bundesanwaltschaft eines Verbrechens an, so haben wir es mit einer Straftat zu tun, die geeignet ist, die Bundesrepublik zu destabilisieren.

Hätte denn die Bundesanwaltschaft das Ermittlungsverfahren bezüglich der ungeklärten Morde an sich ziehen dürfen? Die Antwort lautet ganz klar: ja. Erforderlich wäre eine »besondere Bedeutung« des Falles. Die Bundesanwaltschaft ist zuständig für die Verfolgung von Straftaten, die sich gegen die innere (Terrorismus etc.) oder äußere (Spionage etc.) Sicherheit Deutschlands richten. Nun kann man argumentieren, dass die Bundesanwaltschaft bis zur Selbstenttarnung des NSU ja gar nicht wusste, dass hinter den Morden eine Terrororganisation steckte. Aber da beißt sich die Katze in den Schwanz: Mittels einer zentralen Strafverfolgungsstelle hätte man möglicherweise den Nazi-Verbrechern sehr viel früher auf die Spur kommen können.

Entscheidender ist jedoch, dass die Bundesanwaltschaft das Verfahren hätte an sich ziehen können, selbst wenn sie nicht von einer Terrororganisation hinter den Taten ausgegangen wäre. Denn sie kann eine sogenannte *evokative* Zuständigkeit geltend machen. Sie hätte dafür den Ceska-Morden eine *besondere Bedeutung* beimessen müssen. Dies ist dann der Fall, wenn schwere Straftaten nach den Umständen *bestimmt* oder *geeignet* sind, die innere Sicherheit der Bundesrepublik Deutschland zu gefährden. Dies ist zum Beispiel dann der Fall, wenn mit den Straftaten Verfassungsgrundsätze Deutschlands angegriffen werden, wie zum Beispiel das Existenzrecht von Minderheiten. Zudem darf die Bundesanwaltschaft Verfahren an sich ziehen, wenn die Bevölkerung oder Teile der Bevölkerung durch die Straftat erheblich verunsichert werden. Dies war bei den Morden des NSU allein schon innerhalb der türkischstämmigen Bevölkerung Deutschlands zweifelsfrei der Fall. Die Morde waren immer wieder Gegenstand einer ausführlichen Berichterstattung der türkischen Medien. Diese Verunsicherung und die damit einhergehenden Ängste wurden staatlicherseits weitgehend ignoriert, auch durch die Bundesanwaltschaft.

Die Bundesanwaltschaft hatte mit der 500-seitigen Anklageschrift das »Drehbuch« zum NSU-Prozess geschrieben, ein Drehbuch, an das sich das Gericht weitgehend hielt. Fragen nach weiteren Mittätern, Helfern und Helfershelfern wurde nicht nachgegangen. Die Rolle von Verfassungsschutzbehörden des Bundes und der Länder sowie ihrer zahlreichen V-Leute blieb ungeklärt. Der institutionelle Rassismus der polizeilichen Ermittlungen, der sich von Anfang an und ohne plausiblen

Grund gegen die Ermordeten selbst und deren Angehörigen richtete, war nur dann ein Thema, wenn Vertreter der Nebenklage ihn zum Thema machten. Wohlgemerkt: Alle diese Themen gehören in ein Strafverfahren und werden auch in unzähligen anderen Verfahren in Deutschland ganz selbstverständlich behandelt.

Entsprechend fiel das Urteil von Nebenklägerinnen und Nebenklägern über das Verfahren im Besonderen und das staatliche Gebaren im Allgemeinen aus. Nachdem die schriftlichen Urteilsgründe im April 2020 den Verfahrensbeteiligten zugestellt worden waren, erklärten deren Anwältinnen und Anwälte:[541]

> Ein Mahnmal des Versagens des Rechtsstaates – das NSU-Urteil negiert die Dimension des NSU-Terrornetzes und ignoriert die Ergebnisse der Beweisaufnahme. Der Rechtsstaat hat die Opfer des NSU-Terrors im Stich gelassen. Auch das schriftliche Urteil des Oberlandesgerichts München trägt nichts zur Wahrheitsfindung im NSU-Komplex bei. Es ist formelhaft, ahistorisch und kalt. Der Umfang von 3025 Seiten soll verschleiern, dass der Senat … seiner Aufgabe der Wahrheitsfindung und der Wiederherstellung des Rechtsfriedens nicht gewachsen war.
>
> Der Tag der mündlichen Urteilsverkündigung vor fast zwei Jahren hat sich bei unseren Mandantinnen und Mandanten eingebrannt. Und dies nicht nur, weil Neonazis im Zuschauerraum begeistert klatschten, sondern auch, weil Manfred Götzl schon damals die Nebenklägerinnen und Nebenkläger, ihre Perspektive und ihre Interessen mit keiner einzigen Silbe erwähnte. Die jetzt vorgelegten schriftlichen Urteilsgründe, die die immer gleichen Satzfolgen wiederholen, sind auf 3025 Seiten eine Fortschreibung dieser Missachtung des Gerichts gegenüber den Opfern des NSU.

Sosehr die Nebenkläger schon kritisiert hatten, dass die Beweisaufnahme nicht weit genug gegangen sei: Das Urteil gibt noch nicht einmal das ansatzweise wieder, was durch die Beweisaufnahme ans Licht gebracht wurde. Es hat die Ergebnisse der fünfjährigen Beweisaufnahme bis zur Unkenntlichkeit verkürzt oder dreist verschwiegen.

Immer wiederkehrende Textbausteine, die über Seiten gehen, erzeugen künstliche Länge. Mit diesem durchsichtigen Trick will der Senat des Oberlandesgerichts den Eindruck erwecken, er habe sich ausführlich mit dem Ergebnis der Beweisaufnahme auseinandergesetzt. Dieses Vorgehen wäre nur lächerlich, wenn es sich nicht um den NSU und seine fürchterlichen Taten, die gravierendste rechtsterroristische Mord- und Anschlagsserie der letzten Jahrzehnte handelte. Diese Art der Urteilsabfassung spiegelt wider, dass die Richter des Oberlandesgerichts München kein Interesse an einer Aufklärung, noch nicht einmal im Rahmen der Anklage, hatten und den Betroffenen mit hässlicher Gleichgültigkeit gegenüberstehen. Es ist ein Mahnmal des Versagens des Rechtsstaats, der die Angehörigen der NSU-Mordopfer über Jahre erst kriminalisierte und nun endgültig im Stich gelassen hat.

Mit extremer Kälte werden die Mordopfer in diesem Urteil nur so beschrieben, wie sie vom NSU gesehen wurden – Zitat: »Aufgrund der durch sein Aussehen naheliegenden südländischen Abstammung gehörte Mehmet Kubaşık zu der von den drei Personen ausländerfeindlich rassistisch definierten Opfergruppe.« In wortwörtlich gleichlautender Weise sind im Urteil alle Mordopfer mit Migrationsgeschichte beschrieben. Bei keinem der ermordeten Männer erwähnt das Gericht, dass sie Familienväter waren, die Ehefrauen, Kinder, Eltern und Geschwister hinterließen. Das Urteil beschreibt die Ermordeten als austauschbare Statisten – und reproduziert damit die rassistischen Stereotype, nach denen der NSU die Ermordeten als Objekte seines mörderischen Rassismus ausgewählt hatte.

Das Urteil hätte den Mordopfern des NSU ein Gesicht geben, die Lücke beschreiben können, die ihre Ermordung gerissen hat. Dazu ist in der Hauptverhandlung Beweis erhoben worden. Aber kein einziges der Worte, die die Hinterbliebenen unter großer persönlicher Anstrengung in der Hauptverhandlung im Angesicht der Angeklagten geäußert haben, darüber, wer die Getöteten waren und welche Folgen ihre Ermordung für die Familien hatte, ist vom Oberlandesgericht München auf den 3025 Seiten aufgenommen worden.

Ebenso wenig finden sich die Worte »Bundesamt für Verfassungsschutz« oder »thüringisches Landesamt für Verfassungsschutz« im Urteil. In der Hauptverhandlung wurde über Tage hinweg der Verfassungsschutz-Mitarbeiter Andreas Temme als Zeuge gehört, der zum Zeitpunkt des Mordes an Halit Yozgat am Tatort anwesend war. Im Urteil ist noch nicht einmal sein Name erwähnt. Die Sicherheitsbehörden hätten sich selbst die Urteilsgründe nicht besser schreiben können: Weder die Nachrichtendienste und erst recht nicht ihre bis heute immer noch nicht aufgeklärte Rolle bei Entstehung und Fortbestand des NSU werden in dem Urteil auch nur angesprochen, geschweige denn die Vernichtung von Beweismitteln durch diese Behörden.

Auch die Neonaziszene hätte sich keine besseren Urteilsgründe wünschen können. Sie kann sich – wie schon zu Prozessende – entspannt zurücklehnen. Die Urteilsgründe verschweigen die Realität des NSU mit seinem großen Helfernetzwerk. Die Organisationen und Strukturen der neonazistischen Szene, ohne die der NSU nicht hätte existieren können, werden geschont. So wird das Unterstützernetzwerk

»Blood and Honour« mit keinem Wort erwähnt. Eine Strafverfolgung der mutmaßlichen Helfer und Unterstützer wird es nach diesem Urteil des Oberlandesgerichts München kaum geben.

Diese schriftlichen Urteilsgründe werden also letztlich zu einer weiteren Stärkung der Neonaziszene und der Nachrichtendienste führen, die mit ihren V-Leuten weiterhin einen wichtigen Anteil am Aufbau und Fortbestand rechter und neonazistischer Strukturen haben.

Besonders kritikwürdig sind zusammengefasst folgende Aspekte der schriftlichen Urteilsgründe:

1. Die Mordopfer des NSU werden mit keinem Satz individualisiert; es wird lediglich ihr Name genannt, noch nicht einmal ihr Alter. Bei Betroffenen, die nicht die deutsche Staatsangehörigkeit hatten, wird diese Tatsache explizit benannt – bei denen, die die deutsche Staatsangehörigkeit besaßen, wird dies nicht erwähnt. Auch wird in Bezug auf alle Mordopfer stereotyp behauptet, dass sie »südländisch« aussähen, und bei allen, bis auf Theodoros Boulgarides, dass sie »türkisch-stämmig« gewesen seien.

2. Die Urteilsbegründung stützt sich auf die – nicht nur vonseiten der Nebenklage seit Langem als grundfalsch erkannte – Behauptung von Sicherheitsbehörden und der Bundesanwaltschaft, dass der NSU nur aus drei abgeschotteten Personen bestanden habe. Diese Behauptung soll einerseits die Sicherheitsbehörden von dem Vorwurf entlasten, der NSU hätte früher enttarnt und seine Taten hätten damit verhindert werden können. Zum anderen kommt diese These den Strafverfolgungsbehörden in ihrem Bestreben entgegen, die Aufklärung für beendet zu erklären.

Das Urteil kann nur zu diesem Schluss kommen, weil alle

Ergebnisse der Beweisaufnahme zur Einbindung der drei Täter nach deren Abtauchen in die Szene sowie die Unterstützung nicht nur von Einzelpersonen, sondern von Strukturen schlicht nicht erwähnt werden. Durch Aussagen von Zeuginnen und Zeugen und weitere Beweismittel wurde hingegen klar belegt, dass der NSU ohne die »Blood-and-Honour«-Struktur und ein Netzwerk von namentlich bekannten Neonazis seine Verbrechen nicht hätte begehen können. Was dazu im Rahmen der Beweisaufnahme ans Licht gebracht wurde, wurde durch das Oberlandesgericht aus dem Urteil herausgehalten.

3. Dazu passt, dass in den schriftlichen Urteilsgründen die Rolle der Nachrichtendienste und Polizeibehörden völlig totgeschwiegen wird. Es fehlt an jeglicher Erwähnung von Ergebnissen der Beweisaufnahme, wonach diese Behörden bereits im Herbst 1998 über den V-Mann und Zeugen Szczepanski über ausreichend Wissen verfügten, um eine Festnahme von Mundlos, Böhnhardt und Zschäpe umzusetzen. Im Gegenteil wird den Sicherheitsbehörden im Urteil an einer Stelle völlig unvermittelt und ohne weitere Erläuterung ein Persilschein ausgestellt, indem die Aussage eines Polizeizeugen als glaubhaft bezeichnet wird, wonach die drei Personen für die Ermittlungsbehörden ab dem 26. Januar 1998 »nicht mehr greifbar« gewesen seien und vergeblich nach ihnen gefahndet worden sei.

4. Der weitgehende Freispruch von André Eminger ist nicht nur nicht nachvollziehbar, sondern auch lebensfremd und in sich widersprüchlich. Er beruht maßgeblich auf den Angaben Zschäpes. Es ist nicht nachvollziehbar, dass das Gericht Zschäpes Behauptungen, die Eminger entlasten, glaubt, wenn es gleichzeitig feststellt, dass es Zschäpes Rolle

im NSU war, alle mit den Taten des NSU und dessen Unterstützern in Zusammenhang stehenden Beweismittel zu vernichten. Noch weniger ist der Freispruch verständlich, weil das Gericht erst ein Dreivierteljahr zuvor, auf knapp 30 Seiten, begründet hatte, warum André Eminger der Beihilfe zum versuchten Mord an Mitgliedern der Betreiberfamilien des Lebensmittelladens in der Probsteigasse und der Beihilfe zu zwei Raubtaten dringend verdächtig ist.

Das Urteil darf kein Schlussstrich sein, da die zentralen Fragen unserer Mandantinnen und Mandanten immer noch nicht beantwortet sind.

Wir danken all denjenigen, die gegen staatliche Interessen die Aufklärung der Verbrechen des NSU zu ihrer Aufgabe gemacht haben.

Unsere Mandantinnen und Mandanten sowie wir fordern:

- Das Urteil kann kein Schlussstrich sein. Die Aufklärung des NSU-Komplexes muss weitergehen.
- Sämtliche Akten im NSU-Komplex – die Gerichtsakte des OLG München, die Ermittlungsakten der Bundesanwaltschaft ebenso wie alle Akten und Daten, die den 13 parlamentarischen Untersuchungsausschüssen vorgelegen haben – müssen zentral im Bundesarchiv archiviert und dort allen Personen mit einem berechtigten juristischen, journalistischen oder wissenschaftlichen Interesse auf Antrag und ohne Sperrungen zugänglich gemacht werden.

Diesen Worten ist nichts hinzuzufügen, außer vielleicht: Das NSU-Verfahren ist die Chronik einer verpassten Chance. Man hatte die Chance, aufzuarbeiten, Vertrauen zu schaffen und sich dem Rechtsfrieden zu nähern. Aber dafür hätte der Staat – die Bundesanwaltschaft, das Gericht – in den Abgrund blicken müssen, auch und besonders auf die Gefahr hin, dass der Abgrund zurückblickt. Wie soll Rassismus in der Gesellschaft und der Rassismus unter Uniformträgern bekämpft werden, wenn selbst nach Dutzenden Morden und Mordversuchen wie beim NSU-Komplex nicht der Mut aufgebracht wird, über diese Dinge auch nur zu sprechen, geschweige denn, sie zu untersuchen?

6. Der Mord an Luke Holland 2015/16

Am 14. Januar 2016 wurde der bereits in Haft befindliche 62-jährige Rolf Z. wegen Mordes in Tateinheit mit unerlaubtem Führen und Besitz einer Schusswaffe sowie der entsprechenden Munition vor dem Landgericht Berlin angeklagt. Ihm wurde vorgeworfen, am Sonntagmorgen des 20. September 2015 um 05:58 Uhr in Berlin-Neukölln den 31-jährigen Engländer Luke Holland mit einer Schrotflinte vor der Kneipe »DelRex« aus nächster Nähe erschossen zu haben.

Der Angeklagte verbrachte den größten Teil seines Lebens in diesem Berliner Stadtteil. Nach dem Hauptschulabschluss begann er eine Lehre zum Betonbauer, die er allerdings noch vor der Gesellenprüfung abbrach. In den folgenden Jahren war er verschiedentlich als Brunnenbauer, Kohlenträger, Dachdecker und Fernfahrer tätig. Nach dem Verlust seiner Fahrerlaubnis war er bis ins Jahr 1999 bei einer Tiefbaufirma beschäftigt. Nachdem die Firma Insolvenz anmelden musste, ging der Angeklagte keinem festen Anstellungsverhältnis mehr nach und lebte von Sozialleistungen.

Rolf Z. war seit 1974 mit der Zeugin K. liiert und hatte mit ihr drei Kinder. Anfang der 2000er-Jahre trennte sich das Paar wegen der Alkoholsucht des Angeklagten.

Der Angeklagte frönte einer Leidenschaft für Waffen aller Art. In seiner Wohnung fanden sich Säbel, Degen, mehrere Waffenreinigungssets, zwei Luftdruckgewehre, zwei Luftdruckpistolen, eine Schreckschusspistole sowie ältere, nicht funktionsfähige Pistolen, sogenannte Dekowaffen. In seiner Wohnung befanden sich außerdem verschiedene nationalsozialistische Devotionalien und Militaria. Darunter Helme, eine Gasmaske, mehrere Patronen- und Geschosshülsen und ein Aufbewahrungsbehältnis in Form eines Hakenkreuzes. Schließlich fanden sich zwei größere Fotografien der nationalsozialistischen Führungsriege sowie Porträtfotos und Porträtbilder sowie eine Büste von Adolf Hitler.

Neben den Schau- und Dekowaffen besaß der Angeklagte auch scharfe Patronenmunition (über 100 Patronen), 45 Schwarzpulverpresslinge (die zum Abfeuern eines Vorderladers benötigt werden), eine Flasche Schwarzpulver und drei Schusswaffen, die dem Waffengesetz unterlagen.

Das Gericht ermittelte anhand verschiedener Zeugenaussagen und Sachverständigengutachten, dass der Angeklagte, nachdem sein Stammlokal »Starkstrom« geschlossen worden war, sich vermehrt in der Kneipe »DelRex« aufhielt. Im Gegensatz zum »Starkstrom« verkehrte dort zumeist jüngeres und internationales Publikum im Alter zwischen 25 und 40 Jahren. Man unterhielt sich vorwiegend auf Englisch oder Spanisch. Rolf Z. fiel zwischen den anderen Gästen durch sein schulterlanges, offen getragenes, weißes Haar sowie seine Westernstiefel mit dunkler Hose, Hemd und Jeansjacke auf. Seine Versuche, mit den weiblichen Besuchern der Kneipe ins Gespräch zu kommen, scheiterten für gewöhnlich.

Eine Woche vor der Tat unterhielt sich ein Gast mit dem Wirt über dessen Alkoholkonsum. Der Gast war der Meinung, dass der Wirt bei seinem Alkoholkonsum zum Alkoholiker werde. Dieses Gespräch hörte der an der Bar sitzende und erheblich alkoholisierte Rolf Z. mit. Er bezog den Vorwurf des Alkoholismus auf sich und drohte dem Gast mit der Faust vor dem Gesicht mit Schlägen. Nachdem es zu einem kurzen Wortwechsel gekommen war, wurde Rolf Z. vom Wirt des Lokals verwiesen.

Am Abend des 19. September 2015 war Z. bis 23:00 Uhr auf dem »Historischen Apfelfest« im brandenburgischen Oranienburg. Er geriet in Streit mit einem anderen Besucher des Festes und bedrohte diesen. Die alarmierte Polizei nahm seine Personalien auf und ließ ihn nach einem Blutalkoholtest laufen. Der Test ergab einen Wert von 2,81 Promille.

Z. fuhr zurück nach Neukölln und ging ins »DelRex«, wo er zwischen zwei und drei Uhr morgens ankam. Beim Betreten der Bar erinnerte der Wirt ihn an die Auseinandersetzung zwischen ihm und dem Gast. Der Wirt machte deutlich, dass er Z. den Verbleib in der Bar nur gestatten würde, wenn er sich bei dem ebenfalls anwesenden Gast entschuldigte. Dies tat Z. Er erklärte dem Gast sein Verhalten damit, dass er nicht wisse, was passiert sei, da er einen Filmriss wegen »der vier Promille« gehabt habe. Der Gast sagte, dass er keinem die Faust in Gesicht halten solle. Denn man könne immer an eine Person geraten, die nicht so deeskalierend reagiere wie er, der Gast. Z. entgegnete daraufhin: »Keine Sorge. In dem Fall hätte ich dich erschossen!« Der Gast fasste diese Äußerung lediglich als unpassenden Witz auf und gab dem Wirt zu verstehen, dass er mit dem Verbleib des Angeklagten im Lokal einverstanden sei.

Z. trank bis 05:30 Uhr fünf Gläser Rum-Cola und erhob sich dabei nicht von seinem Platz. Ab etwa 03:30 Uhr oder 04:00 Uhr befand sich auch das spätere Opfer Luke Holland in der Bar.

Luke Holland war britischer Staatsbürger. Er war nach seinem Jurastudium in Oxford zuerst nach München und im Anschluss nach Berlin gezogen. Dort hatte er mit Partnern ein Technologieunternehmen gegründet, in dem er auch arbeitete. Seine vielen Freunde beschrieben ihn als zuverlässig und ruhig. Er besaß vielseitige Interessen und nahm rege am Berliner Freizeit- und Kulturleben teil. Zu seinen Eltern hatte er eine sehr enge Bindung. Da er das einzige Kind war, telefonierten sie täglich und besuchten sich, sooft es ging. Die Eltern hatten ein Leben lang hart gearbeitet, ein Haus gebaut und waren eine typische englische Mittelschichtfamilie. Dass es ihr Kind bis an die Elite-Uni

Oxford geschafft hatte, erfüllte sie mit Stolz. Sie freuten sich auf den Ruhestand und ein Leben mit Enkelkindern.

Luke Holland besuchte die Bar mit zwei Freunden. Es ist nicht bekannt, ob er und der Angeklagte sich während des Besuches der Bar persönlich begegneten. Sicher auszuschließen ist aber, dass es zwischen ihnen zu einem Streit oder einer Auseinandersetzung kam.

Z. verließ die Bar spätestens um 05:30 Uhr. Sein letztes Getränk hatte er weder ausgetrunken noch bezahlt. Er ging zu seiner in der Nähe gelegenen Wohnung, holte von dort ein Schrotgewehr nebst Munition und zog einen langen Ledermantel an. Mit der entsicherten Waffe, die er unter dem Mantel verborgen hielt, ging er zurück zum »DelRex«. Vor dem Eingang traf er auf Luke Holland, der gerade einem Freund in England telefonisch zum Geburtstag gratulierte. Z. trat vor Luke Holland und schoss ihm aus einer Entfernung von ca. zwei Metern in den Bauch. Zu diesem Zeitpunkt hatte er eine später errechnete Blutalkoholkonzentration von 3,39 Promille.

Luke Holland fiel augenblicklich zu Boden und verlor aufgrund des großen Blutverlustes bereits nach wenigen Sekunden das Bewusstsein. In der Bar hörte man den Schuss zwar, doch wurde zunächst angenommen, ein Feuerwerkskörper sei explodiert. Erst als eine Zeugin die Bar verließ, sah sie den am Boden liegenden Luke Holland, der stark blutete. Während sie Erste Hilfe leistete und versuchte, die Blutung zu stoppen, sah sie den Angeklagten Z. Dieser hatte sich etwas vom Tatort entfernt und hielt noch die Waffe in der Hand. Die Zeugin fragte ihn, was das Ganze solle und was er dort tue. Z. antwortete: »Wo ist der andere?« Wen der Angeklagte damit meinte, konnte nie geklärt werden. Z. ging schließlich an der Zeugin vorbei auf den Eingang der Kneipe zu. Er hielt jedoch plötzlich inne und kehrte um. Erneut ging er an der Zeugin vorbei, die ihn nun fragte, was er mit dem Gewehr mache. Der Angeklagte hob daraufhin seine

Waffe in Richtung der Zeugin, sagte in bestimmtem Ton: »Lass mich in Ruhe!« und verließ den Tatort.

Luke Holland blutete unterdessen weiterhin stark. Die Schrotkugeln hatte lebenswichtige Adern verletzt. Versuche, die Blutung durch Servietten und Ähnliches zu stoppen, zeigten keinen Erfolg. Auch die weiteren Rettungsmaßnahmen der eingetroffenen Sanitäter hatten keinen Erfolg. Luke Holland verstarb um 07.10 Uhr an einem Herzstillstand, ausgelöst durch innere Blutungen.

Am Abend wurde Z. von der Polizei festgenommen.

Am 11. Juli 2016 verkündete die große Strafkammer des Landgerichts Berlin das Urteil. Z. wurde wegen Mordes in Tateinheit mit unerlaubtem Führen und Besitzes von Schusswaffen sowie entsprechender Munition zu einer Gesamtfreiheitsstrafe von elf Jahren und sieben Monaten verurteilt.

In der Urteilsbegründung stellte die Kammer zunächst fest, dass es sich bei dem Angeklagten Z. um den Täter handelte. Anhaltspunkte oder Verdachtsmomente, die die Täterschaft eines Dritten hätten vermuten lassen, lagen nicht vor. Zudem hätten sich die entsprechenden Schmauchspuren auf dem Mantel des Verurteilten befunden und die bei ihm gefundene Munition zu der gepasst, durch die Luke Holland getötet wurde. Nicht zuletzt hätten ihn verschiedene Zeugen zweifelsfrei identifiziert. Die Kammer stellte außerdem fest, dass Z. vorsätzlich und schuldhaft gehandelt und Luke Holland heimtückisch ermordet habe.

Niedrige Beweggründe bei der Begehung der Tat sah das Gericht nicht. Es sei dem Angeklagten nicht nachzuweisen gewesen, dass seine Motive besonders verachtenswert und auf sittlich tiefster Stufe gestanden hätten. Ein Handeln des Z. aus einer nationalsozialistischen Weltanschauung heraus habe sich nicht feststellen lassen. Zudem habe es sich bei dem Opfer um einen Mann mit weißer Hautfarbe gehandelt. Dies passe nicht in das Feindbild eines aus Ausländerhass handelnden Täters. Allein aus dem Besitz von NS-Devotionalien könne kein niedriger Beweggrund hergeleitet werden.

Wegen der Alkoholisierung des Angeklagten zum Tatzeitpunkt wurde keine lebenslange Freiheitsstrafe verhängt. Zudem hielt die Kammer Z. zugute, dass er vor der Tat strafrechtlich nicht in Erscheinung getreten war.

Mögliche Verbindung zum Fall Burak Bektaş?

Die Eltern von Luke Holland wurden als Nebenkläger von den Rechtsanwälten Mehmet Daimagüler und Onur Özata vertreten. Die beiden Anwälte vertraten bereits seit 2013 die Familie Bektaş aus Neukölln. Burak Bektaş, Sohn türkischer Einwanderer, traf sich am Abend des 5. April 2012 mit vier Freunden – alle wie er Migranten – auf der Straße, nur ein paar Hundert Meter von seinem Elternhaus entfernt. Ein unbekannter älterer Mann trat wortlos auf die Jugendlichen zu, zog eine Waffe und schoss. Es hatte keinen Streit gegeben, keine Kommunikation, nichts. Zwei der Jugendlichen wurden schwer verletzt. Burak Bektaş starb kurze Zeit später im Krankenhaus. Er wurde 22 Jahre alt. Ein rassistisch motivierter Mord lag nahe, zumal von der Polizei alle anderen Möglichkeiten untersucht und verworfen worden waren. Es könnte sich um eine NSU-Nachahmertat gehandelt haben. Nur fünf Monate zuvor hatte sich der NSU nach einem fehlgeschlagenen Banküberfall selbst enttarnt. Nach keinem ihrer Morde hatten sich die Täter zu ihren Taten bekannt. Der Mord an Burak Bektaş ist bis heute unaufgeklärt.

Während des Prozesses im Mordfall Holland erinnerte sich Rechtsanwalt Özata daran, dass auch im Fall Bektaş der Name Rolf Z. aufgetaucht war. In den Tagen nach den Schüssen auf Burak Bektaş hatte sich ein Barbesitzer bei der Polizei gemeldet und auf Rolf Z. aufmerksam gemacht. Der Zeuge sagte aus, dass dieser in unmittelbarer Nähe zum Tatort wohne, ein Waffennarr und zudem ein Nazi und Rassist sei. Außerdem habe sich Z. bei ihm darüber beklagt, dass in den Kneipen aufgrund der vielen Ausländer »nur noch Englisch gesprochen wird«. Die Polizei hatte daraufhin die Wohnung des Z. durchsucht und Munition beschlagnahmt.

Die Nebenklage im Holland-Prozess beantragte daher die Beiziehung der Akte Bektaş und weitere Ermittlungen. Das Gericht lehnte dies ab.

Die Eltern von Luke Holland kritisierten das Urteil. Sie gingen von einem rassistischen Tathintergrund aus. Aus ihrer Sicht sei ihr Sohn gestorben, weil er Englisch gesprochen habe. Man könne auch gegenüber Weißen Rassist sein.

Am Ende des Prozesses wandte sich die Mutter von Luke Holland direkt an Rolf Z.: »Sie haben uns zu einem Leben in Trauer verurteilt.« Am 21. Oktober 2019 nahm sie sich das Leben.

7. Der Brandanschlag in Salzhemmendorf 2015/16

Am 18. Dezember 2015 wurden der 30-jährige Denis L., der 24-jährige Sascha D. sowie die 23-jährige Saskia B. wegen gemeinschaftlichen versuchten Mordes in vier rechtlich zusammentreffenden Fällen in Tateinheit mit gemeinschaftlicher, versuchter, schwerer Brandstiftung vor dem Landgericht Hannover angeklagt.⁵⁴² Ihnen wurde vorgeworfen, in der Nacht vom 27. auf den 28. August 2015 aus rassistischen Motiven heraus einen Molotow-Cocktail in das Fenster einer Flüchtlingsunterkunft in Salzhemmendorf geworfen zu haben.

Der Angeklagte L. hatte nach dem Hauptschulabschluss eine Lehre zum Holzmechaniker absolviert und ging nach zwischenzeitlicher Arbeitslosigkeit einer Tätigkeit als Produktionsmitarbeiter in einer Firma in Salzhemmendorf nach. Während seiner Arbeitslosigkeit konsumierte er vermehrt und regelmäßig Alkohol. Er war bereits mehrfach strafrechtlich in Erscheinung getreten. Zwischen 2006 und 2014 wurde er wegen falscher uneidlicher Aussage, Beihilfe zum Betrug, vorsätzlicher Trunkenheit im Straßenverkehr, gefährlicher Körperverletzung, Körperverletzung in Tatmehrheit mit Sachbeschädigung sowie gemeinschaftlichen Diebstahls verurteilt.

Bei Sascha D. wurde in seiner frühen Kindheit ADHS diagnostiziert, bis zu seinem 18. Lebensjahr wurde er deshalb medikamentös behandelt. Er beendete 2006 die Hauptschule mit einem Abgangszeugnis aus der siebten Klasse. Darauf folgte ein Berufsvorbereitungsjahr in Hameln, das er jedoch ohne Abschluss beendete. 2008 holte er seinen Hauptschulabschluss in einer Jugendwerkstatt nach. Er arbeitete anschließend für ein halbes Jahr in einer Dachdeckerfirma, wurde dort jedoch wegen der Folgen seines Alkoholkonsums entlassen. Nach kurzer Anstellung in einer Gummifabrik ging er bis zu seiner Inhaftierung keiner beruflichen Tätigkeit nach und lebte von staatlichen Sozialleistungen. Bereits im Alter von sieben Jahren begann er, regelmäßig Alkohol zu trinken. Sein Konsum steigerte sich von da an stetig. Zur Tatzeit trank er pro Tag eine Flasche Wodka und fünf Bier. Seine Freundin und Mutter des gemeinsamen Kindes beendete wegen des Alkoholmissbrauchs die Beziehung zu ihm. Vor seiner Inhaftierung war D. auch strafrechtlich in Erscheinung getreten. Zwischen 2007 und 2011 wurde er wegen gemeinschaftlicher gefährlicher Körperverletzung sowie fünfmal wegen Sachbeschädigung verurteilt.

Saskia B. erlangte einen Realschulabschluss, blieb daraufhin jedoch ungelernt. Sie war damals Mutter zweier Kinder im Alter von fünf und zwei Jahren. Die Beziehung zum Vater ihres ersten Kindes scheiterte an dessen alkoholbedingter Aggressivität. Der Vater ihres zweiten Kindes verließ sie noch vor der Geburt. Beide Väter leisteten keinen Unterhalt. Vor der Inhaftierung bewohnte B. gemeinsam mit ihren Kindern eine Wohnung, die jedoch kurz vor der Zwangsräumung stand. Vorbestraft war sie nicht.

Das Gericht ermittelte anhand der Aussagen der Angeklagten sowie verschiedener Zeugenberichte, dass sich die Angeklagten am Tatabend zunächst in der Garage des Angeklagten Denis L. in Lauenstein trafen. Da Sascha D. über keine Fahrerlaubnis mehr verfügte, hatte er sein Auto der Angeklagten Saskia B. zur täglichen Nutzung überlassen. Als Gegenleistung hatte sie sich dazu bereit erklärt, ihn gelegentlich zu fahren. Am Tatabend fuhr B. den Angeklagten D. erneut und setzte ihn beim Angeklagten L. ab. Da sich im Auto noch die beiden Kinder der Angeklagten Saskia B. befanden, fuhr diese, ohne sich lange aufzuhalten, wieder zu ihrer Wohnung zurück. Währenddessen konsumierten L. und D. Alkohol. Gegen 22 Uhr fuhr die Angeklagte B. auf Einladung der beiden Männer erneut zur Garage und verbrachte den weiteren Abend dort, ohne selbst Alkohol zu konsumieren. Zu fortgeschrittener Uhrzeit wechselte die Musik, und es wurden auch Lieder rechtsradikaler Gruppen wie »Sturmwehr«, »Brigade 66«, »Nordfront« und »Kategorie 10« gehört. D. und L. tranken inzwischen auch harten Alkohol und kamen auf die lokale Situation in Salzhemmendorf zu sprechen. Sie störten sich lautstark daran, dass die ehemalige Grundschule des Angeklagten L. in der Hauptstraße 70 als Flüchtlingswohnheim genutzt wurde.

D. verfügte über detailliertere Kenntnisse, da er eine Zeit lang in unmittelbarer Nähe zu dem Gebäude gearbeitet hatte. Dabei konnte er den Einzug der Flüchtlinge beobachten und sich mit der näheren Umgebung des Gebäudes sowie der Belegung der Wohnungen vertraut machen. Beide Angeklagten bezeichneten das Gebäude als »Bockshorn«. Zunehmend gerieten beide in Rage und einer äußerte: »Wenn das Bockshorn gekauft wird, dauert es nicht mehr lange, bis es in Flammen steht«; »Die Scheißneger sollen zurück in ihr Land«. Die beiden Angeklagten steigerten sich derart in ihre Unzufriedenheit mit dem dortigen Aufenthalt der Flüchtlinge hinein, dass sie den Entschluss fassten, einen Molotow-Cocktail zu bauen. Dabei handelt es sich um eine mit Brandbeschleuniger gefüllte Glasflasche, die mit einer Lunte ausgestattet als Brandsatz dient. Sowohl während der Unterredung als auch bei der Präparierung der Flasche war die Angeklagte B. anwesend und hörte den Männern zu.

Nach Fertigstellung des Brandsatzes entwickelten die Angeklagten gemeinsam den Plan, mit dem Auto nach Salzhemmendorf zu fahren und dort mit dem Molotow-Cocktail das Flüchtlingsheim in Brand zu setzen. Die Angeklagte B. sollte dabei als Fahrerin fungieren. L. schloss daraufhin die Garage, brachte seinen Hund in die Wohnung und nahm sich zum Schutz vor Brandverletzungen noch ein Paar Arbeitshandschuhe mit.

Um kurz vor zwei Uhr morgens fuhr B. beide Angeklagten tatplangemäß nach Salzhemmendorf. Die Fahrt wurde kurz unterbrochen, damit D. noch seinen Alarmsignalgeber, auch »Pieper« genannt, bei sich zu Hause abholen konnte. Als Mitglied der Freiwilligen Feuerwehr wusste D., dass sich sein Pieper lautstark bemerkbar machen würde, sobald die örtliche Feuerwehr alarmiert wurde. Um zu verhindern, dass dadurch seine Nachbarn geweckt würden oder er den Einsatz verpassen würde, musste er sicherstellen, den Pieper bereits während der Tat bei sich zu tragen.

Am Tatort angelangt, hielt B. neben einem kleinen Transporter und löschte das Fahrzeuglicht, um nicht von Anwohnern entdeckt zu werden. Dabei ließ sie den Motor weiterlaufen. Denis L. nahm derweil den Brandsatz, stieg aus und ging zur Flüchtlingsunterkunft. Da sich die Angeklagten im Vorfeld der Tat darüber einig waren, dass der Anschlag gezielt auf eine Flüchtlingswohnung erfolgen sollte, in der sich »Farbige« aufhielten, fragte L. nochmals bei D. nach, in welches Fenster er den Brandsatz werfen solle, damit es auch »die Richtigen« treffe.

Nachdem D. ihn angewiesen hatte, in das rechte Fenster zu werfen, stellte sich L. vor ebendieses Fenster und zündete den Brandsatz. Bei dem avisierten Zimmer handelte es sich um das des 11-jährigen Alvin D. An seinem Fenster befanden sich gut sichtbar gebastelte Papierblüten. L. warf nun den Brandsatz durch die Scheibe und erkannte augenblicklich den hellen Schein einer Flamme. Rasch flüchtete er anschließend zurück ins Auto und wies die Angeklagte B. an, zügig abzufahren. Nachdem L. und D. die Gewissheit hatten, sich in ausreichender Entfernung vom Tatort zu befinden, äußerte L.: »Der ging voll durch«, woraufhin beide Angeklagten in Gelächter ausbrachen. B. konnte im

Rückspiegel noch erkennen, dass in der betroffenen Wohnung ein Licht auflodderte.

Noch auf der Fahrt wurde der Angeklagte D. durch seinen Pieper auf den Brand in der Hauptstraße 70 aufmerksam gemacht. Die Angeklagte B. fuhr ihn daraufhin direkt zur Freiwilligen Feuerwehr in Salzhemmendorf. Während D. sogleich an dem Feuerwehreinsatz teilnahm, fuhren B. und L. weiter Richtung Hemmendorf. Auf der Fahrt gab L. an, er feiere es richtig, wenn ein »Neger« sterbe. Zu B. sagte er weiter: »Mitgefangen, mitgehangen, wenn das rauskommt, bin ich Single und du deine Kinder los.« Er warf unterdessen die von L. bei der Tat getragenen Handschuhe aus dem Fenster. B. setzte L. anschließend an seiner Garage ab und fuhr zu einer Freundin, bei der sie die Nacht verbrachte. Am nächsten Morgen reagierte sie auf die WhatsApp-Nachricht ihrer Mutter: »und was hast du wieder angestellt. In Salzhemmendorf????, und danach Molotovkoktail. In Asylbewerber.Heim geworfen????Neee Neee Neeee« mit den Worten: »Wir haben alle artig haia gemacht aber Schad ja nix.«

Gegen 03:30 Uhr war der Feuerwehreinsatz in der Hauptstraße 70 beendet. Der Molotow-Cocktail landete, nachdem er das Fenster durchschlagen hatte, unter dem Bett von Alvin D. Der Junge selbst hatte die Nacht mit seiner Matratze im Zimmer der Mutter verbracht. Die mit Brandbeschleuniger gefüllte Flasche zerbrach nicht wie vorgesehen vollständig, sondern bekam lediglich einen Riss. Durch diesen lief zwar Heizöl auf den Teppich und verursachte eine brennende Lache. Da sich in unmittelbarer Umgebung des Feuers jedoch keine leicht entzündlichen Gegenstände befanden und auf dem Bettgestell auch keine Matratze lag, erlosch das Feuer nach dem Abbrennen der Flüssigkeit. Dabei kam es allerdings zu einer erheblichen Rauchentwicklung. Dieser Rauch hätte beim Einatmen bereits nach zwei bis drei Atemzügen zur Handlungsunfähigkeit geführt. Während des Brandes hielten sich alle Bewohner der Wohnung jedoch in einem anderen Zimmer auf, sodass es lediglich zur Verrußung des Kinderzimmers sowie des anliegenden Flures kam. Dennoch war der Familie D. der Fluchtweg über den Flur zur Eingangstür abgeschnitten.

Nachdem die Mutter Margaret D. das Bersten der Fensterscheibe gehört und den Rauch im Flur festgestellt hatte, versuchte sie umgehend die Polizei zu verständigen. Sie wählte jedoch zunächst eine falsche Rufnummer. Ihr zweiter Anruf scheiterte an ihren mangelnden Deutschkenntnissen. Ein dritter Anruf wurde dann von ihrem Sohn getätigt. Ihm wurde mitgeteilt, dass das Feuer bereits der Feuerwehr gemeldet sei.

Denn bereits vorher waren Nachbarn durch laute Motorengeräusche geweckt worden. Der Nachbar P. beobachtete daraufhin beim Blick aus dem Schlafzimmerfenster eine männliche Person beim Entzünden und Werfen eines Molotow-Cocktails. Außerdem sah er, wie sich die Person rasch entfernte. Die Freundin des P. lief sofort zur Wohnung der Familie D. und klopfte in der Hoffnung an die Tür, die Bewohner dadurch wecken zu können. Der ihr folgende Zeuge P. verständigte unterdessen Polizei und Feuerwehr.

Die wenig später eintreffende Feuerwehr ermöglichte es allen 40 Bewohnern, das Haus unbeschadet zu verlassen. Die Familie D. konnte über ein Fenster aus dem Gebäude gebracht werden.

Infolge des Anschlags leiden die Mitglieder der Familie D. bis heute an Angstzuständen, Panikattacken und Schlafstörungen. Besonders in der Dunkelheit und bei Motorengeräuschen zeigen sich die Symptome verstärkt. Margaret D. hat sich aufgrund des erlittenen Vertrauensverlustes von der Außenwelt weitestgehend zurückgezogen.

Der Zeuge P. meinte gegenüber der Polizei, das er das Motorengeräusch des wegfahrenden Autos dem Angeklagten D. zuordnen könne. Beide würden sich bereits seit Längerem kennen, und daher sei er mit dem speziellen Motorengeräusch des Fahrzeugs, das der Angeklagte fahre, vertraut.

Noch am selben Tag nahm die Polizei D. fest, der daraufhin gestand, die Tat gemeinsam mit dem Angeklagten L. und der Angeklagten B. begangen zu haben. Auch diese wurden daraufhin festgenommen.

Während des Prozesses gaben alle Angeklagten zunächst an, die Tat zu bereuen. Weiterhin beteuerten sie, die Tat nicht aus einer ausländerfeindlichen, rassistischen und rechtsradikalen Motivation heraus begangen zu haben. Sie entschuldigten sich zudem bei den Opfern, die als Nebenkläger am Prozess teilnahmen.

L. gab an, bei ihm liege allenfalls eine Angst vor Fremden vor. Er habe niemanden verletzen oder töten wollen. Beim Wurf sei er davon ausgegangen, dass die betroffene Wohnung unbewohnt sei. Ein bewohntes Schlafzimmer habe er gerade nicht in Brand setzen wollen. Zudem sei ihm die Wirkungsweise und Gefährlichkeit eines Molotow-Cocktails nicht bekannt gewesen. Er habe nicht gewusst, dass dadurch ein Brand entstehen oder Menschen hätten getötet werden können. Ausschließlich der vorangegangene Alkoholkonsum könne sein Verhalten am Tatabend erklären.

Der Angeklagte D. behauptete, dass sein Handeln keinen ideologischen Hintergrund gehabt habe. Ursache seines Handelns sei allein der Alkoholkonsum gewesen. Zudem sei L. die »Antriebsfeder« für das Geschehene gewesen. Er selbst sei nur »Mitläufer« gewesen, die Angeklagte B. nur durch ihn in die Sache »hineingeraten«.

Diese beteuerte, bis zum Schluss nicht geglaubt zu haben, dass L. den Brandsatz wirklich zündet und wirft. Sie habe die Tat nicht gewollt, jedoch unterstützt. Ursächlich für ihre Beteiligung an der Tat sei ihre Willensschwäche. Die Nachricht an ihre Mutter am Morgen nach der Tat sei nur scherzhaft gemeint gewesen.

Am 17. März 2016 verkündete die Strafkammer des Landgerichts Hannover das Urteil. Die Angeklagten wurden wegen gemeinschaftlichen versuchten Mordes in vier rechtlich zusammentreffenden Fällen in Tateinheit mit gemeinschaftlicher versuchter schwerer Brandstiftung schuldig gesprochen.

Der Angeklagte L. erhielt eine Freiheitsstrafe von acht Jahren, D. eine Freiheitsstrafe von sieben Jahren. Die Angeklagte B. wurde zu vier Jahren und sechs Monaten Haft verurteilt. Zudem wurde beim Angeklagten D. die Unterbringung in einer Entziehungsanstalt angeordnet.

Der Vorsitzende Richter stellte fest, dass die Kammer bei der Urteilsfindung vom bestehenden Tötungsvorsatz aller Angeklagten bei der Tatbegehung überzeugt war.

Dafür spreche zunächst die Art und Weise der Tatbegehung selbst. Nach Ansicht des Gerichts sei der Wurf eines Molotow-Cocktails in ein Zimmer für jedermann erkenntlich dazu geeignet, ein Haus in Brand zu setzen und die sich darin befindenden Personen erheblich zu gefährden. Es sei Allgemeinwissen, dass ein Molotow-Cocktail bedingt durch seine Bauart dazu geeignet und bestimmt sei, möglichst rasch ein Übergreifen und Ausbreiten des Feuers zu gewährleisten. Dies besonders dann, wenn der Molotow-Cocktail in einen geschlossenen Wohnraum geworfen werde, in dem sich eine Vielzahl von leicht entzündlichen Gegenständen befinde. Da alle Verurteilten trotz dieses Wissens gehandelt hätten, könne man annehmen, dass sie den Tod der sich in der Wohnung aufhaltenden Personen zumindest billigend in Kauf genommen hätten. Anhaltspunkte dafür, dass sie trotz dieser Kenntnis ernsthaft darauf vertrauten, die Bewohner der Wohnung nicht zu schädigen, seien nicht ersichtlich.

Die Äußerungen der Verurteilten zu einem angeblichen mangelnden, bedingten Tötungsvorsatz sah das Gericht als widerlegt an.

Der Behauptung des Verurteilten L., dass er von der Belegung der Wohnung durch Asylsuchende nichts gewusst habe, sei lediglich als Schutzbehauptung einzustufen. Denn, so das Gericht, der Angeklagte D. habe ihn zuvor, sowohl in der Garage als auch unmittelbar vor der Tat, auf die Personen in der Wohnung aufmerksam gemacht. Auch sei der Aussage der Verurteilten B. Glauben zu schenken, dass der Verurteilte L. auf der Rückfahrt bekundet habe, er wolle einen »Neger« brennen sehen.

Die Angabe der Angeklagten B., dass sie von der Verwirklichung des Tatplans nicht ausgegangen sei, sah das Gericht ebenfalls als widerlegt an. Denn sie sei über den ganzen Zeitraum des Tatplans und der Tat, über die Herstellung des Molotow-Cocktails bis hin zur Fahrt nach Salzhemmendorf und sogar bei der Ausführung der Tat selbst unmittelbar Zeuge des Geschehens gewesen. Dies habe bei B. keinen anderen Schluss zulassen können, als dass L. den Brandsatz wirklich werfen werde.

Den Ausführungen der Verurteilten L. und D., dass der Alkoholkonsum für die Tatbegehung ursächlich gewesen sei, folgte die Strafkammer ebenfalls nicht. Sie ging davon aus, dass der Einfluss des Alkohols nicht derart erheblich war, dass die Einsichts- und Steuerungsfähigkeit der Verurteilten erheblich vermindert war.

Für diese Ansicht spräche bei L., dass er bei seiner Vernehmung eine recht detaillierte Erinnerung an die Tatnacht hatte, vor der Abfahrt seinen Hund in die Wohnung gebracht, an die Mitnahme der Handschuhe gedacht, zielgerichtet geworfen, ohne Probleme den Lauf zum Auto gemeistert und später an die Entsorgung der Handschuhe gedacht habe. Auch hätte er bei einer übermäßigen Alkoholisierung am nächsten Tag nicht unauffällig seiner Arbeit nachgehen können.

In Bezug auf die Einsichts- und Steuerungsfähigkeit des D. nahm das Gericht ebenfalls keine gravierenden Ausfälle an. Als Grund dafür gab der Vorsitzende Richter an, dass D. es gewohnt sei, zu trinken. Er habe sich außerdem an Details des Abends erinnern können und Anteil an der anspruchsvollen Vorbereitung des Molotow-Cocktails gehabt. Später habe er sogar an die Mitnahme seines Piepers gedacht. Auch die Angeklagte B. konnte laut eigener Aussage keine alkoholbedingten Ausfälle bei ihm erkennen.

Der Vorsitzende Richter hatte keinen Zweifel daran, dass die Verurteilten die Arg- und Wehrlosigkeit der betroffenen Bewohner erkannt hätten und dies ausnutzen wollten. Allein die Tatzeit, zwei Uhr nachts, und die Tatsache, dass kein Licht mehr in der Wohnung gebrannt habe, konnte bei den Angeklagten nur den Schluss zulassen, dass die Bewohner schliefen. Der Wille der Verurteilten, diese Arglosigkeit der schlafenden Opfer auszunutzen, habe sich außerdem darin gezeigt, dass sie verdeckt neben einem Klein-Lkw angehalten hätten.

Darüber hinaus sah es die Kammer als erwiesen an, dass entgegen ihren eigenen Aussagen Rassenhass und Ausländerfeindlichkeit die Motive der Angeklagten darstellten. Für sie sei die Anwesenheit der Flüchtlinge in Salzhemmendorf Anlass genug gewesen, die Tat zu begehen.

Bei dieser Bewertung habe auch eine Rolle gespielt, dass gegen den Verurteilten D. bereits ein Strafverfahren wegen Zeigens des »Hitlergrußes« und des Ausrufes »Heil Hitler« geführt worden sei. Auch gebe die Mitgliedschaft der Verurteilten L. und D. in einer WhatsApp-Gruppe mit dem Namen »Garage Hakenkreuz« einen Hinweis auf ihre rechtsradikale Geisteshaltung.

Weiter trage der Angeklagte L. Tätowierungen der »Odalrune« sowie eines Wikingers mit Totenkopfring, was in rechtsextremen Kreisen ein Hinweis auf die SS bzw. die Wikingjugend sei. Diese Tätowierungen, verbunden mit einer bei ihm gefundenen Kundenkarte des Labels »Thor Steinar«, sowie die von ihm bevorzugte Musik der Band »Störkraft« seien eindeutige Hinweise auf eine rechtsextreme Gesinnung. Daneben sprachen in den Augen des Gerichts auch die auf dem Mobiltelefon des

Verurteilten L. gefundenen Bilddateien für eine entsprechende Gesinnung. Sie zeigten rassistische, ausländerfeindliche und den Nationalsozialismus verherrlichende Motive.

Bei dem Angeklagten D. ging der Vorsitzende Richter ebenfalls von einem rechtsradikalen Hintergrund aus. Dies begründete das Gericht auch in diesem Fall mit dem auf seinem Mobiltelefon sichergestellten WhatsApp-Chat. Dort prahlte D. damit, dass sein Sohn das Wort »Hitler« neu gelernt habe. Darauf hatte die Angeklagte B. wiederum geantwortet, dass ihr Sohn bereits seit zwei Wochen »Sieg heil« sagen könne. Die Tatsache, dass er seinen Kindern derartige Inhalte vermittle, lasse darauf schließen, dass auch er die entsprechende Ideologie verinnerlicht habe. Auf dem Mobiltelefon seien zudem die gleichen oder ähnlich rassistische Bilddateien gefunden worden wie auf dem Smartphone des L.

Die Angeklagte B. wiederum habe ihre rechtsradikale Gesinnung und ihr Einverständnis mit der Tat nicht zuletzt damit zum Ausdruck gebracht, dass sie die Nachricht ihrer Mutter mit dem Wortlaut »Schad ja nix« beantwortet habe. Ihre Erklärung, dass es sich dabei um eine scherzhafte Aussage gehandelt habe, wertete das Gericht als Schutzbehauptung.

Die Kammer war darüber hinaus der Meinung, der anlasslose Angriff auf die Asylunterkunft könne nicht anders interpretiert werden als mit einer Entladung rassistischen Gedankengutes. Besonders hervorzuheben sei dabei der Umstand, dass keiner der Verurteilten zu den Bewohnern des Hauses einen persönlichen Kontakt unterhalten habe. Es sei den Verurteilten ausschließlich darauf angekommen, die als »Neger« bezeichneten Bewohner des Hauses anzugreifen. Dafür spreche auch die Aussage des Verurteilten L., er wolle »Neger« brennen sehen, und er feiere es, wenn ein »Neger« stirbt.

Das Gericht stellte abschließend fest, dass alle drei als Mittäter anzusehen seien. Sie hätten den Tatplan gemeinsam gefasst und untereinander zurechenbare Tatbeiträge zur Umsetzung des Tatplans geleistet. Dies auch im Hinblick auf den Tatbeitrag der Angeklagten B., die durch ihre Bereitschaft zur Fahrt das gesamte Geschehen erst ermöglicht und somit einen unverzichtbaren Beitrag zur Tat geleistet habe. Die Tat sei jedoch im Versuchsstadium stecken geblieben, da kein Bewohner zu Tode gekommen sei und das Feuer nicht, wie für eine vollendete schwere Brandstiftung erforderlich, auf wesentliche Gebäudeteile übergegriffen habe.

In der Strafzumessung hielt das Gericht den Verurteilten zugute, dass sie teilgeständig waren, sich bei den Opfern entschuldigt und ihre Reue zum Ausdruck gebracht hätten. Zudem sei die Tat im frühen Versuchsstadium stecken geblieben, und es sei zu keinen körperlichen Verletzungen der Bewohner gekommen. Auch spreche für die Verurteilten, dass sie nur mit bedingtem Tötungsvorsatz gehandelt hätten.

Strafverschärfend berücksichtigte die Strafkammer, dass gleich drei Mordmerkmale erfüllt und eine Mehrzahl von Personen betroffen gewesen seien. Auch dass die Verurteilten den geschützten Bereich der Privatwohnung angegriffen hätten und die Familie D. seitdem unter erheblichen psychischen Belastungen leide, wertete die Kammer strafverschärfend. Nicht zuletzt sei mit dem versuchten Mord in Tateinheit auch eine versuchte schwere Brandstiftung verwirklicht worden.

Zwar hielt die Kammer dem Angeklagten L. zugute, dass er zum Tatzeitpunkt alkoholbedingt enthemmt gewesen sei, stellte aber wiederum zu seinen Lasten fest, dass er mit dem ausgeführten Wurf einen erheblichen Tatbeitrag geleistet habe.

Bei dem Angeklagten D. berücksichtigte das Gericht, dass er durch die Benennung der zwei Mitangeklagten einen wesentlichen Beitrag zur Aufklärung des Verbrechens geleistet habe. In der Gesamtschau sah das Gericht eine Strafmilderung jedoch als nicht geboten an. Dafür wiege die Schuld des Angeklagten zu schwer. Strafverschärfend wirke nicht zuletzt, dass er bereits mehrfach strafrechtlich in Erscheinung getreten sei. Unter anderem auch wegen eines Gewaltdeliktes.

Der Angeklagten B. wurde zugutegehalten, dass sie vorher nicht strafrechtlich in Erscheinung getreten und ihr Tatbeitrag gemessen an dem der anderen Verurteilten nicht so gravierend sei.[543] Dennoch gab ihr der Vorsitzende Richter bei der Urteilsverkündung mit auf den Weg: »Sie gehören nicht zu denen, die sich das ausgedacht haben, aber Sie hätten es stoppen können.«

Auch verglich der Vorsitzende Richter die Verurteilten abschließend mit »marodierenden SA-Trupps«, die 1938 Geschäfte in Brand gesetzt und Verletzte billigend in Kauf genommen hätten. »Das ist die Reihe, in die Sie mit Ihrer Tat treten«, so der Richter.[544]

Der Verteidiger des Angeklagten L. war der Meinung, die Tat müsse in einem größeren Zusammenhang gesehen werden, da es 2015 immerhin mehr als 1000 Anschläge auf Asylbewerberheime gegeben habe. Seiner Ansicht nach gebe es nun mal jene »Wutbürger«, die sich hilflos fühlten, wenn Fremde in ihr Dorf kämen, und die mit den eintretenden Veränderungen nicht umgehen könnten. Er habe daher »ein Stück weit Verständnis für den Angeklagten«.[545]

Nach dem Anschlag distanzierte sich die Freiwillige Feuerwehr Salzhemmendorf ausdrücklich vom Rechtsextremismus. Sie kündigte Schulungen für ihre Mitglieder an, die auf Rechtsextremismus aufmerksam machen sollten. Ihr Sprecher gab an: »Wer versucht, die Feuerwehr zu beschädigen, sie für Propaganda zu missbrauchen oder im Gegensatz zur demokratischen Verfassung steht, hat dort keinen Platz.«

Der Kriminologe Dirk Baier sah bei den Strukturen der Freiwilligen Feuerwehr eine mögliche Gefahr der Indoktrination durch einige wenige Extremisten. Seiner Ansicht nach handele es sich bei den in der Feuerwehr tätigen Personen um eher konservative Menschen, die durch zwei oder drei rechtsextreme Rädelsführer schnell zu beeinflussen seien. Er berichtete: »Es gibt eine Studie aus den Jahren 2007/08 mit 15-Jährigen, die zeigt, dass Jugendliche, die in der Freiwilligen Feuerwehr aktiv sind, eher zu rechtsextremen Gedankengut neigen als solche, die nicht bei der Feuerwehr sind.« Er warnte zudem vor einem falsch verstandenen Kameradschaftsempfinden, das dazu führen könne, die Verbreitung rechten Gedankengutes nicht anzuzeigen.

Der Bürgermeister der Stadt Salzhemmendorf, Clemens Pommerening, beteuerte: »Er ist während des Feuerwehrdienstes in keinster Weise rechtsradikal auffällig geworden. Wenn das der Fall gewesen wäre, hätten wir als Gemeinde sofort reagiert.«[146]

Die Verteidigung hatte vergeblich versucht, die Angeklagten als ganz normale und unpolitische Menschen zu präsentieren, die alkoholisiert eine Dummheit begangen hätten. Nazis oder Rassisten seien sie jedenfalls nicht. Verwiesen wurde auf Kollegen mit Migrationshintergrund aus dem Arbeitsumfeld der Angeklagten, mit denen der betreffende Angeklagte problemlos zusammengearbeitet habe.

Bei der Befragung eines Ermittlers als Zeugen fragte ein Nebenklageanwalt, ob denn dieser Angeklagte erkennungsdienstlich behandelt worden sei. In den Akten finde sich nichts dazu. Ja, natürlich, entgegnete dieser. Ob es denn da Auffälligkeiten gegeben habe, beispielsweise Tätowierungen? Erfahrene Nebenklageanwälte wissen, dass Nazis oft ihre Gesinnung buchstäblich am Körper tragen. Einer der Angeklagten im NSU-Verfahren, André Eminger, hatte beispielsweise unter anderem die Worte »*Die Jew, Die*« auf seinem Bauch tätowiert. Ja, antwortete der Polizeibeamte, der ganze Oberkörper des Angeklagten sei voll tätowiert. Ob er diese denn beschreiben könne. Nein, das könne er nicht, antwortete der Beamte, um daraufhin zur Verblüffung des ganzen Saals einen Stapel Fotos aus der Tasche seines Jacketts zu ziehen. Auf diesen Fotos waren genau jene Nazi-Symbole zu erkennen, die der Richter später als Begründung für die rechtsextreme Gesinnung des Angeklagten heranzog. Die Polizei hatte diese Fotos frühzeitig gemacht, aber nicht – wie sie es hätte tun müssen – zur Akte gereicht. Hätte die Nebenklage nicht explizit danach gefragt, wären diese Tätowierungen nicht bekannt geworden.

Zu guter Letzt sei noch eine weitere Begebenheit im Zusammenhang mit dem Prozess zu berichten.

Zu Beginn des Prozesses behaupteten die Verteidiger der Angeklagten, die Nebenklageanwälte besäßen gar keine Vollmacht ihrer Mandanten. Diese sei ihnen bereits vor Monaten entzogen worden. Die betroffenen Geschädigten hatten ihre Anwälte ordnungsgemäß mandatiert, diese Mandatierung jedoch einige Zeit später plötzlich zurückgenommen. Kurz darauf riefen diese Mandanten ihren Rechtsvertreter an und erklärten, dass sie auf jeden Fall als Nebenkläger teilnehmen und auch weiterhin von ihm vertreten werden wollten. Bewohner aus Salzhemmendorf hätten sie aufgesucht, Kaffee und Kuchen mitgebracht und ihnen dann erklärt, dass die Nebenklage keine gute Idee sei, dass die mutmaßlichen Täter doch eigentlich mit dem Dorf nichts zu tun hätten und überhaupt die Nebenklageanwälte am Ende doch nur das Dorf schlechtmachen würden. Da es sich bei diesen Dorfbewohnern nicht um Nazis oder Rassisten handelte, sondern um Menschen, die sich in der Vergangenheit durchaus hilfsbereit gegenüber den ansonsten isoliert lebenden Geflüchteten gezeigt hatten, konnten die Opfer des Brandanschlags nicht Nein sagen, als man ihnen die Kündigung des Mandatsverhältnisses zur Unterschrift vorlegte. Gleich danach riefen sie jedoch ihren Anwalt an, widerriefen die Kündigung und übersandten neue Vollmachten. Für die Nebenklage entstand dadurch vor Gericht eine schwierige Situation. Nach Absprache mit den Mandanten beschloss die Nebenklage, den

Vorgang nicht öffentlich zu machen. Die Geflüchteten waren bereits Angriffen von Nazis in Salzhemmendorf ausgesetzt. Nun auch noch einem Konflikt mit den »Guten« aus Salzhemmendorf ausgesetzt zu sein wäre zu viel gewesen.

Ein Skandal war es jedoch allemal: Dorfbewohner üben Druck auf Opfer eines Brandanschlags aus, damit diese ihre Rechte als Nebenkläger nicht ausüben, und das alles, damit der gute Ruf des Dorfes nicht noch mehr Schaden nimmt. Ein Phänomen, das auch anderenorts zu beobachten ist: Der Ruf des Ortes ist wichtiger als die Zustände.

8. Der Brandanschlag von Altena 2015/16

Am 16. Februar 2016 wurden in Altena bei Lüdenscheid der 26-jährige Feuerwehrmann Dirk D. und der 24-jährige Werkzeugmechaniker Marcel N. wegen Verdachts auf schwere Brandstiftung festgenommen. Sie wurden am 18. November 2016 wegen gemeinschaftlicher schwerer Brandstiftung vor dem Landgericht Hagen angeklagt. Ihnen wurde vorgeworfen, am 3. Oktober 2015 den Dachstuhl einer Flüchtlingsunterkunft in Brand gesetzt zu haben.

Die Anklage erfolgte ausdrücklich nicht am Schwurgericht, was die Nebenklagevertreter von Wistinghausen und Daimagüler bereits vor Beginn der Hauptverhandlung rechtlich bemängelten. Zwar wäre das Landgericht für eine schwere Brandstiftung sachlich zuständig gewesen, doch hatten die Beschuldigten gewusst, dass sich zum Tatzeitpunkt Menschen im Haus aufhielten. Laut Brandsachverständigen war es nur glücklichen Umständen geschuldet gewesen, dass es lediglich bei einem Schwelbrand blieb. Sie hatten also bei Ausführung ihrer Tat den Tod der Hausbewohner billigend in Kauf genommen. Damit kam man aber in den Bereich des für besonders schwere Straftaten zuständigen Schwurgerichts. Dieses ist für vollendeten und versuchten Mord, Totschlag sowie für alle Tötungsdelikte zuständig. Das Gericht folgte der Argumentation der Nebenklage, und so wurde tatsächlich am Schwurgericht verhandelt.

Bereits zu Beginn des Prozesses gab die Kammer den Beteiligten den Hinweis, dass über die Anklage hinaus auch eine Verurteilung der Angeklagten wegen versuchten Mordes infrage käme, weil sich zur Tatzeit Menschen im Haus befunden hätten, die sich aufgrund der Uhrzeit, es war mitten in der Nacht, zudem in gesteigerter Arglosigkeit befunden hätten. Auch sah das Gericht die rassistische Gesinnung der Täter als entscheidendes Moment eines zumindest bedingten Tötungsvorsatzes an. Zu guter Letzt sei auch noch zu berücksichtigen, dass die Angeklagten die Brandmeldeanlage außer Betrieb gesetzt hatten. Daraus könne man schließen, dass die Verzögerung von Rettungsmaßnahmen einkalkuliert gewesen und somit der Tod der Bewohner billigend in Kauf genommen worden sei.

Der Angeklagte D. war zur Tatzeit Auszubildender bei der Berufsfeuerwehr in Altena und stand kurz vor der Wiederholung seiner theoretischen Abschlussprüfung. Er betrieb in seiner Freizeit Kraftsport und »bastelte« mit dem Angeklagten N. sowie weiteren Freunden in einer eigens dafür angemieteten Halle an Autos herum. Seit Dezember 2015 bewohnte D. mit seiner Freundin eine Wohnung, die in Sichtweite zur Flüchtlingsunterkunft lag. Der Angeklagte N. arbeitete zur Tatzeit bereits seit Längerem in seinem Beruf als Werkzeugmechaniker und hatte vor seiner Verhaftung gerade zu einem Lüdenscheider Unternehmen gewechselt. Beide Angeklagten waren zuvor nicht mit dem Gesetz in Konflikt geraten und der Polizei gänzlich unbekannt.

Die beiden Angeklagten präsentierten sich vor Gericht als vollkommen unpolitische junge Männer, die sich zu einer Dummheit hätten hinreißen lassen. Die Anklage nahm dies auf, sodass dort jeder Hinweis auf eine rechtsextreme oder rassistische Tatmotivation fehlte.

Bereits während der Ermittlungen legten die Angeklagten ein umfassendes, nahezu deckungsgleiches Geständnis ab. D. gab an, aus Angst und Besorgnis gehandelt zu haben. Er habe sich zunächst keine Gedanken über die nach Altena kommenden Flüchtlinge gemacht. Erst als er erfuhr, dass einige der Geflüchteten in der Nähe seiner Wohnung untergebracht werden sollten, habe er sich gefürchtet. Er habe nicht nur Einbrüche, Diebstähle und Vandalismus, sondern auch sexuelle Übergriffe auf Mitglieder seiner Familie und seine Freundin kommen sehen. Im Zuge der Renovierung des Flüchtlingswohnheimes hätten sich seine Ängste dann weiter verfestigt. Die Berichterstattung, Beiträge in sozialen Medien sowie Gespräche mit Freunden hätten seine Angst noch gesteigert.

Auslöser für den Tatentschluss, so D., sei dann seine Begegnung mit einem Bewohner der Unterkunft am Nachmittag des Tattages gewesen. Auf eigene Initiative hin habe er sich direkt danach mit dem Angeklagten N. getroffen. Beide seien sich darüber einig gewesen, dass man den Einzug der Flüchtlinge nicht zulassen dürfe. Daher planten sie, das Gebäude durch Legen eines Brandes unbewohnbar zu machen. Die Verletzung oder gar Tötung der Bewohner hätten sie jedoch zu keinem Zeitpunkt gewollt.

Im Prozess wurde anhand der Angaben der Angeklagten und der sichergestellten Videoaufzeichnungen einer Tankstelle folgender Tathergang beschrieben: Die Angeklagten waren am Tatabend zu einer Tankstelle gefahren und hatten ca. fünf Liter Ottokraftstoff in einem Kanister gekauft. Im Anschluss daran, wahrscheinlich um sich ein Alibi zu verschaffen, waren beide zu einem Bekannten gefahren und hatten dort gemeinsam mit einer Playstation gespielt. Gegen 23:00 Uhr verabschiedeten sich beide und brachen zur Flüchtlingsunterkunft auf. Das in Massivbauweise errichtete Gebäude verfügte über ein zentrales Treppenhaus, an dessen Ende sich eine Luke zum Dachboden befand. Der Zugang zum Treppenhaus war sowohl durch den Haupteingang über die Frontseite des Hauses als auch durch den rückseitig liegenden Kellereingang möglich. Plangemäß begaben sich die Angeklagten zu eben diesem Hintereingang und bemerkten, dass in einer Wohnung im Hochparterre noch Licht brannte. Es handelte sich um die Wohnung der Familie B., die zum Tatzeitpunkt allein das Haus bzw. eine Wohnung im Haus bewohnte. Die Belegung der weiteren Wohnungen war für die nächsten Tage vorgesehen. D. klebte Klebeband auf ein Fenster der Kellertür, um laute Geräusche beim Einschlagen des Glases zu verhindern, und öffnete die Tür von innen. Beide Angeklagten gingen anschließend durch das Treppenhaus nach oben und öffneten die Dachbodenluke. Auf dem Dachboden angelangt, übergab N. dem D. den Benzinkanister. D. schüttete einen Teil des Benzins in der Nähe der Bodenluke auf den Boden und einen anderen Teil auf zwei hölzerne Stützpfeiler. Nach dem Entzünden des Benzins verschlossen sie die Dachbodenluke und verließen das Haus.

Einer der Angeklagten riss noch die Kabel einer Brandmeldeanlage heraus, die sicherstellen sollte, dass im Brandfalle unmittelbar die Feuerwehr verständigt würde. Die Funktionsfähigkeit der im Haus befindlichen Feuermelder wurde davon jedoch nicht eingeschränkt.

N. brachte D. anschließend mit seinem Auto zum Altenaer Stadtfest und fuhr selbst weiter zur »Schrauberhalle«, um dort den Benzinkanister abzustellen. Danach fuhr er zum Haus seiner Freundin und später in der Nacht nach Hause. D. blieb bis ca. 04:00 Uhr auf dem Stadtfest und begab sich anschließend in seine Wohnung.

Da die geschlossene Bodenluke die Zufuhr von ausreichend Sauerstoff verhinderte, entwickelte sich zunächst nur ein Schwelbrand. Dieser griff zwar tragende Pfeiler an und fraß sich auch in die Zwischendecke, besaß jedoch nicht die Kraft, auf den gesamten Dachstuhl überzugreifen. Am Mittag des darauffolgenden Tages nahmen zwei Flüchtlingshelfer im Gebäude Rauchgeruch wahr und stießen schließlich auf die erhebliche Rauchentwicklung im Dachboden. Sie verständigten den Vater des Angeklagten D., der, wie sein Sohn, Mitglied der freiwilligen Feuerwehr war. Wenig später war die Feuerwehr vor Ort. Unter den

Feuerwehrleuten befand sich auch der Angeklagte D. Die Bewohner der Unterkunft erlitten weder physische noch psychische Verletzungen. Der Schaden am Gebäude wurde auf 17 000 Euro beziffert und konnte schnell behoben werden.

Am 12. September 2016 fällte das Schwurgericht sein Urteil: D. wurde wegen schwerer Brandstiftung zu sechs Jahren Haft und N. zu einer Freiheitsstrafe von fünf Jahren verurteilt. Damit entsprach das Gericht hinsichtlich des D. den Forderungen der Staatsanwalt, die Strafe gegen N. ging um ein Jahr über den Antrag der Staatsanwaltschaft hinaus.[147]

Die Vorsitzende Richterin hielt dem Angeklagten D. zunächst zugute, dass er bereits im Ermittlungsverfahren geständig gewesen sei und glaubhaft Reue gezeigt habe. Auch sei er zuvor strafrechtlich nicht in Erscheinung getreten und sozial integriert gewesen. Weiterhin seien auch die Tatfolgen im Hinblick auf die Personen- sowie Sachschäden nicht erheblich gewesen. Die Mitarbeit von D. bei den Löscharbeiten spreche ebenfalls für ihn, auch wenn dabei zu berücksichtigen sei, dass er sich bei einer Weigerung selbst dem Tatverdacht ausgesetzt hätte. Insbesondere sei zu berücksichtigen, dass D. bereits aufgrund der medialen Berichterstattung starkem Druck ausgesetzt sei und er nach Bekanntwerden seiner Täterschaft seine Anstellung als Feuerwehrmann verloren habe.

Gegen ihn führte die Kammer seinen fremdenfeindlichen Hintergrund an, den sie als seine handlungsleitende Einstellung wertete. In den Ermittlungen hatte sich gezeigt, dass D. auf seinem Handy eine Vielzahl rassistischer und die NS-Ideologie verherrlichende Bilder und Texte gespeichert hatte. Diese hatte er auch an andere Personen wie den Mitangeklagten sowie verschiedene Zeugen verschickt. Die Chat-Protokolle zwischen den Angeklagten gaben darüber hinaus Aufschluss über ihre feindselige Einstellung den Flüchtlingen gegenüber. Dort waren jedoch keinerlei Hinweise auf die von den Angeklagten geäußerte Angst oder Furcht vor Straftaten der Flüchtlinge zu finden. Erkennbar war lediglich die rassistische und rechtsradikale Gesinnung.

Erschwerend für den Angeklagten D. führte die Kammer seine besonderen Fachkenntnisse als Feuerwehrmann an. Er habe um die Gefahr eines solchen Brandes gewusst. Nicht zuletzt habe es sich bei ihm um den Initiator, mithin um die tragende Kraft des Geschehens gehandelt, der beim Mitangeklagten N. den Tatentschluss erst hervorgerufen habe.

Auch dem Angeklagten N. hielt die Kammer sein Geständnis, seine Reue, seine vormalige strafrechtliche Unauffälligkeit, seine soziale Integration sowie den bereits eingetretenen Verlust seines Arbeitsplatzes zugute. Weiterhin sei zu berücksichtigen, dass der Tatentschluss in ihm erst durch den Angeklagten D. hervorgerufen worden sei.

Auch gegen ihn führte die Kammer seine fremdenfeindliche Gesinnung an. Auf seinem Mobiltelefon waren ähnliche Inhalte wie auf dem des Mitangeklagten D. gefunden worden. Und auch er habe gewusst, dass sich in dem Haus zur Tatzeit Menschen befanden.

Während der Beweisaufnahme ergaben sich jedoch keine hinreichenden Indizien für einen Tötungsvorsatz der Angeklagten. Das Gericht stellte fest, dass gegen einen entsprechenden Vorsatz spreche, dass die Angeklagten wegen des noch brennenden Lichtes davon ausgehen konnten, dass noch mindestens eine Person wach gewesen sei und einen Brand hätte feststellen können.

Des Weiteren hätten die Angeklagten die Dachbodenluke wieder geschlossen und damit eine stärkere Entwicklung des Feuers und dessen Übergreifen auf den Wohnbereich des Hauses verhindert. Zwar hätten sie, so die Sachverständigengutachten, nicht damit rechnen können, nur einen Schwelbrand zu legen, doch sei davon auszugehen, dass das Feuer auch bei stärkerer Entwicklung zunächst den Dachstuhl angegriffen hätte. Ein solcher Brand hätte sich aber rechtzeitig bemerkbar gemacht, sodass den Bewohnern noch genug Zeit geblieben wäre, das Gebäude zu verlassen. Dafür spräche auch die Aussage des Angeklagten D., der angab, das Feuer gerade deshalb auf dem Dachboden gelegt zu haben, damit keine Menschen gefährdet würden. Hätten die Täter den Tod der Bewohner hinreichend wahrscheinlich machen wollen, hätten sie das Feuer stattdessen im Keller gelegt. Das Feuer im Dachgeschoss zu legen sei hingegen mit einer höheren Entdeckungsgefahr verbunden.

Weiterhin sei laut Kammer zu beachten, dass es sich bei dem Treppenhaus nicht um eine Holzkonstruktion, sondern um massive Steinbauweise gehandelt habe. Nur das Holzgeländer sei leicht entflammbar gewesen. Die Hausbewohner hätten aufgrund der Lage ihrer Wohnung im Hochparterre rasch das Haus verlassen können. Auch spreche gegen einen Tötungsvorsatz, dass D. nicht den ganzen Kanister verschüttet habe, sondern nur rund 1,8 Liter. Die rassistische Gesinnung der Täter an sich lasse ebenfalls nicht automatisch den Schluss zu, dass es den Verurteilten um die Tötung der Flüchtlinge gegangen sei.

Die Außerkraftsetzung der Brandmeldeanlage hingegen könne ein Indiz für die Tötungsabsicht der Verurteilten darstellen. Problematisch sei jedoch, dass keinem der Angeklagten die konkrete Handlung nachzuweisen sei. Da beide Angeklagten angaben, dass der jeweils andere dies ohne Kenntnis des anderen getan habe, sei eine gegenseitige Zurechnung der Tat nach den Regeln der Mittäterschaft nicht möglich. Denn aus der Perspektive des einen Mittäters habe es sich um einen Mittäterexzess des jeweils anderen Mittäters gehandelt.[548]

Die Nebenklageanwälte Daimagüler und von Wistinghausen kritisierten die Arbeit der ermittelnden Polizeibeamten und der Staatsanwaltschaft. Die Polizeibeamten hatten Handys, Laptops und Tablets der Beschuldigten beschlagnahmt und ausgewertet. In einem Vermerk hatten sie sinngemäß festgestellt, dass sich auf den Datenträgern keine Hinweise auf eine politische Gesinnung der Beschuldigten fänden. Die Staatsanwaltschaft hatte diesen Hinweis ohne Nachfragen akzeptiert und den fremdenfeindlichen Hintergrund der Tat bei der Abfassung der Anklageschrift nicht berücksichtigt.

Den beiden Nebenklagevertretern erschien es seltsam, dass sich bei einer mutmaßlich rassistisch motivierten Tat keinerlei korrespondierende Hinweise auf eine entsprechende Gesinnung gefunden hätten. In zahlreichen vergleichbaren Verfahren hatte sich immer der Grundsatz bestätigt, dass die Tat erst nach dem Wort geschieht. Dies hätte auch die Staatsanwaltschaft wissen müssen. Deren kritiklose Akzeptanz der polizeilichen Ermittlungsergebnisse sei daher unverständlich.

Nachdem sich die Nebenklageanwälte mit den ca. 52 000 vorhandenen und wiederhergestellten Bildern und Botschaften auf den Mobiltelefonen der Täter befasst hatten, konnten zahlreiche rassistische und nationalsozialistische Inhalte ins Verfahren eingeführt werden. Ihrer Ansicht nach legten die Angeklagten den Brand aufgrund einer »tief verwurzelten rassistischen Einstellung« und »gruppenbezogenen Menschenfeindlichkeit«.

Auch war im Vermerk der Polizei zur Auswertung der Mobiltelefone kein Hinweis darauf enthalten, dass kurz vor der ersten polizeilichen Vernehmung große Datenmengen gelöscht worden waren. »Von der auf politische Strafsachen spezialisierten Staatsschutzabteilung darf erwartet werden, dass solche Umstände und die Brisanz erkannt werden«, so die Nebenklageanwälte.

Die von der Nebenklage gefundenen einschlägigen Bilder, Videos und Nachrichten waren so zahlreich, dass es nicht erklärbar war, wie diese von der Polizei »übersehen« werden konnten.

Bemerkenswert waren außerdem die zahlreichen frauenfeindlichen Inhalte. So fand sich beispielsweise das Video einer arm- und beinamputierten Frau beim Geschlechtsverkehr samt »lustiger« Kommentare. Ein Foto zeigte die Vagina einer Frau und gleich daneben das Foto des Geschlechtsteils eines Hengstes, wiederum versehen mit einem »lustigen« Kommentar. Diese Fotos sind auch deswegen bemerkenswert, weil sich die beiden Angeklagten vor Gericht als Männer präsentierten, die aus Sorge für die Frauen in der Nachbarschaft des Flüchtlingsheims gehandelt hätten.

Die Staatsanwaltschaft erklärte nach den Entdeckungen der Nebenklage: »Wären die Männer überzeugte Rechte, hätten wir anders geprüft, etwa ob ihnen die Reue, die sie zeigten, so abzunehmen ist.«

Der Grünen-Bundestagsabgeordnete Omid Nouripour kritisierte die Anklage der Staatsanwaltschaft: »Wenn die Staatsanwaltschaft solche Taten verharmlost, dann findet sich bald für jede Schandtat irgendwie eine ›Erklärung.‹« Der Bundestagsabgeordnete Dirk Wiese (SPD) gab an: »Ich halte die Einschätzung der Staatsanwaltschaft für falsch. Wer ein Haus anzündet, in dem syrische Flüchtlinge sind, der handelt aus fremdenfeindlichen Motiven.«[549]

Dennoch zeigten sich die Nebenklageanwälte zufrieden mit dem Urteil. Der Nebenklageanwalt Mehmet Daimagüler stellte fest, dass das Hagener Schwurgericht ein starkes Signal ausgesandt habe: »Es hat die Dinge beim Namen genannt und auch eine Verurteilung wegen versuchten Mordes für möglich gehalten.« Rechtsanwalt Jost von Wistinghausen bedankte sich bei den Menschen in Altena, die seine Mandanten »in vorbildlicher Art und Weise« unterstützt hätten.[550]

Der Bürgermeister der Stadt Altena, Andreas Hollstein (CDU), wurde einige Monate nach dem Urteil mit einem Messer angegriffen und leicht verletzt, als er sich in einem Döner-Lokal aufhielt. Der Täter begründete seinen Angriff mit dem Einsatz des Bürgermeisters für Flüchtlinge. Der Angreifer wurde zu zwei Jahren Haft auf Bewährung verurteilt.

9. Die »Oldschool Society« 2015–2017

Am 6. Mai 2015 wurden Andreas H. (57), Markus W. (40), Denise Vanessa G. (23) und Olaf O. (47) im Rahmen einer deutschlandweiten Razzia festgenommen.[551]

Der Verfassungsschutz beobachtete die »Oldschool Society« (OSS) bereits seit geraumer Zeit und wurde spätestens durch den Kauf illegaler Pyrotechnik und damit zusammenhängender Telefongespräche hellhörig. Zudem konnte ein Ermittler in entsprechende Chat-Gruppen eingeschleust werden. Der Chef des nordrhein-westfälischen Verfassungsschutzes, Burkhard Freier, teilte mit, dass die Planungen der OSS derart fortgeschritten gewesen seien, dass es keine Alternative mehr zum Eingreifen gegeben habe. Es bestand die ernsthafte Gefahr, dass die Beschuldigten nun »völlig durchdrehen«.[552] In der Wohnung von Markus W. konnten dann bei einer Hausdurchsuchung wie erwartet pyrotechnische Gegenstände sichergestellt werden.[553]

Die Benannten wurden von der Bundesanwaltschaft beschuldigt, eine terroristische Vereinigung gegründet und sich an ihr als Mitglieder beteiligt zu haben (§ 129 a StGB). Andreas H. und Markus W. galten dabei als Rädelsführer.[554] Anhaltspunkte für den Tatverdacht ergaben sich aus den gewonnenen Erkenntnissen des Bundesamts für Verfassungsschutz sowie der entsprechenden Landesämter. Zum Zeitpunkt der Anklage gingen die Ermittler von folgendem Sachverhalt aus:[555]

Die Beschuldigten sollen sich zunächst über WhatsApp, später über die App »Telegram« Ende 2014 zusammengetan haben.

Im Folgenden inszenierten sich die Beschuldigten auch auf der seit September 2014 existierenden Facebook-Seite als »Oldschool Society«. Die Seite enthielt bereits zu diesem Zeitpunkt politische, insbesondere ausländer- und islamfeindliche Inhalte. Weiterhin bestand über die Seite die Möglichkeit der Kontaktaufnahme.

Die Mitgliederzahl der Gruppe stieg stetig an, und man verabschiedete sogar, wie ein Verein, eine Satzung. Orientiert an der Organisation von »Outlaw Motorcycle Gangs« war in der Satzung eine Hierarchie innerhalb der Gruppe vorgesehen. An deren Spitze sollten ein Präsident und ein Vizepräsident stehen. Den Anweisungen der Führungsriege war mit dem Beitritt zur Gruppe Folge zu leisten. Eine Verweigerung konnte zum Ausschluss führen.

Kern der Gesinnung war ein anti-islamisches und ausländerfeindliches Profil. Einig war man sich darin, dass Menschen mit Migrationshintergrund und insbesondere muslimischen Wurzeln das Land zu »überschwemmen« drohten. Da die Regierung nicht einschreite, sondern stattdessen diesen Vorgang sogar begrüße und finanziell unterstütze, müsse man selbst handeln. Die einzige Möglichkeit, der »Überschwemmung« zu begegnen, seien Anschläge, um das Land »aufzurütteln«. Die Gruppe arbeitete hierzu zwei Strategien aus: zum einen die Ausübung gewaltsamer Anschläge auf Asylbewerberheime und Moscheen, zum anderen Brand- und Sprengstoffanschläge auf öffentliche Einrichtungen. Durch u. a. die Zerstörung von Kirchen, Schulen und Einkaufszentren wollte man eine fremdenfeindliche sowie von Rache getragene Stimmung unter der Bevölkerung schüren.

Die Kommunikation der OSS fand nahezu ausschließlich online statt.

In der sogenannten Hauptgruppe waren alle Mitglieder und auch Interessenten zugelassen. Neben alltäglichen Dingen besprach man dort die ideologische Zielsetzung der Gruppe sowie die Planung konkreter »Aktionen«. Dominiert wurde der Chat von Markus W., Andreas H. und Denise G. Sie streuten Ideen ein und regten die Beteiligten zur Diskussion an. Laut Satzung bestand die Pflicht, an einer von drei Chat-Besprechungen in der Woche teilzunehmen. Parallel zur Hauptgruppe tauschten sich die Führungsmitglieder in der sogenannte Gruppe »Geheimrat« aus.

Andreas H. stand als weisungsbefugter Präsident der OSS vor. Markus M. agierte als Vizepräsident. Beide trafen somit die wesentlichen Entscheidungen der Gruppe. Denise G. war Schriftführerin. Zu diesem Führungstrio trat später noch Olaf O. als Pressesprecher hinzu. Er wurde Anfang 2015 als Letzter in das Führungsteam der OSS aufgenommen. Sämtliche Themen, die in der Gruppe diskutiert werden sollten, sowie alle Entschlüsse bedurften der Zustimmung dieses Führungsteams.

Am 15. November 2014 trafen sich die Mitglieder erstmals persönlich. In einer Kleingartenanlage bei Borna wurde in der Gartenlaube des Markus W. die als Gründungstreffen der Oldschool Society bezeichnete Sitzung abgehalten. Auf dieser Sitzung wurde erstmals konkret über Übergriffe auf »Salafisten«, Moscheen und Asylbewerberheime gesprochen. Anfang 2015 radikalisierte sich die Gruppe final. Von diesem Zeitpunkt an wurden konkrete Anschläge ins Auge gefasst, da man ein weiteres Abwarten nicht mehr für opportun hielt. Die Ausführung der Anschläge sollte mit ausländischer Pyrotechnik erfolgen.

Das nächstfolgende Treffen wurde für den 8. Mai 2015 geplant. Unmittelbar vor dem geplanten Treffen, am 1. Mai, fuhr Markus W. zusammen mit Denise G. nach Tschechien, um dort Pyrotechnik mit hoher Sprengkraft zu erwerben. Diese sollte im Anschluss mithilfe von Nägeln für Nagelbomben genutzt und bei einem geplanten Anschlag auf die Asylbewerberunterkunft in Borna eingesetzt werden.

In der Führungsriege um Andreas H. und Markus W. bestanden jedoch schon länger Zweifel an der Zuverlässigkeit ihrer Mitstreiter. Aus diesem Grund wurden die Anschlagspläne aufgeteilt. Die weniger zuverlässigen Mitglieder sollten weniger »gefährliche« Aktionen durchführen, wie etwa den Angriff auf ein von der Antifa besetztes Gebäude. Der Führungszirkel und einige wenige würden währenddessen den eigentlichen Anschlag auf das Asylbewerberheim verüben. Die am 6. Mai erfolgte Verhaftung verhinderte die Verwirklichung des Vorhabens.

Im Dezember 2015 erhob die Bundesanwaltschaft beim OLG München Anklage wegen Bildung einer rechtsterroristischen Vereinigung. Prozessbeginn war am 27. April 2016.[556]

In der Anklageschrift hieß es, bei der Oldschool Society handele es sich um eine strukturierte und radikalisierte Gruppe, die spätestens ab Januar 2015 geplant habe, ihre rechtsextremistische Ideologie durch terroristische Anschläge mithilfe von Brand- und Nagelbomben umzusetzen. So habe die Gruppe über eine definierte Führungsriege und interne Kommunikationswege die Durchführung eines Anschlags auf eine Asylbewerberunterkunft geplant. Der Tatentschluss war hinreichend konkretisiert. Lediglich die Verhaftungen hätten die Umsetzung verhindert.

Die vier Beschuldigten hätten dabei die führende Rolle innegehabt und seien maßgeblich für die Entstehung wie auch die Radikalisierung der Gruppe verantwortlich. Die zentralen Positionen seien von Andreas H. und Markus W. besetzt worden. Beide hätten damit den entscheidenden Einfluss auf die Ziele der Gruppe und deren Realisierung besessen. Olaf. O und Denise G. hätten ihrerseits als Pressesprecher und Schriftführerin zur Entwicklung der Gruppe beigetragen.

Die Bundesanwaltschaft machte im Prozess deutlich, dass es Hinweise auf einen unmittelbar bevorstehenden Anschlag der OSS gegeben habe.[557] Ziel der Gruppe sei es gewesen, den Staat zu erschüttern. Dabei seien von den Angeklagten auch Tote und Verletzte in Kauf genommen worden. Weiterhin sah die Bundesanwaltschaft klare Belege für die Existenz einer terroristischen Vereinigung: So habe die Führungsriege klare Anweisungen gegeben, denen die übrigen Beteiligten hätten nachkommen müssen. Die Angeklagten hätten darüber hinaus die Gruppe systematisch radikalisiert und erwiesenermaßen Anschläge mit den beschafften Explosivmitteln geplant. Die OSS sei zwar aufgrund fehlender Opfer nicht mit dem NSU zu vergleichen, doch handele es sich gleichwohl um eine terroristische Vereinigung »anderer Intensität«. Der Schutz der öffentlichen Sicherheit und das Ziel, andere von ähnlichen Tatvorhaben abzuhalten, stehe im Fokus der bundesanwaltschaftlichen Bemühungen.

Die Verteidigung widersprach der Anklage und forderte einen Freispruch. Bei der OSS habe es sich schon deshalb nicht um eine terroristische Vereinigung handeln können, weil es zu keinem strafrechtlich relevanten Handeln gekommen sei. Zudem habe auch keine feste Organisation bestanden. Innerhalb der Gruppe habe jeder das gemacht, was er wolle. Bei den Tätern handele es sich nicht um Menschen, die die Eignung oder gar den Willen dazu besäßen, derartig Geplantes auch umzusetzen. Vielmehr sei die OSS »eine Ansammlung von unsympathischen, radikalisierten, vereinsamten Menschen (…) auf der Suche nach einer Bühne und Anerkennung«. Mit der Verurteilung würde der Tatbestand des Terrorparagrafen »immer weiter vorverlegt in die Gedankenwelt«. Es gäbe derzeit Dutzende solcher Gruppierungen. Wollte man alle anklagen, hätte man viel zu tun. Das Verfahren sei politisch motiviert, und »das Gericht dürfe sich bei der Würdigung der Beweise nicht davon leiten lassen (…) das Richtige tun zu wollen«. Zudem sei die Beteiligung der Behörden zu kritisieren. So hätten die Ermittler zu spät reagiert. Die OSS habe sich aktiv unter den Augen der Beamten radikalisiert. Bereits zu einem früheren Zeitpunkt hätte die Gruppe gestoppt werden können. Auf der anderen Seite seien die Behörden dann doch zu früh eingeschritten. Denn sie hätten abwarten müssen, ob die OSS tatsächlich unmittelbar zur Tat ansetzt, um eine entsprechende Anklage rechtfertigen zu können.

Am 15. März 2017 fällte das OLG München sein Urteil und erklärte die Angeklagten der Gründung einer terroristischen Vereinigung für schuldig.[558] Aus einer »strafrechtlich nicht relevanten Vereinigung national denkender Menschen« habe sich die OSS zu einer terroristischen Organisation entwickelt. »Menschen ausländischen Hintergrunds, insbesondere Muslime«, hätten die Angeklagten durch ein »Klima der Angst« vertreiben wollen. »Selbst wenn jeder Einzelne keinen Menschen hätte töten wollen«, habe die Gruppendynamik ausgereicht, einen solchen Anschlag stattfinden zu lassen.

Andreas H. wurde zu viereinhalb Jahren, Markus W. zu fünfeinhalb Jahren Freiheitsstrafe verurteilt. Denise G. erhielt eine Haftstrafe von drei Jahren und zehn Monaten, Olaf O. drei Jahre Haft. Damit blieb das Gericht hinter dem von der Bundesanwaltschaft geforderten Strafmaß zurück.[559]

Thomas de Maiziere äußerte sich als damaliger Bundesinnenminister besorgt über die Entwicklung in Deutschland. Der OSS sei die erste derartige Vereinigung nach dem NSU.[560]

Die Presse hingegen bezeichnete die OSS als »dümmste Terroristenvereinigung Deutschlands«, da sich ihre Mitglieder derart offensichtlich verhielten, dass die Verhaftung nur eine Frage der Zeit gewesen sei.[561]

Im Anschluss an die Verurteilung der Hauptbeschuldigten verurteilte das OLG Dresden noch drei weitere Mitglieder der OSS zu Haftstrafen. Daniel A. und Marcel L. wurden als »Vertrauensmann« bzw. »Vollstrecker« der OSS am 10.10.2019 wegen Bildung einer terroristischen Vereinigung zu Haftstrafen von zwei Jahren und vier Monaten bzw. zu zwei Jahren verurteilt, die zur Bewährung ausgesetzt wurden.[562] Die Revision des Daniel A. wies der BGH im November 2020 zurück.[563] Der 38-Jährige Marco K. wurde als Mitglied, das nicht unmittelbar zur Führungsriege gehörte, am 11. Juli 2019 zu einem Jahr und fünf Monaten Freiheitsstrafe verurteilt.[564]

Zuletzt wurden 2017 in Rheinland-Pfalz zwei Männer im Alter von 18 und 24 Jahren festgenommen. Bei ihnen wurden 155 Kilogramm explosives Material sichergestellt. Die Polizei prüfte, ob eine Verbindung zum OSS besteht, da einer der Beschuldigten angab, von der OSS zum Beschaffen des Materials angehalten worden zu sein. Im Verfahren ergaben sich dafür jedoch keine konkreten Anhaltspunkte.[565]

10. Die Gruppe Freital 2017/18

Am 19. April 2016 wurden Haftbefehle des Ermittlungsrichters am Bundesgerichtshof gegen Justin S., Rico K., Maria K., Sebastian W. und Mike S. vollstreckt. Die Männer wurden in Freital (Sachsen) verhaftet. Bereits zuvor waren Patrik F., Timo S. und Philipp W. durch Haftbefehle des Amtsgerichts Dresden festgenommen worden.[566]

Die Bundesanwaltschaft warf den Beschuldigten vor, sie hätten spätestens ab Juli 2015 zusammen mit weiteren Personen die rechtsterroristische Vereinigung »Gruppe Freital« gegründet. Zielsetzung der Gruppe sei die Planung, Vorbereitung und Begehung von Anschlägen gewesen. Timo S. und Patrik F. hätten der Vereinigung vorgestanden. Besondere Brisanz erhielt das Verfahren, weil der sächsische Innenminister Markus Ulbig im Juli 2015 auf eine Anfrage des Abgeordneten Enrico Stange im sächsischen Landesparlament angegeben hatte, das Landesamt für Verfassungsschutz unterhalte keine Kontakte zur Gruppe Freital. Kurz vor der Anklageerhebung, im November 2016, musste die Staatsregierung diese Angaben jedoch revidieren und einräumen, dass der Verfassungsschutz mindestens zu einem Mitglied der Gruppe Freital Kontakt gehabt hatte.[567]

Der Gruppe wurde vorgeworfen, ab Mitte 2015 Sprengstoffanschläge auf Asylbewerberunterkünfte sowie alternative Wohnprojekte geplant und ausgeführt zu haben. Ziel der Anschläge sei es gewesen, ein Klima der Angst und Repression unter den in Freital lebenden Asylbewerbern und linkspolitisch Engagierten zu erzeugen. Die dabei verwendete Pyrotechnik sei aus Tschechien besorgt und von Justin S., Patrik F., Philipp W. und Maria K. zu diesem Zweck verwahrt worden. Ab September 2015 habe sich die Gruppe auch mit dem Bau von Rohrbomben beschäftigt und bei ihren Planungen den Tod von Menschen zumindest billigend in Kauf genommen.

Der erste Anschlag der Gruppe Freital sei in der Nacht vom 27. Juli 2015 von Patrick F., Timo S. und Maria K. verübt worden. Die Beschuldigten hätten dabei auf Basis des von Timo S. und Patrik F. gefassten Plans das Auto des Fraktionsvorsitzenden der Partei Die Linke im Freitaler Stadtrat mittels eines Sprengstoffanschlags zerstört. Durch die Verbindung des Sprengkörpers mit Kieselsteinen sei von der Sprengladung eine erhebliche Gefahr ausgegangen, die sich in der teilweise starken Beschädigung der anliegenden Fahrzeuge gezeigt habe.

In der Nacht vom 19. auf den 20. September 2015 habe Patrik F. mit einem weiteren Mitglied den ersten Anschlag auf eine Asylbewerberunterkunft in Freital begangen. Dabei sei von den Beschuldigten eine Sprengladung am Rahmen eines Küchenfensters angebracht und gezündet worden. Durch die Explosion sei das Fenster zerbrochen, die einzelnen Glassplitter flogen mehrere Meter durch den Raum. Lediglich dem Zufall sei es zu verdanken, dass sich niemand in der Küche befunden habe und verletzt worden sei.

In der darauffolgenden Nacht sollen Philipp W., Patrick F., Mike S. und Timo S. mit einem weiteren Mittäter einen Sprengstoffanschlag auf das Büro der Partei Die Linke in Freital verübt haben. Der Entschluss zu diesem Anschlag sei von Timo S. gefasst worden. Dieser habe dann Patrik F. aufgefordert, einen entsprechenden Sprengkörper vorzubereiten. Die Sprengladung sei gegen 22:55 Uhr von Philipp W. und dem weiteren Mittäter gezündet worden. Die Beschuldigten sollen daraufhin mithilfe von Patrik F. und Mike S., die sich zu diesem Zweck wie abgesprochen auf einem nahe gelegenen Parkplatz befunden hätten, geflüchtet sein.

In der Nacht des 18. Oktober 2015 wiederum sollen Mike S., Patrick F., Timo S., Mike S., Justin S., Rico K. gemeinsam mit Maria K., Philipp W., Sebastian W. und weiteren Tätern das Haus des alternativen Wohnprojektes »Mangelwirtschaft« mit Pflastersteinen und Sprengkörpern angegriffen haben. Die Beschuldigten sollen dafür auch mit Buttersäure versehene Pyrotechnik eingesetzt haben. Ein Bewohner des Hauses wurde dabei verletzt.

In der Nacht vom 31. Oktober 2015 sollen die Angeschuldigten Patrick F., Philipp W., Timo S., Justin S., Maria K., Sebastian W. und Rico K. erneut einen Anschlag auf die Asylbewerberunterkunft in Freital verübt haben. Dabei seien an nunmehr drei Fenstern Sprengladungen angebracht und zeitgleich gezündet worden. Durch die umherfliegenden Scherben erlitt ein Bewohner Schnittwunden im Gesicht. Die Tatsache, dass sich zum Zeitpunkt der Explosion die Bewohner in unmittelbarer Nähe zum Fenster befunden hätten, sei den Tätern bekannt gewesen. Nur weil die Bewohner den Sprengsatz kurz vor seiner Detonation entdeckt hatten und umgehend im Flur Schutz suchten, seien keine weiteren Personen verletzt worden.[568]

Am 2. November 2016 erhob die Bundesanwaltschaft vor dem Staatsschutzsenat des Oberlandesgerichts Dresden Anklage gegen die acht Beschuldigten. Ihnen wurde die Gründung einer terroristischen Vereinigung, versuchter Mord, gefährliche Körperverletzung, die Vorbereitung und Herbeiführung einer Sprengstoffexplosion sowie Sachbeschädigung vorgeworfen.[569]

Das Verfahren wurde am 7. März 2017 vor dem Oberlandesgericht Dresden eröffnet. Im Rahmen des Verfahrens hörte das Gericht die Bewohner der Asylunterkunft und des Wohnprojekts »Mangelwirtschaft« als Zeugen. Sie berichteten, dass bereits vor den Anschlägen ihnen gegenüber eine feindliche Atmosphäre in Freital geherrscht habe. So seien sie mehrfach in der Öffentlichkeit verbal angegriffen, bespuckt und teilweise auch mit Gegenständen beworfen worden. Auch hätten vermummte Täter Pfefferspray in den Hausflur der Asylbewerberunterkunft gesprüht und Pyrotechnik vor den Fenstern gezündet. Ein Bewohner des Wohnprojektes »Mangelwirtschaft« berichtete, dass sich einige Tage vor dem Angriff eine größere Anzahl Vermummter vor dem Haus versammelt und versucht habe, die Bewohner durch verbale Attacken zu provozieren. Der Linken-Abgeordnete Michael Richter gab als Zeuge an, dass er vor und auch nach dem Brandanschlag auf sein Auto unter anderem in sozialen Netzwerken massiv bedroht worden sei. Es habe sich in Freital zunehmend eine Stimmung der Angst breitgemacht. Diese sei auch darin zum Ausdruck gekommen, dass eine Notunterkunft im Dresdener Stadtteil Übigau durch Proteste blockiert wurde. Anwohner seien dort durch Flugblätter zum Widerstand aufgefordert worden.

Auch die Arbeitgeber der Angeklagten wurden als Zeugen vernommen. Die Leiterin des Pflegedienstes, in dem Mike S. arbeitete, gab an, dass sich der Angeklagte zwar teilweise »rechts angehaucht« geäußert habe, sie eine Intensivierung dieses Verhaltens aber nicht habe erkennen können. Die Personalleiterin beim Regionalverkehr Dresden als Arbeitgeber von Timo S. und Philipp W. bekundete, dass sie nichts von der Radikalisierung ihrer Angestellten gewusst habe. Die Angeklagten hätten sie lediglich einmal danach gefragt, ob eine von ihnen gegründete Bürgerwehr die städtischen Busse kostenlos benutzen könne, um die Mitreisenden zu schützen. Dies habe sie jedoch abgelehnt. Es interessiere sie nicht, welche Gesinnung sich ihre Angestellten zu eigen machten, sofern dies strafrechtlich nicht relevant sei. Es sei nicht Aufgabe der Verkehrsbetriebe, eine Gesinnungsprüfung vorzunehmen.

Im Prozess selbst versuchten die Angeklagten, ihre rechte Weltanschauung als Tatmotiv in den Hintergrund zu rücken. Es hieß vielmehr, man sei »asylkritisch«, »weder rechts noch links« oder schlicht »unzufrieden mit der Politik«. Neben den beschlagnahmten Gegenständen wie Pyrotechnik, Zündschnüre, Metallrohren, Bauanleitungen für Rohrbomben, Buttersäure, Teleskopschlagstöcken und Schreckschusspistolen wurden jedoch vermehrt Hinweise auf die rechtsradikale Gesinnung der Angeklagten gefunden. In den Sprachnachrichten des Chats der Gruppe verunglimpfte man Asylbewerber als »Bimbos« und »Kanaken«. Weiter entdeckte die Polizei eine Vielzahl von Bildern, die Hakenkreuze, NS-Führungsmitglieder und judenfeindliche Sprüche zum Inhalt hatten. Auch Kleidungsstücke mit Sprüchen wie »Einwanderung löst keine Probleme, sie schafft nur welche«, »Antifa-Gruppen zerschlagen« und »HKNKRZ« (Abkürzung für Hakenkreuz) wurden sichergestellt. Auf den Computern sowie den Social-Media-Accounts der Angeklagten fanden die Ermittler weitere Hinweise auf das rechtsradikale Gedankengut der Angeklagten. Unter anderem waren sie auf Bildern mit Waffen und Reichskriegsflaggen abgelichtet. Ebenso fanden sich ausdrücklich antisemitische und gewaltverherrlichende Bilder sowie Dokumentationen von Sprengversuchen.

In den Chats der Gruppe diskutierte man offen über die Planung von Anschlägen. So gab Philipp W. dort nach einem Sprengversuch an, dass derartige Sprengkörper »perfekt für innen oder große Menschenmengen« seien. Im Chat wurde auch diskutiert, ob ein Anschlag auf eine Kundgebung am Freitaler Friedensplatz verübt werden solle. Auf den Einwand eines Chat-Teilnehmers, dass damit auch Frauen und Kinder gefährdet würden, hieß es: »Kinder haben da nichts zu suchen. Gebt den Eltern die Schuld.«

Über die Art und Weise, wie sich die Gruppe radikalisierte, ließen sich die Angeklagten Justin S. und Patrik F. vor Gericht ein. Die Gruppe habe sich zunächst vor der Aral-Tankstelle in Freital getroffen, um über die politischen Verhältnisse und andere Themen zu sprechen. Auch sei man zusammen auf verschiedene Demonstrationen gegangen und habe die gleiche politische Ansicht vertreten. Erst mit der Zeit und durch die Stimmungsmache von Timo S. habe sich eine zunehmende Gewaltbereitschaft aller Mitglieder der Gruppe entwickelt. Justin S. als Jüngster der Gruppe berichtete, dass man erst mit einem Anschlag richtig dazugehört habe. Es seien noch weitere Anschläge geplant gewesen, unter anderem auf das Oktoberfestzelt sowie das technische Rathaus in Dresden. Im Nachhinein könne man die Gruppendynamik nicht mehr beschreiben. Alle Angeklagten gaben an, ihre Taten zu bereuen. Einige baten die Geschädigten um Entschuldigung.

Mehrere Polizeibeamte kritisierten bei ihrer Vernehmung als Zeugen das Vorgehen der Staatsanwaltschaft. Nach den ersten Anschlägen habe es aufgrund der Gefährlichkeit der eingesetzten Sprengmittel und der damit in Zusammenhang gebrachten Verdächtigen starke Hinweise auf weitergehende Strukturen gegeben. Auch sei durch andere Dezernate darauf hingewiesen worden, dass zwischen den Beteiligten der Gruppe Freital und der »Freien Kameradschaft Dresden« enge Verbindungen bestünden. Bei der »Freien Kameradschaft Dresden« handelte es sich um eine ebenfalls rechtsextremistische Gruppierung aus Sachsen, deren Mitglieder vom Landgericht Dresden in verschiedenen Prozessen unter anderem wegen Mitgliedschaft in einer kriminellen Vereinigung, gefährlicher Körperverletzung,

Landfriedensbruchs und des Herbeiführens von Sprengstoffexplosionen verurteilt wurden.[570] Beide Gruppen sollen gemeinsam Veranstaltungen besucht und sich spätestens ab Sommer 2015 enger vernetzt haben. Die entsprechenden Kommunikationswege und Kontaktpersonen seien den Ermittlern bekannt gewesen. Weiterhin habe die Polizei durch den Zeugen Thorsten L. ein Chat-Protokoll erhalten, in dem die Mitglieder der Gruppe Freital gemeinschaftlich über ihre Anschlagspläne diskutierten.

Die Weigerung der zuständigen Staatsanwältin, ein Strukturermittlungsverfahren einzuleiten, sei somit in höchstem Maße unverständlich. Ein solches Verfahren hätte den Behörden die Möglichkeit gegeben, gegen die Strukturen der Gruppe Freital auch ohne konkreten Personenbezug und damit weit umfassender zu ermitteln.

Zudem bemängelten einige Polizeibeamte, dass sich bei der Ermittlungsarbeit erhebliche strukturelle Probleme gezeigt hätten. Der akute Mangel an Personal habe dazu geführt, dass Indizien nicht ausreichend gewürdigt, Observationen unterlassen und die Auswertung der Chats vernachlässigt worden seien. Was wiederum zur Folge hatte, dass sich die Polizei nicht allen Spuren habe widmen können und den Anschlag auf das Asylbewerberheim nicht verhindern konnte.

Die Beamten berichteten, dass erst mit Übernahme des Verfahrens durch die Bundesanwaltschaft das Strukturermittlungsverfahren möglich wurde.[571]

Während des Prozesses stellen Vertreter der Nebenklage den Antrag auf Erteilung eines rechtlichen Hinweises durch das Gericht, dass der Sprengstoffanschlag auf die Asylbewerberunterkunft auch als versuchter Mord gewertet werden könne. Die Erkenntnisse aus den Ermittlungen hätten gezeigt, dass die Angeklagten den Tod von Menschen zumindest billigend in Kauf nahmen. Auch würde durch die damit einhergehenden

Untersuchungen die Chance bestehen, die weitreichenden Verbindungen der Gruppe Freital zur »Freien Kameradschaft Dresden« offenzulegen. Für die Opfer gehe es darum, dass der Anschlag auf ihr Leben ernst genommen und ihre Unversehrtheit als schützenswertes Gut akzeptiert würde.

Weiterhin hätten weder die Polizei noch die Staatsanwaltschaft Dresden ein ernsthaftes Interesse daran gezeigt, die Strukturen der Gruppe Freital, ihre politische Gesinnung oder ihre Verbindung zu anderen Gruppierungen offenzulegen. So seien schlimmere Folgen der Anschläge allein durch die rasche Reaktion der Opfer vermieden worden. Es sei unverantwortlich von der leitenden Staatsanwältin gewesen, das Strukturermittlungsverfahren nicht einzuleiten. Statt die Gesamtstruktur aufzuklären, hätte man die Taten stattdessen zu Unrecht als Einzeltaten verharmlost und somit eine frühzeitige Aufklärung verhindert. Dabei hätten bereits seit Anfang 2015 evidente Hinweise auf eine übergreifende Struktur hinter den Tätern vorgelegen. Auch habe das Bundesamt für Verfassungsschutz bereits im Jahr 2004 in dem Spezialbericht »Gefahr eines bewaffneten Kampfes deutscher Rechtsextremisten« auf das wachsende Problem der sogenannten *Feierabendterroristen* hingewiesen. Diese Täter agieren, wie im Fall der Gruppe Freital, aus dem bürgerlichen Leben heraus, vernetzen sich und sind extrem gewaltbereit.[572]

Für das mangelnde Aufklärungsinteresse spreche auch der Umstand, dass das Verfahren gegen drei Polizisten, die Verbindungen zur Gruppe Freital gehabt haben sollen, eingestellt wurde. Die Begründung des Gerichts, die Vernehmung der drei Polizisten berühre die Merkmale der angeklagten Tatbestände nicht, sei unbegreiflich, denn es gelte doch gerade, bisher unbekannte Strukturen aufzudecken.

Weiterhin kritisiert eine Nebenklägerin, dass sie erst kurz vor Prozessbeginn über die Verhandlung informiert worden und den drei Nebenklägern zunächst nur ein Rechtsanwalt beigeordnet worden sei. Diese Tatsache und das eingestellte Verfahren gegen die drei Polizisten mache deutlich, dass neben den Ermittlungsbehörden auch das Gericht eine weitere Aufklärung der Strukturen verhindern wolle.

Mittlerweile habe die Staatsanwaltschaft Dresden einen derart schlechten Ruf, dass sogar die Angeklagten, wie aus jüngsten Ermittlungen hervorgehe, hofften, dass der Prozess weiterhin in den Händen dieser Ermittlungsbehörde bleibe, damit alles »glimpflich ablaufe«. Dies sei ein untragbarer Zustand.

Bei den Angeklagten handele es sich klar um Täter mit rassistischen und nationalsozialistischen Motiven. Doch sei es zu einfach, die Radikalisierung der Gruppe auf Pegida oder die grundsätzliche Stimmung innerhalb der Ortschaft Freital zurückzuführen. Vielmehr habe sich Pegida als »bekannteste hässliche Fratze« des deutschen Nationalismus erst durch die bereits radikalen Strukturen innerhalb der Region etablieren können. So hätten Organisationen wie die Gruppe Freital von Anfang an die bürgerliche Fassade der Pegida-Bewegung genutzt, um sich innerhalb der völkisch-rassistischen Szene Deutschlands weiter zu radikalisieren und neue Mitglieder anzuwerben.

Es sei somit kein Zufall, dass sich die Anschläge in Freital beinahe pogromartig entwickelt hätten, da die Gesinnung der Täter dort von Anfang an auf fruchtbaren Boden gefallen sei. Die Bürger in Freital trügen daher eine Mitschuld an den Geschehnissen. Einer Vielzahl von ihnen sei ein Engagement für Geflüchtete oder Antirassisten fremd. Es habe den Anschein, es sei ihnen egal, ob Geflüchtete oder Linke gewaltsam vertrieben würden.

Doch auch die staatlichen Stellen trügen eine Mitverantwortung an den derzeitigen Entwicklungen. So fehle es in der etablierten Politik, in Verwaltung und Justiz schlicht an Antworten auf die im Prozess gezeigten Zustände. Mittlerweile empfinde sich eine breite Bevölkerungsschicht als Opfer der gesellschaftlichen Veränderungen, für die sie kein Verständnis aufbrächten.

Daraus erwachse eine trotzig zur Schau gestellte Rebellion, die sich in Sachsen und zunehmend im gesamten Bundesgebiet ausbreite. Auf lokalpolitischer Ebene verharmlose man dies als asylkritische Massenbewegung.

Im konkreten Verfahren solle jedoch eine Überbewertung des § 129a StGB (Bildung terroristischer Vereinigungen) vermieden werden. Der primäre Strafgrund solle vorwiegend in der erheblichen Gefährdung der Opfer liegen. Die Botschaft der Bundesanwaltschaft, dass nur derjenige eine hohe Haftstrafe zu erwarten habe, der das Zusammenleben der Bevölkerung als Ganzer gefährde, sei verfehlt. Weitaus stärker als das Funktionieren des Staates müsse der Schutz des einzelnen Lebens gewährleistet werden.[573] So die Ausführungen der Nebenklage.

Die Verteidiger der Angeklagten bestritten einheitlich den Tötungsvorsatz der Angeklagten. Diese hätten lediglich ihrem politischen Unmut Ausdruck verliehen. Weiterhin könne bei der Gruppe Freital nicht von einer Organisation gesprochen werden. Es handele sich um einen losen Verbund von Einzeltätern, deren Austausch innerhalb der Chat-Gruppen nicht ernst zu nehmen sei. Ein Verteidiger argumentierte, dass es sich bei der Gruppe Freital schon allein deswegen nicht um eine terroristische Vereinigung handle, weil die Taten nicht dazu geeignet gewesen seien, die Bevölkerung auf erhebliche Weise einzuschüchtern. Flüchtlinge und Flüchtlingshelfer würden dafür keinen ausreichenden Teil der Bevölkerung darstellen. Weiterhin hätten sich weite Teile der Bevölkerung durch die Anschläge auch nicht bedroht gefühlt, da diese eben nur Asylbewerber zum Ziel gehabt hätten.

Die Anklage der Bundesanwaltschaft sei daher primär politisch motiviert und finde rechtlich keine Grundlage.

Ferner machten die Verteidiger die damalige gesellschaftliche Situation mitverantwortlich für die Taten der Gruppe. Es habe ein Staatsverschulden im Hinblick auf die bundesdeutsche Einwanderungspolitik vorgelegen, das strafmildernd zu berücksichtigen sei. So hätten selbst öffentliche Stellen davon gesprochen, dass die Flüchtlingssituation nicht mehr beherrschbar und der gesellschaftliche Frieden unmittelbar bedroht sei. Der damalige CSU-Politiker Horst Seehofer habe sogar geäußert, Deutschland befinde sich im Ausnahmezustand. Durch derartige Wertungen habe die Politik billigend in Kauf genommen, dass sich unzufriedene Bürger gegen die Flüchtlingsbewegung und ihre Symptome auflehnten.

Ein anderer Verteidiger ging sogar noch weiter und behauptete, zum Tatzeitpunkt im Jahr 2015 wäre die rechtsstaatliche Ordnung in gewissem Maße außer Kraft gewesen. Sich auf das grundgesetzlich verankerte Widerstandsrecht zu beziehen sei in dieser Zeit nicht abwegig gewesen. Dies könne die Taten der Angeklagten zweifelsohne nicht rechtfertigen, doch sei zu beachten, dass, »wenn die Kanzlerin die Gesetze bricht, (…) sie von ihren Bürgern nicht erwarten (kann), dass sie die Gesetze einhalten.« Tatsächlich waren die Angeklagten aber bereits vor der Flüchtlingskrise radikalisiert gewesen.

Derselbe Verteidiger zog gleich zu Beginn seines Plädoyers den Vergleich zum Volksgerichtshof unter seinem Präsidenten Freisler. Selbst dieser habe niemanden verurteilt, wenn es keine Beweise gegeben habe. So sei das Gericht auch jetzt dazu angehalten, anzuerkennen, dass Beweise für die Existenz einer Terrororganisation nicht vorlägen. Weiterhin versuchte er, dem Gericht mit dem Hinweis darauf zu drohen, dass auch Richter wegen Rechtsbeugung oder Freiheitsberaubung angeklagt werden könnten. Das Gericht solle sich die Schicksale einiger DDR-Richter vor Augen führen, die sich kurz nach ihren letzten Urteilen plötzlich selbst auf der Anklagebank wiederfanden.[574]

Die »Regionale Arbeitsstelle für Bildung, Integration und Demokratie« (RAA) beobachtete den gesamten Prozess. Sie kritisierte zunächst die mangelhafte Behandlung der Chat-Protokolle. Diese hätten im Prozess nur eine untergeordnete Rolle gespielt, obwohl sie nähere Hinweise auf die Strukturen und Verbindungen der Gruppe Freital hätten vermuten lassen.

Weiterhin wurde es von der RAA als erschreckend bewertet, dass die Verteidiger der Angeklagten versuchten, den Begriff des Terrors einer neuen Definition zu unterziehen. Speziell ein Verteidiger habe dafür plädiert, nicht die juristische, sondern die umgangssprachliche Definition des Terrors zur Grundlage des Urteils zu machen.

Das psychologische Gutachten über den jüngsten Angeklagten sei darüber hinaus verstörend gewesen. Die dort enthaltene Argumentation, dass der Angeklagte schon deswegen kein Problem mit Ausländern habe, weil sein erstgeborener Neffe selbst ein »Mischling« sei, stehe sinnbildlich für die Geisteshaltung der zuständigen Beamten. Eine vergleichbare Geisteshaltung der Verteidigung erstaune hingegen nicht. So argumentierten die Verteidiger, dass die Öffentlichkeit durch die Anschläge nicht beunruhigt gewesen sei, da sich unter den Opfern nur Ausländer befunden hätten.

Die Plädoyers der Verteidigung waren u. a. von dem Versuch geprägt, die Richter von einer vermeintlichen Mehrheitsmeinung hinsichtlich der Motive der Angeklagten und somit von der Nachvollziehbarkeit ihres Handelns zu überzeugen. Diese Argumentation der Verteidigung verfing im Gerichtssaal jedoch zu keinem Zeitpunkt und stellte sich als rein rechtspopulistische Propaganda dar.[575]

Am 7. März 2018 sprach der Staatsschutzsenat alle Angeklagten schuldig. Das Gericht folgte im Wesentlichen dem Antrag der

Bundesanwaltschaft und sah es als erwiesen an, dass die Angeklagten eine rechtsterroristische Vereinigung gegründet und Anschläge mit Tötungsvorsatz verübt hatten. Als Rädelsführer wurden die Angeklagten Timo S. und Patrick F. zu zehn bzw. neuneinhalb Jahren Haft verurteilt. Der zur Tatzeit 18 Jahre alte Justin S. erhielt eine Jugendfreiheitsstrafe von vier Jahren. Alle weiteren Angeklagten wurden zu Haftstrafen zwischen vier und acht Jahren verurteilt.[576]

Sechs der acht Verurteilten legten am 15. März 2018 Revision gegen das Urteil beim Bundesgerichtshof ein. Darunter auch die Rädelsführer Timo S. und Patrick F. Die Revision wurde durch den Bundesgerichtshof am 16. Mai 2019 verworfen.[577]

Bereits am 7. September 2020 folgte ein weiterer Prozess gegen vermeintliche Mitglieder der Gruppe Freital vor dem Oberlandesgericht Dresden. Den Angeklagten Sebastian S., Ferenc A., Stephanie T. und dem früheren NPD-Stadtrat Dirk Abraham warf man vor, die Gruppe Freital bei ihren Anschlägen unterstützt und sich als Mittäter an Anschlägen, u. a. auf das Auto des Linken-Stadtrates Michael Richter, beteiligt zu haben. Der weitere Vorwurf lautete, durch intensive Beteiligung an den Chats der Gruppe Freital zur Radikalisierung der Mitglieder beigetragen zu haben. Dirk Abraham soll die Gruppe währenddessen mit Informationen über die angegriffene Asylunterkunft versorgt haben. Alle gemeinsam posierten mit Hakenkreuzfahne, Bengalos und Hitlergruß auf einem Foto, das im Prozess als eines der vielen Beweismittel diente. Am 4. Februar 2021 wurde Sebastian S. zu einer Haftstrafe von zwei Jahren verurteilt. Die Mitangeklagten Ferenc A., Stephanie T. und Dirk Abraham erhielten bis zu zwei Jahren Haft auf Bewährung. Der Richter betonte in der Urteilsbegründung, dass es sich bei den Angeklagten nicht – wie die Verteidigung meinte – um »besorgte Bürger« handele, sondern um eine Terrorgruppe, die »geradezu paradigmatisch«, »rassistisch grundiert« und mit »Spaß an der Gewalt« vorgegangen sei.[578]

Am 26. Januar 2021 schließlich startete der dritte Prozess gegen mutmaßliche Mittäter der Gruppe Freital. Angeklagt wurden zwei Männer und eine Frau, die sich an dem Angriff auf das alternative Wohnprojekt »Mangelwirtschaft« beteiligt haben sollen. Die Angeklagten räumten bereits am ersten Verhandlungstag die gegen sie erhobenen Vorwürfe ein und erklärten, sich für ihr Verhalten zu schämen.[579] Das Gericht fällte am 18. März 2021 das Urteil und verhängte Haftstrafen zwischen einem Jahr und drei Monaten sowie zwei Jahren, jeweils auf Bewährung.

11. Volksverhetzung und Nazi-Musik: Amtsgericht Memmingen und das Bayerische Oberste Landesgericht 2018

Musik spielt in der Neonazi-Szene eine nicht zu unterschätzende Rolle. Sie gilt sogar als »Einstiegsdroge« in die Neonazi-Szene.[580] Gerade junge Menschen werden durch die Musik angesprochen. Zum anderen ist die Musikindustrie eine millionenschwere Einnahmequelle für Musiker, Produzenten, Vertreiber und Konzertveranstalter. Ein Teil der Einnahmen fließt in der Folge als Spenden zurück in die Szene. Zudem bilden die Konzerte, oft durchgeführt im Rahmen von Musikfestivals wie dem berühmt-berüchtigten »Fest der Völker«, eine wichtige Plattform, um den inneren Zusammenhalt der Szene zu fördern. Bekannt ist zudem, dass auf Nazi-Konzerten Geld gesammelt wurde für die untergetauchten NSU-Terroristen.

In den Liedertexten wird regelmäßig die NS-Herrschaft verherrlicht, man predigt Antisemitismus und Rassismus. Auch schimmert in den Liedern selbst die enge personelle Verflechtung zwischen Nazi-Aktivisten und Nazi-Musikern durch. Ein Beispiel dafür ist die Band »Gigi und die braunen Stadtmusikanten«. Die Band hatte im Juni 2010 das Album »Adolf Hitler lebt« herausgebracht. Darauf findet sich das Lied »Döner Killer«:

> Die Ermittler stehen unter Strom /
> eine blutige Spur und keiner stoppt das Phantom /
> am Dönerstand herrschen Angst und Schrecken /
> kommt er vorbei, müssen sie verrecken.

Weiter heißt es:

> Wer ist der Nächste?
> Wann ist es so weit? ...
> Neun sind nicht genug.

Ganz offenkundig geht es um die Ceska-Mordserie des NSU, der neun Migranten zum Opfer fielen und die von manchen Medien als »Döner-Morde« bezeichnet wurden. Zur Erinnerung: Der NSU enttarnte sich erst am 4. November 2011. Bis dahin erklärten die Sicherheitsbehörden, dass die Morde auf das Konto einer ominösen türkischen Drogenmafia gingen und auch die Opfer selbst mutmaßlich in Drogengeschäfte verwickelt seien. Das Album erschien somit fast anderthalb Jahre, bevor der rechtsextreme Hintergrund der Morde bekannt wurde. Der Gedanke, dass die Liedermacher bereits frühzeitig vom NSU und seinen Taten wussten, ist ebenso naheliegend wie erschreckend. Dieses Vorwissen konnte den Bandmitgliedern nicht nachgewiesen werden. Allerdings wurde der Autor und Sänger des Liedtextes vom Amtsgericht Meppen wegen Volksverhetzung zu einer Geldstrafe von 1 400 Euro verurteilt. Diese Verurteilung war zweifellos ein Erfolg für die Staatsanwaltschaft, denn viele andere Volksverhetzungsverfahren gegen Nazi-Musiker endeten mit einem Freispruch oder der Einstellung des Ermittlungsverfahrens.

Um einen Freispruch bzw. die Einstellung des Verfahrens zu erreichen, nutzten die Musiker in vielen Fällen einen recht einfachen juristischen Trick. Sie legten ein als »Rechtsgutachten« bezeichnetes Papier vor, welches die der Nazi-Szene nahestehende Anwältin P. erstellt hatte. Diesen Gutachten zufolge sollten die fraglichen Liedtexte aus diesen oder jenen Gründen nicht strafbar sein. Den Musikern wurde damit eine Gutgläubigkeit bescheinigt, die einen strafbaren Vorsatz ausschloss. Die Gerichte folgten meist der Argumentation der Angeklagten, sie hätten auf die Gutachten der Anwältin vertraut. Damit seien sie einem strafbefreienden Irrtum unterlegen, den sie als Laien auch nicht hätten vermeiden können.

Auch Benjamin E., ein erfolgreicher Nazi-Musikproduzent aus dem Allgäu, hatte in einem gegen ihn geführten Verfahren vor dem Landgericht Memmingen ein solches Gutachten vorgelegt. Das Landgericht Memmingen sprach ihn im Mai 2018 in zweiter Instanz unter anderem vom Vorwurf der Volksverhetzung frei, obwohl die Liedtexte in ihrer Eindeutigkeit nicht zu überbieten waren. Es fanden sich Textzeilen wie »Ich war immer schon ein Fan von seinen Thesen (…) Wir bleiben Joseph Goebbels treu«. Laut dem »Gutachten« der Rechtsanwältin P. soll darin aber keine Nazi-Propaganda zu erkennen gewesen sein. Die Staatsanwaltschaft legte erfolgreich Revision gegen den Freispruch ein. Das Bayerische Oberste Landesgericht kassierte im Dezember 2019 E.'s Freispruch. Die Kammer setzte sich in ihrem Urteil ausführlich mit dem Inhalt des sogenannten Gutachtens auseinander. Offenkundig hatte es eine inhaltliche Auseinandersetzung mit dem Gutachten in den Vorinstanzen gar nicht gegeben. Am Ende blieb von der Argumentation der Anwältin P. und damit von deren Gutachten nichts übrig. Das Bayerische Oberste Landesgericht zerstörte damit den bis dato erfolgreich genutzten juristischen Trick der von Szene-Anwälten vorgelegten Entlastungsgutachten.

12. Der Mord an Walter Lübcke 2019–2021

Am 15. Juni 2019 wurde Stephan E. mit Haftbefehl des Amtsgerichts Kassel festgenommen. Kurz darauf zog die Bundesanwaltschaft das Verfahren wegen Verdachts auf einen rechtsterroristischen Tathintergrund an sich. Der mutmaßliche Mittäter Markus H. wurde am 26. Juni 2019 auf Haftbefehl des Haftrichters am Bundesgerichtshof festgenommen.[581]

Stephan E. und Markus H. wurde vorgeworfen, den Regierungspräsidenten im Regierungsbezirk Kassel Dr. Walter Lübcke ermordet zu haben. Auf einer Bürgerversammlung in Lohfelden am 14. Oktober 2015 sollen beide auf Lübcke aufmerksam geworden sein. Dort verteidigte Lübcke den Bau einer Asylunterkunft und die Flüchtlingspolitik der Bundesregierung mit den Worten: »Und wer diese (christlichen) Werte nicht vertritt, der kann dieses Land jederzeit verlassen, wenn er will.«

Diese Aussage im Zusammenhang mit den Vorkommnissen in der Kölner Silvesternacht 2015 und dem Attentat in Nizza im Juli 2016 soll Stephan E. dazu verleitet haben, all seine Unzufriedenheit über die derzeitige Regierungspolitik auf Lübcke zu konzentrieren. Er habe daraufhin den Beschluss gefasst, Lübcke zu töten. Sein Ziel sei gewesen, Lübcke für die derzeitige Flüchtlingspolitik abzustrafen und mit der Ermordung eines Politikers ein öffentlich beachtetes Fanal gegen die von ihm abgelehnte staatliche Ordnung zu setzen.

2017 habe Stephan E. dann begonnen, die Lebensumstände Lübckes auszuspähen. Im Zuge dessen sei er mehrere Male zum Wohnhaus Lübckes in Wolfhagen-Istha bei Kassel gefahren und habe dabei schon die spätere Tatwaffe bei sich geführt.

Markus H. soll Stephan E. bei seinen Tatplänen sowohl psychisch als auch durch konkrete Handlungen unterstützt haben. So habe er Stephan E. durch Schießübungen in Wäldern und Schützenvereinen den Umgang mit der Waffe beigebracht. Beide hätten sich gemeinsam, indem sie an verschiedenen Demonstrationen des rechten politischen Spektrums teilnahmen, weiter radikalisiert. Markus H. habe in diesem Zeitraum Stephan E. Zuspruch und Sicherheit vermittelt.

Am Abend des 1. Juni 2019 soll Stephan E. dann zum Wohnhaus Lübckes gefahren sein. Der Tag war bewusst gewählt, denn die in unmittelbarer Nähe zum Wohnhaus Lübckes stattfindende »Weizenkirmes« habe es ihm erlaubt, sich unbemerkt dem Tatort zu nähern. Stephan E. soll sich schließlich um 23.20 Uhr im Schutz der Dunkelheit dem auf der Terrasse sitzenden Lübcke genähert und ihm mit einem Revolver aus kurzer Entfernung in den Kopf geschossen haben. Walter Lübcke starb an den Folgen seiner Verletzung.[582]

Die Bundesanwaltschaft warf Stephan E. des Weiteren vor, am 6. Januar 2016 in Kassel einen Angriff auf einen irakischen Asylbewerber verübt zu haben. Am Abend des Tages soll sich Stephan E. auf seinem Fahrrad dem Flüchtling Ahmed A. auf einem Gehweg von hinten genähert und ihm beim Passieren mit einem Messer in den oberen Rücken gestochen haben. Ahmed A. war zu diesem Zeitpunkt ein Bewohner der Erstaufnahmeeinrichtung in Lohfelden, deren Einrichtung Walter Lübcke auf der besagten Bürgerversammlung verteidigt hatte.

Den Tod des Geschädigten habe er mit dem Messerstich zumindest billigend in Kauf genommen. Ahmed A. wurden durch den Angriff erhebliche Verletzungen beigebracht, sodass er intensivmedizinisch behandelt werden musste. Die Bundesanwaltschaft ging bei dieser Tat davon aus, dass Stephan E. seinen rechtsextremistischen Hass ausleben und mittels seiner willkürlichen Opferauswahl sowie der heimtückischen Vorgehensweise

Angst und Schrecken unter den Asylbewerbern in Deutschland verbreiten wollte.[583]

Stephan E. wurde darüber hinaus vorgeworfen, gegen das Waffengesetz verstoßen zu haben. Die Polizei fand bei der Durchsuchung seiner Wohnung drei Revolver, zwei Pistolen, zwei Gewehre, rund 1400 Patronen sowie eine unter das Kriegswaffenkontrollgesetz fallende Maschinenpistole.[584]

Die Bundesanwaltschaft erhob am 29. April 2020 Anklage gegen Stephan E. und Markus H. vor dem Staatsschutzsenat des Oberlandesgerichts Frankfurt am Main. Stephan E. wurde des Mordes sowie des versuchten Mordes in Tateinheit mit gefährlicher Körperverletzung beschuldigt. Weiter wurden ihm Verstöße gegen das Waffengesetz sowie das Kriegswaffenkontrollgesetz zur Last gelegt. Markus H. wurde Beihilfe zum Mord und Verstoß gegen das Waffengesetz vorgeworfen.[585]

Während des Prozesses gab Stephan E. insgesamt drei verschiedene Geständnisse ab.

Am 25. Juni 2019 gestand er, Lübcke am Tatabend auf der Terrasse aufgesucht und aus unmittelbarer Nähe erschossen zu haben. Er habe sich bewusst die stattfindende Kirmes zunutze gemacht, um sein Vorhaben unbemerkt durchführen zu können. Doch sei es ihm darüber hinaus auch ein Bedürfnis gewesen, die Kirmesbesucher zu verstören: »Sie feierten, als ob die Welt in Ordnung wäre, aber um uns herum sterben doch die Leute, ich möchte, dass der Terror zu ihnen kommt.« Beweggrund für seine Tat sei das Gefühl gewesen, etwas gegen die in seinen Augen drohende Destabilisierung Deutschlands zu tun. Zuvor hätten ihn im Internet kursierende Videos von islamistischen Anschlägen erneut radikalisiert, nachdem er sich 2009 aus der rechtsextremen Szene zurückgezogen habe, um sowohl seiner Familie als auch seiner Karriere mehr Aufmerksamkeit zu widmen. Markus H. sei nach der Bürgerversammlung bis zur Tat sein wichtigster Mentor gewesen.

Am 2. Juli 2019 widerrief Stephan E. sein Geständnis vor dem Ermittlungsrichter am Bundesgerichtshof im Beisein seines Verteidigers Frank Hanning.

In dem dann folgenden Geständnis vom 8. Januar 2020 wich Stephan E. von dem vorherigen Geständnis deutlich ab. So habe nicht er, sondern Markus H. Lübcke erschossen. Beide hätten gemeinsam am Tatabend Lübcke aufgesucht und ihn zunächst nur einschüchtern wollen. Im Zuge eines kurzen Wortwechsels zwischen Stephan E., Markus H. und Lübcke habe sich dieser aufgebracht aufrichten wollen. Daraufhin habe Markus H. den tödlichen Schuss abgegeben. Als Grund für das neue Geständnis gab Stephan E. an, dass ihm sein damaliger Verteidiger Dirk Waldschmidt Geld und Sicherheit für seine Familie versprochen habe, wenn er den Sachverhalt abgewandelt wiedergeben würde.[586]

Stephan E. wurde zu Beginn des Prozesses von Dirk Waldschmidt und Frank Hanning verteidigt. Waldschmidt war der frühere Vize-Chef der NPD Hessen und hatte im NSU-Prozess bereits Andre Kapke verteidigt. Schon zu Beginn des Prozesses wurde er vom Gericht entpflichtet und durch Mustafa Kaplan ersetzt.[587]

Frank Hanning mahnte am 27. Juli an, dass sich die Ermittler auf den Einbruch ins Regierungspräsidium Kassel vom 20. Juli 2020 konzentrieren sollten. Dabei seien möglicherweise Akten entwendet worden, die eine Verbindung zwischen den Windkraftfirmen der Söhne Lübckes und seiner Amtstätigkeit aufzeigen könnten. Demnach könne es ganz andere Gründe für die Ermordung Lübckes gegeben haben als bisher vom Gericht angenommen. Der Vorsitzende Richter lehnte diesen und andere ähnliche Anträge mit der Begründung ab, bei den Anträgen handele es sich um »gequirlten Unsinn«. Keiner habe Aussicht auf Erfolg und »keinen vernünftigen Bezug zum Fall«. Auf die Kritik seitens des Gerichts hin sowie aufgrund der Distanzierung des zweiten Verteidigers Mustafa Kaplan räumte Hanning ein, den Antrag nicht mit Stephan E. abgesprochen zu haben. Auf Antrag von Stephan E. wurde Hanning schließlich ebenfalls entpflichtet und durch Jörg Hardies ersetzt.[588]

In seinem dritten Geständnis vom 5. Februar 2020 gab Stephan E. schließlich wieder zu, die Tat selbst begangen zu haben. Markus H. sei jedoch dabei gewesen und habe ihn angestachelt.[589] Weiter führte er aus, dass sein Verteidiger Hanning ihn dazu verleitet habe, Markus H. in seinem zweiten Geständnis als Todesschützen zu benennen. Das Gericht lud daraufhin Frank Hanning als Zeugen, der jedoch die Aussage verweigerte. Die Staatsanwaltschaft Kassel leitete im Anschluss gegen ihn ein Ermittlungsverfahren wegen Anstiftung zur falschen Verdächtigung ein. Hannings Handakte wurde beschlagnahmt und ohne Ergebnis ausgewertet.[590]

Stephan E. besaß bereits etliche Verurteilungen, die im Bundeszentralregister vermerkt waren. Bereits als 15-Jähriger war er wegen Brandstiftung im Haus eines türkischen Mitschülers verurteilt worden. 1992 verletzte er auf dem Wiesbadener Hauptbahnhof einen türkischen Imam mit einem Messer lebensgefährlich und wurde wegen versuchten Totschlags zu einer Bewährungsstrafe verurteilt. Ein Jahr später erfolgte die Verurteilung zu einer Jugendstrafe von zehn Monaten auf Bewährung wegen Diebstahls. Noch während dieser Bewährungsfrist verübte er einen Rohrbombenanschlag auf eine Asylbewerberunterkunft in Steckenroth. Während der Untersuchungshaft schlug er mit einem Stuhlbein auf einen Mitgefangenen ein. Für beide Taten verurteilte ihn das Landgericht Wiesbaden zu einer Gesamtfreiheitsstrafe von sechs Jahren.

Im März 2003 verübte er einen gemeinschaftlichen Totschlag und verstieß mehrfach gegen das Waffen- und Versammlungsgesetz. Es folgten weitere Verurteilungen wegen Körperverletzung und Beleidigung. 2009 griff er mit weiteren 400 Neonazis die 1.-Mai-Demonstration des Deutschen Gewerkschaftsbundes in Dortmund mit Steinen und Holzstangen an.[591]

Im Prozess gab Stephan E. Auskunft über seinen Werdegang: Seine Kindheit sei geprägt gewesen von einem alkoholsüchtigen, gewalttätigen Vater, dessen Ausländerhass er übernommen habe. Nach dem Umzug seiner Familie nach Taunusstein habe er sich zunehmend einsam gefühlt. In der Schule hätten ihn Schüler mit Migrationshintergrund »drangsaliert«, und er habe sich auch körperlich dagegen wehren müssen.

Daraufhin habe er sich radikalisiert. Als Motiv für den Rohrbombenanschlag auf die Flüchtlingsunterkunft gab er an: »Alle Ausländer sind schlecht, und die müssen halt weg.« Für die Messerattacke am Wiesbadener Hauptbahnhof sei der Umstand verantwortlich gewesen, dass er sich von dem Mann sexuell bedrängt gefühlt habe. In der darauffolgenden Haft habe sich seine rassistische Einstellung dann weiter verfestigt. Sein Mitgefangener mit Migrationshintergrund habe ihn dort zunächst nur gegen sexuelle Handlungen in Ruhe lassen wollen. Er habe sich dagegen verteidigen müssen. Aus Frustration über seine Situation und aufgrund der zunehmenden Abgeschiedenheit habe er als einzige Lösung die Neonazi-Szene gesehen. Dort habe er sich dann während und nach der Haft gut aufgehoben gefühlt. 2010 habe er die Zugehörigkeit zur Szene jedoch zunehmend als Belastung empfunden. Dafür sei zum einen der wachsende Rassismus seiner Kameraden verantwortlich gewesen. Zum anderen habe er sich aber auch mehr auf seine Familie und seine Karriere konzentrieren wollen. 2014 sei er dann wieder mit Markus H. in Kontakt gekommen. Dieser habe es sukzessive geschafft, ihn politisch zu reaktivieren. Beide hätten durch viele gemeinsame Aktivitäten wie Ausflüge, Wanderungen, Schießübungen und den Besuch von Demonstrationen politisch zueinander gefunden und immer intensiver über die Möglichkeit gesprochen, sich gegen die Überfremdung zur Wehr zu setzen. Markus H. sei sein

Mentor geworden und habe ihm dargelegt, dass die Lage in Deutschland auf einen Bürgerkrieg hinauslaufe und man sich bewaffnen müsse. Es sei dann auch Markus H.s Idee gewesen, den Anschlag auf Walter Lübcke auszuführen. Er sei zu der Zeit von Markus H. emotional abhängig gewesen.[592]

Ein psychologisches Gutachten attestierte Stephan E. die volle Schuldfähigkeit. Der Angeklagte sei weitgehend emotionslos und monoton. Er begehe Straftaten nicht nur geplant, sondern auch spontan, und neige dazu, sein Verhalten mit der Beeinflussung durch andere zu begründen. Dabei sei »markanter Ausländerhass« ein fester Bestandteil seiner Persönlichkeit und könne nur mit einer langfristigen Therapie behandelt werden. Die Einschätzung eines vorherigen Gutachtens, bei Stephan E. liege eine Borderline-Störung vor, konnte der Sachverständige nicht nachvollziehen.[593]

Die Bundesanwaltschaft stieß im Rahmen ihrer Ermittlungen auf einen Vorfall aus dem Jahr 2003, der in Verbindung mit Stephan E.s Vergangenheit in der rechtsextremen Szene stehen könnte. Am 20. Februar 2003 schossen Unbekannte auf einen Geschichtslehrer, der sich in seiner Wohnung aufhielt. Die Geschosse verfehlen ihn nur um wenige Zentimeter. Unmittelbar vor der Tat hatte der Lehrer mehrere Drohbriefe aus dem rechtsextremen Spektrum erhalten. Es gab zu der Zeit keine Hinweise auf eine Beteiligung des Angeklagten. Nach seiner Verhaftung im Jahr 2019 stieß die Polizei jedoch auf einem verschlüsselten Rechner des Stephan E. auf eine Datei, die persönliche Daten des entsprechenden Lehrers enthielt. Die Bundesanwaltschaft nahm daher erneut die Ermittlungen auf, ohne jedoch einen Beweis für Stephan E.s Beteiligung finden zu können.[594]

Weiter wurde auf Stephan E.s Computer eine »Feindesliste« gefunden. In dieser waren 60 Personen des öffentlichen Lebens sowie Informationen über verschiedene Regierungsgebäude im

Umkreis von Kassel aufgeführt. Auf der Liste befanden sich auch die Namen des Geschichtslehrers und der Walter Lübckes. Daneben waren Lokalpolitiker von SPD, Grünen und der Linken sowie Mitglieder der jüdischen Gemeinde in Kassel benannt. Den Personen auf der Liste waren Kfz-Kennzeichen, Telefonnummern, Adressen und archivierte Zeitungsartikel zugeordnet. Auch wurden die Gewohnheiten einzelner Synagogenbesucher geschildert. Auf dem Computer entdeckte die Polizei weitere Dateien, die Anleitungen zum Bau von Bomben enthielten sowie Texte zum »Untergrundkampf«. Kommentiert wurden die Dokumente mit dem Hinweis, dass als Ziele Beamte, Stadtratsmitglieder oder auch Bürgermeister infrage kämen: »Alles, was der Vernichtung der Feinde dient«, sei gut. Auch schrieb Stephan E., dass alle »antideutschen« Kräfte sowie Menschen zu seinen Feinden zählten, »die Rassenschande begehen«.[595] Im Prozess auf die Dateien angesprochen, gab Stephan E. an, es habe sich dabei nur um ein Gedankenspiel gehandelt, das jedoch nie in die Tat umgesetzt werden sollte.[596]

Im Laufe des Verfahrens erteilte der Vorsitzende Richter den rechtlichen Hinweis, dass auch eine Verurteilung des Stephan E. zu einer Haftstrafe mit der Möglichkeit der anschließenden Sicherungsverwahrung gemäß § 66 StGB in Betracht komme. Dies hätte zur Folge, dass der Freiheitsentzug Stephan E.s nach Verbüßung der regulären Haftstrafe wegen der dann folgenden Sicherungsverwahrung andauern würde. Der Hinweis diene dazu, den Verteidigern des Stephan E. die Chance einzuräumen, auf diese neue Perspektive adäquat reagieren zu können.

Die Bundesanwaltschaft nahm aus Mangel an Indizien Abstand von dem Vorwurf der Beihilfe zum Mord gegen Markus H. Auch führten die verschiedenen Geständnisse des Stephan E. dazu, dass die belastenden Aussagen gegen Markus H. an Glaubhaftigkeit verloren. Am 1. Oktober 2020 wurde Markus H. aus der Untersuchungshaft entlassen. Die Polizei Hessen stuft ihn jedoch weiterhin als »Gefährder« ein, der »politisch motivierte Straftaten von erheblicher Bedeutung« begehen könne.[597]

Hinsichtlich des Vorwurfs, Ahmed A. niedergestochen zu haben, gab Stephan E. an, durch die Geschehnisse in der Kölner Silvesternacht aufgebracht gewesen zu sein. Er sei zunächst durch Kassel gegangen und habe Wahlplakate der Linken und Grünen abgetreten. Dabei sei er in Konflikt mit einem Asylbewerber geraten, der ihn angebrüllt habe. Am 25. Juli 2019 fand die Polizei in Stephan E.s Haus ein Messer, auf dem sich DNA-Spuren befanden, die dem Geschädigten zugeordnet werden konnten.

Ahmed A. äußerte sich als Nebenkläger im Prozess. Der Angriff habe sein Leben zerstört. Er habe seitdem täglich Schmerzen und spüre wegen der Nervenverletzungen kaum noch seine Beine. Er kritisierte das Vorgehen der Behörden: Erstmals im Krankenhaus sei er durch die Polizei vernommen worden und habe bereits dort den Hinweis gegeben, dass es sich nur um eine politisch motivierte Tat handeln könne. Er kenne keinen Deutschen, der ihm gegenüber feindlich gesinnt sei. Nach dem Krankenhausaufenthalt habe er nichts mehr von den Behörden gehört und sich bei der Festnahme des Stephan E. selbst bei Gericht gemeldet. Seit Prozessbeginn wurde seine Wohnung wiederholt mit Hakenkreuz-Graffiti beschmiert. Er mache seinen Verbleib in der Bundesrepublik vom Ausgang des Verfahrens abhängig.[598]

Der Bundesanwalt plädierte, Stephan E. habe sowohl heimtückisch als auch aus niedrigen Beweggründen gehandelt und damit gleich zwei Mordmerkmale erfüllt. Der Vorwurf der Heimtücke ergebe sich daraus, dass Lübcke keinen Angriff auf sich erwarten konnte. Er sei arglos gewesen und konnte sich praktisch nicht wehren. Stephan E. habe zudem aus rassistischen und menschenverachtenden Motiven heraus gehandelt. Diese Motive ständen auf sittlich niedrigster Stufe und stellten folglich auch niedrige Beweggründe dar.

Stephan E. sei dabei kein Opfer seiner Zeit. Die zunehmende Polarisierung der Gesellschaft hinsichtlich asylpolitischer Fragen, die teilweise emotional geführten, öffentlichen Debatten sowie der wachsende Fremdenhass im Netz seien für seine Radikalisierung nicht verantwortlich gewesen. Vielmehr seien diese Einflüsse bei Stephan E. auf fruchtbaren Boden gefallen und hätten lediglich unterstützend auf ihn einwirken können. So habe sein Hass auf »Volksschädlinge« und »Volksverräter« bereits vorher bestanden, was in einem unbedingten Vernichtungswillen gegen Walter Lübcke gipfelte.

Seinen Einlassungen während des Prozesses komme keine große Bedeutung zu. Stephan E. habe allenfalls eine Kombination von Fragmenten preisgegeben und sich dabei, wenn überhaupt, dem realen Geschehen angenähert. Im Großen und Ganzen habe der Beschuldigte seine Aussagen seiner Verteidigungsstrategie angepasst und sei dem Gericht bei der Wahrheitsfindung keine große Hilfe gewesen.

Hinsichtlich des Angriffes auf den Asylbewerber Ahmed A. ging auch die Bundesanwaltschaft von der Täterschaft des Stephan E. aus. Auch dort habe Stephan E. die Arglosigkeit des Opfers ausgenutzt und ihn aus den gleichen niedrigen Beweggründen niedergestochen. Dafür sprächen die DNA-Fragmente auf dem bei Stephan E. gefundenen Messer. Weiterhin habe Stephan E. selbst behauptet, am 6. Januar 2016 einen »Ausländer« beschimpft zu haben. Der von der Verteidigung vorgelegten Quittung, die den Kauf eines derartigen Messers durch den Beschuldigten am 30. Januar 2016, somit nach der Tat, beweisen sollte, käme keine Beweisqualität zu. Es gäbe keinen Beweis dafür, dass Messer und Quittung zusammengehörten.

Die Bundesanwaltschaft beantragte lebenslange Haft unter Feststellung der besonderen Schwere der Schuld. Im Anschluss solle Sicherungsverwahrung angeordnet werden.[599]

Die Bundesanwaltschaft war überzeugt davon, dass Markus

H. Stephan E. in seiner Mordabsicht bestärkt, seine Überzeugungen geteilt, um dessen Absichten gewusst und ihm den Umgang mit der Waffe beigebracht habe. Die Bestrafung von Markus H. sei »ein Zeichen der Wehrhaftigkeit des Staates«. Für die Anwesenheit des Markus H. bei der Erschießung Lübckes könnten hingegen keine hinreichenden Beweise vorgebracht werden. Die Aussagen des Stephan E. seien ob ihrer Wechselhaftigkeit nicht belastbar.

Für Markus H. beantragte die Bundesanwaltschaft eine Freiheitsstrafe von neun Jahren und acht Monaten.[600]

Die Verteidigung von Stephan E. sah hingegen in ihrem Plädoyer die Voraussetzungen eines Mordes nicht als gegeben an. Stephan E. habe nicht heimtückisch gehandelt. Denn Walter Lübcke habe sowohl Stephan E. als auch Markus H. als Bedrohung erkennen können. Diese seien auf ihn zugegangen, und Markus H. habe gesagt: »So, Herr Lübcke, Zeit zum Auswandern!« Ab diesem Moment sei Lübcke zwar weiterhin wehrlos, jedoch nicht mehr arglos gewesen. »Er musste davon ausgehen, dass es sich um einen bewaffneten Angriff handelte.« Den Angeklagten sei es gerade auf diese Konfrontation angekommen, andernfalls hätten sie Lübcke auch aus der Distanz erschießen können.

Weiterhin lägen in den Motiven des Stephan E. keine niedrigen Beweggründe vor. Er habe aus dem Irrglauben heraus gehandelt, die Tat im Allgemeininteresse begehen zu müssen. Darin sei kein egoistisches Motiv zu erkennen, da es Stephan E. eben nicht darum gegangen sei, »für sich selbst Vorteile aus der Tat zu erlangen«. Auch sei Walter Lübcke kein »namenloser Repräsentant des Staates« gewesen, sondern aus der Sicht des Angeklagten ein konkret Verantwortlicher. Stephan E. habe Lübcke demnach zwar als Hassobjekt, aber dennoch als Menschen wahrgenommen und ihm seinen »personalen Eigenwert« nicht abgesprochen.

Stephan E. habe zudem nicht die Möglichkeit gehabt, aus seiner Weltanschauung auszubrechen. Er sei sowohl in seinem privaten Umfeld als auch bei der Arbeit von rechtsradikalen Ansichten umgeben gewesen.

Die Ursache für die verschiedenen Geständnisse seines Mandanten lägen derweil im Handeln der Anwälte, die ihn zuvor vertreten hätten. Bei diesen habe es sich um Szeneanwälte gehandelt. An ihrer Verpflichtung trage auch die Bundesanwaltschaft eine Mitverantwortung. Denn diese habe den Anwälten mit Absicht Besuchsscheine ausgestellt, damit die Anwälte sich mit dem Angeklagten vernetzten.

Weiterhin könne die Tatsache, dass es sich bei dem Opfer um einen Politiker gehandelt habe, nicht als Begründung der Annahme einer besonderen Schwere der Schuld herhalten. Im Übrigen sei Stephan E. auch nicht für den Messerangriff auf Ahmed A. verantwortlich. Die Voraussetzungen für die Anordnung der Sicherungsverwahrung lägen nicht vor.

Abschließend verwies die Verteidigung auf den Lebenslauf des Stephan E. Er habe seit seiner Kindheit ausschließlich Gewalt erlebt und rechtsradikales Gedankengut vermittelt bekommen. Die folgenden Verbrechen und Haftstrafen, gepaart mit dem Anschluss an die rechte Szene, könnten zwar die Entwicklung Stephan E.s zum Täter nicht entschuldigen, sie aber nachvollziehbar machen.

Die Verteidigung forderte daher eine »verhältnismäßige Haftstrafe« wegen Totschlags. Sollte das Gericht jedoch zu dem Schluss kommen, dass dennoch ein Mord vorliege, so sei von der Feststellung der besonderen Schwere der Schuld abzusehen.[601]

Der Angeklagte Markus H. wurde von Björn Clemens und Nicole Schneiders vertreten. Beides bekannte Anwälte aus der rechten Szene. So vertrat Björn Clemens im NSU-Prozess kurzzeitig den Mitangeklagten André E. und war vormals Bundesvorsitzender der Partei Die Republikaner. Rechtsanwältin Nicole Schneiders war früher selbst Mitglied der NPD mit Kontakten in die freie Kameradschaftsszene und vertrat im NSU-Prozess den einstigen NPD-Funktionär Ralf Wohlleben. Schneiders war später Stellvertreterin Wohllebens als NPD-Kreisvorsitzender.

Die Verteidiger des Markus H. forderten einen Freispruch und eine Haftentschädigung für die Zeit der Untersuchungshaft. Sie vertraten in ihrem Plädoyer die Ansicht, dass es sich bei Markus H. weder um einen »Brandstifter« noch um einen Agitator handelte. In Stephan E. habe bereits seit früher Kindheit ein »tief verwurzelter Fremdenhass« sowie ein »eingeschliffener Rassismus« bestanden. Es sei aus diesem Grund unmöglich, Markus H. für die Radikalisierung des Stephan E. verantwortlich zu machen. »Was so tief verwurzelt und eingeschliffen ist, kann nicht radikalisiert werden.« Stephan E. habe Markus H. mithin gar nicht gebraucht, um sich zu radikalisieren. Er sei selbst nie aus der Szene ausgestiegen und habe seine alten Kontakte weiterhin gepflegt.

Auch seien die Aussagen Stephan E.s hinsichtlich der Mitschuld von Markus H. nicht belastbar. Stephan E. habe sich so oft selbst widersprochen, dass seine Aussagen nicht glaubhaft seien. Stephan E. habe nur deshalb versucht, Markus H. zu belasten, um seine eigene Schuld geringer erscheinen zu lassen. Markus H. hatte zu keiner Zeit Kenntnis von dem konkreten Tatplan des Stephan E. Markus H. sei hier von Anfang an ein politischer Prozess gemacht, er sei praktisch vorverurteilt worden. Dies stehe sinnbildlich dafür, wie Patrioten vom Staat systematisch verfolgt und Linksextreme geschont würden. Markus H. sei durch das Gericht ein Strick aus der Teilnahme an zwei rechten Demonstrationen gedreht worden, obwohl er dort nur sein Grundrecht der Demonstrationsfreiheit wahrgenommen habe. Auch sei nichts Verwerfliches darin zu sehen, dass Markus H.

das Video ins Netz geladen habe, auf dem Lübcke während der Bürgerversammlung in Lohfelden zu sehen ist. Dieses Verhalten diene der Kontrolle der Mandatsträger und sei ebenfalls das demokratische Recht des Mitangeklagten. Abschließend wurde ein Vergleich des Prozesses mit dem Reichstagsbrandprozess von 1933 gezogen.

Nicole Schneiders führte aus, dass es legitim sei, Widerstand zu leisten. »Der Bürger, der die Identitätswahrung vom Staat einfordert, darf nicht kriminalisiert werden«, zitierte sie aus einem Urteil des BGH von 1987.[602]

Lübckes Ehefrau sowie seine beiden Söhne traten im Verfahren als Nebenkläger auf. Nach Ansicht ihres Vertreters, Rechtsanwalt Holger Matt, war das letzte Geständnis des Stephan E. glaubhaft, Markus H. somit als Mittäter zu bewerten. Die Argumentation, man könne Markus H. aufgrund mangelnder Beweise nicht verurteilen, wies der Vertreter der Nebenklage empört zurück: Es liege die Aussage eines Zeugen vor, nämlich die des Stephan E. Dabei handele es sich eben nicht nur um ein Indiz. Man sei sich einig darüber, dass ohne das Zutun des Markus H. die Tat so nicht hätte stattfinden können. Dafür spreche auch ein Gutachten, welches ausführte, dass Stephan E. sich gar nicht so habe verhalten können, wie es notwendig gewesen wäre, um die entsprechenden Spuren am Tatort zu hinterlassen. Ein weiteres Indiz für die bestehende konspirative Gemeinschaft der Angeklagten sei es, dass sowohl Markus H. als auch Stephan E. zeitgleich Nachrichten aus einem gemeinsamen Chat löschten. Es sei mithin unmöglich, Markus H. freizusprechen, zumindest nicht von dem Vorwurf der Beihilfe.

Hinsichtlich der verschiedenen Geständnisse müsse bedacht werden, dass unabhängig von den wechselnden Details schlussendlich doch eine »widerspruchsfreie Darstellung des Kerngeschehens« durch Stephan E. vorgelegen habe. »Wir haben hier einen knallharten Beweis«, so der Anwalt. Für dessen Belastbarkeit spreche, dass Stephan E. auch schwierige Fragen habe beantworten können.

Er forderte, Stephan E. und Markus H. wegen mittäterschaftlichen Mordes zu lebenslanger Haft zu verurteilen und die besondere Schwere der Schuld festzustellen.[603]

Auch Ahmed A. trat im Prozess als Nebenkläger auf. Sein Vertreter Alexander Hoffmann stellte als Resümee des Verfahrens fest, dass Stephan E. den Angriff auf seinen Mandanten ausgeführt habe. Er warf den Ermittlungsbehörden vor, sie hätten von Anfang an den rechtsextremen Hintergrund der Tat nicht ernst genommen. Die Polizei habe in Ahmed A. nur einen »Geflüchteten, der Ärger macht«, gesehen. Es handele sich bei der Geständigkeit des Stephan E. um eine Art Strategie: Er begehe zunächst rechtsextreme Taten und behaupte dann im Anschluss vor Gericht, eine rassistische Grundhaltung sei dafür verantwortlich gewesen. Von dieser distanziere man sich im Anschluss glaubhaft, um das Gericht milde zu stimmen. Diesem Treiben dürfe nicht nachgegeben werden. Abschließend kritisierte Hoffmann, dass der Strafsenat des Oberlandesgerichts bei der Vernehmung seines Mandanten nicht ausreichend sensibel vorgegangen sei.[604]

Am 28. Januar 2021 wurde Stephan E. wegen Mordes zu einer lebenslangen Freiheitsstrafe verurteilt. Das Gericht verwies in der Urteilsbegründung auf die besondere Schwere der Tat. Eine anschließende Sicherungsverwahrung behielt sich das Gericht ebenfalls vor. Vom Vorwurf des versuchten Mordes in Tateinheit mit gefährlicher Körperverletzung sprach das Gericht Stephan E. frei.

Das Gericht ging bei seiner Urteilsbegründung von den Schilderungen Stephan E.s bei seinem ersten Geständnis aus. Den folgenden Geständnissen fehle es laut dem Vorsitzenden Richter an einer hinreichenden Konsistenz. Besonders in der Behauptung, Lübcke sollte zunächst nur eingeschüchtert werden, sei lediglich ein Versuch des Angeklagten zu sehen, den Vorwurf der Heimtücke auszuräumen.

Der Verurteilte habe aus einer »völkisch-nationalistischen« Gesinnung heraus gehandelt und seinen Fremdenhass auf Walter Lübcke projiziert. Dieser Antrieb stehe auf unterster sittlicher Stufe und sei damit ein niedriger Beweggrund. Auch konnte Lübcke des Angriffes nicht gewahr sein und habe sich somit in absoluter Arglosigkeit befunden. Die Verwirklichung zweier Mordmerkmale führe neben der radikalen und rassistischen Gesinnung des Angeklagten als »überlagerndes Motiv« zur Feststellung der besonderen Schwere der Schuld.

Markus H. wurde vom Vorwurf der Beihilfe zum Mord freigesprochen. Er erhielt wegen Verstoßes gegen das Waffengesetz eine Haftstrafe von anderthalb Jahren, die zur Bewährung ausgesetzt wurde.

Das Gericht begründete den Freispruch damit, dass Markus H. weder eine direkte Tatbeteiligung noch die Vermittlung von »Zuspruch und Sicherheit« nachgewiesen werden konnte.[605]

Am 3. Februar 2021 legte die Familie Lübcke als Nebenkläger Revision gegen den Freispruch von Markus H. ein. Sie ist überzeugt davon, dass Markus H. zum Mord Walter Lübckes Beihilfe geleistet habe. Auch die Bundesanwaltschaft sowie Stephan E. und Markus H. legten Revision gegen das Urteil ein, am 4. Februar 2021 auch Ahmed A.[606]

Die Opferbeauftragte der Bundesregierung begrüßte das Urteil, mahnte aber: »Wir müssen die Demokratie auf allen Ebenen viel entschiedener schützen als bisher.« So müssten in der Öffentlichkeit stehende Personen, insbesondere haupt- und ehrenamtliche Kommunalpolitiker, besser geschützt werden. Henriette Reker, Oberbürgermeisterin von Köln, sagte: »Zu lange haben wir die Augen vor rechtsextremem Terror verschlossen.« Der Dachverband der Beratungsstellen für Opfer rechter, rassistischer und antisemitischer Gewalt (VBRG) kritisierte hingegen das Urteil. Der Rechtsstaat habe im Falle Walter Lübcke versagt, weil Markus H. nur eine Bewährungsstrafe verbüßen müsse. Diese Milde sende eine fatale Botschaft. Die Familie des Getöteten zeigte sich ebenfalls unzufrieden mit dem Urteil, machte jedoch deutlich, dass es durch sie zu keiner Gerichtsschelte kommen werde.

Hermann Schaus, Obmann der Linken im Untersuchungsausschuss »Walter Lübcke«, sprach davon, dass »Recht und Gerechtigkeit« in diesem Urteil »meilenweit auseinanderklaffen«. Der Mordversuch an Ahmed A., die Rolle des Markus H. und auch die Frage der Bildung einer terroristischen Vereinigung seien im Verfahren nicht ausreichend thematisiert, geschweige denn aufgeklärt worden.

Der Untersuchungsausschuss zum Mordfall Walter Lübcke wurde noch während des Verfahrens, am 25. Juni 2020, durch den Hessischen Landtag einstimmig eingesetzt. Der Ausschuss soll Klarheit darüber schaffen, warum Stephan E. nach seiner Beobachtung durch den hessischen Verfassungsschutz von dessen Radar verschwinden und sich unbemerkt wieder radikalisieren konnte. Denn Stephan E. sei bis zum Jahr 2009 »durchgängig rechtsextremistisch in Erscheinung getreten«.[607]

Von 2000 bis 2004 war Stephan E. Mitglied im NPD-Kreisverband Kassel und nahm während dieser Zeit auch Kontakt zu den »Jungen Nationalisten Hessen« auf, einer Jugendorganisation der NPD. Weiterhin soll er Kontakt zu Stanley Röske gehabt haben, einem führenden Mitglied der rechtsradikalen Organisation »Combat 18«. Darüber hinaus wurde er 2004 zusammen mit Anhängern der Gruppe »Blood and Honour«, einem ebenfalls rechtsradikalen Netzwerk, auf einer Demonstration polizeilich überprüft. Laut NDR soll Stephan E. bis 2011 auch zur Gruppe »Freier Widerstand Kassel« gehört und gegebenenfalls Kontakt zur Oldschool Society gehalten haben.

Der Untersuchungsausschuss machte es sich auch zur Aufgabe, etwaige Bezüge der Tat zum NSU aufzuklären. Denn Stephan E. nahm an Veranstaltungen teil, die auch von den NSU-Tätern besucht wurden. Dazu zählten unter anderem Veranstaltungen der »Artgemeinschaft – Germanische Glaubens-Gemeinschaft wesensgemäßer Lebensgestaltung«, einer neuheidnischen rechtsextremen Organisation, deren Mitglied Stephan E. bis 2011 war. Über derartige Veranstaltungen und seine Mitgliedschaft in der NPD soll Stephan E. zumindest mit Mitwissern des NSU-Trios eng in Kontakt gestanden haben. Auch gibt es Hinweise darauf, dass Stephan E. bei der Ermordung des Deutschtürken Halit Yozgat eine Unterstützerrolle innehatte, da sich die Todeslisten des NSU teilweise mit der Feindesliste von Stephan E. deckten.

Fraglich bleibt, ob und wie viele Mitwisser es bei der Ermordung von Walter Lübcke gab. Unbekannte suchten Stunden vor Lübckes Tod im Internet nach dem Begriffspaar »Lübcke und Kopfschuss«. Die Ermittler gehen daher davon aus, dass sich hinter der Tat des Stephan E. eine Terrorzelle befinden könnte. Diese Zelle könnte auch am NSU-Mord des Halit Yozgat mitgewirkt haben. Eine Untersuchung des journalistischen Vereins »Correctiv« ergab bisher, dass Stephan E mit sechs Personen aus dem NSU-Umfeld in Kontakt stand.[608]

In den sozialen Medien häuften sich nach Bekanntwerden der Hintergründe im Mordfall Lübcke die Hasskommentare und Drohungen gegen Politiker und andere Personen des öffentlichen Lebens. Auch tauchten Videos und Briefe auf, in denen sich unbekannte Personen auf die Tat beriefen und weitere Anschläge ankündigten. Unter anderem wurden Schreiben mit »NSU 2.0« unterzeichnet. In diesem Zuge wurde bekannt, dass man eine Vielzahl von Bürgermeistern in Deutschland bereits bedroht und vereinzelt auch körperlich attackiert hatte. Der Deutsche Städte- und Gemeindebund (DStGB) forderte daher die Einrichtung einer zentralen Meldestelle für die Betroffenen und eine zentralisierte Strafverfolgung.

Das LKA Hessen richtete als Reaktion auf die Hassbotschaften eine eigens für Hasskriminalität zuständige Arbeitsgruppe von Ermittlern ein. Weiter wurde eine besondere Aufbauorganisation mit 140 Ermittlern gegen rechtsextreme Strukturen in Hessen gegründet. Die Generalstaatsanwaltschaft Frankfurt setzte eine Zentralstelle zur Bekämpfung von Internetkriminalität ein.

Im Anschluss an den Prozess gab Bundesinnenminister Seehofer bekannt, dem Verfassungsschutz mehr Personal und eine bessere Ausstattung zukommen lassen zu wollen. Auch werde diskutiert, die sozialen Medien stärker zu kontrollieren, das Waffenrecht zu verschärfen sowie beschleunigte Verbotsverfahren für einschlägige Gruppierungen einzuführen. Viele Politiker sehen aber auch eine Verbindung zwischen der neuen Qualität an Hass im Internet und Äußerungen aus den Reihen der Partei »Alternative für Deutschland« (AfD).

13. Der Anschlag in Halle 2019–2021

Am 9. Oktober 2019, an Jom Kippur (Versöhnungsfest), dem höchsten jüdischen Feiertag, entging die Bundesrepublik durch sehr viel Glück dem größten gegen Juden gerichteten Verbrechen seit Kriegsende.

An diesem Tag wollte der mit Schusswaffen und Sprengstoff bewaffnete Rechtsextremist Stephan Balliet den gut besuchten Gottesdienst der Synagoge in Halle stürmen. Sein Ziel war es, so viele Juden wie möglich zu ermorden. Seiner Tat lag ein bizarres Weltbild zugrunde, in dem die Existenz der weißen Rasse durch andere Völker, Religionsangehörige und Frauen bedroht wurde. Im Studium war er gescheitert, er hatte keine Freunde und keine Beziehung, jedenfalls nicht in der analogen Welt. Im Internet jedoch war er auf Imageboards wie 4 Chan und Meguca aktiv und tauschte sich aus. Er betrachtete sich dabei als Retter vor einem durch Juden angeleiteten »Großen Austausch« der weißen europäischen Bevölkerung gegen minderwertige muslimische und schwarze Menschen.

Die Theorie des »Großen Austauschs« geht auf den französischen Schriftsteller Renaud Camus zurück. Sie wird von weiten Teilen der rechten Szene, aber auch von rechtspopulistischen Strömungen vertreten und propagiert. Zuvor hatte sich bereits der Attentäter von Christchurch/Neuseeland, der 51 Menschen muslimischen Glaubens tötete, ausdrücklich hierauf berufen.

Handlungsleitend war aber auch eine aus mangelnden Beziehungs- und Sexualkontakten genährte Verachtung von Frauen. Deren Emanzipation und der Einfluss des Feminismus, als »jüdische Erfindungen«, hätten die Reproduktionschancen der weißen Rasse gegenüber Arabern und Afrikanern gemindert. Aus Sicht von Balliet war Gewalt das einzig taugliche Mittel, um den Untergang der imaginierten weißen Rasse zu verhindern.

Wegen der stark gesicherten Tür der Synagoge gelang es ihm jedoch nicht, wie geplant in die Synagoge einzudringen, in der sich fünfzig Gläubige versammelt hatten. Stattdessen erschoss er vor der Synagoge die 40-jährige Passantin Jana Lange. Frustriert wegen des Scheiterns seines ursprünglichen Plans gab er sein eigentliches Ziel auf und machte nun Jagd auf Muslime, Schwarze und Flüchtlinge. Dafür stieg er in sein eigens angemietetes Fahrzeug und machte vor dem wenige Hundert Meter entfernten Imbiss »Kiez Döner« halt. Mehrfach versuchte er, Passanten, die ihrem Aussehen nach seinem Feindbild entsprachen, zu töten. Die von ihm selbst in einem 3-D-Drucker hergestellten Schusswaffen waren zwar nur bedingt tauglich, da es ihnen an Präzision und Durchschlagskraft mangelte, tödlich waren sie dennoch. Im »Kiez Döner« ermordete er den um sein Leben flehenden 20-jährigen Malergehilfen Kevin Schwarze.

Ismet Tekin, einen Mitarbeiter, der sich zur Zeit der Attacke auf den »Kiez Döner« nicht im Laden befand, versuchte Balliet durch Schüsse aus einer Schrotflinte auf der Straße zu töten. Tekin ging vor den Schüssen hinter einem geparkten Fahrzeug in Deckung und überlebte unverletzt. Die Bundesanwaltschaft bewertete diese Schüsse später nicht als Mordversuch gegenüber Ismet Tekin, sondern lediglich als versuchten Mord in Bezug auf die auf der Straße eingesetzten Polizeibeamten. Tekin wurde in der Anklage daher nicht als Opfer berücksichtigt.

Wieder in seinem Fahrzeug fuhr Balliet in Richtung des Somaliers Aftax Ibrahim, der gerade die Straße überqueren wollte. Mit dem Fahrzeug wechselte er auf die Gegenfahrbahn und fuhr mit deutlich überhöhter Geschwindigkeit gezielt auf Ibrahim zu, der im letzten Moment zur Seite springen konnte und nur leicht verletzt wurde. Gegen den Widerstand der Bundesanwaltschaft ließ das OLG Naumburg Ismet Tekin als Nebenkläger zu. Das gezielte Zufahren auf Aftax Ibrahim wertete die Bundesanwaltschaft als Verkehrsunfall, weil sie der Meinung war, Balliet habe lediglich entgegenkommenden Polizeifahrzeugen ausweichen wollen.

Das Verfahren begann am 21. Juli 2020 und gilt als der größte Gerichtsprozess, der jemals in Sachsen-Anhalt stattgefunden hat. Mehr als vierzig Nebenkläger, die von über 20 Anwälten vertreten wurden, haben sich dem Verfahren angeschlossen. Das internationale Interesse war groß. Über 200 Pressevertreter hatten sich akkreditieren lassen. Aufgrund der großen Zahl der Beteiligten ließ sich das Verfahren nur im Gebäude des Landgerichts Magdeburg durchführen. Hierfür wurde eigens die Gerichtsbibliothek zu einem Gerichtssaal umgebaut. Die Durchführung des Verfahrens wurde zudem durch die Corona-Pandemie erschwert. Trennscheiben und regelmäßiges Lüften sowie später auch das Tragen von FFP2-Masken waren Maßnahmen, um der Situation gerecht zu werden.

Am ersten Prozesstag versammelten sich Demonstranten vor dem Gerichtsgebäude in Magdeburg, zu denen auch Ismet Tekin gehörte. Er richtete dabei folgende bewegende Worte an die Öffentlichkeit:

Liebe Mitmenschen, liebe Unterstützer,

mein Name ist Ismet Tekin. Neben mir steht mein Bruder Rifat.

Wir sind Überlebende des Anschlags vom 9. Oktober 2019 in Halle. Jana L. und Kevin S. haben diesen Tag nicht überlebt. Ich würde euch daher darum bitten, eine kurze Schweigeminute für die Opfer einzulegen.

Heute vor euch zu sprechen fällt mir nicht leicht, auch wenn ich mittlerweile geübter darin bin, Interviews zu geben. Es kostet mich viel Kraft, gemeinsam mit meinem Bruder hier zu stehen.

Wir stehen hier, atmen und unsere Herzen schlagen wie immer. Unsere Körper sind unversehrt, aber unsere Seelen sind es nicht. Seit dem Anschlag kämpfen wir mit den mentalen Folgen. Mein Bruder Rifat war früher immer fröhlich und hat uns zum Lachen gebracht. Das ist nun anders. Seither haben wir keinen unbeschwerten Tag und keine ruhige Nacht mehr erleben können. Die Todesangst, die Sorge umeinander, die bangen Stunden der Ungewissheit und die große Trauer um den Verlust zweier unschuldiger Menschen begleiten uns jede Sekunde. Es gab ein Leben vor dem Anschlag, und es gibt nun ein anderes Leben.

Auch unsere Arbeit im »Kiez Döner« ist nicht dieselbe, die sie mal war. In unserem Laden wurde ein junges Leben ausgelöscht. Kevins Tod hat uns schwer erschüttert. Der »Kiez Döner« ist damit auch eine Art Gedenkstätte geworden. Eine Gedenkstätte für die Opfer des feigen, rechtsextremistischen Anschlages vom 9. Oktober 2019. Mein Bruder und ich möchten diesen Laden erhalten, auch um Kevins Andenken zu wahren. Wir möchten, dass dieser Laden im Herzen Halles bestehen bleibt und nicht dem Willen des

Attentäters entsprechend verschwindet und »ausgelöscht« wird. Wir möchten uns nicht vertreiben lassen.

Für den Bestand des Ladens werden wir mit all unserer Kraft kämpfen. Das verspreche ich. Ich weiß, dass viele Menschen in Halle das genauso sehen. Auch sie wollen nicht, dass der »Kiez Döner« verschwindet. Und doch kommen nur noch wenige Gäste in unseren Laden. Die Politik hat uns Hilfe versprochen. Doch bekommen haben wir sie nicht. Wir haben auch bei der Stadt und dem Oberbürgermeister um Hilfe gebeten. Auch sie waren nicht solidarisch. Wir wurden einfach mit unseren Problemen alleingelassen.

Ich wollte mich diesem Verfahren als Nebenkläger anschließen, denn die Schüsse des Attentäters haben mich nur knapp verfehlt. Doch die Bundesanwaltschaft war dagegen. Das Gericht hat mich abgewiesen. Sie sagten, der Attentäter wollte mich nicht töten. Ich wünschte, es wäre so gewesen. Dann hätte ich vielleicht diese Albträume nicht mehr. Erst am Freitag wurde ich zugelassen. Warum macht man es mir noch schwerer, als es ohnehin schon ist?

Es ist etwas kaputtgegangen in unserem Verhältnis zu diesem Land. Vor zwölf Jahren kam ich nach Deutschland, mit nur wenigen Worten Deutsch im Gepäck und einer vagen Vorstellung, wie mein Leben hier sein könnte. Ich habe Deutschland und insbesondere Halle bis zum Tag des Anschlages auf die Synagoge und uns immer als einen weltoffenen und freundlichen Ort wahrgenommen. Ich habe bis zum 9. Oktober 2019 hier nie Ausgrenzung, Diskriminierung und Hass erlebt.

Und niemals hätte ich mir vorstellen können, dass tatsächlich jemand auf die Idee kommen könnte, mich und meinen Bruder umzubringen, allein weil wir Muslime sind. Niemals hätte ich gedacht, dass man unsere jüdischen Mitbürger attackieren würde. Warum sollte man uns denn auch hassen?

Wir sind doch keine Kriminellen oder Banditen! Wie naiv von mir. Naiv, weil ich nicht wissen und sehen wollte, was sich vor unser aller Augen seit Jahren ausbreitet: Rassismus, Juden- und Islamhass, Verachtung für die Schwächsten in unserer Gesellschaft, für Flüchtlinge, Obdachlose, Sinti und Roma.

Ich frage diejenigen, die den Hass in ihren Herzen tragen: Wieso stört euch unser Glaube? Wieso hasst ihr uns so sehr? Warum können wir nicht einfach zusammenleben?

Dieser Prozess ist sehr wichtig für uns. Wir wollen wissen, woher der Hass und die Kaltherzigkeit des Täters kommen. Wir wollen wissen, wie er zu dem wurde, was er wurde, und weshalb die Gesellschaft ihn nicht daran gehindert hat, diesen unseligen Weg zu gehen. Wir wollen wissen, ob er Unterstützer und Mitwisser oder auch nur Gleichgesinnte hatte.

Schließlich habe ich den Wunsch, dass auch das Verfahren meinem Bruder und mir dabei hilft, wieder mit Leichtigkeit und Zuversicht durch dieses Leben zu gehen. Ich habe die Hoffnung, dass es einmal werden kann, wie es war. Lasst uns alle gemeinsam daran arbeiten. Lasst uns in Frieden und Freundschaft zusammenleben.

Ich danke euch für eure Aufmerksamkeit!

Das Verfahren war von Anfang an sehr emotional. Nach Verlesung der Anklageschrift durch die Bundesanwaltschaft gestattete der Angeklagte allen Verfahrensbeteiligten, ihn umfassend zu befragen. Bei dieser Befragung folgten immer wieder absurde Bemerkungen und Ausführungen zu seiner Ideologie. Balliet versuchte dabei immer wieder, die Grenzen des Sagbaren auch im Gerichtssaal zu verschieben. Seine Strategie ging jedoch nicht auf, da die Vorsitzende Richterin Ursula Mertens seine politischen

Anschauungen als gehaltlose Phrasen zu entlarven wusste und an den entscheidenden Stellen intervenierte. Dabei wurde erstaunlich deutlich, was sie von dem Angeklagten hielt.

Schon am ersten Verhandlungstag entsponnen sich zwischen der Vorsitzenden und dem Angeklagten bemerkenswerte Dialoge, wie etwa der folgende:

Vorsitzende Richterin Mertens (Vors.): In der Zeit, wo es Ihnen besser ging, hätte man überlegen können, ob man sein Interesse auf eine berufliche Aktivität richtet (…) darauf, wieder ein Studium aufzunehmen.
Angeklagter (Angekl.): Nach 2015 habe ich mich entschieden, nichts mehr für die Gesellschaft zu tun, die mich durch Muslime und Neger ersetzt hat.
Vors.: Ich möchte an der Stelle Folgendes sagen: Ich möchte im Saal keine Beschimpfungen von Menschen und bestimmten Bevölkerungsgruppen hören. Und wenn Sie Beschimpfungen machen wollen, das haben Ihre Anwälte sicher erklärt, habe ich die Möglichkeit, Sie auszuschließen. Ich will das nicht, aber ich werde das tun.
Angekl.: Dieses Wort erfüllt die normale Bezeichnung.
Vors.: Es geht nicht darum, ein bestimmtes Wort zu verwenden, sondern ob Wörter in einem beleidigenden Kontext verwendet werden. Und das ist etwas in einem menschenverachtenden Kontext. Diese menschenverachtenden Äußerungen möchte ich hier nicht hören. Wenn Sie die hier tätigen wollen, dann müssen wir überlegen, ob wir Sie von der Verhandlung ausschließen.
Angekl.: Das können Sie tun.
Vors.: Wir warten jetzt mal ab. Also: Sie haben entschieden, nichts für die Gesellschaft zu tun, aber damit haben Sie auch entschieden, nichts für sich selbst zu tun.
Angekl.: [lacht] In gewisser Weise nicht, ich habe versucht, mich zu verbessern, wo es geht.
Vors.: Also ich sag mal, für einen außenstehenden Dritten, der jemandem

erzählt, dass ein Mann mit dreißig Jahren immer noch bei der Mutter im Kinderzimmer wohnt, würde man sagen, dass der nicht viel Wert auf Lebensqualität legt.
Angekl.: [lacht]

Oder:

Vors.: Dann passierte in Ihrem Leben alles gleich, oder ist mal was passiert?
Angekl.: Die Flüchtlingskrise 2015.
Vors.: Was war da das Problem für Sie?
Angekl.: Millionen Araber strömten in das Land, nachdem sie das Jahrhunderte gewaltsam versucht hatten, wurden sie jetzt reingelassen.
Vors.: Darf ich fragen: Sie wurden damals (…)
Angekl.: Ja.
Vors.: Wie viele Flüchtlinge haben Sie denn in Benndorf erlebt?
Angekl.: Plötzlich waren sie da, davor gab es keine in meinem Dorf.
Vors.: Haben sie in Benndorf Ihr Leben beeinträchtigt?
Angekl.: Ich denke, ja.
Vors.: Schildern Sie mir mal, wie die Ihr Leben beeinflusst haben?
Angekl.: [lacht] Sie wurden vielleicht noch nie von einem Muslim dumm angemacht, ich schon.
Vors.: Sind Sie vorher noch nie von jemandem dumm angemacht worden?
Angekl.: Nicht in dem Umfang.

(…)

Vors.: Noch mal zurück zu der Frage, 2015, jetzt kommen hier Menschen herein, die zu Hause Probleme haben, verschiedenster Art. Ich verstehe immer noch nicht, inwiefern diese Sie in Benndorf beeinträchtigen?
Angekl.: Es sind Unterwanderer.
Vors.: Wie viele sind 2015 dazugekommen?
Angekl.: Woher soll ich das wissen, ich mache keine Statistiken. Um die 1 000.

Vors.: Kann ja sein, dass Sie da Informationen haben? Gibt es dort ein Flüchtlingsheim?

Angekl.: Sie meinen ein Flüchtlingsheim, ein Asylantenheim, nein, die wurden dezentral untergebracht in den alten Kommunistengebäuden.

Vors.: In vielen alten Plattenbauten?

Angekl.: Es sind Eroberer aus dem muslimischen Kulturkreis.

Vors.: Sie fühlen sich von muslimischen Migranten beeinträchtigt, um das mal neutral zu formulieren?

Angekl.: Wenn Sie es ungenau formulieren, dann können Sie das so sagen.

Vors.: Sie sagen, Sie sind mal dumm angemacht worden?

Angekl.: Direkt an dem Tag vor der Tat, als ich das Auto geholt habe, wurde ich von drei Negern auf der Bahnfahrt nach Halle zur Seite gedrückt, in der Bahn.

Vors.: Von drei Dunkelhäutigen an die Seite gedrückt. In der Bahn?

Angekl.: Ja.

Vors.: Und wenn ich Ihnen sage, dass das mal passiert?

Angekl.: Sie benehmen sich wie die Eroberer, die sie sind.

Vors.: Ich würde mal behaupten wollen, dass ich das so nicht teilen kann. Sie haben nicht viel Erfahrung im Umgang mit Menschen. Kann es sein, dass es Sie beängstigt, wenn Sie auf fremde Menschen treffen?

Angekl.: Nein, es beängstigt mich nicht. Ich bin wütend. Über Jahrhunderte war es Standard, dass man sein Land verteidigt, und jetzt werden die Feinde ins Land gelassen.

Vors.: Herr Balliet, eine Frage habe ich noch: Wo kommt der Name her?

Angekl.: Elsass-Lothringen.

Vors.: Der Name hat einen Hugenotten-Hintergrund?

Angekl.: Einen französischen.

Vors.: Ja, es gibt viele Franzosen. Die Franzosen sind gekommen, weil sie verfolgt wurden.

Angekl.: Der Name bedeutet auf Französisch rote Haare und ist damit eine rassistische Beleidigung.

Der Angeklagte machte während des gesamten Verfahrens keinen Hehl aus seinen Motiven. Am dritten Verhandlungstag befragte Rechtsanwalt Özata den Angeklagten:

RA Özata (Ö.): Ich knüpfe an die Synagoge an. Hatten Sie sich Gedanken gemacht, wer in der Synagoge drin ist?
Angeklagter (Angekl.): Juden.
Ö.: Weitere konkrete Gedanken?
Angekl.: Welche Juden genau? Nein, weiß ich nicht.
Ö.: War es Ihr Ziel, dort alle zu ermorden?
Angekl.: Ich denke, dass hätte eher nicht geklappt durch meine Bewaffnung.
Ö.: Sie hatten ja ein beträchtliches Waffenarsenal!
Angekl.: Aus improvisierten Waffen, ja.
Ö.: Was bedeutet das? Haben Sie sich Gedanken gemacht?
Angekl.: Dass die Wirkung relativ schlecht ist, das habe ich mir vorher schon gedacht, das habe ich schon mit eingerechnet, dass nicht alles so klappt wie gedacht.
Ö.: Trifft es zu, dass Sie schon versucht hätten, Ihr Waffenarsenal aufzubrauchen. um so viele Menschen wie möglich zu ermorden?
Angekl.: Aufzubrauchen denke ich eher nicht, aber ich hätte es natürlich eingesetzt.
Ö.: Hätten Sie eine Unterscheidung getroffen zwischen Mann und Frau?
Angekl.: Sie wollten Gleichberechtigung.
Ö.: Hätten Sie eine Unterscheidung getroffen zwischen dem Alter der Personen, die Sie ermorden wollten?
Angekl.: Sie wollten Gleichberechtigung.
Ö.: D.h. Sie hätten z. B. auch greise Menschen erschossen?
Angekl.: Ich habe die Frage beantwortet.
Ö.: Hätten Sie auch Kinder erschossen?
Angekl.: Damit meine Kinder das in Zukunft nicht machen müssen, ja.
Ö.: Wäre das für Sie eine besondere Errungenschaft gewesen, ein jüdisches Kind zu erschießen?

Angekl.: Eine Errungenschaft, nein. Sie beziehen das aber auf meinen Erfolg in meinem Manifest? Das steht drin, um genau diese Aussage zu machen: Meine Feinde sind meine Feinde.

Ö.: Wenn Sie schon darauf zu sprechen kommen, das ist ja eine besondere Errungenschaft, ein Achievement, ein jüdisches Kind zu töten?

Angekl.: Es ist kein besonderes, es ist nur entscheidend, dass ich gegen alle Feinde vorgehe.

Ö.: Wieso sehen Sie ein jüdisches Kind als Feind an?

Angekl.: In zehn Jahren blutet es mich aus.

Das Verfahren legte Defizite der Ermittlungsbehörden offen. Es wurde deutlich, dass sich die Ermittler in der Gedankenwelt des Angeklagten nicht auskannten; Ermittler, die nur unzureichende Kenntnisse von Imageboards oder der Gaming-Szene hatten. Daraus ergaben sich Zweifel, ob die Sicherheitsbehörden den Bedrohungen eines internationalen Terrors gewachsen wären.

Die Nebenklage plädierte mit Schluss der Beweisaufnahme ab dem 22. Hauptverhandlungstag. Den Anfang setzten die beiden Vertreter der Eltern von Kevin Schwarze, der im »Kiez Döner« erschossen wurde. Rechtsanwalt Özata plädierte für seine Mandanten Ismet und Rifat Tekin:

> Hohes Gericht, werte Prozessbeteiligte,
> ich vertrete Ismet und Rifat Tekin, Brüder und Überlebende des Anschlags vom 9. Oktober 2019 in Halle. Ich werde nun am Ende dieses Verfahrens auch in ihrem Namen meinen Schlussvortrag halten, der in Abstimmung mit einem Teil der Nebenklage bestimmte Aspekte aufgreifen und beleuchten soll, jedoch in keiner Weise eine umfassende Stellungnahme zu dem hiesigen Komplex bieten kann und auch nicht bezwecken will. Dieses Plädoyer ist daher lediglich als

ein Baustein im Gesamtbild der sachlichen und rechtlichen Würdigung des Geschehens durch die Nebenklage zu verstehen.

Mein Mandant Ismet Tekin hat an jedem einzelnen Tag der Hauptverhandlung teilgenommen und ist der Beweisaufnahme aufmerksam gefolgt. Er hat jeden Zeugen gehört und jede Äußerung des Angeklagten ertragen. Sein Bruder Rifat dagegen hat es vorgezogen, in dem Laden der Brüder, dem »Kiez Döner«, die Stellung zu halten. Jeder geht anders mit der Tat und ihren Folgen um. Beiden ist jedoch gemein, dass sie seit dem 9. Oktober letzten Jahres andere Menschen geworden sind. Das Gefühl, bedroht, aber auch als Bedrohung wahrgenommen zu werden, hat ihren Blick auf Deutschland verändert. Mit Hochachtung bestaune ich ihren Lebensmut und ihr Durchhaltevermögen, trotz aller entstandenen Widrigkeiten. Diese Widerstandskraft kommt vielleicht auch aus ihrer Migrationsgeschichte, die sie vom Südosten der Türkei zu uns nach Deutschland geführt hat. Seitdem sie hier leben, arbeiten sie Tag für Tag hart, um sich und ihren Kindern ein besseres Leben bieten zu können. Das ist etwas, worauf sie stolz sein können, auch wenn solche Einwanderungsbiografien immer noch zu wenig Anerkennung finden.

Für meine Mandanten ist Halle die schönste, die ruhigste Ecke, die sie finden konnten. »Wenn ich in der Türkei bin, will ich nach zwei Wochen zurück nach Hause«, sagte Ismet Tekin einmal. Sein Zuhause, das ist Halle, das ist das Paulusviertel, da, wo auch die Synagoge steht. Dort, wo alle Menschen aus der ganzen Welt eine Heimat haben können, dort, wo – wenige Hundert Meter vom Tatort – vor über 300 Jahren das Institut für Orientalistik an der Universität Halle gegründet wurde, wo vor allem Hebräisch gelehrt und erforscht wurde. Ein Zeichen für die Weltoffenheit der Stadt. Ein Zeichen, dass wir nicht alleine sind auf der Welt.

Ausgerechnet über diesen Ort brachte der Angeklagte Schrecken und Terror. Die polnische Schriftstellerin Zofia Nalkowska hat mit einem einzigen schmerzhaften Satz die Verbrechen der Deutschen in Polen während des Zweiten Weltkriegs zusammengefasst: Das haben Menschen Menschen angetan. Es waren Menschen, die mit kalter Perfektion Millionen Männer, Frauen und Kinder entrechtet, vertrieben und ermordet haben. Es waren ganz gewöhnliche Menschen, die sich eine verbrecherische und menschenverachtende Ideologie zu eigen gemacht haben, um ihre Freunde, Kollegen und Nachbarn zu verraten und zu verkaufen. Dieser Antisemitismus und Rassismus mündete später in die Shoah.

Und auch hier hat ein Mensch anderen Menschen großes Leid angetan und dabei das Leben von Jana Karin Lange und Kevin Schwarze unwiederbringlich ausgelöscht. Dem Handeln des Angeklagten liegen ein eliminatorischer Antisemitismus, gepaart mit Rassismus und Islamhass zugrunde. Hinzu kommt eine ausgeprägte Verachtung für Frauen. Dass er ein Mensch ist und kein Monster oder gar Psychopath, muss dennoch betont werden, weil der Versuch einer Entmenschlichung oder Pathologisierung des Angeklagten den Blick auf seine Gesinnung und seine Motive verstellt. Dem Versuch geht stets die Versuchung voraus. Und es hat sich herausgestellt, dass in den letzten Jahrzehnten in Deutschland keine Versuchung so groß war wie die, den Rechtsterrorismus gegen Juden, Muslime und andere Gruppen zu bagatellisieren und zu verleugnen.

Der Angeklagte mag zwar als Einzelner zur Tat geschritten sein. Doch ist er kein Ausgegrenzter, sondern aus unserem Schoße hervorgegangen. Hass, Abneigung und Vorbehalte gegenüber Juden und Muslimen sind weitverbreitet und haben eine lange Tradition in unserem Land. Mit seiner Verachtung für Juden und Muslime ist der Angeklagte damit in guter Gesellschaft. Sein gedankliches Rüstzeug speist sich direkt von da.

Nicht erst durch Thilo Sarrazins Zutaten wird Diskriminierung und Verachtung gegen Muslime in Deutschland angerichtet. Seine rassistischen Thesen in pseudowissenschaftlichem Gewande haben aber die latente Abneigung vieler Deutscher gegenüber den hier lebenden Muslimen trivialisiert und mit konkreter Angst angereichert. Es waren Thesen wie:

»Die Türken erobern Deutschland genauso, wie die Kosovaren das Kosovo erobert haben: durch eine höhere Geburtenrate.«

Diese Hassrhetorik hat die spätere Gewalt intellektuell vorbereitet, ihr ist die regelrechte Aufstachelung zum Terror gegen die sogenannten Eroberer immanent. Mit der perfiden Legende von der schleichenden Islamisierung durch faule und feindselige Muslime, die »ständig neue Kopftuchmädchen« produzieren würden, begründet auch der Angeklagte seine Mordtaten.

Wir zeigen mit dem Finger zu Recht auf die Anklagebank, doch worin genau soll sich sein Duktus von dem, was wir tagtäglich sehen und hören, unterscheiden?

Man muss gar nicht die vielfachen, gut dokumentierten rassistischen und menschenverachtenden Äußerungen von AfD-Politikern bemühen, um der Dimension des Problems gewahr zu werden. Fragen wir uns doch selber, wie wir eigentlich über Muslime sprechen. Über Flüchtlinge und Obdachlose. Über Sinti und Roma. Über die Schwachen und Bedrängten in unserer Gesellschaft.

Die vor wenigen Tagen veröffentlichte Leipziger Autoritarismus-Studie 2020 zeigt, dass rechtsextreme Einstellungen in der deutschen Bevölkerung weiterhin »auf einem hohen Niveau« verbreitet sind. Dem Satz »Die Ausländer kommen nur hierher, um unseren Sozialstaat auszunutzen« stimmt jeder vierte Deutsche zu. Ungefähr genauso viele Deutsche geben an, dass Muslimen »die Zuwanderung nach Deutschland untersagt werden« sollte. Knapp jeder zweite Deutsche fühlt sich durch »die vielen Muslime hier wie ein Fremder im eigenen Land«.

Antimuslimische Ressentiments und Sprache tragen Früchte. Islamfeindliche Gewalt ist alltäglich geworden in Deutschland. Gewaltdelikte gegen Muslime nehmen zu.

Das Schlimme und Besondere beim antimuslimischen Rassismus heute ist aber gerade, wie gesellschaftsfähig und etabliert er geworden ist. Wer gegen Muslime hetzt und sie abwertet, wird weder ausgegrenzt noch geächtet in unserem Land. Thilo Sarrazin trug herausragende Verantwortung für unser Land. Rainer Wendt, im Jahre 2020 immer noch Bundesvorsitzender der Deutschen Polizeigewerkschaft und damit Sprachrohr von ca. 100 000 Beamten, sagte, dass man bei Muslimen Frauen weniger achte und respektiere, ihnen weniger Wert beimesse und dies zu »den genetischen Grundbausteinen dieser Kultur« gehöre. Man kann also Unsägliches verlautbaren und trotzdem Teil der deutschen Sicherheitsarchitektur sein.

Verwundert es daher, wenn wir im Wochentakt Meldungen über Rassisten und Verfassungsfeinde in Uniform erhalten? Ist es überraschend, wenn wir von jenen hören, deren eigentliche Aufgabe es ist, uns vor Menschen wie dem Angeklagten zu schützen, dass sie Waffen und Munition, Sprengstoff und Leichensäcke horten für den sogenannten Tag X?

»Miese Türkensau! Du machst Deutschland nicht fertig. Verpiss dich lieber, solange du hier noch lebend rauskommst, du Schwein! Als Vergeltung schlachten wir deine Tochter.«

Diese Worte sind nicht vom Angeklagten, auch wenn sie ihm zuzutrauen wären. Sie stammen sehr wahrscheinlich aus den Reihen der Frankfurter Polizei und sind an unsere Kollegin, die Rechtsanwältin Seda Basay-Yildiz, adressiert gewesen. Sie ist eine Frau, Mutter einer Tochter und engagiert sich als Rechtsanwältin für Menschenrechte. Aber das allein und ihre türkische Herkunft reichen schon aus, um sie zum Zielobjekt für »glühende Patrioten« zu machen.

Es gibt zweifelsohne rassistische und rechtsextreme Strukturen im Sicherheitsapparat. Die Annahme, es handele sich hierbei nur um »Einzelfälle im Promillebereich«, wie es Bundesinnenminister Horst Seehofer ausdrückte, rächt sich von Woche zu Woche. Beamtinnen und Beamte haben einen Eid auf unsere Verfassung geleistet. Wer als Staatsdiener hiergegen handelt, muss entschieden aus dem Staatsapparat entfernt werden. Der Beamtenstatus steht ihnen nicht zu.

Und natürlich müssen wir das Verhalten jener, die für unsere Sicherheit zuständig sind, stets kritisch prüfen. Der Staat und seine Polizei dürfen sich keine Kritik verbitten. Als Nebenkläger und Nebenklägerinnen von ihren guten und nicht so guten Erfahrungen mit dem Polizeieinsatz in Halle berichteten, hat das nicht jedem hier im Saal geschmeckt. Es ist unanständig, an dieser Stelle zu raunen. Dem liegt ein falsches Grundverständnis unserer Demokratie zugrunde. Begründete Kritik stärkt unsere Sicherheit. Ignoranz hingegen macht das Land nicht sicherer. Und wer die Perspektive der Überlebenden belächelt, stellt sich damit nicht nur auf eine Stufe mit dem Angeklagten, sondern fügt den Überlebenden weiteren Schaden zu.

Meine Mandanten fühlen sich von dieser Anklagebehörde im Stich gelassen. Denn von Anfang an hat die Bundesanwaltschaft alles dafür getan, meinen Mandanten Ismet Tekin aus diesem Verfahren herauszuhalten. Entgegen seinem Opferwissen und entgegen der für alle sichtbaren Todesgefahr, in der sich mein Mandant befand, hält sie bis jetzt an ihrer falschen Einschätzung der Sach- und Rechtslage fest. Es bleibt hier und jetzt ein schwerer rechtlicher Fehler und ein schweres Versäumnis, dass sie die Minuten, in denen mein Mandant in der Ludwig-Wucherer-Straße in Lebensgefahr schwebte, nicht als das betrachten wollen, was es war: ein Mordversuch.

Der Angeklagte hat hier zumindest bedingt vorsätzlich gehandelt. (...)

Gemessen an diesen Grundsätzen und bei der gebotenen Gesamtschau muss der Senat im vorliegenden Fall einen bedingten Vorsatz des Angeklagten bejahen. [...]

Ein gewichtiges Indiz bei der Prüfung, ob ein Vorsatz oder etwa eine (bewusste) Fahrlässigkeit vorliegt, kann die Motivlage des Täters im Rahmen der gebotenen umfassenden Gesamtwürdigung aller Umstände sein. Auch wenn der mit bedingtem Tötungsvorsatz handelnde Täter in Verfolgung eines anders gelagerten Handlungsantriebs in der Regel über kein Tötungsmotiv verfügt, kann die Art der Beweggründe für die Prüfung von Bedeutung sein: Nahm der Täter, gemessen an der Stärke des ihn treibenden Handlungsimpulses, um des angestrebten Zieles willen die Tötung eines anderen Menschen billigend in Kauf? [...]

Der Angeklagte hatte nach seinem Scheitern an der Synagoge nur noch ein Ziel, nämlich so viele Muslime und Ausländer wie möglich zu töten. Er hatte sich diesem Ziel so sehr verschrieben, dass er bereit war, hierfür zu sterben.

Es kam dem Angeklagten mitnichten nur darauf an, der Polizei zu entkommen, um seine Flucht fortsetzen zu können. Vielmehr wollte er primär den Widerstand der Polizisten brechen und überwinden, um weiter Muslime töten zu können. Gleichzeitig stellte die Polizei a priori ein weiteres untergeordnetes Anschlagsziel für den Angeklagten dar. Die Bundesanwaltschaft hat hier willfährig das Narrativ des Angeklagten übernommen, wonach der Angriff auf die Polizei durch den Angeklagten nur schweren Herzens erfolgte. Sie geht dem Angeklagten dabei auf den Leim und vernachlässigt seine dem Terroranschlag zugrunde liegenden Feindbilder. Die vom Angeklagten im Rahmen der Tatvorbereitung erstellten Dokumente belegen seine Gesinnung und seine Beweggründe. In dem als »pre-action Report« betitelten Dokument benennt er auch Polizeibeamte in ihrer Funktion als Staatsbedienstete als seine Feinde und mögliche

Anschlagsopfer. Jeder der vom Angeklagten als Angriffsziel auserkorenen Gruppenangehörigen hätte also jederzeit von ihm getötet werden können.

Dem Angeklagten war es daher zumindest gleichgültig, ob er Muslime bei seinem Schusswechsel mit der Polizei tötet. Und schon Gleichgültigkeit gegenüber dem zwar nicht erstrebten, wohl aber hingenommenen Tod des Opfers rechtfertigt die Annahme eines bedingten Tötungsvorsatzes. [...]

Der Angeklagte konnte dabei auch nicht damit rechnen, dass sich Passanten vom Mordgeschehen entfernen. Er wusste spätestens nach der Ermordung von Jana Karin Lange, dass das Gegenteil der Fall ist. Spätestens zu diesem Zeitpunkt wusste der Angeklagte, dass nicht für jeden erkennbar war, welches Ansinnen er verfolgt. So hat sich auch Jana Karin Lange nicht von der Synagoge entfernt, sondern hat sich auf diese in völliger Arglosigkeit zubewegt. Dass sich eine Vielzahl von Passanten zum Anschlagszeitpunkt auf der Ludwig-Wucherer-Straße befand, hat sodann auch die Beweisaufnahme bestätigt, auch wenn die Bundesanwaltschaft in ihrem Schlussvortrag das Gegenteil behauptet hat. Der Polizeibeamte und Nebenkläger Luderer hat vor seiner Schussabgabe ca. fünf Zivilpersonen am rechten Fahrbahnrand wahrgenommen. Auf dem linken Fußgängerweg hat die Polizeibeamtin und Nebenklägerin Bernhard ihrerseits Passanten gesehen.

Schließlich kommt es auch nicht darauf an, ob der Angeklagte potenzielle Opfer visuell wahrgenommen hat – entscheidend ist allein, dass ihm letztlich gleichgültig war, ob sich jemand im Einschlagsradius der Projektile befand. Diesen schon lange in der Vorsatzdogmatik anerkannten Zusammenhang hat zuletzt das Urteil des Landgerichts Berlin vom 26. März 2019 – (532 Ks) 251 Js 52/16 (9/18) deutlich gemacht, wenn es dort – insoweit mittlerweile vom BGH bestätigt (!) – bei einem »Raser« einen Tötungsvorsatz mit Blick auf den Insassen eines an einer Kreuzung gerammten Fahrzeugs angenommen hat, ohne dass es dabei darauf ankam, ob der Täter dieses Fahrzeug wahrgenommen hatte. Es verwundert, dass die Bundesanwaltschaft dieser Behauptung des Angeklagten unumwunden Glauben schenkt, wo sie doch selbst in vielen anderen Punkten dem Angeklagten nicht über den Weg traut.

Es ist doch offensichtlich, dass der Angeklagte hier eine perfide Strategie verfolgt. Seine Angaben sind keineswegs von dem Bemühen getragen, tatsächlich aufzuklären. Vielmehr geht es ihm darum, die Opfer in ihrem Kampf um Anerkennung vorzuführen und sie als Lügner hinzustellen. Das ist auch in Zusammenhang mit dem Tatgeschehen zulasten des Nebenklägers Aftax Ibrahim zu beobachten. Wenn wir jedoch eines über die Tatmotive und Strategien des Nationalsozialistischen Untergrunds gelernt haben, dann ist es doch jene sekundäre Wirkungsebene des rechten Terrors, nämlich die Herbeiführung einer Täter-Opfer-Umkehr und Erzeugung staatlichen Misstrauens gegenüber migrantischen Opfern.

Die Bundesanwaltschaft spielt mit ihrer Deutung dem Angeklagten in die Hände. Ich kann den Senat nur inständig davor warnen, ebenfalls in diese Falle zu tappen.

Im Ergebnis ist der Angeklagte wegen des Mordversuches an Ismet Tekin zu verurteilen. Er hat sich auch wegen des Mordversuches an Rifat Tekin schuldig gemacht. Den Ausführungen der Bundesanwaltschaft in diesem Fall und den weiteren Anträgen schließe ich mich an.

Meine Mandanten fühlten sich häufig von diesem Staat im Stich gelassen. Sie wurden alleingelassen, mit ihren Sorgen und ihrer wirtschaftlichen Not. Der Angeklagte hat nicht nur versucht, das Leben meiner Mandanten zu vernichten, sondern auch ihre wirtschaftliche Existenz. Dass ihm dies nicht gelungen ist, haben Ismet und Rifat Tekin in erster Linie anderen zu verdanken. Wo der Staat hätte solidarisch sein müssen, wurde nur mit den Schultern gezuckt. Ismet und Rifat Tekin wurden so wie alle Opfer rechtsextremen oder rassistischen Terrors stellvertretend für eine ganze Gruppe ausgewählt und attackiert. Sie können überhaupt nichts für das, was ihnen widerfahren ist. In solchen Fällen ist es originäre Aufgabe der Gemeinschaft, sich ohne Wenn und Aber hinter Betroffene und Verletzte zu stellen. Unterlässt sie dies, übt sie Verrat an den Opfern.

Ich möchte das eingangs erwähnte Zitat von Zofia Nalkowska wiederholen: »Das haben Menschen Menschen angetan.« Menschen können einander schreckliche Dinge antun. Genauso wahr jedoch ist, dass den Ungerechten ebenso viele, wenn nicht sogar mehr Gerechte gegenüberstehen. Menschen, die sich der Mitmenschlichkeit verpflichtet haben. Mitmenschen, die durch ihren unermüdlichen Einsatz für die Schwächsten unter uns deren Last und Bürde buchstäblich mittragen. So wie die jungen Leute, die an jedem Prozesstag bei Regen und Wetter vor dem Gerichtsgebäude auf dieses Verfahren hier aufmerksam machen und mit den Überlebenden solidarisch sind. Den Schmerz und die Verzweiflung mitgetragen hat auch das Team der Mobilen Opferberatung, das, wenn es sein musste, Tag und Nacht an der Seite meiner Mandanten stand und sie in jeder Hinsicht unterstützt hat. Ergreifend ist auch das immens große Engagement der Studierenden aus der Jüdischen Gemeinde, die mit einer großzügigen Kampagne mitgeholfen haben, die finanziellen Folgen des Anschlags auf den »Kiez Döner« abzufedern. Viele Menschen in Halle und anderen Teilen Deutschlands haben sich solidarisch mit den Überlebenden gezeigt und die Werte unseres Zusammenlebens erneuert und Hoffnung gestiftet. Ihnen allen gebührt unser Dank.

Hoffnung hat auch dieses Gericht gestiftet, auch ihm gebührt ein großer Dank. Die Überlebenden haben vor einem Gericht Zeugnis abgelegt, welches sich schützend vor sie gestellt hat. Es hat Hass und Häme des Angeklagten nicht geduldet. Hierbei hat es in beispielloser Weise den Opfern den Raum und würdigen Rahmen gegeben, das Erlebte und ihren Schmerz mit der Welt zu teilen. Der hessische Generalstaatsanwalt Fritz Bauer klagte mit Blick auf den Frankfurter Auschwitz-Prozess:

»Deutschland würde aufatmen, und die gesamte Welt und die Hinterbliebenen derer, die in Auschwitz gefallen sind, und die Luft würde gereinigt, wenn endlich einmal ein menschliches Wort fiele.«

Fritz Bauer wäre zufrieden gewesen mit diesem Verfahren, denn dieses war ein menschliches.

Am 21. Dezember 2020 verurteilte das OLG Naumburg Stephan Balliet u. a. wegen zweifachen Mordes und mehrfachen Mordversuches zu einer lebenslangen Haftstrafe und stellte die besondere Schwere der Schuld fest. Zudem wurde die Sicherungsverwahrung angeordnet. Hinsichtlich der Taten gegen Ismet

Tekin und Aftax Ibrahim folgte das Gericht der Auffassung der Bundesanwaltschaft. Hier erfolgte lediglich eine Verurteilung wegen fahrlässiger Körperverletzung und Gefährdung des Straßenverkehrs. Ismet Tekin und Aftax Ibrahim haben gegen diesen Teil des Urteils Revision eingelegt.

Schlussbetrachtung

1. Das Versagen der Weimarer Justiz

»Das ist keine schlechte Justiz. Das ist keine mangelhafte Justiz. Das ist überhaupt keine Justiz.«[609]

Mit diesen Worten kommentierte Kurt Tucholsky das milde Urteil gegen zwei rechtsextreme Angeklagte, die 1922 versucht hatten, einen politisch Andersdenkenden zu ermorden. Der wortgewaltige Tucholsky lag mit der Formulierung jedoch nicht ganz richtig: Hätte er von *Gerechtigkeit* statt von *Justiz* gesprochen, wäre seine Feststellung richtig gewesen: Es ist keine Gerechtigkeit, wenn Richter rechtsextreme Beinahe-Mörder ungeschoren davonkommen lassen. Eine Justiz war durchaus vorhanden, allerdings war es keine neutrale Justiz, sondern eine nationalkonservativ politische Justiz, die im Namen des Volkes Recht sprach.

Polizeibehörden, Staatsanwaltschaften, Gerichte: Sie haben in vielen bekannten, aber in noch mehr unbekannten Fällen ein unglaubliches Maß an Verständnis, an Nachsicht für Straftaten von alten und neuen Nazis aufgebracht. Manchmal wurden dabei die Grenzen zur Strafvereitelung im Amt und zur Rechtsbeugung überschritten. Wie kam es dazu?

Nach dem Ersten Weltkrieg änderte sich das politische System Deutschlands: Aus einer semi-parlamentarischen Monarchie wurde eine Demokratie. Am 14. August 1919 war mit der Weimarer Verfassung die erste demokratische Verfassung Deutschlands in Kraft getreten. In der Politik fand ein partieller Elitenwechsel statt. Parteien und Politiker, denen bis dahin ein Existenzrecht allenfalls in der Opposition zugestanden wurde, übernahmen nun Regierungsverantwortung. Zwei Bereiche des öffentlichen Lebens erlebten indes keinen oder kaum Wechsel in ihrer personellen Zusammensetzung: das Militär und die Justiz. Gerade diese Bereiche waren aber für das Überleben der jungen Demokratie von überragender Bedeutung.

Die neue demokratische Führung des Landes ließ die personelle Zusammensetzung der Justiz aus der Kaiserzeit weitgehend unangetastet. Zum einen war es die reine Not: Ein Komplettaustausch hätte zu einem Totalausfall der Justiz geführt. Vor allem aber herrschte die Hoffnung, dass sich der Justizapparat der Demokratie annähern und sich schließlich mit ihr versöhnen würde. Neue Gesetze sollten dabei helfen, den alten Richtern das neue System näherzubringen, und ihnen auch das Instrumentarium an die Hand geben, die junge Demokratie gegen ihre inneren Feinde zu schützen. Als Beispiel sei das Republikschutzgesetz von 1922 bzw. in seiner Fassung von 1932 genannt. Es trat nach der Ermordung von Reichsaußenminister Walther Rathenau in Kraft und gestattete Gerichten, Organisationen zu verbieten, die sich gegen die »verfassungsmäßige republikanische Staatsform« richteten. Zudem wurden die Strafen für politisch motivierte Gewalt verschärft. Das Gesetz konnte also sowohl gegen Organisationen als auch gegen Einzelpersonen angewandt werden.

Schnell wurde zweierlei deutlich: Zum einen hing es von den politischen Umständen in den jeweiligen Bundesstaaten ab, ob und wie das Gesetz angewandt wurde. Im größten Teilstaat der Republik, im Freistaat Preußen, nutzte die politische Polizei das Gesetz intensiv gegen Demokratiefeinde, auch und besonders gegen jene aus dem rechtsextremen Milieu. Dort regierten von 1919 bis 1932 durchgehend demokratische Parteien. Von 1920 bis 1932 führte der Sozialdemokrat Otto Braun in unterschiedlichen Koalitionen die Regierungsgeschäfte. Die politische Exekutive wirkte personell wie ideell auf die Polizei und die Staatsanwaltschaften ein, mit beachtlichem Erfolg: Ab Ende der 1920er-Jahre wurde die NSDAP überwacht, einzelne ihrer Gliederungen wurden verboten, und etwa 200-mal erging ein Publikationsverbot gegen NS-Zeitungen. In 29 Fällen erfolgte in Preußen ein Parteiverbot, während dies in Bayern kein einziges Mal geschah. Auf Grundlage des *Republikschutzgesetzes* wurden insgesamt 37 Parteien verboten. In 34 Fällen war die NSDAP bzw. eine ihrer Nachfolgeparteien betroffen, in drei Fällen waren es die KPD und ihr nahestehende Organisationen.

Ein gänzlich anderes Bild ergab sich hingegen bei der strafrechtlichen Verfolgung von *Personen*. Das Republikschutzgesetz war als Reaktion auf einen rechtsextremen Mord geschaffen worden – Rathenau war deutscher Jude. Obgleich der weitaus größte Teil politischer Gewalt während der Weimarer Republik auf das Konto von Rechtsextremen ging,[610] wurde das Gesetz vor allem gegen Linke eingesetzt. Zu diesen zählte u. a. der spätere Friedensnobelpreisträger Carl von Ossietzky. Er war Herausgeber der Zeitschrift *Die Weltbühne* und hatte dort 1929 einen Artikel unter dem Titel »Windiges aus der deutschen Luftfahrt« veröffentlicht, in dem es um die gegen den Vertrag von Versailles verstoßende, geheime Aufrüstung der Reichswehr ging. Dafür wurde er wegen publizistischen Landesverrats mit 18 Monaten Gefängnis bestraft. Tucholsky reagierte mit deutlichen Worten auf das Urteil: »Ich beuge mich nicht der in roten Sammet gehüllten Majestät des Reichsgerichts, sondern bleibe als Insasse einer preußischen Strafanstalt eine lebendige Demonstration gegen ein höchstinstanzliches Urteil, das in der Sache politisch tendenziös erscheint und als juristische Arbeit reichlich windschief.«

Das Grundproblem blieb trotz neuer Gesetze bestehen, denn die Rechtsanwender, vor allem in der Person von Richtern, blieben die alten. Problematisch war dabei nicht etwa ein hoher Anteil von Nationalsozialisten in der Richterschaft, denn das war, jedenfalls bis 1933, nicht der Fall. Problematisch war vielmehr zum einen das Selbstverständnis der Richterschaft: Sie definierte sich selbst nicht nur – verfassungskonform – als politisch unabhängig, sondern insgesamt als unpolitisch. Den Vorwurf einer undemokratischen Grundhaltung wies sie pauschal mit dem Hinweis auf ihre Unabhängigkeit zurück. Dabei verortete sich die Richterschaft in einer Sphäre jenseits der Politik, gewissermaßen über ihr schwebend. Der Richterbund erklärte für seine Mitglieder, dass diese Recht sprechen sollten »zu Nutz und Frommen des deutschen Volkes«[611] und nicht etwa zum Nutzen von Demokratie und Republik. Nur notdürftig in das Gewand einer Kritik am Parteienstaat gehüllt, artikulierte sich aus den Reihen der Richterschaft eine Ablehnung der Demokratie. Ganz ähnlich wie in den Reihen des hohen Militärs sah man sich als wahrer Sachwalter der Interessen von Staat und Volk. Parteien betrieben Politik, während Richter nichts mit Parteien zu schaffen hatten und daher unpolitisch waren – so das scheinlogische Mantra der Richterschaft.

Die Missachtung des Parlamentarismus schlug sich dann auch in der Rechtsprechung nieder, insbesondere im Kontext politischer Straftaten. Wenn Gesetze, die zwar im parlamentarischen Ablauf demokratisch beschlossen und verabschiedet worden waren, mit der Weltsicht der Richterschaft kollidierten, wandten sie sich von der Bindung an das geschriebene Recht ab und einem selbst definierten höherrangigen Recht zu und entschieden in diesem Sinne. Schließlich oblag ihnen der Schutz der »hohen sittlichen Güter des Volkes«[612]. Parteien mögen Gesetze auf den Weg bringen und Kanzler stellen. Aber den Staat repräsentieren sie gemäß dieser Weltsicht nicht. Der Staat – das sind seine Beamtenschaft und seine hohen Richter.

Die Justiz der Weimarer Republik und insbesondere ihre Richterschaft waren weitgehend homogen. Sie rekrutierte sich zum allergrößten Teil aus Männern, die noch in der Monarchie berufen oder zu Kaisers Zeiten ausgebildet worden waren.[613] Soziologisch betrachtet stammten die meisten Richter aus dem mittleren bis hohen Bürgertum. Viele Richter kamen aus Richterfamilien. Politisch war die Richterkaste stramm konservativ bis nationalistisch geprägt.

Diese Kaste war mit sich und der Welt im Kaiserreich sehr zufrieden. Sie hatte kein Interesse daran, an den Zuständen etwas zu ändern. Zahlreich sind die Richter-Aufsätze aus jenen Tagen, die sich damit befassen, wieso jemand aus dieser oder jener Gruppe unmöglich Richter werden könne. Frauen? Zu emotional, um sich ganz sachlich eines Falles annehmen und weise urteilen zu können. Juden? Aber bitte! Einem Deutschen und Christen ist nicht zuzumuten, sich dem Urteil eines Juden zu unterwerfen. Sozialdemokraten? Abgesehen von allem anderen: Sozialdemokraten sind viel zu sehr in ihrer Weltanschauung verhaftet, um unpolitisch und objektiv urteilen zu können.

Mit der Dolchstoßlüge exkulpierten sich die alten Eliten aus Adel und Militär von jeder Verantwortung für Krieg und Niederlage, für millionenfaches Sterben und das Elend breiter Massen. Zugleich konnten sich aber auch die alten Eliten aus dem Bürgertum von aller Schuld befreit sehen. Ihre Kriegsbegeisterung und ihre Annexionsfantasien hatten zum Kriegsausbruch und zur langen Dauer des Krieges beigetragen, aber für die Niederlage waren andere verantwortlich: Linke und Juden. Anders als der Adel waren die Richter auch nach 1918 unangetastet in Amt und Würden.

Mit der Dolchstoßlüge hatten Rechtsextreme ein anschlussfähiges Großthema im Angebot, das für weite Teile der Bevölkerung attraktiv war und das auch von der Richterschaft dankbar angenommen wurde. Anstatt sich einer ehrlichen Diskussion über die eigene Mitverantwortung für Krieg und Niederlage zu stellen, schlüpften die alten Eliten inklusive der Richterschaft nun in eine Opferrolle, wobei die Rolle Deutschlands als Opfer eines Verrats und das eigene Sein als Opfer miteinander verschmolzen. Der Versailler Vertrag war aus dieser Warte eine einzige in Worte gemeißelte Ungerechtigkeit. Die Kriegsschuld aufgebürdet! Die hohen Reparationen! Die verlorenen Gebiete! Stimmen, die auf die deutsche Mitschuld hinwiesen, waren selten zu hören und wurden niedergebrüllt. Dass die deutschen Kriegsziele für einige Länder eine Art Vasallendasein vorsahen und Staaten wie Belgien zumindest teilweise annektiert werden sollten, war kein Thema.

Aus der bequemen Opferposition heraus erwuchs aber auch der Anspruch auf Wiedergutmachung, selbst auf Rache, um die Ungerechtigkeit gegenüber Deutschland und der eigenen Person zu tilgen. Rechtsextreme Verbrecher wurden so zu Menschen, für deren Anliegen man viel Verständnis haben durfte, waren es doch auch die eigenen Anliegen. Rechtsextreme waren zuweilen grob in ihren Mitteln, zweifelsohne, aber lebte man nicht ohnehin in groben Zeiten?

Hinzu kam ein Staatsverständnis, welches kompatibel erschien: ein autoritärer Nationalstaat, ausgestattet mit und gelenkt von einer Beamtenschaft, die seinen Interessen diente und nicht etwa dem Bürger oder dessen gewählten Volksvertretern. Hingegen wurden Linke als international und staatsfeindlich gebrandmarkt. Gerade in den Monaten nach dem Krieg begegnete man allem, was sozialistisch war oder so angesehen wurde, in konservativen Kreisen mit Furcht und Abscheu. Sozialismus, Bolschewismus und Anarchie wurden synonym als Schreckensszenario beschrieben, mit Schaudern verwies man auf die Zustände im bolschewistischen Russland.

Erschwerend kam noch ein Antisemitismus hinzu, der eine lange traurige Tradition in Beamtenschaft und in Justiz hatte. Dieser Antisemitismus wurde nun angereichert mit der Ineinssetzung von Judentum und Sozialismus bzw. Kommunismus. Die Schreckenstaten der Bolschewiki lastete man unmittelbar den Juden an. Der Kampf gegen Umsturz und Revolution und der Kampf gegen »das Judentum« erschienen als zwei Seiten ein und derselben Medaille. Zum anderen betrachtete man Juden als Verkörperung von Sozialismus und Kommunismus, Kosmopolitismus und Internationalismus, was in krassem Gegensatz zur Idee einer deutschen Nation stand. Kurz gesagt: Juden und alles, wofür sie – angeblich – politisch standen, waren Fremdkörper, konnten nicht wirklich deutsch sein. Rechtsextreme hingegen waren deutsch.

Die Milde der Weimarer Justiz gegenüber Rechtsextremen hing nicht so sehr mit einer großen Zahl von Rechtsextremen in der Justiz zusammen, die sich eher im Rahmen hielt. Auch hieß man mit einigem Standesdünkel die Methoden der Rechtsextremisten nicht unbedingt gut. Deren politische Ziele stießen jedoch auf breite Zustimmung.

Natürlich hätten die demokratischen Regierungen nach 1918 schwerlich den gesamten Justizapparat auswechseln können. Allerdings hätten sie durchaus einzelne personelle Veränderungen gerade im sensiblen Bereich der Staatsschutzjustiz vornehmen können und auch müssen. Zudem hätten sie eine dynamischere personelle Durchmischung und Erneuerung des Justizwesens einleiten müssen. Dies wäre vorrangig Aufgabe der Bundesstaaten gewesen, die jedoch an dieser Aufgabe scheiterten oder diese Aufgabe gar aus politischen Gründen sabotierten. Eine entschlossene politische Führung hätte die ihr zur Verfügung stehende exekutive Macht in der Strafrechtspflege deutlich stärker für den Ausbau demokratischer Strukturen einsetzen müssen. Dem Druck, aufgebaut durch Ermittlungsverfahren der Polizei und der Staatsanwaltschaften, hätte sich auch die Richterschaft nicht gänzlich entziehen können, ohne in den Verdacht der offenen Kumpanei und Rechtsbeugung zu geraten.

Die Reichsregierung und ebenso die Landesregierungen hätten schließlich und endlich Richter und Staatsanwälte, die sich ganz offenkundig an der Grenze zur Rechtsbeugung bewegten, aus dem Dienst entfernen müssen. Dies geschah jedoch in keinem einzigen Fall.

2. Die alliierten Siegermächte und ihr Versuch, Gerechtigkeit zu bewirken

In diesem Buch sollte es ursprünglich ausschließlich um den Umgang der deutschen Justiz mit rechtsextremen Verbrechen gehen. Die alliierte Strafverfolgung ahndete zwar Verbrechen, die durch Deutsche geplant oder ausgeführt worden waren. Auch fanden diese Prozesse in Nürnberg und anderen Orten in Deutschland statt. Doch hatte die deutsche Justiz mit all dem wenig zu tun. Die Prozessordnung war ebenso wenig deutsch wie die Ankläger und Richter. Dennoch sind die Nürnberger Prozesse und die Folgeprozesse wichtig für die Frage des Umgangs der deutschen Justiz mit NS-Verbrechern. Interessant ist das Vorgehen der Alliierten auch mit Blick auf die deutsche Reaktion.

Große Teile der Öffentlichkeit sprachen den Alliierten die Legitimität ab, Recht über deutsche Angeklagte zu sprechen. Kirchenvertreter halfen Nazi-Verbrechern bei der Flucht nach Südamerika und in andere Orte im Ausland. Nachkriegspolitiker von SPD, CDU, CSU und FDP reichten für verurteilte NS-Verbrecher Gnadengesuche bei den Alliierten ein. Kaum ließ mit dem aufkommenden Kalten Krieg der alliierte Verfolgungsdruck nach, setzte die bundesdeutsche Amnestiemaschinerie ein. Deutsche Gerichte assistierten dabei mit überdurchschnittlichem Engagement. Erst mit dem Ulmer Einsatzgruppen-Verfahren und dem Auschwitz-Prozess zeigte die Strafjustiz, dass NS-Verbrechen auch vor deutschen Gerichten geahndet werden können.

Mit der kalten Amnestie durch die Hintertür Ende der Sechzigerjahre wurden in Hunderttausenden von Fällen die rechtlichen Grundlagen für die staatliche Strafvereitelung für NS-Verbrechen geschaffen. Mit der TV-Serie *Holocaust* Ende der Siebzigerjahre brach zwar das jahrzehntelange Schweigen der bundesdeutschen Öffentlichkeit über den deutschen Massenmord. Doch hatte die daraufhin einsetzende Diskussion keinen Einfluss auf die strafrechtliche Verfolgung von NS-Tätern, die noch zahlreich in Deutschland lebten und deren Existenz mitsamt den ihnen zur Last gelegten Straftaten den Strafverfolgungsbehörden durchaus bekannt war. Schließlich fiel die Mauer, und Deutschland hatte andere Sorgen als die Frage, ob man als Nation angesichts der noch sehr nahen Vergangenheit – eigentlich wieder?, noch? – ohne Scham in den Spiegel schauen konnte.

Warum war das so? Die große Mehrheit der Deutschen wollte bereits mit der Vergangenheit abschließen, als die Leichen von Hitler und Goebbels noch rauchten. Eine Auseinandersetzung mit der Vergangenheit hätte eine Auseinandersetzung mit der eigenen Person vorausgesetzt. Diesen Blick in den Spiegel scheuten viele, was menschlich verständlich erscheinen mag, in seiner gesellschaftlichen Gesamtwirkung jedoch verheerend war.

Zudem wirkte im Kontext der juristischen Aufarbeitung der NS-Vergangenheit auch die Dynamik der gesellschaftlichen Debatten nach dem Ersten Weltkrieg nach. Die Forderung, Gerechtigkeit walten zu lassen, wurde von vielen Deutschen nur zu gerne als Ausdruck »fremder« Machtbestrebungen angesehen. Solidarität mit den deutschen Volksgenossen war gelebter Patriotismus, auch wenn er Männern und Frauen zugutekam, die unzählige Menschenleben auf dem Gewissen hatten. Getrieben wurde diese Solidarität auch von dem generellen Unwillen, sich überhaupt mit der jüngsten Vergangenheit auseinanderzusetzen, weder auf individueller noch auf gesellschaftlicher Ebene. Der

Schlussstrich war ein verlockender Weg, sich nicht eingestehen zu müssen, dass man auch persönlich Schuld auf sich geladen hatte. Zahlreich sind die Erinnerungen von KZ-Überlebenden, die nach dem Krieg zurückkehrten und feststellen mussten, dass ehemalige Nachbarn oder Kollegen nichts von dem in Konzentrationslagern und Todesmärschen erlittenen Leid wissen wollten und stattdessen ungefragt und fast zwanghaft von ihren Leiden berichteten und damit suggerierten, selbst schließlich auch Opfer zu sein.

Beim staatlichen Juristenstand kam noch hinzu, bereits vor 1933 nicht zu den Verteidigern der Demokratie gehört zu haben und zumindest *mit*verantwortlich für die Machtübernahme der Nazis gewesen zu sein. Zwischen 1933 und 1945 fungierten Juristen vielfach als Teil des NS-Unterdrückungsapparats. Nach dem Ende des Krieges wollten Juristen weder über Verantwortung noch über Schuld sprechen. Es gab keinen Moment des kollektiven Innehaltens, keinen Blick in den Abgrund, keine selbstkritische Bestandsaufnahme bei Richtern und Staatsanwälten. Es verwundert daher nicht, dass von einem Justizapparat, der so gnädig mit sich selbst umging, keine Gerechtigkeit beim Umgang mit Nazi-Angeklagten zu erwarten war.

Dieser Umgang mit den alten Nazis blieb nicht ohne Folgen für den Umgang mit Neonazis. Wieso sollte man Strenge zeigen bei Menschen, deren geistige Vorväter man de facto amnestiert hatte, zumal die Alten mit millionenfachem Mord davongekommen waren?

Hinzu kam die politische Großwetterlage im Kalten Krieg: Die große Gefahr war nun der Kommunismus. Ein Wahlslogan der CDU bei der Bundestagswahl von 1954 lautete »Alle Wege des Marxismus führen nach Moskau. Darum CDU.« Im ersten Schritt wurden Deutsche, die anderer Auffassung waren bei Themen wie Wiedervereinigung, Westbindung oder bei der Frage der Wiederbewaffnung, als Marxisten oder dem Marxismus nahestehend stigmatisiert. Im zweiten Schritt erklärte man sie dann zur fünften Kolonne Moskaus. Damit waren die Prioritäten bei den Themen der inneren wie der äußeren Sicherheit gesetzt.

Zugleich konnte man nun auch bei der Kommunistenbekämpfung ohne Skrupel auf Personal zurückgreifen, das sein Handwerk bereits unter Hitler gelernt und ausgeübt hatte. So wimmelte es bald bei der Polizei des Bundes und der Länder, beim Bundeskriminalamt wie bei den Landeskriminalämtern, bei den Verfassungsschutzbehörden wie beim Bundesnachrichtendienst von Männern, die zuvor bei der Gestapo, beim Sicherheitsdienst, im Reichssicherheitshauptamt und bei der Abteilung Fremde Heere Ost tätig gewesen waren. Wieso sollten diese Männer besonders engagiert sein, wenn es um die Umtriebe von Nazis ging?

Die Prioritäten waren klar, zumal auch die Westallierten kein Problem mehr in der Zusammenarbeit mit Alt-Nazis sahen. Mehr noch: Gerade US-amerikanische Geheimdienste machten sich ab den 1950er-Jahren daran, in den europäischen NATO-Staaten rechtsradikalen Untergrundorganisationen beim Aufbau, der Finanzierung und der Bewaffnung zur Seite zu stehen, damit diese im Falle einer sowjetischen Besatzung Westeuropas einen Guerillakrieg führen konnten. Diese Organisationen waren personell oft eng verbunden mit den Streitkräften und dem Polizei- und Geheimdienstapparat. Dass diese Stay-Behind-Organisationen Todeslisten erstellten, mit Tausenden Namen von linken Politikern, Journalisten, Gewerkschaftern und Friedensaktivisten, die im Falle eines Krieges als Erste ermordet werden sollten, störte niemanden. Im Gegenteil: Die Vernichtung des inneren Feindes war Teil des Kampfes gegen den äußeren Feind, und beides war nicht voneinander zu trennen.

Natürlich wurden auch in der Bundesrepublik in der Zeit bis

zur Wiedervereinigung alte und neue Nazis angeklagt und verurteilt. Aber es waren die Ausnahmen von der Regel. Der Feind stand rechts, aber gesucht und verfolgt wurde er vor allem links.

3. Die DDR und ihre Propaganda

Für die DDR hingegen schien die Welt ganz einfach zu sein: Der Feind stand rechts, und rechts war gleichbedeutend mit dem kapitalistischen Westen. Dort wurde der Feind gesucht und in Form alter Nazis auch gefunden. Damit war die DDR in der komfortablen Situation, mit dem Finger auf die Bundesrepublik zeigen und von eigenen Problemen bei der Aufarbeitung und Verfolgung von NS-Verbrechen ablenken zu können. Hinzu kam, dass sich die DDR in einer schwierigen außenpolitischen Situation befand. Sie kämpfte um ihre internationale Anerkennung als Staat. Für diesen Zweck war es hilfreich, wenn man sich selbst als einziger deutscher Staat präsentieren konnte, der konsequent mit der NS-Vergangenheit aufgeräumt hatte.

Der Sozialismus hatte schnell, verdächtig schnell, das Thema Faschismus »aufgearbeitet«. Nach den Schauprozessen in Waldheim 1950 galt das Kapitel der NS-Verbrechen als weitgehend abgeschlossen. Tatsächlich hatte es sich jedoch um reine Schauprozesse gehandelt, die sich meist gegen unbedeutende Mitläufer richteten und eine konsequente Aufarbeitung der NS-Vergangenheit lediglich suggerieren sollten. Verbunden mit der entsprechenden Propaganda und der Einfügung eines Art. 6 in die Verfassung (»die Deutsche Demokratische Republik ... hat auf ihrem Gebiet den deutschen Militarismus und Nazismus ausgerottet«), wollte die Staatsführung klarstellen, dass man mit der NS-Vergangenheit aufgeräumt und – im Gegensatz zur Bundesrepublik – mit diesem dunklen Kapitel der deutschen Geschichte abgeschlossen habe.

Die Propaganda konnte sich nun mithilfe diverser Braunbücher voll und ganz auf die Verortung von Alt-Nazis in Westdeutschland konzentrieren. Ein Konzept, das sehr gut funktionierte und die westdeutsche Politik in arge Bedrängnis brachte. Mit ihren Veröffentlichungen gelang es der DDR immer wieder, internationale Reaktionen hervorzurufen, die die Bundesrepublik zwangen, auf Anschuldigungen zu reagieren und vor allem zu handeln. Nicht zu Unrecht sehen Historiker daher die Kampagnen der DDR als wichtigen Beitrag zu einer Wende bei der westdeutschen Strafverfolgung von NS-Tätern. An die Erfolge der Ostberliner Veröffentlichungen hingegen konnten das in Westberlin recherchierte Buch *Ehemalige Nationalsozialisten in Pankows Diensten* und später das Braunbuch *DDR. Nazis in der DDR* (mit immerhin 876 Namen) zu keinem Zeitpunkt anknüpfen. Die Propaganda der DDR funktionierte insgesamt so gut, dass auch heute noch die meisten Menschen glauben, in der DDR wären NS-Verbrecher konsequenter verfolgt worden bzw. es hätten gar keine Probleme mit alten und neuen Nazis bestanden.

Die Wahrheit sah jedoch ganz anders aus. Zwar hatte man die Justiz durch den Einsatz sogenannter Volksrichter erfolgreich entnazifiziert, das Problem bestand jedoch in der Einflussnahme staatlicher Stellen auf die Justiz. Diese musste den staatlichen Vorgaben folgen. Und die Vorgaben bestanden aus einem schlichten Schwarz-Weiß-Schema: der Bundesrepublik mit ihrem Nazi-Problem auf der einen und der DDR als sozialistischem und nazifreiem Staat auf der anderen Seite.

Während einerseits die staatliche Propaganda sehr geschickt und intensiv die Karrieren alter Nazis in West-Deutschland aufdeckte, war man andererseits gezwungen, sich im Hinblick auf Nazis in den eigenen Reihen keine Blöße zu geben. Daher wurde die Existenz von Nazis und Rechtsradikalen aus politischem Kalkül verschwiegen. NS-Verbrecher wurden entweder von der Stasi mundtot gemacht, in aller Stille verurteilt oder nur dann vor

Gericht gestellt, wenn es mit Blick auf den Klassenfeind gerade ins Kalkül passte. Genau in dieses Kalkül passte der Prozess gegen Horst Fischer. Denn mit diesem Prozess konnte die DDR der Welt zeigen, dass man – im Gegensatz zu den bundesrepublikanischen Auschwitz-Prozessen – nicht nur bereit war, den Hintergrund in Form der Verstrickung westdeutscher Industriekonzerne zu beleuchten, sondern auch mit aller Härte urteilte.

Letztlich war es aber immer das Ministerium für Staatssicherheit, das darüber entschied, wer wann als alter Nazi gebrandmarkt werden durfte oder nicht bzw. in welcher Form sich alte Nazis für den Staat nützlich machen und sich damit von ihrer Schuld gewissermaßen freikaufen konnten. Die fraglichen Personen wurden unter Druck gesetzt und konnten beispielsweise hilfreiche Spitzeldienste durchführen. Das MfS rekrutierte darüber hinaus aber auch aktiv Mitarbeiter, die bereits aus ähnlichen Positionen in der NS-Zeit heraus nützliche Erfahrungen mitbrachten. Außerdem hatte man keinerlei Skrupel, Mitarbeiter aus Westdeutschland zu rekrutieren, die erheblich belastet waren.

Grundkonzept des Umgangs mit Nazis war demnach ein rein politisches Kalkül. Nach außen wahrte man den Schein des antifaschistischen und nazifreien Staates, der keine Gnade gegenüber NS-Verbrechern kannte. Für eine Strafverfolgung besaß man noch dazu die entsprechenden rechtlichen Mittel, nämlich Strafrechtsnormen, die eine breite Verfolgung der am NS-Völkermord beteiligten Täter ermöglichten, ohne dass jeweils einzelne konkrete Tötungsdelikte individuell nachgewiesen werden mussten. Statt diese Mittel zu nutzen, ließ die DDR jedoch zahlreiche Täter wissentlich ungestraft. Hinzu kam, dass man sich nach Abschluss der Waldheimer Prozesse bei der strafrechtlichen Verfolgung des Faschismus quasi selbst Dispens erteilt hatte. Die Ermittlungsbehörden zeigten keinerlei Bemühungen, weitere Täter zu ermitteln. Vor dem Hintergrund des zugrunde liegenden politischen Kalküls war dies konsequent. Denn bei jedem weiteren, in der DDR entdeckten NS-Täter drohte der Glaubwürdigkeitsverlust des gesamten Systems. Das trifft auch auf die Verfolgung von Neonazis zu, deren Existenz wohlweislich verschwiegen wurde.

Tatsächlich sah die Bilanz in der DDR so aus, dass bis 1950 zwar 13 000 Personen wegen NS-Delikten verurteilt worden waren, sich von diesen 1956 aber nur noch 34 Personen in Haft befanden. Dieses ernüchternde Ergebnis erinnert dann doch sehr stark an die Verhältnisse in der Bundesrepublik.

4. Den Einheitsfeiern folgen die Pogrome: Deutschland nach 1990

Teile der Berliner Mauer standen noch, als Deutschland die ersten Pogrome seit 1945 erlebte. Überall in Deutschland brannte es. In Hoyerswerda und in Rostock, in Mölln und in Solingen. Dafür verantwortlich waren auch demokratische Parteien, die jeden Tag mit einer »Das-Boot-ist-voll«-Rhetorik die »Asylantenflut« beklagten, eine Grundgesetzänderung forderten und am Ende dieses Ziel auch erreichten.

Der Sicherheits- und Justizapparat gab bei alledem kein gutes Bild ab. Obgleich sich die Übergriffe Tage vorher abzeichneten, wurden sie nicht verhindert. Auch konnte von einer umfassenden juristischen Aufarbeitung der zahlreichen gegen die Heimbewohner gerichteten Straftaten nicht die Rede sein. So mussten nur drei der Brandstifter und Angreifer aus Rostock-Lichtenhagen Haftstrafen absitzen, obwohl geschätzt vierhundert Personen beteiligt waren. Von den 40 Verurteilungen erfolgten lediglich zwei wegen versuchten Mordes.

Wenn es wie nach den Morden von Lübeck oder Mölln zu Anklagen kam, wurden teilweise die Falschen angeklagt, oder der politische Hintergrund wurde heruntergespielt. Hinweisen auf Kontakte von Tatverdächtigen zu Verfassungsschutzbehörden ging man nicht nach. Stattdessen wurde immer wieder versucht, den Kreis der Tatverdächtigen kleinzuhalten. So etwas wie eine »Braune RAF« durfte es nicht geben. Besonders augenfällig war diese Strategie beim staatlichen Umgang mit dem »Nationalsozialistischen Untergrund – NSU«. Bis zum heutigen Tag klammert sich die Bundesanwaltschaft an die vielfach widerlegte Legende von einem »isolierten Trio«.

Immerhin gab es einen Sinneswandel der Justiz bei der strafrechtlichen Verfolgung von Alt-Nazis. Das Verfahren gegen Iwan Demjanjuk öffnete den Weg für Anklagen gegen die Handvoll noch lebender KZ-Wachleute.

Nach den Morden von Hanau und Halle und der Ermordung Walter Lübckes scheint es bei der Bundesanwaltschaft ein Umdenken zu geben. Zum ersten Mal scheint es so, als würde man dort die Gefahr des Rechtsterrorismus ernst nehmen. Frühzeitig hat die Bundesanwaltschaft die Fälle an sich gezogen und konsequent angeklagt. Bereits zuvor hatte sie gegen Terroristen der Oldschool Society (OSS) entschlossen ermittelt und diese angeklagt. Auch ging die Bundesanwaltschaft entschlossen gegen Angehörige der »Revolution Chemnitz« vor. Jene Stimmen, die lauthals beklagen, es hätte sich nichts geändert, liegen falsch. Auch das Bundesamt für Verfassungsschutz nimmt stärker denn je rechtsextreme Umtriebe ins Visier.

Was tun?

Wir müssen akzeptieren, dass wir Schwierigkeiten mit dem Rechtsextremismus haben. Die jahrzehntelange Ignoranz hat uns ein wachsendes Problem beschert. Die Europäische Kommission gegen Rassismus und Intoleranz (ECRI) stellte im März 2020 eine neue Studie zur Situation in Deutschland vor. Diese registrierte zwischen 2014 bis 2019 eine erhebliche Zunahme von Rassismus, Islamophobie und unaufgeklärten rechtsextremen

Übergriffen. Es hätte eigentlich dieser Studie nicht bedurft. Jeder, der sehen wollte, konnte es sehen: Das vergiftete gesellschaftliche Klima nach Sarrazins Bestseller, die Wahlerfolge der AfD, die Morde von Hanau und Halle, die Problematik von Nazi-Zellen bei Polizei und Bundeswehr und vieles mehr.

Angesichts der Geschehnisse in den letzten Jahren sollte man meinen, es gäbe so etwas wie einen Konsens der Demokraten im Kampf gegen die Bedrohung, der sich diese Demokratie ausgesetzt sieht. Davon kann jedoch nicht die Rede sein.

Jeder weiß, dass wir eine Studie über Rassismus bei der Polizei brauchen, und dennoch blockieren Polizeigewerkschaften und Teile von CDU/CSU diese Studie.

Wir brauchen eine strukturelle statt einer projektbezogenen Förderung von Vereinen und Initiativen, die sich für die Demokratie und den Rechtsstaat einsetzen. Ein entsprechendes Demokratiefördergesetz ist auf dem Weg.

Wenn es um die Frage des Kampfes gegen Extremisten geht, stellt man Rechts- und Linksextremisten oft auf die gleiche Stufe. Dies entspricht der sogenannten Hufeisentheorie, der zufolge es eine demokratische Mitte gibt sowie links und rechts von ihr sich im Grunde nahestehende Extreme, die moralisch, politisch und juristisch gleichermaßen verwerflich sind. Mit anderen Worten: Rechts- und Linksextremismus werden annähernd gleichgesetzt. Dieses Bild entspricht allerdings nicht den tatsächlichen Gegebenheiten. Denn Linksextremisten stellen weder quantitativ noch qualitativ die gleiche Gefahr für unsere Demokratie dar wie Rechtsextremisten. Wenn dann noch Faschismus und Antifaschismus auf dem Hufeisen als sich gegenüberliegende Extreme betrachtet werden, ist das Bild vollends falsch. Denn Antifaschismus ist nichts anderes als die Ablehnung des Rechtsextremismus durch die demokratische Gesellschaft. Schaut man sich politische Anliegen von demokratischen Antifaschisten an, so entsprechen diese schlicht und einfach den Werten des Grundgesetzes. Unsere Verfassung ist ein antifaschistisches Manifest: Wo der Faschismus den autoritären Staat propagiert, sieht das Grundgesetz Föderalismus sowie »Checks and Balances« vor. Wo der Faschismus den Herren- und Untermenschen kennt, postuliert Artikel 3 des Grundgesetzes die Gleichheit aller Menschen. Wo im Faschismus das Leben des Einzelnen nichts zählt, bestimmt das Grundgesetz: »Die Würde des Menschen ist unantastbar.« Man kann sich nicht zum Grundgesetz bekennen, ohne Antifaschist zu sein.

Die Ansiedlung des Begriffs Antifaschismus auf dem Hufeisen als anderes Extrem des Faschismus mag allerdings in jenen Fällen nicht ganz falsch sein, in denen Feinde von Demokratie und offener Gesellschaft diesen Begriff für ihre Zwecke missbrauchen.

Eine besondere Gefahr für die Demokratie, die spezifisch von Rechtsextremen ausgeht, ist der Tatsache geschuldet, dass diese sich in besonderer Weise von Bundeswehr und Polizei angezogen fühlen. Nicht zufällig gibt es immer wieder Berichte über rechtsextreme Chatgruppen bei der Polizei oder rechtsextreme Netzwerke wie beispielsweise »Nordkreuz« bei der Bundeswehr. Eines der vielen Probleme in diesem Zusammenhang ist die mangelnde Datenbasis. Platt ausgedrückt: Wir wissen, DASS es ein Nazi-Problem unter unseren Uniformierten gibt. Wir wissen allerdings nicht, ob dieses Problem ein überschaubares und einfach zu lösendes ist oder ob wir es mit einem strukturellen Problem zu tun haben. Systematische, regelmäßig durchgeführte Studien, die wissenschaftlichen Mindestanforderungen genügen, gibt es nicht. Dabei wären sie dringend geboten, alleine schon, um einem Generalverdacht gegen Polizei- und Bundeswehrangehörige wirksam mit Zahlen, Daten und Fakten entgegentreten zu können.

Haben wir aus dem NSU gelernt?

Die Autoren dieses Buches haben Überlebende und Angehörige des NSU-Terrors anwaltlich vertreten. Was haben wir aus dem NSU gelernt? Eine Frage, die uns in den letzten Jahren oft gestellt wurde.

Eine Antwort darauf zu geben ist ein ausgesprochen schwieriges Unterfangen. Bereits die Frage selbst ist äußerst schwierig, denn sie ist an sich sehr optimistisch, wenn nicht sogar suggestiv: Die Frage nach dem *Was* setzt schließlich voraus, *dass* etwas gelernt wurde. Ist dem so? Haben wir etwas daraus gelernt? Wer ist das *Wir* in dieser Frage: die Menschen in Deutschland? Die Migrantinnen und Migranten? Die Justiz? Die Medien? Die Polizei? Die Politik? Die Anti-Rassisten? Die Geheimdienste? Die Nazis?

Je nachdem, wer gemeint ist, kann man – vorsichtig ausgedrückt – zu durchaus unterschiedlichen Antworten kommen. Eine besondere Herausforderung ist zudem, dass es eben *die* nicht gibt (mit Ausnahme von »*die* Nazis« vielleicht). Jede der genannten Gruppen ist heterogen, und die Reaktionen von unterschiedlichen Vertretern auf die Selbstenttarnung des NSU fielen vielschichtig aus. Die einen reagierten mit vielsagendem Schweigen, während andere von einer Katastrophe sprachen.

Und kann man tatsächlich »aus dem NSU lernen«? Vielleicht, vielleicht auch nicht. Möglicherweise lernt man mehr aus dem polizeilich-politisch-juristischen Umgang mit dem NSU als aus dem NSU selbst.

Schlussendlich: Was bedeutet es, etwas gelernt zu haben? Bedeutet das, man hat verstanden? Und bedeutet es: Aus dem Verstehen folgt irgendeine Einsicht, die in der Konsequenz in eine Verhaltensänderung mündet?

Vor etwa zehn Jahren, am 4. November 2011, hat sich der Nationalsozialistische Untergrund selbst enttarnt. Anderthalb Jahre später begann am Oberlandesgericht München das Verfahren gegen Beate Zschäpe und vier Mitangeklagte, das im Juli 2018 mit der Verurteilung der Angeklagten endete. In diesem Zeitraum wurden Sonderkommissionen eingesetzt. Untersuchungsausschüsse in Bund und Ländern nahmen ihre Arbeit auf und präsentierten ihre mal mehr, oft aber weniger gehaltvollen Abschlussberichte, mit mehr oder weniger guten Vorschlägen, was in Zukunft anders laufen solle. Es gab hier und da sogar Gesetzesänderungen, wie zum Beispiel den Eingang des Wortes Rassismus in Paragraf 46 des Strafgesetzbuches bei der Frage nach den Strafzumessungsgründen.

Gleichzeitig lief die große Beschwichtigungs- und Rechtfertigungsmaschine der betreffenden Institutionen an: Polizeivertreter und deren politisches Umfeld verwahrten sich gegen Begriffe wie »institutioneller Rassismus«. Natürlich, hieß es sofort, sei die Polizei ein Spiegel der Gesellschaft, und natürlich könne sich auch mal ein Nazi oder ein Rassist in den Polizeiapparat einschleichen. Solche Fälle würden jedoch gnadenlos verfolgt. Ähnlich äußerte sich die Bundesregierung in einem Bericht an die UN-Menschenrechtskommission.

Nein, die Polizei ist nicht »Spiegel der Gesellschaft«, muss man dem entgegenhalten. Angehörige der Polizei haben Hoheitsbefugnisse, tragen Waffen und Verantwortung. Sie müssen sich an Buchstaben und Geist unserer Verfassung halten. Verfassungsfeinde haben in der Polizei, in der Bundeswehr und in staatlichen Behörden nichts zu suchen. Was man im NSU-Kontext klar erkennen konnte, war die Tatsache, dass Polizeibeamte in ganz Deutschland, überall dort, wo gemordet wurde, rassistisch gedacht und rassistisch ermittelt haben. Am Ende wurden aus den Ermordeten keine Opfer, sondern Täter, und aus ihren Angehörigen mutmaßliche Komplizen.

In einer operativen Fallanalyse des Landeskriminalamts Baden-Württemberg vom Januar 2007 heißt es: Aus der Tatsache, dass die Tötung eines Menschen in unserem Kulturraum mit einem strikten Tabu belegt ist, ist abzuleiten, dass der Täter hinsichtlich seines Verhaltenssystems weit außerhalb des hiesigen Normen- und Wertesystems verortet ist.

Dieses Papier ging durch Hunderte Hände. Bei der Polizei Baden-Württemberg, im Innenministerium des Landes, bei der Polizei in Bayern, in deren Auftrag es geschrieben wurde, bei den Polizeibehörden und Innenministerien der Länder, in denen Menschen mit der Ceska-83, der Signaturwaffe, ermordet wurden. Niemand, nicht einem einzigen Beamten, fiel das rassistische Element dieses Satzes auf. Noch schlimmer. Auch nach der Selbstenttarnung des NSU hat sich kein Polizeivertreter, kein Polizeigewerkschafter und auch kein Innenminister hingestellt und gesagt: Wir müssen uns fragen, wieso die Ermittlungen so fatal in die falsche Richtung laufen konnten. In diesem Zusammenhang müssen wir uns auch fragen, ob Ermittlungen nicht anders ablaufen, wenn ein Opfer Turgut und nicht Schmidt heißt. Wir müssen über »Racial Profiling« sprechen, denn das, was beim NSU geschehen ist, war ein postmortales Racial Profiling. Wie selbstverständlich gingen die Ermittlungsbehörden davon aus, dass es sich bei den ermordeten Türken, Kurden oder Griechen um Personen handelte, die einem kriminellen Milieu zuzuordnen waren. Diesen Themen müssen sich die Ermittlungsbehörden stellen und ihre Ermittlungsarbeit überdenken.

Vom NSU gelernt? Nein, man kann nicht in aller Aufrichtigkeit die Toten beklagen und gleichzeitig »Racial Profiling« praktizieren. So wird nur der systematisch angewandte Rassismus bei den NSU-Ermittlungen bagatellisiert, auf Einzelfälle reduziert oder einfach in Gänze bestritten.

Zu beachten ist ferner, dass die meisten Ermittlungsverfahren gegen rechtsextreme Gewalttäter unterhalb des Wahrnehmungshorizonts der Öffentlichkeit ablaufen. Überdies besteht Uneinigkeit darüber, was überhaupt unter rechtsextremer Gewalt zu verstehen ist. Bis zum Jahr 2001 benutzte man für die statistische Erfassung »rechter Gewalt« eine enge Definition. Als rechtsextremistisch galt eine Tat nur dann, wenn diese auf die Abschaffung der freiheitlich-demokratischen Grundordnung zielte. Hätten drei betrunkene Skinheads einen Punk zusammengeschlagen und getötet, hätte diese Tat – der zu Recht umstrittenen Extremismusformel folgend – in den meisten Bundesländern keinen Eingang in die Statistik für rechtsextreme Gewalt gefunden. Erst nach 2001 setzte bei den Behörden ein Umdenken ein. Man spricht jetzt von »rechts motivierter Gewalt«. Dazu zählen jene Fälle, in denen ein Mensch etwa aufgrund seiner Herkunft, Hautfarbe, sexuellen Orientierung oder Behinderung Opfer von Gewalt wurde.

Was passiert bei Prozessen, die rechtsextreme Gewalt verhandeln? Will man diese Frage beantworten, gilt es, zwei Aspekte unbedingt zu beachten.

Zum einen ist eine generelle Antwort schwierig bis unmöglich. Dazu sind die einzelnen Fälle einfach zu heterogen.

Unterschieden werden können hier Verfahren vor Amtsgerichten und Land- bzw. Oberlandesgerichten. Oder auch Verfahren, bei denen es um Alltagskriminalität oder Mord und Totschlag geht. Ein Unterschied besteht auch darin, ob ein Prozess unter großer Anteilnahme der Öffentlichkeit stattfindet oder sich – wie die allermeisten Strafverfahren – vor leeren Zuschauerbänken und ohne Medienvertreter ereignet.

Zum anderen setzt die Frage, was bei rechtsextremen Prozessen geschieht, voraus, dass überhaupt ein Strafprozess stattfindet bzw. stattgefunden hat, und ob in einer öffentlichen Verhandlung über den Tatvorwurf, den Tatablauf und eine mögliche Tatmotivation verhandelt wird.

Im Jahr 2018 erhoben die Staatsanwaltschaften lediglich bei 20 Prozent aller Verfahren Anklage, während der Rest eingestellt wurde. Insgesamt wurden fünf Millionen Strafverfahren »erledigt«, wie es im Amtsdeutsch heißt. Strafverfolgungsbehörden sind in Deutschland dem Legalitätsprinzip unterworfen. Dies bedeutet, dass gemäß § 152 Absatz 2 der Strafprozessordnung (StPO) Staatsanwaltschaften verpflichtet sind, Ermittlungen einzuleiten, wenn es tatsächliche Anhaltspunkte für das Vorliegen einer Straftat gibt. Dem Legalitätsprinzip steht das Opportunitätsprinzip gegenüber, wonach die Strafverfolgungsbehörden einen Spielraum haben, der ihnen erlaubt, nach pflichtgemäßem Ermessen entscheiden zu können, ob sie in bestimmten Fällen ein Ermittlungsverfahren einleiten, anklagen oder nicht. Ein solcher Spielraum ist auch sinnvoll, allein schon deshalb, weil sonst die Strafrechtspflege unter der schieren Masse der Verfahren zusammenbrechen würde. Das Opportunitätsprinzip soll es der Strafrechtspflege ermöglichen, sich bei der Ahndung von Straftaten auf das Wesentliche zu konzentrieren.

Nun gibt es sehr gute Gründe, warum Beschuldigte nicht angeklagt werden. Manchmal erhärtet sich schlicht der Tatverdacht nicht oder jedenfalls nicht mit der Sicherheit, die eine Anklage rechtfertigen würde. Es ist in diesen Fällen ein Gebot der Rechtsstaatlichkeit, diese Verfahren gemäß § 170 Absatz 2 StPO einzustellen.

Weitere 28 Prozent der Verfahren wurden gemäß den §§ 153 ff. StPO, mit oder ohne Auflagen eingestellt. Eine solche Auflage kann beispielsweise eine Geldbuße sein. Grundvoraussetzung für die Einstellung ist, dass »die Schuld des Täters als gering anzusehen wäre und kein öffentliches Interesse an der Verfolgung besteht«, so § 153 StPO.

§ 153a StPO wiederum bestimmt: »Mit Zustimmung des ... zuständigen Gerichts und des Beschuldigten kann die Staatsanwaltschaft bei einem Vergehen vorläufig von der Erhebung der öffentlichen Klage absehen und zugleich dem Beschuldigten Auflagen und Weisungen erteilen, wenn diese geeignet sind, das öffentliche Interesse an der Strafverfolgung zu beseitigen«.

Beachtenswert ist dabei, dass die Nebenklage bei diesen Einstellungen kein Mitwirkungsrecht hat. Im Wesentlichen wird über eine Verfahrenseinstellung und ihre Bedingungen zwischen dem Angeklagten und der Staatsanwaltschaft bzw. nach Anklageerhebung zwischen dem Angeklagten und dem Gericht verhandelt. Dieses »Außen vor lassen« dient der Verfahrenseffizienz. Ob es auch dem Rechtsfrieden dient, der, rein theoretisch, das übergeordnete Ziel eines Strafverfahrens ist, darf zu Recht bezweifelt werden.

In jenen Fällen, in denen die Staatsanwaltschaft entschlossen ist, Anklage zu erheben, hat sie eine gesetzliche Grundlage, um ein vereinfachtes Verfahren durchzuführen: das Strafbefehlsverfahren. Dieses dient der Bewältigung der großen Zahl der Fälle einfacher Alltagskriminalität. Im Unterschied zu einem »regulären« Strafverfahren findet dabei keine mündliche Hauptverhandlung statt. Und anders als bei den oben geschilderten Einstellungen steht am Ende dieses Verfahrens ein rechtskräftiges Urteil gegen den Angeklagten. Ein Strafbefehl wird auf Antrag der Staatsanwaltschaft durch das zuständige Gericht erlassen. Wenn dieses keine Bedenken hat, erlässt es den Strafbefehl. Stimmt der Angeklagte zu, wird der Strafbefehl, wie ein Urteil, rechtskräftig.

Die Vorteile für die mitsprachebefugten Verfahrensbeteiligten liegen auf der Hand: Gerichte und Staatsanwaltschaften werden entlastet, Geld und Zeit gespart. Dem Angeklagten wird ein Aufenthalt auf der Anklagebank erspart. Auf der Strecke bleiben jedoch das Informationsbedürfnis der Öffentlichkeit sowie die Nebenklage, die hier kein Mitspracherecht hat.

Die Spannweite der Straftatbestände, die mittels Strafbefehlsverfahren erledigt werden können, ist groß. Dazu zählen insbesondere:

- Körperverletzung, § 223 StGB
- gefährliche Körperverletzung, § 224 StGB
- fahrlässige Körperverletzung, § 229 StGB

Körperverletzungsdelikte machen die Masse der Fälle rechtsextremer Gewalt aus. Wenn nun diese Fälle eingestellt werden oder keine mündliche Hauptverhandlung stattfindet, weil ein Strafbefehl erlassen wird, gibt es für das Opfer dieser Gewalt keine Möglichkeit, das Tatgeschehen, vor allem aber die Tatfolgen für das eigene Leben, zu beschreiben. Die Frage nach den Tatfolgen für das Gewaltopfer gehört jedoch in jeden Gerichtsprozess, der mit rechtsextremistischer Gewalt befasst ist. Diese Frage ist nicht der einzige Aspekt, aber ein essenzieller, besonders wichtiger Aspekt bei der Strafzumessung.

Hier stellt sich grundsätzlich die Frage nach dem Zweck eines Strafverfahrens. »Zweck eines Strafverfahrens«, heißt es in einem Urteil des Bundesverfassungsgerichts, sei »das Finden der materiellen Wahrheit zur Verwirklichung von Gerechtigkeit«. Das Ziel des Strafverfahrens ist die Wiederherstellung des Rechtsfriedens.

Wenn nun ein Strafverfahren ein Ende findet, und zwar ohne dass eine mündliche Hauptverhandlung stattgefunden hat, aber nachdem durch Polizei und Staatsanwaltschaft gewissenhafte Ermittlungen durchgeführt und auf diesem Wege alle entscheidungserheblichen Umstände ermittelt wurden, liegt ein Fall vor, der trotz aller Skepsis vertretbar erscheint. Oft genug jedoch verhält es sich anders, und Verfahren werden vorzeitig beendet, die nicht einfach hätten beendet werden dürfen. Dies ist beispielsweise dann der Fall, wenn eine Tat aus einem hasskriminellen Motiv heraus begangen wurde und dieser Aspekt weder bei den polizeilichen Ermittlungen noch bei der staatsanwaltlichen Einstellungsverfügung eine Rolle gespielt hat.

Die interne »Geschäftsordnung« der Staatsanwaltschaften und Gerichte nennt sich »Richtlinien für das Strafverfahren und das Bußgeldverfahren« (RiStBV). Die RiStBV sind ergänzende Verwaltungsvorschriften für Straf- und Bußgeldverfahren. Sie sollen eine weitgehend bundeseinheitliche Sachbehandlung von Straf- und Bußgeldverfahren sicherstellen. Sie richten sich daher vor allem an die Staatsanwaltschaften, geben aber auch unverbindliche Hinweise für die nicht weisungsgebundenen Richter. Die RiStBV sind also im Kern eine interne Rechtsvorschrift ohne rechtliche Außenwirkung. Dennoch haben sie für alle Beteiligten eines Strafverfahrens, für die Angeklagten ebenso wie für die Opfer von Straftaten, erhebliche Bedeutung.

In Abschnitt I. § 15 Nr. 5 heißt es:

Aufklärung der für die Bestimmung der Rechtsfolgen der Tat bedeutsamen Umstände
Soweit Anhaltspunkte für rassistische, fremdenfeindliche oder sonstige menschenverachtende Beweggründe bestehen, sind die Ermittlungen auch auf solche Tatumstände zu erstrecken.

In § 46 StGB geht es um die Strafzumessung. Dort heißt es:

§ 46 Grundsätze der Strafzumessung
(1) Die Schuld des Täters ist Grundlage für die Zumessung der Strafe. Die Wirkungen, die von der Strafe für das künftige Leben des Täters in der Gesellschaft zu erwarten sind, sind zu berücksichtigen.

(2) Bei der Zumessung wägt das Gericht die Umstände, die für und gegen den Täter sprechen, gegeneinander ab. Dabei kommen namentlich in Betracht:

(3) die Beweggründe und die Ziele des Täters, besonders auch rassistische, fremdenfeindliche oder sonstige menschenverachtende.

Zusammen machen diese beiden Vorschriften den gesetzgeberischen Willen deutlich. Aufgrund der Schädlichkeit von hasskriminellen Taten nicht »nur« für die direkt Betroffenen, sondern für das demokratische Gemeinwesen insgesamt, sollen diese Taten besondere Aufmerksamkeit erhalten und den Gerichten die Möglichkeit geben, bei der Strafzumessung diesen Aspekt besonders zu berücksichtigen.

Wird nun eine rechtsextrem motivierte Tat von der Staatsanwaltschaft eingestellt, läuft der in Gesetze gegossene Wille der Parlamente ins Leere. Obdachlose, Flüchtlinge – zudem oft ohne Sprachkenntnisse –, Sinti und Roma werden häufig Opfer rechtsextremer Gewalt, ohne dass dies Folgen für die Täter hätte oder von der Öffentlichkeit auch nur zur Kenntnis genommen würde.

Es sind indessen nicht immer böser Wille oder Ignoranz, wenn dieser besondere Aspekt bei der Aufklärung von Straftaten keine Beachtung findet. Manchmal sind es Sprachbarrieren oder Ausbildungsdefizite bei Polizei und Staatsanwaltschaften. Oder es liegt schlicht an überlasteten Strafverfolgungsbehörden. Dinge freilich, die sich ändern lassen, ja, die sich ändern *müssen*.

Es ist gut, dass im Jahr 2019 Bund und Länder im »Pakt für den Rechtsstaat« 2000 zusätzliche Stellen für Richter und Staatsanwälte vereinbart haben. Aber das kann nur der Anfang sein. Notwendig ist neben einer sachgerechten personellen wie materiellen Ausstattung der Justiz auch ein Mentalitätswechsel im Apparat. Vielerorts fehlt es an Verständnis dafür, dass eine Körperverletzung anders zu bewerten sein soll, »nur« weil das Opfer eine Kippa trug, lesbisch war oder eine dunkle Hautfarbe hatte.

Gibt es eine Gerichtsverhandlung, wird die Nebenklage von manchen Staatsanwaltschaften als lästig empfunden. Der zentrale Gedanke hinter dem Recht zur Nebenklage ist jedoch die in Artikel 1 Grundgesetz postulierte Menschenwürde. Das Opfer eines Verbrechens, sei es nun selbst verletzt oder Angehöriger eines Mordopfers, soll nicht zu einem rechtlosen Objekt des Staates degradiert werden. Es soll nicht in einem Strafverfahren als lediglich geduldeter Zaungast am Rande mitwirken dürfen. Im Gegenteil, ihm soll in einem Strafverfahren eine zentrale Rolle zukommen. Es geht in diesem Verfahren schließlich auch um die Aufarbeitung des Erlittenen. Eine starke Nebenklage ist Ausdruck unseres verfassungsrechtlichen Verständnisses von menschlicher Würde. Bedauerlicherweise wird dies oft vergessen.

Es müssen Mechanismen entwickelt werden, die es jedem Opfer einer Straftat, insbesondere aber einem Opfer von Hasskriminalität, ermöglichen, zu seinem Recht zu kommen. Dazu zählen die institutionalisierte Stärkung von Opferberatungsinstitutionen und der Zugang zu anwaltlicher Beratung, insbesondere für Menschen ohne oder mit geringem Einkommen. Denn diese Menschen sind in besonderer Weise gefährdet. Bei den Polizeibehörden braucht es spezielle Ansprechpartner, die für die Opfer gruppenbezogener Menschenfeindlichkeit zuständig sind und die sicherstellen können, dass der hasskriminelle Aspekt einer Tat erfasst und dokumentiert wird. Staatsanwaltliche Verfahrenseinstellungen in Fällen von Hasskriminalität sollten nur noch ausnahmsweise gestattet sein und als »Vorlagesache« besonders begründet werden müssen. Hasskriminelle Taten sollten in der Regel in einer mündlichen Hauptverhandlung beurteilt und nur im Ausnahmefall als Strafbefehlsverfahren behandelt werden. Bei Verfahrenseinstellung wie bei dem Erlass eines Strafbefehls sollte den Nebenklägern ein Mitspracherecht zustehen.

Am Landgericht Ulm wurde gegen eine Gruppe junger Neonazis verhandelt, die eine Wohnwagensiedlung von Roma angegriffen hatten. In diesem Verfahren ist Mehmet Daimagüler als

Nebenklagevertreter der Geschädigten aufgetreten. Sowohl seine Mandanten als auch er selbst hatten das Glück, es mit einer Staatsanwaltschaft und Polizei zu tun zu haben, die gewissenhaft ermittelte und von Anfang an auch die politischen und hasskriminellen Aspekte der Tat untersuchte. Ebenso hatten sie das Glück, es mit einem Gericht zu tun zu haben, das in der mündlichen Hauptverhandlung diesen Aspekten sorgfältig nachging. Das Gericht gab den Opfern Zeit und Raum, das von ihnen Erlittene zu schildern. Auch das gibt es.

Aber es sollte nicht von einer zufälligen Größe wie dem Glück abhängen, ob man vor der Justiz Gerechtigkeit findet. Es sollte selbstverständlich sein.

Danksagung

Wir Autoren haben dieses Buch nur mit der Hilfe einiger wichtiger Menschen fertigstellen können, denen wir an dieser Stelle für ihre enorm wichtige Unterstützung danken. Genannt sei unser Kollege und Freund Rechtsanwalt Onur Özata, dem wir im Wesentlichen das Kapitel 6 verdanken. Unser Dank geht außerdem an Rolf-Alexander Pilgrim, dem wir für seine gewissenhafte Recherchen danken. Dank gebührt auch unserer Agentin Dr. Hannah Leitgeb, die dieses Buch von der ersten Idee bis zur Drucklegung mit kundigem Rat und Tat begleitet hat. Last but not least bedanken wir uns bei unserem Lektor Moritz Volk, der immer ein offenes Ohr für unsere Nöte hatte.

Anmerkungen

1 Kirchheimer, Otto: Politische Justiz: Die Verwendung juristischer Verfahrensmöglichkeiten zu politischen Zwecken, Princeton University Press, Princeton, New Jersey, 1961
2 Zum Verhältnis von Justiz und Politik, s. Jasper: Justiz und Politik in der Weimarer Republik, S. 167
3 Gumbel: Vier Jahre politischer Mord, S. 73 ff
4 Diese Zitate entstammen einer Aktennotiz von Günther Nollau, dem späteren Vizepräsidenten des bundesdeutschen Verfassungsschutzes. Es hält ein Gespräch fest, das er 1959 mit Waldemar Pabst geführt hat, s. Hetmann: Rosa L., S. 291
5 Sturm: Weimarer Republik, S. 7
6 Gietinger: Der Konterrevolutionär, S. 118 f
7 Wette: Gustav Noske, S. 310
8 Vgl. dazu Gietinger: Der Konterrevolutionär, S. 137; Mühlhausen: Friedrich Ebert, S. 149
9 Gietinger: Der Konterrevolutionär, S. 127
10 Zitiert nach Lucas-Busemann: Die Ermordung Rosa Luxemburgs und Karl Liebknechts. S. 24; Hannover/Hannover-Drück: Der Mord an Rosa Luxemburg und Karl Liebknecht, S. 129
11 Zu dem Ablauf der beiden Morde, s. Hannover/Hannover-Drück: Politische Justiz, S. 200 f.; Lucas-Busemann: Die Ermordung Rosa Luxemburgs und Karl Liebknechts. S. 24; Kohlmann: Der Marsch, S. 38–43; Gietinger: Der Konterrevolutionär, S. 123–127
12 Zitiert nach Hannover/Hannover-Drück: Der Mord an Rosa Luxemburg und Karl Liebknecht, S. 61
13 s. u. S. 94 ff
14 Juristische Wochenschrift 1931, 2759
15 Hannover/Hannover-Drück: Politische Justiz, S. 201 ff
16 Die SS-Standgerichte gegen Canaris, Bonhoeffer, Sack, Oster, Gehre sowie gegen v. Dohnanyi wurden mehrfach vor dem Bundesgerichtshof verhandelt und endeten schließlich mit einem Freispruch des einen Angeklagten (Thorbeck) sowie einer Verurteilung zu sechs Jahren Haft des anderen Angeklagten (Huppenkothen), BGH-Urteil vom 19.06.1956, Az. 1 StR 50/56. Der BGH

machte mit der in seiner Urteilsbegründung formulierten Notwendigkeit des »sicheren Wissens« eines Richters um die Rechtswidrigkeit seines Tuns eine Verurteilung von Richtern und auch Standgerichten später quasi unmöglich. Erst in den 1990er-Jahren revidierte der BGH diese Rechtsprechung im Rahmen der Aufarbeitung des DDR-Unrechts

17 Gietinger: Der Konterrevolutionär, S. 130
18 Dincklage arbeitete später für die Nazis als Spion in Frankreich und Nordafrika. Er war lange mit Coco Chanel liiert, die mit den deutschen Besatzern kollaborierte
19 Leo Jogiches wurde am 10. März 1919 nach seiner durch nichts begründeten Verhaftung im Kriminalgericht »auf der Flucht« erschossen, nachdem er zuvor angeblich den Kriminalwachtmeister Tamschick »angegriffen« hatte. Die Tatsache des Erschießens auf der Flucht wurde ohne Obduktion der Leiche oder eine Besichtigung des Tatorts festgestellt, fußte somit nur auf der Aussage des Täters und eines anderen Zeugen. Eine auf Antrag der Hinterbliebenen durchgeführte Nachuntersuchung wurde von dem zuständigen Staatsanwalt mit einem einfachen Aktenvermerk beendet: »Hier ist nichts weiter zu veranlassen. Der Kriminalbeamte Tamschick hat korrekt gehandelt.« Tamschick wurde, nachdem er im Mai 1919 auch noch Heinrich Dorrenbach, einen der Anführer der ehemaligen Volksmarinedivision, ebenfalls im Kriminalgericht »auf der Flucht« erschossen hatte, zum Leutnant befördert
20 Zitiert nach Gietinger: Der Konterrevolutionär, S. 129
21 Hannover/Hannover-Drück: Der Mord an Rosa Luxemburg und Karl Liebknecht, S. 118
22 Zitiert nach Hannover/Hannover-Drück: Der Mord an Rosa Luxemburg und Karl Liebknecht, S. 90
23 LAB, Rep. 58, Nr. 75, Bl. 936
24 LAB, Rep. 58, Nr. 75; das Urteil ist in Teilen abgedruckt in Hannover/Hannover-Drück: Der Mord an Rosa Luxemburg und Karl Liebknecht, S. 116–121
25 FZ vom 16.05.1919
26 Hannover/Hannover-Drück: Politische Justiz, S. 201
27 Wette: Gustav Noske, S. 310
28 Winkler: Weimar, S. 60
29 Noske: Von Kiel bis Kapp, S. 76
30 Gietinger: Der Konterrevolutionär, S. 133
31 Gietinger: Der Konterrevolutionär, S. 131
32 Zitiert nach Hannover/Hannover-Drück: Der Mord an Rosa Luxemburg und Karl Liebknecht, S. 122 f
33 Wette: Gustav Noske, S. 309

34 Gietinger: Der Konterrevolutionär, S. 30
35 Levi: Der Jorns-Prozess, S. 55
36 Winkler: Weimar, S. 73 ff
37 Zit. nach DIE ZEIT vom 16.03.1962
38 Schwarberg: Erinnerungen, S. 157
39 Gietinger: Der Konterrevolutionär, S. 380
40 Zum Tatgeschehen, s. Weidermann: Träumer, S. 110–113
41 Prantl: Der ermordete Traum, Online-Ausgabe der Süddeutschen Zeitung vom 28. April 2019, online abrufbar unter https://www.sueddeutsche.de/politik/landauer-eisner-muenchen-bayern-revolution-raeterepublik-1.4425041
42 Winkler: Weimar, S. 77; Weidermann: Träumer, S. 115–117
43 Ullrich: Die Revolution, S. 92
44 Weidermann: Träumer, S. 128
45 Zitiert nach Pranckh: Der Prozess gegen den Grafen Anton Arco-Valley, S. 13; vgl. auch Ullrich: Die Revolution, S. 93
46 Winkler: Weimar, S. 77
47 Goodrick-Clarke: Die okkulten Wurzeln des Nationalsozialismus, S. 131
48 So der Historiker Bernhard Grau in seiner 2001 erschienenen Biografie über Eisner
49 Zitiert nach Brenner, Der lange Schatten der Revolution, S. 74
50 Zitiert nach Pranckh: Der Prozess gegen den Grafen Anton Arco-Valley, S. 53
51 Gritschneder: Richter Georg Neithardt, S. 44 f
52 Gumbel: Vier Jahre politischer Mord, S. 27
53 Zitiert nach Gritschneder: Richter Georg Neithardt, S. 40
54 Höller: Der Anfang, der ein Ende war, S. 158
55 Gritschneder: Richter Georg Neithardt, S. 38
56 Gritschneder: Richter Georg Neithardt, S. 40
57 Ebd
58 s.u. S. 54 ff
59 Zitiert nach Hannover/Hannover-Drück: Politische Justiz, S. 76
60 s.u. S. 54 ff
61 Winkler: Weimar, S. 124f
62 Zu diesem »weißen Terror« im Ruhrgebiet, s. Hannover/Hannover-Drück: Politische Justiz, S. 87–93
63 Winkler: Weimar, S. 126
64 Gesetz über die Gewährung von Straffreiheit vom 04. August 1920, RGBl. 1920, S. 1487
65 Halle: Deutsche Sondergerichtsbarkeit, S. 85; Hannover/Hannover-Drück: Politische Justiz, S. 93 f
66 Zu Pabsts Rolle bei der Ermordung von Luxemburg und Liebknecht, siehe Ernst Piper: Rosa Luxemburg. Ein Leben. München 2021

67 Klaus Gietinger: Die Ermordung Rosa Luxemburgs, Hamburg 2018, Kapitel »Der Prozess«
68 Dazu Hannover/Hannover-Drück: Politische Justiz, S. 94
69 Zitiert nach Hannover/Hannover-Drück: Politische Justiz, S. 76
70 Lüttwitz ist der Ururgroßvater des Autors Ernst v. Münchhausen. Dessen Tagebuch befindet sich in seinem Besitz. Die Angaben sind dem Tagebuch von Lüttwitz entnommen
71 Zitiert nach Brammer: Verfassungsgrundlagen und Hochverrat, S. 121
72 RGSt 56, 257, 272
73 Jasper: Justiz und Politik in der Weimarer Republik, S. 172
74 Gesetz über die Straffreiheit vom 17. August 1925, RGBl. 1925 I., S. 313; vgl. zu dieser sogenannten »Hindenburg-Amnestie« auch Winkler: Weimar, S. 137
75 Radbruch: Politische Schriften aus der Weimarer Zeit I, S. 12
76 Die Anklage ist abgedruckt in Hirschberg: Der Hitler-Prozeß, S. 7 ff.; vgl. zum Tatgeschehen auch Winkler: Weimar, S. 234 f
77 Gritschneder: Richter Georg Neithardt, S. 43
78 Bauer/Schmidt: Die Bayrischen Volksgerichte, S. 462
79 Reuß: Rechtliche Würdigung, S. 93 f
80 Der Wortlaut von Art. 105 WRV lautet:»Ausnahmegerichte sind unstatthaft. Niemand darf seinem gesetzlichen Richter entzogen werden. Die gesetzlichen Bestimmungen über Kriegsgerichte und Standgerichte werden hiervon nicht berührt. Die militärischen Ehrengerichte sind aufgehoben.«
81 Gritschneder: Richter Georg Neithardt, S. 51; vgl. auch Bauer/Schmidt: Die Bayrischen Volksgerichte, S. 478
82 zit. nach Bernd Steger, Der Hitlerprozess und Bayerns Verhältnis zum Reich, in: Vierteljahrshefte zur Zeitgeschichte, Jahrgang 25, Heft 4, S. 442
83 Hannover/Hannover-Drück: Politische Justiz, S. 146; Schwend: Bayern, S. 256
84 Gietinger: Hitler vor Gericht, S. 71
85 Gritschneder: Richter Georg Neithardt, S. 32
86 Hirschberg: Der Hitler-Prozeß, S. 150
87 Zitiert nach Gietinger: Hitler vor Gericht, S. 62
88 Gietinger: Hitler vor Gericht, S. 61
89 Gietinger: Hitler vor Gericht, S. 65
90 Frick wurde nach der Machtergreifung bis 1943 Reichsinnenminister. Er wurde im Nürnberger Prozess gegen die Hauptkriegsverbrecher zum Tode verurteilt und hingerichtet
91 vgl. dazu Winkler: Weimar, S. 212 f
92 Zitiert nach Hirschberg: Der Hitler-Prozeß, S. 40
93 Zitiert nach Hirschberg: Der Hitler-Prozeß, S. 256–258
94 Zitiert nach Hirschberg: Der Hitler-Prozeß, S. 266

95 Hannover/Hannover-Drück: Politische Justiz, S. 150
96 Zitiert nach Gietinger: Hitler vor Gericht, S. 60
97 Politik in Bayern 1919–1933: Berichte des württembergischen Gesandten Carl Moser von Filseck, S. 155f
98 Zitiert nach Dornberg: Der Hitlerputsch, S. 359
99 Zitiert nach Gritschneder: Richter Georg Neithardt, S. 48 f
100 Zitiert nach Reuß: Rechtliche Würdigung, S. 102
101 Schwend: Bayern, S. 296 f
102 Zit. nach Martin Rüther, Ärzteblatt 1997; 94(9)
103 Hannover/Hannover-Drück: Politische Justiz, S. 150; Reuß: Rechtliche Würdigung, S. 98
104 Das Urteil ist online abrufbar unter: https://www.historisches-lexikon-bayerns.de/images/2/25/Prozessurteil_1924.pdf
105 Gietinger: Hitler vor Gericht, S. 55 f
106 Zitiert nach Dornberg: Der Hitlerputsch, S. 359
107 Gritschneder: Richter Georg Neithardt, S. 51; Gotthard Jasper kommt auch zu dem Ergebnis, dass Hitler eine härtere Strafe erwartet hätte, »vermutlich Zuchthaus«, s. Jasper: Justiz und Politik in der Weimarer Republik, S. 176; Klaus Gietinger hält es dagegen für fraglich, ob das Reichsgericht in Leipzig härter geurteilt hätte, s. Gietinger: Hitler vor Gericht, S. 59
108 Dazu Gritschneder: Richter Georg Neithardt, S. 52 ff.; Gietinger: Hitler vor Gericht, S. 69
109 Dazu Gietinger: Hitler vor Gericht, S. 75
110 Gritschneder: Richter Georg Neithardt, S. 63
111 Gritschneder: Richter Georg Neithardt, S. 76; Teile davon sind abgedruckt unter Gietinger: Hitler vor Gericht, S. 86–88
112 Hannover/Hannover-Drück: Politische Justiz, S. 151; Dornberg: Der Hitlerputsch, S. 360
113 Gritschneder: Richter Georg Neithardt, S. 55
114 Zitiert nach Gietinger: Hitler vor Gericht, S. 79
115 Dohna: Hochverratsprozeß, S. 330–335
116 Zitiert nach Gietinger: Hitler vor Gericht, S. 80
117 Zitiert nach stenographischen Bericht über die öffentlichen Verhandlungen des 15. Untersuchungsausschusses der verfassungsgebenden Nationalversammlung, Bd. 2, Berlin 1920, S. 700 f., online abrufbar unter: http://ghdi.ghi-dc.org/sub_document.cfm?document_id=3829&language=german
118 Zur Dolchstoßlegende als verleumderisches Argument gegen Friedrich Ebert, s. Albrecht: Verleumdungskampagne, S. 162 ff
119 Mühlhausen: Friedrich Ebert, S. 965
120 Kladderadatsch-Ausgabe vom 07. September 1919, online abrufbar unter: https://digi.ub.uni-heidelberg.de/diglit/kla1919/0481/image

121 Zum Skandal des »Badebildes« und seinen Folgen, s. Albrecht: Verleumdungskampagne, S. 45 ff
122 Zur »Provokation durch die rote Badehose«, Albrecht: Verleumdungskampagne, S. 241 ff
123 Zitiert nach Brammer: Der Prozeß, S. 129
124 Zitiert nach Braun: Integration kraft Repräsentation, S. 161
125 Mühlhausen: Friedrich Ebert, S. 952
126 Vgl. zu diesen Verfahren Albrecht: Verleumdungskampagne, S. 313 ff
127 Auf Philipp Scheidemann war kurz zuvor, am 4. Juni 1922, ein Säure-Attentat verübt worden. Die beiden Attentäter wurden gefasst und vom Staatsgerichtshof in Leipzig zu jeweils zehn Jahren Haft verurteilt. Dieses Urteil war eines der wenigen Beispiele einer angemessenen juristischen Reaktion auf rechtsradikale Gewalt. Diese Rechtsprechung mag sicherlich auch einer der Gründe gewesen sein, die Beteiligten des Hitlerputsches gerade nicht in Leipzig anzuklagen
128 Mühlhausen: Friedrich Ebert, S. 938
129 Mühlhausen: Friedrich Ebert und seine Partei, S. 307
130 Zitiert nach Brammer: Der Prozeß, S. 129
131 Mühlhausen: Friedrich Ebert, S. 939; Podewin: Ebert und Ebert, S. 313
132 Albrecht: Verleumdungskampagne, S. 332
133 Mühlhausen: Friedrich Ebert, S. 945
134 »Vorwärts«-Ausgabe vom 10. Dezember 1924
135 Podewin: Ebert und Ebert, S. 314 f
136 Zitiert nach Podewin: Ebert und Ebert, S. 314
137 Albrecht: Verleumdungskampagne, S. 354
138 Mühlhausen: Friedrich Ebert, S. 945
139 Zu diesen Versäumnissen von Bewersdorff, s. Albrecht: Verleumdungskampagne, S. 355 f
140 Zitiert nach Albrecht: Verleumdungskampagne, S. 355
141 Mühlhausen: Friedrich Ebert, S. 949 f.; Podewin: Ebert und Ebert, S. 316
142 Landsberg: Der Prozeß Rothardt, S. 132; vgl. zu diesem Ausspruch auch Mühlhausen: Friedrich Ebert, S. 964; Jasper: Justiz und Politik in der Weimarer Republik, S. 184
143 Mühlhausen: Friedrich Ebert, S. 964
144 Montag-Morgen – Ausgabe vom 22. Dezember 1924, S. 1
145 Vgl. Mühlhausen: Friedrich Ebert, S. 940; Podewin: Ebert und Ebert, S. 314
146 Brammer: Der Prozeß, S. 28
147 Albrecht: Verleumdungskampagne, S. 341 f
148 Brammer: Der Prozeß, S. 38
149 Mühlhausen: Friedrich Ebert, S. 951; Albrecht: Verleumdungskampagne, S. 367
150 S. etwa Kloth: Einkehr, S. 88

151 Zitiert nach Albrecht: Verleumdungskampagne, S. 350
152 Zitiert nach Mühlhausen: Friedrich Ebert, S. 944
153 Wrisberg: Revolution, S. 100
154 Vgl. Mühlhausen: Friedrich Ebert, S. 946
155 Zu diesen Ausführungen in den Urteilsgründen, s. Albrecht: Verleumdungskampagne, S. 362 f
156 Zitiert nach Mühlhausen: Friedrich Ebert, S. 952; s. auch Podewin: Ebert und Ebert, S. 317
157 Vgl. Albrecht: Verleumdungskampagne, S. 361
158 Mühlhausen: Friedrich Ebert und seine Partei, S. 307
159 Zitiert nach Bundesarchiv, R 601/ 28
160 Zitiert nach Podewin: Ebert und Ebert, S. 312
161 Landsberg: Der Prozeß Rothardt, S. 129
162 Landsberg: Der Prozeß Rothardt, S. 129
163 Vgl. Albrecht: Verleumdungskampagne, S. 367
164 Albrecht: Verleumdungskampagne, S. 363
165 Albrecht: Verleumdungskampagne, S. 379
166 Vossische Zeitung – Ausgabe vom 24. Dezember 1924, S. 1
167 Zitiert nach Mühlhausen: Friedrich Ebert, S. 953; s. auch Podewin: Ebert und Ebert, S. 317
168 Zitiert nach Albrecht: Verleumdungskampagne, S. 373
169 Zitiert nach Mühlhausen: Friedrich Ebert, S. 964
170 Vgl. Mühlhausen: Friedrich Ebert, S. 951
171 Im Weiteren zitiert nach Brammer: Prozeß, S. 183
172 Winkler: Der Schein der Normalität, S. 229
173 Albrecht: Verleumdungskampagne, S. 372; Mühlhausen: Friedrich Ebert, S. 957 f
174 Podewin: Ebert und Ebert, S. 318
175 s.o. S. 38 ff
176 Levi: Der Jorns-Prozess, S. 7–12
177 Der Artikel ist abgedruckt in Hannover/Hannover-Drück: Der Mord an Rosa Luxemburg und Karl Liebknecht, S. 133–136
178 s. bereits S. 38 ff
179 Gietinger: Der Konterrevolutionär, S. 129
180 Reichstagsprotokoll zur 85. Sitzung am 13. Juni 1929, S. 2398
181 Hannover/Hannover-Drück: Politische Justiz, S. 207
182 Hannover/Hannover-Drück: Politische Justiz, S. 208 f
183 Winkler: Weimar, S. 82
184 Winkler: Weimar, S. 149
185 Winkler: Weimar, S. 153 f
186 Winkler: Weimar, S. 256

187 Sein Biograf geht tatsächlich von einem Unfall aus, s. Bloch: Paul Levi, S. 249
188 Zitiert nach Levi: Der Jorns-Prozess, S. 31
189 Levi: Der Jorns-Prozess, S. 8–12
190 Levi: Der Jorns-Prozess, S. 45
191 Gietinger: Der Konterrevolutionär, S. 130; Levi: Der Jorns-Prozess, S. 45 f.; Hannover/Hannover-Drück: Politische Justiz, S. 206
192 Gumbel: Vier Jahre politischer Mord, S. 13
193 Hirsch: Rosa Luxemburg, S. 127 ff
194 LAB Rep. 58 Nr. 59 Bd. I, abgedruckt in Hannover/Hannover-Drück: Der Mord an Rosa Luxemburg und Karl Liebknecht, S. 141–143
195 Levi: Der Jorns-Prozess, S. 22–55
196 Levi: Der Jorns-Prozess, S. 41
197 Zitiert nach Hannover/Hannover-Drück: Politische Justiz, S. 209; Teile aus dem Urteil des Schöffengerichts vom 27. April 1929 sind auch abgedruckt in Hannover/Hannover-Drück: Der Mord an Rosa Luxemburg und Karl Liebknecht, S. 158–161
198 Hannover/Hannover-Drück: Politische Justiz, S. 209
199 Zitiert nach Hannover/Hannover-Drück: Politische Justiz, S. 210
200 Vgl. Hannover/Hannover-Drück: Der Mord an Rosa Luxemburg und Karl Liebknecht, S. 169 f
201 Der Artikel ist abgedruckt in Hannover/Hannover-Drück: Politische Justiz, S. 211
202 Jasper: Justiz und Politik in der Weimarer Republik, S. 174
203 Heine: Die Bedeutung des Jorns-Prozesses, S. 389
204 Hannover/Hannover-Drück: Der Mord an Rosa Luxemburg und Karl Liebknecht, S. 162 f
205 Dieses Zitat entstammt einem Artikel der Frankfurter Zeitung vom 28. April 1929, abgedruckt in Hannover/Hannover-Drück: Der Mord an Rosa Luxemburg und Karl Liebknecht, S. 164 f
206 Diese beiden Artikel finden sich in Hannover/Hannover-Drück: Der Mord an Rosa Luxemburg und Karl Liebknecht, S. 165–167
207 Tucholsky: Deutschland, S. 157
208 Zur Verbindung von Noske und Pabst, s. Gietinger: Der Konterrevolutionär, S. 134 f
209 Winkler: Weimar, S. 177
210 Nach Art. 1 Abs. 2 der Verordnung über die Vereidigung der öffentlichen Beamten vom 14. August 1919 mussten alle öffentlichen Beamten den folgenden Eid ablegen:»Ich schwöre Treue der Reichsverfassung.«
211 Zu dieser von Richard Thoma geprägten »Zweiseelentheorie«, s. Jasper: Justiz und Politik in der Weimarer Republik, S. 196
212 Vgl. Hannover: Politische Justiz, S. 33

213 Jasper: Justiz und Politik in der Weimarer Republik, S. 194
214 Jasper: Justiz und Politik in der Weimarer Republik, S. 198
215 Hannover: Politische Justiz, S. 25
216 Hannover: Politische Justiz, S. 33
217 Görlitz: Politische Justiz, S. 71 f
218 Jasper: Justiz und Politik in der Weimarer Republik, S. 170
219 Jasper: Justiz und Politik in der Weimarer Republik, S. 200
220 s.o. S. 72 ff
221 Peter Bucher: Der Reichswehrprozess, Boppard 1967; Vgl. Die Justiz, Bd. VI, 1930-31), S. 187ff
222 https://www.t-online.de/nachrichten/wissen/geschichte/id_14307892/churchill-wollte-hitler-auf-elektrischem-stuhl-sehen.html, abgerufen am 01.02.2021, 11:00 Uhr
223 Das Vier-Mächte-Abkommen wurde in der Folge auch von weiteren Ländern wie Jugoslawien, Griechenland, Dänemark, Belgien, Indien und einigen anderen unterzeichnet. Auch deshalb gilt das Abkommen als die Geburtsstunde des Völkerstrafrechts
224 Bonn Legislators Press McCloy For Amnesty for War Criminals, https://www.nytimes.com/1951/01/10/archives/bonn-legislators-press-mccloy-for-amnesty-for-war-criminals.html, abgerufen am 01.02.2021, 19:00 Uhr
225 Helga A. Welsh: Revolutionärer Wandel auf Befehl? in: Vierteljahreshefte für Zeitgeschichte, Bd. 58
226 Näher dazu Schroeder: Sowjetische Militärtribunale, S. 37 ff
227 Echternkamp: NS- und Kriegsverbrechen in der SBZ/DDR, abrufbar unter: https://www.bpb.de/geschichte/deutsche-geschichte/der-zweite-weltkrieg/211771/die-ahndung-von-ns-und-kriegsverbrechen-in-der-sbz-ddr
228 Zu der im Januar 1965 herausgegebenen Broschüre *Die Haltung der beiden deutschen Staaten zu den Nazi- und Kriegsverbrechen*, s. Rückerl: NS-Verbrechen, S. 209 f
229 Werle/Wandres: Auschwitz vor Gericht, S. 19
230 Dazu Dirks: Die Verbrechen der anderen, S. 322 f
231 Rückerl: NS-Verbrechen, S. 210
232 Dirks: Die Verbrechen der anderen, S. 330
233 Zit. nach Deutschlandfunkkultur, Zeitfragen vom 29.06.2016
234 Dazu Eisert: Die Waldheimer Prozesse, S. 21 f.; Werkentin: Die Waldheimer »Prozesse«, S. 8; Dirks: Die Verbrechen der anderen, S. 48
235 Diese Frage werfen auch die Historiker Falco Werkentin und Annette Weinke auf, s. Werkentin: Die Waldheimer »Prozesse«, S. 7 ff.; Weinke: Die Waldheimer »Prozesse«, S. 133
236 Dirks: Die Verbrechen der anderen, S. 50

237 Ausführlich Eisert: Die Waldheimer Prozesse, S. 29–32
238 Weinke: Die Waldheimer »Prozesse«, S. 35
239 Dirks: Die Verbrechen der anderen, S. 49
240 Werkentin: Die Waldheimer »Prozesse«, S. 10
241 Zitiert nach: Werkentin: Die Waldheimer »Prozesse«, S. 11; s. auch Dirks: Die Verbrechen der anderen, S. 49
242 Werkentin: Die Waldheimer »Prozesse«, S. 11
243 Noack: Nachkriegs-Erinnerungen, S. 309; ein vergleichbares Schicksal ereilte auch Günther Richter, der im Juli 1945 als 16-Jähriger wegen seiner »Werwolftätigkeit« verhaftet wurde, s. Eisert: Die Waldheimer Prozesse, S. 33 f
244 Werkentin: Die Waldheimer »Prozesse«, S. 19 f.; Dirks: Die Verbrechen der anderen, S. 51 f
245 Ebd. S. 20
246 Beschluss des Kammergerichts vom 15. März 1954 – 1 RHE AR 7/54, abgedruckt in NJW 1954, 1901 f
247 Vgl. Werkentin: Die Waldheimer »Prozesse«, S. 12
248 Eisert: Die Waldheimer Prozesse, S. 310
249 Werkentin: Scheinjustiz, S. 336
250 Dirks: Die Verbrechen der anderen, S. 323
251 Hermann Wentker, Ein Deutsch-Deutsches Schicksal, der CDU-Politiker Helmut Brandt zwischen Anpassung und Widerstand, in: Vierteljahreshefte für Zeitgeschichte, Jahrgang 49 (2001), S. 486 ff
252 Weinke: Die Waldheimer »Prozesse«, S. 47; Eisert: Die Waldheimer Prozesse, S. 310
253 So auch Werkentin: Die Waldheimer »Prozesse«, S. 25 f.; Eisert: Die Waldheimer Prozesse, S. 309–311
254 Weinke: Die Waldheimer »Prozesse«, S. 47 f
255 Bezeichnung für die Absetzung des seit 1920 regierenden SPD-Ministerpräsidenten Preußens auf Grundlage einer Notverordnung. Die Regierung war nur noch geschäftsführend im Amt, da sie nach den Wahlen keine Mehrheit mehr besaß. Die Absetzung wurde mit dem Altonaer Blutsonntag begründet. Die Regierung sei nicht fähig, Ruhe und Ordnung aufrechtzuerhalten. Eine Klage der Regierung gegen die Absetzung vor dem Staatsgerichtshof blieb erfolglos
256 Stuckart/Globke, Kommentare zur deutschen Rassengesetzgebung, Kommentierung zu § 3
257 Ebd. Kommentierung zu § 5
258 Erik Lommatzsch, Hans Globke
259 zit. nach Gerhard Fieberg: Wolfgang Fränkel. Aus politischen Gründen in den Ruhestand versetzt; in: *Zwischen Recht und Unrecht – Lebensläufe deutscher Juristen*. 2004, S. 116
260 zit. nach Malte Wilke, Staatsanwälte als Anwälte des Staates?, S. 239

261 Protokoll der 136. Kabinettssitzung am 18.01.1961
262 Vorsitzender der Kommission war zunächst Ernst Kanter, der während der NS-Zeit als Richter am Reichskriegsgericht und Chefrichter im besetzten Dänemark tätig war. Er wirkte an über hundert Todesurteilen mit. Nachdem seine Nazi-Vergangenheit im Jahr 1959 durch eine Broschüre des Ausschusses für deutsche Einheit (»Wir klagen an: 800 Nazi-Blutrichter. Stützen des militaristischen Adenauer-Regimes.«) öffentlich geworden war, trat er, mittlerweile Senatspräsident eines Strafsenats am BGH, in den vorzeitigen Ruhestand. Sein Nachfolger in der Strafrechtskommission wurde Eduard Dreher, der später im Rahmen des sog. Verjährungsskandals Berühmtheit erlangen sollte
263 Protokoll der 76. Kabinettssitzung am 16.05.1963
264 Protokoll der 88. Kabinettssitzung vom 16.08.1963
265 Protokoll der 119. Kabinettssitzung vom 22.04.1964
266 So die damalige Justizministerin Sabine Leutheusser-Schnarrenberger in einem Interview mit der Wochenzeitung DIE ZEIT vom 26.4.2012
267 Ab 1974 1a Strafsenat mit der Zuständigkeit für Verbrechen gegen die DDR, den Frieden, die Menschlichkeit und die Menschenrechte; Missbrauch von Waffen und Sprengmitteln; Straftaten gegen die staatliche und öffentliche Ordnung in den Bezirken Berlin, Cottbus, Frankfurt, Halle, Neubrandenburg, Potsdam, Schwerin
268 Das Urteil wurde vom BGH bestätigt (Az. 5 StR 747/94). In seinem Urteil beschäftigte sich der BGH ausführlich mit der Aufarbeitung der NS-Rechtsprechung in der Bundesrepublik
269 Zit. nach biografischen Angaben auf www.bundesarchiv.de (Josef Streit) und Karl Wilhelm Fricke, Akteneinsicht: Rekonstruktion einer politischen Verfolgung, S. 115 (Hans Reinwarth)
270 Vgl. Der Spiegel 29/87, S. 158
271 Norbert Frei, Vergangenheitspolitik. Die Anfänge der Bundesrepublik und die NS-Vergangenheit. Beck: München 2012
272 Erik Lommatzsch, Hans Globke, Beamter im Dritten Reich und Staatssekretär Adenauers, S. 99
273 Norbert F. Pötzl, Mission Freiheit – Wolfgang Vogel: Anwalt der deutschdeutschen Geschichte, S. 105
274 Wagner: IG Auschwitz, S. 10
275 Ebd
276 Dazu Arbeitsgruppe: Fischer-Prozeß, S. 8
277 Zitiert nach Arbeitsgruppe: Fischer-Prozeß, S. 54; vgl. dazu auch Dirks: Die Verbrechen der anderen, S. 271
278 Zur politischen Motivation, die Anklage zu diesem Zeitpunkt zu eröffnen, s. Dirks: Die Verbrechen der anderen, S. 253–255 und 324 f

279 Zitiert nach Dirks: Die Verbrechen der anderen, S. 274
280 Ebd
281 Arne Rehan (Westabteilung beim ZK der SED) an Albert Norden, 2.12.1965. Bundesarchiv Berlin, DY 30/IV A2/2.028/10; Stellungnahme der HA IX/10 zur Aktennotiz der Abteilung Agitation über eine Besprechung des Gen. Kehl mit dem Gen. Rehan zum bevorstehenden II. Auschwitz-Prozess, 16.12.1965. Die Bundesbeauftragte für die Unterlagen des Staatssicherheitsdienstes der ehemaligen Deutschen Demokratischen Republik (BStU), ZUV 84, BA/GA Bd. 58, Bl. 61ff
282 Dirks: Die Verbrechen der anderen, S. 269 und 279
283 Zitiert nach Arbeitsgruppe: Fischer-Prozeß, S. 19
284 Bis hierher alles Norbert F. Pötzl, Mission Freiheit – Wolfgang Vogel: Anwalt der deutsch-deutschen Geschichte, S. 105
285 Wolfgang Vogel agierte als Rechtsanwalt seit 1961 bei dem Austausch von Agenten zwischen West und Ost sowie als Vermittler beim Häftlingsfreikauf. Er war seit den 1970er-Jahren Beauftragter Honeckers für humanitäre Fragen
286 Arbeitsgruppe: Fischer-Prozeß, S. 16
287 Vgl. Dirks: Die Verbrechen der anderen, S. 325 f
288 Zitiert nach Arbeitsgruppe: Fischer-Prozeß, S. 17
289 Zitiert nach Arbeitsgruppe: Fischer-Prozeß, S. 24
290 Zitiert nach Arbeitsgruppe: Fischer-Prozeß, S. 34
291 Spiegel-Ausgabe vom 23. März 1966, S. 46, »Alle ins Gas«, online abrufbar unter https://magazin.spiegel.de/EpubDelivery/spiegel/pdf/46266216
292 Zitiert nach Arbeitsgruppe: Fischer-Prozeß, S. 25
293 Zitiert nach Arbeitsgruppe: Fischer-Prozeß, S. 28
294 Arbeitsgruppe: Fischer-Prozeß, S. 39
295 Zitiert nach Arbeitsgruppe: Fischer-Prozeß, S. 35
296 Ausführlich dazu Dirks: Die Verbrechen der anderen, S. 269–278
297 Vgl. etwa Arbeitsgruppe: Fischer-Prozeß, S. 45
298 Arbeitsgruppe: Fischer-Prozeß, S. 51
299 Walter Dürrfeld wurde im Nürnberger I.G.-Farben-Prozess 1948 zu acht Jahren Haft verurteilt und 1950 vorzeitig entlassen. Seine Tätigkeit in Auschwitz war anschließend kein Hindernis bei der Übernahme leitender Positionen in der westdeutschen Wirtschaft
300 Arbeitsgruppe: Fischer-Prozeß, S. 55, 62, 67 und 69
301 Arbeitsgruppe: Fischer-Prozeß, S. 81
302 Arbeitsgruppe: Fischer-Prozeß, S. 80
303 Arbeitsgruppe: Fischer-Prozeß, S. 81
304 Arbeitsgruppe: Fischer-Prozeß, S. 75; Dirks: Die Verbrechen der anderen, S. 265

305 Das Plädoyer ist in Auszügen abgedruckt in Arbeitsgruppe: Fischer-Prozeß, S. 87–90
306 Ebd
307 Zitiert nach Arbeitsgruppe: Fischer-Prozeß, S. 87
308 Vgl. Dirks: Die Verbrechen der anderen, S. 292 f
309 Zitiert nach Arbeitsgruppe: Fischer-Prozeß, S. 88
310 Zitiert nach Dirks: Die Verbrechen der anderen, S. 293
311 Dirks: Die Verbrechen der anderen, S. 294
312 Im Weiteren zitiert nach Arbeitsgruppe: Fischer-Prozeß, S. 90
313 Zitiert nach Dirks: Die Verbrechen der anderen, S. 294
314 Alles zitiert nach Pötzl, Seite 107
315 Zu den Hintergründen s. Wieland: Naziverbrechen und deutsche Strafjustiz, S. 178 f.; zur Frage des anzuwendenen Rechts im Frankfurter Auschwitz-Prozess s.u. S. 233 ff
316 Zitiert nach Arbeitsgruppe: Fischer-Prozeß, S. 88
317 Siehe zu diesen Ausführungen Arbeitsgruppe: Fischer-Prozeß, S. 92–99
318 Zitiert nach Dirks: Die Verbrechen der anderen, S. 295
319 Arbeitsgruppe: Fischer-Prozeß, S. 99
320 Zitiert nach der Zeit-Ausgabe vom 01. April 1966, »Tod für Mord«, online abrufbar unter https://www.zeit.de/1966/14/tod-fuer-mord/seite-2
321 Dazu Arbeitsgruppe: Fischer-Prozeß, S. 101
322 Zitiert nach Arbeitsgruppe: Fischer-Prozeß, S. 112
323 Dazu Dirks: Die Verbrechen der anderen, S. 265
324 Zitiert nach Arbeitsgruppe: Fischer-Prozeß, S. 115
325 Zitiert nach Arbeitsgruppe: Fischer-Prozeß, S. 116
326 Zitiert nach Arbeitsgruppe: Fischer-Prozeß, S. 117
327 Zitiert nach Dirks: Die Verbrechen der anderen, S. 298
328 Dirks: Die Verbrechen der anderen, S. 319 f
329 Vgl. Dirks: Die Verbrechen der anderen, S. 283
330 Dirks: Die Verbrechen der anderen, S. 295
331 Arendt: Der Auschwitz-Prozeß, S. 311
332 Arbeitsgruppe: Fischer-Prozeß, S. 10
333 Spiegel-Ausgabe vom 23. März 1966, S. 46, »Alle ins Gas«
334 Wieland: Naziverbrechen und deutsche Strafjustiz, S. 189
335 M.w.N. Dirks: Die Verbrechen der anderen, S. 268 und 299 ff
336 So etwa die *Freie Presse Bielefeld*, Ausgabe vom 12. März 1966
337 Online abrufbar unter https://www.historisches-lexikon-bayerns.de/images/9/94/FDP_Wahlkamp_1949.jpg
338 Werle/Wandres: Auschwitz, S. 22
339 Deutscher Bundestag (Hrsg.): Verhandlungen des Deutschen Bundestages/

Anlagen zu den stenographischen Berichten – BT-Drs. Nr. 165, Stenographische Berichte, Bd. 1, 19. Sitzung, S. 545, online abrufbar unter http://dipbt.bundestag.de/doc/btp/01/01019.pdf
340 Spiegel-Ausgabe vom 21. Mai 1958, S. 15, online abrufbar unter https://magazin.spiegel.de/EpubDelivery/spiegel/pdf/41761461
341 Spiegel-Ausgabe vom 15. April 1968, S. 51, online abrufbar unter https://www.spiegel.de/spiegel/print/d-46050198.html
342 S. dazu KZ-Gedenkstätte Neuengamme (Hrsg.), Offenes Archiv, Haftentschädigung für verurteilte Kriegsverbrecher, online abrufbar unter http://media.offenes-archiv.de/Rathausausstellung_2017_Curio_46.pdf
343 Klee: Personenlexikon, S. 175
344 Alois Brunner war ein enger Mitarbeiter Adolf Eichmanns. Er lebte bis 1954 unerkannt in Deutschland und wurde von französischen Militärgerichten in Abwesenheit zum Tode verurteilt. Vor seiner Enttarnung setzte er sich nach Syrien ab. Auslieferungsgesuche blieben erfolglos
345 Reichsgesetzblatt RGBl. I, S 39
346 Perels, S. 386
347 OLG Hamm, NJW 1955, S. 76; OLG Hamm, Beschluss vom 11. 10. 1954 – 1 Ws 418/54
348 Perels, Joachim, aaO, S. 384
349 Zitiert nach Perels, S. 385
350 Drucksache 16/3744
351 Zitiert nach Leo Katcher, Post Mortem. The Jews in Germany – Now. Hamish Hamilton, London 1968, S. 87 f
352 Die Autoren dieses Buches haben als Anwälte in dem genannten Verfahren (Strafsache gegen Bruno D., AZ 617 Ks 10/19 jug.) Überlebende des KZs Stutthof vertreten. Das gemeinsame Plädoyer wurde von Zeit Online dokumentiert: https://www.zeit.de/gesellschaft/zeitgeschehen/2020-07/prozess-ss-wachmann-plaedoyer-nebenklagevertreter-konzentrationslager-nationalsozialismus
353 BGH Urteil vom 07.01.1956, Az. IV ZR 273/55
354 Pressemitteilung des BGH vom 17.02.2016
355 Vgl. Eichmüller, Keine Generalamnestie: Die Strafverfolgung von NS-Verbrechen in der frühen Bundesrepublik, S. 191, Fußnote 194
356 Lutum-Lenger, Paula, Die Mörder sind unter uns, Ausstellungskatalog zur Ausstellung in Ulm 2008, S. 24
357 Annette Weinke, Eine Gesellschaft ermittelt gegen sich selbst. Die Geschichte der Zentralen Stelle Ludwigsburg 1958–2008 (Veröffentlichungen der Forschungsstelle Ludwigsburg der Universität Stuttgart; Bd. 13). WGB, Darmstadt 2008, S. 20
358 Weinke, S. 21

359 von Miquel, Ahnden S. 147
360 Eichmüller, Keine Generalamnestie, die Strafverfolgung von NS-Verbrechen in der frühen Bundesrepublik, S.180
361 Marc von Miquel: Ahnden oder amnestieren? Westdeutsche Justiz und Vergangenheitspolitik in den sechziger Jahren, in: Norbert Frei, Beiträge zur Geschichte des 20. Jahrhunderts. Band 1. Wallstein-Verlag, Göttingen 2004, S. 146
362 Eichmüller, S. 184f
363 Von Miquel, S. 151
364 Von Miquel S. 152
365 von Miquel, S. 152
366 Zit. nach Der Spiegel vom 12. August 1959 S. 27
367 Von Miquel S. 153
368 Hofmann, Kerstin: Ein Versuch nur – immerhin ein Versuch, Berlin 2018, S. 33
369 ebd. S. 55
370 ebd. S. 296
371 Von Miquel, S. 156
372 Von Miquel, S. 155. Helmut Krausnick verfasste 1981 das Standardwerk zu den Einsatzgruppen unter dem Titel *Die Truppe des Weltanschauungskrieges. Die Einsatzgruppen der Sicherheitspolizei und des SD 1938–42*
373 Von Miquel, S. 155
374 Von Miquel, S. 156
375 Von Miquel S. 157
376 www.landesarchiv-bw.de/de/aktuelles/nachrichten/71191
377 Eichmüller geht von 173 Zeugen aus, Müller von 184 Zeugen
378 Angabe von Prof. Paula Lutum-Lenger, zit. nach www.welt.de vom 25.06.2008
379 Fröhlich in Vollnhals/Osterloh, S. 240
380 Christoph Hendrik Müller, West Germans against the West, S. 42
381 Zit. nach Sabrina Müller, Die Mörder sind unter uns: Der Ulmer Einsatzgruppenprozess 1958, S. 68
382 Richard Baer, der letzte Kommandant des KZ Auschwitz und des KZ Mittelbau-Dora, wurde 1960 verhaftet und verstarb 1963 in Untersuchungshaft
383 Uwe Danker/Sebastian Lehmann-Himmel/Stephan Glienke, Geschichtswissenschaftliche Aufarbeitung der personellen und strukturellen Kontinuität nach 1945 in der schleswig-holsteinischen Legislative und Exekutive, Drucksache des Schleswig-Holsteinischen Landtags 18/1144 (neu), 2016
384 Müller, S. 68
385 Zit. nach von Miquel, S.158

386 Ebd
387 Kukielka/Walter, Vergangenheitsbewältigung durch Strafrecht? Der Einsatzgruppen-Prozess von Ulm, S. 83
388 Zit. nach Müller, S. 9
389 Fröhlich in Vollnhals/Osterloh S. 254
390 Von Miquel S. 158
391 Fröhlich, S. 246
392 Von Miquel, S. 159
393 Fröhlich, S. 83
394 Hendrik George Dam und Ralph Giordano: KZ-Verbrechen vor deutschen Gerichten, Bd. II: Einsatzkommando Tilsit. Der Prozess zu Ulm, Europäische Verlagsanstalt, 1966 S. 462
395 Michael Greve, Der justitielle und rechtspolitische Umgang mit NS-Gewaltverbrechen in den sechziger Jahren, S. 155
396 Kukielka/Walter S. 86
397 S. Müller in: Finger/Keller/Wirsching: Vom Recht zur Geschichte: Akten aus NS Prozessen als Quellen der Zeitgeschichte, S. 211
398 Zit. nach DIE WELT v. 25.06.2008
399 Zitiert nach Langbein: Der Auschwitz-Prozeß, S. 908
400 Zitiert nach Langbein: Der Auschwitz-Prozeß, S. 901
401 Ebd
402 Zur entscheidenden Rolle von Fritz Bauer bei der Vorbereitung des ersten Auschwitz-Verfahrens, s. Werle/Wandres: Auschwitz vor Gericht, S. 47–50; Renz: Auschwitz vor Gericht, S. 25–30
403 Arendt: Der Auschwitz-Prozeß, S. 309
404 Werle/Wandres: Auschwitz vor Gericht, S. 55
405 Dazu: Renz: Auschwitz vor Gericht, S. 199–142
406 Werle/Wandres: Auschwitz vor Gericht, S. 42
407 Arendt: Der Auschwitz-Prozeß, S. 309 f
408 Naumann: Auschwitz, S. 68
409 Dazu Remmert, in: Maunz/Dürig, GG, 37. EL März 2019, Art. 103 Abs. 2, Rn. 120
410 Arendt: Der Auschwitz-Prozeß, S. 321
411 § 27 Abs. 2 1 DDR-GrenzG: »Die Anwendung der Schusswaffe ist gerechtfertigt, um die unmittelbar bevorstehende Ausführung oder die Fortsetzung einer Straftat zu verhindern, die sich den Umständen nach als ein Verbrechen darstellt. Sie ist auch gerechtfertigt zur Ergreifung von Personen, die eines Verbrechens dringend verdächtig sind.«
412 §27 Abs 5 S. 1 DDR-GrenzG
413 BVerfGE 95, 96 (133)
414 Radbruch: Gesetzliches Unrecht, S. 107

415 Radbruch: Gesetzliches Unrecht, S. 107
416 LG Frankfurt a. M., Urteil vom 19. August 1965 – 4 KS 2/63, S. 130
417 Zitiert nach Arendt: Der Auschwitz-Prozeß, S. 313
418 Arendt: Der Auschwitz-Prozeß, S. 313
419 Arendt: Der Auschwitz-Prozeß, S. 319
420 Dazu Rückerl: NS-Verbrechen, S. 282
421 Arendt: Der Auschwitz-Prozeß, S. 323
422 Renz: Auschwitz vor Gericht, S. 75
423 LG Frankfurt a. M., Urteil vom 19. August 1965 – 4 KS 2/63, S. 96
424 LG Frankfurt a. M., Urteil vom 19. August 1965 – 4 KS 2/63, S. 98
425 Laternser: Die andere Seite im Auschwitz-Prozeß, S. 187
426 Renz: Auschwitz vor Gericht, S. 76
427 Laternser: Die andere Seite im Auschwitz-Prozeß, S. 386
428 Werle/Wandres: Auschwitz vor Gericht, S. 57
429 Zitiert nach Langbein: Der Auschwitz-Prozeß, S. 567
430 Naumann: Auschwitz, S. 507
431 Werle/Wandres: Auschwitz vor Gericht, S. 99
432 LG Frankfurt a. M., Urteil vom 19. August 1965 – 4 KS 2/63, S. 27 f
433 LG Frankfurt a. M., Urteil vom 19. August 1965 – 4 KS 2/63, S. 30 und 82
434 LG Frankfurt a. M., Urteil vom 19. August 1965 – 4 KS 2/63, S. 31 f
435 LG Frankfurt a. M., Urteil vom 19. August 1965 – 4 KS 2/63, S. 75
436 LG Frankfurt a. M., Urteil vom 19. August 1965 – 4 KS 2/63, S. 78
437 LG Frankfurt a. M., Urteil vom 19. August 1965 – 4 KS 2/63, S. 85
438 LG Frankfurt a. M., Urteil vom 19. August 1965 – 4 KS 2/63, S. 86
439 Zu den Beweismitteln, auf die sich das Gericht bei der Urteilsfindung stützte, s. Renz: Auschwitz vor Gericht, S. 81f
440 Werle/Wandres: Auschwitz vor Gericht, S. 92
441 BGH, Urteil vom 20. Februar 1969 – 4 Ks 2/63
442 LG Frankfurt a. M., Urteil vom 8. Oktober 1970 – 4 KS 2/63
443 Zu den einzelnen Gedankenschritten, die dieser juristischen Bewertung zugrunde liegen, s. Werle/Wandres: Auschwitz vor Gericht, S. 31 f
444 Zur Abgrenzung von Tätern und Teilnehmern des NS-Unrechts s.o. S. 177 ff
445 LG Frankfurt a. M., Urteil vom 19. August 1965 – 4 KS 2/63, S. 139
446 Vgl. LG Frankfurt a. M., Urteil vom 19. August 1965 – 4 KS 2/63, S. 130
447 BGH, Beschluss vom 16. November 1993 – 1 StR 193/93, NStZ 1994, 140
448 Langbein: Der Auschwitz-Prozeß, S. 740
449 Zitiert nach Langbein: Der Auschwitz-Prozeß, S. 908
450 Zit. nach Klaus Kastner, »Der Dolch des Mörders war unter der Robe des Juristen verborgen« – Der Nürnberger Juristen-Prozess 1947, in JA 1997, S. 699 ff., dort Fußnote 2
451 Zahlen nach Peter v. Feldmann, Die Auseinandersetzung um das Ermitt-

lungsverfahren gegen Richter und Staatsanwälte am Volksgerichtshof, in: Kritische Justiz 1983, S. 306
452 Gruchmann, Justiz im Dritten Reich, S. 961
453 Zit. nach Gustav Keller, Die Gewissensentwicklung der Geschwister Scholl, S. 72
454 Zit. nach Otmar Jung, Die Urteile des Volksgerichtshofs und der Deutsche Bundestag – zur Parlamentarischen »Feststellung« vom 25. Januar 1985, in: Zeitschrift für Parlamentsfragen 1986, S. 119
455 Bundestagsdrucksache 10/2368
456 Zit. nach Gribbohm, Der Volksgerichtshof, JuS 1969, S. 60
457 Zit. nach Priestoph, Nationalsozialistische Unrechtsurteile gegen Widerstandskämpfer Dr. Goerdeler u. a., ZRP 1998, S. 209 ff, S. 210
458 Andreas Eichmüller, Keine Generalamnestie: Die strafrechtliche Verfolgung von NS Verbrechen in der frühen Bundesrepublik, S. 279
459 Zit. nach *Schleswiger Nachrichten* vom 10. April 2019
460 Zit. nach Robert M.W. Kempner, NS-Todesurteile blieben ungesühnt, in: Spiegel vom 14.04.1964
461 Zit. nach Günther Frankenberg/ Franz. J. Müller, Juristische Vergangenheitsbewältigung – Der Volksgerichtshof vorm BGH, in: Kritische Justiz 1983, S. 147
462 Zit. nach Deutschlandfunk Kultur, Kalenderblatt vom 25.01.2010
463 BGHSt 10, 294
464 BGHSt 10, 294, 299 f
465 BGHSt 10, 294, 299 f
466 Michael Sontheimer, »Das ist der Berliner Sumpf«, in: DIE ZEIT vom 31.01.1986
467 Clea Laage, Die Auseinandersetzung um den Begriff des gesetzlichen Unrechts nach 1945, in: Gedächtnisschrift für Gustav Radbruch, S. 409 ff
468 BGH 5 StR 670/67 in NJW 1968, 1339 f
469 Bernhard Brunner, Der Frankreich-Komplex – Die nationalsozialistischen Verbrechen in Frankreich und die Justiz der Bundesrepublik Deutschland, S. 224
470 Alle Zitate nach Robert Pausch, Freislers rechte Hand, in: DIE ZEIT Nr. 26/2017
471 Robert Pausch, in: DIE ZEIT Nr. 26/2017
472 BGH 5 StR 747/94
473 Rudolf Höß, Kommandant in Auschwitz, Autobiographische Aufzeichnungen
474 BGH 3 StR 49/16
475 Ilken; Walther; NDR, Mölln 1992: Neonazis ermorden drei Menschen
476 ADN/ AFP/ND

477 Kinzinger
478 Kinzinger; NDR, Mölln 1992: Neonazis ermorden drei Menschen
479 Schrep, Bruno, Wir sind so ganz anders, SPIEGELOnline, https://www.spiegel.de/politik/wir-sind-so-ganz-anders-a-2710b339-0002-0001-0000-000013681738?context=issue, abgerufen am 16.03.2021, 11:00 Uhr
480 Kinzinger
481 Tolmein; NDR, Mölln 1992: Neonazis ermorden drei Menschen
482 Tolmein
483 NDR, Mölln 1992: Neonazis ermorden drei Menschen
484 Walther
485 Kinzinger
486 Mehmet Daimagüler hatte hierzu eine entsprechende Online-Petition gestartet
487 Speit, Diedrich
488 Speit
489 NDR
490 Goos
491 Hanisch; Vogel, S. 15; Juhnke, S. 63
492 Juhnke, S. 79 ff.; Goos
493 Vogel, S. 145
494 Hanisch
495 SPIEGEL, Neurologe entlastet angeklagte Polizisten
496 von Bouillon, Wie starb Oury Jalloh?; Sueddeutsche, Neues Gutachten stützt Mordthese; Knapp
497 von Bouillon, Wie starb Oury Jalloh?; von Lucius
498 Volksstimme
499 von Lucius
500 Volksstimme
501 Bundesgerichtshof
502 Umbruch-Bildarchiv
503 Landgericht Magdeburg
504 Honnigfort
505 Jakob, C./ Kaul, M
506 Initiative in Gedenken an Oury Jalloh e.V./ Redaktion
507 Pagonakis
508 Jakob, Christian, Mit Benzin begossen und angezündet
509 Initiative in Gedenken an Oury Jalloh e.V., Strafanzeige wegen Totschlag oder Mord gegen unbekannte Polizeibeamte im Todesfall Oury Jalloh
510 Mitteldeutsche Zeitung, Stellungnahme der Grünen zum Brandgutachten: »Es dürfen keine Fragen offen bleiben«
511 dpa, Neue Ermittlungen zur Todesursache

512	Monitor
513	von Bouillon, Neues Gutachten im Fall Oury Jalloh – Beteiligung Dritter wahrscheinlich
514	Jakob, Christian, Beharrlichkeit zahlt sich aus
515	Jakob, Christian, Dessau wird der Fall entzogen
516	Spiegel, Staatsanwaltschaft stellt Ermittlungen ein
517	Monitor; mdr; Schumann
518	Schuman
519	Monitor
520	dpa/tap/LTO-Redaktion
521	Generalstaatsanwaltschaft Naumburg
522	Oberlandesgericht Naumburg
523	Landtag Sachsen-Anhalt, Vorlage 5 zu Drs. 7/2143, dazu: Maxwill; Spiegel, Fall Oury Jalloh wird nicht neu aufgerollt; Paul
524	Pressemitteilung der Initiative in Gedenken an Oury Jalloh, https://initiativeouryjalloh.wordpress.com/2019/11/26/familie-von-oury-jalloh-legt-beschwerde-beim-bundesverfassungsgericht-ein/; abgerufen am 17.03.2021, 09:00 Uhr
525	Pressemitteilung der Initiative in Gedenken an Oury Jalloh aaO
526	Initiative in Gedenken an Oury Jalloh e.V., Familie von Oury Jalloh legt Beschwerde beim Bundesverfassungsgericht ein, aaO
527	Sueddeutsche, Jalloh-Initiative gibt nicht auf, https://www.sueddeutsche.de/politik/sachsen-anhalt-jalloh-initiative-gibt-nicht-auf-1.5167101; abgerufen am 17.03.2021
528	Paul
529	Paul
530	https://www.mdr.de/nachrichten/sachsen-anhalt/landespolitik/oury-jalloh-aufklaerung-spd-beschluss-untersuchungsausschuss-100.html
531	Landtag Sachsen-Anhalt, Drucksache 7/6533 vom 01.09.2020
532	https://www.spiegel.de/panorama/justiz/abschlussbericht-zum-fall-oury-jalloh-das-wird-immer-einer-wunde-bleiben-a-0ed30c09-7f28-41d5-9c71-f263edecd21a; abgerufen am 17.03.2021, 11:00 Uhr
533	Neues forensisch – radiologisches Gutachten im Fall Oury Jalloh/Pressemitteilung – Initiative in Gedenken an Oury Jalloh, vom 28.10.2019, https://initiativeouryjalloh.wordpress.com/2019/10/28/neues-forensisch-radiologisches-gutachten-im-fall-oury-jalloh-pressemitteilung-initiative-in-gedenken-an-oury-jalloh-vom-28-10-2019/; abgerufen am 17.03.2021, 21:05
534	Nowak
535	Frank Jansen hat auch die nach ihm benannte »Jansen-Liste« erstellt. Auf dieser Liste finden sich die Namen der Opfer rechtsradikaler Gewalt, die weit

mehr Einträge enthält und die von vielen Experten als ein realistischeres Abbild der Situation gesehen wird als die offiziellen polizeilichen Statistiken
536 https://www.anstageslicht.de/themen/rechtsradikalismus/dessau-staatliche-neo-nazi-bekaempfer-kaltgestellt/; abgerufen am 03.04.2021, 14:00 Uhr
537 Stand März 2021
538 Mehmet Daimagüler hat in diesem Verfahren sieben Hinterbliebene der NSU-Mordopfer Ismail Yasar und Abdurrahim Özudogru vertreten. Zudem vertritt er im Revisionsverfahren die drei Hinterbliebenen des Mordopfers Theodoros Boulgarides und des Weiteren in einem Staatshaftungsverfahren drei Hinterbliebene von Enver Simsek sowie den Überlebenden des in München nicht angeklagten, aber dem NSU zugerechneten Bombenanschlags auf die Gaststätte »Sonnenschein« in Nürnberg
539 Theodoros Boulgarides und Habil Kilic
540 Enver Simsek, Ismail Yasar und Abdurrahim Özudogru
541 Rechtsanwälte und Rechtsanwältinnen Seda Başay-Yıldız, Antonia von der Behrens, Önder Bogazkaya, Dr. Mehmet Gürcan Daimagüler, Dr. Björn Elberling, Berthold Fresenius, Alexander Hoffmann, Carsten Ilius, Ali Kara, Stephan Kuhn, Dr. Anna Luczak, Edith Lunnebach, Gül Pinar, Eberhard Reinecke, Sebastian Scharmer, Kiriakos Sfatkidis, Isaak Sidiropoulos, Dr. Peer Stolle, Turan Ünlücay
542 Mehmet Daimagüler war als Nebenklageanwalt Verfahrensbeteiligter
543 Landgericht Hannover (2016), Urteil gegen Denis Lempke, Sascha Dohme, Saskia Börger, 17.03.2016
544 Sueddeutsche (2016), Brandanschlag in Salzhemmendorf: Acht Jahre Haft für Haupttäter, 17.03.2016, in: sueddeutsche.de, https://www.sueddeutsche.de/politik/urteil-in-hannover-brandanschlag-in-salzhemmendorf-acht-jahre-haft-fuer-haupttaeter-1.2911626, letzter Zugriff: 28.04.2021
545 Sueddeutsche (2016), Gespräche über Hitler, Tattoos mit Runen, 15.03.2016, in: sueddeutsch.de, https://www.sueddeutsche.de/politik/brandanschlag-auf-asylunterkunft-blick-in-die-garage-hakenkreuz-1.2908448-2, letzter Zugriff: 28.04.2021
546 NDR (2015), Salzhemmendorf: Zwei Attentäter haben gestanden, 01.09.2015, in: web.archive.org, https://web.archive.org/web/20150902000718/http://www.ndr.de/nachrichten/niedersachsen/hannover_weser-leinegebiet/Salzhemmendorf-Haben-zwei-Attentaeter-gestanden,brandanschlag218.html, letzter Zugriff: 28.04.2021
547 Hansmann
548 Landgericht Hagen
549 Spiegel, »Eine rechtsradikale Einstellung besteht aus mehr als Fremdenhass«
550 Hansmann
551 Der Generalbundesanwalt am Bundesgerichtshof (2015), Bundesweite Fest-

nahme- und Durchsuchungsmaßnahme wegen des Verdachts der Bildung einer rechtsterroristischen Vereinigung [Pressemeldung]
552 Deutsch Welle (2015), Anschlag stand offenbar unmittelbar bevor
553 BGH Beschl. v. 17.12.2015 – AK 43/15, BeckRS 2016, 1620 [Beck-Online]
554 Der Generalbundesanwalt am Bundesgerichtshof (2015), Bundesweite Festnahme- und Durchsuchungsmaßnahme wegen des Verdachts der Bildung einer rechtsterroristischen Vereinigung [Pressemeldung]
555 BGH Beschl. v. 17.12.2015 – AK 43/15, BeckRS 2016, 1620 [Beck-Online]
556 Der Generalbundesanwalt am Bundesgerichtshof (2016), Anklage wegen der Bildung einer rechtsterroristischen Vereinigung erhoben [Pressemeldung]
557 Lakotta, Beate (2017), Da weint der biedere Bürgerkrieger
558 Lakotta, Beate (2017), Da weint der biedere Bürgerkrieger
559 Beck-aktuell (2017) OLG München: Haftstrafen für Mitglieder rechtsextremer »Oldschool Society«
560 Spiegel (2015), Ermittler prüfen Verbindung zu Neonazi-Kameradschaft.; Lemkuhl, Frank (2015), Messie und nicht sonderlich intelligent: Wer steckt hinter der »Oldschool Society«?
561 Boeselager, Matern (2015), Ist die »Old School Society« die dümmste Terrorgruppe Deutschlands?
562 OLG Dresden (2019), Weiteres Urteil wegen mitgliedschaftlicher Beteiligung an einer terroristischen Vereinigung (Oldschool Society – OSS) ergangen
563 BGH (2020), Urteil des Oberlandesgerichts Dresden wegen Mitgliedschaft in der terroristischen Vereinigung »OSS« (»Oldschool Society«) rechtskräftig
564 OLG Dresden (2019), Urteil wegen mitgliedschaftlicher Beteiligung an einer terroristischen Vereinigung (Oldschool Society – OSS) ergangen
565 Spiegel (2017), Polizei prüft Verbindung zu Rechtsextremisten
566 Der Generalbundesanwalt (2016), Festnahme- und Durchsuchungsmaßnahmen wegen des Verdachts der Bildung einer rechtsterroristischen Vereinigung
567 Dresdener Neuste Nachrichten (2016), Verfassungsschutz hatte Kontakt zur »Gruppe Freital«
568 Der Generalbundesanwalt (2016), Festnahme- und Durchsuchungsmaßnahmen wegen des Verdachts der Bildung einer rechtsterroristischen Vereinigung; Der Generalbundesanwalt (2016), Anklage wegen des Verdachts der Bildung einer rechtsterroristischen Vereinigung
569 Der Generalbundesanwalt (2016), Anklage wegen des Verdachts der Bildung einer rechtsterroristischen Vereinigung
570 Schneider, Alexander (2017), Freiheitsentzug für »Freie Kameraden«
571 Nebenklage »Gruppe Freital« (2018), Plädoyers der Verteidigung und Nebenklage; RAA, Der Prozess gegen die »Gruppe Freital«
572 Botsch, Gideon (2019), Was ist Rechtsterrorismus?
573 RAA, Der Prozess gegen die »Gruppe Freital«

574 RAA, Der Prozess gegen die »Gruppe Freital«
575 RAA, Der Prozess gegen die »Gruppe Freital«
576 Spiegel (2018), Lange Haftstrafen für rechte Terrorgruppe Freital; Dresdener Neuste Nachrichten (2018), Sechs Mitglieder der »Gruppe Freital« melden Revision an
577 Nebenklage »Gruppe Freital« (2019), Urteil des OLG Dresden rechtskräftig
578 Mdr (2020), Weiterer Prozess gegen mutmaßliche Mitglieder der Gruppe Freital; Litschko, Konrad (2021), Keine besorgten Bürger
579 Spiegel (2021), Mutmaßliche Unterstützer der »Gruppe Freital« räumen Vorwürfe ein; Mdr (2021), Dritter Prozess gegen »Gruppe Freital« in Dresden gestartet
580 https://www.bpb.de/politik/extremismus/rechtsextremismus/41229/musik, abgerufen am 26.4.2021, 11:00 Uhr
581 Der Generalbundesanwalt (2019), Übernahme der Ermittlungen wegen des Mordes zum Nachteil des Kasseler Regierungspräsidenten Dr. Walter Lübcke; Der Generalbundesanwalt (2019), Zwei vorläufige Festnahmen im Ermittlungsverfahren wegen des Mordes zum Nachteil des Kasseler Regierungspräsidenten Dr. Walter Lübcke
582 Der Generalbundesanwalt (2020), Anklage wegen Mordes zum Nachteil des Kasseler Regierungspräsidenten Dr. Walter Lübcke erhoben
583 Der Generalbundesanwalt (2019), Übernahme eines weiteren Ermittlungsverfahrens der Staatsanwaltschaft Kassel gegen den mutmaßlichen Mörder des Kasseler Regierungspräsidenten Dr. Walter Lübcke
584 Der Generalbundesanwalt (2020), Anklage wegen Mordes zum Nachteil des Kasseler Regierungspräsidenten Dr. Walter Lübcke erhoben
585 Der Generalbundesanwalt (2020), Anklage wegen Mordes zum Nachteil des Kasseler Regierungspräsidenten Dr. Walter Lübcke erhoben
586 Majić, Danijel (2019,2020,2021), Blog – Lübcke-Prozess
587 Niedermeier, Nathan (2021), Lübcke-Mord: Kontakte zu NSU-Umfeld weitreichender als bisher angenommen
588 Ramelsberger, Anette (2020), Eklat im Prozess um Mord an Walter Lübcke
589 RTL (2020), Welches Geständnis von Stephan E. entspricht der Wahrheit?
590 Spiegel (2020), Ex-Verteidiger von Stephan E. verweigert die Aussage
591 Niedermeier, Nathan (2021), Lübcke-Mord: Kontakte zu NSU-Umfeld weitreichender als bisher angenommen; Tagesschau (2019), Was im Fall Lübcke bislang bekannt ist; Brause, Christina/ Hock, Alexej/ Lutz, Martin/ Müller, Uwe (2019), Stephan E. will ohne Helfer gemordet haben; Zeit (2019), Verdächtiger im Fall Lübcke hat Asylbewerberheim angegriffen; Jansen, Frank (2019), Das Strafregister des Stephan E., 18.06.2019; HAZ (2019), Mordfall Lübcke: Die bürgerliche Fassade des Stephan E

592 NSU Watch (2020), Prozess Lübcke/Ahmed I
593 NSU-Watch (2020), 31. Prozesstag, 19. November 2020 – Prozess zum Mord an Walter Lübcke und zum Angriff auf Ahmed I
594 Seidel, Nino/ Feldmann, Julian (2020), Ermittlungen wegen weiteren Mordversuchs
595 Spiegel (2020), Die Todeslisten des Stephan E.; Biermann, Kai/ Steinhagen, Martin (2020), Die Waffen des Stephan E
596 Spiegel (2020), Die Todeslisten des Stephan E.; NSU Watch (2020), Prozess Lübcke/Ahmed I
597 Biermann, Kai/ Steinhagen, Martin (2020), Die Waffen des Stephan E.; Seidel, Nino/ Feldmann, Julian (2020), Entlassener Rechtsextremist ist Gefährder
598 Steinhagen, Martin (2020), Aus dem Tritt, 27.10.2020; Majić, Danijel (2019, 2020, 2021), Blog – Lübcke-Prozess
599 Zimmermann, Felix (2020), Fall Lübcke: Anklage fordert lebenslange Haft
600 Zimmermann, Felix (2020), Fall Lübcke: Anklage fordert lebenslange Haft
601 Majić, Danijel (2021), Stephan Stephan E.s Verteidiger plädieren auf Totschlag; Majić, Danijel (2019, 2020 2021), Blog – Lübcke-Prozess; Spiegel (2021), Verteidiger sieht keine Mordmerkmale im Fall Lübcke
602 Jüttner, Julia (2021), »Er hat nichts zu bereuen«; Majić, Danijel (2019, 2020, 2021), Blog – Lübcke-Prozess
603 Jüttner, Julia (2021), Der letzte Versuch der Familie Lübcke
604 Jüttner, Julia (2021), Der letzte Versuch der Familie Lübcke; Majić, Danijel (2019, 2020, 2021), Blog – Lübcke-Prozess
605 Majić, Danijel (2019, 2020, 2021), Blog – Lübcke-Prozess
606 Zeit (2021), Alle Beteiligten im Lübcke-Prozess legen Revision ein
607 Hessenschau (2021), Für die einen »angemessen«, für die anderen »fatal«
608 Hauskrecht, Wolfgang (2020), Lübcke-Mord: Die rechtsextreme Welt des Verdächtigen Stephan E.; Ayyadi, Kira (2019), Der Mörder Stephan E. war kein »einsamer Wolf«, er war Parteisoldat; Lüdeke, Ulf (2019), Ermittler leuchten Nazi-Netzwerk von Stephan E. aus – Experte warnt vor Irrtum, 29.06.2029; Bongen, Robert / Feldmann, Julian / Ruprecht, Anne/ Seidel, Nino (2019), Mutmaßlicher Lübcke-Mörder: Wer ist Stephan E.?; Jüttner, Julia (2020), Ein Leben voller Gewalt; Fittkau, Ludger (2020), Welche Rolle spielte der NSU in Hessen?; EXIF (2020), Nicht verfolgte Spuren im Mordfall Halit Yozgat – Verbindungen zwischen dem NSU-Mord & dem Mord an Walter Lübcke; Förster, Andreas (2020), Walter Lübcke stand schon früher auf einer Todesliste; Litschko, Konrad (2019), »Einer der besten Kameraden«
609 Kurt Tucholsky, zitiert nach Hildebrand, Christa, Gegängelte Justiz: Kritische Stimmen zum Justizsystem der Weimarer Republik
610 Siehe dazu: Gumbel, Emil Julius, *Vier Jahre politischer Mord,* Berlin 1922

611 zitiert nach Wrobel, Hans, *Der Deutsche Richterbund im Jahre 1933,* https://www.kj.nomos.de/fileadmin/kj/doc/1982/19824Wrobel_S_323.pdf, abgerufen am 11.04.2021, 15:28 Uhr
612 Wrobel aaO
613 Erst 1928 nahm in Deutschland mit Maria Hagemeyer zum ersten Mal eine Frau Platz auf der Richterbank

Literaturverzeichnis

Die Justiz der Weimarer Republik und ihr Umgang mit den rechtsextremen Demokratiefeinden

15. Untersuchungsausschuss der verfassungsgebenden Nationalversammlung, stenographischer Bericht über die öffentlichen Verhandlungen, Bd. 2, Berlin 1920, S. 700 f., online abrufbar unter: http://ghdi.ghi-dc.org/sub_document.cfm?document_id=3829&language=german, zuletzt abgerufen am 01.06.2021

Albrecht, Nils: Die Macht einer Verleumdungskampagne – Antidemokratische Agitationen der Presse und Justiz gegen die Weimarer Republik und ihren ersten Reichspräsidenten Friedrich Ebert vom »Badebild« bis zum Magdeburger Prozess, Bremen 2002

Arbeitsgruppe der ehemaligen Häftlinge des Konzentrationslagers Auschwitz beim Komitee der Antifaschistischen Widerstandskämpfer in der Deutschen Demokratischen Republik und dem Nationalrat der Nationalen Front des demokratischen Deutschland (Hrsg.): Schuldig im Sinne des Rechts und des Völkerrechts – Auszüge aus dem Protokoll des Prozesses gegen den KZ-Arzt Fischer vor dem Obersten Gericht der DDR, Berlin 1966

Arendt, Hannah: Der Auschwitz Prozess, in: Bernd Naumann: Auschwitz – Bericht über die Strafsache gegen Mulka und andere vor dem Schwurgericht Frankfurt, Frankfurt a. M./Bonn 1965, S. 309–331

Arendt, Hannah: Eichmann in Jerusalem, München 1965

Bästlein, Klaus: Der Fall Globke – Propaganda und Justiz in Ost und West, Berlin 2018

Bauer, Fritz J. /Schmidt, Eduard: Die Bayrischen Volksgerichte 1918–1924 – Das Problem ihrer Vereinbarkeit mit der Weimarer Reichsverfassung, Zeitschrift für bayerische Landesgeschichte 48 (1985), S. 449–478

Benz, Wolfgang (Hrsg.), Politik in Bayern 1919–1933: Berichte des württembergischen Gesandten Carl Moser von Filseck in: Schriftenreihe der Vierteljahrshefte für Zeitgeschichte, 22/23 München 1971

Bloch, Charles: Paul Levi – ein Symbol der Tragödie des Linkssozialismus in der Weimarer Republik, in: Walter Grab; Julius Schoeps (Hrsg.): Juden in der Weimarer Republik, Sachsenhausen 1986

Brammer, Karl: Der Prozess des Reichspräsidenten, Berlin 1925

Brammer, Karl: Verfassungsgrundlagen und Hochverrat, Berlin 1922

Braun, Bernd: Integration kraft Repräsentation – Der Reichspräsident der Länder, in: Eberhard Kolb (Hrsg.) Friedrich Ebert als Reichspräsident – Amtsführung und Amtsverständnis, München 1998

Brenner, Michael: Der lange Schatten der Revolution – Juden und Antisemiten in Hitlers München 1918 bis 1923, Berlin 2019

Brunner, Bernhard: Der Frankreich-Komplex – Die nationalsozialistischen Verbrechen in Frankreich und die Justiz der Bundesrepublik Deutschland, Göttingen 2004

Bucher, Petre: Der Reichswehrprozess – Der Hochverrat der Ulmer Reichswehroffiziere 1929/1930, Boppard 1967

Bundesarchiv, Biografie zu Josef Streit, online abrufbar unter https://www.bundesarchiv.de/cocoon/barch/0000/z/z1961z/kap1_7/para2_333.html;jsessionid=

2F2B5A1617FFB10413E147564BD55BBB?highlight= true&search=%22Streit,%20Josef%22&stemming= false&field=all;, zuletzt abgerufen am 01.06.2021

Bundesgerichtshof (BGH), Urteil vom 20. Februar 1969 – 4 Ks 2/63

BGH, Beschluss vom 16. November 1993 – 1 StR 193/93, NStZ 1994, 140

BGH Entscheidung in Strafsachen (BGHSt) 10, 294

BGH 5 StR 670/67 in NJW 1968, 1339f

BGH 5 StR 747/94

BGH 3 StR 49/16

Bundespresseamt: Geschichte und Aufgaben, online abrufbar unter www.bundesregierung.de/breg-de/bundesregierung/bundespresseamt/geschichte-und-aufgaben-454036, zuletzt abgerufen am 01.06.2021

Deutscher Bundestag (Hrsg.): Verhandlungen des Deutschen Bundestages/ Anlagen zu den stenographischen Berichten – BT-Drs. Nr. 165, Stenographische Berichte, Bd. 1, 19. Sitzung, online abrufbar unter http://dipbt.bundestag.de/doc/btp/01/01019.pdf, zuletzt abgerufen am 01.06.2021

Bundesverfassungsgerichtsentscheidung (BVerfGE) 95, 96 (133)

Carsten, Francis L.: Reichswehr und Politik 1918–1933, Köln 1965

Daimagüler, Mehmet: Empörung reicht nicht! – Unser Staat hat versagt. Jetzt sind wir dran, Köln 2017

Dam, Hendrik George/Giordano, Ralph: KZ-Verbrechen vor deutschen Gerichten, Bd. II: Einsatzkommando Tilsit. Der Prozess zu Ulm, Frankfurt 1966

Danker, Uwe/Lehmann-Himmel, Sebastian/Glienke, Sebastian: Geschichtswissenschaftliche Aufarbeitung der personellen und strukturellen Kontinuität nach 1945 in der schleswig-holsteinischen Legislative und Exekutive, Drucksache des

Schleswig-Holsteinischen Landtags 18/1144 (neu), Kiel 2016

Deutschlandfunk Kultur, Kalenderblatt vom 25.01.2010, online abrufbar unter www.deutschlandfunkkultur.de/der-volksgerichtshof-ein-terrorinstrument.932.de.html?dram:article_id=130697, zuletzt abgerufen am 01.06.2021

Dirks, Christian: Die Verbrechen der anderen – Auschwitz und der Auschwitz-Prozess der DDR: Das Verfahren gegen den KZ-Arzt Dr. Horst Fischer, Paderborn 2006

Dohna, Alexander Graf zu: Der Münchener Hochverratsprozess, Deutsche Juristenzeitung 29 (1924), S. 330–335

Dornberg, John: Der Hitlerputsch – 9. November 1923, 2. Auflage, München 1998

Echternkamp, Jörg: Die Ahndung von NS- und Kriegsverbrechen in der SBZ/DDR, 2015 online abrufbar unter https://www.bpb.de/geschichte/deutsche-geschichte/der-zweite-weltkrieg/211771/die-ahndung-von-ns-und-kriegsverbrechen-in-der-sbz-ddr, zuletzt aufgerufen am 01.06.2021

Eichmüller, Andreas: Keine Generalamnestie: Die Strafverfolgung von NS-Verbrechen in der frühen Bundesrepublik, München 2012

Eisert, Wolfgang: Die Waldheimer Prozesse – Der stalinistische Terror 1950, München 1993

Feldmann, Peter von: Die Auseinandersetzung um das Ermittlungsverfahren gegen Richter und Staatsanwälte am Volksgerichtshof, in: Kritische Justiz 1983, S. 306ff.

Fieberg, Gerhard: *Wolfgang Fränkel.* In: Justizministerium des Landes Nordrhein-Westfalen (Hrsg.): Zwischen Recht und Unrecht – Lebensläufe deutscher Juristen. Düsseldorf 2004, S. 113ff.

Frankenberg, Günther/Müller, Franz J.: Juristische Vergangenheitsbewältigung – Der Volksgerichtshof vorm BGH, in: Kritische Justiz 1983, S. 145ff.

Frankfurter Zeitung vom 16.05.1919 online abrufbar unter https://www.faz.net/aktuell/politik/historisches-e-paper/historisches-e-paper-moerder-von-luxemburg-und-liebknecht-verurteilt-16112572.html, zuletzt abgerufen am 01.06.2021

Frei, Norbert: Vergangenheitspolitik. Die Anfänge der Bundesrepublik und die NS-Vergangenheit, München 2012

Fricke, Karl Wilhelm: Akteneinsicht: Rekonstruktion einer politischen Verfolgung, Hans Reinwarth, S. 115, Berlin 1997

Freudiger, Kerstin: Die juristische Aufarbeitung von NS-Verbrechen, Tübingen 2002

Fröhlich, Claudia: Der »Ulmer Einsatzgruppen-Prozess« 1958. Wahrnehmung und Wirkung des ersten großen Holocaust-Prozesses, in: Vollnhals, Clemens/Osterloh, Jörg: NS-Prozesse und deutsche Öffentlichkeit, Göttingen 2011

Gietinger, Klaus: Der Konterrevolutionär – Waldemar Pabst – eine deutsche Karriere, Hamburg 2009

Gietinger, Klaus/Reuß, Werner (Hrsg.): Hitler vor Gericht – Der Prozess nach dem Putsch 1923, München 2009

Goodrick-Clarke, Nicholas: Die okkulten Wurzeln des Nationalsozialismus, Wiesbaden 2004

Görlitz, Axel (Hrsg.): Politische Justiz, Baden-Baden 1996

Grabitz, Helge: NS-Prozesse – Psychogramme der Beteiligten, Heidelberg 1985

Grau, Bernhard: Kurt Eisner, München 2017

Greve, Michael: Amnestierung von NS-Gehilfen – eine Panne? – Die Novellierung des § 50 Abs. 2 StGB und dessen Auswirkungen auf die NS-Strafverfolgung, Kritische Justiz 2000, S. 412–424

Greve, Michael: Der justitielle und rechtspolitische Umgang mit NS-Gewaltverbrechen in den sechziger Jahren, Bern 2001

Gribbohm, Günter, Der Volksgerichtshof, JuS 1969, S. 55ff

Gritschneder, Otto: Der Hitler-Prozess und sein Richter Georg Neithardt – Skandalurteil von 1924 ebnet Hitler den Weg, München 2001

Gruchmann, Lothar: Justiz im Dritten Reich 1933–1940 Anpassung und Unterwerfung in der Ära Gürtner, Göttingen 2002

Gumbel, Emil Julius: Vier Jahre politischer Mord, Berlin 1922

Halle, Felix: Deutsche Sondergerichtsbarkeit 1918–1921, Berlin 1922

Handelsblatt vom 01.01.2006, online abrufbar unter https://www.handelsblatt.com/arts_und_style/aus-aller-welt/grossbritannien-dokumente-enthuellen-geheime-churchill-plaene/2594776.html?ticket=ST-18482184-PSmTSyla M5Pvo7Bfp7mD-ap2, zuletzt abgerufen am 01.02.2021

Hannover, Heinrich/Hannover-Drück, Elisabeth: Der Mord an Rosa Luxemburg und Karl Liebknecht – Dokumentation eines politischen Verbrechens, Göttingen 1989

Hannover, Heinrich/Hannover-Drück, Elisabeth: Politische Justiz – 1918–1933, Frankfurt a. M. 1966

Heine, Wolfgang: Die Bedeutung des Jorns-Prozesses, Sozialistische Monatshefte, 68 (1929), S. 389–391

Hetmann, Frederik: Rosa L. – Die Geschichte der Rosa Luxemburg und ihrer Zeit, Berlin 1979

Hirsch, Helmut: Rosa Luxemburg, Hamburg 1969

Hirschberg, Max: Der Hitler-Prozess vor dem Volksgericht in München, München 1924

Hofmann, Kerstin: Ein Versuch nur – immerhin ein Versuch, Berlin 2018

Höller, Ralf: Der Anfang, der ein Ende war – Die Revolution in Bayern 1918/19, Berlin 1999

Höß, Rudolf: Kommandant in Auschwitz, autobiographische Aufzeichnungen 20. Auflage Frankfurt 2006

Jasper, Gotthard: Justiz und Politik in der Weimarer Republik, Vierteljahreshefte für Zeitgeschichte 1982, S. 167–205

Jung, Ottmar: Die Urteile des Volksgerichtshofs und der Deutsche Bundestag – zur Parlamentarischen »Feststellung« vom 25. Januar 1985 in: Zeitschrift für Parlamentsfragen 1986, S. 119ff.

Kabinettsprotokoll der 136. Kabinettssitzung am 18.01.1961, online abrufbar unter https://www.bundesarchiv.de/cocoon/barch/0001/k/k1961k/kap1_2/kap2_2/index.html, zuletzt abgerufen am 01.06.2021

Kabinettsprotokoll der 76. Kabinettssitzung am 16.05.1963, online abrufbar unter https://www.bundesarchiv.de/cocoon/barch/0110/k/k1963k/kap1_2/kap2_21/index.html, zuletzt abgerufen am 01.06.2021

Kabinettsprotokoll der 88. Kabinettssitzung vom 16.08.1963, online abrufbar unter https://www.bundesarchiv.de/cocoon/barch/0000/k/k1963k/kap1_2/kap2_34/index.html, zuletzt abgerufen am 01.06.2021

Kabinettsprotokoll der 119. Kabinettssitzung vom 22.04.1964, online abrufbar unter https://www.bundesarchiv.de/cocoon/barch/z/k/k1964k/kap1_2/kap2_18/index.html;jsessionid=8A487B1046E3E22ADD14B75E-41CE3903?highlight=true&search=Makarios%20III.%20(Erzbischof)%20Makarios%20Myriarthes&stemming=false&field=all, zuletzt abgerufen am 01.06.2021

Kammergericht Berlin, Beschluss vom 15. März 1954 – 1 RHE AR 7/54, abgedruckt in NJW 1954, 1901f

Kastner, Klaus: Der Dolch des Mörders war unter der Robe des Juristen verborgen – Der Nürnberger Juristen-Prozess 1947, in JA 1997, S. 699ff.

Katcher, Leo: Post Mortem. The Jews in Germany – Now, London 1968

Keller, Gustav: Die Gewissensentwicklung der Geschwister Scholl, Wiesbaden 2016

Kempner, Robert M.W.: NS-Todesurteile blieben ungesühnt,

in: Der Spiegel vom 14.04.1964, online abrufbar unter https://www.spiegel.de/politik/ns-todesurteile-blieben-ungesuehnt-a-8897d4c4-0002-0001-0000-000046174375?context=issue, zuletzt abgerufen am 01.06.2021

Kirchheimer, Otto: Politische Justiz: Die Verwendung juristischer Verfahrensmöglichkeiten zu politischen Zwecken, Princeton 1961

Kladderadatsch-Ausgabe vom 7. September 1919, online abrufbar unter: https://digi.ub.uni-heidelberg.de/diglit/kla1919/0481/image, zuletzt abgerufen am 01.06.2021

Klee, Ernst: Das Personenlexikon zum Dritten Reich, 2. Auflage, Frankfurt a. M. 2005

Kloth, Emil: Einkehr – Betrachtungen eines sozialdemokratischen Gewerkschaftlers über die Politik der deutschen Sozialdemokratie, München 1920

Kohlmann, Jan: Der Marsch zu den Gräbern von Karl und Rosa – Geschichte eines Gedenktages, Frankfurt a. M. 2004

Kolb, Eberhard (Hrsg.): Friedrich Ebert als Reichspräsident, München 1997

Kukielka, Karolina/Walter, Tonio: Vergangenheitsbewältigung durch Strafrecht? Der Einsatzgruppen-Prozess von Ulm, Berlin 2020

Kusch, Regina/Beckmann, Andreas in Deutschlandfunk Kultur: Verbrechen des Klassenfeinds – Die Auschwitz-Prozesse in der DDR, online abrufbar unter https://www.deutschlandfunkkultur.de/verbrechen-des-klassenfeinds-die-auschwitz-prozesse-in-der.976.de.html?dram:article_id=358510, zuletzt abgerufen am 01.06.2021

KZ-Gedenkstätte Neuengamme (Hrsg.), Offenes Archiv, Haftentschädigung für verurteilte Kriegsverbrecher, online abrufbar unter http://media.offenes-archiv.de/Rathausausstellung_2017_Curio_46.pdf, zuletzt abgerufen am 01.06.2021

Laage, Clea: Die Auseinandersetzung um den Begriff des

gesetzlichen Unrechts nach 1945, in: Gedächtnisschrift für Gustav Radbruch, hrsg. von Kaufmann, A., Göttingen 1968

Landauer, Gustav: Beginnen – Ausätze über Sozialismus, Wetzlar 1977

LG Detmold, Urteil vom 17.06.2016 zum Az. 4 Ks 45 Js 3/13-9/15, online abrufbar unter http://www.justiz.nrw.de/nrwe/lgs/detmold/lg_detmold/j2016/4_Ks_45_Js_3_13_9_15_Urteil_20160617.html, zuletzt abgerufen am 01.06.2021

Landgericht Frankfurt a. M., Urteil vom 19. August 1965 – 4 KS 2/63, S. 130

LG Frankfurt a. M., Urteil vom 8. Oktober 1970 – 4 KS 2/63

LG Lüneburg, Urteil vom 15.07.2015 zum Az. 27 Ks 9/14, 27 Ks 1191 Js 98402/13 (9/14), online abrufbar unter https://www.rechtsprechung.niedersachsen.de/jportal/portal/page/bsndprod.psml?doc.id=KORE221452015&st=null&showdoccase=1, zuletzt abgerufen am 01.06.2021

Landsberg, Otto: Der Prozess Rothardt, in: Die Justiz 1925, S. 124 ff

Langbein, Hermann: Der Auschwitz-Prozess – Eine Dokumentation, Wien 1965

Laternser, Hans: Die andere Seite im Auschwitz-Prozess 1963/1965 – Reden eines Verteidigers, Stuttgart 1966

Levi, Paul: Der Jorns-Prozess – Rede des Verteidigers Dr. Paul Levi nebst Einleitung, Berlin 1929

Lommatzsch, Erik: Hans Globke (1898–1973). Beamter im Dritten Reich und Staatssekretär Adenauers, Frankfurt 2009

Lucas-Busemann, Erhard: Die Ermordung Rosa Luxemburgs und Karl Liebknechts – Auch nach 70 Jahren Anlass der Trauer und des Nachdenkens, Oldenburg 1990

Lutum-Lenger, Paula: Die Mörder sind unter uns. Eine Ausstellung zum Ulmer Einsatzgruppenprozess von 1958. S. 23–28, Stuttgart 2008

Miquel, Marc von: Ahnden oder Amnestieren, Westdeutsche Justiz und Vergangenheitspolitik in den sechziger Jahren, Göttingen 2004

Mühlhausen, Walter: Friedrich Ebert und seine Partei 1919–1925, in: Eberhard Kolb (Hrsg.): Friedrich Ebert als Reichspräsident – Amtsführung und Amtsverständnis, München 1998

Mühlhausen, Walter: Friedrich Ebert 1871–1925 – Reichspräsident der Weimarer Republik, Bonn 2006

Müller, Christoph Hendrik, West Germans Against The West. Anti-Americanism in Media and Public Opinion in the Federal Republic of Germany 1949–1968, London 2010

Müller, Sabrina: Die Mörder sind unter uns. Eine Ausstellung zum Ulmer Einsatzgruppenprozess von 1958. S. 29–32, Stuttgart 2008

Müller, Sabrina in: Finger/Keller/Wirsching: Vom Recht zur Geschichte: Akten aus NS Prozessen als Quellen der Zeitgeschichte, Göttingen 2009

Naumann, Bernd: Auschwitz – Bericht über die Strafsache gegen Mulka und andere vor dem Schwurgericht Frankfurt, Frankfurt a. M./Bonn 1965

Noack, Kurt: Nachkriegserinnerungen – Als Fünfzehnjähriger in Stalins Lagern, Guben 2009

Noske, Gustav: Von Kiel bis Kapp – Zur Geschichte der deutschen Revolution, Berlin 1920

OLG Hamm, NJW 1955

OLG Hamm, Beschluss vom 11.10.1954 – 1 Ws 418/54

Orlow Dietrich: Preußen und der Kapp-Putsch, Vierteljahreshefte für Zeitgeschichte 1978, S. 191–236

Pausch Robert: Freislers rechte Hand, in: DIE ZEIT Nr. 26, 2017 online abrufbar unter https://www.zeit.de/2017/26/ns-zeit-roland-freisler-hans-joachim-rehse-justizskandal, zuletzt abgerufen am 01.06.2021

Perels, Joachim: Das juristische Erbe des ›Dritten Reiches‹.

Beschädigungen der demokratischen Rechtsordnung, Frankfurt 1999

Podewin, Norbert: Ebert und Ebert – Zwei deutsche Staatsmänner: Friedrich Ebert (1871–1925), Friedrich Ebert (1894–1979). Eine Doppelbiografie, Berlin 1999

Pötzl, Norbert F.: Mission Freiheit – Wolfgang Vogel: Anwalt der deutsch-deutschen Geschichte, München 2014

Pranckh, Hans Frhr von (Hrsg.): Der Prozess gegen den Grafen Anton Arco-Valley, der den bayerischen Ministerpräsidenten Kurt Eisner erschossen hat, München 1920

Prantl, Heribert: Der ermordete Traum, Süddeutsche Zeitung vom 28. April 2019, online abrufbar unter https://www.sueddeutsche.de/politik/landauer-eisner-muenchen-bayern-revolution-raeterepublik-1.4425041, zuletzt abgerufen am 01.06.2021

Priestoph, Matthias: Nationalsozialistische Unrechtsurteile gegen Widerstandskämpfer Dr. Goerdeler u. a., ZRP 1998, S. 209ff.

Radbruch, Gustav: Gesetzliches Unrecht und übergesetzliches Recht, in: Süddeutsche Juristenzeitung 1 (1946), S. 105–108

Radbruch, Gustav/Kaufmann, Arthur (Hrsg.): Politische Schriften aus der Weimarer Zeit I, Heidelberg 1992

Rasehorn, Theo: Politische Meinungsäußerung und richterliche Unabhängigkeit, in: Kritische Justiz 1986, S. 76ff.

Reichstagsprotokoll zur 85. Sitzung am 13. Juni online abrufbar unter https://www.reichstagsprotokolle.de/Sach_bsb00000113_001086, zuletzt abgerufen am 01.06.2021

Renz, Werner: Auschwitz vor Gericht – Fritz Bauers Vermächtnis und seine Missachtung, Hamburg 2018

Reuß, Werner: Rechtliche Würdigung, in: Gietinger, Klaus/Reuß, Werner (Hrsg.): Hitler vor Gericht – Der Prozess nach dem Putsch 1923, München 2009

Rückerl, Adalbert: NS-Verbrechen vor Gericht – Versuch einer Vergangenheitsbewältigung, 2. Auflage, Heidelberg 1984

Rüther, Martin: Mit windigen Paragraphen wider die ärztliche Ethik, in Ärzteblatt 1997; 94 Heft 9 S. 511–515

Scheffler, Martina: Ausstellung über den NS-Prozess von Ulm 1958, in DIE WELT vom 25.06.2008, online abrufbar unter https://www.welt.de/welt_print/article2142998/Ausstellung-ueber-den-NS-Prozess-von-Ulm-1958.html, zuletzt abgerufen am 01.06.2021.

Schlesinger, Paul: Richter und Gerichtete – Gerichtsreportagen aus der Weimarer Republik, Berlin 2018

Schleswiger Nachrichten vom 10. April 2019

Schroeder, Friedrich-Christian: Rechtsgrundlage der Verfolgung deutscher Zivilisten durch Sowjetische Militärtribunale, in: Hilger, Andreas/Schmeitzner, Mike/Schmidt, Ute (Hrsg.), Sowjetische Militärtribunale, Band 2, Köln 2003, S. 37–58

Schwarberg, Günther: Das vergess ich nie – Erinnerungen aus einem Reporterleben, Göttingen 2007

Schwend, Karl: Bayern zwischen Monarchie und Diktatur, München 1954

Seitz, Norbert: Gustav Landauer und die Münchener Räterepublik, in: Delf, Hanna/Mattenklott, Gert (Hrsg.), Gustav Landauer im Gespräch – Symposium zum 125. Geburtstag, Tübingen 1997

Sontheimer, Michael: Das ist der Berliner Sumpf, in: Die ZEIT vom 31.01.1986 online abrufbar unter https://www.zeit.de/1986/06/das-ist-der-berliner-sumpf?utm_referrer=https%3A%2F%2Fwww.google.com%2F, zuletzt abgerufen am 01.06.2021

Der Spiegel vom 21. Mai 1958, S. 15, online abrufbar unter https://magazin.spiegel.de/EpubDelivery/spiegel/pdf/41761461, zuletzt abgerufen am 01.06.2021

Der Spiegel vom 12. August 1959

Der Spiegel, »Alle ins Gas«, Ausgabe vom 23. März 1966, online abrufbar unter https://magazin.spiegel.de/EpubDelivery/spiegel/pdf/46266216, zuletzt abgerufen am 01.06.2021

Der Spiegel vom 15. April 1968, S. 51, online abrufbar unter https://www.spiegel.de/spiegel/print/d-46050198.html, zuletzt abgerufen am 01.06.2021

Bernd Steger: Der Hitlerprozess und Bayerns Verhältnis zum Reich, in: Vierteljahrsheft zur Zeitgeschichte, Jahrgang 25, Heft 4, S. 442

Stuckart, Wilhelm/Globke, Hans: Kommentare zur deutschen Rassegesetzgebung, München 1936

Sturm, Reinhard: Weimarer Republik, Informationen zur politischen Bildung, Heft 261, Bonn 2011

Tucholsky, Kurt: Deutschland, Deutschland über alles, Reinbek 1964

Ullrich, Volker: Die Revolution von 1918/1919, München 2009

Vogelsang, Thilo: Reichswehr, Staat und NSDAP – Beiträge zur deutschen Geschichte 1930–1932, Stuttgart 1962

Wagner, Bernd C.: IG Auschwitz – Zwangsarbeit und Vernichtung von Häftlingen des Lagers Monowitz 1941–1945, München 2000

Walter, Conrad: Ein grundlegendes Urteil des Staatsgerichtshofs zum Schutze der Republik, Deutsche Juristenzeitung 1923, S. 298–299

Weidermann, Volker: Träumer – Als die Dichter die Macht übernahmen, München 2019

Weigend, Thomas: Deliktsopfer und Strafverfahren, Berlin 1989

Weinke, Annette: Die Waldheimer »Prozesse« im Kontext der strafrechtlichen Aufarbeitung der NS-Diktatur in der SBZ/

DDR, in: Haase, Norbert/Pampel, Bernt (Hrsg.): Die Waldheimer »Prozesse« – fünfzig Jahre danach, Baden-Baden 2001, S. 27–48

Weinke, Annette: *Eine Gesellschaft ermittelt gegen sich selbst. Die Geschichte der Zentralen Stelle Ludwigsburg 1958–2008* (Veröffentlichungen der Forschungsstelle Ludwigsburg der Universität Stuttgart; Bd. 13), Darmstadt 2008

Wentker, Hermann: Ein Deutsch-Deutsches Schicksal, der CDU-Politiker Helmut Brandt zwischen Anpassung und Widerstand, in: Vierteljahrshefte für Zeitgeschichte Jahrgang 49 (2001), S. 486ff.

Werkentin, Falco: Die Waldheimer »Prozesse« – ein Experimentierfeld für die künftige Scheinjustiz unter Kontrolle der SED?, in: Haase, Norbert/Pampel, Bernt (Hrsg.): Die Waldheimer »Prozesse« – fünfzig Jahre danach, Baden-Baden 2001, S. 6–26

Werkentin, Falco: Scheinjustiz in der frühen DDR – Aus den Regieheften der »Waldheimer Prozesse« des Jahres 1950, Kritische Justiz 1991, S. 333–350

Werle, Gerhard/Wandres, Thomas: Auschwitz vor Gericht – Völkermord und bundesdeutsche Strafjustiz, München 1995

Wesel, Uwe: Recht, Unrecht und Gerechtigkeit – Von der Weimarer Republik bis heute, München 2013

Wette, Wolfram: Gustav Noske – Eine politische Biographie, Stuttgart 1987

Wieland, Günther: Naziverbrechen und deutsche Strafjustiz, in: Werner Röhr (Hrsg.): Bulletin für Faschismus- und Weltkriegsforschung, Band 3, Berlin 2004

Wilhelm, Martha: Berlinerinnen – Frauen, die die Stadt bewegten, Berlin 2013

Wilke, Malte: Staatsanwälte als Anwälte des Staates? die Strafverfolgungspraxis von Reichsanwaltschaft und Bundesanwaltschaft vom Kaiserreich bis in die frühe Bundesrepublik, Göttingen 2016

Winkler, Heinrich August: Der lange Weg nach Westen, Band 1 – Deutsche Geschichte vom Ende des Alten Reiches bis zum Untergang der Weimarer Republik, München 2000

Winkler, Heinrich August: Der Schein der Normalität – Arbeiter und Arbeiterbewegung in der Weimarer Republik 1924 bis 1930, Berlin/Bonn 1985

Winkler, Heinrich August: Weimar 1918–1933 – Die Geschichte der ersten deutschen Demokratie, München 1998

Wrisberg, Ernst von: Der Weg zur Revolution 1914–1918, Leipzig 1921

DIE ZEIT vom 16.03.1962 online abrufbar unter https://www.zeit.de/1962/11/war-es-mord-oder-eine-patriotische-tat/seite-4?utm_referrer=https%3A%2F%2Fwww.google.com%2F, zuletzt abgerufen am 01.06.2021

DIE ZEIT, »Tod für Mord«, Ausgabe vom 01. April 1966, online abrufbar unter https://www.zeit.de/1966/14/tod-fuer-mord/seite-2, zuletzt abgerufen am 01.06.2021

DIE ZEIT vom 17.07.2020, Plädoyer in der Strafsache gegen Bruno Dey von Daimagüler, Mehmet/v. Münchhausen, Ernst/Özata, Onur, online abrufbar unter https://www.zeit.de/gesellschaft/zeitgeschehen/2020-07/prozess-ss-wachmann-plaedoyer-nebenklagevertreter-konzentrationslager-nationalsozialismus, zuletzt abgerufen am 01.06.2021

Das wiedervereinigte Deutschland gegen Neonazis

ADN/ AFP/ND (1992), Mutmaßlicher Täter von Mölln verhaftet, 27.11.1992, in: neues-deutschland.de, https://www.neues-deutschland.de/artikel/389513.mutmasslicher-taeter-von-moelln-verhaftet.html, zuletzt abgerufen am 15.03.2021

Ayyadi, Kira (2019), Der Mörder Stephan Ernst war kein »einsamer Wolf«, er war Parteisoldat, 26.06.2020, in: belltower.news, https://www.belltower.news/mordfall-luebcke-der-moerder-stephan-ernst-war-kein-einsamer-wolf-er-war-parteisoldat-87065/, zuletzt abgerufen am 12.02.2021

Beck-aktuell (2017) OLG München: Haftstrafen für Mitglieder rechtsextremer »Oldschool Society«, in: rsw.beck.de, 15.03.2017, https://rsw.beck.de/aktuell/daily/meldung/detail/olg-muenchen-haftstrafen-fuer-mitglieder-von-rechtsextremer-oldschool-society, zuletzt abgerufen am 21.01.2021

BGH (2020), Urteil des Oberlandesgerichts Dresden wegen Mitgliedschaft in der terroristischen Vereinigung »OSS« (»Oldschool Society«) rechtskräftig, in: bundesgerichtshof.de, 12.11.2020, https://www.bundesgerichtshof.de/SharedDocs/Pressemitteilungen/DE/2020/2020137.html, zuletzt abgerufen am 17.01.2021

BGH (2020), Urteil des Oberlandesgerichts Dresden wegen Mitgliedschaft in der terroristischen Vereinigung »OSS« (»Oldschool Society«) rechtskräftig, in: bundesgerichtshof.de, 12.11.2020, https://www.bundesgerichtshof.de/SharedDocs/Pressemitteilungen/DE/2020/2020137.html, zuletzt abgerufen am 17.01.2021

Biermann, Kai/ Steinhagen, Martin (2020), Die Waffen des Stephan E., 04.04.2020, in: zeit.de, https://www.zeit.de/gesellschaft/zeitgeschehen/2020-05/mordfall-walter-luebcke-stephan-e-taeter-waffen/komplettansicht, zuletzt abgerufen am 12.02.2021

Bildungsserver, Regionale Arbeitsstellen für Bildung, Integration und Demokratie (RAA) e.V., in: bildungsserver.de, https://www.bildungsserver.de/institution.html?institutionen_id=13657, zuletzt abgerufen am 17.03.2021

Boeselager, Matern (2015), Ist die »Old School Society« die dümmste Terrorgruppe Deutschlands?, in: vice.de, 06.05.2015, https://www.vice.com/de/article/wdkp7x/old-school-society-die-duemmste-terrorgruppe-deutschlands-882, zuletzt abgerufen am 17.01.2021

Bongen, Robert/ Feldmann, Julian/ Ruprecht, Anne/ Seidel, Nino (2019), Mutmaßlicher Lübcke-Mörder: Wer ist Stephan E.?, 25.06.2019, in: ndr.de, https://www.ndr.de/fernsehen/sendungen/panorama3/Mutmasslicher-Luebcke-Moerder-Wer-ist-Stephan-E,luebcke134.html, zuletzt abgerufen am 12.02.2021

Botsch, Gideon (2019), Was ist Rechtsterrorismus?, in: bpb.de, 29.11.2019, https://www.bpb.de/apuz/301130/was-ist-rechtsterrorismus, zuletzt abgerufen am 03.02.2021

von Bouillon, Constanze (2007), Wie starb Oury Jalloh?, 30.07.2007, in: tagesspiegel.de, https://www.tagesspiegel.de/zeitung/justiz-wie-starb-oury-jalloh/999260.html, zuletzt abgerufen am 14.03.2021

von Bouillon, Constanze (2015), Neues Gutachten im Fall Oury Jalloh – Beteiligung Dritter wahrscheinlich, 27.10.2015, in: sueddeutsche.de, https://www.sueddeutsche.de/panorama/dessau-neues-gutachten-im-fall-oury-jalloh-beteiligung-dritter-wahrscheinlich-1.2710537, zuletzt abgerufen am 14.03.2021

bpb (2018), 25 Jahre Brandanschlag in Solingen, 24.05.2018, in: bpb.de, https://www.bpb.de/politik/hintergrund-aktuell/161980/brandanschlag-in-solingen, zuletzt abgerufen am 26.02.2021

bpb (ohne Datum) https://www.bpb.de/politik/extremismus/rechtsextremismus/41229/musik, zuletzt abgerufen am 26.4.2021

Brause, Christina/ Hock, Alexej/ Lutz, Martin/ Müller, Uwe (2019), Stephan Ernst will ohne Helfer gemordet haben,

27.06.2019, in: welt.de, https://www.welt.de/print/welt_kompakt/print_politik/article195962709/Stephan-Ernst-will-ohne-Helfer-gemordet-haben.html, zuletzt abgerufen am 11.02.2021

Bundesgerichtshof (1956), Urteil | Zur inneren Tatseite bei Rechtsbeugung; zur Verantwortlichkeit von Richtern und Laienrichtern für »Folgetaten«, 07.12.1956, in: beck-online. beck.de, https://beck-online.beck.de/Dokument?vpath=bibdata%2Fzeits%2Fnjw%2F1957%2Fcont%2Fnjw.1957.1158.2.htm&readable=3&readableBcid=y-300-z-bghst-b-10-s-291&jumpType=Jump&jumpWords=BGHSt%2B10%252c%2B294, zuletzt abgerufen am 01.04.2021

Bundesgerichtshof (1995), Tatbestand der Rechtsbeugung bei Mitwirkung eines DDR-Strafrichters an Todesurteilen (Fallgruppen der durch Willkür gekennzeichneten offensichtlichen schweren Menschenrechtsverletzungen), 16.11.1995, in: hrr-strafrecht.de, https://www.hrr-strafrecht.de/hrr/5/94/5-747-94.php, zuletzt abgerufen am 01.04.2021

Bundesgerichtshof (2010) Revisionsurteil, 07.01.2010, in: juris.bundesgerichtshof.de, juris.bundesgerichtshof.de/cgi-bin/rechtsprechung/document.py?Gericht=bgh&Art=pm&Datum=2010&Seite=8&nr=51013&linked=urt&Blank=1&file=dokument.pdf, zuletzt abgerufen am 14.03.2021

Bundesgerichtshof (2015), Beschluss vom 17.12.2015 zum Az. AK 43/15 online abrufbar unter http://juris.bundesgerichtshof.de/cgi-bin/rechtsprechung/document.py?Gericht=bgh&Art=en&sid=e1203c32144b01c277849b017d-f75aa5&nr=73446&pos=0&anz=1, zuletzt abgerufen am 01.06.2021

Der Generalbundesanwalt (2016), Anklage wegen des Verdachts der Bildung einer rechtsterroristischen Vereinigung

[Pressemeldung], in: generalbundesanwalt.de, 15.11.2016, https://www.generalbundesanwalt.de/SharedDocs/Pressemitteilungen/DE/2016/Pressemitteilung-vom-15-11-2016.html, zuletzt abgerufen am 31.01.2021

Der Generalbundesanwalt (2016), Festnahme- und Durchsuchungsmaßnahmen wegen des Verdachts der Bildung einer rechtsterroristischen Vereinigung [Pressemeldung], in: generalbundesanwalt.de, 19.04.2016, https://www.generalbundesanwalt.de/SharedDocs/Pressemitteilungen/DE/2016/Pressemitteilung-vom-19-04-2016.html, zuletzt abgerufen am 31.01.2021

Der Generalbundesanwalt (2019), Übernahme der Ermittlungen wegen des Mordes zum Nachteil des Kasseler Regierungspräsidenten Dr. Walter Lübcke [Pressemeldung], 17.06.2019, in: generalbundesanwalt.de, https://www.generalbundesanwalt.de/SharedDocs/Pressemitteilungen/DE/2019/Pressemitteilung-vom-17-06-2019.html?nn=478310, zuletzt abgerufen am 10.02.2021

Der Generalbundesanwalt (2019), Übernahme eines weiteren Ermittlungsverfahrens der Staatsanwaltschaft Kassel gegen den mutmaßlichen Mörder des Kasseler Regierungspräsidenten Dr. Walter Lübcke [Pressemeldung], 19.09.2010, in: generalbundesanwalt.de, https://www.generalbundesanwalt.de/SharedDocs/Pressemitteilungen/DE/2019/Pressemitteilung-vom-19-09-2019.html?nn=478310, zuletzt abgerufen am 10.02.2021

Der Generalbundesanwalt (2019), Zwei vorläufige Festnahmen im Ermittlungsverfahren wegen des Mordes zum Nachteil des Kasseler Regierungspräsidenten Dr. Walter Lübcke [Pressemeldung], 27.06.2019, in: generalbundesanwalt.de, https://www.generalbundesanwalt.de/SharedDocs/Pressemitteilungen/DE/2019/Pressemitteilung-vom-27-06-2019.html?nn=478310, zuletzt abgerufen am 10.02.2021

Der Generalbundesanwalt (2020), Anklage wegen Mordes zum Nachteil des Kasseler Regierungspräsidenten Dr. Walter Lübcke erhoben [Pressemeldung], 29.04.2020, in: generalbundesanwalt.de, https://www.generalbundesanwalt.de/SharedDocs/Pressemitteilungen/DE/2020/Pressemitteilung-vom-29-04-2020.html?nn=848266, zuletzt abgerufen am 10.02.2021

Der Generalbundesanwalt am Bundesgerichtshof (2015), Bundesweite Festnahme- und Durchsuchungsmaßnahme wegen des Verdachts der Bildung einer rechtsterroristischen Vereinigung [Pressemeldung], in: generalbundesanwalt.de, 06.05.2015, https://www.generalbundesanwalt.de/SharedDocs/Pressemitteilungen/DE/2015/Pressemitteilung-vom-06-05-2015.html, zuletzt abgerufen am 21.01.2021

Der Generalbundesanwalt am Bundesgerichtshof (2016), Anklage wegen der Bildung einer rechtsterroristischen Vereinigung erhoben [Pressemeldung], in: generalbundesanwalt.de, 13.01.2016, https://www.generalbundesanwalt.de/SharedDocs/Pressemitteilungen/DE/2016/Pressemitteilung-vom-13-01-2016.html, zuletzt abgerufen am 21.01.2021

Dernbach, Andre (2019), Kommunalpolitiker zeigen, dass Lübcke kein Einzelfall war, 10.07.2019, in: tagesspiegel.de, https://www.tagesspiegel.de/politik/meine-leute-haben-angst-wenn-die-tuer-aufgeht-kommunalpolitiker-zeigen-dass-luebcke-kein-einzelfall-war/24579880.html, zuletzt abgerufen am 12.02.2021

Deutsche Welle (2015), Anschlag stand offenbar unmittelbar bevor, in: dw.com, 07.05.2021, https://www.dw.com/de/anschlag-stand-offenbar-unmittelbar-bevor/a-18436724, zuletzt abgerufen am 17.01.2021

Deutscher Bundestag (1984), Nichtigkeit der Entscheidungen der als »Volksgerichtshof« und »Sondergerichte« bezeichneten Werkzeuge des nationalsozialistischen Unrechtsregimes, 14.11.1984, in: http://dipbt.bundestag.de/, zuletzt abgerufen am 01.04.2021

Deutscher Bundestag (1998), Gesetz zur Aufhebung nationalsozialistischer Unrechtsurteile in der Strafrechtspflege und von Sterilisationsentscheidungen der ehemaligen Erbgesundheitsgerichte, 31.08.1998, in: bgbl.de, https://www.bgbl.de/xaver/bgbl/start.xav#__bgbl__%2F%2F*%5B%40attr_id%3D%27bgbl198s2501.pdf%27%5D__1617264075120, zuletzt abgerufen am 01.04.2021

Diedrich, Oliver (2021), Lübecker Brandanschlag 1996: Kein Nazi-Anschlag – oder doch?, 18.01.2021, in: ndr.de, https://www.ndr.de/geschichte/chronologie/18-Januar-1996-Brandanschlag-auf-Luebecker-Asylbewerberheim,luebeckbrand101.html#luebeck915, zuletzt abgerufen am 15.03.2021

dpa (2014), BGH bestätigt Urteil zum Tod von Oury Jalloh, 04.09.2014, in: zeit.de, https://www.zeit.de/gesellschaft/2014-09/bundesgerichtshof-oury-jalloh-urteil-polizei-asylbewerber, zuletzt abgerufen am 14.03.2021

dpa (2014), Neue Ermittlungen zur Todesursache, 04.04.2014, in: taz.de, https://taz.de/Fall-Oury-Jalloh/!5044999/, zuletzt abgerufen am 14.03.2021

dpa (2017), Rädelsführer der Terrorgruppe »Oldschool Society« verurteilt, 15.03.2017, in: zeit.de, https://www.zeit.de/news/2017-03/15/prozesse-haft-fuer-mitglieder-von-rechtsextremer-oldschool-society-15103805, zuletzt abgerufen am 16.03.2021

dpa/tap/LTO-Redaktion (2017), Generalstaatsanwaltschaft ermittelt im Fall Oury Jalloh, 07.12.2017, in: lto.de, https://www.lto.de/recht/nachrichten/n/generalstaatsanwaltschaft-naumburg-oury-jalloh-weisung-justizministerin/, zuletzt abgerufen am 14.03.2021

Dresdener Neuste Nachrichten (2016), Verfassungsschutz hatte Kontakt zur »Gruppe Freital«, in: dnn.de, 17.11.2016, https://www.dnn.de/Region/Mitteldeutschland/Verfassungsschutz-hatte-Kontakt-zur-Gruppe-Freital, zuletzt abgerufen am 31.01.2021

Dresdener Neuste Nachrichten (2018), Sechs Mitglieder der »Gruppe Freital« melden Revision an, in: dnn.de, 15.03.2018, https://www.dnn.de/Thema/Specials/Prozess-Gruppe-Freital/Sechs-Mitglieder-der-Gruppe-Freital-melden-Revision-an, zuletzt abgerufen am 31.01.2021

Erhardt, Christian (2019), Hasswelle: Kommunalpolitik – Aus Hetze werden Taten, 25.06.2019, in: kommunal.de, https://www.kommunal.de/hasswelle-alle-Zahlen, zuletzt abgerufen am 12.02.2021

EXIF (2020), Nicht verfolgte Spuren im Mordfall Halit ozgat – Verbindungen zwischen dem NSU-Mord & dem Mord an Walter Lübcke, 01.03.2020, in: exif-recherche.org, https://exif-recherche.org/?p=6622, zuletzt abgerufen am 12.02.2021

Fittkau, Ludger (2020), Welche Rolle spielte der NSU in Hessen?, 29.05.2020, in: deutschlandfunk.de, https://www.deutschlandfunk.de/ein-jahr-mord-an-walter-luebcke-welche-rolle-spielte-der.1769.de.html?dram:article_id=477646, zuletzt abgerufen am 12.02.2021

Förster, Andreas (2020), Walter Lübcke stand schon früher auf einer Todesliste, 31.05.2020, in: berliner-zeitung.de, https://www.berliner-zeitung.de/politik-gesellschaft/walter-luebcke-stand-schon-frueher-auf-einer-todesliste-li.84923, zuletzt abgerufen am 12.02.2021

Frankfurter Rundschau (2019), Razzia bei rechter Szene in Hessen: Polizei findet Waffen, Drogen und Schwefelsäure, 18.12.2019, in: fr.de, https://www.fr.de/hessen/neonazis-hessen-razzia-rechter-szene-polizei-findetwaffen-drogen-zr-13350976.html, zuletzt abgerufen am 12.02.2021

Friegelj, Kristian (2016), Auf dem rechten Auge blind? Polizei unter Verdacht, 24.08.2016, in: welt.de, https://www.welt.de/politik/deutschland/article157846003/Auf-dem-rechten-Auge-blind-Polizei-unter-Verdacht.html, zuletzt abgerufen am 23.04.2021

Generalstaatsanwaltschaft Naumburg (2018), Ermittlungsverfahren wegen des Todes von Ouri Jallow bleibt eingestellt, 29.11.2018, in: sachsen-anhalt.de, https://www.sachsen-anhalt.de/bs/pressemitteilungen/pressemitteilung-details/?no_cache=1&tx_tsarssinclude_pi1%5Buid%5D=88072&tx_tsarssinclude_pi1%5Baction%5D=single&tx_tsarssinclude_pi1%5Bcontroller%5D=Static&cHash=03e608b0545d7be0750a0a187abe2a8f, zuletzt abgerufen am 15.03.2021

Goos, Diethart (1996), Sanitäter: Rache war Motiv für Brandanschlag, 24.09.1996, in: welt.de, https://www.welt.de/print-welt/article65655/Sanitaeter-Rache-war-Motiv-fuer-Brandanschlag.html, zuletzt abgerufen am 15.03.2021

Grunert, Marlene (2020), »Ein Zeichen der Wehrhaftigkeit«, 22.12.2020, in: faz.net, https://www.faz.net/aktuell/politik/inland/fall-luebcke-anklage-fordert-lebenslange-haft-fuer-stephan-e-17115693.html, zuletzt abgerufen am 12.02.2021

Hanisch, Dieter (2021), Mit Blindheit nicht zu erklären, 17.01.2021, in: neues-deutschland.de, https://www.neues-deutschland.de/artikel/1147086.luebecker-brandanschlag-mit-blindheit-nicht-zu-erklaeren.html, zuletzt abgerufen am 15.03.2021

Hansmann, Rolf (2016), Mehrjährige Haftstrafen für zwei Männer nach Brandanschlag in Altena, 12.09.2016, in: derwesten.de, https://www.derwesten.de/region/sauer-und-siegerland/mehrjaehrige-haftstrafen-fuer-zwei-maenner-

nach-brandanschlag-in-altena-id12187453.
html#plx631394034, zuletzt abgerufen am 23.04.2021

Hauskrecht, Wolfgang (2020), Lübcke-Mord: Die rechtsextreme Welt des Verdächtigen Stephan E., 10.06.2020, in: merkur.de, https://www.merkur.de/politik/luebcke-mord-rechtsextreme-welt-verdaechtigen-stephan-e-12525475.html, zuletzt abgerufen am 12.02.2021

HAZ (2019), Mordfall Lübcke: Die bürgerliche Fassade des Stephan E., 18.06.2019, in: haz.de, https://www.haz.de/Nachrichten/Politik/Deutschland-Welt/Die-buergerliche-Fassade-des-Stephan-E, zuletzt abgerufen am 11.02.2021

Hessenschau (2020), Lübcke-Ausschuss droht mit Klage gegen Oberlandesgericht, 02.09.2020, in: hessenschau.de, https://www.hessenschau.de/politik/landtag/luebcke-ausschuss-droht-mit-klage-gegen-oberlandesgericht,untersuchungsausschuss-luebcke-102.html, zuletzt abgerufen am 12.02.2021

Hessenschau (2021), Drohung gegen Kasseler CDU-Politiker und Walter-Lübcke-Schule, 03.02.2021, in: hessenschau.de, https://www.hessenschau.de/panorama/drohung-gegen-kasseler-cdu-politiker-und-walter-luebcke-schule,drohschreiben-luebcke-schule-100.html, zuletzt abgerufen am 12.02.2021

Hessenschau (2021), Für die einen »angemessen«, für die anderen »fatal«, 29.01.2021, in: hessenschau.de, https://www.hessenschau.de/gesellschaft/reaktionen-auf-urteil-im-luebcke-prozess-fuer-die-einen-angemessen-fuer-die-anderen-fatal,reax-urteil-luebcke-prozess-100.html, zuletzt abgerufen am 12.02.2021

Hetrodt, Ewald (2021), Viele Fragen zu Fall Lübcke an den Untersuchungsausschuss, 05.02.2021, in: faz.net, https://www.faz.net/aktuell/rhein-main/untersuchungsausschussim-mordfall-walter-luebcke-17183093.html, zuletzt abgerufen am 12.02.2021

HNA (2019), Hasskommentare nach Lübcke-Mord: Mehr als 100 Verfahren in Hessen, 12.08.2019, in: hna.de, https://www.hna.de/kassel/hasskommentare-luebcke-verfahren-hessen-12905897.html, zuletzt abgerufen am 12.02.2021

Holscher, Max (2019; Ein Satz – und der Hass danach, 26.06.2019, in: spiegel.de, https://www.spiegel.de/politik/deutschland/walter-luebcke-was-geschah-bei-der-buergerversammlung-2015-in-kassel-a-1274434.html, zuletzt abgerufen am 16.03.2021

Holzhaider, Hans (2008), Tod in Polizeizelle in Dessau Ein Skandal, aber kein Mord, 08.12.2008, in: web.archive.org, https://web.archive.org/web/20100130060420/http://www.sueddeutsche.de/panorama/75/450792/text/, zuletzt abgerufen am 14.03.2021

Honnigfort, Bernd (2012), Geldstrafe gegen Jalloh-Bewacher, 13.12.2012, in: fr.de, https://www.fr.de/politik/geldstrafe-gegen-jalloh-bewacher-11296217.html, zuletzt abgerufen am 14.03.2021

Iken, Katja (2012), »Wenn ich Böller höre, kommt alles wieder hoch«, 20.11.2012, in: spiegel.de, https://www.spiegel.de/geschichte/brandanschlag-von-moelln-1992-ibrahim-arslan-erinnert-sich-a-947806.html, zuletzt abgerufen am 15.03.2021

Initiative in Gedenken an Oury Jalloh e.V. (2013), Strafanzeige wegen Totschlag oder Mord gegen unbekannte Polizeibeamte im Todesfall Oury Jalloh, 11.11.2013, in: initiativeouryjalloh.files.wordpress.com, https://initiativeouryjalloh.files.wordpress.com/2013/11/anzeige_original.pdf, zuletzt abgerufen am 14.03.2021

Initiative in Gedenken an Oury Jalloh e.V. (2019), Familie von Oury Jalloh legt Beschwerde beim Bundesverfassungsgericht ein, 26.11.2019, in: initiativeouryjalloh.wordpress.com, https://initiativeouryjalloh.wordpress.com/2019/11/26/familie-von-oury-jalloh-legt-beschwerde-beim-bundesverfassungsgericht-ein/, zuletzt abgerufen am 15.03.2021

Initiative in Gedenken an Oury Jalloh e.V. (2019) https://initiativeouryjalloh.wordpress.com/2019/10/28/neues-forensisch-radiologisches-gutachten-im-fall-oury-jalloh-pressemitteilung-initiative-in-gedenken-an-oury-jalloh-vom-28-10-2019/

Initiative in Gedenken an Oury Jalloh e.V., Über uns, in: betterplace.org, https://www.betterplace.org/de/organisations/24330-initiative-in-gedenken-an-oury-jalloh-e-v#:~:text=Die%20Initiative%20in%20Gedenken%20an,Januar%202005., zuletzt abgerufen am 14.03.2021

Initiative in Gedenken an Oury Jalloh e.V./ Redaktion (2012), FEUER LÜGT NICHT, 08.04.2012, in: direkteaktion.org, https://direkteaktion.org/210-feuer-luegt-nicht/, zuletzt abgerufen am 14.03.2021

Jakob, C./ Kaul, M. (2012), Polizeiübergriff auf Gedenkdemo, 09.01.2012, in: taz.de, https://taz.de/!5103572/, zuletzt abgerufen am 14.03.2021

Jakob, Christian (2013), Mit Benzin begossen und angezündet, 12.11.2013, in: taz.de, https://taz.de/Neues-Brandgutachten-im-Fall-Jalloh/!5055138/, zuletzt abgerufen am 14.03.2021

Jakob, Christian (2016), Beharrlichkeit zahlt sich aus, 03.08.2016, in: taz.de, https://taz.de/Neues-Brandgutachten-zu-Oury-Jalloh/!5323799/, zuletzt abgerufen am 14.03.2021

Jakob, Christian (2017), Dessau wird der Fall entzogen, 17.08.2017, in: taz.de, https://taz.de/Ermittlungen-zum-Tod-Oury-Jallohs/!5440060/, zuletzt abgerufen am 14.03.2021

Jakob, Christian (2021), Sie weigerten sich, zu schweigen,

07.01.2021, in: taz.de, https://taz.de/Todestag-von-Oury-Jalloh/!5738264/, zuletzt abgerufen am 14.03.2021

Jansen, Frank (2019), Bundesinnenministerium holt zum Schlag gegen Rechtsextreme aus, 01.07.2021, in: tagesspiegel.de, https://www.tagesspiegel.de/politik/vereine-und-kampfgruppen-im-visier-bundesinnenministerium-holt-zum-schlag-gegen-rechtsextreme-aus/24513116.html, zuletzt abgerufen am 12.02.2021

Jansen, Frank (2019), Das Strafregister des Stephan E., 18.06.2019, in: tagesspiegel.de, https://www.tagesspiegel.de/politik/mordfall-walter-luebcke-das-strafregister-des-stephan-e-/24468696.html, zuletzt abgerufen am 11.02.2021

Jansen, Frank (2019), Ein Verbot der rechtsextremen Gruppe Combat 18 rückt offenbar näher, 04.07.2019, in: tagesspiegel.de, https://www.tagesspiegel.de/politik/neonazis-bedrohen-journalisten-ein-verbot-der-rechtsextremen-gruppe-combat-18-rueckt-offenbar-naeher/24525316.html, zuletzt abgerufen am 12.02.2021

Jansen, Frank (2019), Sicherheitsbehörden sehen erhöhte Nachahmungsgefahr, 24.07.2019, in: tagesspiegel.de, https://www.tagesspiegel.de/politik/mord-an-luebcke-und-anschlag-in-waechtersbach-sicherheitsbehoerden-sehen-erhoehte-nachahmungsgefahr/24694158.html, zuletzt abgerufen am 12.02.2021

Juhnke, Andreas (1998), Brandherd: Der zehnfache Mord von Lübeck: Ein Kriminalfall wird zum Politikum, 30.03.1998, in: Ch. Links Verlag.

Jüttner, Julia (2020), Das neue Geständnis des Stephan Ernst, 05.08.2020, in: spiegel.de, https://www.spiegel.de/panorama/justiz/fall-walter-luebcke-das-neue-gestaendnis-des-stephan-ernst-a-13f87585-1897-4c8e-ac24-32e49cb486d0, zuletzt abgerufen am 16.03.2021

Jüttner, Julia (2020), Ein Leben voller Gewalt, 05.11.2020, in: spiegel.de, https://www.spiegel.de/panorama/justiz/mordfall-walter-luebcke-angeklagter-stephan-ernst-spricht-ueber-ein-leben-voller-gewalt-a-c0c5303f-d565-4f7f-b142-ea4bd899021f, zuletzt abgerufen am 12.02.2021

Jüttner, Julia (2021), »Er hat nichts zu bereuen«, 26.01.2021, in: spiegel.de, https://www.spiegel.de/panorama/justiz/fall-walter-luebcke-verteidigung-plaediert-auf-freispruch-er-hat-nichts-zu-bereuen-a-a8085f09-2c01-4290-aeb6-f56109eb8490, zuletzt abgerufen am 12.02.2021

Jüttner, Julia (2021), Der letzte Versuch der Familie Lübcke, 12.01.2021, in: spiegel.de, https://www.spiegel.de/panorama/justiz/mordfall-walter-luebcke-familie-fordert-lebenslange-haft-fuer-angeklagten-a-861ae3bf-b062-4a48-b02b-1eb39ef386d4, zuletzt abgerufen am 12.02.2021

Kinzinger, Axel (2013), Die Skinheads von nebenan, 13.01.2013, in: focus.de, https://www.focus.de/politik/deutschland/moelln-prozess-die-skinheads-von-nebenan_aid_141660.html, zuletzt abgerufen am 15.03.2021

Knapp, Ursula (2014), Strafe gegen Polizisten im Fall Jalloh, 04.09.2014, in: fr.de, https://www.fr.de/politik/strafe-gegen-polizisten-fall-jalloh-11248920.html, zuletzt abgerufen am 14.03.2021

Koch, Arndt/ Bauer, Margaretha (2013), Rehse, Hans Joachim, 08.2013, in: lexikon-der-politischen-strafprozesse.de, https://www.lexikon-der-politischen-strafprozesse.de/glossar/rehse-hans-joachim/, zuletzt abgerufen am 01.04.2021

Lakotta, Beate (2017), Da weint der biedere Bürgerkrieger, in: Spiegel.de, 18.03.2017, https://www.spiegel.de/spiegel/justiz-gegen-rechsextreme-da-weint-der-biedere-buergerkrieger-a-1139310.html, zuletzt abgerufen am 21.01.2021

Landgericht Berlin (2016), Urteil gegen Rolf Zielezinski, 27.09.2016.

Landgericht Hagen (2016) Urteil gegen Dirk Denkhaus und Marcel Nitschmann, 12.09.2016 zum Az. 31 Ks 1/16 online abrufbar unter http://www.justiz.nrw.de/nrwe/lgs/hagen/lg_hagen/j2016/31_Ks_1_16_Urteil_20160912.html

Landgericht Hannover (2016), Urteil gegen Denis Lempke, Sascha Dohme, Saskia Börger, 17.03.2016 zum Az. 39 Ks 20/15

Landgericht Magdeburg (2014), BGH 4 StR 473/13 – Urteil vom 4. September 2014, 04.09.2014, in: hrr-strafrecht.de, https://www.hrr-strafrecht.de/hrr/4/13/4-473-13.php, zuletzt abgerufen am 14.03.2021

Lehmkuhl, Frank (2015), Messie und nicht sonderlich intelligent: Wer steckt hinter der »Oldschools Society«?, 09.09.2015, in: focus.de, https://www.focus.de/politik/deutschland/gsg9-zerschlug-die-neonazi-truppe-messi-und-nicht-sonderlich-intelligent-wer-steckt-hinter-der-oldschool-society_id_4664651.html, zuletzt abgerufen am 21.01.2021

Litschko, Konrad (2019), »Einer der besten Kameraden«, 30.06.2019, in: taz.de, https://taz.de/Mordfall-Walter-Luebcke/!5603834/, zuletzt abgerufen am 12.02.2021

Litschko, Konrad (2019), Hasspost mit tausend Absendern, 21.10.2019, in: taz.de, https://taz.de/Drohbriefe-gegen-Politiker/!5632016/, zuletzt abgerufen am 12.02.2021

Litschko, Konrad (2021), Keine besorgten Bürger, 04.02.2021, in: taz.de, https://taz.de/Zweites-Urteil-wegen-Freital-Terror/!5745263/, zuletzt abgerufen am 13.02.2021

von Lucius, Robert (2010), Das Schweigekartell der Polizei, 07.01.2010, in: faz.net, https://www.faz.net/aktuell/politik/inland/asylbewerber-oury-jalloh-das-schweigekartell-der-polizei-1572329.html, zuletzt abgerufen am 14.03.2021

Lüdecke, Ulf (2020), »Er wollte schauen, in dem Moment fiel Schuss«: Verstörende Verhörvideos zum Fall Lübcke, 29.07.2020, in: focus.de, https://www.focus.de/politik/deutschland/youtube-kanal-veroeffentlicht-gefilmtes-gestaendnis-er-wollte-schauen-in-dem-moment-fiel-schuss-verstoerende-verhoervideos-zum-fall-luebcke_id_12261791.html, zuletzt abgerufen am 16.03.2021

Lüdeke, Ulf (2019), Ermittler leuchten Nazi-Netzwerk von Stephan Ernst aus – Experte warnt vor Irrtum, 29.06.2029, in: focus.de, https://www.focus.de/politik/deutschland/nach-gestaendnis-und-neuen-verhaftungen-ermittler-filzen-nazi-netzwerk-von-stephan-ernst-doch-experte-warnt-vor-fatalem-irrtum_id_10875674.html, zuletzt abgerufen am 12.02.2021

Majić, Danijel (2019, 2020, 2021), Blog – Lübcke-Prozess, in: hessenschau.de, https://www.hessenschau.de/panorama/prozess-blog-mordfall-luebcke-104.html, zuletzt abgerufen am 10.02.2021

Majić, Danijel (2021), Stephan Ernsts Verteidiger plädieren auf Totschlag, in: hessenschau.de, https://www.hessenschau.de/panorama/luebcke-prozess-stephan-ernsts-verteidiger-plaedieren-auf-totschlag,luebcke-plaedoyer-ernst-100.html, zuletzt abgerufen am 12.02.2021

Maxwill, Peter (2018), Die Zeit vergeht, das Grauen bleibt, 28.05.2018, in: spiegel.de, https://www.spiegel.de/panorama/gesellschaft/solingen-brandanschlag-wieder-prozess-den-richter-veraendert-hat-a-1199335.html, zuletzt abgerufen am 26.02.2021

Maxwill, Peter (2018), Der ewige Skandal, 23.10.2018, in: spiegel.de, https://www.spiegel.de/panorama/justiz/oury-jalloh-in-arrest-verbrannt-warum-sich-der-fall-hinzieht-a-1234706.html, zuletzt abgerufen am 15.03.2021

MDR (2020), Weiterer Prozess gegen mutmaßliche Mitglieder

der Gruppe Freital, 06.08.2020, in: mdr.de, https://www.mdr.de/sachsen/dresden/freital-pirna/neuer-prozess-gruppe-freital-100.html, zuletzt abgerufen am 13.02.2021

MDR (2020) https://www.mdr.de/nachrichten/sachsen-anhalt/landespolitik/oury-jalloh-aufklaerung-spd-beschluss-untersuchungsausschuss-100.html

MDR (2021), Chronologie des Falls Oury Jalloh, 07.01.2021, in: mdr.de, https://www.mdr.de/sachsen-anhalt/chronologie-oury-jalloh100.html#sprung7, zuletzt abgerufen am 14.03.2021

MDR (2021), Dritter Prozess gegen »Gruppe Freital« in Dresden gestartet, 26.01.2021, in: mdr.de, https://www.mdr.de/sachsen/dresden/oberlandesgericht-dresden-prozess-unterstuetzer-gruppe-freital-100.html, zuletzt abgerufen am 13.02.2021

Meinhold, Philip – WER HAT BURAK ERSCHOSSEN?, in: rbb-online.de, https://www.rbb-online.de/rbbkultur/podcasts/wer-hat-burak-erschossen.html, zuletzt abgerufen am 02.05.2021

Meurer, Hans-Peter (2019) Brandanschlag: Was aus den Tätern von Solingen geworden ist, 10.04.2019, in: solinger-tageblatt.de, https://www.solinger-tageblatt.de/solingen/brandanschlag-taetern-solingen-geworden-12178658.html, zuletzt abgerufen am 26.02.2021

Mitteldeutsche Zeitung (2012), Gedenken in Dessau – Mehrere Demonstranten schwer verletzt, 07.01.2012, in: mz-web.de, https://www.mz-web.de/dessau-rosslau/gedenken-in-dessau-mehrere-demonstranten-schwer-verletzt-7534794, zuletzt abgerufen am 15.03.2021

Mitteldeutsche Zeitung (2013), Stellungnahme der Grünen zum Brandgutachten »Es dürfen keine Fragen offen bleiben«, 12.11.2013, in: mz-web.de,h https://www.mz-web.de/

dessau-rosslau/stellungnahme-der-gruenen-zum-brandgutachten--es-duerfen-keine-fragen-offen-bleiben—3481490, zuletzt abgerufen am 14.03.2021

Monitor (2017), War es Mord? Dramatische Wende im Fall des Asylbewerbers Oury Jalloh [Pressemeldung], 16.11.2017, in: www1.wdr.de, https://www1.wdr.de/daserste/monitor/extras/pressemeldung-oury-jalloh-100.html, zuletzt abgerufen am 14.03.2021

NDR (2015), Salzhemmendorf: Zwei Attentäter haben gestanden, 01.09.2015, in: web.archive.org, https://web.archive.org/web/20150902000718/http://www.ndr.de/nachrichten/niedersachsen/hannover_weser-leinegebiet/Salzhemmendorf-Haben-zwei-Attentaeter-gestanden,brandanschlag218.html, zuletzt abgerufen am 28.04.2021

NDR (2019), März 1994: Anschlag auf Lübecker Synagoge, 26.03.2019, in: ndr.de, https://www.ndr.de/geschichte/chronologie/luebecksynagoge101_page-1.html, zuletzt abgerufen am 15.03.2021

NDR (2019), Mölln 1992: Neonazis ermorden drei Menschen, 22.11.2019, in: ndr.de, https://www.ndr.de/geschichte/chronologie/Moelln-1992-Neonazis-ermorden-drei-Menschen,moelln157.html, zuletzt abgerufen am 15.03.2021

Nebenklage »Gruppe Freital« (2018), Plädoyers der Verteidigung und Nebenklage, in: gruppe-freital-nebenklage.de, 19.01. – 27.02.2018, https://www.gruppe-freital-nebenklage.de/?s=Pl%C3%A4doyer, zuletzt abgerufen am 31.01.2021

Nebenklage »Gruppe Freital« (2019), Urteil des OLG Dresden rechtskräftig, in: gruppe-freital-nebenklage.de, 05.06.2019, https://www.gruppe-freital-nebenklage.de/2019/06/05/05-06-2019-urteil-des-olg-dresden-rechtskraeftig/, zuletzt abgerufen am 31.01.2021

Niedermeier, Nathan (2021), Lübcke-Mord: Kontakte zu NSU-Umfeld weitreichender als bisher angenommen, 14.01.2021, in: correctiv.org, https://correctiv.org/aktuelles/neue-rechte/2021/01/14/luebcke-mord-kontakte-zu-nsu-umfeld-weitreichender-als-bisher-angenommen/, zuletzt abgerufen am 11.02.2021

Nowak, Peter (2010), Neues juristisches Verfahren um Oury Jallohs Tod, 07.01.2010, in: heise.de, https://www.heise.de/tp/news/Neues-juristisches-Verfahren-um-Oury-Jallohs-Tod-2005070.html, zuletzt abgerufen am 14.03.2021

NSU Watch (2020), Prozess Lübcke/Ahmed I., 16.06. – 10.10.2020, in: nsu-watch.info, https://www.nsu-watch.info/category/prozessbeobachtung/prozess-luebcke-ahmed-i/, zuletzt abgerufen am 12.02.2021

NSU-Watch (2020), »Die Solidarität wurde uns verheimlicht, indem man sie 27 Jahre lang archiviert hat.« – Interview mit İbrahim Arslan, 09.12.2020, in: nsu-watch.info, https://www.nsu-watch.info/2020/12/die-solidaritaet-wurde-uns-verheimlicht-indem-man-sie-27-jahre-lang-archiviert-hat-interview-mit-ibrahim-arslan/, zuletzt abgerufen am 15.03.2021

NSU-Watch (2020), 31. Prozesstag, 19. November 2020 – Prozess zum Mord an Walter Lübcke und zum Angriff auf Ahmed I., 19.11.2020, in: nsu-watch.info, https://www.nsu-watch.info/2020/11/31-prozesstag-19-november-2020-prozess-zum-mord-an-walter-luebcke-und-zum-angriff-auf-ahmed-i/, zuletzt abgerufen am 12.02.2021

Oberlandesgericht Dresden (2019), Urteil wegen mitgliedschaftlicher Beteiligung an einer terroristischen Vereinigung (Oldschool Society – OSS) ergangen [Pressemeldung] in: justiz.sachsen.de, 11.07.2019, https://www.justiz.sachsen.de/olg/content/2377.htm#article2402, zuletzt abgerufen am 17.01.2021

Oberlandesgericht Dresden (2019), Weiteres Urteil wegen mitgliedschaftlicher Beteiligung an einer terroristischen Vereinigung (Oldschool Society – OSS) ergangen, in: justiz. sachsen.de, 10.10.2019, https://www.justiz.sachsen.de/olg/content/2377.htm#article2421, zuletzt abgerufen am 17.01.2021

Oberlandesgericht München (2017), Pressemitteilung vom 15.03.2017, 15.03.2017, in: docs.dpaq.de/, http://docs.dpaq.de/12050-pressemitteilung_vom_15.03.2017__in_dem_strafverfahren_gegen_andreas_h._u._a.__oldschool_society_.pdf, zuletzt abgerufen am 16.03.2021

Oberlandesgericht Naumburg (2019), Der 1. Strafsenat des Oberlandesgerichts Naumburg verwirft Antrag auf Erhebung der öffentlichen Klage wegen des Todes von Ouri Jallow als unzulässig, 23.10.2019, in: sachsen-anhalt.de, https://www.sachsen-anhalt.de/bs/pressemitteilungen/pressemitteilung-details/?no_cache=1&tx_tsarssinclude_pi1%5Buid%5D=94493&tx_tsarssinclude_pi1%5Baction%5D=single&tx_tsarssinclude_pi1%5Bcontroller%5D=Static&cHash=cd41adfe50fb7842d3758550c2497d01, zuletzt abgerufen am 15.03.2021

Ossietzky, Carl von in: »Die Weltbühne« vom 10.05.1932

ouryjalloh.wordpress (2009), 26. Prozesstag, 01.10.2007 in: ouryjalloh.wordpress.com, https://ouryjalloh.wordpress.com/category/26-prozesstag/, zuletzt abgerufen am 14.03.2021

Pagonakis, Pagonis (2013), Fehler ausgeschlossen? – Von der »Unantastbarkeit« der Polizei, 12.11.2013, in: wdr5.de, https://web.archive.org/web/20141109112838/http://www.wdr5.de/sendungen/politikum/yalloh100.html, zuletzt abgerufen am 14.03.2021

Paul, Martin (2020), Rassismus und Versagen im Fall Oury Jalloh – aber keine offenen Ansätze für Mordermittlungen, 29.08.2020, in: mdr.de, https://www.mdr.de/sachsen-anhalt/landespolitik/was-steht-im-abschlussberichtsonderberater-oury-jalloh-ergebnis-versagen-rassismus-100. html, zuletzt abgerufen am 15.03.2021

Peters, Jürgen, Der Brandanschlag in Solingen, in: lotta-magazin.de, http://www.lotta-magazin.de/ausgabe/50/der-brandanschlag-solingen, zuletzt abgerufen am 26.02.2021

RAA, Der Prozess gegen die »Gruppe Freital«, in: raa-sachsen.de, https://www.raa-sachsen.de/freital/zusammenfassung1, zuletzt abgerufen am 31.01.2021

Ramelsberger, Anette (2020), Eklat im Prozess um Mord an Walter Lübcke, 27.07.2020, in: sueddeutsch.de, https://www.sueddeutsche.de/politik/rechtsextremismus-mord-walter-luebcke-prozess-verteidigung-eklat-1.4980731, zuletzt abgerufen am 11.02.2021

RTL (2020), Welches Geständnis von Stephan Ernst entspricht der Wahrheit?, 07.09.2020, in: rtl.de, https://www.rtl.de/cms/welches-gestaendnis-von-stephan-ernst-entspricht-der-wahrheit4609399.html#:~:text=in%20drittem%20Gest%C3%A4ndnis%20belastet,Hilfe%20in%20Aussicht%20gestellt%20habe., zuletzt abgerufen am 11.02.2021

Schneider, Alexander (2017), Freiheitsentzug für »Freie Kameraden«, in: saechsische.de, 25.08.2017,https://www.saechsische.de/freiheitsentzug-fuer-freie-kameraden3757351.html, zuletzt abgerufen am 03.02.2021

Scholz, Kay-Alexander (2019), Wie gefährdet sind Lokalpolitiker in Deutschland?, 20.06.2019, in: dw.com, https://www.dw.com/de/wie-gef%C3%A4hrdet-sind-lokalpolitiker-in-deutschland/a-49274643, zuletzt abgerufen am 12.02.2021

Schumann, Jan (2017), Mord als Vertuschung? Ermittler sieht im Fall Oury Jalloh Verbindung zu weiteren Todesfällen, 07.12.2017, in: berliner-zeitung.de, https://www.berliner-zeitung.de/politik-gesellschaft/mord-als-vertuschung-ermittler-sieht-im-fall-oury-jalloh-verbindung-zu-weiteren-todesfaellen-li.6549, zuletzt abgerufen am 14.03.2021

Seidel, Nino/ Feldmann, Julian (2020), Entlassener Rechtsextremist ist Gefährder, 05.10.2020, in: tagesschau.de, https://www.tagesschau.de/investigativ/ndr/markus-h-gefaehrder-101.html, zuletzt abgerufen am 12.02.2021

Seidel, Nino/ Feldmann, Julian (2020), Ermittlungen wegen weiteren Mordversuchs, 28.02.2020, in: tagesschau.de, https://www.tagesschau.de/investigativ/ndr/stephan-e-verfahren-101.html, zuletzt abgerufen am 12.02.2021

Speit, Andreas (2021), Hoyerswerda, Solingen, Lübeck!, 18.01.2021, in: taz.de, https://taz.de/Brandanschlag-in-Luebeck-1996/!5741659/, zuletzt abgerufen am 15.03.2021

DER SPIEGEL (1997), »Britta« und die Detektive, 07.04.1997, in: spiegel.de, https://www.spiegel.de/spiegel/print/d-8693376.html, zuletzt abgerufen am 15.03.2021

DER SPIEGEL (2007), Neurologe entlastet angeklagte Polizisten, 08.05.2007, in: spiegel.de, https://www.spiegel.de/panorama/justiz/feuertod-in-der-zelle-neurologe-entlastet-angeklagte-polizisten-a-481781.html, zuletzt abgerufen am 14.03.2021

DER SPIEGEL (2015), »Eine rechtsradikale Einstellung besteht aus mehr als Fremdenhass«, 12.10.2015, in: spiegel.de, https://www.spiegel.de/politik/deutschland/brandanschlag-in-altena-taeter-frei-was-ist-passiert-a-1057327.html, zuletzt abgerufen am 23.04.2021

DER SPIEGEL (2015), Ermittler prüfen Verbindung zu Neonazi-Kameradschaft, in: spiegel.de, 06.05.2015, https://www.spiegel.de/politik/deutschland/oldschool-society-verbindungen-zu-neonazis-in-nrw-a-1032393.html, zuletzt abgerufen am 17.01.2021

DER SPIEGEL (2017), Polizei prüft Verbindung zu Rechtsextremisten, in: spiegel.de, 14.01.2017, https://www.spiegel.de/panorama/justiz/sprengstoff-in-der-pfalz-polizei-vermutetverbindung-zu-rechtsextremisten-a-1129989.html, zuletzt abgerufen am 17.01.2021

DER SPIEGEL (2017), Staatsanwaltschaft stellt Ermittlungen ein, 12.10.2017, in: spiegel.de, https://www.spiegel.de/panorama/justiz/fall-oury-jalloh-todesermittlungsverfahren-eingestellt-a-1172665.html, zuletzt abgerufen am 14.03.2021

DER SPIEGEL (2018), Fall Oury Jalloh wird nicht neu aufgerollt, 29.11.2018, in: spiegel.de, https://www.spiegel.de/panorama/justiz/oury-jalloh-fall-wird-nicht-neu-aufgerollt-a-1241006.html, zuletzt abgerufen am 15.03.2021

DER SPIEGEL (2018), Lange Haftstrafen für rechte Terrorgruppe Freital, in: spiegel.de, 07.03.2018, https://www.spiegel.de/panorama/justiz/dresden-gruppe-freital-terrorprozess-lange-haftstrafen-fuer-angeklagte-a-1196857.html, zuletzt abgerufen am 31.01.2021

DER SPIEGEL (2019), Peter Tauber sieht Mitschuld bei AfD- und CDU-Politikern, 19.06.2019, in: spiegel.de, https://www.spiegel.de/politik/deutschland/peter-tauber-sieht-steinbach-weidel-hoecke-mitschuldig-am-luebcke-mord-a-1273151.html, zuletzt abgerufen am 12.02.2021

DER SPIEGEL (2019), Seehofer wirbt für mehr Verfassungsschutz, 29.06.2019, in: spiegel.de, https://www.spiegel.de/politik/deutschland/luebcke-mord-seehofer-wirbt-fuer-mehr-verfassungsschutz-befugnisse-a-1274977.html, zuletzt abgerufen am 12.02.2021

DER SPIEGEL (2020), Die Todeslisten des Stephan Ernst, 17.04.2020, in: spiegel.de, https://www.spiegel.de/panorama/justiz/fall-walter-luebcke-die-todeslisten-des-stephan-ernst-a-00000000-0002-0001-0000-000170518568, zuletzt abgerufen am 12.02.2021

DER SPIEGEL (2020), Ex-Verteidiger von Stephan Ernst verweigert die Aussage, 22.09.2020, in. Spiegel.de, https://www.spiegel.de/panorama/justiz/fall-walter-luebcke-ex-verteidiger-frank-hannig-verweigert-aussage-als-zeuge-a-4b6a23fe-f399-4fe9-8f22-0ce49c4b67fd, zuletzt abgerufen am 11.02.2021

DER SPIEGEL (2020) https://www.spiegel.de/panorama/justiz/abschlussbericht-zum-fall-oury-jalloh-das-wird-immer-einer-wunde-bleiben-a-0ed30c09-7f28-41d5-9c71-f263edecd21a

DER SPIEGEL (2021), Mutmaßliche Unterstützer der »Gruppe Freital« räumen Vorwürfe ein, in: spiegel.de, 26.01.2021, https://www.spiegel.de/panorama/justiz/dresden-mutmassliche-unterstuetzer-der-gruppe-freital-raeumen-vorwuerfe-ein-a-53b1f97d-cf92-4a78-8734-dfff1d212194, zuletzt abgerufen am 31.01.2021

DER SPIEGEL (2021), Verteidiger sieht keine Mordmerkmale im Fall Lübcke, 21.01.2021, in: spiegel.de, https://www.spiegel.de/panorama/justiz/walter-luebcke-verteidiger-mustafa-kaplan-plaediert-fuer-stefan-ernst-auf-verurteilung-wegen-totschlags-a-ff552602-9490-473f-8b0c-2e5addce851c, zuletzt abgerufen am 12.02.2021

Staatsanwaltschaft Berlin (2016), Schwurgerichtsanklage gegen Rolf Zielezinski, 14.01.2016.

Steinhagen, Martin (2020), Aus dem Tritt, 27.10.2020, in: zeit.de, https://www.zeit.de/gesellschaft/zeitgeschehen/2020-10/mordfall-walter-luebcke-ahmed-i-nebenklaeger-messerangriff-stephan-e/komplettansicht, zuletzt abgerufen am 12.02.2021

Stinauer, Tim (2019), »Phase bevorstehender Säuberungen« Morddrohung gegen Kölns OB Henriette Reker, 19.06.2019, in: ksta.de, https://www.ksta.de/koeln/-phase-bevorstehender-saeuberungen--morddrohung-gegen-koelns-ob-henriette-reker-32727726?cb=1613161326853, zuletzt abgerufen am 12.02.2021

Süddeutsche Zeitung (2013), Neues Gutachten stützt Mordthese, 12.11.2013, in: sueddeutsche.de, Feuertod von Oury

Jalloh – Neues Gutachten stützt Mordthese – Panorama – SZ.de (sueddeutsche.de), zuletzt abgerufen am 14.03.2021

Süddeutsche Zeitung (2013), Solingens Nacht des Entsetzens, 29.05.2013, in: sueddeutsche.de, https://www.sueddeutsche.de/politik/20-jahrestag-des-brandanschlags-solingens-nacht-des-entsetzens-1.1681866, zuletzt abgerufen am 26.02.2021

Süddeutsche Zeitung (2016), Brandanschlag in Salzhemmendorf: Acht Jahre Haft für Haupttäter, 17.03.2016, in: sueddeutsche.de, https://www.sueddeutsche.de/politik/urteil-in-hannover-brandanschlag-in-salzhemmendorf-acht-jahre-haft-fuer-haupttaeter-1.2911626, zuletzt abgerufen am 28.04.2021

Süddeutsche Zeitung (2016), Gespräche über Hitler, Tattoos mit Runen, 15.03.2016, in: sueddeutsch.de, https://www.sueddeutsche.de/politik/brandanschlag-auf-asylunterkunft-blick-in-die-garage-hakenkreuz-1.2908448-2, zuletzt abgerufen am 28.04.2021

Süddeutsche Zeitung (2021), Jalloh-Initiative gibt nicht auf, 07.01.2021, in: sueddeutsche.de, https://www.sueddeutsche.de/politik/sachsen-anhalt-jalloh-initiative-gibt-nicht-auf-1.5167101, zuletzt abgerufen am 15.03.2021

Tagesschau (2019), Was im Fall Lübcke bislang bekannt ist, 02.07.2019, in: tagesschau.de, https://www.tagesschau.de/inland/luebcke-131~_origin-9305eab7-70e1-46d8-8474-d993353e712e.html, zuletzt abgerufen am 11.02.2021

Tagesspiegel (2017), Über elf Jahre Haft für Angeklagten – Motiv bleibt offen, 11.07.2016, in: tagesspiegel.de, https://www.tagesspiegel.de/berlin/gerichtsurteil-zum-mord-an-luke-holland-ueber-elf-jahre-haft-fuer-angeklagten-motiv-bleibt-offen/13860830.html, zuletzt abgerufen am 02.05.2021

Tolmein, Oliver (2008), DIE ATTENTÄTER VON MÖLLN SIND LÄNGST WIEDER FREI, 08.12.2008, in: tolmein.de, https://www.tolmein.de/politik/details/artikel/die-attentaeter-von-moelln-sind-laengst-wieder-frei-1157.html, zuletzt abgerufen am 15.03.2021

Kurt Tucholsky, Die Weltbühne, 21.12.1922, Nr. 51, S. 638

Umbruch-Bildarchiv (2011), Oury Jalloh – Prozeßbeginn am 12. Januar in Magdeburg, 07.01.2011, in: umbruch-bildarchiv.de, https://www.umbruch-bildarchiv.de/bildarchiv/ereignis/0701110ury_jalloh.html, zuletzt abgerufen am 14.03.2021

Vogel, Wolf-Dieter (2001), Der Lübecker Brandanschlag. Fakten, Fragen, Parallelen zu einem Justizskandal, 01.01.1996, in: Espresso Verlag.

Voigts, Hanning (2020), Mordfall Walter Lübcke: Razzien wegen Hasskommentaren, 04.06.2020, in: fr.de, https://www.fr.de/rhein-main/mordfall-walter-luebcke-razzien-wegen-hasskommentaren-13787909.html, zuletzt abgerufen am 12.02.2021

Volksstimme (2011), Sechs Jahre Ermittlung und noch kein Urteil, 11.01.2011, in: volksstimme.de, https://www.volksstimme.de/nachrichten/sachsen_anhalt/534989_sechs-jahre-ermittlung-und-noch-kein-urteil.html, zuletzt abgerufen am 14.03.2021

Walther, Clara (2012), 20 Jahre nach dem Brandanschlag von Mölln, 23.11.2012, in: dw.com, https://www.dw.com/de/20-jahre-nach-dem-brandanschlag-von-mölln/a-16379507, zuletzt abgerufen am 15.03.2021

Wierth, Anke (2016), Kein Nazi, nur Hitlerbüste, in: taz.de, https://taz.de/Urteil-im-Mordfall-Luke-Holland/!5317573/, zuletzt abgerufen am 02.05.2021

Willing, Verena (2020), Der Brandanschlag von Solingen: Was am 29. Mai 1993 geschah, 29.05.2020, in: solinger-tageblatt.de, https://www.solinger-tageblatt.de/solingen/brandanschlag-solingen-1993-geschah-9900517.html, zuletzt abgerufen am 26.02.2021

DIE ZEIT (2019), LKA erwartet Tausende Verfahren wegen Hasskommentaren im Fall Lübcke, 04.07.2019, in: zeit.de, https://www.zeit.de/politik/2019-07/hassrede-tausende-strafverfahren-mordfall-walter-luebcke, zuletzt abgerufen am 12.02.2021

DIE ZEIT (2019), Verdächtiger im Fall Lübcke hat Asylbewerberheim angegriffen, 17.06.2019, in: zeit.de, https://www.zeit.de/politik/deutschland/2019-06/walter-luebcke-kassel-mordfall-ermittlungen?utm_referrer=https%3A%2F%2Fde.wikipedia.org%2F, zuletzt abgerufen am 11.02.2021

DIE ZEIT (2020), 64 Internethetzer im Mordfall Lübcke identifiziert, 13.07.2020, in: zeit.de, https://www.zeit.de/gesellschaft/zeitgeschehen/2020-07/mordfall-walter-luebcke-online-hetze-rechtsextremismus-soziale-medien-ermittlungen, zuletzt abgerufen am 12.02.2021

DIE ZEIT (2021), Alle Beteiligten im Lübcke-Prozess legen Revision ein, 04.02.2021, in: zeit.de, https://www.zeit.de/gesellschaft/zeitgeschehen/2021-02/mordfall-walter-luebcke-urteil-prozess-revision-familie-freispruch-nebenklaeger, zuletzt abgerufen am 12.02.2021

Zimmermann, Felix (2020), Fall Lübcke: Anklage fordert lebenslange Haft, 22.12.2020, in: zdf.de, https://www.zdf.de/nachrichten/politik/luebcke-prozess-plaedoyer-bundesanwaltschaft-lebenslang-100.html, zuletzt abgerufen am 12.02.2021

Schrep, Bruno, Wir sind so ganz anders, SPIEGELOnline, https://www.spiegel.de/politik/wir-sind-so-ganz-anders-a-2710b339-0002-0001-0000-000013681738?context=issue, zuletzt abgerufen am 16.03.2021